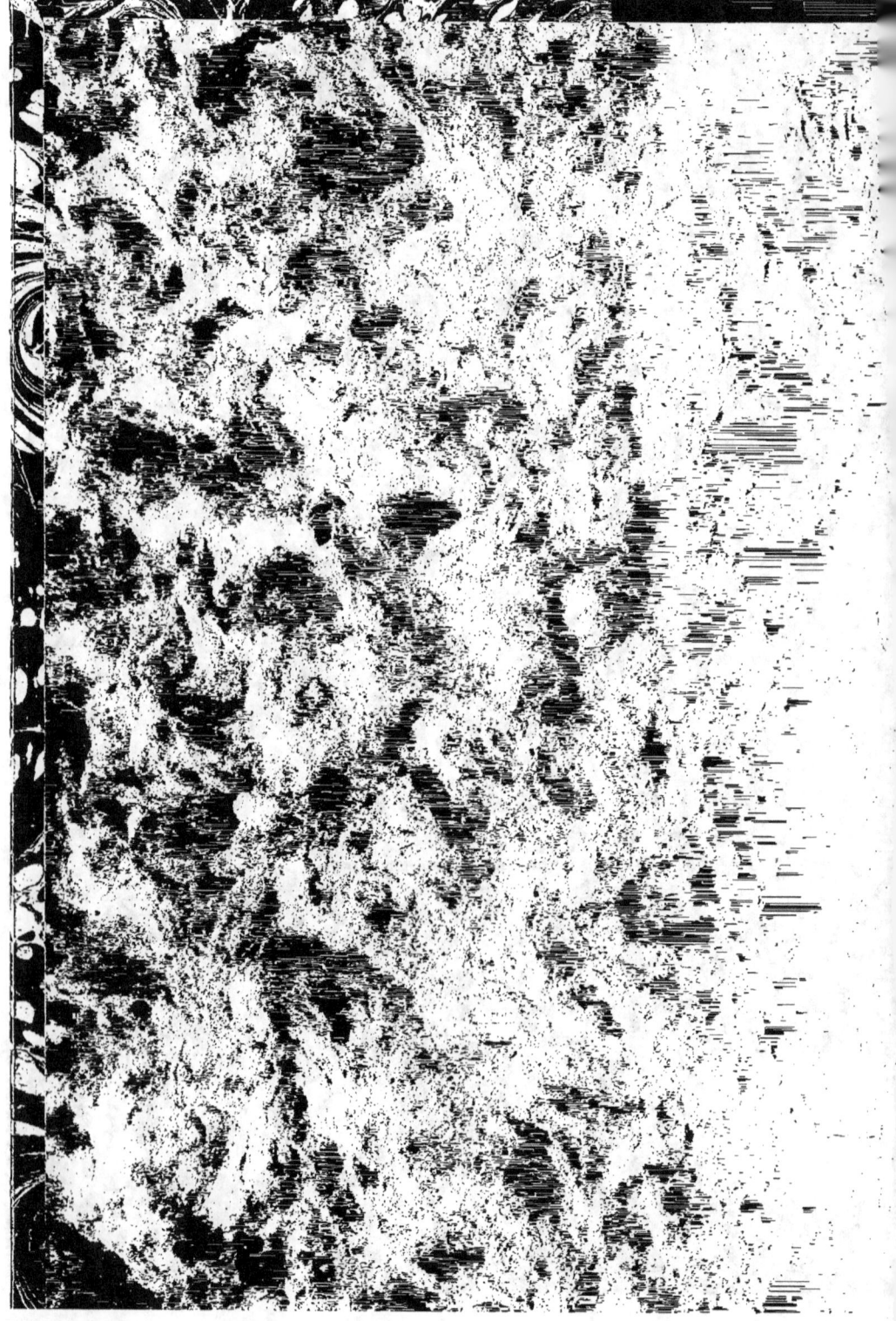

VAN HAVERE 1962

MÉMOIRES

DE

PHILIPPE DE COMMYNES.

TOME II.

A PARIS,

DE L'IMPRIMERIE DE CRAPELET,

RUE DE VAUGIRARD, N° 9.

M. DCCC. XLIII.

MÉMOIRES

DE

PHILIPPE DE COMMYNES.

NOUVELLE ÉDITION,

REVUE

sur les Manuscrits de la Bibliothèque Royale,

ET PUBLIÉE,

AVEC ANNOTATIONS ET ÉCLAIRCISSEMENTS,

PAR Mlle DUPONT.

TOME SECOND.

A PARIS,

CHEZ JULES RENOUARD ET Cie,

LIBRAIRES DE LA SOCIÉTÉ DE L'HISTOIRE DE FRANCE,

RUE DE TOURNON, N° 6.

M. DCCC. XLIII.

EXTRAIT DU RÈGLEMENT.

Art. 14. Le Conseil désigne les ouvrages à publier, et choisit les personnes les plus capables d'en préparer et d'en suivre la publication.

Il nomme, pour chaque ouvrage à publier, un Commissaire responsable, chargé d'en surveiller l'exécution.

Le nom de l'Éditeur sera placé à la tête de chaque volume.

Aucun volume ne pourra paraître sous le nom de la Société sans l'autorisation du Conseil, et s'il n'est accompagné d'une déclaration du Commissaire responsable, portant que le travail lui a paru mériter d'être publié.

Le commissaire soussigné déclare que le second volume de l'édition de Philippe de Commynes, *donnée par* Mlle Dupont, *lui a paru digne d'être publié par la* Société de l'Histoire de France.

Paris, le 20 Mars 1843.

Signé **LENORMANT.**

Certifié,

Le Secrétaire de la Société de l'Histoire de France,

J. DESNOYERS.

MÉMOIRES DE PHILIPPE DE COMMYNES.

LIVRE CINQUIÈME.

CHAPITRE PREMIER.

Comment le duc de Bourgongne, faisant la guerre aux Suisses, fut chassé par eulx à l'entree des montaignes pres Granson.

Or, le duc de Bourgongne ayant conquis toute la duché de Lorraine et receu du Roy Sainct Quentin, Han et Bohain, et le meuble du connestable, estoit en parolles avec le Roy de se trouver à Auxerre [1] : et le Roy et luy se debvoient entreveoir sur une riviere et semblable pont que celluy qui fut faict à Picquigny, à la veue du Roy et du roy Edouard d'Angleterre [2]; et sur ceste matiere alloient et venoient gens. Et vouloit ledict duc laisser reposer son armee qui estoit tres fort deffaicte, tant à cause de Nuz que de ce peu de

[1] Les mots, *se trouver à Auxerre*, laissés en blanc dans deux de nos manuscrits, nous sont fournis par le troisième, A. Les diverses éditions portent : *Se entrevoir* et *s'appointer*.
[2] Voyez tome 1, page 369.

guerre de Lorraine; et le demourant vouloit il envoyer en garnison en aucunes places, tant du conte de Romont [1] comme aultres, pres des villes de Berne et Fribourg ausquelles il vouloit faire la guerre, tant pour ce qu'ilz la luy avoient faicte, estant devant Nuz, et aussi avoient aydé à luy oster la conté de Ferrete (comme avez ouy [2]) et avoient osté audict conte de Romont partie de sa terre. Le Roy le sollicitoit fort de ceste veue, et qu'il laissast en paix ces povres gens de Suisse, et qu'il reposast son armee. Lesdictz Suisses, le sentans si pres d'eulx, luy envoyerent leur ambassade, et offroient rendre ce qu'ilz avoient prins dudict seigneur de Romont; ledict conte de Romont le sollicitoit, d'aultre costé, de le venir secourir en personne. Ledict duc laissa le saige conseil et celluy qui povoit estre le meilleur, comme il semble à toutes sortes de gens, veu la saison et l'estat en quoy estoit son armee, et delibera de aller contre eulx. Entre le Roy et luy fut appoincté et baillé lettres [3] que pour le faict de Lorraine ilz n'entreroient point en debat.

Le duc partit de Lorraine avec ceste armee desconfite, entra en Bourgongne, où lesdictz ambassadeurs de ces vieilles ligues d'Allemaigne, qu'on appelle Suisses, revindrent devers luy, faisans plus grans offres que devant: et, en oultre la restitution, luy offroient laisser toutes les allyances qui seroient contre

---

[1] Voyez tome I, page 153, note 3.
[2] Voyez tome I, page 324.
[3] Elles sont datées du 18 décembre 1475. Voyez tome I, page 397, note 2.

son vouloir (et par especial celle du Roy), et devenir ses allyez et le servir de six mil hommes armez, à assez petit payement, contre le Roy, toutes les fois qu'il les en requerroit. A riens ne voulut ledict duc entendre, et ja le conduisoit son malheur. Ceulx qu'on appelle en ce quartier là les nouvelles allyances (ce sont les villes de Basle et de Strasbourg, et aultres villes imperialles qui sont au long de ceste riviere du Rin), lesquelles d'ancienneté avoient esté ennemyes desdictz Suisses en faveur du duc Sigismond d'Austriche [1], duquel ilz estoient allyez par le temps qu'il avoit guerre avec lesdictz Suisses, s'estoient joincts avec les Suisses, et fut faict allyance pour dix ans, et aussi le duc Sigismond. Et se feit ladicte allyance par la conduicte du Roy, et à son pourchaz et à ses despens, comme avez veu ailleurs [2], à l'heure que la conté de Ferrete fut ostee des mains du duc de Bourgongne et que à Basle feirent mourir messire Pierre d'Archambault [3], gouverneur dudict pays pour ledict duc : lequel Archambault fut bien cause de cest inconvenient qui fut bien grant pour ledict duc, car tous ses aultres maulx en vindrent. Ung prince doibt bien avoir l'œil quelz gouverneurs il met en ung pays nouvellement joinct à sa seigneurie : car en lieu de traicter les subjectz en grant doulceur et en bonne justice, et faire le mieulx qu'ilz n'ont eu le temps passé, cestuy cy feit tout le contraire, car il les traicta en grant viollence et en

[1] Voyez tome I, page 169, note 1.
[2] Voyez tome I, page 323.
[3] Voyez tome I, page 323, note 3.

grant rapine : et mal luy en print et à son maistre, et à maint homme de bien.

Ceste allyance que le Roy conduisit, dont j'ay parlé, tourna depuis à grant prouffit au Roy, et plus que la pluspart des gens n'entendent; et croy que ce fut une des plus saiges choses qu'il feit oncques en son temps et plus au dommaige de tous ses ennemys : car le duc de Bourgongne deffaict, oncques puis ne trouva le Roy de France homme qui osast lever la teste contre luy, ne contredire à son vouloir : j'entens de ceulx qui estoient ses subjectz et en son royaulme, car tous les aultres ne navigeoient que soubz le vent de cestuy là : parquoy fut grant œuvre de allyer le duc Sigismond d'Austriche et ceste nouvelle allyance avec les Suisses, dont si long temps avoient esté ennemys, et ne se feit point sans grant despence et sans faire maintz voyaiges.

Apres que ledict duc de Bourgongne eut rompu aux Suisses l'esperance de povoir trouver appoinctement avec luy, ilz retournerent advertir leurs gens et s'apprester pour se deffendre : et luy approcha son armee du pays de Vaulx [1] en Savoye [2], que lesdictz Suisses avoient prins sur monseigneur de Romont, comme dict est, et print trois ou quatre places qui estoient à monseigneur de Chasteau Guyon [3], que lesdictz Suisses

[1] Vaud.

[2] Le 12 février 1475 (v. s.), le duc alla coucher « à Orbe, pays de Savoye; il y resta jusques au 19, qu'il en partit avec son armée, et campa devant la ville de Granson. » (LENGLET, II, 219.)

[3] Voyez tome I, page 80, note 1.

tenoient, et les deffendirent mal : et de là alla mettre le siege devant une place appellee Granson, laquelle estoit aussi audict seigneur de Chasteau Guyon, et y avoit pour lesdictz Suisses sept ou huict cens hommes bien choisiz, pour ce que c'estoit aupres d'eulx, et la vouloient bien deffendre[1]. Ledict duc avoit assez grant armee[2], car de Lombardie luy venoient à toute heure gens et des subjectz de ceste maison de Savoye : et il aymoit mieulx les estrangiers que ses subjectz dont il povoit finer assez et de bons amys ; mais la mort du connestable luy aydoit bien à avoir deffiance d'eulx, avec aultres ymaginations. Son artillerie estoit tres grande et bonne ; et estoit en grant pompe en cest ost, pour se monstrer à ces ambassadeurs qui venoient d'Italie et d'Allemaigne, et avoit toutes ses meilleures bagues et vaisselle, et largement aultres paremens : et avoit de grans fantaisies en sa teste sur le faict de ceste duché de Millan, où il s'attendoit avoir des intelligences. Quant le duc eut assiégé ladicte place de Granson et tiré par aucuns jours, se rendirent à luy ceulx

---

[1] « La ville de Granson (était) garnie d'environ cinq cents Allemands, bien accoustrés pour la deffendre. » (MOLINET, I, 190.) « Les seigneurs des ligues et alliances avoient octe cent des leurs dedans la chétive Grandson, enjoint à iceux de la tenir et défendre à oultrance, à quoy ne faillirent. » (*Chronique du chapitre de Neuchastel*, 387.)

[2] « A grandes chevauchées venoit le duc Charles avecque moult gens d'armes de pied et de cheval, espandant la terreur au loing par son ost innumérable ; là estoient cinquante mill, voir plus, hommes de guerre de touttes langues et contrées, force cannons et aultres engins de novelle facture, pavillons et accoustrements touts reluisants d'or, et grande bande de valets, marchands, et filles de joyeux amour. » (*Chron. du chap. de Neuchastel*, 386.)

de dedans à sa voulenté ¹, lesquelz il feit tous mourir. Les Suisses s'estoient assemblez, non point en grant nombre ², comme ay ouy compter à plusieurs d'entre eulx (car de leurs terres ne se tirent point les gens que l'on cuyde, et encores moins lors que maintenant : car depuis ce temps la pluspart ont laissé le labeur

¹ « Le duc Charles, désireux de passer oultre, se courrouxe, jurant en sa coustume : « Par St. George, si incontinente tradition ne se faict, pendus seront ces vilains! » Ceulx du dedans respondent que portes et portettes appertes ne seront sans exprès voloir de messieurs des alliances. Le Bourguignon, oyant ce, requiert de paix les assaillis par traitreuse faintize, leur promestant vies et bagues saulves : ceulx cy décrus plus de moitié par tant d'assaults et bateries, nuls reconforts ne aparaissants, et la nourriture non loing de défaillir, baillent créance à la foy et parole du Bourguignon, et viennent en toute simplesse devers luy, qui, par horrible méchanceté, faict pendre ces gens de bien, aimant mieulx conquester par abjecte trumperie que selon Dieu et raison. » (*Chron. du chap. de Neuchastel*, 387 et suiv.) « Tous les hommes de guerre qui furent illecq trouvés,.... furent.... livrés au prévost des mareschaux, nommé Maillotin le Barré, lequel, sans pitié et miséricorde, en fit pendre par trois bourreaux, aux arbres prochains, le nombre de quatre cents ou environ, et les aultres furent noyés au lac. Il n'estoit si dur cœur qui ne deusist avoir pitié de régarder les povres hommes pendus aux branches desdits arbres, en telle multitude qu'elles rompoient et chéoient sur la terre, avec les hommes à demi morts, qui piteusement par cruels satellites estoient mutilés. » (Molinet, I, 191.)

² « Trois cent de Berne, aussi des nostres (Neuchatel) bien cent, bourgeois et aultres du lac, résolvant porter ayde, aussi provisionnement aux frères de Grandson, parassemblèrent force battaux à Neufchastel ; et partement ordonné pour l'heure de vespres, touts se ébattoient d'entrer, nul ne vouloit estre le dernier. Mais possible ne fut de tendre mains et nourriture aux pauvres assaillis ja retrayés dedans le chastel ; et les nostres ne treuvant que brandons et fumée en la ville, et Bourguignons mill et mill deçà delà en bonne garde, si furent contraints de revenir gémissants. » (*Chron. du chap. de Neuchastel*, 387.)

pour se faire gens de guerre), et de leurs allyez en avoient peu avec eulx, car ilz estoient contrainctz se haster pour secourir la place; et comme ilz furent aux champs, ilz sceurent la mort de leurs gens.

Le duc de Bourgongne, contre l'oppinion de ceulx à qui il en demanda, delibera de aller au devant d'eulx [1]

---

[1] Le duc ne croyait pas que les Suisses osassent venir l'attaquer, à ce que rapporte Molinet (I, 192 et suiv.) : « Aucuns.... advertirent le duc que iceux Suisses se mettoient sus à grande puissance pour le combattre, et si, que bon seroit d'ordonner les batailles, afin de non estre prins en desroy. Mais quelque chose qu'on référast à mondit seigneur, n'en vouloit rien croire, disant que bien se garderoient d'entreprendre si grande folie. Finablement on lui montra tentes, pavillons, estandards et bannières desdits Suisses, que chascun percevoit à l'œil par dessus bois et forests. Mais il estoit tellement obstiné en son incrédulité, qu'il en fut lourdement surprins.

« Pendant ce temps, les Allemands et Suisses descendoient par une montaigne chargée de vignes d'un costé, et d'aultre avoit le lac de Granson. Ils estoient environ de neuf à dix mille piétons armés en poinctes, et accoustrés de crevices [1], hacquebutes, hallebardes et picques, et soixante ou quatre vingts chevaux qui vindrent par en bas, soubs la conduicte des capitaines de Bernes et de Philbourch (Fribourg), et à l'approcher crioient : Austrice! Bernes!

« Le duc Charles, estant au pied de la montaigne, voyant que force lui estoit de croire l'approche de ses ennemis, fut constrainct de faire ses préparations pour y donner résistance; et afin d'avoir place pour les combattre, il fit un petit reculer ses gens; et pour donner dedans choisit l'escoadre des quarante chambellans de son hostel, tousjours comptés, lesquels firent bon debvoir de charger sur eux, en criant : Viala! tellement que environ trois ou quatre cents des plus advancés furent rués jus par terre; et se la rencharge se fusist faicte de quatre ou cinq escoadres, radement poursuivant, les ennemis estoient deffaicts; mès, par faulte de secours, ils furent en cest estour rués jus, navrés et blesché.... Le demourant de l'armée du duc, voyant ceste renverse, se convertit en fuite. Car tant pour le reculement qu'avoit

[1] Cuirasse. (ROQUEFORT.)

à l'entree des montaignes où ilz estoient encores, qui estoit bien son desavantaige, car il estoit en lieu bien advantaigeux pour les attendre, et cloz de son artillerie et partie d'ung lac; et n'y avoit nulle apparence qu'ilz luy eussent sceu porter dommaige. Il avoit envoyé cent archiers [1] garder certain pas à l'encontre de ceste montaigne: et luy se mit en chemin, et rencontrerent ces Suisses [2], la pluspart de son armee encores

faict mon dit seigneur le duc pour avoir place à combattre, que pour le reboutement de la première escoadre, ceux qui estoient arrière, voyans et oyans ce terrible rencontre, pensèrent en eux mesmes que tout estoit perdu; si firent grande diligence de sauver leurs personnes. »

[1] « Il donna la charge à cinquante ou à quatre vingts archers de corps, fort bien montés et gens de faict, de garder le chasteau de Bomacourt, par lequel tous vivres arrivoient à l'ost du duc, dont convenoit le tenir ouvert. » (MOLINET, I, 191.)

[2] « Tost apparoissent devant les batailles des ligues les gens d'armes Bourguignons superbement accoustrés; là se treuve le duc avecque ses plus amés chevaliers : tost font charge, tost sont frottés et déjettés dessus les chartreux, de la lance. En après ce coup, les ligues descovrant toute la formillière des Bourguignons proche Concise, font planter en terre piques et bandières, et par commun accord à genoulx requièrent fabveur du Dieu fort. Le duc voyant ce jeux, jure, disant : « Par Saint Georges, ces canailles crient marcy. Gens des canons, feux sur ces vilains. » Touttes et telles paroles ne lui servent de rien : les ligues comme gresle se ruent dessus les siens, taillant, depiesçant deçà, delà tous ces beaux galants; tant et si bien sont déconfits en vaulx deroutte ces pauvres Bourguignons, que semblent ils fumée épandue par vent de bize. En ycelle mémorable journée, messieurs des alliances ayant prins pour cris de guerre *Grandson! Grandson!* par souvenance des leurs là pendus traitreusement, ne doibt on s'ébahir de leur grande ire et fâcherie en voyant tant de vaillants compaignons cordés aux crenaux tout à l'entour du chastel : si furent ils incontinent décordés et portés en triumphel honneur un à un et cou-

en la plaine. Les premiers cuydoient retourner¹ : les menues gens qui estoient tous derriere, cuydans que ceulx là s'en fuyssent, se mirent à la fuyte; et peu à peu se commencea à retirer ceste armee vers le camp, faisans aucuns tres bien leur debvoir. Fin de compte, quant ilz vindrent jusques à leur ost, ilz ne se oserent deffendre, et tout se mit à la fuyte : et gaignerent les Allemans son camp et son artillerie, et toutes les tentes et pavillons de luy et de ses gens, dont il y avoit grant nombre, et d'aultres biens infiniz : car riens ne se sauva que les personnes, et furent perdues toutes les grans bagues dudict duc; mais de gens, pour ceste fois, ne perdit que sept hommes d'armes ². Tout le

chés en terre avecque piques et armures bourguignonnes soubs chaicun d'iceulx; puis ès mesmes crenaux et lycols furent appendus des Bourguignons non vivans, ains jà occis ès champs de la bataille. Le butin treuvé en l'ost ne peut estre écrit ne raconté; un chaicun en eut son soul, de quoy plusieurs se sont faicts commodes; touttesfois s'éjouissoient ils mieux en icelle bonne feste à treuver dague et fers de piques que bailais et or longtain. » (*Chronique du chapitre de Neuchastel*, 389 et suiv.)

¹ Nous suivons le texte de nos trois manuscrits et de la deuxième édition; Sauvage et ses successeurs mettent : « Et rencontrerent ces Suisses, et lui se mit en chemin, la pluspart de son armee estant encores en la plaine. Les premiers *rangs de ses gens* cuydoient retourner *pour se rejoindre avec les autres; mais* les menus gens, etc. »

² « Le 1ᵉʳ juillet 1476, le grand bailli de Hainaut manda les échevins de Mons, et leur dit avoir reçu des nouvelles de la déroute des gens de guerre du duc par les Allemands, *mais non telle et si grande qu'aucuns en faisoient courir le bruit;* qu'il n'y avoit eu que trois gentilshommes de morts avec plusieurs gens de pied, et que cela arriva lorsque le duc, en grande compagnie de ses gens de guerre, alla convoyer le prince de Tarente, fils du roi de Naples, qui retournoit en son pays. » (GACHARD, *Coll. de Doc. inéd.*, I, 274, note 1.)

demourant fuyt et luy aussi. Il se debvoit mieulx dire de luy qu'il perdit honneur et chevanche ce jour, que l'on ne feit du roy Jehan de France, qui vaillamment fut prins à la bataille de Poictiers.

Voicy la premiere male adventure et fortune que ce duc avoit jamais eue en toute sa vie [1]. De toutes ses aultres entreprinses, il en avoit eu l'honneur et le prouffit. Quel dommaige luy advint ce jour pour user de sa teste et mespriser conseil! Quel dommaige en a receu sa maison, et en quel estat en est elle encores, et en adventure d'estre d'icy à long temps! Quantes sortes de gens luy en devindrent ennemys et se desclarerent, qui le jour de devant temporisoient avec luy et se faignoient amys! Et pour quelle querelle commencea ceste guerre? Ce fut pour ung chariot de peaulx de mouton que monseigneur de Romont print à ung Suisse passant par sa terre [2]. Si Dieu n'eust de-

---

[1] « Et fut faict ceste desconfiture la nuyct de Behourdi (3 mars), l'an mille quatre cens soixante quinze » (v. s.). (MOLINET, 1, 195.) — Le Behourdi était une espèce de lutte qui se faisait avec des bâtons le premier et le deuxième dimanche de Carême.

[2] Molinet (I, 198) assigne un autre motif à cette guerre. « Orbe est une ville en la conté de Romont, laquelle appartenoit au seigneur de Chasteau Guyon, et le prince d'Orenge, son demi frère, y prétendoit avoir droict. Doncques, pour soutenir sa querelle, il se tira vers le duc Charles, vers la duchesse de Savoye et son fils le duc; et le parti de Chasteau Guyon se tira vers les Bernois et Philebourgeois (Fribourgeois), par quoi grosses pillades de villages et emprisonnements de paysans, par courses d'un costé et d'aultres, estoient souvent engendrées, au grand dommaige et foulle dudit conte de Romont et de Madame de Savoye : pourquoi icellui de Romont fit tirer monseigneur le duc Charles vers le pays des Suisses, et l'anima contre les Bernois et Philebourgeois : parquoi les villes de Granson et de Morat furent as-

laissé ledict duc, il n'est pas apparent qu'il se fust mis en peril pour si peu de chose, veu les offres qui luy avoient esté faictes et contre quelz gens il avoit à faire, où il n'y povoit avoir nul acquest ne nulle gloire: car pour lors les Suisses n'estoient point estimez comme ilz sont pour ceste heure, et n'estoit riens plus povre; et ay ouy dire à ung chevalier des leurs, qui avoit esté des premiers ambassadeurs qu'ilz avoient envoyez devers ledict duc, qu'il avoit dict, en faisant leurs remonstrances pour le desmouvoir de ceste guerre, que contre eulx ne povoit riens gaigner, car leur pays estoit tres sterille et povre, et qu'ilz n'avoient nulz bons prisonniers, et qu'il ne croyoit pas que les esperons et mors des chevaulx de son ost ne vaulsissent plus d'argent que tous ceulx de leurs territoires ne scauroient payer de finances s'ilz estoient prins.

Retournant à la bataille, le Roy fut bientost adverty de ce qui estoit advenu: car il avoit maintes espies et messagiers par pays, la pluspart despeschez de ma main, et en eut tres grant joye, et ne luy desplaisoit que du petit nombre de gens qui avoient esté perduz: et se tenoit ledict seigneur pour ces matieres icy, à Lyon, pour povoir plus souvent estre adverty, et pour donner remede aux choses que cest homme embrassoit: car le Roy qui estoit saige craignoit que par force ne joignist ces Suisses à luy. De la maison de Savoie ledict duc en disposoit comme du sien. Le duc

siégées. » Olivier de La Marche (II, 395) allègue la même cause que Commynes.

de Millan ¹ estoit son allyé ². Le roy René de Cecille ³ luy vouloit mettre son pays de Prouvence entre les mains. Si ces choses fussent advenues, il tenoit de pays en son obeyssance depuis la mer de Ponant jusques à celle de Levant, ny ne eussent ceulx de nostre royaulme sceu saillir, sinon par mer, si ledict duc eust voulu tenir Savoye, Prouvence et Lorraine. Vers chascun le Roy envoyoit : l'une estoit sa seur, madame de Savoye ⁴, estimee pour ledict duc : l'aultre estoit son oncle, le roy René de Cecille ⁵, qui à grant peine escoutoit ses messagiers, et envoyoit tout audict duc. Le Roy envoyoit vers ces ligues d'Allemaigne et à grant difficulté pour les chemins, et y falloit envoyer mendians, pellerins et semblables gens. Lesdictes villes respondoient orgueilleusement, disans : « Dictes au Roy que, s'il ne se desclare, nous nous appoincterons et nous desclarerons contre luy. » Il craignoit que ainsi ne le feissent ⁶. De se desclarer contre ledict duc n'avoit nul vouloir, mais craignoit bien encores

---

¹ Voyez tome I, page 73, note 2.

² Un traité de ligue entre le duc de Bourgogne et le duc de Milan, avait été conclu à Moncalier, le 30 janvier 1475. (LENGLET, III, 356.)

³ Voyez tome I, page 399, note 1.

⁴ Yolande de France, sœur de Louis XI, née le 23 septembre 1434; mariée en 1452 à Amédée IX, duc de Savoie; veuve le 28 mars 1472. Morte le 29 août 1478. (ANSELME, I, 118.)

⁵ Frère de Marie d'Anjou, mère de Louis XI.

⁶ Louis XI avait fait un traité d'alliance avec l'empereur et les électeurs dès le mois de décembre 1475. Il le confirma le 17 avril 1475 (v. s.). (LENGLET, III, 459, 467.) C'est peut-être cette confirmation qu'on lui demandait.

qu'il ne fust nouvelles de ses messagiers qu'il envoyoit par pays.

CHAPITRE II.

Comment apres la bataille de Granson, le duc de Millan, le roy René de Cecille, la duchesse de Savoye et aultres, habandonnerent l'allyance du duc de Bourgongne.

Or, fault veoir maintenant comment changea le monde apres ceste bataille, et comme les parolles furent mises[1] et comme nostre Roy conduisit tout saigement : et sera bel exemple pour ces seigneurs jeunes, qui follement entreprennent sans congnoistre ce qui leur en peult advenir, et qui aussi ne l'ont point veu par experience, et mesprisent le conseil de ceulx qu'ilz deussent appeller. Premierement, ledict duc propre envoya le seigneur de Contay[2] au Roy, avec humbles et gracieuses parolles, qui estoit contre sa coustume et contre sa nature. Regardez doncques comme une heure de temps le mua. Il prioit au Roy luy vouloir loyaulment tenir la trefve, et se excusoit de n'avoir esté à la veue qui se debvoit faire aupres d'Auxerre[3], et asseuroit de se trouver de brief là ou ailleurs, au bon plaisir du Roy. Le Roy luy feit tres bonne chiere, l'asseurant de ce qu'il demandoit, car encores ne luy sembloit pas temps de faire le contraire : et congnois-

---

[1] Sauvage et ses successeurs mettent : « Et comme les couraiges du duc de Bourgogne et de ses alliez furent muez. » Nous suivons le texte de nos trois manuscrits et des premières éditions.

[2] Voyez tome I, page 326, note 2.

[3] Voyez ci-dessus, page 1.

soit bien le Roy la loyaulté des subjectz dudict duc, et que tost seroit resours¹, et vouloit veoir la fin de ceste adventure sans donner occasion à nulle des deux parties de s'acorder. Mais, quelque bonne chiere que le Roy feist audict seigneur de Contay, si ouyt il maintes mocqueries par la ville, car les chansons se disoient publicquement à la louange des vaincqueurs et à la foulle du vaincu.

Des ce que le duc de Millan Galleasche (qui pour lors vivoit) sceut ceste adventure, il en eut grant joye, nonobstant qu'il fust allyé dudict duc : car il avoit faict ceste allyance pour craincte de ce qu'il veoit audict duc de Bourgongne avoir si grant faveur en Italie. Ledict duc de Millan envoya à grant haste vers le Roy

¹ Les sujets du duc commencèrent néanmoins par refuser le secours que le prince leur demandait, car celui-ci leur ayant exposé que « son intention estoit de tirer avant et estre vengé desdits Suisses, pour lesquels choses luy falloit avoir argent et gens...., aus.... delegués de luy.... fut rendue et faitte responce de Gand, Bruges, Brucelles, l'Isle de Flandres et autres, que.... ils le reputoient leur vray et naturel seigneur, et que pour luy feront leur possibilité. En disant par eux, que, se il se sentoit aucunement empressé desdits Alemans ou Suisses et qu'il n'eust avec luy assez de gens pour s'en retourner franchement en ses pays, qu'il le leur fist assavoir, et qu'ils exposeroient leurs corps et leurs biens pour l'aler querir pour le ramener sauvement en ses dits pays ; mais que pour faire plus de guerre pour luy, n'estoient point deliberez de plus luy ayder de gens ne d'argent. » (*Chronique scandaleuse*; voyez LENGLET, II, 131.) Nonobstant ces refus, « le duc de Bourgogne, cuidant raccoustrer son affaire, remeit sus gens de guerre et moultitoude plus grande que lors de son prinstain ost devant Grandson. Si vindrent devers lui à Losanne Lombards, Bourguignons, Savoyards, ceulx de Flandres, voir deux mill chevaliers et hauts féotiers. » (*Chronique du chapitre de Neuchastel*, 392.)

ung homme de peu d'apparence, bourgeois de Millan, et par ung mediateur fut adressé à moy et m'apporta lettres dudict duc. Je dis au Roy sa venue, qui me commanda l'ouyr, car il n'estoit point content dudict duc de Millan, qui avoit laissé son allyance pour prendre celle du duc de Bourgongne, et veu encores que sa femme[1] estoit seur de la Royne. La creance dudict ambassadeur estoit comme son maistre, le duc de Millan, estoit adverty que le Roy et le duc de Bourgongne se debvoient entreveoir et faire une tres grant paix et allyance ensemble, ce qui seroit au tres grant desplaisir du duc son maistre : et donnoit des raisons pourquoy le Roy ne le debvoit faire, ausquelles il y avoit peu d'apparence, mais disoit, à la fin de son propos, que si le Roy se vouloit obliger de ne faire paix ne trefve avec ledict duc de Bourgongne, que ledict duc de Millan donnoit au Roy cent mil ducatz contans. Quant le Roy eut ouy la substance de la charge de cest ambassadeur, il le feit venir en sa presence (où il n'y avoit que moy) et luy dict en brief : « Voicy monsieur d'Argenton, qui me dict telle chose : dictes à vostre maistre que je ne veulx point de son argent, et que j'en leve, une fois l'an, trois fois plus que luy : et de la paix et de la guerre, j'en feray à mon vouloir; mais s'il se repent d'avoir laissé mon allyance pour avoir prins celle du duc de Bourgongne, je suis content de retourner comme nous estions. » Ledict am-

---

[1] Bonne de Savoie, fille de Louis, duc de Savoie et d'Anne de Lusignan. Mariée, le 9 mai 1468, à Galéas-Marie Sforza, duc de Milan, veuve le 26 décembre 1476, morte en 1485. (GUICHENON, II, 107.)

bassadeur mercia le Roy tres humblement, et luy sembla bien qu'il n'estoit point roy avaricieulx, et supplia fort au Roy qu'il voulsist faire cryer lesdictes allyances en la forme comme elles avoient esté, et qu'il avoit povoir d'obliger son maistre à les tenir. Le Roy luy acorda, et apres disner furent cryees [1] : et incontinent despescha ung ambassadeur qui alla à Millan, où elles furent cryees à grant solempnité. Ainsi voicy desja ung des heurts [2] de l'adversité, et ung grant homme mué, qui avoit envoyé une si grant et si solempnelle ambassade vers le duc de Bourgongne pour faire son allyance, n'y avoit que trois sepmaines.

Le roy René de Cecille traictoit de faire ledict duc de Bourgongne son heritier et de luy mettre Prouvence entre les mains ; et pour aller prendre la possession dudict pays, estoit allé monseigneur de Chasteau Guyon [3], qui est de present en Piemont, et aultres pour le duc de Bourgongne pour faire gens, et avoit bien vingt mil escuz contans. Dès que les nouvelles vindrent, à grant peine se peurent ilz sauver qu'ilz ne fussent prins ; et monseigneur de Bresse [4] se trouva au pays, qui print ledict argent. La duchesse de Savoye,

[1] Le traité de paix et de ligue entre Louis XI et le duc de Milan, fut conclu le 9 août 1476. (Du Mont, III, partie 1, 530.)

[2] Une des hurtes (éd. de 1525) ; une des heures (Ms. A.).

[3] Hugues de Chalon, seigneur de Chateau-Guyon et de Nozeroy, fils de Louis de Chalon, prince d'Orange et de Léonore d'Armagnac. Marié, le 24 août 1479, à Louise de Savoie, fille d'Amédée, duc de Savoie. (Guichenon, II, 136.) Mort à Nozeroy le 3 juillet 1490. (*Mémoires et Documents inédits pour servir à l'Histoire de la Franche-Comté*, II, 562.)

[4] Voyez tome 1, page 153, note 1.

dès qu'elle sceut les nouvelles de ceste bataille, les feit scavoir au roy René, excusant la chose et le reconfortant de ceste perte. Les messagiers furent prins, qui estoient Prouvenceaulx, et par là se descouvrit ce traicté du roy de Cecille avec le duc de Bourgongne. Le Roy envoya incontinent des gens d'armes pres de Prouvence, et des ambassadeurs vers le roy de Cecille pour le prier de venir, en l'asseurant de bonne chiere, ou aultrement qu'il y pourvoyeroit par force. Tant fut conduict le roy de Cecille qu'il vint devers le Roy à Lyon, et luy fut faict tres grant honneur et bonne chiere [1]. Je me trouvay present à leurs premieres parolles, à l'arrivee : et dict Jehan Cossé [2], seneschal de Prouvence, homme de bien et de bonne maison du royaulme de Naples, au Roy : « Sire, ne vous esmerveillez pas si le Roy mon maistre, vostre oncle, a offert au duc de Bourgongne le faire son heritier, car il s'en est trouvé conseillé par ses serviteurs et par especial par moy, veu que vous, qui estes filz de sa seur et son propre nepveu, luy avez faict les tors si grans que de luy avoir prins les chasteaulx d'Angiers et de Bar, et si mal traicté en tous ses aultres affaires. Nous avons

---

[1] « Le roy de Cecille appoincta, voulut et accorda avec le Roy que, après sa mort, sa comté de Provence retourneroit de plein droit au Roy et seroit unie à la couronne. Et en ce faisant, la reyne d'Angleterre, fille dudit roy de Cecille, veuve du feu roy d'Angleterre, qui estoit prisonnière au roy Edouard d'Angleterre, fut par le Roy racheptée, et pour sa rançon en fut payé au dit Edouard cinquante mille escus d'or. » (*Chronique scandaleuse*; voyez LENGLET, II, 131.)

[2] Jean, seigneur de Cossé en Anjou, conseiller et chambellan du roi René, sénéchal de Provence. (ANSELME, IV, 321.)

bien voulu mettre en avant ce marché avec ledict duc, affin que vous en ouyssiez les nouvelles, pour vous donner envie de nous faire raison, et congnoistre que le Roy mon maistre est vostre oncle; mais nous n'eusmes jamais envie de mener ce marché jusques au bout. »

Le Roy recueillit tres bien et tres saigement ces parolles, que ledict Jehan Cossé dict tout au vray (car il conduisoit bien ceste matiere), et à peu de jours de là furent ces differens bien acordez; et eut le roy de Cecille de l'argent [1], et tous ses serviteurs, et le festoya le Roy avec les dames, et le feit festoyer et traicter en toutes choses selon sa nature, le plus pres qu'il peut, et furent bons amys, et ne fut plus nouvelles du duc de Bourgongne, mais fut habandonné du roy René et renoncé de toutes parts. Voilà encores ung aultre miracle [2] de ceste petite adversité. Madame de Savoye, qui tant de long temps avoit esté estimee estre contre le Roy son frere, envoya ung messagier secret apres le seigneur de Montangis [3], lequel s'adressa à moy pour le renouveller : et allegua ses raisons pour-

---

[1] L'une des clauses des instructions données par Louis XI aux ambassadeurs chargés de traiter en son nom avec le roi René, avant l'entrevue de ces deux princes à Lyon, porte que le roi Louis XI accordera au roi de Sicile, « par chacun an durant le cours de sa vie, la somme de soixante mille francs de pension. » (LENGLET, III, 392.) Peut-être est-ce de cet argent que Commynes veut parler.

[2] Sauvage, Godefroy, Lenglet et autres éditeurs mettent : *malheur*.

[3] Deux manuscrits portent : *Montargis*; on lit dans les premières éditions et dans Sauvage : *Montaigny*.

quoy elle s'estoit separee du Roy son frere, et disoit les doubtes qu'elle avoit du Roy. Toutesfois elle estoit tres saige et vraye seur du Roy nostre maistre, et ne joingnit point franchement à se separer dudict duc ne de son amytié : et sembloit que voulsist temporiser et commencer à reprendre quelque chose avec le Roy. De l'adventure que feit ledict duc continuoit à renvoyer messaiges, que le Roy luy fust plus gracieulx. Le Roy luy feit faire par moy toutes bonnes responces, et tendoit qu'elle vint devers luy, et luy fust renvoyé son homme [1]. Ainsi, voilà une aultre des allyan-

[1] Nous avons adopté pour ce qui précède, depuis les mots *madame de Savoye...*, le texte du manuscrit A. Nous rapporterons ici celui qu'a donné Sauvage et que nous préférerions, comme beaucoup plus clair, s'il n'offrait de temps à autre des marques évidentes d'altération : « Madame de Savoye, qui long-temps avoit esté estimee estre contre le Roy son frere, envoya un messager secret, *appelé* le seigneur de Montaigny (lequel s'adressa à moy), pour *se reconcilier* avec le Roy ; et allegua les raisons pourquoy elle s'estoit separee du Roy son frere, et disoit *des* doubtes qu'elle avoit du Roy : toutefois elle estoit tres sage et vraye sœur du Roy nostre maistre, et ne joignoit pas franchement à se séparer dudict duc, ne de son amitié : et sembloit qu'elle voulsist temporiser *et attendre comme le Roy, ce qu'il seroit encor de l'adventure du dict duc. Le Roy luy fut plus gracieux que de coustume*, et lui feit faire par moy toutes bonnes responses ; *et taschoit* qu'elle vint devers luy ; et luy fut renvoyé son homme. » La première édition portait : « Madame de Savoye qui longtemps avoit esté estimee estre contre le Roy son frere, envoya ung messager secret après le seigneur de Montaigny, lequel se adressa à moy pour le renouveller, et allegua les raisons pourquoy elle s'estoit separee du Roy son frere ; et disoit des doubtes qu'elle avoit du Roy : toutefois elle estoit tres sage et vraye seur du Roy nostre maistre et ne *faignit* point franchement à se séparer dudit duc ne de son amytié. Et sembloit qu'elle voulsist temporiser et commencer à reprendre quelque chose avec le

ces dudict duc qui marchande à se despartir de luy. De tous costez, en Allemaigne, se commencerent à desclarer gens contre ledict duc : et toutes ces villes imperialles, comme Noremberg, Francfort et plusieurs aultres, s'allyerent avec ces vieilles et nouvelles allyances contre ledict duc, et sembloit qu'il y eust tres grant pardon à luy mal faire.

Les despouilles de son ost enrichirent fort ces povres gens de Suisses, qui, de prime face, ne congneurent les biens qu'ilz eurent en leurs mains, et par especial les ignorans. Ung des plus beaulx et riches pavillons du monde fut desparty en plusieurs pieces; il y en eut qui vendirent grant quantité de platz et escuelles d'argent pour deux grans blancz la piece, cuydans que ce fust estaing. Son gros diamant [1] (qui estoit ung des

---

Roy de l'adventure *qu'il fust advenue audit duc*, c'est que le Roy luy fust plus gracieux. Le Roy luy fit faire par moy toutes bonnes responses, et *pensoit* qu'elle vint devers luy. Et luy fut renvoyé son homme. »

[1] « On a réimprimé en Suisse, en 1790, un in-4° dont M. Peignot a donné un extrait dans ses *Amusemens philologiques*, et où se lit un *État de ce qui fut trouvé au camp et dans Granson, des dépouilles des Bourguignons, après la bataille*. Voici cet État :

« Cinq cents pièces de grosse artillerie, quantité de munitions, abondance de vivres.

« Quatre cents tentes appartenant au duc, de la plus grande richesse, garnies en velours et couvertes de soie; toutes portaient ses armoiries brodées en or et enrichies de perles; la plupart desquelles les Suisses gâtèrent et en firent des habits, ignorant leur valeur.

« Six cents drapeaux et étendards, partie gagnés à la bataille et partie trouvés dans des coffres ou bahuts; trois cents casques, trois cents quintaux de poudre à canon, trois mille sacs d'avoine, deux mille charrettes de guerre chargées de licous et de cordes pour penplus gros de la crestienté) où pendoit une grosse perle, fut levé par ung Suisse, et puis remis en son estuy,

dre les Suisses, deux mille barils et tonneaux de harengs et quantité d'autres poissons secs, avec chair salée, oies, poules; quantité de sucre, raisins, figues et amendes, et autres choses sans nombre; huit mille massues garnies de pointes.

« Quatre cents livres pesant d'argenterie qui fut conduite à Lucerne et partagée par les Suisses, sans ce qui en avait été enlevé, pillé et emporté par les soldats; un desquels vendit un grand bassin d'argent pesant six livres, pour deux blancs, croyant qu'il fût d'étain, n'ayant jamais ouï dire qu'il y eût des plats d'argent.

« Trois cents magnifiques services d'argent qui étaient tout entiers, et une si grande quantité d'argent monnoyé qu'il fallut le partager à plein chapeau; trois chariots chargés d'arbalètes, et un chargé de cordes pour les bander, avec trois autres remplis de draps de lit.

« Le coffre des archives du duc, son *gros diamant* (le Sancy) d'une grosseur si prodigieuse, qu'on l'estimait le plus beau qu'il y eût dans la chrétienté, enchâssé d'or et orné de deux grosses perles. Il fut premièrement trouvé par un soldat suisse, lequel l'ayant regardé comme un brimborion d'enfant, le remit dans son étui et le jeta à la voirie sous un chariot; mais peu de temps après il revint le chercher; il le vendit six blancs, valeur d'un sol de roi. Il fut vendu à un de la Côte-aux-Fées pour trois francs; puis après William de Diesbach le fit acheter pour 5,000 florins de Rhin et 400 qu'il donna pour la peine du racheteur; ensuite M. de Diesbach le vendit pour la quatrième fois 7,000 florins de Rhin à un joaillier genevois, lequel en eut 11,000 ducats du duc de Milan, qui le vendit pour la sixième fois 20,000 ducats, afin d'en orner la triple couronne du pape Jules.

« Le chapelet ou pater du duc de Bourgogne, où les apôtres étaient représentés en or massif.

« L'épée du duc Charles, en laquelle étaient enchâssés sept gros diamants et autant de rubis; avec quinze perles de la grosseur d'une fève, de la plus belle eau; cent soixante pièces de drap d'or et de soie; en outre plusieurs reliques richement enchâssées qui ne peuvent se nombrer; sa chaise dorée, et son cachet d'or pesant une livre; le cachet de son frère Antoine, le bâtard, que **MM.** de Bâle ont entre leurs mains; deux grosses perles enchâssées en or, de la grosseur d'une

puis regecté soubz ung chariot, puis le revint querir, et l'offrit à ung prestre pour ung florin. Cestuy là l'envoya à leurs seigneurs, qui luy en donnerent trois francz. Ilz gaignerent trois balletz pareilz, appellez les trois Freres, ung aultre grant ballet appellé la Hatte, ung aultre appellé la balle de Flandres (qui estoient les plus grans et les plus belles pierres que l'on eut sceu trouver), et d'aultres biens infinis, qui, depuis, leur ont bien donné à congnoistre que l'argent vault : car les victoires et estimations en quoy le Roy les mit

noisette chacune, appelée l'une l'*incomparable* et l'autre la *ramasse de Flandre.* »

« On annonçait dernièrement dans les journaux russes et dans la *Chronique de Paris* (mai 1835), que le grand-veneur prince Demidoff venait d'acheter le Sancy, 500,000 francs. Ce diamant, ajoutait-on, pèse 53 grains ¼.

« La livraison de mai 1835, de *l'Artiste*, publié à Bruxelles, offre une copie lithographiée d'une estampe représentant le chapeau ducal que Charles perdit à Granson. Cette gravure orne l'histoire de la maison de Habsburg et d'Autriche par Jean-Jacques Fugger, seigneur de Kirchberg-Weissenhorn, et conseiller des empereurs Charles-Quint et Ferdinand. Le chapeau, que le grand-oncle de l'auteur de cette histoire acheta des Suisses avec plusieurs joyaux de grand prix, était de velours jaune et de la façon des chapeaux italiens du XVIe siècle. Le bord était d'une largeur moyenne; la forme, ronde et haute, portait au sommet un rubis oblong qui, enchâssé dans un chaton d'or, se terminait en pointe. Au-dessus du bord, autour de la forme, régnait un cercle d'or pommeté et garni de saphirs et de rubis tous également riches, et de trois grosses perles orientales. On y voyait en outre un grand nombre de perles plus petites. Sur le devant de la forme il y avait un porte-aigrette d'or, orné de diamans, de perles et de rubis, d'où sortaient deux plumes, l'une rouge et l'autre blanche et toutes deux semées de perles. » (BARANTE, *Histoire des ducs de Bourgogne*, édition de M. de REIFFENBERG, VIII, 225, note 2.)

des lors et les biens qu'il leur a faictz, leur ont faict recouvrer infiny argent.

Chascun ambassadeur des leurs, qui vint devers le Roy à ce commencement, eut grans dons de luy en argent ou en vaisselle : et par ce moyen les contentoit de ce qu'il ne s'estoit desclaré pour eulx, et les renvoyoit les bourses pleines et revestuz de draps de soye, et se print à leur promettre pension, qu'il paya bien depuis; mais il veit la seconde bataille avant, et leur promit quarante mil florins de Rin tous les ans, les vingt mil pour les villes ¹, et les aultres vingt mil pour les particuliers qui avoient le gouvernement desdictes villes. Et ne pense point mentir de dire que je croy que, depuis ceste premiere bataille de Granson jusques au trespas du Roy nostre dict maistre, lesdictes villes et particuliers desdictz Suisses ont amendé de nostre Roy de ung million de florins de Rin. Et n'entens de villes que quatre : Berne, Lucerne, Fribourg, Surich et leurs quantons, qui sont leurs montaignes. Suisse ² en est ung, qui n'est que ung villaige (j'en ay veu l'ad-

---

¹ L'abbé Legrand avait recueilli et Lenglet a publié (III, 379) un *Rolle aresté à Bern, le 5 avril 1475, par Gervais Faur, commissaire du Roy, et Nicolas Diesbach, advoyer de Bern, de la distribution de vingt mille livres de pension accordez par le Roi aux ligues suisses, outre vingt mille florins du Rhin, portez par le traité de 1474* : « Desquels vingt mille francs, est-il dit dans l'acte, n'est besoin faire aucune publication, mais le tenir secret. » Sur cette somme, neuf mille livres étaient réservées pour des particuliers de Berne, Lucerne et Zurich dénommés au rôle : le surplus étant réparti entre ces trois villes de la manière suivante : « Pour MM. de Bern, 6,000 liv.; pour MM. de Luzerne, 3,000 liv.; pour MM. de Zurich, 2,000 liv. »

² Schwitz.

voué [1], ambassadeur avec les aultres, en bien humble habillement, et disoit il son oppinion comme les aultres) [2]; Claris et Audreval [3] sont les aultres quantons.

CHAPITRE III.

Comment les Suisses deffirent en bataille le duc de Bourgongne pres de la ville de Morat.

Pour revenir audict duc de Bourgongne, il ramassoit gens de tous costez, et en trois sepmaines s'en trouva si grant nombre que le jour de la bataille. Il avoit sejourné à Losanne [4] en Savoye, où vous, monseigneur de Vienne [5], le servistes de bon conseil en une grant malladie [6] qu'il eut de douleur et de tristesse de ceste honte qu'il avoit receue; et à dire la verité, je croy que jamais depuis il n'eut l'entendement si bon qu'il avoit eu au-

---

[1] L'avoyer.

[2] La deuxième édition porte : « J'en ay eu *la vue*, ambassadeur avec aultres... » Sauvage, suivi par Godefroy et Lenglet, refait, suivant son habitude, la phrase qu'il ne trouve pas claire, et imprime : « J'en ay veu *de ce village ung, estant* ambassadeur avec autres, en bien humble habillement *qui néantmoins* disoit comme les autres son *advis* : Soleurre et Ondreval *s'appellent* les autres cantons. » Le texte que nous adoptons est fourni par le manuscrit A.

[3] *Glaris* et *Underwald*.

[4] Le duc coucha dans cette ville le 29 avril 1476 : il y resta jusqu'au 27 mai suivant. (Lenglet, II, 219.) Selon Molinet le séjour du prince à Lausanne se prolongea jusqu'au 3 juin. Voyez ci-dessous, la note 6.

[5] Voyez tome I, page 1, note 1.

[6] « Il fut malade en la cité de Losenne, où madame de Savoye, son jeune fils le duc, et les enfans d'icelle le vindrent veoir à grand triomphe; et quant il fut au retour de sa maladie, il se partit le troisieme jour de juing, an mille quatre cents soixante-seize. » (Molinet, I, 199.)

paravant ceste bataille. De ceste grant assemblee et nouvelle qu'il avoit faicte, j'en parle par le rapport de monseigneur le prince de Tarente [1], qui le compta au Roy en ma presence. Ledict prince, environ ung an avant, estoit venu devers ledict duc tres bien accompaigné, esperant d'avoir sa fille et seulle heritiere, et sembloit bien filz de Roy, tant de sa personne que de son acoustrement et compaignie; et le roy de Naples [2], son pere, monstroit bien n'y avoir riens espargné. Toutesfois ledict duc avoit dissimulé ceste matiere, et entretenoit pour lors madame de Savoye pour son filz et aultres [3]. Pour ledict prince de Tarente, appellé dom Federic d'Arragon, mal content des delayz et aussi ceulx de son conseil, envoyerent devers le Roy ung officier d'armes bien entendu qui

---

[1] La principauté de Tarente, réunie dès 1463 au domaine du roi de Naples, après la mort de Jean-Antoine Orsino (SUMMONTE, III, 393), ne fut donnée qu'en 1485, sur la demande des barons révoltés, à Frédéric d'Aragon, second fils du roi Ferdinand Ier. (MURATORI, XXIII, 237. AB; J. ALBINO, 308.) Toutefois, avant cette possession *effective*, Frédéric paraît avoir joui de la possession *nominale* de ladite principauté : du moins des lettres patentes du roi Louis XI, datées de Landes le 5 décembre 1479 (*Archives du royaume, mémoriaux de la Chambre des Comptes*, registre P-Q., fol. 91.) lui donnent-elles le titre de prince de Tarente, qu'il ne prenait point encore lors de son mariage avec Anne de Savoie. (*Tiltres justificatifs du droict.... en la succession.... de Frédéric d'Aragon*, p. 48.) Ce prince monta depuis sur le trône de Naples, en 1496, et mourut le 9 novembre 1504. (*Art de vérifier les dates*, III, 849.)

[2] Ferdinand Ier, fils naturel d'Alphonse, roi de Naples, succéda à son père en 1458. Mort le 25 janvier 1494. (*Art de vérifier les dates*, III, 846.)

[3] Voyez tome I, page 217, note 2.

vint supplier au Roy donner ung sauf conduict audict prince pour passer par le royaulme et retourner vers le Roy son pere, lequel l'avoit mandé. Le Roy l'octroya tres voulentiers, et luy sembloit bien que c'estoit la division du credit et renommee dudict duc de Bourgongne. Toutesfois, avant que le messagier fust de retour, estoient ja assemblees toutes les ligues d'Allemaigne et logiees aupres dudict duc de Bourgongne.

Ledict prince print congié dudict duc le soir devant la bataille [1], en obeyssant au mandement du Roy son pere, car à la premiere bataille s'estoit trouvé comme homme de bien. Aussi disent aucuns qu'il usa de vostre conseil, monseigneur de Vienne : car je luy ay ouy dire et tesmoigner, quant il fut arrivé devers le Roy, et au duc d'Astolly [2], appellé le conte Julio, et à plu-

---

[1] Le 21 juin 1476.

[2] Chacun de nos manuscrits nous fournit une orthographe différente pour le nom de ce duché : nous y lisons *Dastal*, *Destal*, *Dastolly*. La première édition porte *Dastolly*. Nous admettrions, avec Sauvage et ses successeurs, le mot *Ascoli*, si Commynes n'ajoutait que le possesseur de ce duché s'appelait *le conte Julio*. Or le duché d'Ascoli appartenait, en 1476, à *Orso Orsino*, mort à Viterbe le 5 juillet 1479, laissant deux fils naturels en bas âge, *Raimond* et *Robert*, que le duc de Calabre dépouilla six ans plus tard de l'héritage paternel. (Summonte, III, 497.) Il est bien vrai qu'alors, en 1485, le roi de Naples traitant avec les Orsini, au nombre desquels était un *Giulio*, leur donna les comtés de Nola, de la Tripalda, de San-Valentino, et *Ascoli* (Muratori, XXIII, 237, BC.); mais ils prirent possession de tous ces domaines, *sauf Ascoli*, que tenait César Pignatelli. (Id., *ib.*, 238, BC.) Nous pensons que le personnage dont il est ici question est Giulio-Antonio Acquaviva, comte de San-Flaviano, duc d'*Atri*, homme d'État et guerrier célèbre, connu dans l'histoire de Naples sous le nom de *comte Giulio*. Le duc d'Atri avait été choisi par le roi Ferdinand Ier

sieurs aultres, que la premiere et seconde bataille vous en avez escript en Italie, et dict ce qui en advint plusieurs jours avant qu'elles fussent faictes [1]. Comme j'ay dict, au partement dudict prince estoient logiees toutes ces allyances assez pres dudict duc, et venoient pour le combattre à l'heure du siége qu'il avoit devant Morat [2], petite ville pres de Berne, qui appartenoit à monseigneur de Romont. Lesdictz allyez, comme il me fust dict par ceulx qui y estoient, povoient bien estre trente mil hommes de pied bien choisis et bien armez, onze mil picques, dix mil hallebardes, dix mil couleuvrines [3] et quatre mil hommes de cheval. Les-

---

pour servir de guide et de conseil au prince Frédéric d'Aragon, lors du voyage de ce dernier à la cour du duc de Bourgogne. Il mourut, en combattant les Turcs qui avaient envahi le duché d'Otrante, le 6 février 1481. (ZAZZERA, 9; J. ALBINO, 181.) Sa perte fut très-sensible au Roi : « *Questa cosa tanto dispiace et grava a la maestà del S. Re*, écrivait Éléonore d'Aragon, duchesse de Ferrare, *per essera quello conte Julio, il più reputato capitanio che forse havesse, che non lo potria scrivere.* » (J. ALBINO, 182.)

[1] Angelo Catto, comme nous l'avons dit ailleurs (tome I, page 1, note 1), passait pour prédire l'avenir.

[2] « Ladite ville de Morat est en pendant du lès devers le lac de Nœufchastel, forte assez et bien muree; et avoit lors un boluwert dehors la ville qui battoit au long des fossés, par qui les Bourguignons estoient fort adommagés. Icelle estoit garnie de seize à dix-huit cents hommes de guerre, pourveue d'artillerie et traict à pouldre à volonté. Le lendemain, le duc approcha près de la ville, à demi traict d'arc, et estoit sa maison de bois sur une aultre montaigne; et son avant-garde de cinq à six mille hommes, tant de cheval que de pied, estoit logee à un traict d'arc près de la ville. » (MOLINET, 1, 199.)

[3] Daniel, qui cite ce passage de Commynes, dit : « Il est manifeste que par ce mot de couleuvrines, il n'entendoit pas ces longs et gros canons ausquels on donne aujourd'hui le nom de couleuvrines; mais des

dictes allyances n'estoient point encores toutes assemblees, et ne se trouva à la bataille que ceulx dont j'ay parlé, et souffisoit bien. Monseigneur de Lorraine [1] y arriva à peu de gens, dont fort bien luy en print depuis, car ledict duc de Bourgongne tenoit lors toute sa terre.

Au duc de Lorraine print bien de ce que on s'ennuyoit de luy en nostre cour, et croy bien qu'il n'en sceut jamais la verité; mais quant ung grant homme a tout perdu le sien, il ennuye le plus souvent à ceulx qui le soustiennent. Le Roy luy avoit donné ung petit d'argent [2], et le feit conduire avec bon nombre de gens d'armes au travers du pays de Lorraine, lesquelz le misrent en Allemaigne, et puis retournerent. Ledict seigneur n'avoit pas tant seullement perdu son pays de Lorraine, la conté de Vaudemont et la pluspart de Barrois, le demourant le Roy le tenoit : ainsi ne luy estoit riens demouré. Et, qui pis estoit, tous ses subjectz avoient faict serment audict duc de Bourgongne, et sans contraincte, et jusques aux serviteurs de sa

---

armes assez légères pour être portées à la main, ou être mises sur de très-petits affûts que l'on manioit et que l'on retournoit avec la main. » (II, 443.)

[1] Voyez tome I, page 322, note 1.

[2] « Regnier de Lorraine, fort mal patient au duc de Bourgoingne, qui lui occupoit sa ducé, se tira à refuge vers le roy Loys estant à Lion, lui suppliant avoir secours pour recouvrance de son héritage. Le roy aulcunement sachant le reboutement du duc Charles devant Granson, pensant que une male fortune ne venoit seule et que pire lui adviendroit, se inclina legierement à lui donner subside, nonobstant les tresves ; et à tout ce que le duc Regnier peult avoir de gens, se vint joindre avec les Suisses. » (MOLINET, I, 200.)

maison : parquoy sembloit qu'il y eut peu de ressource en son faict. Toutesfois Dieu demoure tousjours le juge pour determiner de telles causes quant il luy plaist.

Apres que le duc de Lorraine fut passé, comme j'ay dict, et quant il eut chevaulché aucuns jours, il arriva vers lesdictes allyances [1], peu d'heures avant la ba-

[1] « Le neuvième jour de juing,... le duc Charles se logea à l'entour de Morat : douze mille des siens ordonnés par le seigneur de Romont, tenoient devers Bize, et quarante mill (aulcuns disent cinquante, voir plus), tenoient les autres parts, machillants comme garibels [1] tout le pays. Le duc faict dire à ceulx de Morat de se rendre, et ne reçoit que desdain du brave chevalier Adrian de Boubenberg, qui dedans tenoit avecque douze cent bons compaignons de Berne et de Freybourg, respondant ledict chevalier, que le deloyal devant Grandson fiance n'auroit devant Morat. Incontinent fait rage une formilliere de canons du Bourguignon, et par sept jours de batteries cuidant avoir fracassé bastant et appert passaige aux siens, ordonne le duc Charles un furieux assault, et là perdent vie sept cent Bourguignons sans nul proffict. Messieurs des alliances diligentoient de parassembler leurs gens, à celle fin ne faillir à ceulx de Morat, ainsi et comme miserablement estoit advenu aux assaillis de Grandson : touts que deçà que delà arrivent es environs de Guemine, là où de bon cœur et grande allegresse courrent aussy les nostres grandement requis par ceulx de Bern et Solleure, la bandiere du seigneur conte Rodolphe conduite par Jacques de Cleron, celle de la ville par le banderet Varnoud, celle de M. de Valengin par le bastard d'Arberg, et celle de Landeron par son vaillant banderet, comportant les dictes quatre bandieres mill, voir un peu plus, de la Conté. Le seigneur duc de Lorraine, que grande haine et vindication portoit au duc Charles, ayant ouy ce que les ligues deliberoient faire, et s'éjouissant d'estre tesmoing, chevaucha de jour, de nuit avecque cinq cent des siens, nobles féotiers et gens de cheval : si vint tont à point; jà rangeoit on les batailles, et comportoit l'ost des ligues bien quarante mill, tant gens de piques et couleuvrines que de cheval. Et le vingt et deuxième jour de juing à l'aube (après proster-

[1] Urbecs ou beches, scarabées destructeurs de la vigne.

taille, et avec peu de gens, et luy porta ce voyaige grant honneur et grant prouffit [1] : car si aultrement

nation et invocation à genoux reclamant divine assistance), messieurs des ligues descendent de Guemine en deux parts, une court dessus le seigneur de Romont et du premier coup le déloge, tant et si bien le déchasse que sembloient ils ces pauvres Bourguignons bestail épevanté par le loup : l'autre bataille des ligues (icelle estoit la plus grosse et nos gens dedans) marche droit devers l'ost du duc de Bourgogne, là où se trouvent touts ses plus vaillants chevaliers féotiers et gens d'armes bien gardés tout alentour par le charrois, fortes hayges bardees de gros pals et cent et cent canons faisant rage et batteries de çà de là; tels fourmidables empeschements ne peuvent rendre froids messieurs des ligues, ains les bandieres de Berne et de Fribourg, criant « Grandson! Grandson! » sautent les premiers par travers canons, hayges, pals et charrois, en telle maniere que l'huis est incontinent appert aux aultres. A ce coup cuident certaines grandes et superbes bandes combastre et faire chaudes charges; mais les ligues se ruent dessus, criant de plus fort « Grandson! Grandson! » taillant, despechant touts ces reluisants chevaliers sans bailler marcy ni remission à nul. Ceulx de Morat en la mesme heure font entiere et rude saillie, conduicts par le vaillant Boubenberg : si advint tuerie non pareille, et ne voyoit on que Bourguignons despechés et gysants par touts lieugx à l'entour, non comprins tant et tant jettés, voir estoufés par chassement dedans le lac. Le malfortuné Charles se saulva quasi seul tout d'une boutee, sans virer face, jusques à sainct Claude : tant et si grande fut la déconfiture des siens en illec jour, que sembloit il à messieurs les ligues n'avoir fait es champs de Grandson que petits jeux d'enfants; trépasserent pour le fin moins douze cent chevaliers et hauts féotiers du duc de Bourgogne, ensemble bien dix mill aultres gens de pied et de cheval (aulcuns disent quinze voir vingt mill, si faut-il se contenter de dix mill), certes ce semble estre bastante icelle legende, voir jà trop lamentable en la chrestienté. Petite fut la perte des ligues : cent et trente laisserent vie en l'assault des pals et canons; d'aultre part les couleuvrinades et bateries ferirent de loing deux cent et octante, quasi touts de Berne et de Fribourg. » (*Chronique de Neuchastel*, 396-398.)

[1] « Le duc René de Lorraine.... loué des siens et fort honnoré....

[1476] LIVRE V, CHAPITRE III.

en fust allé, il eust trouvé peu de recueil. Sur l'heure qu'il fut arrivé, marcherent les batailles d'ung costé et d'aultre : car lesdictes allyances avoient ja esté logiees trois jours ou plus aupres du duc de Bourgongne, en lieu fort. A peu de deffence fut desconfit ledict duc et mis en fuyte [1], et ne luy print point comme de la bataille precedente, où il n'avoit perdu que sept hommes d'armes, et cela advint pource que lesdictz Suisses n'avoient point de gens de cheval; mais à ceste heure cy dont je parle, qui fust pres de Morat, y avoit de la part desdictes allyances quatre mil hommes de cheval, bien montez, qui chasserent tres loing les gens dudict duc de Bourgongne, et si joingnirent leur bataille à pied avec les gens de pied dudict duc, qui en avoit largement : car, sans ses subjectz et aucuns Anglois qu'il avoit et en bon nombre, il luy estoit venu de nouveau beaucoup de gens du pays de Piemont et aultres des subjectz du duc de Millan, comme j'ai dict :

pour retribution du service qu'il avoit fait aux Suisses, iceulx Suisses lui donnerent le parc et les despouilles des Bourguignons tels qu'il trouva sur le champ. » (MOLINET, I, 204.)

[1] « Le samedi 22 juin 1476 (*Chronique scandaleuse*; voyez LENGLET II, 133) on creusa auprès de Morat une immense fosse; on y jeta les cadavres en les recouvrant de chaux vive. Quatre années après, lorsque les corps furent consumés, une chapelle fut construite où l'on entassa les ossements retirés de la fosse. Elle se nommait communément l'ossuaire des Bourguignons; on y lisait l'inscription suivante : *Deo optimo maximo. Inclyti et fortissimi Burgundiæ ducis exercitus, Moratum obsidens, ab Helvetiis cæsus, hoc sui monumentum reliquit.* » (BARANTE, édit. de M. DE REIFFENBERG, VIII, 261.) « En 1822, on y a érigé un bel obélisque en pierre dans une situation magnifique, et qui domine tout le lac. » (*Dictionnaire géographique*.)

et me dict ledict prince de Tarente, quant il fut arrivé devers le Roy, que jamais n'avoit veu si belle armee, et qu'il avoit compté et faict compter l'armee en passant sur ung pont, et y avoit bien trouvé vingt et trois mil hommes de soulde, sans le reste qui suivoit l'armee et qui estoit pour le faict de l'artillerie. A moy me semble ce nombre tres grant, combien que beaucoup de gens parlent de milliers, et font les armees plus grosses qu'elles ne sont, et en parlent legierement.

Le seigneur de Contay, qui arriva vers le Roy tost apres la bataille, confessa au Roy, moy present, que en ladicte bataille estoient mors huict mil hommes [1] du party dudict duc, prenans gaiges de luy et d'aultres menues gens assez. Et croy, à ce que j'en ay peu entendre, qu'il y avoit bien dix huict mil personnes [2] en tout : et estoit aysé à croire, tant pour le grant nombre de gens de cheval qu'il y avoit, que avoient plusieurs seigneurs d'Allemaigne, que aussi pour ceulx qui estoient encores au siege devant ledict Morat. Le duc fuyt jusques en Bourgongne, bien desolé, comme

---

[1] Il mourut « jusques au nombre de six à sept mille personnes. » (MOLINET, I, 204.) « En la desconfiture moururent vingt-deux mille sept cens hommes.... par le rapport fait des herauts et poursuivans. » (*Chronique scandaleuse*; voyez LENGLET, II, 133.)

[2] « Le vieil exemplaire met, *personnes mortes en tout*; mais mortes y semble estre adjousté d'autre main : et aussi le passage seroit fort difficile à entendre, combien que le traducteur en italien le porte ainsi semblablement. » (Note de SAUVAGE.) « Le manuscrit de saint Germain met tout d'une même main : *dix-huit mille personnes morts en tout.* » (Note de LENGLET.)

raison estoit, et se tint en ung lieu appellé la Riviere¹, où il rassembloit des gens ce qu'il povoit. Les Allemans ne chasserent que ce soir, et puis se retirerent sans marcher apres luy.

CHAPITRE IV.

Comment apres la bataille de Morat, le duc de Bourgongne se saisit de la personne de Madame de Savoye : et comment elle en fut delivree, et renvoyee en son pays par le moyen du Roy.

Ceste adventure desespera fort ledict duc, et luy sembla bien que tous ses amys l'habandonnoient, aux enseignes qu'il avoit veues desja à sa premiere perte de Granson, dont il n'y avoit que trois sepmaines ² jusques à celle dont je parle. Et pour ces doubtes, par le conseil d'aucuns, il feit amener par force la duchesse de Savoye en Bourgongne, et ung de ses enfans, qui aujourd'huy est duc de Savoye ³. L'aisné ⁴ fut sauvé par aucuns serviteurs de ceste maison de Savoye, car ceulx qui feirent ceste force, la feirent en craincte, et furent contraincts de se haster. Ce qui feit faire cest exploict audict duc, fut de paour qu'elle

¹ Petite ville située dans le département du Doubs, arrondissement de Pontarlier. Le duc « alla coucher le 22 juillet à la Riviere. » (LENGLET, II, 220.)

² Il y avait trois mois et neuf jours, la déroute de Grandson ayant eu lieu le 3 mars (voyez ci-dessus page 10, note 1), et celle de Morat le 22 juin suivant.

³ Charles Iᵉʳ, né le 29 mars 1468, succèda en 1482 à Philibert, son frère. Marié à Blanche de Monferrat. Mort le 13 mars 1489. (v. s.). (GUICHENON, II, 149-156.)

⁴ Philibert. Voyez tome I, page 267, note 2.

ne se retirast devers le Roy son frere : disant que pour secourir la maison de Savoye luy estoit advenu tout ce mal. Ledict duc la feit mener au chasteau de Rouvre [1], pres Dijon, et y avoit quelque peu de garde ; toutesfois il l'alloit veoir qui vouloit [2], et entre les autres y alloit monseigneur de Chasteau Guyon et le marquis de Rotelin [3] qui sont aujourd'huy, desquelz deux ledict duc avoit traicté le mariaige avec deux filles de ladicte duchesse, combien que lors lesdictz mariaiges ne fussent point acomplis, mais ilz l'ont esté depuis. Son filz aisné, appellé Philibert, lors duc de Savoye, fut mené à Chambery par ceulx qui le sauverent [4] : auquel lieu

---

[1] Situé dans le département de la Côte-d'Or, canton de Dijon. Olivier de La Marche fut chargé de cette expédition et ne la fit, dit-il (II, 417, 418), que pour sauver sa vie : « Car le duc, mon maistre, estoit tel, qu'il vouloit que l'on fist ce qu'il commandoit, sur peine de perdre la teste.... Et pri madame de Savoye et ses enfans, au plus pres de la porte de Geneve ; mais le duc de Savoye me fut derobé.... Et portoye madame de Savoye derriere moi, et la suyvirent ses deux filles, et deux ou trois autres de ses damoiselles : et prismes le chemin de la montaigne, pour tirer à Sainct-Claude. J'estoye bien asseuré du second fils, et le faisoye porter par un gentilhomme.... Passasmes la montaigne à la noire nuict et vinsmes à ung lieu que l'on appelle Myjou, et de là à Sainct-Claude : et devez scavoir que le duc fit très mauvaise chere à toute la compaignie et principalement à moy : et fu en danger de ma vie, pour ce que je n'avoye point amené le duc de Savoye.... Toutefois je menay madame de Savoye apres luy (le duc de Bourgogne), qui ordonna qu'on l'amenast au chasteau de Rochefort : et de là fut mence à Rouvre, en la duché de Bourgogne. »

[2] Voyez ci-dessus, page 16, note 2.

[3] Voyez tome I, page 24, note 4.

[4] « Geoffroi, seigneur de Riverol, gentilhomme piémontais, son gouverneur, l'enleva des mains de ceux qui s'en étaient saisis. Louis

se trouva l'evesque de Geneve¹, filz de la maison de Savoye, qui estoit homme tres vouluntaire et gouverné par ung commandeur de Ranvers². Le Roy feit traicter avec ledict evesque et son gouverneur, commandeur de Ranvers, en maniere qu'ilz mirent entre les mains dudict seigneur le duc de Savoye et ung petit frere³, appellé le Prothonotaire, avec le chasteau de Chambery et celluy de Montmeillan⁴ : et luy garda ung aultre chasteau où estoient toutes les bagues de madame de Savoye.

Au plustost que ladicte duchesse se trouva à Rouvre, comme j'ay dict, acompagnee de toutes ses femmes et largement serviteurs, et qu'elle veit ledict duc bien

de Villette, gentilhomme savoisien, sauva aussi Jacques-Louis de Savoie son frère. » (GUICHENON, II, 142.)

¹ Voyez tome I, page 153, note 2.

² Tous les précédents éditeurs ont imprimé *Rodes*, au lieu de *Ranvers* qu'on lit dans le manuscrit A. C'est donc à eux seuls qu'il faut imputer l'erreur que Guichenon attribue à Commynes. Jean de Montchenu, commandeur de Saint-Antoine de Ranvers (GUICHENON, II, 140), devint évêque d'Agen en 1477, puis de Vivier en 1478. (*Gallia christiana*, II, 928 C.)

³ Jacques-Louis de Savoie, comte de Genève et marquis de Gex. Mort à Turin le 27 juillet 1485, sans laisser d'enfant de Louise de Savoie sa femme, fille unique de Janus de Savoie, comte de Genève. (GUICHENON, II, 133.) Il fut enlevé par le seigneur de Villette. Voyez ci-dessus, page 34, note 4. Guichenon ne fait aucune mention de ce titre de *protonotaire*.

⁴ L'évêque de Genève étant venu en Savoie contraignit George, seigneur de Menthon, qui était gouverneur de Montmeillan, de lui rendre la place, où il trouva tout le trésor et les joyaux de la régente : c'est ce que Philippe de Commynes a remarqué quand il dit que l'évêque de Genève *garda ung aultre chasteau où estoient toutes les bagues de madame de Savoye*. » (GUICHENON, II, 143.)

empesché à rassembler gens, et que ceulx qui la gardoient n'avoient pas la craincte de leur maistre qu'ilz avoient acoustumé d'avoir, elle se delibera d'envoyer devers le Roy son frere pour traicter appoinctement et pour le supplier qu'il la retirast. Toutesfois elle estoit en grant craincte de tomber soubz sa main, n'eust esté le lieu où elle se veoit, car la hayne avoit esté moult grande et longue entre ledict seigneur et elle. Il vint de par ladicte dame ung gentilhomme de Piemont, appellé Riverol[1], son maistre d'hostel, lequel par quelcun fut adressé à moy. Apres l'avoir ouy et dict au Roy ce qu'il m'avoit dict, ledict seigneur l'ouyt; et apres l'avoir ouy, luy dict que à tel besoing ne vouldroit faillir à sa seur, nonobstant leurs differens passez, et que si elle se vouloit fier à luy, qu'il la feroit envoyer querir par le gouverneur de Champaigne, pour lors messire Charles d'Amboise, seigneur de Chaulmont[2].

Ledict Riverol print congié du Roy et alla vers sa maistresse à tres grant haste. Elle fut joyeuse de ceste nouvelle; toutesfois elle renvoya encores ung homme, incontinent qu'elle eut ouy le premier, suppliant au Roy qu'il luy donnast seureté qu'il la laisseroit aller en Savoye, et qu'il luy rendroit le duc son filz et

---

[1] Geoffroy de Riverol, des comtes de Saint-Martin. Marié à Marie de Savoie, fille de François de Savoie, chevalier, seigneur de Raconis et de Pancalier. (GUICHENON, 1115, PREUVES.) La duchesse avait primitivement envoyé au Roi son secrétaire, Cavorret, que Louis XI avait fait arrêter parce qu'il était vêtu à la Bourguignone. (GUICHENON, II, 143.)

[2] Voyez tome I, page 52, note 2.

l'aultre petit, et aussi les places, et qu'il ayderoit à la maintenir en son auctorité en Savoye, et, de sa part, elle estoit contente de renoncer à toutes allyances et prendre la sienne. Ledict seigneur luy bailla tout ce qu'elle demandoit, et incontinent envoya ung homme expres vers ledict seigneur de Chaulmont pour faire l'entreprinse [1], laquelle fut bien faite et bien executee: et alla ledict seigneur de Chaulmont avec bon nombre de gens jusques à Rouvre, sans porter dommaige au pays, et amena madame de Savoye et tout son train en la plus prouchaine place en l'obeyssance du Roy. Quant ledict seigneur despescha le derrenier messagier de ladicte dame, il estoit jà party de Lyon, où il s'estoit tenu par l'espace de six moys pour saigement demesler les entreprinses du duc de Bourgongne, sans rompre la trefve. Mais à bien congnoistre la condition dudict duc, le Roy luy faisoit beaucoup plus de guerre en le laissant faire et luy sollicitant ennemys en secret, que s'il se fust desclaré contre luy : car dès que ledict duc eust veu la desclaration, il se fust retiré de son entreprinse, et tout ce qui luy advint ne luy fust point advenu.

Le Roy, en continuant son chemin au partir de Lyon, se mit sur la riviere de Loire à Rouanne, et vint à Tours. Dès ce qu'il y fut, il sceut la delivrance

---

[1] « Fut pratiqué devers le roy de France d'envoyer querir sa sœur, ce qu'il fit; et y envoya deux cens lances qui eurent entendement au chasteau : et par ce moyen fut la duchesse de Savoye recousse de la main de monsieur de Bourgongne. » (OLIVIER DE LA MARCHE, II, 418.)

de sa seur, dont il fut tres joyeulx, et manda dilligemment qu'elle vinst devers luy, et ordonna de sa despence en chemin. Quant elle arriva, il envoya largement gens au devant d'elle, et luy mesmes l'alla recueillir à la porte du Plessis du Parc, et luy feit tres bon visaige, en luy disant : « Madame la bourguignone, vous soyez la tres bien venue. » Elle congneut bien à son visaige qu'il ne se faisoit que jouer, et respondit bien saigement qu'elle estoit bonne francoise, et preste d'obeyr au Roy en ce qu'il luy plairoit luy commander. Ledict seigneur l'amena en sa chambre, et la feit bien traicter. Vray est qu'il avoit tres grant envie d'en estre despesché. Elle estoit tres saige, et s'entrecongnoissoient bien tous deux, et desiroit encores plus son partement.

J'euz la charge du Roy de ce qui estoit à faire en ceste matiere. Premier, de trouver argent pour son deffroy et pour s'en retourner, et des draps de soye : et de faire mettre par escript leur allyance et forme de vivre pour le temps advenir. Le Roy la voulut desmouvoir du mariaige (dont j'ay parlé[1]) de ses deux filles; mais elle s'en excusoit sur les filles, lesquelles y estoient obstinees : et, à la verité, elles n'y estoient point mal. Quant ledict seigneur congneut leur vouloir, il se y consentit; et apres que ladicte dame eut esté audict lieu du Plessis sept ou huict jours, le Roy et elle feirent serment ensemble d'estre bons amys pour le temps advenir, et en furent baillees lettres[2]

---

[1] Voyez ci-dessus, page 54.

[2] Elles sont datées du 2 novembre 1476. Le Roi s'engageait à défen-

d'ung costé et d'aultre : et print congié ladicte dame du Roy, qui la feit bien conduire jusques chez elle, et luy feit rendre ses enfans et toutes ses places et bagues, et tout ce qui luy appartenoit. Tous deux furent bien joyeulx de despartir l'ung de l'aultre, et sont demourez depuis comme bon frere et bonne seur, jusques à la mort.

CHAPITRE V.

Comment le duc de Bourgongne se tint quelques sepmaines comme solitaire : et comment ce pendant le duc de Lorraine recouvra sa ville de Nancy.

Pour continuer mon propos, fault parler du duc de Bourgongne, lequel, apres la fuyte de ceste bataille de Morat (qui fut en l'an mil quatre cens septante six), s'estoit retiré à l'entree de Bourgongne, en ung lieu appellé la Riviere, auquel lieu il sejourna plus de six sepmaines, ayant encores cueur de rassembler gens. Toutesfois il y besongnoit peu et se tenoit comme solitaire, et sembloit plus qu'il le feist par obstination que aultrement, comme vous entendrez : car la douleur qu'il eut de la perte de la premiere bataille de Granson fut si grande, et luy troubla tant les esperits, qu'il en tomba en grant malladie [1]. Et fut telle que, sa colere et chaleur naturelle estant si grande qu'il ne beuvoit point de vin, mais le matin beuvoit ordinaire-

dre sa sœur, et à la soutenir, elle et son fils, contre le duc Charles de Bourgogne (SALAZARD, IV, CCCLXV, PREUVES.)

[1] Voyez ci-dessus, page 24, note 5.

ment de la tisanne, et mangeoit de la conserve de roses pour soy rafreschir, ladicte tristesse mua tant sa complexion, qu'il luy falloit faire boire le vin bien fort sans eaue; et pour luy faire retirer le sang au cueur, mettoient des estouppes ardentes dedans des ventouses, et les luy passoient en ceste chaleur à l'endroict du cueur. Et de ce propos vous, monseigneur de Vienne, en scavez plus que moy, comme celluy qui aydastes à le penser en ceste malladie, et luy feites faire la barbe, qu'il laissoit croistre [1]; et, à mon advis, oncques puis ladicte malladie ne fut si saige que auparavant, mais beaucoup diminué de son sens.

Et telles sont les passions de ceulx qui n'eurent jamais adversité et ne scavent trouver nulz remedes, et par especial les princes orgueilleux : car, en ce cas et en semblables, le premier refuge est retourner à Dieu et penser si en riens on l'a offensé, et se humilier devant luy, et congnoistre ses meffaictz : car c'est luy qui determine de telz procez, sans ce qu'on luy puisse proposer nulle erreur. Apres cela, faict grant bien de parler à quelque amy, se povez, et devant luy hardyment plaindre ses douleurs, et n'avoir point de honte de monstrer sa douleur devant l'especial amy, car cela allege le cueur et le reconforte; et les esperits reviennent en la vertu pour parler ainsi à ung conseil, ou pour prendre aultre labeur (car il est force, puis que nous sommes hommes, que telles douleurs ne passent avec passion grande, ou en public ou en par-

[1] « Il laissa croistre sa barbe, disant qu'il ne seroit disfamé s'il n'avoit vu les Suisses face à face. » (MOLINET, I, 199.)

ticulier), et non point prendre le chemin que print le duc de se cacher ou se tenir solitairement[1]. Pour ce qu'il estoit terrible à ses gens, nul ne osoit avancer de luy donner nul confort ou conseil; mais le laissoit faire à son plaisir, craingnans que si aucune chose luy eussent remonstré, qu'il ne leur en fust mal prins.

Pendant ces six sepmaines, ou environ, qu'il sejourna avec bien peu de gens (qui n'estoit point de merveilles, apres avoir perdu deux si grosses batailles, comme vous avez ouy), et que plusieurs nouveaulx ennemys se furent desclarez, et les amys resfroidis et

---

[1] Nous avons suivi pour tout ce qui précède, depuis le commencement de l'alinéa, la leçon du manuscrit A, conforme, à peu de chose près, à celle des deux autres manuscrits et des premières éditions. Sauvage a fait subir à ce passage d'assez notables changements (adoptés par ses successeurs) pour que ce nous soit un devoir de reproduire, au moins en note, le texte qu'il a adopté : « Et telles sont les passions de ceulx qui, *apres semblables infortunes, ne cherchent les vrais remedes :* et par especial les princes, *qui sont* orgueilleux : car en ce cas, et en semblables, le premier refuge est retourner à Dieu, et penser si en riens on l'a offensé, et se humilier devant luy, et congnoistre ses meffaicts : car c'est luy qui determine de tels proces, sans ce qu'on luy puisse proposer nul erreur. Apres cela, fait grand bien de parler à quelque amy *de ses privez*, et hardiment plaindre ses douleurs, et n'avoir point de honte de monstrer sa douleur devant l'especial amy : car cela allege le cœur, et le reconforte : et les esperits reviennent en *leur* vertu, *parlant* ainsi à *quelcun en conseil : ou bien fault prendre autre remede, par quelque exercice et labeur* (car il est force, puisque nous sommes hommes, que telles douleurs passent avec passion grande, ou en public, ou en particulier); et non point prendre le chemin que princt ledict duc de se cacher, ou se tenir *solitaire : mais faire le contraire, et chacer toute austerité*. Car, pour ce qu'il estoit terrible..... » Lenglet fait observer que ces mots : « En leur vertu.... exercice et labeur » manquaient dans le manuscrit de Saint-Germain-des-Prés.

les subjectz rompuz et deffaictz, et commencoient à
entrer en murmure et avoir leur maistre en mespris,
comme il est bien de coustume, ainsi que j'ay dict,
apres telles adversitez, plusieurs petites places furent
deffaictes et prinses sur luy en ceste Lorraine : comme
Vaudemont qui ja estoit prins, et puis Espinal, et
aultres apres; et de tous costez se commencoient à es-
veiller gens pour luy courre sus, et les plus meschans
estoient hardys. Et sur ce bruict, le duc de Lorraine
assembla quelque peu de gens et du peuple, se vint
logier devant Nancy [1]. Des petites villes d'environ, il
en tenoit la pluspart : toutesfois le duc de Bourgongne
tenoit encores le Pont à Mousson, à quatre lieues dudict Nancy, ou environ. Ceulx qui estoient dedans assiegez, estoient ung de la maison de Croy, appelé monseigneur de Bievres [2], bon chevalier et honneste; il
avoit gens de pieces : et entre les autres ung anglois
appellé Colpin [3], tres vaillant homme, de petite lignee,
et là mené [4] avec aultres de la garnison de Guynes au
service dudict duc. Ledict Colpin avoit environ trois

[1] « Où dedans estoient bien mille à douze cens combattans pour ledit
duc de Bourgogne. (*Chronique scandaleuse;* voyez LENGLET, II, 133.)
« Cestui siege du duc René devant Nancy fut mis le quinziesme de
septembre 1476. » (DOM CALMET, VII, CVII, PREUVES.)

[2] Jean de Rubempré, seigneur de Bievre, bailly de Hainaut en 1473,
chevalier de la Toison-d'Or en 1475, fils d'Antoine, seigneur de Rubempré, et de Marguerite de Craon. Marié à Catherine, dame de Ber-
nieulles. Tué à la bataille de Nancy. (DE LA MORLIÈRE, 61 et suiv.)

[3] Jehannin Collepin. (OLIVIER DE LA MARCHE, II, 420.)

[4] Toutes les éditions et deux de nos manuscrits portent *l'amenay* :
nous avons préféré suivre la leçon (un peu incertaine cependant) du
manuscrit A, dans lequel on lit *lamene*.

cens Anglois soubz luy en ladicte place; et combien qu'ilz ne fussent point pressez de bateries ne d'approcher [1], si leur ennuyoit il de ce que ledict duc de Bourgogne mettoit tant à les secourir [2]: et à la verité, il avoit grant tort qu'il ne s'approchoit, car là où il

[1] « Les vivres furent si courts auxdits assiégés, qu'ils mangèrent chair de cheval. Les manans de la ville leur estoient faux et desloyaux tellement, que se les capitaines fussent issus à puissance, jamais n'y fussent rentrés; et gissoit plus grande subtilité de soy garder de ceux de par dedens, que de par dehors. Oultre plus, deux bombardes, ung courteau et plusieurs serpentines continuellement tiroient sur eux jusques à vingt et un coups de bombardes pour un jour, par quoi une porte fut abattue, et la muraille dilapidée fut rasée jusques aux terres. » (Molinet, I, 208.)

[2] « Le seigneur de Fay, lieutenant des pays de Luxembourg, à tout une bonne bande de gens de guerre dudit pays, se joindit avec le conte de Campo-Basso, lequel se bouta aux champs pour donner secours aux Bourguignons assiégés à Nancy; et mena ces compagnies unies ensemble entre Thionville et la cité de Metz, où il fut en question aux capitaines et lieutenans quel chemin ils pourroient tenir le plus convenable pour venir audit siége; et porta la résolution que s'ils povoient passer fort et foible par la ville de Nominy, séante à my voie de Metz et de Nancy, ils parviendroient légerement à leur desir. Beaucoup de temps s'expira et perdit pour obtenir licence de passage à l'evesque de Metz, à qui ladite ville appartenoit; et y eut tant d'envoi et de renvoi en ceste prosecution, avec la tromperie que l'on y aperçut, que l'on changea aultre maniere de faire; et fut conclu, attendant la compagnie de monseigneur Philippe de Croy, conte de Chimay, et de plusieurs nobles personnages et gens de pied au nombre de cinq à six mille. Mais iceulx pietons estoient difficiles à eslever, et y alloient redoublamment, à cause de la répulse qu'avoit eue le duc Charles à Granson et à Morat; et disoient que c'estoit le marché aux horions, et que le pays de Lorraine fort foulé et mangé estoit grandement travaillé, et que les pillaiges y seroient petits; et par ainsi le secours des assiegés, qui debvoit estre leger et hastif, estoit fort pesant et tardif. » (Molinet, I, 207-208.)

estoit c'estoit loing du pays de Lorraine, et n'y povoit plus de riens servir : car il avoit mieulx besoing de deffendre ce qu'il possedoit, que de courre sus aux Suisses, pour se cuyder venger de son dommaige. Mais son obstination luy porta grant dommaige de ce qu'il ne prenoit conseil que de luy : car, pour quelque dilligence que on feist de le solliciter de secourir ceste place, il sejourna sans nul besoing audict lieu de la Riviere, six sepmaines ou environ. Et s'il eust faict aultrement, il eust ayseement secouru ladicte place : car ledict duc de Lorraine n'avoit comme point de gens devant[1] ; et en gardant le pays de Lorraine, il avoit tousjours son passaige pour venir de ses autres seigneuries passer par Luxembourg et par Lorraine pour aller en Bourgongne. Parquoy, si la raison eust esté en luy telle qu'elle y avoit esté aultresfois, il y debvoit faire aultre dilligence.

Pendant que ceulx qui estoient dedans Nancy attendoient ledict secours, ledict Colpin, dont j'ay parlé, qui estoit chief de ceste bende d'Anglois qui estoient dedans, fut tué d'ung canon, qui fut grant dommaige audict duc de Bourgongne : car la personne d'ung seul homme est quelquesfois cause de preserver son maistre d'ung grant inconvenient, encores qu'il ne soit ne de sa maison, ne de lignee grande, mais que seullement le sens et la vertu y soient. Et en cest article ay congneu au Roy, notre maistre, un grant sens : car jamais prince n'eut plus grant craincte de perdre ses gens

---

[1] « Dix mille Suisses, tant de pied comme de cheval, y tenoient passages et portes serrees avec le duc Regnier. » (MOLINET, 1, 207.)

que luy. Dès que ledict Colpin fut mort, les Anglois qui estoient soubz luy commencerent à murmurer et à se desesperer du secours : et ne congnoissoient point bien la petite force du duc de Lorraine et les grans moyens qu'avoit ledict duc de Bourgogne de recouvrer gens ; mais pour le long temps qu'il y avoit que les Anglois n'avoient eu guerres hors de leur royaulme, ilz n'entendoient point bien le faict des sieges. Et en effect, se misrent à vouloir parlementer, et dirent audict seigneur de Bievres, qui estoit chief en la ville, que s'il n'appoinctoit qu'ilz appoincteroient sans luy. Combien qu'il fust bon chevalier, si avoit il peu de vertu, et usa de grans prieres [1] et de grans remonstrances. Et croy que s'il eust plus audacieusement parlé, il luy en fust mieulx prins, sinon que Dieu en eust ainsi ordonné, et cela croiroye je mieulx : car il ne falloit que tenir encores trois jours qu'ilz n'eussent eu du secours. Mais, pour abreger, il compleut et se consentit aux dessusdictz Anglois, et rendit la place [2] au duc de Lorraine, saufz leurs personnes et biens.

Le lendemain, ou, pour le plus tard, deux jours apres ladicte place rendue, le duc de Bourgongne arriva aupres bien acompaigné, selon le cas : car il luy estoit venuz quelques gens du quartier de Luxembourg, qui venoient de devers ses aultres seigneuries, et se

---

[1] « Se mist à genoux devant eux, par deux fois, leur priant tres instamment qu'ils se voulsissent tenir encore un petit de temps. » (Molinet, I, 209.)

[2] Le 6 octobre 1476. (Dom Calmet, VII, cvii, Preuves.)

trouverent le duc de Lorraine et luy [1]. Toutesfois il n'y eut riens d'importance [2], parce que ledict duc de Lorraine n'estoit assez fort. Ledict duc de Bourgongne se mit encores apres son esteuf [3] et à remettre le siege devant Nancy [4]. Il luy eust mieulx vallu n'avoir esté si obstiné en sa demoure; mais Dieu prepare telz vouloirs extraordinaires aux princes, quant il luy plaist muer leur fortune. Si ledict seigneur eust voulu user de conseil, et bien garnir les petites places d'entour, il eust en peu de temps recouvert la place (car elle estoit tres mal pourveue de vivres, et il y avoit assez et trop de gens pour la tenir bien à destroict), et eust peu rafreschir son armee, et la refaire; mais il le prist par aultre bout.

[1] « Le 16, il (le duc) déjeuna au Pont de Condet (Condé), et alla vers le Pont-à-Mousson pour rencontrer le duc René, qu'il trouva en bataille gardant un passage et un fort près dudit pont, et fut tout ce jour en bataille au-devant du duc René, et souppa et coucha près de ce fort. » (LENGLET, II, 220.)

[2] « Le duc de Lorraine... s'approcha de Pont-à-Mouchon, la distance d'environ une lieue. Ce voyant, le duc Charles se logea au lieu de Sainte-Genevieve, dont les Lorrains s'estoient le matin deslogés. Entre ces deux puissantes armées furent achevés maints exploits de guerre de chacun parti, tant par escarmouche, comme du traict de serpentines : car les deux osts ne se povoient joindre n'aborder ensemble, pour l'estroite voye qui lors y estoit. » (MOLINET, I, 212.)

[3] *A reprendre sa partie.* Locution empruntée au jeu de la paume.

[4] Le 22 octobre. (LENGLET, II, 221.)

CHAPITRE VI.

Des grans trahysons du conte de Campobache, et comment il empescha le duc de Bourgongne d'ouyr ung gentilhomme qui les luy vouloit reveler, devant qu'estre pendu, et ne tint compte aussi de l'advertissement que luy en donna le Roy.

Cependant qu'il tenoit ce siege, malheureux pour luy et pour tous ses subjectz, et pour assez d'aultres à qui la querelle ne touchoit en riens, commencerent plusieurs des siens à praticquer: et ja (comme j'ay dict[1]) luy estoient sours ennemys de tous costez; et, entre les aultres, le conte Nicolle de Campobache[2], du royaume de Naples, dont il estoit chassé pour la maison d'Anjou[3], et l'avoit retiré ledict duc apres le trespas du duc Nicolas de Calabre[4], à qui il estoit serviteur, et plusieurs aultres des serviteurs dudict duc de Calabre. Ce conte estoit tres povre (comme j'ay dict ailleurs[5]) et de meubles et d'heritages. Le duc de Bourgongne luy bailla d'entree quarante mil ducats d'imprestance, pour aller faire sa charge en Italie, qui estoit quatre cens lances qu'il payoit par sa main; et des lors commencea à machiner la mort de son maistre (comme j'ay desja dict) et continua jusques à celle heure dont je parle: et de nouveau, voyant son maistre bas, commencea à pra-

[1] Voyez ci-dessus, page 42.
[2] Voyez tome I, page 61, note 3.
[3] Les prétentions de la maison d'Anjou sur le royaume de Naples datent du testament de Jeanne Ire, reine de Naples, fait, le 23 juin 1380, en faveur de Louis Ier, duc d'Anjou, frère de Charles VI.
[4] Voyez tome I, page 224, note 1.
[5] Voyez tome I, page 403.

ticquer, tant avec monseigneur de Lorraine que avec aucuns cappitaines et serviteurs que le Roy avoit en Champaigne, pres de l'armee dudict duc. Audict duc de Lorraine promettoit tenir la main que ce siege ne s'avanceroit point, et qu'il feroit trouver des deffaulx es choses plus necessaires pour le siege et pour la baterie; et il le povoit bien faire, car il en avoit la principalle charge, et toute l'auctorité avec ledict duc de Bourgongne. Aux nostres praticquoit plus au vif, car tousjours presentoit de tuer ou prendre son maistre, et demandoit le payement de ces quatre cens lances, vingt mil escuz contans, et une bonne conté.

Durant qu'il conduisoit ces traictez, vindrent aucuns gentilz hommes du duc de Lorraine pour entrer en la place. Aucuns y entrerent, aultres furent prins, dont l'ung fut ung gentilhomme de Prouvence, appellé Siffron [1], lequel conduisoit tous les marchez dudict conte avec ledict duc de Lorraine. Le duc de Bourgongne commanda que ledict Siffron fust incontinent pendu, disant que depuis que ung prince a posé son siege, et faict tirer son artillerie devant une place, que si aucuns viennent pour y entrer et la reconforter contre luy, ilz sont dignes de mort par les droictz de la guerre. Toutesfois il ne s'en use point en nos guerres, qui sont assez plus cruelles que la guerre d'Italie et d'Espaigne, là où l'on use de ceste coustume. Toutesfois ledict duc voulut que ce gentilhomme mou-

---

[1] Suffron de Bachier, conseiller et maître d'hôtel du roi René. C'est ainsi qu'il est qualifié dans un mandement du duc de Lorraine, écrit à Schlestadt le 1ᵉʳ décembre 1476. (Dom Calmet, VII, cl, Preuves.)

rust, lequel, quant il veit que en son faict n'avoit nul remede et qu'on le vouloit mener mourir, manda audict duc de Bourgongne qu'il luy pleust l'ouyr et qu'il luy diroit chose qui touchoit à sa personne. Aucuns gentilz hommes, à qui il dict ces parolles, le vindrent dire au duc : et d'adventure le conte Campobache, dont j'ay parlé, se trouva devant, quant ceulx vindrent parler au duc, ou que, scachant la prinse dudict Siffron, se y voulut bien trouver, doubtant qu'il ne dist de luy ce qu'il scavoit : car il scavoit tout le demené dudict conte, tant d'ung costé que d'aultre, car tout s'estoit communiqué, et estoit ce qu'il vouloit dire.

Ledict duc respondit à ceulx qui luy vindrent faire ce rapport, qu'il ne le faisoit que pour sauver sa vie, et qu'il leur dist que c'estoit. Ledict conte conforta ceste parolle ; et n'y avoit avec ledict duc que ce conte, et quelque secretaire qui escripvoit : car ledict conte avoit toute la charge de ceste armée. Ledict prisonnier dict qu'il ne le diroit que au duc de Bourgongne mesmes. Derechief commanda ledict duc qu'on le menast pendre, ce qui fut faict ; et, en le menant, ledict Siffron requit à plusieurs qu'ilz priassent à leur maistre pour luy, et qu'il luy diroit chose qu'il ne vouldroit pour une duché qu'il ne le sceust. Plusieurs, qui le congnoissoient, en avoient pitié, et vindrent parler à leur maistre pour faire ceste requeste qu'il luy pleust de l'ouyr ; mais ce mauvais conte estoit à l'huys de la chambre de boys en quoy logeoit ledict duc et gardoit que nul n'entrast, et refusa l'huys à ceulx là, disant : « Monseigneur veult qu'on s'avance de le pendre [1] »; et par messagiers hastoit le prevost. Et finablement ledict Siffron fut pendu, qui fut au grant prejudice dudict duc de Bourgongne : et luy eust mieulx vallu n'avoir esté si cruel et humainement ouyr ce gentil homme : et par adventure que s'il l'eust faict, il fust encores en vie et sa maison entiere, et de beaucoup acreue, veu les choses survenues depuis en ce royaulme. Mais il est à croire que Dieu en avoit aultrement disposé [2], depuis ce desloyal tour que ledict duc avoit faict peu de temps par avant au conte de Sainct Pol, connestable de France, lequel avez ailleurs entendu en ces Memoires [3], comme de l'avoir prins sur sa seureté, et baillé au Roy pour le faire mourir, et davantaige baillé tous les seelz et lettres qu'il avoit dudict connestable, pour servir à son procez. Et combien que ledict duc eust trouvé juste cause de hayr ledict connestable jusques à la mort, et de la luy procurer, pour beaucoup de bonnes raisons qui seroient longues à escripre, moyennant qu'il l'eust peu faire sans luy

[1] Le comte de Campobasso joua un rôle tout opposé, si l'on s'en rapporte à la chronique de Lorraine. Il prit hautement la défense de Suffron ; mais ayant parlé trop fièrement au duc, ce dernier, qui « armé estoit, en ses mains ses gantellets avoit, haulsa sa main, audit conte donna ung revers. » (Dom Calmet, VII, cxviii, Preuves.)

[2] Les trois manuscrits et les premières éditions arrêtent ici la phrase et en commencent, avec les mots *Depuis ce desloyal tour*, une nouvelle qui n'a point de sens complet. Sauvage a évité cet inconvénient en plaçant une virgule après le mot *disposé*; nous avons cru devoir adopter cette correction du texte, que n'ont admise ni Godefroy ni ses successeurs.

[3] Voyez tome I, page 392.

donner la foy, toutesfois toutes les raisons que je scauroye alleguer en ceste matiere ne scauroient couvrir la faulte de foy et d'honneur que ledict duc commit en baillant bon et loyal sauf conduict audict connestable, et puis le prendre et le vendre par avarice, non point seullement pour la ville de Sainct Quentin et des places, heritaiges et meubles dudict connestable, mais aussi pour doubte de faillir à prendre la ville de Nancy, quant il l'avoit assiegé la premiere fois: et fut à l'heure que, apres plusieurs dissimulations, il bailla ledict connestable, doubtant que l'armee du Roy, qui estoit en Champaigne, ne luy empeschast à son entreprinse: car le Roy l'en menassoit par ses ambassadeurs, pource que, par leur appoinctement[1], le premier des deux qui tiendroit ledict connestable le debvoit rendre dedans huict jours apres à son compaignon, ou le faire mourir. Et avoit ledict duc passé ce terme de beaucoup de jours, et ceste seulle craincte et avarice de Nancy luy feit bailler ledict connestable, comme avez ouy.

Tout ainsi comme en ce propre lieu de Nancy il avoit commis ce crime injustement, apres qu'il eut remis le second siege et faict mourir ledict Siffron (lequel il ne voulut ouyr parler, comme homme qui avoit ja l'ouye bouchee et l'entendement troublé), fut en ceste propre place deceu et trahy par celluy auquel plus se fioit, et, par adventure, justement payé de sa desserte, pour le cas qu'il avoit commis dudict connestable et par avarice de ladicte ville de Nancy. Mais

---

[1] Voyez tome I, page 591, note 2.

ce jugement appartient à Dieu; et ne le dis que pour esclarcir mon propos, et donner à entendre combien ung bon prince doibt fuyr à consentir ung tel villain tour et desloyal, quelque conseil encores que on luy en scache donner. Et assez de fois advient que ceulx qui le conseillent le font pour leur complaire, ou pour ne les oser contredire, à qui il en desplaist bien quant le cas est advenu, congnoissans la pugnition qui leur en peult advenir, tant de Dieu que du monde. Toutesfois telz conseillers vauldroient bien mieulx loing d'ung prince, que pres.

Vous avez ouy comme Dieu en ce monde establit ce conte de Campobache commissaire à faire la vengeance de ce cas du connestable[1], et au propre lieu, et en la propre maniere, et encores beaucoup plus cruellement : car il trahyssoit celluy qui l'avoit recueilly vieil, povre et sans nul party, et qui l'avoit souldoyé à cent mil ducatz l'an, dont il payoit ses gens d'armes par sa main, et d'aultres grans advantaiges qu'il avoit. Et quant il commencea ceste marchandise, il s'en alloit en Italie à tout quarante mil ducatz contans, qu'il

---

[1] Sauvage et ses successeurs introduisent en cet endroit du texte de Commynes quelques lignes que nous n'admettons pas dans le nôtre, parce qu'elles ne contiennent qu'une répétition de ce qu'on vient de lire précédemment, et plus encore parce que nous ne les trouvons ni dans nos manuscrits ni dans les premières éditions. Les voici : « Ce cas du connestable, *ainsi commis par le duc de Bourgogne...* plus cruellement : *car tout ainsi que par-dessus le sauf-conduit et feableté qu'avoit en luy ledict connestable, il le livra pour estre mis à mort; tout ainsi par le plus feable de son armee (c'est-à-dire par celuy en qui plus se fioit) fut-il trahy : par celuy, dy-je, qu'il avoit recueilly vieil et pauvre.*

avoit receuz pour imprestance (comme dict est), qui vault à dire pour mettre sus ses gens d'armes: et s'en adressa en deux lieux: le premier, à ung medecin demourant à Lyon, appellé maistre Symon de Pavie, et à ung aultre en Savoye, dont j'ay parlé [1]. Et, à son retour, furent logiez ses gens d'armes en certaines petites places en la conté de Marle, qui est en Lannois, et là reprint sa praticque, offrant bailler toutes les places qu'il tenoit: ou, si le Roy se trouvoit en bataille contre son maistre, qu'il y auroit certain signe entre le Roy et luy, que, en le luy faisant, il se tourneroit contre son maistre et du party du Roy avec toute sa bende. Ce second party ne pleut point fort au Roy.

Il offroit encores que, la premiere fois que son maistre logeroit en champ, qu'il le prendroit ou tueroit en allant visiter son ost: et, à la verité, il n'eust point failly à ceste tierce ouverture, car ledict duc avoit une coustume que, dès ce qu'il estoit descendu de cheval au lieu où il venoit pour logier, il ostoit le menu harnoys et retenoit le corps de sa cuyrasse, et montoit sur ung petit cheval, huict ou dix archiers à pied avec luy seullement. Aucunesfois le suyvoient deux ou trois gentilz hommes de sa chambre, et alloit tout à l'environ de son ost, par le dehors, veoir s'il estoit bien cloz: et ainsi ledict conte eust faict ceste execution avec dix chevaulx, sans nulle difficulté. Apres que le Roy eut veu la continuelle poursuyte que faisoit cest homme pour trahir son maistre, et que

---

[1] Voyez tome I, page 409.

ceste derreniere fut à l'heure d'une trefve, et qu'il ne scavoit point de tous poinctz à quelle fin il faisoit ces ouvertures, il delibera montrer une grant franchise au duc de Bourgongne, et luy manda par le seigneur de Contay (qui plusieurs fois a esté nommé en ces Memoires) tout au long le demené de ce conte : et estoye present, et suis bien seur que ledict seigneur de Contay s'en acquita loyaulment envers son maistre, lequel le print tout au rebours, disant que s'il eust esté vray, le Roy ne luy eust point faict scavoir. Et fut cecy long temps avant qu'il vinst à Nancy, et croy bien que ledict duc n'en dict riens audict conte, car il ne changea jamais de propos.

CHAPITRE VII.

Comment le duc de Lorraine, acompaigné de bon nombre d'Allemans, vint logier à Sainct Nicolas, pendant le siege de Nancy : et comment le roy de Portingal, qui estoit en France, alla veoir le duc de Bourgongne, durant ce siege.

Or fault retourner à nostre matiere principalle et à ce siege que ledict duc tenoit devant Nancy, qui estoit au cueur d'yver, avec peu de gens, mal armez, mal payez et beaucoup de mallades, et des plus grans qui praticquoient contre luy (comme vous oyez) : et tous en general murmuroient et mesprisoient tous ses œuvres, comme est bien de coustume en temps d'adversité, comme j'ay bien dict au long icy devant; mais nul ne praticquoit contre sa personne, ne contre son estat, que ce conte de Campobache, et en ses subjectz ne trouva nulle desloyaulté. Estant en ce povre appareil, le duc de Lorraine traicta vers ces vieilles et nouvelles allyances, que j'ay nommees icy devant[1], d'avoir gens pour combatre ledict duc de Bourgongne qui estoit devant Nancy. Toutes ces villes y furent tres enclines; ne restoit qu'à trouver argent. Le Roy le confortoit d'ambassadeurs qu'il avoit envoyez vers les Suisses, et aussi luy fournit quarante mil francz pour ayder à payer ses Allemans: et si avoit monseigneur de Cran[2], qui estoit son lieutenant en Champaigne, logié en Barrois avec sept ou huict cens lances, et des francz archiers bien acompaignez de bons chiefz et cappitaines de guerre. Tant feit ledict duc de Lorraine, avec la faveur et argent du Roy, qu'il tira grant nombre d'Allemans, tant de pied que de cheval: car oultre ce qu'il en paya, ilz en fournirent à leurs despens. Aussi avoit avec luy largement gentilz hommes de ce royaulme: et puis ceste armee du Roy estoit logiee en Barrois, comme j'ay dict, laquelle ne fesoit nulle guerre, mais veoit qui auroit du meilleur. Et vint ledict duc de Lorraine logier à Sainct Nicolas[3], pres Nancy, avec ses Allemans dessusdictz.

---

[1] « Le duc de Lorraine pratiquoit les Suisses, pour les faire venir devant Nancy : et le Roy secrettement fournissoit argent au duc de Lorraine, desirant que l'on fist au duc de Bourgongne ce que luy mesme n'osoit entreprendre : et tant fit le duc de Lorraine, qu'il amena les Suisses, bien douze mille combatans. » (OLIVIER DE LA MARCHE, II, 420.)

Voyez ci-dessus, page 20.

[2] Voyez tome I, page 189, note 2.

[3] « Le samedi (4 janvier) nuict de la bataille, le duc de Lorraine ar-

Le roy de Portingal¹ estoit en ce royaulme neuf mois avoit ou environ, auquel le Roy s'estoit allyé contre le Roy d'Espaigne² qui est aujourd'huy : lequel roy de Portingal estoit venu, cuydant que le Roy luy baillast grant armee pour faire la guerre en Castille, par le costé de Biscaye ou par Navarre, car il tenoit largement places en Castille, à la frontiere de Portingal, et en tenoit encores d'aucunes voisines de nous, comme le chasteau de Bourgues³ et plusieurs aultres. Et croy bien que si le Roy luy eust aydié, comme quelquesfois il en eut le vouloir, le roy de Portingal eust vaincu et fourny son entreprinse; mais ce vouloir passa au Roy, et fut longuement le roy de Portingal entretenu en esperance, comme d'ung an et plus. Ce pendant s'empiroient les besongnes dudict roy de Portingal en Castille : car, à l'heure qu'il vint, presque tous les seigneurs du royaulme de Castille tenoient son party; mais, le voyant tant demourer, peu à peu muerent de propos et s'appoincterent avec le roy Ferdinand et la royne Isabelle, qui regnent aujourd'huy. Le Roy s'ex-

riva à Sainct-Nicolas avec les Suisses qui estoient de compte faict, dix mille cinq cents, ensemble planté d'autres Allemands. »(MOLINET, I, 231.)

¹ Alphonse V, dit l'Africain, fils d'Édouard, roi de Portugal, et d'Éléonore d'Aragon, né en 1432, succéda à son père en 1438. Marié à Isabelle, sa cousine, fille de Dom Pedro. Mort le 28 août 1481. (*Art de vérifier les dates*, I, 780.)

² Ferdinand V, dit le Catholique, né le 10 mars 1452, fils de Jean de Navarre et d'Aragon, et de Jeanne, fille de Frédéric Henriquez, monta sur le trône d'Espagne en 1474. Marié 1°. à Isabelle de Castille; 2°. à Germaine de Foix. Mort le 23 janvier 1516. (*Art de vérifier les dates*, I, 761-765.)

³ Burgos, ville capitale de la Vieille-Castille.

cusoit de ceste ayde qu'il avoit promise et acordee, sur ceste guerre qui estoit en Lorraine, monstrant avoir craincte que, si le duc de Bourgongne se resourdoit [1], que apres ne luy vinst courre sus. Ce povre roy de Portingal, qui estoit tres bon et juste, mit en son ymagination qu'il iroit devers le duc de Bourgongne, qui estoit son cousin germain [2], et qu'il pacifieroit tout ce different du Roy et de luy, affin que le Roy luy peust ayder : car il avoit honte de retourner en Castille ny en Portingal avec ceste deffaulte, et de n'avoir riens faict par deca : car legierement il avoit esté meu d'y venir, et oultre l'oppinion de plusieurs de son conseil.

Ainsi se mit à chemin le roy de Portingal, en fin cueur d'yver, et alla trouver le duc de Bourgongne, son cousin, devant Nancy [3], et luy commencea à remonstrer ce que le Roy luy avoit dict, pour venir à ceste union. Il trouva que ce seroit chose bien malaysee que de les acorder, et que en tout estoit differens : ainsi n'y arresta que deux jours qu'il ne print congié dudict duc de Bourgongne, son cousin, pour s'en retourner à Paris, dont il estoit party. Ledict duc de Bourgongne luy pria attendre encores, et qu'il voulsist aller au Pont à Mousson (qui est assez pres de Nancy) pour garder ce passaige : car ja scavoit ledict duc l'arrivee des Allemans, qui estoient logiez à Sainct Nicolas.

---

[1] *Se relevait.* (ROQUEFORT).

[2] La mère du duc Charles, Isabelle de Portugal, était tante d'Alphonse V.

[3] Il arriva au camp devant Nancy, le 29 décembre. (LENGLET, II, 221.)

le roy de Portingal se excusa, disant n'estre point en armes, ny acompaigné pour tel exploict, et s'en retourna à Paris, là où il feit long sejour. La fin dudict roy de Portingal fut qu'il entra en suspection que le Roy le vouloit faire prendre, et le bailler à son ennemy le roy de Castille : et pour ce se deguisa, luy troisiesme, et delibera s'en aller à Romme et se mettre en une religion aupres. En allant en cest habit dissimulé, il fut prins par ung appelé Robinet le Beuf[1], qui estoit de Normandie. Le Roy nostre maistre fut marry et eut quelque honte de ce cas, et luy feit armer plusieurs navires de ceste coste de Normandie, dont messire George le Grec[2] eut la charge, qui le meneroit en Portingal; ce qu'il entreprint de faire.

---

[1] Robinet le Bœuf, « chevalier de Normandie, d'auprès Évreux » (*Histoire de Charles VIII*, page 54), était en 1466, valet de chambre de Louis XI. (Bib. Roy., *fonds Gaignières*, Ms. 772², fol. 379, v°.) Il figure, en 1471, sur les états de paiement des gentilshommes de l'hôtel du Roi, et s'y trouve remplacé par Jehan de Lucienne, le 31 juillet 1488. (*Seconde bande des cent gentilshommes de la maison du roy;* Bib. Roy., suppl. fr., Ms. 2343.) Il avait été tué, en cette même année, à la bataille de Saint-Aubin-du-Cormier. (*Hist. de Charles VIII*, p. 54.)

[2] « Georges de Bicipat, dit le Grec, chevalier, natif du pays de Grece, cappitaine de nostre grant nef et de nostre ville et chastel de Touque, nostre amé et feal conseiller et chambellan. » C'est ainsi qu'il est nommé dans les lettres de naturalité qui lui furent accordées par Louis XI, au mois de novembre 1477. (Archives du royaume, *Trésor des chartes*, reg. cciii, page 5.) Pierre de Lailly, dans son premier compte pour l'année finie en septembre 1474, le nomme Georges *Paleologo* de Bicipat. (Bib. Roy., *fonds Gaignières*, Ms. 772², fol. 595, verso.) Il vivait encore en 1483 (Ib., fol. 737, recto.) Marguerite de Poix, sa femme, prenait le titre de veuve dès le 12 janvier 1500. (Archives du royaume, *Parlement*, matinées, reg. LXI, fol. 65, recto.)

L'occasion de sa guerre contre le roy de Castille estoit pour sa niepce ¹, fille de sa seur, laquelle estoit femme du roy dom Henry de Castille, derrenier mort ², laquelle avoit une tres belle fille, et est encores aujourd'huy demourant en Portingal sans estre mariee : laquelle fille la royne Ysabelle ³, seur dudict roy Henry, deboutoit de la succession de Castille, disant que la mere l'avoit conceue en adultere. Assez de gens ont esté de ceste oppinion, disans que ledict roy Henry n'eust sceu engendrer, pour aucune raison que je laisse. Comment qu'il en soit allé, et nonobstant que ladicte fille fust nee soubz le manteau de mariaige, toutesfois est demouree la couronne de Castille à la royne Ysabelle et à son mary le roy d'Arragon et de Cecille, regnant aujourd'huy. Et taschoit ledict roy de Portingal, dont j'ay parlé, de faire mariaige de sadicte niepce et de nostre roy Charles, de present huictiesme de ce nom, et estoit la cause pour laquelle ledict roy de Portingal estoit venu en France : laquelle chose luy fut à tres grant prejudice et desplaisir, car tost apres son retour en

---

¹ Jeanne, fille de Henri IV, roi de Castille, et de Jeanne, infante de Portugal, née en 1462. Fiancée deux fois, la première au duc de Guienne, frère de Louis XI, et la seconde à Alfonse V, son oncle. Elle se consacra à Dieu le 15 novembre 1480, dans le monastère de Sainte-Claire, à Santarem, puis passa dans celui de Coïmbre. Morte à Alcacova en 1530. (*Art de vérifier les dates*, I, 761, 781 ; Anselme, I, 597.)

² En 1474. Voyez tome I, page 163, note I.

³ Isabelle de Castille, fille de Jean II et d'Isabelle, fille de Jean, infant de Portugal, née le 23 avril 1451. Mariée en 1469 à Ferdinand V, dit le Catholique. Morte le 26 novembre 1504. (*Art de vérifier les dates*, 759-763.)

Portingal il mourut. Et pour ce (comme j'ay dict environ le commencement de ces Memoires), ung prince doibt bien regarder quelz ambassadeurs il envoye par pays : car, si ceulx cy qui vindrent faire l'allyance dudict roy de Portingal de par deca, à laquelle me trouvay present et l'ung des depputez pour le Roy, eussent esté bien saiges, ilz se fussent mieulx informez des choses de par deca, avant que conseiller à leur maistre ceste venue, qui tant luy porta de dommaige.

CHAPITRE VIII.

Comment le duc de Bourgongne, n'ayant voulu suyvre le bon conseil de plusieurs de ses gens, fut desconfit et tué en la bataille que luy livra le duc de Lorraine, pres Nancy.

Je me fusse bien passé de ce propos, se n'eust esté pour monstrer que bien tard ung prince se doibt mettre soubz la main d'ung aultre, ne aller chercher son secours en personne. Et ainsi, pour retourner à ma principalle matiere, le roy de Portingal n'eut pas faict une journee au despartir qu'il feit avec le duc de Bourgongne, que le duc de Lorraine et les Allemans qui estoient en sa compaignie ne deslogeassent de Sainct Nicolas pour aller combatre ledict duc de Bourgongne. Et ce jour propre vint au devant d'eulx le conte de Campobache achever son entreprinse, et se rendit des leurs avec environ huict vingtz hommes d'armes, et luy desplaisoit bien que pis n'avoit peu faire à son maistre. Ceulx de dedans Nancy estoient bien advertis des traictez dudict de Campobache, qui leur aydoit bien à donner cueur de tenir. Avec cela, entra ung homme [1] qui se gecta aux fossez, qui les asseura de secours : car aultrement estoient sur le point de se rendre. Et n'eust esté les dissimulations dudict conte, ilz n'eussent point tenu jusques lors; mais Dieu voulut achever ce mystere.

Le duc de Bourgongne, adverty de ceste venue, tint quelque peu de conseil (car il ne l'avoit point fort acoustumé; mais usoit communement de son propre sens). Là fut l'oppinion de plusieurs qu'il se retirast au Pont à Mousson, pres de là, et laissast de ses gens es places qu'il tenoit environ Nancy, disant que des ce que les Allemans auroient avitaillé Nancy, ilz s'en iroient, et seroit l'argent failly au duc de Lorraine, qui, de long temps, ne rassembleroit tant de gens : et l'avitaillement ne scauroit estre si grant que, avant que la moytié de l'yver fust passé, ilz ne fussent aussi à destroict comme ilz estoient lors, et que ce pendant ledict duc rassembleroit gens : car j'ay entendu par ceulx qui le cuydoient scavoir qu'ilz n'avoient point en l'ost quatre mil hommes [2], dont n'y en avoit douze cens en estat de combatre. D'argent avoit assez ledict duc, car il avoit au chasteau de Luxembourg, qui estoit pres de là, bien quatre cens cinquante mil escuz : et de gens eust il assez recouvert; mais Dieu ne luy voulut consentir ceste grace que de recevoir ce saige conseil,

---

[1] Thierry, drapier de la ville de Mirecourt. (Dom Calmet, VII, cxxii, Preuves.)

[2] « Et pren sur ma conscience, qu'il n'avoit pas deux mille combatans » (Olivier de La Marche, II, 420.)

ne congnoistre tant d'ennemys logiez de tous costez environ de luy : et choisit le pire party, et avec parolles d'homme insensé delibera d'attendre la fortune, nonobstant toutes les remonstrances que on luy avoit faictes du grant nombre des Allemans qui estoit avec ledict duc de Lorraine, et aussi de l'armee du Roy logiee pres de luy : et conclud la bataille [1], avec ce petit nombre de gens espoventez qu'il avoit.

A l'arrivee du conte de Campobache vers le duc de Lorraine, les Allemans luy feirent dire qu'il se retirast, et qu'ilz ne vouloient nulz trahistres avec eulx : et ainsi se retira à Condé [2], ung chasteau et passaige [3] pres de là, qu'il rempara de charettes et d'aultres choses le mieulx qu'il peut, esperant que, fuyant le duc de Bourgongne et ses gens, il en tomberoit quelques ungz en sa part,

---

[1] Il s'informa avant, dit Molinet (I, 229 et suiv.), de combien d'hommes se composait son armée : « Le conte de Chimay, fort éloquent, sage et discret..., lui dict par doux et amyable langaige, que les capitaines de son ost avoient faict diligente inquisition de scavoir le nombre de ses gens en poinct pour soustenir la bataille, en lui certifiant qu'ils n'estoient poinct plus de trois mille combattans. A ces mots, respondit le duc Charles, par grant courroux : « Je nye ce que vous dictes ; « mais se je les debvois combattre seul, si les combateray je. Vous « estes tel que vous estes, et monstrez bien que vous estes yssu de la « maison de Vaudemont. » Le comte fort prudent et attrempé, respondit moult sagement, qu'il montreroit qu'il seroit yssu de bonne maison, et que bien qu'il ne veoit apparence ne esperance de vaincre lesdicts ennemis, se la victoire ne venoit de main celeste, nonobstant il lui tiendroit fidelité, si besoing estoit, jusques à l'ame rendre. »

[2] Condé-Northen ou Contghen, département de la Moselle, arrondissement de Metz.

[3] « Au Pont de la Bussière, à demi lieue de Nancy. » (Molinet, 1, 233.)

comme il feit assez. Ce n'estoit pas le principal traicté que eust ledict conte de Campobache, que celluy du duc de Lorraine; mais, peu devant son partement, parla à d'aultres, et avec ceulx là conclud, pour ce qu'il ne veoit point qu'il peust mettre la main sur le duc de Bourgongne, qu'il se tourneroit de l'aultre part quant viendroit l'heure de la bataille : car plustost ne vouloit il partir, affin de donner plus grant espovantement à tout l'ost dudict duc. Mais il asseuroit bien que, si le duc de Bourgongne fuyoit, qu'il n'en eschapperoit jamais vif, et qu'il laisseroit treize ou quatorze personnes, qui luy seroient seurs, les ungz pour commencer la fuyte, des ce qu'ilz verroient marcher les Allemans, et les aultres qui auroient l'œil sur ledict duc, s'il fuyoit, pour le tuer en fuyant. Et en cela n'y avoit point de faulte, car ay congneu deux ou trois de ceulx qui demourerent pour tuer ledict duc. Après que ces grans trahysons furent conclues, il se retira dedans l'ost, et puis se tourna contre son maistre quant il veit arriver lesdictz Allemans, comme j'ay dict : et puis quand il veit que lesdictz Allemans ne le vouloient en leur compaignie, alla comme dict est en ce lieu de Condé.

Lesdictz Allemans marcherent, et avec eulx estoit grant nombre de gens de cheval de deca, que on y laissa aller. Beaucoup d'aultres se misrent aux embusches pres du lieu pour veoir si ledict duc seroit desconfit, pour happer quelque prisonnier ou aultre butin. Et ainsi povez veoir en quel estat s'estoit mis ce povre duc de Bourgongne par faulte de croire conseil. Apres que les deux armees furent assemblees, la sienne qui ja avoit esté desconfite par deux fois, et qui estoient de peu de gens et mal en' poinct, furent incontinent tournez en desconfiture, et tous mors ou en fuyte. Largement se sauverent : le demourant y fut mort ou prins [1], et entre aultres y mourut sur le champ ledict duc de Bourgongne : et ne veulx point parler de la maniere, pource que je n'y estoye point; mais m'a esté compté de la mort dudict duc par ceulx qui le veirent porter par terre [2]; et ne le peurent secourir parce qu'ilz estoient prisonniers; mais à leur veue ne fut point tué, mais par une grant foulle de gens qui y survindrent, qui le tuerent et le despouillerent en la grant trouble sans le congnoistre. Et fut ladicte bataille le cinquiesme jour de janvier, en l'an mil quatre cens septante six, vigille des Roys.

---

[1] « En ceste bataille terminerent leurs jours messire Jehan de Reubenpré, seigneur de Bievres...., le seigneur de Verun, le seigneur de Contay.... : et furent ce jour prisonniers messire Anthoine, Bastard de Bourgoingne, messire Baulduin le Bastard, son frère, messire Philippe de Croy, conte de Chimay, le conte de Nassau, le conte de Challane, Neapolitain, messire Josse de Lalaing, messire Olivier de La Marche, le seigneur de Croy, le fils aisné du seigneur de Contay, le fils aisné du seigneur de Montagu et autres nobles hommes. » (Molinet, I, 236.)

[2] « Monsieur de Bourgoigne.... sur un cheval noir fut abbatu et tombé en une fosse auprès de Saint-Jean. » (*La vraye déclaration du fait et conduite de la bataille de Nancy*, composée par le duc de Lorraine. Voyez Lenglet, III, 493.) « Ung nommé Claude de Bausemont vint joindre le duc de Bourgogne, un coup de lance sur la crepiere lui donna : incontinent d'autres sur lui tous chargerent subitement....: ledit duc fut arresté dedans ung prez, près.... Saint-Jean : la fut tué. » (D. Calmet, VII, cxxxiii, Preuves.) « Un page, natif de

CHAPITRE IX.

Digression sur quelques bonnes mœurs du duc de Bourgongne, et sur le temps que sa maison dura en prospérité.

J'ay depuis veu un signet[1] à Millan que maintesfois avoye veu pendre à son pourpoinct (qui estoit ung anneau, et y avoit ung fuzil[2] entaillé en ung camayeu où estoient ses armes), lequel fut vendu pour deux ducatz audict lieu de Millan : celluy qui luy osta luy fut mauvais varlet de chambre. Je l'ay veu maintesfois habiller et deshabiller en grant reverence, et par grans personnaiges : et à ceste derreniere heure luy estoient passez ses honneurs, et perit luy et sa maison, comme j'ay dict, au lieu où il avoit consenty par avarice de bailler le connestable, et peu de temps apres. Dieu luy vueille pardonner ses pechez. Je l'ay veu grant et honnorable prince, et autant estimé et requis de ses voisins, ung temps a esté, que nul prince qui fust en la crestienté, ou par adventure plus. Je n'ay veu nulle oc-

---

Rome, du lignage de ceulx de Colonne, nommé Jehan-Baptiste...., venu devant le duc Regnier.... fut subtillement interrogé, et declara plainement qu'il avoit veu le duc de Bourgoingne abbatre de son cheval et occire en certain lieu, lequel il monstreroit s'il en estoit besoing. Quand vint le mardi au matin, ledict page, bien accompagné de notables personnages, s'en alla au champ; et au propre lieu qu'il avoit dict, trouva, comme il disoit, le corps du duc de Bourgoingne tout nu, et, assez près de lui, environ quatorze aultres despouillés comme lui, gisans sur la terre; et avoit trois playes mortelles, l'une au milieu du chef, d'une hallebarde qui l'avoit fendu jusques aux dents, l'aultre d'une pique de travers les cuisses, et l'autre par le fondement. » (Molinet, I, 234.)

[1] Cachet.
[2] L'un des emblèmes de l'Ordre de la Toison d'or.

casion pourquoy plus tost il deubst avoir encouru l'ire de Dieu, que de ce que toutes les graces et honneurs qu'il avoit receuz en ce monde il les estimoit toutes proceder de son sens et de sa vertu, sans les atribuer à Dieu, comme il debvoit : car à la verité il avoit de bonnes et vertueuses parties en luy. Nul prince ne le passa jamais de desirer nourrir grans gens et les tenir bien reiglez. Ses biensfaictz n'estoient point fort grans, pour ce qu'il vouloit que chascun s'en ressentist. Jamais nul plus liberallement ne donna audience à ses serviteurs et subjectz. Pour le temps que je l'ay congneu, il n'estoit point cruel ; mais le devint avant sa mort, qui estoit mauvais signe de longue duree. Il estoit fort pompeux en habillemens et en toutes aultres choses, et ung peu trop. Il portoit fort grant honneur aux ambassadeurs et gens estranges : ilz estoient fort bien festoyez et recueillis chez luy. Il desiroit grant gloire, qui estoit ce qui plus le mettoit en ses guerres que nulle aultre chose, et eust bien voulu ressembler à ces anciens princes dont il a esté tant parlé apres leur mort : hardy autant que homme qui ait regné de son temps.

Or sont finees toutes ces pensees, et le tout tourné à son prejudice et honte, car ceulx qui gaignent en ont tousjours l'honneur. Je ne scauroye dire vers qui Nostre Seigneur s'est monstré plus courroucé, ou vers luy, qui mourut soubdainement en ce champ sans gueres languir, ou vers ses subjectz, qui oncques puis n'eurent bien ne repos, mais continuelle guerre, et contre laquelle ilz n'estoient souffisans de resister, ou troubles

les ungz contre les aultres : et (guerre cruelle et mortelle, qui encores leur a esté plus forte à porter) ceulx qui les deffendoient estoient gens estranges, qui n'agueres avoient esté leurs ennemys : ce estoient les Allemans[1]. Et en effect, depuis ladicte mort, n'eurent jamais homme qui bien leur voulsist, de quelque gens qu'ilz se soient aydez. Et a semblé, à veoir leurs œuvres, qu'ilz eussent le sens aussi troublé comme leur prince ung peu avant sa mort : car tout conseil bon et seur ilz ont degecté, et cherché toutes voyes qui leur estoient nuisibles; et sont en chemin que ce trou ne leur fauldra de grant piece, ou au moins la craincte de y rencheoir.

Je seroye assez de l'oppinion de quelque aultre que j'ay veu, que Dieu donne le prince selon qu'il veult pugnir et chastier les subjectz, et aux princes les subjectz, ou leurs couraiges disposez envers luy, selon qu'il les veult eslever ou abaisser. Et ainsi sur ceste maison de Bourgongne a faict tout esgal : car, apres leur longue felicité et grans richesses, et trois grans princes bons et saiges, precedans cestuy cy, qui avoient duré six vingtz ans et plus[2] en bon sens et vertu, il leur donna ce duc Charles, qui continuelle-

---

[1] Nous suivons le texte du manuscrit A. Les premières éditions, Sauvage et ses successeurs, mettent : « qui oncques puis n'eurent bien ne repos, mais *continuellement* guerre : contre laquelle ils n'estoient suffisans de resister *aux troubles qu'ils avoient* les uns contre les autres, et *en* guerre cruelle et mortelle. *Et ce qui* leur a esté plus fort à porter, *a esté que* ceux qui le deffendoient estoient gens estrangers, qui nagueres avoient esté leurs ennemis : c'estoient les Allemans. »

[2] Seulement cent quatre ans, Philippe-le-Hardi ayant été créé duc de Bourgogne en 1363, et Philippe-le-Bon étant mort en 1467.

ment les tint en grant guerre, travail et despence, et presque autant en temps d'yver que d'esté. Beaucoup de gens, riches et aysez, furent mors et destruictz par prisons en ces guerres. Les grans pertes commencerent devant Nuz, qui continuerent par trois ou quatre batailles jusques à l'heure de sa mort : et tellement que à ceste heure estoit consommee toute la force de son pays, et mors, ou destruicts, ou prins tous gens qui eussent sceu ou voulu deffendre l'estat et l'honneur de sa maison. Et ainsi, comme j'ay dict, semble que ceste perte ait esté esgale au temps qu'ilz ont esté en felicité : car, comme je dis l'avoir veu grant, riche et honnoré, encores puis je dire avoir veu tout cela en ses subjectz, car je cuyde avoir veu et congneu la meilleure part d'Europe. Toutesfois je n'ay congneu nulle seigneurie, ne pays, tant pourtant, ny de beaucoup plus grant estendue encores, qui fust si habondant en richesses[1], en meubles et en ediffices, et aussi en toutes prodigalitez, despences, festoyemens, chieres, comme je les ay veuz pour le temps que j'y estoye. Et s'il semble à quelcun qui n'y ait point esté pour le temps que je dis, que j'en die trop, d'aultres, qui y estoient comme moy, par adventure diront que j'en dis peu[2].

[1] Philippe-le-Bon avait laissé à son fils « quatre cens mille escus d'or, contens, soixante-douze mille marcs d'argent en vaisselle courant, sans les riches tapisseries, les riches bagues, la vaisselle d'or garnie de pierreries, et sa librairie, moult grande et moult bien etofee ; et, pour conclusion, il mourut riche de deux millions d'or, en meubles seulement. » (OLIVIER DE LA MARCHE, II, 267.)

[2] Voyez l'Éloge de Philippe-le-Bon et celui de Charles-le-Hardy faits par Chastellain, *Chronique des ducs de Bourgogne*, 509.

Or a Nostre Seigneur tout à ung coup faict cheoir si grant et somptueux edifice, ceste puissante maison qui a tant soustenu de gens de bien et nourry, et tant esté honnoree et pres et loing, et par tant de victoires et gloires, que nul aultre à l'environ n'en receut autant en son temps. Et luy a duré ceste bonne fortune et grace de Dieu l'espace de six vingtz ans, que tous les voisins ont souffert : comme France, Angleterre, Espaigne. Et tous à quelquesfois la sont venuz requerir, comme l'avez veu par experience du Roy nostre maistre, qui, en sa jeunesse et vivant le roy Charles septiesme son pere, s'y vint retirer six ans[1], au temps du bon duc Philippes, qui amyablement le receut. D'Angleterre y ay veu les deux freres du roy Edouard, le duc de Clarence et le duc de Clocestre, qui depuis s'est faict appeller roy Richard; et de l'aultre party du roy Henry, qui estoit de la maison de Lanclastre, y ay veu toute ceste lignee, ou peu s'en failloit. De tous costez ay veu ceste maison honnoree, et puis, tout à ung coup, cheoir sens dessus dessoubz, et la plus desolee et deffaicte maison, tant en prince que en subjectz, que nul voisin qu'ilz eussent. Et telles et semblables œuvres a faict Nostre Seigneur, mesmes avant que fussions nez, et fera encores apres que nous serons mors : car il se fault tenir seur que la grant prosperité des princes, ou leur grant adversité, procede de sa divine ordonnance.

[1] Voyez tome I, page 85, note 1.

CHAPITRE X.

Comment le Roy fut adverty de la derreniere deffaicte du duc de Bourgongne, et comme il conduisit ses affaires apres la mort d'icelluy.

Pour tousjours continuer ma matiere, le Roy, qui avoit ja ordonné postes ¹ en ce royaulme, et par avant n'y en avoit jamais eu, fut bientost adverty de ceste desconfiture du duc de Bourgongne, et à chascune heure en attendoit des nouvelles, par les advertissemens qu'il avoit euz paravant de l'arrivee des Allemans et de toutes aultres choses qui en despendoient. Et y avoit beaucoup de gens qui avoient les oreilles bien ouvertes pour les ouyr le premier, pour les luy aller dire : car il donnoit toujours voulentiers quelque chose à celluy qui premier luy apportoit quelques grans nouvelles, sans oublier le messagier : et si prenoit plaisir à en parler, avant qu'elles fussent venues, disant : « Je donneray tant à celluy qui premier m'apportera telles nouvelles. » Monseigneur du Bouchage ² et moy eusmes (estans ensemble) le premier messaige de la

---

¹ L'ordonnance portant institution du service des postes, citée par Duclos (V, 220), est datée de Luxies (aujourd'hui Lucheux), près Doulens, le 19ᵉ jour de juin 1464. Ces mots « qui avoit *ja* ordonné postes » désignent si évidemment un temps passé, que nous avons peine à nous expliquer comment M. de Reiffenberg (BARANTE, *Hist. des ducs de Bourgogne*, édition de M. de Reiffenberg, tome IX, page 3, note 2) a pu se croire autorisé à relever, à propos de ce passage, une erreur de chronologie dont Commynes n'est certainement pas coupable.

² Voyez tome I, page 4, note 1.

bataille de Morat, et ensemble le dismes au Roy, lequel nous donna à chascun deux cens marcz d'argent. Monseigneur du Lude [1], qui couchoit hors du Plessis, sceut le premier l'arrivee du chevaulcheur, qui apporta les lettres de ceste bataille de Nancy dont j'ay parlé; il demanda au chevaulcheur ses lettres, qui ne luy osa refuser pour ce qu'il estoit en grant auctorité avec le Roy. Ledict seigneur du Lude vint fort matin (et estoit à grant peine jour) heurter à l'huys plus prochain du Roy. On luy ouvrit : il bailla lesdictes lettres, que escripvoit monseigneur de Cran et aultres; mais nul ne acertenoit, par les premieres lettres, de la mort, mais aucuns disoient que on l'avoit veu fuyr et qu'il s'estoit sauvé.

Le Roy, de prime face, fut tant surprins de la joye qu'il eut de ceste nouvelle, que à grant peine sceut il quelle contenance tenir. D'ung costé, doubtoit que s'il estoit prins des Allemans, qu'ilz ne s'acordassent à luy pour grant somme d'argent que aysement ledict duc leur pourroit donner; d'aultre costé, estoit en soucy, s'il estoit eschappé, ainsi desconfit la tierce fois, s'il prendroit ses seigneuries de Bourgongne ou non [2] : et

---

[1] Voyez tome I, page 381, note 1.

[2] La première pensée du Roi fut de s'en emparer : c'est ce que prouve la lettre suivante, adressée au seigneur de Craon. « Monsieur le conte, mon ami, j'ai reçu vos lettres et ouy les bonnes nouvelles que m'avez faict savoir, dont vous remercie tant comme je puis. Maintenant est temps d'employer tous vos cinq sens de nature à mettre la ducé et conté de Bourgogne en mes mains; et pour tant avec vostre bande et le gouverneur de Champaigne, se ainsi est que le duc de Bourgogne soit mort, mettez vous dedens ledict pays, et

luy sembloit que ayseement il les pourroit prendre, veu que tous les gens de bien du pays estoient presque tous mors en ces trois batailles dessus dictes. Et sur ce point estoit sa resolution (et croy que peu de gens l'ont sceu excepté moy) que si le duc estoit sain de sa personne qu'il feroit entrer son armee, qui estoit en Champaigne et Barrois, incontinent en Bourgongne, et saisir le pays à l'heure de ce grant espovantement, et, dès ce qu'il seroit dedans, advertiroit ledict duc qu'il le faisoit à l'intention de le luy sauver, et garder que les Allemans ne le destruisissent, pour ce que ladicte duché estoit tenue en souveraineté de luy, laquelle il n'eust voulu pour riens laisser tomber es mains desdictz Allemans, et que ce qu'il en auroit prins luy seroit par luy rendu. Et sans difficulté ainsi l'eust il faict, ce que beaucoup de gens ne croyoient point aysement : aussi ne scavoient ilz la raison qui l'eust meu ; mais ce propos luy mua quant il sceut la mort dudict duc.

Dès que le Roy eut receu ces lettres dont j'ay parlé (lesquelles, comme j'ay dict, ne disoient riens de la mort dudict duc), il envoya en la ville de Tours querir

gardez, si cher que vous m'aimez, que vous y faictes tenir aux gens de guerre la meilleur ordre que si vous estiez dedans Paris, et leur remonstrez que je les veux mieux traicter et garder que nulz de mon royaulme ; et que, au regard de nostre filloelle, j'ay intention de parachever le mariage que j'ay pieça faict traicter de monseigneur le Daulphin et d'elle. Monsieur le conte, je n'entends que vous n'entrez es dits pays, ne que ne faictes mention de ce que dessus est, sinon que le duc de Bourgogne soit mort ; et pour tant je vous prie que me serviez ainsi que j'en ay en vous la fiance. Et adieu. Escript au Plexis du Parc, le neuviesme de janvier, signé Loys ; et au bas de Chaumont. » (Molinet, II, 2.)

tous les cappitaines et plusieurs aultres grans personnaiges, et leur monstra ces lettres. Tous en feirent signe de grant joye, et sembloit à ceulx qui regardoient les choses de bien pres qu'il y en avoit assez qui s'y efforcoient, et, nonobstant leurs gestes, qu'ilz eussent mieulx aymé que le faict dudict duc fust allé aultrement. La cause pourroit estre que le Roy estoit fort craint[1], et ilz se doubtoient que s'il se trouvoit tant au delivre d'ennemys qu'il ne voulsist muer plusieurs choses, et par especial estatz et offices : car il y en avoit beaucoup en la compaignie, lesquelz en la question du Bien Public et aultres du duc de Guyenne[2], son frere, s'estoient trouvez contre luy. Apres avoir parlé une piece aux dessusdictz, il ouyt la messe, et puis feit mettre la table en sa chambre, et les feit tous disner avec luy : et y estoit son chancellier[3], et aucunes gens de conseil. Et en disnant parla tousjours de ces matieres, et scay bien que moy et aultres prinsmes garde comme disneroient, et de quel appetit, ceulx qui estoient en ceste table; mais à la verité (je ne scay si c'estoit de joye ou de tristesse) ung seul par semblant ne mangea la moytié de son saoul : si n'estoient ilz point honteux de manger avec le Roy, car il n'y avoit celluy de ceulx qui bien souvent n'y eust mangé.

Au lever de table, le Roy se tira à part et donna à aucuns des terres que avoit possedees le duc de Bour-

---

[1] Toutes les éditions mettent *craintif*. Nous suivons le texte des trois manuscrits.
[2] Voyez tome I, page 23, note 1.
[3] Pierre d'Oriolle. Voyez tome I, page 277, note 1.

gongne, si ainsi estoit qu'il fust mort : et despescha le bastard de Bourbon, admiral de France [1], et moy, et nous bailla povoirs necessaires pour mettre en son obeyssance tous ceulx qui s'y vouldroient mettre : et nous commanda partir incontinent, et que nous ouvrissions toutes les lettres des postes et messagiers que nous rencontrerions en allant, affin que fussions advertis si ledict duc estoit mort ou vif. Nous partismes et feismes grant dilligence, nonobstant qu'il faisoit le plus grant froit que j'aye veu faire de mon temps. Nous n'eusmes point faict une demye journee que nous rencontrasmes ung messagier, à qui nous feismes bailler ses lettres, qui contenoient que ledict duc avoit esté trouvé entre les mors, et especiallement par ung paige espaignol nommé dom Diego [2], et par son medecin appellé maistre Louppe [3], natif de Portingal, lequel certifioit à monseigneur de Cran que c'estoit monseigneur le duc son maistre, lequel incontinent en advertit le Roy.

[1] Voyez tome I, page 238, note 2.
[2] Le nom de ce page et l'indication de son pays nous sont fournis par le Ms. A; les deux autres et toutes les éditions portent « par ung page italien et par son medecin. » Le page est nommé Jehan-Baptiste dans la *Chronique scandaleuse*; voyez ci-dessus, page 64, note 2.
[3] « Maistre Loupe (Lope) de La Garde » figure comme médecin du duc de Bourgogne sur l'état de la maison de ce prince. (BIBL. ROY., Ms. 8430², fol. 36, recto.) La *Chronique scandaleuse* (voyez LENGLET, II, 140) le nomme « maistre Mathieu, Portingalois. »

CHAPITRE XI.

Comment le Roy, apres la mort du duc de Bourgongne, se saisit d'Abbeville : et de la responce que luy feirent ceulx d'Arras.

Comme nous eusmes sceu toutes lesdictes choses, nous tirasmes jusques aux faulxbourgs d'Abbeville, et fusmes les premiers par qui, en ce quartier là, ceulx du party du duc de Bourgongne en furent advertis. Nous trouvasmes que le peuple de la ville estoit desja en traicté avec monseigneur de Torcy [1], lequel de long temps ilz aymoient tres fort. Les gens de guerrre et ceulx qui avoient esté officiers dudict duc traictoient avec nous, par ung messagier que avions envoyé devant, et, sur nostre esperance, feirent partir quatre cens Flamens qu'ilz avoient. Mais incontinent que le peuple veit ceulx là dehors, ils ouvrirent les portes à monseigneur de Torcy, qui fut le grant dommaige des cappitaines et aultres officiers de ladicte ville : car ilz estoient sept ou huict à qui nous avions promis des escuz et aucunes pensions (car nous avions ce povoir du Roy), dont ilz n'eurent riens pour ce que les places ne furent point rendues par eulx. La ville d'Abbeville estoit des terres baillees par le roy Charles

---

[1] Voyez tome I, page 365, note 1. Ce seigneur, accompagné de plusieurs commissaires, s'était présenté à la porte Saint-Gilles, et avait fait remettre aux maieur et échevins du lieu, des lettres par lesquelles Louis XI s'engageait formellement à confirmer leurs priviléges, et à n'inquiéter qui que ce fut pour « les cas advenus tant en faicts qu'en paroles durant les divisions et guerres passées. » (Registres aux délibérations de l'échevinage d'Abbeville.) *Note communiquée par M. H. Duscvel.*

septiesme à la paix d'Arras¹, lesquelles debvoient retourner, en deffault d'hoir masle; parquoy n'est merveille si legierement elle nous ouvroit.

Delà tirasmes à Dourlens, et envoyasmes sommer Arras, chief d'Arthois, ancien patrimoyne des contes de Flandres, et qui de tous temps avoit acoustumé d'aller à fille comme à filz. Monseigneur de Ravestain² et monseigneur des Cordes³, qui estoient en ladicte ville d'Arras, entreprindrent de venir parler à nous au mont Sainct Eloy⁴, une abbaye pres dudict Arras, et avec eulx ceulx de la ville. Il fut advisé que je iroye, et aucuns aultres avec moy : car on doubtoit bien qu'ilz ne feroient point tout ce que nous vouldrions, et pour ce n'y alla point ledict admiral. Apres que je fus venu audict lieu, y arriverent tantost apres les dessusdictz seigneurs de Ravestain et des Cordes, et plusieurs aultres gens de bien avec eulx, et aussi aucuns de la ville d'Arras : et entre les aultres estoit pour ladicte ville, leur pensionnaire et qui parloit pour eulx, maistre Jehan de la Vaquerie⁵, premier president en parle-

---

¹ En 1435.

² Voyez tome I, page 17, note 2.

³ Voyez tome I, page 33, note 2.

⁴ Abbaye de chanoines réguliers de saint Augustin, à une lieue et demie au nord-ouest d'Arras. (*Note de Lenglet.*)

⁵ Jean de La Vacquerie, natif de Picardie (*Chronique scandaleuse*; voyez LENGLET, II, 167), reçu conseiller au parlement de Paris le 12 novembre 1479 (BLANCHARD, *Catal. de tous les conseillers du parlement de Paris*, 32); quatrième président le 30 mai 1480, et enfin premier président le 27 février 1481. (L'HERMITE-SOULIERS, *Éloges de tous les premiers présidens du parlement de Paris*, 45 et 47.) Mort

[1477] LIVRE V, CHAPITRE XI. 77

ment à Paris¹ pour ceste heure. Là leur fut requis l'ouverture pour le Roy, et qu'ilz nous receussent en la ville : disant que le Roy la pretendoit sienne, par le moyen de confiscation, et le pays, et que s'ilz faisoient le contraire, ilz estoient en dangier d'estre prins par force, veu la deffetion de leur seigneur, et que tout le pays estoit despourveu de gens de deffense, à cause de ces trois batailles perdues.

Les seigneurs dessusdictz nous feirent dire, par ledict Jehan de la Vacquerie, que ceste conté d'Arthois appartenoit à madamoiselle de Bourgongne, fille du duc Charles, et luy venoit de vraye lignee, à cause de la contesse Marguerite de Flandres², qui estoit contesse de Flandres, d'Arthois, de Bourgongne, de Nevers et de Rethel : laquelle contesse fut mariee au duc Philippe de Bourgongne, le premier, lequel fut filz du roy Jehan³, et frere maisné⁴ du roy Charles le Quint; et supplioient au Roy qu'il luy pleust entre-

---

au mois de juillet 1497. (ARCHIVES DU ROYAUME : *Parlement*, Conseil, reg. XL, fol. 195, v°.)

¹ *Pour ceste heure*, à cette heure, au moment où j'écris. Voyez ci-dessous, liv. VI, chap. II, cette même expression. Sauvage et ses successeurs ont ainsi altéré ce passage : « Maistre Jehan de La Vacquerie, *depuis* premier président en parlement à Paris. *Pour ceste heure là* leur requismes.... »

² Marguerite de Flandre, fille de Louis II, dit le Mâle, comte de Flandre, et de Marguerite de Brabant, née en avril 1350, mariée le 12 avril 1369 à Philippe-le-Hardi, duc de Bourgogne. Morte le 16 mars 1405. (*Art de vérifier les dates*, III, 22.)

³ Jean, surnommé le Bon, fils de Philippe VI et de Jeanne de Bourgogne. Mort le 8 avril 1364. (ANSELME, I, 105.)

⁴ Cadet, puîné. (ROQUEFORT.)

tenir la trefve qui estoit entre luy et le feu duc Charles. Nos parolles ne furent point trop longues, car nous nous attendions bien d'avoir ceste responce. Mais la principalle occasion de mon allee ausdictz lieux estoit pour parler à aucuns particuliers de ceulx qui estoient là, et pour les convertir pour le Roy : j'en parlay à aucuns, qui tost apres furent bons serviteurs du Roy. Nous trouvasmes ce pays bien espoventé, et non sans cause : car je croy que en huict jours ilz n'eussent sceu finer huict hommes d'armes ; ne d'aultres gens de guerre n'en y avoit en tout ce pays là qu'environ mil et cinq cens hommes, tant de pied que de cheval, qui estoient vers Namur et en Henaut, et estoient eschappez de ladicte bataille où estoit mort le duc de Bourgongne. Leurs anciens termes et facons de parler estoient bien changez, car ilz parloient bien bas et en grant humilité : non pas que je les vueille charger que le temps passé eussent plus arrogamment parlé qu'ilz ne deussent ; mais vray est que, du temps que je y estoye, ilz se sentoient si fors qu'ilz ne parloient point au Roy, ne du Roy, en telle reverence qu'ilz ont faict depuis. Et si les gens estoient tousjours bien saiges, ilz seroient si moderez en leurs parolles, en temps de prosperité, qu'ilz ne debvroient point avoir cause de changer leur langaige en temps d'adversité.

Je retournay vers monseigneur l'admiral faire mon rapport, et là trouvay nouvelles que le Roy venoit, lequel s'estoit mis en chemin apres nous : et avoit faict escripre plusieurs lettres, tant en son nom que de ses serviteurs, pour faire venir gens devers luy, par le

[1477] LIVRE V, CHAPITRE XII. 79

moyen desquelz il esperoit reduyre ces seigneuries, dont j'ay parlé, en son obeyssance.

CHAPITRE XII.

Discours, aucunemeut hors du propos principal, sur la joye du Roy, se voyant delivré de plusieurs ennemys : et de la faulte qu'il feit en la reduction des pays du duc de Bourgongne.

La joye fut tres grande au Roy de se veoir au dessus de tout ceulx qu'il hayoit, et de ses principaulx ennemys. Des ungz s'estoit vengé, comme du connestable de France, du duc de Nemours [1] et de plusieurs aultres. Le duc de Guyenne, son frere, estoit mort, dont il avoit la succession. Toute la maison d'Anjou estoit morte, comme le roy René de Cecille, les ducs Jehan et Nicolas de Calabre, et puis leur cousin, le conte du Maine, depuis conte de Prouvence [2]. Le conte d'Armignac avoit esté tué à Lestore : et de tous ceulx cy avoit ledict seigneur recueilly les successions et les meubles. Mais, de tant que ceste maison de Bourgongne estoit plus grande et plus puissante que les aultres, et qui avoit eu ja pieça grosse guerre avec le roy Charles septiesme, son pere, trente deux ans, sans trefve, avec l'ayde des Anglois, et qu'ilz avoient leurs seigneuries

[1] Voyez tome I, page 25, note 5.
[2] Charles d'Anjou, roi de Naples, comte du Maine, de Guise et de Provence, fils de Charles d'Anjou et d'Isabelle de Luxembourg, succéda en 1480 aux États et seigneuries de René d'Anjou, comte de Provence, et roi de Naples et de Sicile. Il institua Louis XI son héritier universel par testament fait le 10 décembre 1481, et mourut le lendemain. (ANSELME, I, 236.)

assises es lieux confins, et les subjectz disposez pour faire la guerre à luy et à son royaulme, de tant luy fut plaisir tres grant et plus que tous les autres ensemble, et luy sembloit bien que en sa vie ne trouveroit aucun contredict en son royaulme, ni es environ pres de luy. Il estoit en paix avec les Anglois, comme avez entendu[1], et desiroit de travailler de toute sa puissance, et ladicte paix s'entretiendroit.

Parquoy estant hors de toute craincte, Dieu ne luy permit pas prendre ceste matiere, qui estoit si grande, par le bout qui luy estoit le plus necessaire : et combien que Dieu monstrast et ait bien monstré depuis que rigoureusement il vouloit persecuter icelle maison de Bourgongne, tant en la personne du seigneur que des subjectz et y ayans leurs biens, toutesfois semble que pour ce le Roy nostre maistre ne print les choses par le bout qu'il les debvoit prendre, pour en venir au dessus, et pour joindre à sa couronne toutes ces grans seigneuries, ou par bon tiltre ou par mariaige; parquoy, pour joindre les seigneuries où il ne povoit pretendre nul droict à luy, par vraye et bonne amytié ayseement il le povoit faire, veu le grant desconfort et povreté et debilitation en quoy ces seigneuries estoient. Parquoy eust bien enforcy son royaulme et enrichy par longue paix, en quoy il l'eust peu maintenir. Parquoy l'eust peu soulagier en plusieurs façons, et par especial du passaige des gens d'armes, qui incessamment, et le temps passé, et le temps present, che-

---

[1] Le traité avait été conclu le 29 août 1475. Voyez tome I, page 354, note 1.

[1477] LIVRE V, CHAPITRE XII.

vaulchoient d'ung des boutz du royaulme à l'aultre, et bien souvent sans grant besoing qu'il en fust¹.

Quant le duc de Bourgongne estoit encores vivant, plusieurs fois me parla le Roy de ce qu'il feroit si ledict duc venoit à mourir : et parloit en grant raison lors, disant qu'il tascheroit à faire le mariaige de son filz (qui est nostre Roy à present) et de la fille dudict duc (qui puis a esté duchesse d'Austriche); et, si elle n'y vouloit entendre, pour ce que monseigneur le Daulphin estoit beaucoup plus jeune qu'elle, il essayeroit à luy faire espouser quelque jeune seigneur de ce royaulme²,

---

¹ Nous avons suivi le texte de nos manuscrits, conforme à celui des premières éditions. Voici la leçon de Sauvage et de ses successeurs : « *Mais, nonobstant qu'il fust ainsi* hors de toute crainte, Dieu ne luy permit pas prendre ceste matiere, qui estoit si grande, par le bout qui luy estoit nécessaire : et *semble bien* que Dieu monstrast *alors*, et ait bien monstré depuis, que rigoureusement il vouloit persecuter *ceste* maison de Bourgogne, tant en la personne du seigneur, que des subjects, et y ayans leurs biens. *Car toutes les guerres, esquelles ils ont esté depuis, ne leur fussent point advenues, si* le Roy nostre maistre *eust* prins les choses par le bout qu'il les debvoit prendre, pour en venir au dessus, et pour joindre à sa couronne toutes ces grandes seigneuries, où il ne pouvoit pretendre nul bon droict. *Ce qu'il debvoit faire par quelque traicté de mariage, ou les attraire à soy* par vraye et bonne amitié, *comme* aisement il le pouvoit faire : veu le grand desconfort, pauvreté et debilitation en quoy ces seigneuries estoient. *Quoy faisant il les eust tirez hors de grandes peines, et par mesmes moyens* eust bien enforcy son royaume et enrichy par longue paix, en quoy il l'eust peu maintenir, *et cependant* soulager en plusieurs façons ; et par espécial du passage des gens d'armes, qui incessamment, et le temps passé et le temps present, chevauchent d'un des boutz du royaume à l'autre, et bien souvent sans grand besoing qu'il en soit. »

² Plus loin, livre VI, chapitre 3, Commynes désigne nominativement le comte d'Angoulême.

pour tenir elle et ses subjectz en amytié, et recouvrer sans debat ce qu'il pretendoit estre sien. Et encores estoit ledict seigneur en ce propos, huict jours devant qu'il sceust la mort dudict duc. Ce saige propos dont je vous parle luy commencea ja ung peu à changer le jour qu'il sceut la mort dudict duc de Bourgongne, et à l'heure qu'il nous despescha monseigneur l'admiral et moy : toutesfois il en parla peu ; mais à d'aucuns feit aucunes promesses de terres et seigneuries.

CHAPITRE XIII.

Comment Han, Bohain, Sainct Quentin et Peronne furent livrez au Roy : et comment il envoya maistre Olivier, son barbier, pour cuyder praticquer ceulx de Gand.

Comme le Roy se trouva en chemin, tirant apres nous, luy venoit nouvelles plaisantes de tous costez. Le chasteau de Han luy fut baillé et Bohain. Ceulx de Sainct Quentin se prindrent eux mesmes, et misrent dedans monseigneur de Mouy, qui estoit leur voisin. Le Roy estoit bien acertené de la ville de Peronne, que tenoit messire Guillaume Bisches, et avoit esperance, par nous et par aultres, que monseigneur des Cordes seroit des siens. Il avoit envoyé à Gand son barbier, appellé maistre Olivier [1], natif d'ung vil-

---

[1] Olivier le Mauvais, valet de chambre et premier barbier de Louis XI, reçut de ce prince des lettres d'anoblissement, datées du mois d'octobre 1474, par lesquelles le Roi l'autorisait à changer son nom de Mauvais en celui de *le Daim*. (Lenglet, III, 341.) Louis XI lui donna, par ses lettres datées du 19 novembre 1477, « pour lui et ses hoirs, les estangs de Meulant, et les masures, terres, prez et bois

laige¹ aupres de ladicte ville de Gand, et en avoit envoyé plusieurs aultres en plusieurs villes, dont de tous avoit grant esperance, car plusieurs le servoient plus de parolles que de faict. Quant le Roy fut venu pres de Peronne, je me vins trouver au devant de luy : et là vint apporter messire Guillaume Bisches, et aucuns aultres, l'obeyssance de la ville de Peronne², dont il fut fort joyeulx. Ledict seigneur y sejourna ce jour : je disnay avec luy, comme j'avoye acoustumé, car son plaisir estoit que tousjours mangeoient sept ou huict personnes à sa table, pour le moins, et aucunesfois beaucoup plus. Apres qu'il eut disné, se retira à part ; et ne fut pas content du petit exploict que ledict monseigneur l'admiral et moy avions faict : disant qu'il avoit envoyé maistre Olivier, son barbier, à Gand, qui luy mettroit ceste ville en son obeyssance, et Robinet d'Odenfort³ à Sainct

qui furent au feu comte de Meulant, etc. » (Godefroy, 479); auxquels il ajouta au mois d'octobre 1482, la forêt de Sénart, avec élection en sa faveur de la châtellenie de Choisy. (*Ordonnances des rois de France*, IX, 62.) Olivier Le Dain fut pendu le 21 mai 1484, « pour raison de plusieurs grands crimes, délits et maléfices. » (*Revue rétrospective*, deuxième série, V, 425, 426.) Olivier Le Dain est porté sur l'état des officiers de la maison de Louis XI comme barbier, à l'année commençant le 1ᵉʳ octobre 1482, et finissant le 30 septembre 1483; mais à l'article *Barbier* il y a : « Olivier Le Dain jusques au dernier novembre.... Jehan du Boulay, au lieu dudict Le Dain, le 15 juin. » (Bibl. Roy., *Suppl. fr.*, Ms. n° 2340, fol. 764.)

¹ Thielt. (Godefroy, 479.)

² « Et lui fit serment, ensemble vingt et un nobles hommes de Picardie ; de quoy les Bourguignons furent grandement esbahis, et trop plus du seigneur de Clari que de nul autre, considérant qu'il avoit esté nourri en la maison de Bourgoigne. » (Molinet, II, 19.)

³ Robinet de Édeinfort ou Dampfort est compris sur l'état de paie-

Omer, lequel y avoit des amys, et qu'ilz estoient gens pour prendre les clefz de la ville et mettre ses gens dedans, et d'aultres, qu'il nommoit, en d'aultres grans villes : et me faisoit combatre de ce propos par monseigneur du Lude, et par d'aultres. Il ne m'appartenoit pas de arguer, ne parler contre son plaisir; mais je luy dis que je doubtois que maistre Olivier et les aultres, qu'il m'avoit nommez, ne cheviroient point si ayseement de ces grans villes comme ilz pensoient.

Ce qui faisoit à nostre Roy me dire ces motz, estoit pource qu'il estoit changé de voulenté et que ceste bonne fortune, qu'il avoit au commencement, luy donnoit esperance que tout se rendroit à luy de tous costez : et se trouvoit conseillé par d'aucuns, et si estoit aussi enclin de tous poinctz de deffaire et destruire ceste maison, et en despartir les seigneuries en plusieurs mains : et nommoit ceulx à qui il entendoit donner les contez, comme Namur et Henault, qui sont situees pres de luy. Les aultres grans pieces, comme Brabant, Hollande, il s'en vouloit ayder à avoir aucuns seigneurs d'Allemaigne, qui seroient ses amys, et qui luy ayderoient à executer son vouloir. Son plaisir estoit bien de me dire toutes ces choses, pource que aultresfois luy avoye parlé et conseillé l'aultre chemin cy dessus escript : et vouloit que je entendisse ses raisons et pourquoy il ne me oyoit, et que ceste voye estoit plus utille

---

ment des gentilshommes de l'hôtel du Roy, pour les années 1471 et 1474. (*Seconde bande des cent gentilshommes de la maison du Roy*; Bibl. Roy., *Suppl. fr.*, Ms. n° 2343.) Il vivait encore en janvier 1483. Archives du royaume. *Parlement*: conseil, regist. xxviii, fol. 43, v°.)

pour son royaulme, qui beaucoup avoit souffert à cause de la grandeur de ceste maison de Bourgongne, et des grans seigneuries qu'elle possedoit. Quant au monde, il y avoit grant apparence en ce que ledict seigneur disoit; mais quant à la conscience, me sembloit le contraire. Toutesfois le sens de nostre Roy estoit si grant, que moy, ny aultre qui fust en la compaignie, n'eussions sceu veoir si cler en ces affaires comme luy mesmes faisoit : car, sans nulle doubte, c'estoit ung des plus saiges princes et des plus subtilz qui ait regné en son temps.

Mais, en ces grans matieres, Dieu dispose les cueurs des roys et des grans princes (lesquelz il tient en sa main) à prendre les voyes selon les œuvres qu'il veut conduire apres : car, sans nulle difficulté, si son plaisir eust esté que nostre Roy eust continué le propos qu'il avoit de luy mesmes advisé devant la mort du duc de Bourgongne, les guerres qui ont esté depuis, et qui sont, ne fussent point advenues; mais nos œuvres envers luy, ne d'ung costé ne d'aultre, n'estoient point dignes de recevoir ceste longue paix [1], qui nous estoit appareillee, et de là procede l'erreur que feit nostre Roy, et non point de la faulte de son sens, car il estoit bien grant, comme j'ay dict. Je dis ces choses au long, pour monstrer que, au commencement, quant on veult

[1] Les manuscrits mettent : « Mais nous encores envers luy, tant d'ung costé que d'aultre n'estoient pas dignes de recevoir cette longue paix. » La leçon de Sauvage et de ses successeurs nous paraît évidemment altérée; la voici : « Mais nous n'estions encores envers luy, tant d'un costé que d'autre, dignes de recevoir ceste longue paix. » Nous avons suivi le texte des premières éditions.

entreprendre une si grant chose, que on la doibt bien consulter et debatre, affin de povoir choisir le meilleur party, et par especial s'en recommander à Dieu, et luy prier qu'il luy plaise adresser le meilleur chemin: car de là vient tout, et se voit tout cela par escript et par experience.

Je n'entens point blasmer nostre Roy, pour dire qu'il eut failly en ceste matiere : car, par adventure, aultres qui scavoient et qui congnoissoient plus que moy seroient et estoient lors de l'advis qu'il estoit, combien que riens n'y fust debatu, ny là, ny ailleurs, touchant ladicte matiere. Les cronicqueurs n'escripvent que les choses à la louenge de ceulx de qui ilz parlent, et laissent plusieurs choses, ou ne les scavent pas aucunesfois à la vérité. Je me delibere de ne parler de chose qui ne soit vraye, et que je n'aye veue ou sceue de si grans personnaiges qu'ilz ne soient dignes de croire, sans avoir regard aux louenges : car il est bon à penser qu'il n'est nul prince si saige qu'il ne faille bien aucunesfois, et bien souvent, s'il a longue vie; et ainsi se trouveroit de leurs faictz, s'il en estoit dict tousjours la verité. Les plus grans senatz et conseilz qui ayent jamais esté, ne qui sont, ont bien erré et errent bien, comme on a veu et voit chascun jour.

Apres le sejour que eut faict le Roy en ce villaige pres Peronne, il se delibera le lendemain d'y aller faire son entree : laquelle ville luy estoit baillee, comme j'ay dict. Ledict seigneur me tira à part, comme il voulut partir, et m'envoya en Poictou et sur les frontieres de Bretaigne, et me dict en l'oreille que si l'entreprinse de maistre Olivier failloit et que monseigneur des Cordes ne se tournast des siens, il feroit brusler le pays d'Arthois, en ung endroict du long de la riviere de Lys (qui s'appelle la Levee[1]), et puis que incontinent s'en retourneroit en Touraine. Je luy recommanday aucuns, lesquelz s'estoient tournez de son party par mon moyen, pourquoy leur avoye promis pensions et bienfaictz de luy. Il en print de moy les noms par escript, et leur tint ledict seigneur ce que je leur avoye promis : et ainsi partis de luy pour ce coup.

Comme je voulus monter à cheval, monseigneur du Lude, qui estoit fort agreable au Roy en aucunes choses et qui fort aymoit son prouffit particulier (il ne craignoit jamais à abuser ne à tromper personne, aussi tres legierement croyoit, et estoit trompé bien souvent; il avoit esté nourry avec le Roy en sa jeunesse, et luy scavoit fort bien complaire, et estoit homme tres plaisant), il me vint dire ces motz, comme par mocqueries saigement dictes : « Or vous en allez vous, à l'heure que vous devez faire vos besongnes ou jamais, veu les grans choses qui tombent entre les mains du Roy, dont il peult agrandir ceulx qu'il ayme; et au regard de moy, je me attens d'estre gouverneur de Flandres et m'y faire tout d'or. » Et rit fort en ce disant; mais je n'eus nulle envie de rire, pource que je doubtoye qu'il ne procedast du Roy, et luy respondis que je en seroye bien joyeulx s'il advenoit ainsi, et que j'avoye espe-

---

[1] Allouagne, département du Pas-de-Calais, arrondissement de Béthune.

rance que le Roy ne m'oublieroit point : et ainsi partis.

Ung chevalier de Henault estoit arrivé là devers moy, n'y avoit pas demye heure, et m'apportoit nouvelles de plusieurs aultres, à qui j'avoye escript en les priant de se vouloir reduyre au service du Roy. Ledict chevalier et moy sommes parens, et vit encores, par quoy ne le veulx nommer, ne ceulx de qui il m'apportoit nouvelles. Il m'avoit, en deux motz, faict ouverture de luy bailler les principalles villes et places du pays de Henault : et au partir que je feis du Roy, je luy en dis deux motz, et incontinent l'envoya querir, et me dict de luy, et des aultres que je luy nommoye, qu'ilz n'estoient gens telz qu'il luy falloit. L'ung luy desplaisoit d'ung cas, l'aultre de l'aultre : et luy sembloit que leur offre estoit nulle, et qu'il auroit bien tout sans eulx : et ainsi me partis de luy. Et il feit parler ledict chevalier à monseigneur du Lude, dont il se trouva esbahy, et se despartit bien tost, sans entrer en grant marchandise : car ledict seigneur du Lude et luy ne se fussent jamais acordez, ny entenduz : car il estoit venu pour cuyder[1] faire son prouffit et s'enrichir, et ledict seigneur du Lude luy demanda d'entree ce que les villes luy donneroient en conduisant leur affaire. Encores je estime ce reffus et mespris que le Roy feit de ces chevaliers estre venu de

[1] Les premières éditions, Sauvage et Godefroy, mettent : « car il estoit venu pour *soy ayder* et faire son prouffit. » Lenglet donne le même texte, à l'exception d'un mot qu'il ajoute : « estoit venu, *esperant* s'ayder, faire son profit. » Nous avons préféré la leçon des manuscrits.

Dieu : car je l'ay veu depuis, qu'il les eust bien estimez s'il les eust peu finer ; mais par adventure que Nostre Seigneur ne luy voulut de tous poinctz acomplir son desir, pour aucunes raisons que j'ay dictes, ou qu'il ne vouloit point qu'il usurpast sur ce pays de Henault, qui est tenu de l'Empire, tant pource qu'il n'y avoit aucun tiltre, que aussi pour les anciennes allyances et sermens qui sont entre les empereurs et les roys de France. Et monstra bien depuis ledict seigneur en avoir congnoissance, car il tenoit Cambray, le Quesnoy, Bouchain en Henault. Il rendit ce Bouchain[1] en Henault, et remit Cambray en neutralité[2], laquelle est ville imperialle. Et combien que je ne demouray sur le lieu, si fus je informé comme les affaires passoient : et le povoye bien ayseement entendre, pour la congnoissance et nourriture que j'avoye eue de l'ung costé et de l'aultre : et depuis l'ay sceu de bouche par ceulx qui les conduisoient tant d'ung costé que d'aultre.

[1] « La reddition de Bouchain eut lieu vers le 20 mai. » (BARANTE, édit. de M. Gachard, 569, note 2.)

[2] Louis XI, « à sa premiere venue à Cambray, avoit faict effacer et planer les armes de l'empire, tant à la chambre de la ville comme aux portes, au messager et bastonnier d'icelle : si leur feist porter en ce lieu les plaines armes de France ; mais à son dernier partement, il commanda de les oster pour y mettre le tres saint aigle imperial, ainsi que paravant portoient, et leur dict en telle maniere : « Nous « voulons que vous soyez neutres et demourez de telle condition que « vous solliez estre. Nous sommes viconte de vostre cité, et voulons « garder nostre jurisdiction et le droit que nous y avons. Et au regard « de nos armes, vous les osterez quelque soir, et y logerez vostre « oiseau, et direz qu'il sera allé jouer une espace de temps, et sera « retourné en son lieu ainsi que font les arondelles qui reviennent sur « le printemps. » (MOLINET, II, 154 et suiv.)

CHAPITRE XIV.

Comment maistre Olivier, barbier du Roy, n'ayant pas bien faict son prouffit de ceulx de la ville de Gand, trouva moyen de mettre les gens d'armes du Roy dedans Tournay.

Maistre Olivier, comme avez ouy, estoit allé à Gand, lequel portoit lettres de creance à madamoiselle de Bourgongne, fille du duc Charles, et avoit commission de luy faire aucunes remonstrances à part, affin qu'elle se voulsist mettre entre les mains du Roy. Cela n'estoit point sa principalle charge, car il doubtoit bien que à grant peine il pourroit parler seul à elle, et que s'il y parloit, si ne la scauroit il guider à ce qu'il desiroit; mais il avoit intention qu'il feroit faire à ceste ville de Gand quelque grant mutation, congnoissant que de tous temps elle y estoit encline, et que, soubz les ducz Philippe et Charles, elle avoit esté tenue en grant craincte, et leur avoient esté ostez aucuns privileges[1], par la guerre qu'ilz eurent avec le duc Philippe, en faisant leur paix : et aussi par le duc Charles leur en fut osté ung, touchant la creation de leur loy, pour une offence qu'ilz luy feirent, luy estant en ladicte ville, le premier jour qu'il y entra comme duc. J'en ay parlé cy devant, parquoy je m'en tairay. Toutes ces raisons donnerent hardement audict maistre Olivier, barbier du Roy (comme j'ay dict), de poursuyvre son œuvre : et parla à aucuns qu'il pensoit qu'ilz luy deussent prester l'oreille à ce qu'il desiroit, et offroit leur faire rendre par le Roy leurs privileges, qu'ilz

[1] La première fois par le traité de Gavre, en date du 24 juillet 1453, et la seconde en 1467. Voyez tome I, page 142, note 2, et page 145.

avoient perduz, et aultres choses; mais il ne fut point en leur hostel de ville pour en parler en public, car il vouloit premierement veoir ce qu'il pourroit faire avec ceste jeune princesse : toutesfois il en sceut[1] quelque chose.

Le dessusdict maistre Olivier, quant il eut esté quelque peu de jours à Gand, on luy manda venir dire sa charge; et il vint en la presence de ladicte princesse, et estoit ledict Olivier vestu beaucoup mieulx qu'il ne luy appartenoit : il bailla ses lettres de creance. Ladicte damoiselle estoit en sa chaire, et le duc de Cleves[2] à costé d'elle, et l'evesque du Liege[3], avec plusieurs aultres grans personnaiges et grant nombre de gens. Elle leut sa lettre, et fut ordonné audict maistre Olivier de dire sa creance : lequel respondit qu'il n'avoit point charge, sinon de parler à elle à part. On luy dict que ce n'estoit point la coustume, et par especial à ceste jeune damoiselle, qui estoit à marier : il continua de dire qu'il ne diroit aultre chose, sinon à elle. On luy dict lors qu'on luy feroit bien dire, et eut paour : et croy que, à l'heure qu'il vint à presenter sa dicte lettre, qu'il n'avoit point encores pensé à ce qu'il debvoit dire, car ce n'estoit point sa charge principalle, comme vous avez ouy. Ainsi se despartit pour ceste fois ledict Olivier, sans dire aultre chose. Aucuns de ce conseil le prindrent à desrision, tant à cause de son petit estat que des termes qu'il tenoit, et par especial

---

[1] *Fut*, dans le Ms. C. Peut-être faudrait-il lire *il en* fut sceu *quelque chose.*

[2] Voyez tome I, page 17, note 3.

[3] Voyez tome I, page 118, note 5.

ceulx de Gand (car il estoit natif d'ung petit villaige, aupres de ladicte ville) : et luy furent faictz aucuns tours de mocquerie, et puis soubdainement s'enfuyt de ladicte ville, car il fut adverty que, s'il ne l'eust faict, qu'il estoit en peril d'estre gecté en la riviere, et le croy ainsi.

Ledict maistre Olivier se faisoit appeller conte de Meulant[1], qui est une petite ville pres Paris, dont il estoit cappitaine. Il s'enfuyt à Tournay, à son partement de Gand : laquelle ville est neutre[2] en ce quartier là, fort affectionnee au Roy, car elle est sienne, et luy paye six mil livres parisis l'an, et au demourant elle vit en toute liberté, et y sont receuz toutes gens : et est belle ville et tres forte, comme chascun en ce quartier de deca le scait bien. Les gens d'eglise et bourgeois de ladicte ville ont tout leur vaillant et revenu en Henault et en Flandres, car elle touche à tous les deux pays dessusdictz : et pour ceste cause avoient tousjours acoustumé de donner par les anciennes guerres du roy Charles septiesme et du duc Philippe de Bourgongne dix mil livres l'an audict duc, et autant leur en ay veu donner au duc Charles de Bourgongne ; mais pour ceste heure que y entra ledict maistre Olivier, elle ne payoit riens, et estoit en grant ayse et repos.

[1] Voyez ci-dessus, page 82, note 1.

[2] Lenglet imprime « laquelle ville est *nostre* », et fait remarquer en note qu'au lieu de *neutre*, il faut lire *nostre*, ainsi que le porte le manuscrit de Saint-Germain-des-Prés, parce que « de temps immémorial, et jusqu'en 1522, Tournay étoit à la France. » Lenglet aurait dû remarquer que quelques lignes plus bas, Commynes répète que cette ville resta toujours *neutre*.

[1477] LIVRE V, CHAPITRE XIV. 93.

Combien que la charge qu'avoit ledict maistre Olivier fust trop grande pour luy, si n'en fut il point tant à blasmer que ceulx qui la luy baillerent. L'exploict en fut tel qu'il debvoit; mais encores monstra il vertu et sens à ce qu'il feit : car, congnoissant que ladicte ville de Tournay estoit si prochaine des deux pays, dont j'ay parlé, que plus ne povoit, et bien aysee pour y faire grant dommaige, pourveu qu'il y peust mettre des gens d'armes que le Roy avoit pres de là (à quoy pour riens ceulx de la ville ne se fussent consentis, car jamais ilz ne se monstrerent ne d'ung party ne d'aultre; mais neutres entre ces deux princes), pour les raisons dessusdictes, ledict maistre Olivier manda secrettement [1] à monseigneur de Mouy (dont le filz [2] estoit

---

[1] « A l'incitation du prevost de Ponthoise et de Navairot, abbé de Sainct Amant, et du barbier du Roi, qui lors se tenoient en la cité (Tournay), combien que ce fust au desplaisir de plusieurs bourgeois, Bourguignons en cœur, elle receut une grosse garnison qui lui bailla toutes ses royes; et entrerent dedans deux cents lances bien en point, dont furent conducteurs monseigneur l'admiral, messire Colart de Moy, messire Maurice et François de La Sauvagiere. » (Molinet, II, 67-68.)

[2] Jacques, seigneur et baron de Moy, conseiller et chambellan du Roi, maître des eaux et forêts de *Normandie* et de Picardie, capitaine de Saint-Quentin et de Ribemont l'an 1500. Marié à Jacqueline d'Estouteville. (*Cabinet des titres.*) Seigneur de Chyn, (Bibl. Roy., fonds *Gaignères*, Ms. 772², fol. 781, recto.) Le P. Anselme (VIII, 644) lui donne les titres de « baron de Mouy, gouverneur de Saint-Quentin, bailly de Tournay et du Tournaisis, maître des eaux et forêts de *France*. » Jacques de Moy n'a jamais exercé cette dernière charge, et le P. Anselme, qui ne le mentionne qu'à l'occasion du mariage de sa fille, ne lui donne point place parmi ceux qui remplirent ces fonctions. Au lieu du mot *France*, qui s'est glissé par erreur à l'endroit cité, il faut donc lire *Normandie* comme le porte la notice exacte du

bailly de ladicte ville; mais il ne s'y tenoit point) qu'il amenast sa compaignie qu'il avoit à Sainct Quentin, et quelques aultres gens d'armes qui estoient en ce quartier là, lequel vint à heure nommee à la porte, où il trouva ledict maistre Olivier acompaigné de trente ou quarante hommes, lequel eut bien le hardement de faire ouvrir la barriere, demy par amour, demy par force, et mit les gens d'armes dedans, dont le peuple fut assez content; mais les gouverneurs de la ville non, desquelz il envoya sept ou huict à Paris, qui n'en sont osez partir tant que le Roy a vescu [1].

Cabinet des titres. Nous devons faire observer que Jacques de Moy ne fut reçu à « l'office de bailli de Tournay, Tournaisis, Mortagne, Saint-Amand et leurs appendances », que le 28 juin 1484. (ARCHIVES DU ROYAUME. *Parlement* : conseil, reg. XXVIII, fol. 153, verso.) Louis XII, à son avénement à la couronne, lui ayant « baillé le choix » entre cette charge et celle de maître des eaux et forêts, il opta pour ce dernier office, et fut remplacé comme bailly de Tournay, le 11 juillet 1498, par Loys Picart, seigneur d'Estelan. (ARCHIV. DU ROY. *Parlement* : Matinées, regist. LVIII, fol. 213, recto.)

[1] « On pourroit croire, d'après ce passage, que les Tournaisiens conduits à Paris auroient été libres d'en sortir, et qu'ils n'auroient quitté cette capitale qu'après la mort de Louis XI : ce seroit une double erreur. Il conste des registres de la ville, que, pendant six années, le magistrat ne cessa de faire des démarches, qui demeurèrent infructueuses, pour obtenir la mise en liberté de ses concitoyens, et l'on y voit aussi que, sur la fin du mois de mai 1483, trois mois avant la mort de Louis XI, le gouverneur de la Bastille, ensuite des ordres de ce prince, les renvoya en leur pays, après leur avoir fait prêter serment qu'ils ne feroient ou poursuivroient chose préjudiciable au Roi, au Dauphin et à ses sujets. Les noms de ces citoyens, que Commines ne fait pas connoître, étoient sire Lyon Haccart, sire Gilles de Loyaucourt, M° Salomon Testelin, Jean de Tournai, Jean Fourmeu et Jean Maurre. Le dernier, qui étoit premier greffier de la ville,

[1477] LIVRE V, CHAPITRE XIV. 95

Apres ces gens d'armes y en entra d'aultres, qui feirent merveilleux dommaiges es deux pays dessusdictz depuis, comme d'avoir bruslé maintz beaux villaiges et maintes belles censes, plus au dommaige des habitans de Tournay que d'aultres, pour les raisons que j'ay dictes: et tant en feirent que les Flamans vindrent devant, et tirerent le duc de Gueldres hors de prison (que le duc Charles y avoit mis) pour en faire leur chief, et vindrent devant ladicte ville de Tournay [1], où ilz feirent peu de sejour: car ilz s'en despartirent en grant desordre et fuyte, et y perdirent beaucoup de gens, et entre les aultres y mourut le duc de Gueldres, qui se mit à la queue, pour vouloir ayder à soustenir le faix; mais il fut mal suivy et y mourut, comme nous dirons plus amplement cy apres. Et partant proceda cest honneur au Roy par ledict maistre Olivier, et receurent les ennemys du Roy grant dommaige. Ung bien plus saige et plus grant personnaige que luy eust

assista, de la part de celle-ci, aux États généraux tenus par Charles VIII à Tours en 1484. » (GACHARD, *Analectes Belgiques*, I, 472.)

[1] « Accompagné de sept à huit cents chevaux.... François de La Sauvagiere, tres vaillant homme d'armes, chargea d'un fust de lance si rudement sur le duc de Gheldres, lequel faisoit retirer ses gens, qu'il l'abattit par terre. Nonobstant ce, il se deffendit à son pouvoir, comme tres preux et hardi, plein d'un vertueux courage; mais gueres ne lui valut. Le Beauvoisien et aultres le navrerent en la gorge et au chef, où il receut deux plaies; et finablement fut puisé par dessoubs, qui lui donna le coup de la mort. Et adonc s'écria : « Gheldres! » et oncques puis mot ne parla. » (MOLINET, II, 68.) Ce fut au mois de *juillet* 1477. (*Chronique scandaleuse*; voyez LENGLET, II, 143.) Le 22 *juin*, d'après l'*Art de vérifier les Dates*. Voyez tome I, page 306, note 2.

bien failly à conduire cest œuvre. J'ay assez parlé de la charge qui fut donnee par ce saige Roy à ce petit personnaige, inutille à la conduicte de si grant matiere : et semble bien que Dieu avoit troublé le sens de nostre Roy en cest endroict : car, comme j'ay dict, s'il n'eust cuydé son œuvre trop aysee à mettre à fin, et il eust ung peu laissé de la passion et vengeance qu'il desiroit contre ceste maison de Bourgongne, sans point de doubte il tiendroit aujourd'huy toute ceste seigneurie soubz son arbitraige.

CHAPITRE XV.

Des ambassadeurs que la damoiselle de Bourgongne, fille du feu duc Charles, envoya au Roy : et comment, par le moyen de monseigneur des Cordes, la cité d'Arras et les villes de Hesdin et Boullongne, et la ville d'Arras mesmes, furent mises en l'obeyssance du Roy.

Apres que ledict seigneur eut receu Peronne (qui luy fut baillé par messire Guillaume Bisches, homme de fort petit estat, natif de Molins Engilbert, en Nyvernois, qui avoit esté enrichy et elevé en auctorité par ledict duc Charles de Bourgongne, lequel luy avoit baillé ceste place entre ses mains, pource que sa maison, appellee Clery, estoit aupres de là, laquelle ledict messire Guillaume Bisches avoit acquise, et y avoit faict ung fort chasteau et beau), ledict seigneur receut audict lieu aucuns ambassadeurs de la partie de madamoiselle de Bourgongne, où estoient tous les plus grans et principaulx personnaiges dont elle se povoit aydier, qui n'estoit point trop saigement faict, de venir tant ensemble; mais leur desolation estoit si grande et leur paour, qu'ilz ne scavoient ne que dire, ne que faire. Les dessusdictz estoient leur chancellier, appellé messire Guillaume Hugonet[1], tres notable personnaige et saige, et avoit eu grant credit avec ce duc Charles, et en avoit receu grans biens. Le seigneur de Humbercourt[2] y estoit aussi, dont assez a esté parlé en ces Memoires, et n'ay point souvenance d'avoir veu ung plus saige gentil homme ne mieulx adextre pour conduire grans matieres. Il y avoit le seigneur de la Vere[3], grant seigneur en Zelande, et le seigneur de la Gruthuse[4], et plusieurs aultres, tant nobles que gens d'eglise et des bonnes villes[5]. Nostre

---

[1] Guillaume Hugonet, seigneur de Saillans, d'Époisses et de Lys, vicomte d'Ypres, marié à Louise de Laye. Décapité à Gand, le 3 avril 1476 (v. s.). (ANSELME, IV, 861.) Il était conseiller et maître des requêtes ordinaires de l'hôtel du duc Charles, qui le créa chancelier de Bourgogne le 22 mai 1471. (LA BARRE, II, 257.)

[2] Voyez tome I, page 125, note 1.

[3] Wolfart de Borselen, seigneur de La Weer, en Hollande, comte de Grand-Pré, chambellan de Louis XI, chevalier de la Toison d'or, fils de Henri de Borselen et de Jeanne de Halewin. Marié 1°. à Marie d'Écosse; 2°. à Charlotte de Bourbon. Mort en 1487. (ANSELME, VII, 103.)

[4] Voyez tome I, page 248, note 1.

[5] Aux personnages désignés par Commynes, il faut ajouter l'évêque de Tournai; Pierre de Ranchicourt, évêque d'Arras; Roland de Wedergraet, premier échevin de Gand; Josse de Halewin, fils du bourguemestre de Bruges, et le grand bailli d'Ypres. (BARANTE, *Hist. des ducs de Bourgogne*, édit. de M. de Reiffenberg, IX, 28, note 2.) L'ambassade, partie au commencement de février, fut de retour vers la fin du mois. (GACHARD, *Note sur le jugement de G. Hugonet*, p. 312. Voyez *Bulletins de l'Académie royale des Sciences et Belles-Lettres de Bruxelles*, année 1839, t. VI, deuxième partie.)

II.

Roy, avant les avoir ouys, tant en general que chascun à part, mit grant peine à gaigner chascun d'eulx, et en eut humbles parolles et reverences, comme de gens estant en craincte. Toutesfois ceulx qui avoient leurs terres en lieu où ilz s'attendoient que le Roy n'allast point, ne se vouloient en riens obliger au Roy, sinon en faisant le mariaige de monseigneur le Daulphin, son filz, à ladicte damoiselle.

Ledict chancellier et le seigneur de Humbercourt, qui avoient esté nourris en tres grant et longue auctorité, et qui desiroient y continuer, et avoient leurs biens aux limites du Roy (l'ung en la duché de Bourgongne, l'aultre en Picardie, comme vers Amyens), prestoient l'oreille au Roy et à ses offres, et y donnerent quelque consentement de le servir, en faisant ce mariaige, et de tous poinctz se retirer soubz luy, ledict mariaige acomply. Et combien que ce chemin fust le meilleur pour le Roy, toutesfois il ne luy estoit point agreable, et se mescontentoit d'eulx que dès lors il n'y demouroient; mais il ne leur en feit point de semblant, car il s'en vouloit ayder en ce qu'il pourroit. Ja avoit ledict seigneur bonne intelligence avec monseigneur des Cordes[1] : et, conseillé et advisé de luy, qui estoit chief et maistre dedans Arras, re-

---

[1] Le Roi « suborna et tira à sa corde messire Philippe de Crevecœur, seigneur des Cordes, chevalier de la Toison d'or et seneschal de Boulongne.... La conversion de ce chevalier plongea maints cueurs en tribulacion, pour ce qu'il avoit esté souef nourri en la maison de Bourgogne; car il avoit receu grands honneurs et haultains bénéfices, et estoit moult aimé du peuple, qui moult se confioit en lui tant en Abbeville comme en Arras; mais la parole du Roi estoit alors tant

quit ausdictz ambassadeurs qu'ilz luy feissent faire ouverture, par ledict des Cordes, de la cité d'Arras (car lors y avoit murailles et fossez entre la ville et la cité, et portes fermans contre ladicte cité; et maintenant est à l'opposite, car la cité ferme contre la ville). Apres plusieurs remonstrances faictes ausdictz ambassadeurs, et que ce seroit pour le mieulx, et que plus ayseement on viendroit à paix en faisant ceste obeyssance, ilz se y consentirent, et principallement lesdictz chancellier et le seigneur de Humbercourt; et baillerent lettres de descharge audict seigneur des Cordes, et consentement de bailler ladicte cité d'Arras : ce qu'il feit voulentiers. Dès ce que le Roy fut dedans [1], il feit faire boulevers de terre contre la porte [2] et aultres endroictz pres de la ville : et par cest appoinctement monseigneur des Cordes se tira hors de la ville, et en feit saillir ses gens de guerre estans avec luy, et s'en alla chascun à son plaisir et prenant tel party qu'il luy plaisoit.

Ledict seigneur des Cordes, soy tenant pour des-

douce et vertueuse, qu'elle endormoit comme la seraine tous ceux qui lui présentoient oreille. » (Molinet, II, 61.)

[1] Il entra dans la cité le mardi 4 mars 1476 (v. s.); la ville capitula peu de temps après, le dimanche 4 mai 1477. (*Chronique scandaleuse;* voyez Lenglet, II, 141 et suiv.) La composition accordée par le Roi aux habitants d'Arras est rapportée par Lenglet, III, 505-512.

[2] Louis XI fit venir des pionniers des villes voisines. Celle d'Amiens lui en fournit soixante, comme on le voit par l'extrait suivant du LIVe registre aux comptes de l'hôtel de ville : « A Nicole Lefevre et Baudin Dupré, sergens royaux, la somme de XVI^s pour salaire d'avoir, au commandement de mes dits seigneurs, assemblé en icelle ville LX hommes pionniers, pour envoier devers le Roy, en la ville d'Arras, pour ses affaires. Pour ce XVI^s. » (*Note communiquée par M. H. Dusevel.*)

chargé du service de sa maistresse par ce consentement qu'avoient baillé lesdictz ambassadeurs [qu'il mist le Roy dedans ladicte cité d'Arras]¹, se delibera de faire le serment au Roy et de devenir son serviteur, considerant que son nom et ses armes estoient deca la riviere de Somme, pres de Beauvais (car il a nom messire Philippe de Crevecueur, frere second du seigneur de Crevecueur²). Et aussi ces terres, que la maison de Bourgongne avoit occupees sur ladicte riviere de Somme (dont assez ay parlé) vivans les ducz Philippes et Charles, revenoient sans difficulté au Roy par les conditions du traicté d'Arras, par lequel elles furent baillees au duc Philippe pour luy et ses hoirs masles seullement, et le duc Charles ne laissa que ceste fille dont j'ay parlé : et ainsi ledict messire Philippes de Crevecueur devenoit homme du Roy sans difficulté, parquoy n'eut sceu mesprendre à se mettre au service du Roy, s'il n'avoit faict serment de nouveau à ladicte damoiselle³, et en luy rendant ce qu'il tenoit du sien. Il s'en est parlé et parlera en diverses facons, parquoy

¹ Ce qui est entre deux crochets se trouve dans le manuscrit de Saint-Germain. (*Note de Lenglet.*)

² Voyez tome I, page 33, note 3.

³ « Laquelle lui confirma tous *ses* estats et offices.... et qui plus est, lui donna la capitainerie et garde du chastel de Hesdin, et le retint et constitua son chevalier d'honneur. » (Molinet, II, 294.) Dans le chapitre de l'Ordre de la Toison d'or, tenu à Bois-le-Duc le 8 mai 1481, le seigneur des Querdes fut « privé et debouté dudit Ordre de la Thoison d'or, jugé et desclaré inhabile, et indigne de jamais porter ledit collier; et s'il eust esté present audit chapitre, aultre et plus grande correction lui eust esté desclarée, selon ses crimes, demerites, faulsetés, trahison et desloyautés. » (Molinet, II, 205.)

m'en rapporte à ce qui en est. Bien scay qu'il avoit esté nourry et acreu, et mis en grant estat par le duc Charles, et que sa mere [1] avoit nourry en partie ladicte damoiselle de Bourgongne, et qu'il estoit gouverneur de Picardie, seneschal de Ponthieu, cappitaine de Crotoy, gouverneur de Peronne, Montdidier et Roye, cappitaine de Boullongne et de Hesdin, de par le duc Charles, quant il mourut, et encores de present il les tient, de par le Roy, en la forme et maniere que le Roy nostre maistre les luy bailla.

Apres que le Roy eut faict en la cité d'Arras comme je vous ay dict, il se partit de là, et alla mettre le siege devant Hesdin [2], où il mena ledict seigneur des

[1] Marguerite de La Trémoille, dame des Querdes, fille de Jean de La Trémoille, baron de Dours, et de Jeanne de Créquy. Mariée 1°. à Philippe du Bos-d'Annequin; 2°. à Jacques, seigneur de Crevecœur. Veuve de ce dernier, elle acquit le 10 juillet 1441 la terre et seigneurie des Cordes ou Querdes. (Anselme, VII, 111.)

[2] Voici le bulletin de la reddition de cette place : « Chers et bien amez, pour ce que Nous estans en nostre ville de Therouenne avons sceu que aucuns gens de guerre en bien grant nombre estoient mis dedans le chasteau de Hesdin, et s'efforçoient de le tenir en rebellion et desobeissance contre Nous, faisant guerre et hostilité publique et plusieurs grans maulx et dommaiges audit pays et subjectz, Nous, desirans obvier aux inconveniens.... partismes incontinent de nostre dite ville de Therouenne, et ce mesme jour, Nous, arrivez audit lieu de Hesdin, feismes par nos gens de guerre assieger ledit chasteau, et contre icelluy assortir et tirer nostre artillerye; et combien que ledit chasteau, comme chascun scet, est une grant, forte et tres puissante place et feust bien garnye de gens et d'artillerye, et neantmoins, des le lendemain que fusmes arrivez, nos dits gens de guerre feurent à combatre main à main avec eulx, et tellement que graces à Dieu et à la glorieuse vierge Marie, dès ledict jour du lendemain de nostre venue, environ heure de midy, nos gens sont entrez oudit chasteau, et icelluy avons mis en notre subjection et obeissance. Desquelles choses

Cordes, lequel avoit tenu la place, comme dict est, il n'y avoit que trois jours : et encores y estoient ses gens, qui monstrerent la vouloir tenir pour ladicte damoiselle, disans luy avoir faict le serment : et tira l'artillerie quelques jours. Ilz ouyrent parler leur maistre. A la verité, ceulx de dehors et de dedans

vous avons bien voulu advertir, etc.... Donné à Hesdin, le viiie jour d'avril (1477). Signé Loys. » (*Lettres et Bulletins des armées de Louis XI*, page 12.) Le Roi écrivait la veille aux mayeur et échevins d'Abbeville : « Incontinent ces lettres veues, envoyez ici viii^c ou mille pyonniers garnys de picz, pelles et hoiaux, et Nous ferons payer lesdits pyonniers.... Ne vueillez faire faulte, car Nous en avons hastivement à besoingne. Donné en la ville de Hesdin, le viie jour d'avril. » Les mille pionniers n'arrivant pas assez promptement, il écrivit le 13 : « Nous avons chargé nostre amé et féal conseiller et chambellan, le sire de Marueil, Nous faire faire finance, et amener iii^m pyonniers et en prendre partie en vostre ville, etc. » (ID., *ib.*, page 13.) « Apres ce que ledit lieu de Hesdin eust esté ainsi pris.... advint que aucuns habitans d'Arras faignant de vouloir aler devers le Roy, obtinrent sauf-conduit de monseigneur l'amiral, qui le leur bailla; mais pour ce qu'il luy sembloit qu'ils avoient autre imagination que d'aler devers le Roy, les fist suivre, et trouva on qu'ils aloient en Flandres par devers ladite damoiselle de Bourgogne, pour laquelle cause ils furent pris et ramenez audit Hesdin, ausquels fut fait leurs procez, et par iceux trouvé qu'ils alloient audit voyage en mauvaise intention, pour laquelle cause furent decapitez, audit lieu de Hesdin, jusques au nombre de dix huit, entre lesquels y estoit un nommé Me Oudart de Bucy, procureur general de ladite ville d'Arras et de la conté d'Artois, auquel fut le col couppé dedans un chapperon d'escarlate fourré de letisses, et laditte teste avec ledit chapperon, mise et boutee au bout d'un chevron, auquel fut fort cloué ledit chapperon, afin qu'il ne feust emblé ensemble laditte teste, et contre ledit chevron y avoit un escriteau où estoit escrit : « Cy est la teste maistre Oudart de Bucy, « conseiller du Roy en sa cour de parlement à Paris. » Et après laditte execution faite, le Roy s'en ala à Nostre Dame de Boulongne sur Mer. » (*Chronique scandaleuse*; voyez LENGLET, II, 141.)

s'entendoient bien, et ainsi ladicte place fut rendue au Roy, lequel s'en alla devant Boullongne¹, où il en fut faict tout ainsi. Ilz tindrent par adventure ung jour davantaige : toutesfois ceste habilleté estoit dangereuse, s'il y eust eu gens au pays (et le Roy, qui depuis le me compta, l'entendoit bien), car il y avoit gens dedans Boullongne qui congnoissoient bien ce cas et travailloient d'y mettre des gens, s'ilz en eussent peu finer à temps, et la deffendre à bon escient. Ce pendant que le Roy sejournoit devant Boullongne (qui fut peu d'espace, comme de cinq ou six jours), ceulx d'Arras se tindrent pour deceuz de se veoir ainsi encloz d'ung costé et d'aultre, où il y avoit largement gens d'armes et grant nombre d'artillerie : et travailloient de trouver gens pour garnir la ville², et en escripvirent aux villes

¹ « Le Roy y fist mettre le siège et affuster son artillerie, tellement qu'ils lui rendirent tant la ville que le chasteau. Le Roy entra ens et declara publiquement que jasoit ce que la ville de Boulongne fusist appartenant à messire Bertrand de La Thour, conte d'Auvergne, toutesfois il la vouloit avoir en ses mains pour la seureté du royaulme, parmi (moyennant) rendant audit seigneur de La Thour suffissante recompense. Ladite conté de Boulongne estoit par avant tenue en fief de la conté d'Arthois; mais le Roy, à ceste heure, s'en fist nouvel seigneur, et en fist hommaige, deschaint et à genoux, à la glorieuse vierge mère, en l'église d'icelle, présent l'abbé, les religieux, mayeur, eschevins et habitans; et donna pour avoir ce droit, devant l'image de ladite vierge, un cœur de fin or pesant deux mille escus, et ordonna que tous ses successeurs roys de France tiendroient dorsenavant ladite conté de la vierge Marie, et feroient oblation pareille. » (MOLINET, II, 22 et suiv.)

² « Se delibererent de rompre le traicté et eux defendre à toute force, et pour ce qu'ils n'avoient en Arras autre capitaine ne chef de guerre que Pierchon Du Chastel, de Faimpoux, ils choisirent d'un

voisines, comme à l'Isle et Douay. Audict lieu de Douay y avoit quelque peu de gens de cheval, et entre les aultres y estoit le seigneur de Vergy[1], et aultres dont je ne me souviens : et estoient de ceulx qui revenoient de ceste bataille de Nancy, lesquelz delibererent de se venir mettre en ladicte ville d'Arras, et feirent amaz de ce qu'ilz peurent, comme de deux ou trois cens chevaulx, que bons que mauvais, et cinq ou six cens hommes de pied.

Ceulx de Douay, qui en ce temps là estoient encores ung petit orgueilleux, les presserent de partir à plein midy, voulsissent ou non, qui fut une grant follye pour eulx : et aussi mal leur en print, car le pays de là Arras est plain comme la main, et y a environ cinq lieues, et s'ilz eussent attendu la nuict, ilz eussent executé leur entreprinse comme ilz entendoient faire. Comme ilz furent en chemin, ceulx qui estoient demourez en

commun accord le seigneur d'Arsi pour leur capitaine, lequel estoit bon Bourguignon.... Icelluy accompagné de plusieurs nobles d'Artois, avec le petit Salezar, capitaine de Douay, et seize cent piétons harquebutiers et picquenaires, proposa de faire son entrée en Arras, qui estoit fort difficile à faire, considéré la proximité et subtil aguet de leurs ennemis. » (MOLINET, II, 24.)

[1] Guillaume de Vergy, seigneur dudit lieu, baron de Bourbon-Lancy. Louis XI le fit son conseiller et chambellan, lui donna, au mois d'août 1477, le château de Vergy et la terre de Saint-Dizier en Parthois. Il est qualifié capitaine de cinquante lances des ordonnances de Charles VIII, dans une quittance qu'il donna le 10 avril 1493. Après la mort de Charles VIII, il passa au service de l'empereur Maximilien, qui le nomma maréchal de Bourgogne en 1498. Philippe, roi d'Espagne, archiduc d'Autriche, le constitua son lieutenant et capitaine général des pays de Gueldres et de Zutphen en 1504. Mort en 1520. (ANSELME, VII, 38.)

la cité, comme le seigneur du Lude, Jehan du Fou¹, les gens du mareschal de Loheac² furent advertis de leur venue, et delibererent de plustot leur aller au devant et mettre tout à l'adventure que de les laisser entrer en la ville, car il leur sembloit qu'ilz ne scauroient deffendre la cité, s'ilz y entroient. L'entreprinse de ceulx que je dis estoit bien perilleuse; mais ilz l'executerent hardement, et bien destrousserent ceste bende qui estoit partie de Douay : et furent presque tous mors ou prins³, et entre les aultres fut prins le seigneur de Vergy.

Le Roy y arriva le lendemain, qui eut grant joye de ceste desconfiture et feit mettre tous les prisonniers en sa main, et plusieurs feit mourir de ces gens de pied, esperant d'espoventer ce peu de gens de guerre qu'il y avoit en ce quartier; et feit le Roy long temps garder monseigneur de Vergy, lequel ne voulut faire le serment au Roy, pour chose du monde : si estoit il en estroicte garde et bien enferré. A la fin, conseillé de sa mere, et apres avoir esté ung an en prison, ou plus,

---

¹ Jean du Fou, conseiller et chambellan du Roi, capitaine de Cherbourg, premier échanson de Louis XI, grand échanson de France sous Charles VIII, vivait encore en 1491. (ANSELME, VIII, 582.) Il signa, le 19 juin 1470, la ratification du traité d'Ancenis, et s'intitule « escuyer, seigneur de Rustenan et de Nouastre, grand eschanson du Roy et capitaine de Cherbourg. » (MORICE, *Mémoires*, III, 192.) Il avait épousé Jehanne de La Rochefoucault, qui était veuve de lui dès le 9 août 1492. (ID., *ib.*, 731.)

² Voyez tome I, page 28, note 2.

³ « Et furent de quatre à cinq cents prisonniers, entre lesquels furent trois nobles personnages, le seigneur de Bours, le seigneur d'Estreus et le seigneur d'Auby. » (MOLINET, II, 25.)

feit le bon plaisir du Roy, dont il feit que saige. Le Roy luy restitua toutes ses terres et toutes celles qu'il querelloit, et le feit possesseur de plus de dix mil livres de rente et d'aultres beaulx estatz. Ceulx qui eschapperent de ceste destrousse, qui estoient peu, entrerent en la ville. Le Roy feit approcher son artillerie et tirer, laquelle estoit puissante et en grant nombre : les fossez ne murailles ne valloient gueres. La baterie fut grande, et furent tous espoventez, car ilz n'avoient comme point de gens de guerre dedans. Monseigneur des Cordes y avoit bonne intelligence : et aussi, de ce que le Roy receut la cité, la ville ne povoit eschapper, parquoy ilz feirent une composition en rendant la ville[1], laquelle composition fut assez mal tenue, dont ledict seigneur du Lude eut partie de la coulpe : et feit l'on mourir plusieurs bourgeois[2] et aultres, et beau-

[1] Elle se rendit le 4 mai. (Voyez ci-dessus, page 99, note 1.) « Le Roy entra à cheval dedans Arras, non point par la porte, mais par dessus la muraille que la batterie de ses engins avoit cassée. Il se trouva au petit marché, où il dit à ceux d'Arras : « Vous m'avez esté « fort rudes, je le vous pardonne. Se vous m'estes bons subjets, je « vous serai bon seigneur. » (MOLINET, II, 26.) Le Roi écrivait au grand-maître de France, relativement à la prise d'Arras : « Monsieur le grand maistre, Dieu mercy et Nostre Dame, j'ay pris cette ville et m'en vais à Nostre Dame de la Victoire, et à mon retour je m'en vais à vostre quartier, et vous meneray bonne compagnie, et pour ce ne vous souciez que de moy bien guider ; car j'ay tout fait par deçà ; au regard de ma blessure, ç'a esté le duc de Bretagne qui le m'a fait faire, parce qu'il m'appelloit le Roy coüart, et aussi vous scavez de pieça ma coustume ; car vous m'avez veu autresfois, etc. A Arras, le septiesme de may. Signé Loys. » (LENGLET, II, 250.)

[2] « Trois jours après son entrée, il (le Roi) s'enquist de ceux qui lui avoient esté les plus contraires en Arras, durant le siege. Pierchon

[1477] LIVRE V, CHAPITRE XV. 107

coup de gens de bien, present ledict seigneur du Lude et maistre Guillaume de Cerisay [1] (qui y eurent grant prouffit, car ledict seigneur du Lude m'a dict que par ce temps il y avoit gaigné vingt mil escuz, et deux pennes de Martres [2]) : et feirent ceulx de la ville ung prest au Roy de soixante mil escuz, qui estoit beaucoup trop pour eulx. Toutesfois je croy que depuis ilz

Du Chastel fut accusé par aulcuns envieux, qui lui donnerent le bast, se lui feist trancher la teste, ensemble à un arbalestrier de la ville qui avoit prins sa visée sur luy pour le tirer et despescher, n'eusist esté un boucher qui l'empescha. Le Roi sejournant illec une espace fit reparer la muraille et changer l'ancienne fortification; car il fit la cité forte contre la ville, et ordonna fonder deux chasteaux, l'un par dedens Arras, ayant issue sur les champs vers Douay, et l'autre dedens la cité : et pour ce que le peuple d'Arras estoit tant affecté à la querelle des Bourguignons que rien plus, pour éviter dissentions, monopoles et rebellions, il s'appensa d'y mettre remede; car il fit deschasser dehors tous les manans et habitans de la ville, et la repopuler de la nation de Normandie, estrangiers et aultres, qui illec s'amasserent pour en user comme se ce fusist leur propre heritage. Et comme le Roi fit changer les habitans d'icelle pour changer les couraiges, il fist changer le nom d'Arras et la fist nommer *Franchise*. » (MOLINET, II, 26.) Le sire de Varey écrivait, le 10 juillet 1480, au sénéchal de Toulouse, « de faire partir incessamment ceux de cette sénéchaussée qui avoient été nommés *pour la population de cette ville de Franchise*, et en particulier six menages de gens de métier, et deux de gros marchands que la ville de Toulouse *restoit* à fournir, suivant le rolle qui avoit été arrêté. Suivant le même rolle, la ville de Nismes fournit six menages de gens de metier, et les villes furent obligées de les défrayer de leur voyage. » (D. VAISSETE, V, 53.)

[1] Guillaume de Cerisay était, en 1475, protonotaire et secrétaire du Roi, et greffier de sa cour du parlement. (LENGLET, III, 453.) Maire d'Angers en 1479. (MORICE, *Mémoires*, III, 342.)

[2] *Pane, panne, pene, penne*, peau, fourrure, étoffe, cuir. (ROQUEFORT.)

furent renduz : car ceulx de Cambray en presterent quarante mil, qui depuis, pour certain, leur furent renduz : parquoy je croy que aussi furent les aultres.

CHAPITRE XVI.

Comment les Ganthois qui avoient usurpé auctorité par dessus leur princesse, quant son pere fut mort, vindrent en ambassade vers le Roy, comme de par les trois Estats de leur pays.

Pour l'heure de ce siege d'Arras, madamoiselle de Bourgongne estoit à Gand, entre les mains de ces tres deraisonnables gens, dont perte luy en survint, et prouffit au Roy : car nul ne pert que quelcun n'y gaigne. Quant ilz sceurent la mort du duc Charles, il leur sembla qu'ilz estoient eschappez, et prindrent tous ceulx de leur loy[1] (qui sont vingt et six), et la pluspart

[1] « Peu après le trépas du duc Charles, ceux de Gand se mirent en armes et arrêtèrent quelques-uns de leurs notables bourgeois, habitants de la ville, à savoir, Roland Van Wedergraet, qui, l'année précédente, avait été premier échevin ; maître Jean Serssanders, qui avait été, la même année, deuxième échevin ; Pierre Hurribloc, à cette époque un des seigneurs de la chambre du conseil en Flandre ; maître Pierre Boudins, qui était aveugle depuis longues années ; Olivier de Grave et Jean Vander Poucke, lesquelles six personnes, traduites en justice devant les échevins de la keure de Gand, furent condamnées et décapitées.

« La cause, à ce qu'on disait, pour laquelle les six personnes prédites moururent, était qu'elles s'étaient trouvées dans l'administration de la ville durant l'année 1468, et particulièrement Roland Van Wedergraet, premier échevin à cette même époque, alors que la paix fut faite avec le duc Charles, à l'occasion des excès commis par ceux de Gand contre le même duc, le jour qu'il avait fait sa joyeuse entrée dans ladite ville de Gand, et notamment parce que, entre autres corrections, lesdits de Gand s'étaient obligés, ce dont ils avaient donné

ou tous feirent mourir : et prindrent leur couleur qu'ilz avoient faict, le jour de devant, decapiter ung homme et nonobstant qu'il eust bien desservy : si n'en avoient ilz aucun povoir, comme ilz disoient, car leur povoir estoit expiré par le trespas dudict duc, qui les avoit creez audict gouvernement. Ilz feirent mourir aussi plusieurs bons personnaiges de la ville, qui avoient esté amys et favorables dudict duc, dont il y en avoit aucuns qui, de mon temps et moy present, avoient aydé à desmouvoir ledict duc Charles, lequel vouloit destruire grant partie de ladicte ville de Gand. Il contraignirent ladicte damoiselle à confermer leurs anciens privileges[1], qui leur avoient esté ostez par la paix de Gavre[2] (faicte avec le duc Philippe), et aultres par le duc Charles. Lesdictz privileges ne leur servoient que de noise avec leur prince : et aussi leur principalle in-

---

des lettres scellées du grand sceau de Gand, à ce que, s'il arrivait dans l'avenir que quelques personnes fissent ou essayassent de faire en cette ville sédition ou tumulte armé, elles perdraient corps et biens, et seraient privées jusque dans leurs enfants, à perpétuité, de la franchise des métiers dont elles avaient fait partie.... Avec lesdites six personnes fut également arrêté Me Barthélemi Trotin, conseiller de Mademoiselle, et garde des chartes et lettres de Flandre, etc. Mais le même Barthélemi fut relâché, pour cause que le commun disait que les échevins de Gand ne pouvaient pas connaître de sa personne, vu qu'il n'était pas bourgeois. » (*Bulletins de l'Académie royale des Sciences et Belles-Lettres de Bruxelles*, 1839, tome VI, IIe partie, p. 227 et suiv.)

[1] Les lettres par lesquelles la princesse Marie rend aux Flamands leurs priviléges sont datées de Gand, le 11 février 1476 (v. s.). (*Ibid.*, page 206.) Elles ont été publiées dans les *Annales de la Société d'émulation de Bruges*, 1839, I, 43.

[2] Voyez ci-dessus, page 90, note 1.

clination est de desirer leur prince foible, et n'en ayment nulz depuis qu'ilz sont seigneurs [1]; mais tres naturellement les ayment quant ilz sont en enfance, et avant qu'ilz viengnent à la seigneurie, comme ilz avoient faict ceste damoiselle, qu'ilz avoient soigneusement gardee et aymee jusques lors qu'elle fut dame.

Item, est bon à entendre que si, à l'heure que ledict duc mourut, les gens de Gand n'eussent faict aucun trouble et eussent voulu tascher à garder le pays, que soubdainement ilz eussent pourveu à mettre gens dedans Arras et par adventure à Peronne; mais ilz ne penserent lors que à se troubler. Toutesfois le Roy estant devant ladicte ville d'Arras, vindrent devers luy aucuns ambassadeurs [2] de par les trois Estatz du pays de ladicte damoiselle, car ilz tenoient à Gand certains depputez desdictz trois Estatz; mais ceulx de Gand faisoient le tout à leur plaisir, pource qu'ilz tenoient ladicte damoiselle entre leurs mains. Le Roy les ouyt : et entre aultres choses dirent que les choses qu'ilz

---

[1] Commynes a déjà signalé cette disposition des Gantois. Voyez tome I, page 144.

[2] « Ces ambassadeurs étaient : pour le Brabant, messire Henri de Witthem, seigneur de Bersselé; messire Louis Synnock, mayeur de Louvain; maître Godevaert Reolants, pensionnaire de Bruxelles. Pour la Flandre : l'abbé de Saint-Pierre de Gand; messire Philippe, seigneur de Moldeghem; M. de Dudzeele, maître Godevaert Hebbelin, pensionnaire de Gand. Pour l'Artois : l'abbé de Saint-Bertin, Jean de Beaumont, maître Louis Lemire; pour le Hainaut, le seigneur de Ligne, et le pensionnaire de Mons. Ils partirent à la fin de février ou au commencement de mars. » (*Bulletins de l'Académie royale des sciences et Belles-Lettres de Bruxelles*, 1839, tom VI, 11º partie, page 237.)

avoient proposees, qui estoient tendans à fin de paix, procedoient du vouloir de ladicte damoiselle, laquelle en toutes choses estoit deliberee de se conduire par le vouloir et conseil des trois Estatz de son pays : et requeroient que le Roy se voulsist deporter de la guerre qu'il faisoit tant en Bourgongne que en Arthois, et que on print journee pour povoir amyablement pacifier, et que ce pendant fut donné surseance de guerre[1].

Le Roy se trouva ja comme au dessus : et encores cuydoit il que les choses vinssent mieulx à son plaisir qu'elles ne feirent, car il estoit bien informé que les gens de guerre estoient mors et deffaictz par tout, et beaucoup de tournez de son costé, et par especial mon-

[1] « Ouy le rapport qui a esté fait aux estas desdits pays, en ensuivant les commandemens de nostre dite damoiselle, des ambassadeurs qui ont esté de par elle envoyez devers le Roy, ceulx desdits estas ont entendu que le Roy ne veut condescendre à aulcune surseance de guerre, se n'est que préalablement il ayt en ses mains la cité d'Arras, comme son propre, et la conté de Bouloingne, au prouffit et conservacion de celluy qui droit y a semblablement ouverture des villes et places du pays d'Artois, etc.; mais, ou cas que nostre dite damoiselle et ses dits pays voulsissent faire tant d'honneur à monsieur le Daulphin que de le prendre en mariage ; et, en ce cas, le Roy seroit content que tous les differens par ce moyen fussent appaisez et adoubez ; et se ma dite damoiselle et sesdits pays veullent entendre à ce, le Roy envoyeroit ses ambassadeurs devers nostre dite damoiselle et se pays, assavoir : ceulx qui sont les plus prochains du sang d'elle, est assavoir : monseigneur le cardinal de Lyon et aultres, ses freres, oncles de nostre dite damoiselle, disant aussy que, ou dit cas, que le Roy non point seulement se contenteroit de sa personne de ce qu'il demande, mais avecques ce donneroit à ma dite damoiselle du sien, avec plusieurs aultres belles parolles, etc. » (*Bulletins de l'Académie royale des Sciences et Belles-Lettres de Bruxelles*, 1839, tome VI, IIe partie, page 237.)

seigneur des Cordes (dont il faisoit grant estime et non sans cause; car de longtemps il n'eust faict par force ce que par intelligence il avoit eu par son moyen bien peu de jours avant, comme avez ouy), et pour ce il estima peu leurs requestes et demandes. Et aussi estoit il bien informé et sentoit bien que ces gens de Gand estoient en tel estat qu'ilz troubloient tant leur compaignie qu'ilz ne scauroient donner aucun ordre ou conseil à conduire la guerre contre luy : car nul homme de sens, ne qui euct eu auctorité avec leurs princes passez, n'estoit appellé en riens touchant leurs affaires; mais estoit persecuté, et en dangier de mort. Et par especial avoient en grant hayne les Bourguignons, pour la grant auctorité qu'ilz avoient eue le temps passé. Et davantaige congnoissoit bien le Roy (qui en telles choses veoit aussi cler que nul homme de son royaulme) ce que lesdictz Ganthois faisoient à leur seigneur de tout temps, et qu'ilz desiroient le veoir appetissé, mais qu'ilz n'en sentissent riens en leur pays ; et pour ce advisa que s'ilz estoient à commencer à se diviser, qu'il les y mettroit encore plus avant : car ceulx à qui il avoit affaire n'estoient que bestes et gens de ville la pluspart, et par especial en ces choses subtilles, dont ledict seigneur se scavoit bien ayder : et faisoit ce qu'il debvoit pour vaincre et mener à fin son entreprinse.

Le Roy s'arresta sur la parolle que ces ambassadeurs avoient dict que leur princesse ne feroit riens sans la deliberation et conseils des trois Estatz de son pays, en leur disant qu'ilz estoient mal informez du vouloir d'elle, et d'aucuns particuliers : car il estoit seur qu'elle entendoit conduire ses affaires par gens particuliers, qui ne desiroient point la paix, et que eulx se trouveroient desadvouez; dont lesdictz ambassadeurs se trouverent fort troublez, et, comme gens mal acoustumez de besongner en si grans affaires et matieres, respondirent chaudement qu'ilz estoient bien seurs de ce qu'ilz disoient et qu'ilz monstreroient leurs instructions quant besoing seroit. On leur respondit que on leur monstreroit lettres, quant il plairoit au Roy, escriptes de telles mains qu'ilz les croyroient, qui disoient que ladicte damoiselle ne vouloit conduire ses affaires que par quatre personnes. Ilz replicquerent encores qu'ilz estoient bien seurs du contraire; et lors le Roy leur fit monstrer unes lettres, que le chancellier de Bourgongne et le seigneur de Humbercourt avoient apportees à l'aultre fois qu'ilz avoient esté à Peronne [1], lesquelles estoient escriptes partie de la main de ladicte damoiselle, partie de la main de la duchesse de Bourgongne, douairiere [2], femme du duc Charles et seur du roy Edouard d'Angleterre, et partie de la main du seigneur de Ravestain, frere du duc de Cleves et prouchain parent de ladicte damoiselle. Ainsi estoit ceste lettre escripte de trois mains : toutesfois elle ne parloit que au nom de ladicte damoiselle; mais il estoit ainsi faict pour y adjouster plus grant foy. Le contenu de ladicte lettre estoit creance sur lesdicts chancellier et Humbercourt; et davantaige desclaroit ladicte damoiselle que

---

[1] Voyez ci-dessus, page 97, note 1.
[2] Marguerite d'York. Voyez tome I, page 57, note 3.

son intention estoit que tous ses affaires seroient conduictz par quatre personnes, qui estoient ladicte douairiere, sa belle mere, ledict seigneur de Ravestain, et les dessusdictz chancellier et Humbercourt, et supplioit au Roy que ce qu'il luy plairoit faire conduire envers elle passast par leurs mains, et qu'il luy pleust s'en adresser à eulx et à nulz aultres n'en avoir accointance ny communication.

Quant ces Ganthois et aultres depputez eurent veu ceste lettre, ilz en furent fort marris; et ceulx qui communiquoient avec eulx les y aydoient bien. Finablement ladicte lettre leur fut baillee, et n'eurent aultre despesche qui fust de grant substance; et il ne leur en challoit gueres : car ilz ne pensoient que à leurs divisions et à faire ung monde neuf, et ne regardoient point à plus loing, combien que la perte d'Arras leur debvoit bien plus toucher au cueur; mais c'estoient gens qui n'avoient point esté nourris en grans matieres, et gens de ville la pluspart, comme je vous ay dict. Ilz se misrent à chemin droict à Gand, où ilz trouverent ladicte damoiselle, avec laquelle estoit le duc de Cleves, son prouchain parent et de sa maison, de par sa mere, lequel estoit fort ancien. Il avoit esté nourry en ceste maison de Bourgongne, et de tout temps en avoit eu six mil florins de Rin de pension; parquoy, oultre le parentaige, y venoit parfois comme serviteur. L'evesque du Liege et plusieurs aultres grans personnaiges y estoient, pour acompaigner ladicte damoiselle et pour leurs affaires particuliers : car l'evesque dessusdict estoit venu pour faire quicter à son pays trente mil florins ou environ qu'ilz payoient au duc Charles, par appoinctement faict entre luy et eulx apres les guerres qu'ilz avoient eues ensemble, dont j'ay parlé cy devant : toutes lesquelles guerres avoient esté pour la querelle et affaires dudict evesque; pource n'avoit point grant besoing de ceste poursuyte, et les debvoit desirer povres : car il ne prenoit riens en son pays que ung petit demaine, au regard de la grandeur et richesse dudict pays, et son spirituel.

Ledict evesque estoit frere de ces ducz de Bourbon, Jean et Pierre, qui de present regnent, homme de bonne chiere et de plaisir, peu congnoissant ce qui luy estoit bon ou contraire; et retira à luy messire Guillaume de La Marche [1], ung beau chevalier et vaillant, tres cruel et mal conditionné, qui tousjours avoit esté son ennemy, et de la maison de Bourgongne, en faveur des Liegeois [2]. Ladicte damoiselle de Bourgongne luy donna quinze mil florins de Rin en fa-

---

[1] Guillaume de La Mark, surnommé à la Barbe et le Grand Sanglier d'Ardennes, parce que ses soldats portaient ordinairement une hure de sanglier sur leurs épaules, comte d'Aremberg, seigneur d'Aigremont et de Seraing, avoué de Hesbaye (Hasbaye), chevalier, souverain mayeur de Liége, premier ministre de Louis de Bourbon. (LOYENS, 183 et suiv.; BARANTE, *Histoire des ducs de Bourgogne*, édition de M. Gachard, page 670, note 4.) Décapité le samedi 18 juin 1485. (MOLINET, II, 441.) Ce dernier fait deux personnages de Guillaume de La Mark, disant (II, 242) que ce seigneur nommé *la Barbe* était *frère du sanglier d'Ardennes*.

[2] Il avait fait soulever les Liégeois contre Charles, duc de Bourgogne, et contre ledit évêque en 1468. (ANSELME, VII, 171.)

veur dudict evesque du Liege et de luy, pour le reduyre;
mais tost apres tourna contre elle et contre son
maistre, ledict evesque à qui il estoit, entreprint de
faire son filz [1] evesque par force et faveur du Roy :
et depuis desconfit ledict evesque en bataille et le
tua de sa main [2], et le feit gecter en la riviere, lequel

[1] Jean de La Mark, seigneur de Luman, marié à Marguerite de Runckel. (ANSELME, VII, 172.) « L'évêché de Liége.... étant venu à vaquer par la mort de Louis de Bourbon, on disputa à Rome l'élection faite à Louvain par les capitulaires, qui s'y trouvèrent partagés entre Jean de Hornes et Jacques de Croy, pendant qu'une troisième partie du chapitre se vit forcée d'opiner en faveur de Jean de La Mark, fils de Guillaume de La Mark. Le premier cependant de ces trois compétiteurs, à sçavoir Jean de Hornes, fut préféré par sentence de Sixte IV... parmi (moyennant) une pension de mille et huit cens écus d'or, qu'il devoit payer tous les ans de sa table épiscopale au comte Jean de La Mark. » (LOYENS, 194.)

[2] « L'evesque avoit tenu ung enfant sur fons, et l'estimoit estre son bon et cordial amy; mais il advint que ledit Guillaume achepta, par le consentement des chanoines de Saint-Lambert, la terre de Francemont, par quoy il s'esleva en grand orgueil, et estoit des lors plus cremeu en Liege que l'évesque son maistre... Ledit Barbe avoit occis de sa main... maistre Richard, serviteur domestique et scelleur dudit évesque... : (ce dernier) le fit bannir de sa cité, et ledit messire Guillaume, qui porta mal patiemment ce bannissement, pensa de soy venger... Il cueilla à l'environ de Paris et ailleurs aulcuns gendarmereaux mal empoinct, en nombre de quatre cents chevaliers..., (et) se tira à l'entour de Liege... Icelui évesque..., adverty de l'assemblée de ses ennemis..., le jeudi, au penultieme d'aoust (1482), vint loger en sa cité de Liege..., fit son amas de si petit nombre de gens qu'il avoit... Il issit hors la porte de Damecourt..., fut rencontré dudit seigneur Guillaume de La Marche, son compere, qui lui dict : « Loys de « Bourbon, je me suis offert et mis en peine d'estre en vostre grace, « et vous ne m'avez voulu recepvoir; maintenant je vous ay trouvé. » Puis luy donna ung cop de sa dague en la gorge, et recent encores par

[1477] LIVRE V, CHAPITRE XVII. 117

y demoura trois jours. Le duc de Cleves y estoit, esperant faire le mariaige de son filz aisné¹ avec ladicte damoiselle, qui luy sembloit chose sortable pour beaucoup de raisons : et croy qu'il se fust faict si le personnaige eust esté conditionné au gré d'elle et de ses serviteurs, car il estoit de ceste propre maison, en tenoit sa duché, et avoit esté nourry leans : et par adventure que la veue et congnoissance que on avoit de luy luy feit ce dommaige.

CHAPITRE XVII.

Comment ceulx de Gand, apres le retour de leurs ambassadeurs, feirent mourir le chancellier Hugonet et le seigneur de Humbercourt contre le vouloir de leur princesse. Comment la duché de Bourgongne fut mise entre les mains du Roy. Comment ceulx de Gand et aultres Flamans furent desconfits devant Tournay, et le duc de Gueldres, leur chief, tué.

Pour revenir à mon propos, ces depputez arriverent à Gand : le conseil y fut preparé, et ceste damoiselle mise en son siege, et ses serviteurs à l'environ d'elle, pour ouyr le rapport. Ilz commencerent à dire la charge qu'ilz avoient d'elle, et toucherent principallement le poinct qui servoit à ce qu'ilz vouloient faire : et dirent que, comme ilz alleguoient au Roy que ladicte damoiselle estoit deliberee de tous poinctz se conduire

---

aultres trois ou quatre coups au corps, tellement qu'il cheut mort. » (Molinet, II, 308 et suiv.)

¹ Jean II, dit le Clément, né le 23 avril 1458. Marié à Mathilde, fille de Henri III, landgrave de Hesse. Mort le 15 mai 1521. (*Art de vérifier les dates*, III, 184.)

par le conseil des trois Estatz, qu'il leur avoit respondu qu'il estoit bien seur du contraire, à quoy ilz avoient persisté : parquoy ledict seigneur offrit de monstrer lettres. Ladicte damoiselle, soubdainement meue et courroucee, dict sur le champ le contraire, cuydant estre seure que ladicte lettre n'eust esté veue. Incontinent celluy qui parloit, qui estoit le pensionnaire de Gand ou de Bruxelles[1], tira de son sein ladicte lettre, et devant tout le monde la luy bailla. Il monstra bien qu'il estoit homme tres mauvais et de peu d'honneur, de faire ceste honte à ceste jeune damoiselle, à qui ung si villain tour n'appartenoit pas à estre faict : car, si elle avoit faict quelque erreur, le chastoy ne luy en appartenoit point en public. Il ne fault pas demander si elle eut grant honte : car à chascun elle avoit dict le contraire. Ladicte douairiere et le seigneur de Ravestain, lesdictz chancellier et seigneur de Humbercourt estoient presens.

On avoit tenu parolles audict duc de Cleves et aultres de ce mariaige, qui tous furent courroucez : et commencea leur division grande et à se desclarer. Ledict duc de Cleves avoit tousjours jusques lors eu esperance que ledict seigneur de Humbercourt tiendroit pour luy à ce mariaige, lequel se tint pour deceu, voyant ceste lettre, et luy en devint ennemy. Ledict evesque du Liege ne l'aymoit point, pour les choses passees au Liege[2] (dont ledict seigneur de Humber-

---

[1] Voyez ci-dessus, page 110, note 2, les noms des ambassadeurs envoyés par la princesse Marie.

[2] Voyez tome I, page 134.

court avoit eu le gouvernement), ne son messire Guillaume de La Marche, qui estoit avec luy. Le conte de Sainct Pol [1], fils du connestable de France (dont j'ay parlé), hayoit ledict seigneur de Humbercourt et le chancellier, pource qu'ilz livrerent son pere à Peronne entre les mains des serviteurs du Roy, comme avez ouy au long cy dessus [2]. Ceulx de Gand les avoient à grant hayne, sans nulle offence qu'ilz leur eussent faicte, mais seullement pour la grant auctorité où ilz les avoient veuz : et seurement ilz le valloient autant que personnaiges qui ayent regné en leur temps, ny deca ny delà, et avoient esté bons et loyaulx serviteurs pour leur maistre.

Finablement, la nuict dont ces lettres avoient esté monstrees le matin, les dessusdictz chancellier et seigneur de Humbercourt furent prins par lesdictz Ganthois [3], nonobstant qu'ilz en eussent assez d'advertissement [4]; mais ilz ne sceurent fuyr à leur malfor-

---

[1] Pierre de Luxembourg, comte de Saint-Paul, de Marle et de Soissons, créé chevalier de la Toison-d'Or en 1478. Mort le 25 octobre 1482. (ANSELME, III, 728.)

[2] Voyez tome I, page 397.

[3] « Le.... 19 mars, Guillaume Hugonet, ex-chancelier de Bourgogne, Guy de Brimeu, seigneur d'Humbercourt, Guillaume de Clugny, administrateur perpétuel de l'évêché de Terouanne, et messire Jean Van Melle, ancien trésorier de la ville, furent arrêtés et conduits au château des comtes. » (*Bulletins de l'académie royale de Bruxelles*, année 1839, tome VI, IIᵉ partie, page 322.)

[4] « Le seigneur d'Humbercourt était à Ruremonde, lorsqu'on apprit à Maestricht la mort du duc Charles. Le 19 janvier (1477), le conseil du duc dans cette ville lui envoya un exprès pour l'avertir que le comte de Meurs était parti de Liége, en intention de se saisir

tune, comme il advient à plusieurs aultres. Je croy bien que leurs ennemys, que j'ay nommez, ayderent bien à ceste prinse : et avec eulx fut prins messire Guillaume de Clugny ¹, evesque de Therouenne, qui depuis est mort evesque de Poictiers, et tous trois furent mis ensemble. Ceulx de Gand tindrent ung peu de forme de procez ² (ce qu'ilz n'ont point acoustumé en leurs vengeances), et ordonnerent gens de leur loy à les interroguer, et avec eulx ung de ceulx de La Marche ³, ennemy mortel dudict seigneur de Humbercourt, comme je vous ay dict. Au commencement, ilz leur demanderent pourquoy ilz avoient faict bailler, par monseigneur des Cordes, ceste cité d'Arras ⁴; mais peu s'y arresterent, combien que en

de lui lorsqu'il quitterait Ruremonde, et pour l'inviter à se tenir en conséquence sur ses gardes. » (ID., *ib*., 351.)

¹ Voyez tome I, page 57, note 1. « Il n'était que le suffragant de Henry de Lorraine. » (*Note de Lenglet*.)

² Le jugement et la condamnation de Guillaume Hugonet et du seigneur d'Humbercourt ont été, il y a quelques années, l'occasion d'une polémique assez vive dans les journaux de la Belgique. Parmi les écrivains qui prirent part à ce débat, on distingue MM. de Smet, Jules de Saint-Genois et Gachard, membres de l'Académie royale des Sciences et Belles-Lettres, auxquels on est redevable de trois curieuses dissertations insérées au tome VI, IIᵉ partie, des *Bulletins* de cette société. Les deux premiers essaient de prouver, contrairement à ce qu'avance Commynes, que les formes judiciaires furent scrupuleusement observées dans le jugement dont il s'agit. M. Gachard démontre de la manière la plus évidente qu'elles y furent audacieusement violées.

³ Evrard de La Mark, seigneur d'Aremberg et de Neufchâtel, avoué d'Hasbaing (Hasbaye), frère de Guillaume (voyez ci-dessus, page 115, note 1). Mort le 19 juin 1506. (ANSELME, VII, 170.)

⁴ « La convention en vertu de laquelle Louis XI occupa la cité

aultre faulte ne les eussent sceu trouver; mais leur passion ne les tenoit pas là : car il ne leur challoit, de prime face, de veoir leur seigneur affoibly d'une telle ville; ne leur sens, ne leur congnoissance, n'alloient pas assez avant pour congnoistre le prejudice qui leur en povoit advenir à traict de temps. Et se vindrent arrester sur deux poinctz, l'ung sur certains dons, qu'ilz disoient que par eulx avoient esté prins, et par especial pour ung procez que avoient nagueres gaigné par leur sentence, prononcee par ledict chancellier contre ung particulier, dont les dessusdictz avoient prins ung don de ladicte ville de Gand.

A tout ce qui touchoit ceste matiere de corruption respondirent tres bien; et à ce poinct particulier, où ceulx de Gand disoient qu'ilz avoient vendu justice et prins argent d'eulx pour leur adjuger leur procez, respondirent qu'ilz avoient gaigné ledict procez pource que leur matiere estoit bonne : et que au regard de l'argent qu'ilz avoient prins, ilz ne l'avoient point demandé, ne faict demander, mais que quant on le leur presenta ilz le prindrent. Le second

---

d'Arras, œuvre, non d'Hugognet et d'Humbercourt, en particulier, mais de l'ambassade dont ils faisaient partie, ne fut pas seulement un acte excusable; elle fut encore un acte opportun, un acte conforme à l'intérêt du pays, dans la situation désastreuse où il se trouvait alors. C'est là du moins le jugement qu'en portèrent les États-généraux, puisque, après avoir entendu le rapport des ambassadeurs, ils chargèrent ceux qu'ils résolurent d'envoyer eux-mêmes à Louis XI *de le remercier du délai*, c'est-à-dire de la suspension d'armes, *par lesdits ambassadeurs obtenu*, au moyen de ladite convention. (GACHARD, *Bulletins de l'Académie royale de Bruxelles*, VI, 11e partie, 545.)

poinct de leur charge, où se arresterent, c'estoit que les dessusdictz Ganthois disoient que en plusieurs poinctz, durant le temps qu'ilz avoient esté avec le feu duc Charles, leur maistre, et en son absence, estant ses lieutenans, ilz avoient faict plusieurs choses contre les privileges de ladicte ville et statuz [1] d'icelle : et que tout homme qui faisoit contre les privileges de Gand debvoit mourir. En cela ne povoit avoir nul fondement contre les dessusdictz : car eulx n'estoient leurs subjectz [2], ny de leur ville, ny n'eussent sceu rompre leurs privileges : et si ledict duc, ou son pere, leur avoit osté aucuns de leurs privileges, ce avoit esté par appoinctement faict avec eulx, apres plusieurs guerres et divisions; mais les aultres qui leur avoient esté laissez (qui sont plus grans qu'il ne leur est besoing, pour leur prouffit), leur avoient esté bien observez et gardez.

Nonobstant les excuses de ces deux bons et notables personnaiges sur ces deux charges dessusdictes (car de la principalle, dont j'ai parlé au commencement de ce propoz, ne parloient point), les eschevins de la ville de Gand les condampnerent à mourir [3], en

---

[1] Le manuscrit A et Lenglet mettent *estat*.

[2] Le chancelier était Bourguignon, et Humbercourt, Picard.

[3] « Le 3 avril 1476 (v. s.) était le jeudi saint, et ce jour furent décapités sur un échafaud, au milieu du marché du vendredi, monsieur le chancelier (qui l'était à la mort du comte [duc] Charles), monsieur de Humbercourt, et messire Jean Van Melle, condamnés et justiciés par la loi de Gand, *à cause de certain mauvais gouvernement qu'ils avaient eu dans les pays et bonnes villes* du comte (duc) Charles. » (*Bulletins de l'Académie royale de Bruxelles*, VI, IIe partie, 222.)

[1477]   LIVRE V, CHAPITRE XVII.   123

leur Hostel de ville, et en leur presence, et soubz couleur de l'infraction de leurs privileges et de l'argent qu'ilz avoient prins apres leur avoir adjugé le procez dont est faict mention cy dessus. Ces deux seigneurs dessusdictz oyans ceste cruelle sentence furent bien esbahys, et non sans cause, comme raison estoit, et n'y veoient nul remede pour ce qu'ilz estoient entre leurs mains : toutesfois ilz en appellerent devant le Roy et sa cour de parlement [1], esperans que cela,

[1] La possibilité de cet appel au parlement de Paris est niée de la manière la plus formelle par MM. J. de Saint-Genois et Gachard. Voici sur quelles raisons se fonde le premier : « Un semblable appel était impossible d'après les lois du pays. Car longtemps avant cette catastrophe, par les paix de Péronne et de Crotoy, conclues en 1467 (1468) et 1471, entre le duc Charles et Louis XI, le ressort des cours des Pays-Bas au parlement de Paris avait été entièrement aboli. Les deux ministres, nous en sommes sûrs, connaissaient assez cette circonstance pour ne point user d'un moyen qu'ils savaient d'avance être inutile. D'ailleurs, dans les lettres des priviléges accordés aux Flamands par Marie, en date du 11 février 1476 (v. s.), il est dit expressément que tout appel ne pourra avoir lieu dorénavant en Flandre qu'au conseil de Flandre. Cette particularité, que *Commines rapporte seul,* nous semble donc un de ces *mensonges* dont un écrivain n'est jamais avare pour défendre une mauvaise cause. Certes, dans ses lettres de réhabilitation, données en faveur d'Hugonet, Louis XI n'eût point manqué de parler de cette circonstance, qui aurait jeté un nouveau blâme sur les Gantois. » (*Bulletins de l'Académie royale de Bruxelles,* VI, IIe partie, 213.) D'autres motifs déterminent la conviction de M. Gachard : « M. de Saint-Genois, dit-il, a raison contre Philippe de Commines, lorsqu'il soutient qu'Hugonet et Humbercourt ne purent en appeler au parlement de Paris ; mais ce n'est pas, comme il le dit, parce que Louis XI, dans ses traités avec Charles-le-Téméraire, avait renoncé au droit de ressort que le parlement exerçait sur les tribunaux de Flandre. Les Flamands venaient de faire bon marché de cette inappréciable concession qui délivrait le pays de toute

pour le moins, pourroit donner quelque delay à leur mort, et que ce pendant leurs amys les pourroient ayder à sauver leurs vies. Par avant ladicte sentence, ilz les avoient fort gehennez, sans nulle ordre de justice : et ne dura leur procez point plus de six jours : et nonobstant ladicte appellation, incontinent les avoir condampnez, ilz ne leur donnerent que trois

dépendance étrangère; ils avaient fait déclarer au Roi, par les ambassadeurs que les États-généraux lui avaient envoyés, qu'ils avaient été très-dolents de l'institution du parlement de Malines, laquelle était la *diminution et substraction de la hauteur et souveraineté de la couronne de France;* que, pour lui donner une preuve de *l'amour et affection* qu'ils lui portaient, ils avaient aboli ledit parlement, *et avecq ce tant fait que, pour nul temps advenir, la majesté royale plus ne seroit au moyen de telz nouvellitez plus foulée ne diminuée en aucune manière.* Le recours dont parle Commines *ne dut ni ne put avoir lieu,* parce que, en Flandre comme dans les autres provinces des Pays-Bas, les sentences capitales étaient sans appel ni révision. » (*Ibid.,* 335.)

Un document inédit que nous publions en entier parmi les pièces justificatives dont se compose notre troisième volume, prouve que les reproches adressés à Commynes sont dénués de fondement. Louis XI, dans des lettres données le 25 avril 1477, pour réhabiliter la mémoire du seigneur de Brimeu, déclare que les Gantois le condamnèrent à mort et le firent exécuter « nonobstant certaines appellacions sur ce interjetees par ledict seigneur de Humbercourt en la court de Parlement, en quoy faisant lesdicts habitans de Gand ont commis crime de leze majesté. » Dans une lettre pareillement inédite, qu'on trouvera à la suite de ce document, Guillaume Cousinot déclare que « autrefois Gand estoit en la main du Roy, obeyssant en toutes choses là où les autres villes ne obeyssoient pas, et en effect, et les ungs et les autres sont du ressort entierement du Roy et de la court de Parlement, et par cent arrestz s'il est besoing on le moustrera; *ne toutes les nouvelletez de la chambre de Gant, ne de la nouvelle justice de Bruges ne sont que choses usurpees qu'ils ne doivent avoir aucun lieu.* »

[1477] LIVRE V, CHAPITRE XVII. 125

heures de temps pour se confesser et regarder à leurs affaires, et le terme passé, les menerent sur leur marché, sur ung eschaffault.

Madamoiselle de Bourgongne, qui puis a esté duchesse d'Austriche, scachant ceste condampnation, s'en alla en l'Hostel de la ville, pour leur faire requeste et supplication pour les deux dessusdictz[1]; mais riens n'y

---

[1] On a prétendu, et il paraît prouvé, que ce ne fut point le jour même de l'exécution de ses deux ministres que la duchesse vint demander leur grâce au peuple assemblé. Nous consignons ici, par respect pour l'exactitude historique, cette observation sans importance, comme l'a déjà fait remarquer M. Gachard. Le passage suivant d'un récit contemporain de l'événement rétablit les véritables dates. « En la sepmaine devant la bonne sepmaine (la semaine de la Passion), fut faicte une tumulte en laditte ville de Gand, pour ce que le bruict couroit que l'on debvoit delaisser et eslargir le chancellier, monsieur de Humbercourt et monseigneur l'evesque de Therouenne, qui estoient prisonniers, à la requeste de quatre pays, assavoir : Flandres, Brabant, Hollande et Zélande, au *Sgraven steen*. — Le lundi en la bonne sepmaine[*], vint madame Marie, comtesse de Flandre, prier à ceulx de Gand pour lesdits seigneurs prisonniers. Sur quoi fut respondu à nostre tres redoubtee dame, qu'elle avoit juré de administrer droit aussi bien aux riches que aux pauvres. Lors fut ordonné, de par nostre dite dame, par la loi de la ville de Gand, ensemble huict gentilzhommes, pour avec la loi oïr leur examen et confession qu'ilz confesseroient; et au jour du jeudi blancq, du matin, furent ces seigneurs et les eschevins des deux blancqs, et les deux doiens en la maison *Ten Walle* vers madame la comtesse, et lui donnerent à cognoistre l'examen et confession du chancellier et du comte de Humbercourt, et sur le mesme jour, devant le disner, l'on les alla querir hors de

[*] Le lundi saint, 31 mars 1477. Dans un acte émané de la duchesse Marie, et daté dudit jour, on lit : « Plusieurs fois, en nostre personne, avons fait plusieurs requestes, et *cejourd'huy*, mains jointes, avec larmes, avons prié audit peuple pour luy (Humbercourt), ce que n'avons peu obtenir. » (BARANTE, *Hist. des ducs de Bourgogne*, édition de M. Gachard, page 725.)

vallut. De là elle s'en alla sur le marché, où tout le peuple estoit assemblé et en armes, et veit les deux dessusdictz sur l'eschaffault. Ladicte damoiselle estoit en son habit de dueil et n'avoit que ung couvrechief sur la teste, qui estoit habit humble et simple, et pour leur faire pitié par raison, et là supplia au peuple, les larmes aux yeulx et toute eschevellee, qu'il leur pleust avoir pitié de ses deux serviteurs et les luy vouloir rendre. Une grant partie de ce peuple vouloit que son plaisir fust faict et qu'ilz ne mourussent point, aultres vouloient au contraire : et se baisserent les picques les ungz contre les aultres, comme pour combatre; mais ceulx qui vouloient la mort se trouverent les plus fors, et finablement cryerent à ceulx estant sur l'eschaffault qu'ilz les expediassent : et en la fin, ilz eurent tous deux les testes trenchées. Et s'en retourna ceste povre damoiselle en cest estat en sa maison, bien dolente et desconfortée : car c'estoient les deux principaux personnaiges où elle avoit mis sa fiance.

Apres que ces gens de Gand eurent faict cest exploict, ilz despartirent d'avec elle monseigneur de Ravestain et la douairiere, femme du duc Charles, pour ce qu'ilz estoient signez en la lettre que lesdictz seigneurs de Humbercourt et chancellier dessus nommez avoient portee au Roy, et qu'ilz avoient baillee comme avez

Sgraven Steen, et furent menez en la Vierschare de la Keure, où ilz furent tous deux jugez à mort. (Journal du tumulte arrivé à Gand en 1476. *Bulletins de l'Académie royale de Bruxelles*, VI, IIe partie, 235.)

sceu[1], et prindrent de tous poinctz l'auctorité et la maistrise de ceste povre et jeune princesse : car ainsi se povoit elle bien nommer, non point seullement pour la perte que desja luy estoit advenue de tant de grosses villes qu'elle avoit perdues, qui luy estoient irrecouvrables, veu la forte main en quoy elles estoient (car par grace, amytié, ou appoinctement, elle y povait avoir encores quelque esperance), mais à soy trouver entre les mains des vrays et anciens persecuteurs de sa maison luy estoit bien malheur. Et en leur faict, es choses generalles, y a tousjours eu plus de follye que de malice : et aussi ce sont tousjours grosses gens de mestier, le plus souvent, qui y ont le credit et l'auctorité, qui n'ont nulle congnoissance des grans choses, ne de celles qui appartiennent à gouverner ung estat. Leur malice ne gist que en deux choses : l'une est que par toutes voyes ilz desirent d'affoiblir et diminuer leur prince; l'aultre, que quant ilz ont faict quelque mal ou grant erreur et qu'ilz se voyent les plus foibles, jamais gens ne cherchent leur appoinctement en plus grant humilité qu'ilz font, ny ne donneront plus grans dons : et si scavent mieulx trouver les personnes à qui il fault qu'ilz s'adressent pour conduire leur acord, que nulle aultre que j'aye jamais congneue.

Ce pendant que le Roy mettoit en sa main les villes et citez et places dessusdictes, et marches de Picardie, son armee estoit en Bourgongne : dont estoit chief,

---

[1] Voyez ci-dessus, page 113.

quant à la monstre, le prince d'Orenge [1] (qui encores regne aujourd'huy), natif et subject de la conté de Bourgongne; mais assez nouvellement estoit devenu ennemy du duc Charles, pour la deuxiesme fois. Ainsi le Roy s'en ayda, pour ce qu'il estoit grant seigneur tant en la conté que duché de Bourgongne, et aussi bien apparenté et aymé. Monseigneur de Cran estoit lieutenant du Roy, et avoit la charge de l'armee, et estoit celluy à qui le Roy en avoit la fiance : et aussi il estoit saige homme et seur pour son maistre, mais ung peu trop aymoit son prouffit. Ledict seigneur de Cran, approchant de Bourgongne, envoya ledict prince d'Orenge et aultres devant, à Dijon, pour faire les remonstrances necessaires, et demander l'obeyssance pour le Roy : lesquelz y besonguerent si bien, et principallement par le moyen dudict prince d'Orenge, que ladicte ville de Dijon et toutes aultres de la duché de Bourgongne se misrent en l'obeyssance du Roy, et plusieurs de la conté. Aussonne et quelques aultres chasteaulx tindrent pour la damoiselle dessusdicte.

Audict prince d'Orenge furent promis de beaux estats; et, davantaige, de lui mettre entre les mains toutes les places qui estoient en ladicte conté de Bour-

---

[1] Jean II, prince d'Orange, fils de Guillaume VII, prince d'Orange, et de Catherine, fille de Richard de Bretagne, comte d'Étampes, succéda à son père en 1475. Ayant abandonné le parti de Louis XI pour celui de la duchesse de Bourgogne, le roi de France fit rendre un arrêt contre lui, le 7 septembre 1477, par lequel il fut déclaré criminel de lèse-majesté, et banni à perpétuité du royaume. Marié 1°. à Jeanne de Bourbon ; 2°. à Philiberte de Luxembourg. Mort le 25 avril 1502. (*Art de vérifier les dates*, II, 451.)

gongne [1], qui estoient de la succession du prince d'Orenge, son grant pere [2], et dont il avoit question contre messeigneurs de Chasteauguyon [3], ses oncles, lesquelz il disoit avoir esté favorisez par ledict duc Charles. Car leur debat avoit esté plaidoyé devant luy [4], par plusieurs jours, en grant sollempnité; et ledict duc, estant fort acompaigné de clercs, donna

[1] « Le prince d'Orenge avoit esperance d'estre gouverneur de Bourgongne, de par le roy de France, qui luy avoit promis, affin qu'il labourast à la reduction du pays. Et quant le Roy eut ce qu'il desiroit avoir, il le mit en oubly, et fit son gouverneur le seigneur de Craon. Parquoy ledict prince d'Orenge s'efforcea de recouvrer la conté, et disoit avoir auctorité de Mademoiselle de recueillir les revenus de ses demaines. » (MOLINET, II, 10.) Dans un *Memoire des despenses du Roy à diverses personnes*, par le secretaire Regnaut, escrit au mois de mai mil CCCCLXXVII, on trouve l'analyse de deux lettres de Louis XI, qui montrent à quel point le Roi était irrité contre le prince d'Orange. « Du VIIIe jour de may. Une lettre à monseigneur de Craon, comment le Roy le mercie des bons services qu'il fait au Roy, et comment le Roy n'a voulu oyr l'omme du prince d'Orenge; et pour qu'il trouve facon de l'avoir de le brusler, ou sinon qu'il luy face transcher la teste et puis brusler le corps.

« A monseigneur le seneschal de Thoulouse, qu'il acompaigne monseigneur le mareschal de Bourgongne et se tiengne avecques luy, et qu'ilz n'aient plus de pratiques avec monseigneur le prince d'Orenge ni autres traystres, et qu'il leur faicent voler les testes. » (BIBL. ROY., *fonds Saint-Germain Harlay*, Ms. n° 309, fol. 8, verso.)

[2] Louis de Chalon, prince d'Orange, fils de Jean de Chalon, baron d'Arlay, et de Marie de Baux. Mort le 13 décembre 1463, âgé de soixante-quinze ans. (*Art de vérifier les dates*, II, 451.)

[3] Louis et Hugues de Chalon, seigneurs de Château-Guyon, enfants dudit Louis et d'Éléonore d'Armagnac. (Voyez tome I, page 80, note 1, et ci-dessus, page 16, note 3.)

[4] Cette affaire avait déjà été plaidée par son père Guillaume, devant Philippe-le-Bon. (Voyez CHASTELLAIN, 310, 328 et suiv.)

ung appoinctement contre ledict prince, au moins comme il disoit : pour laquelle cause il laissa le service dudict duc, et vint devers le Roy. Nonobstant ceste promesse, quant ledict seigneur de Cran se trouva possesseur des choses dessusdictes et qu'il avoit entre ses mains les meilleures places que deubst avoir ledict prince, et qui estoient de ceste succession, il ne les voulut bailler audict prince d'Orenge pour nulle requeste qu'il luy en sceust faire. Si luy en rescripvit le Roy par plusieurs fois, sans nulle faincte, lequel congnoissoit bien que ledict seigneur de Cran tenoit de mauvais termes audict prince d'Orenge; mais il craignoit à desplaire audict seigneur de Cran, qui avoit toute la charge dudict pays, et ne cuydoit point que ledict prince eust cueur ne facon de faire rebeller ledict pays de Bourgongne comme il feit, au moins une grant partie. Mais, pour ceste heure, laisseray ce propos jusques à ung aultre lieu [1].

Apres que ceulx de Gand eurent prins le gouvernement par force de ladicte damoiselle de Bourgongne et faict mourir ces deux que avez ouy, et envoyé qui bon leur sembla, ilz commencerent en tous endroictz à oster et mettre gens à leur poste, et par especial chasserent et pillerent tous ceulx qui mieulx avoient servy ceste maison de Bourgongne,

---

[1] Les deux paragraphes qui précèdent avaient été placés par Sauvage et ses successeurs en tête du sixième livre. Nous les rétablissons en cet endroit du cinquième livre d'après nos trois manuscrits et les premières éditions. Nous pourrions invoquer encore l'autorité du manuscrit de Saint-Germain-des-Prés, cité par Lenglet.

indifferemment, sans regarder ceulx qui en aucune chose les povoient avoir desservy. Entre toutes gens, ilz prindrent atinne[1] contre les Bourguignons, et tous les bannirent, et prindrent aussi grant peine pour les faire devenir serviteurs et subjectz du Roy comme faisoit le Roy propre, qui les sollicitoit par belles et saiges parolles et remonstrances, et par tres grans dons et promesses, et aussi par force tres grande qu'il avoit en leur pays. Pour commencer à faire cas de nouvelleté, ilz misrent hors de prison le duc de Gueldres, que par long temps le duc Charles y avoit tenu pour les causes qu'avez entendues cy devant[2], et le feirent chief d'une armee qu'ilz feirent entre eulx mesmes, c'est asscavoir de Bruges, Gand et Ypres, et l'envoyerent devant Tournay mettre le feu aux faulxbourgs, qui estoit bien peu d'utillité pour la querelle de leur seigneur. Plus luy eust servy, et à eulx aussi, deux cens hommes, ou dix mil francz contans, pour en entretenir d'aultres qui estoient dedans Arras, quant le siege y alla (pourveu qu'ilz fussent venuz à temps propice), que dix telles armees que ceste là (qui estoit de douze ou quinze mil hommes, et la payoient tres bien) : car elle ne povoit riens prouffiter que de brusler ung petit nombre de maisons en lieu dont il ne challoit gueres au Roy, car il n'y leve ny tailles, ny aydes; mais leur congnoissance n'alloit point jusques là.

Et ne puis penser comment Dieu a tant pre-

---

[1] *Attine*, querelle, discorde. (Roquefort.)
[2] Voyez ci-dessus, page 95.

servé ceste ville de Gand, dont tant est advenu de maulx, et qui est de si peu d'utillité pour le pays et chose publicque dudict pays où elle est assise, et beaucoup moins pour le prince; et n'est pas comme Bruges, qui est grant recueil de marchandise et grant assemblee de nations estranges, où, par adventure, se despesche plus de marchandise que en nulle aultre ville de Europe, et seroit dommaige irreparable qu'elle fust destruicte.

CHAPITRE XVIII.

Discours sur ce que les guerres et divisions sont permises de Dieu pour le chastiement des princes et du peuple mauvais : avec plusieurs bonnes raisons et exemples advenuz du temps de l'autheur, pour l'endoctrinement des princes.

Au fort, il me semble que Dieu n'a creé nulle chose en ce monde, ny hommes, ny bestes, à qui il n'ait faict quelque chose son contraire, pour le tenir en craincte et en humilité. Et ainsi ceste ville de Gand est bien seante là où elle est : car ce sont les pays de la crestienté plus adonnez à tous les plaisirs à quoy l'homme est enclin, et aux plus grans pompes et despences. Ilz sont bons crestiens, et y est Dieu bien servy et honnoré. Et n'est pas ceste nation seulle à qui Dieu ait donné quelque aiguillon : car au royaulme de France a donné pour opposite les Anglois : aux Anglois a donné les Escossois : au royaulme d'Espaigne, Portingal. Je ne veulx point dire Grenade, car ceulx là sont ennemys de la foy [1] : toutesfois jusques icy ledict pays de Grenade a donné de grans troubles au pays de

[1] « Le royaume de Grenade étoit alors possédé par les mahométans,

Castille. Aux princes d'Italie (dont la pluspart possedent leurs terres sans tiltre, s'il ne leur est donné au ciel, et de cela ne povons que deviner), lesquelz dominent assez cruellement et viollentement sur leurs peuples quant à lever denier, Dieu leur a donné pour opposite les villes de communaulté qui sont audict pays d'Italie, comme Venise, Florence, Gennes, quelquefois Boulongne, Senes [1], Lucques et aultres, lesquelles, en plusieurs choses, sont opposites aux seigneurs, et les seigneurs à eulx : et chascun a l'œil que son compaignon ne s'acroisse. Et pour en parler en particulier, à la maison d'Arragon a donné la maison d'Anjou pour opposite : à ceulx des viscontes ducz de Millan [2], la maison d'Orleans; et combien que ceulx du dehors soient foibles, ceulx qui sont subjectz encores aucunes fois en ont ilz doubte [3]. Aux Venissiens, ces seigneurs d'Italie (comme j'ay dict), et davantaige les Florentins. Aux Florentins, ceux de Senes leurs voisins, et Genevois [4]. Aux Genevois, leur mauvais gouvernement et leur faulte de foy les ungz envers les

---

qui y étoient entrés dès 711, et n'en furent chassés qu'en 1492 par Ferdinand et Isabelle, rois de Castille et d'Arragon, ce qui leur a fait donner le titre de Rois Catholiques, que les rois d'Espagne ont conservé depuis. » (*Note de Lenglet*)

[1] Sienne.

[2] Sauvage et ses successeurs mettent : « à ceux des Sforces usurpans le lieu de vicontes en la duché de Millan. » Nous avons adopté le texte des manuscrits. Les premières éditions suppriment le mot *ducz*.

[3] Deux de nos manuscrits mettent, ainsi que Lenglet, « en ont ilz debouté. » Nous suivons le texte du manuscrit A, conforme à celui de Sauvage et de Godefroy. — *Doubte*, crainte, peur. (ROQUEFORT.)

[4] Gênois.

aultres; et gist leur partialité en ligues, comme Fourgouze, Adorne, Orie[1], et aultres. Cecy s'est tant veu que on en a sceu assez.

Pour Allemaigne, vous avez, et de tout temps, la maison d'Austriche et de Baviere contraires, et en particulier ceulx de Baviere contraires l'ung à l'aultre : et la maison d'Austriche, en particulier les Suisses. Et ne fut le commencement de leur division que ung villaige, appellé Suisse[2] (qui ne scauroit faire six cens hommes), dont les aultres portent le nom, qui se sont tant multipliez que deux des meilleures villes que eust ladicte maison d'Austriche en sont, comme Surich et Fribourg : et ont gaigné de grans batailles, esquelles ont tué des ducz d'Austriche. Maintes aultres partialitez y a en ceste Allemaigne, comme ceulx de Cleves contre ceulx de Gueldres; et les ducs de Gueldres contre les ducz de Julliers. Ces Ostrelins, qui sont situez tant avant en ce North, contre les roys de Dannemarche. Et pour parler d'Allemaigne en general, il y a tant de fortes places, et tant de gens enclins à mal faire et à piller et à rober, et qui tant usent de ces deffiances pour petite occasion, que c'est chose merveilleuse. Car ung homme qui n'aura que luy et son varlet, deffiera une grosse cité et ung duc, pour mieulx povoir rober, avec le port de quelque petit chasteau ou rochier où il se sera retraict, auquel il y aura vingt ou trente hommes à cheval qui commenceront le deffi à sa requeste. Ces gens icy ne sont gueres de fois pugnis

---

[1] Fregosi, Adorni, Doria.
[2] Switz.

des princes d'Allemaigne : car ilz s'en veullent servir quant ilz en ont affaire ; mais les villes, quant ilz les peuvent tenir, les pugnissent cruellement, et aucunes fois ont bien assiegé telz chasteaulx et abbatu : aussi tiennent lesdictes villes ordinairement des gens d'armes payez et gaigez pour leur seureté. Ainsi semble que ces princes et villes d'Allemaigne vivent, comme je dis, faisans charrier droict les ungz les aultres, et qu'il soit necessaire que ainsi soit, et pareillement par tout le monde.

Je n'ay parlé que de Europe, car je ne me suis point informé des deux aultres parts, comme d'Asie et d'Affrique ; mais bien oyons nous dire qu'ilz ont guerres et divisions, comme nous et encores plus mecanicquement : car j'ay sceu en ceste Affrique plusieurs lieux où ilz se vendent les ungz les aultres aux crestiens ; et appert par les Portingallois qui maintz esclaves en ont eu, et ont tous les jours : et par ce moyen je doubte que ne debvons point trop reprocher aux Sarrazins, et qu'il y a des parties en la crestienté qui en font autant ; mais ilz sont situez soubz le povoir du Turc, ou fort voisins, comme en aucunes parties de la Grece.

Il pourroit donc sembler que ces divisions fussent necessaires par le monde, et que ces aiguillons et choses opposites que Dieu a donnees à chascun estat, et presque à chascune personne (dont j'ay parlé dessus), soient necessaires. Et de prime face, et parlant comme homme non lettré, qui ne veult tenir oppinion que celle que nous debvons tenir, le me semble ainsi : et principallement pour la bestialité de plusieurs princes, et aussi pour la mauvaistié d'aultres, qui ont sens assez et experience, mais ilz en veulent mal user. Car ung prince, ou homme, de quelque estat que ce soit, ayant force et auctorité là où il demoure et par dessus les aultres, s'il est bien lettré et qu'il ait veu et leu, cela l'amendera ou empirera : car les mauvais empirent de beaucoup scavoir, et les bons en amendent. Mais toutesfois, il est à croire que le scavoir amende plustost ung homme que il ne l'empire : et n'y eust il que la honte de congnoistre son mal, si est ce assez pour le garder de mal faire, au moins d'en faire moins : et s'il n'est bon, si vouldra il faindre de ne vouloir faire nul tort à personne : et en ay veu plusieurs experiences entre les grans personnaiges que le scavoir les a retirez de bien mauvais propos, et souvent la personne, et aussi la craincte de la pugnition de Dieu, dont ilz ont plus grant congnoissance que les gens ignorans qui n'ont ne veu ne leu. Je veulx donc dire que ceulx qui ne se congnoissent et sont mal saiges, par faulte d'avoir esté bien nourris et que leur complexion par adventure y ayde, n'ont point de congnoissance jusques là où s'estend le povoir et seigneurie que Dieu leur a donné sur leurs subjectz : car ilz ne l'ont leu ne entendu par ceulx qui le scavent. Peu les hantent qui le saichent, et si aucuns en y a qui le scavent, si ne le veulent ilz dire, de paour de leur desplaire ; et si aucun leur en veult faire quelques remonstrances, nul ne le soustiendra : et, au mieulx venir, le tiendront à fol, et par adventure sera prins à plus mauvais sens pour luy.

Donc, fault conclurre que la raison naturelle, ne nostre sens, ne la craincte de Dieu, ne l'amour de nostre prouchain, ne riens, ne nous garde point d'estre viollens les ungz contre les aultres, ne de retenir l'aultruy, ou de luy oster le sien par toutes voyes qui nous sont possibles. Ou si les grans tiennent villes ou chasteaulx de leurs parens ou voisins, pour nulles de ces raisons ne les veulent rendre : et dès que une fois ilz ont dict leur couleur et fondé leurs raisons pourquoy les detiennent, chascun des leurs suyt leur langaige, au moins leurs prouchains et ceulx qui veulent estre bien d'eulx. Des foibles qui ont division, je n'en parle point, car ils ont superieur, qui aucunes fois faict raison aux parties : au moins celluy qui aura bonne cause, et la pourchassera bien et deffendra largement, à longueur de temps aura raison, si la court (c'est à entendre le prince, en son auctorité soubz lequel il vit) n'est contre luy. Ainsi doncques est vraysemblable que Dieu est presque efforcé et contrainct, ou semons de monstrer plusieurs signes, et de nous batre de plusieurs verges par nostre bestialité et par nostre mauvaistié, que je croy mieulx ; mais la bestialité des princes et leur ignorance est bien dangereuse et à craindre : car d'eulx despend[1] le bien et le mal de leurs seigneuries. Et donc, si ung prince est fort, et a grant nombre de gens d'armes, par l'auctorité desquelz il a grans deniers à voulenté pour les payer et pour despendre en toutes choses voulentaires, et sans necessité de la chose publicque, et que de celle folle et oultrageuse despence ne veult riens diminuer, et que chascun

---

[1] Tous les imprimés mettent : « car *Dieu départ* le bien et le mal de leurs seigneuries. » Nous suivons le texte du manuscrit A.

n'entend que à luy complaire, et que en tant que à luy touche on feist remonstrance et que l'on n'y gaigne riens, mais (qui pis est) que l'on encoure son indignation[1], qui pourra y mettre remede, si Dieu ne l'y met?

Dieu ne parle plus aux gens, ny n'est plus de prophetes qui parlent par sa bouche : car sa foy est assez exaulcee et entendue, et toute notoire à ceulx qui la veullent entendre et scavoir : et ne sera nul excusé pour ignorance, au moins de ceulx qui ont eu espace et temps de vivre et qui ont sens naturel. Comment donc se chastieront ces hommes fors, et qui tiennent leurs seigneuries droissees et en bon ordre, et qui par force en levent à leur plaisir[2], parquoy maintenant leur obeyssance, ont et tiennent ce qui est soubz eulx en grant subjection, et le moindre commandement qu'ilz font est tousjours sur la vie? Les ungz pugnissent soubz umbre de justice, et ont gens de ce mestier prestz à leur complaire, qui d'ung peché veniel font un peché mortel. Et s'il n'y a matiere, ilz trouvent les facons de dissimuler à ouyr les parties et les tesmoings, pour tenir la personne et destruire en despence, attendant tousjours si nul se veult plaindre de celluy qui est detenu et à qui ilz en veullent. Si ceste

---

[1] Nous avons conservé le texte donné par Lenglet d'après le manuscrit de Saint-Germain-des-Prés. Notre manuscrit C met : « et que chascun entant que à luy touche feissent remonstrances que on acquiert son indignation, et l'on n'y gaigne riens. » Les deux autres manuscrits sont encore moins intelligibles.

[2] Lenglet a mis : « *font de toutes choses* à leur plaisir, » leçon que n'autorisent ni les manuscrits ni les imprimés.

voye ne leur est assez seure et bonne pour venir à leur intention, ilz en ont d'aultres plus soubdaines, et disent qu'il estoit bien necessaire pour donner exemples : et font les cas telz qu'ilz veullent et que bon leur semble. A d'aultres, qui tiennent d'eulx et qui sont ung peu fors, procedent par la voye de faict à leur dire : « Tu desobeys, et faiz contre l'hommaige que tu me doibs »; et y procedent par force à luy oster le sien, si faire le peuvent (au moins il ne tient pas à eulx), et le font vivre en grant tribulation. Celluy qui ne leur est que voisin, s'il est fort et aspre, ilz le laissent vivre; mais s'il est foible, il ne scait où se mettre. Ilz diront qu'il a soustenu leurs ennemys : ou ilz vouldront faire vivre leurs gens d'armes en son pays, ou ilz achapteront querelles, ou trouveront occasion de le destruire, ou soustiendront son voisin contre luy, et luy presteront gens et argent. De leurs subjectz, ilz desappoincteront ceulx qui auront bien servy leurs predecesseurs pour faire gens neufz, pour ce qu'ilz mettent trop à mourir.

Ilz brouilleront les gens d'eglise sur le faict de leurs benefices, affin que pour le moins ilz en tirent recompense, pour en enrichir quelcun, à l'appetit (le plus de fois) de ceulx qui ne l'auront point desservy, et d'hommes et de femmes [1] qui en aucun temps peuvent beaucoup et qui ont credit. Aux nobles, donneront travail et sans cesse despence, soubz couleur de leurs guerres, prinses à voulenté, sans advis, ne considerer

---

[1] *Desservy*, sinon en deshonneur et diffame, qui... (SAUVAGE.)

de leurs estatz et de ceulx qu'ilz deussent appeller avant que les commencer : car ce sont ceulx qui y ont employé leurs personnes et leurs biens, pourquoy ilz en deussent bien scavoir avant que on les commenceast. De leurs peuples, la pluspart ne leur laissent riens, et apres avoir payé des tailles trop plus grandes qu'ilz ne deussent, encores ne donnent nul ordre sur la forme de vivre de leurs gens d'armes, lesquelz sans cesse sont par pays, sans riens payer, faisant les aultres maulx et excez infiniz que chascun de nous scait : car ilz ne se contentent point de la vie, dont ilz sont payez, davantaige batent[1] les povres gens et les oultraigent, et contraignent d'aller chercher pain, vin et vivres dehors ; et si le bon homme a femme ou fille qui soit belle, il ne fera que saige de la bien garder. Toutesfois, puisqu'il y a payement, il seroit bien aysé à y mettre ordre, et que les gens d'armes fussent payez de deux mois en deux mois pour le plus tard. Ainsi n'auroient point d'excuse de faire les maulx qu'ilz font, soubz couleur de n'estre point payez : car l'argent est levé et vient au bout de l'an. Je dis cecy pour nostre royaulme, qui est plus pressé et persecuté de ce cas que nulle aultre seigneurie que je congnoisse : et n'y scauroit nul mettre le remede que ung saige Roy. Les aultres pays voisins ont d'aultres pugnitions.

[1] Lenglet, d'après Sauvage et Godefroy, met : « de la vie *ordinaire, et ce qu'ils trouvent chez le laboureur dont ils sont payés; ains au contraire baient.* » Nous avons adopté la leçon des premières éditions, conformes à peu de chose près aux trois manuscrits.

CHAPITRE XIX.

Caractere du peuple francois et du gouvernement de ses roys : considerations sur les malheurs qui arrivent aux grans et aux petiz.

Donc, pour continuer mon propos, y a il roy ne seigneur sur terre qui ait povoir, oultre son demaine, de mettre ung denier sur ses subjectz, sans octroy et consentement de ceulx qui le doibvent payer, sinon par tyrannie ou violence? On pourroit respondre qu'il y a des saisons qu'il ne fault pas attendre l'assemblee, et que la chose seroit trop longue à commencer la guerre et à l'entreprendre. Ne se fault point tant haster, on a assez temps : et si vous dis que les roys et princes en sont trop plus fors quant ilz entreprennent du conseil de leurs subjectz, et en sont plus crainctz de leurs ennemys. Et quant se vient à soy deffendre, on voit venir ceste nuee de loing, especiallement quant c'est d'estrangiers : et à cela ne doibvent les bons subjectz riens plaindre ne refuser : et ne scauroit advenir cas si soubdain où l'on ne puisse bien appeller quelques ungz et personnaiges telz que l'on puisse dire : « Il n'est pas faict sans cause, » et en cela ne user point de fiction, ne entretenir une petite guerre à voulenté et sans propos, pour avoir cause de lever argent. Je scay bien qu'il fault argent pour deffendre les frontieres et les environs garder, quant il n'est point de guerre, pour n'estre point surprins; et le tout faire moderement : et à toutes ces choses sert le sens d'ung saige prince : car s'il est bon, il congnoit qui est Dieu et qui est le monde, et ce qu'il doibt et peult faire et laisser. Or, selon mon advis, entre toutes les seigneuries du monde dont j'ay congnoissance, où la chose publicque est mieulx traictee, où regne moins de viollence sur le peuple, où il n'y a nulz ediffices abbatuz ny desmolis pour guerre, c'est Angleterre; et tombe le sort et le malheur sur ceulx qui font la guerre.

Nostre roy est le seigneur du monde qui moins a cause de user de ce mot : « J'ay privilege de lever sur mes subjectz ce qui me plaist, » car ne luy ne aultre ne l'a : et ne luy font nul honneur ceulx qui ainsi le dient pour le faire estimer plus grant, mais le font hayr et craindre aux voisins, qui pour riens ne vouldroient estre soubz sa seigneurie : et mesmes aucuns du royaulme s'en passeroient bien, qui en tiennent. Mais si nostre roy, ou ceulx qui le veulent louer et agrandir, disoient : « J'ay des subjectz si tres bons et si tres loyaulx qu'ilz ne me refusent chose que je leur saiche demander, et suis plus crainct, obey et servy de mes subjectz que nul aultre prince qui vive sur la terre, et qui plus patiemment endurent tous maulx et toutes rudesses, et à qui moins il souviengne de leurs dommaiges passez », il me semble que cela lui seroit grant loz (et je dis la verité) : non pas dire : « Je prens ce que je veulx et en ay privilege ; il le me fault bien garder. » Le feu roy Charles Quint ne le disoit pas : ainsi ne l'ay je point ouy dire aux roys, mais l'ay bien ouy dire à de leurs serviteurs, à qui il sembloit qu'ilz faisoient bien la besongne. Mais, selon mon advis, ilz mesprenoient envers leur seigneur, et ne le disoient que pour faire les bons varletz, et aussi qu'ilz ne scavoient ce qu'ilz disoient.

Et, pour parler de l'experience de la bonté des Francois, ne fault alleguer, pour nostre temps, que les trois Estatz tenuz à Tours [1], apres le decez de nostre bon maistre le roy Loys (à qui Dieu face pardon), qui fut l'an mil quatre cens quatre vingtz et trois. L'on povoit estimer lors que ceste assemblee estoit dangereuse : et disoient quelques ungz de petite condition et de petite vertu, et ont dit par plusieurs fois depuis, que c'est crime de leze majesté que de parler d'assembler Estatz, et que c'est pour diminuer l'auctorité du roy : et sont ceulx qui commettent ce crime envers Dieu et le roy, et la chose publicque ; mais servoient ces parolles et servent à ceulx qui sont en auctorité et credit, sans en riens l'avoir merité, et qui ne sont point propices d'y estre et n'ont acoustumé que de fleureter en l'oreille, et parler de choses de peu de valleur : et craignent les grans assemblees de paour qu'ilz ne soient congneuz ou que leurs œuvres ne soient blasmees. Lors, que je dis, chascun estimoit le royaulme estre bien attenué, tant les grans que les moyens et petiz, pour ce qu'ilz avoient porté et souffert, vingt ans ou plus, de grans et horribles tailles, qui ne furent jamais si grandes à trois millions de francz pres, j'entens à lever tous les ans : car jamais le roy Charles septiesme ne leva plus de dix huict cens mil francz par an : et le

---

[1] La première séance des États, réunis à Tours en 1483, eut lieu le 14 janvier ; la dernière est du 14 mars suivant. (Voyez le *Journal de Jehan Masselin*.)

roy Loys, son filz, en levoit, à l'heure de son trespas, quarante et sept cents mil, sans l'artillerie et aultres choses semblables : et seurement c'estoit compassion de veoir et scavoir la povreté du peuple. Mais ung bien avoit en luy nostre bon maistre : il ne mettoit riens en tresor : il prenoit tout et despendoit tout. Il feit de grans ediffices, à la fortiffication et deffense des villes et places de son royaulme, et plus que tous les aultres roys qui ont esté devant luy : il donna beaucoup aux eglises : en aucunes choses eust mieulx vallu moins, car il prenoit des povres pour le donner à ceulx qui n'en avoient nul besoing. Au fort, en nul n'y a mesure parfaicte en ce monde.

En ce royaulme tant foullé et oppressé en mainte sorte, après la mort de nostre roy, y eut il division du peuple contre celluy qui regne aujourd'huy? Les princes et les subjectz se misrent ilz en armes contre leur jeune roy? Et en voulurent ilz faire ung aultre? Luy voulurent ilz oster son auctorité, le voulurent ilz brider qu'il ne peust user d'office de roy et commander. My dieux! nenny. Si en y a il eu d'assez glorieux pour dire que ouy, se n'eussent ilz esté. Ilz feirent l'opposite de tout ce que je demande : car tout vint devers luy[1], tant les princes et les seigneurs, que ceulx des bonnes villes. Tous le recongnurent pour roy, et luy feirent

---

[1] Tous les imprimés mettent : « qu'il ne peut user d'office et d'authorité de roy et commander? *Certes* nenny. *Et comment aussi le pouvoient-ils faire?* Si en y a-t-il eu d'assez glorieux pour dire que ouy. *Toutesfois* ils firent l'opposite de tout ce que je demande; car *tous* vindrent devers luy.* » Nous suivons le texte de nos trois manuscrits.

serment et hommaige : et feirent les princes et les seigneurs leurs demandes, humblement le genouil en terre en baillant par requeste ce qu'ilz demandoient : dresserent conseil, où ilz se feirent compaignons des douze qui y furent nommez; et dès lors le Roy commandoit, qui n'avoit que treize ans, à la relation de ce conseil. A ladicte assemblee des Estatz dessusdictz, furent faictes aucunes requestes et remonstrances en la presence du Roy et de son conseil, en grant humilité, pour le bien du royaulme, remettant tousjours tout au bon plaisir du Roy et de son conseil : luy octroyerent ce que on leur voulut demander et ce que on leur monstra par escript estre necessaire pour le faict du Roy, sans riens dire encontre : et estoit la somme demandee de deux millions cinq cens mil francz (qui estoit assez et à cueur saoul, et plus trop que peu, sans aultres affaires). Et supplierent lesdictz Estatz que au bout de deux ans ilz fussent rassemblez : et que si le Roy n'avoit assez argent, qu'ilz luy en bailleroient à son plaisir; et que s'il avoit guerres, ou quelcun qui le voulsist offenser, qu'ilz y mettroient leurs personnes et leurs biens, sans riens luy refuser de ce qui luy seroit besoing.

Est ce donc sur telz subjectz que le Roy doibt alleguer privilege de povoir prendre à son plaisir, qui si liberallement luy donnent? Ne seroit il plus juste, envers Dieu et le monde, de lever par ceste forme que par voulenté desordonnee? car nul prince ne le peult aultrement lever que par autruy, comme j'ay dict, si n'est par tyrannie, et qu'il ne soit excommunié [1];

---

[1] Notre texte est conforme à celui de nos manuscrits, de Sauvage et

mais il en est bien d'assez bestes pour ne scavoir ce qu'ilz peuvent faire ou laisser en cest endroict. Aussi bien y a il des peuples qui offensent contre leur seigneur et ne luy obeyssent point, ny ne le secourent en ses necessitez; mais, en lieu de luy ayder, quant le voient en affaires, le mesprisent, ou se mettent en rebellion et desobeyssance contre luy, en commettant et venant contre le serment de fidelité qu'ilz luy ont faict. Là où je nomme roys et princes, j'entens eulx et leurs gouverneurs : et pour les peuples, ceulx qui ont les preeminences et maistrises sur eulx.

Les plus grans maulx viennent voulentiers des plus fors : car les foibles ne cherchent que patience. Je y comprens aussi bien les femmes comme les hommes, qui quelquesfois, et en aucuns lieux, ont auctorité ou maistrise, ou pour l'amour de leurs maris, ou pour avoir administration de leurs biens ou enfans, ou que les seigneuries viennent de par elles. Si je voulois parler des moyens estatz de ce monde et des petiz, ce propos continueroit trop, et me suffit alleguer les grans : car c'est par ceulx là où l'on congnoist la puissance de Dieu et sa justice : car pour mescheoir à ung povre homme ou à cent, nul ne s'en advise [1] ; car on atribue

de Godefroy. Lenglet et ses successeurs mettent : « *et qu'il ait excuse.* » Lenglet ajoute en note : « Les éditions ordinaires marquent : et *qu'il soit excommunié;* ce qui ne forme aucun sens. Mais nous avons suivi les manuscrits. » Nous croyons cependant que le sens de la phrase est très-clair; car un roi excommunié ne pouvait réunir les trois États, son autorité étant méconnue.

[1] Les imprimés mettent : « car pour deux cens mil meschiefz adve-

tout à sa povreté, ou à avoir esté mal pensé : ou s'il s'est noyé ou rompu le col, pour ce qu'il estoit seul à grant peine en veult on ouyr parler. Quant il mescheoit à une grant cité, on ne dict pas ainsi; mais encores n'en parle l'on point tant que des princes. Il fault donc dire pourquoy la puissance de Dieu se monstre plus contre les grans que contre les petiz : c'est que les petiz et les povres trouvent assez qui les pugnissent, quant ilz font le pourquoy, et encores sont assez souvent pugnis sans y avoir riens mesfaict, soit pour donner exemple aux aultres ou pour avoir leurs biens, ou par adventure par la faulte du juge : et aucunesfois l'ont bien desservy, et fault bien que justice se face. Mais des grans princes et princesses, de leurs grans gouverneurs, et des conseillers des provinces et villes desordonnees et desobeyssantes à leur seigneur, et de leurs gouverneurs, qui s'informera de leur vies ? L'information faicte, qui la portera au juge ? Qui sera le juge qui en prendra la congnoissance, et qui en fera la pugnition ? Je dis des mauvais, et n'entens point des bons; mais il en est peu. Et quelles sont les causes pourquoy ilz commettent, et eulx et tous aultres, ces cas dont j'ay parlé cy dessus, et assez d'aultres dont je me suis teu par briefveté, sans avoir consideration de la puissance divine et de sa justice ? En ce cas, je dis que c'est faulte de foy, et, aux ignorans, faulte de sens et de foy

nuz à ung povre homme, on ne s'en advise. » Nous avons adopté la leçon des trois manuscrits conforme à celui de Lenglet.

ensemble; mais principallement faulte de foy, dont il me semble que procedent tous les maulx qui sont par le monde, et par especial les maulx qu'ont partie de ceulx qui se plaignent d'estre grevez et foullez d'aultruy, et des plus fors. Car le povre homme qui auroit vraye foy et bonne, quel qu'il soit, et qui croyroit fermement les peines d'enfer estre telles que veritablement elles sont, qui aussi croyroit avoir prins de l'aultruy à tort, ou que son pere ou son grant pere l'eust prins, et luy le possedast (soient duchez, contez, villes ou chasteaulx, meubles, ung pré, ung estang, ung moulin, chascun en sa qualité), et qu'il creust fermement, comme le debvons croire, *je n'entreray jamais en paradis, si je ne faiz satisfaction, et si je ne rens ce que j'ay d'aultruy*, est il creable qu'il y eust prince ne princesse [1] au monde qui voulsist riens retenir de son subject ne de son voisin, ne qui voulsist fait mourir nul à tort, ne le tenir en prison, ne oster aux ungz pour enrichir les aultres (qui est le plus

---

[1] Après les mots *prince ne princesse*, Sauvage et ses successeurs ajoutent : « *Ny autre personne quelconque de quelque estat ou condition qu'ilz soient en ce monde, tant grands que petits, et tant hommes que femmes, gens d'eglises, prelats, evesques, archevesques, abbez, abbesses, prieurs, curez, receveurs des eglises et autres vivans sur terre, qui à son vray et bon escient, comme dit est dessus, voulsist riens retenir à son subject ny d'autres personnes quelconques, soit prochain ne de son voisin, ne qui voulsist faire mourir nul à tort, ne le retenir en prison, ny oster aux uns pour donner aux autres, et les enrichir : ne (qui est le plus ord* mestier qu'ils facent) procurer choses deshonnestes contre ses parens et serviteurs pour leurs plaisirs, comme pour femmes ou cas semblables. Par ma foy non, au moins n'est pas croyable. »

cruel ¹ mestier qu'ilz facent), ne procurer choses deshonnestes contre leurs parens et serviteurs pour leurs plaisirs, comme pour femmes ou cas semblables? par ma foy non, il n'est pas creable. S'ilz avoient donc ferme foy, et qu'ils creussent ce que Dieu et l'Eglise nous commande sur peine de dampnation, congnoissans leurs jours estre si briefz, les peines d'enfer estre si horribles, et sans nulle fin ne remission pour les dampnez, feroient ilz ce qu'ilz font? Il fault conclurre que non, et que tous les maulx viennent de faulte de foy.

Et, pour exemple, quant ung roy ou ung prince est prisonnier, et qu'il a paour de mourir en prison, a il riens si chier au monde qu'il ne baillast pour sortir? il baille le sien et celluy de ses subjectz, comme avez veu du roy Jehan de France, prins par le prince de Galles ² à la bataille de Poictiers, qui paya trois millions de francz, bailla toute Acquitaine (au moins ce qu'il en tenoit) et assez d'aultres citez, villes et places, et comme le tiers du royaulme, et mit ce royaulme en si grant povreté, qu'il y courut longtemps monnoie comme de cuir, qui avoit ung petit clou d'argent ³ : et

---

¹ Nous suivons le texte des premières éditions. Nos trois manuscrits portent *cornu*, mot qui a une grande ressemblance avec l'une des deux variantes, *commun, connu*, recueillies par Godefroy.

² Édouard, surnommé le Prince Noir, fils d'Édouard III, roi d'Angleterre.

³ « Ce que Commines dit de la monnoye de cuir qu'on fit en France après avoir payé la rançon du Roy ne me paroît point vraisemblable, puisqu'il est certain que le Roy, à son retour d'Angleterre, fit forte monnoye d'or et d'argent, que le marc d'argent ne valut que cinq livres et celuy d'or soixante livres, ce qui eût été absolument impossible, si la disette de ces deux métaux eût été aussi grande en France

tout cecy bailla le roy Jehan, et son filz le roy Charles le Saige, pour la delivrance dudict roy Jehan : et quant ilz n'eussent riens voulu bailler, si ne l'eussent point les Anglois faict mourir, mais, au pis venir, l'eussent tenu en prison : et quant ilz l'eussent faict mourir, si n'eust esté le payement semblable à la cent milliesme partie de la moindre peine d'enfer. Pourquoy donc bailloit il tout ce que j'ay dict, et destruisoit ses enfans et subjectz de son royaulme, sinon pour ce qu'il croyoit ce qu'il veoit, et qu'il scavoit bien que aultrement ne seroit delivré ? Mais, par adventure, en commettant les cas pourquoy ceste pugnition luy advint, et à ses enfans, et à ses subjectz, il n'avoit point ferme foy et creance de l'offense qu'ilz commettoient contre Dieu et son commandement. Or n'est il nul prince, ou peu, qui, s'il tient une ville de son voisin, que pour nulle remonstrance ne pour craincte de Dieu la voulsist bailler, ny pour eviter les peines d'enfer : et le roy Jehan bailla si grant chose pour seullement delivrer sa personne de prison. Je dis donc que c'est faulte de foy.

J'ay donc demandé, en ung aultre article precedent, qui fera l'information des grans, et qui la portera au juge, et qui sera le juge qui pugnira le mauvais. L'information sera la plaincte et clameurs du peuple, qu'ilz foullent et oppressent en tant de manieres, sans en avoir compassion ne pitié ; les douloureuses lamentations des veufves et orphelins, dont ilz auront faict mourir les maris et peres, dont ont souffert ceulx qui

que le marque Philippe de Commines. » (LEBLANC, *Traité des Monnoies*, 277.)

demourent apres eulx; et generallement tous ceulx
qu'ilz auront persecutez, tant en leurs personnes que
en leurs biens : cecy sera l'information, et leurs grans
crys pour plainctes et piteuses larmes les presente-
ront devant Nostre Seigneur qui en sera le vray juge,
et, par adventure, ne vouldra attendre à les pugnir
jusques à l'aultre monde, mais les pugnira en cestuy
cy. Donc fault entendre qu'ilz seront pugnis pour
n'avoir voulu croire, et pour ce qu'ilz n'auront eu
ferme foy et creance es commandemens de Dieu.

Ainsi fault dire qu'il est force que Dieu leur monstre
de telz poinctz et de telz signes, que eulx et tout le
monde croyent que les pugnitions leur adviengnent
pour leurs mauvaises creances et offences, et que Dieu
monstre contre eulx sa force et sa vertu, et sa justice :
car nul aultre n'en a le povoir que luy en ce monde.
De prime face, pour les pugnitions de Dieu ne sont
point corrigez, de telle grandeur qu'elles soient, en
traict de temps; mais nulle n'en advient à ung prince
ou à ceulx qui ont gouvernement sur ses affaires, ou
sur ceulx qui gouvernent une grant communauté, que
l'yssue n'en soit bien grande et bien dangereuse pour
ses subjectz. Je n'appelle point de leurs malles fortunes dont les subjectz se sentent, comme de tomber
jus d'ung cheval et se rompre une jambe, avoir une
fiebvre bien aspre et puis s'en guerir; mais leur est
propice, et en sont plus saiges. Les malles adventures
sont quant Dieu est tant offensé qu'il ne le veult plus
endurer, mais veult monstrer sa force et sa divine
justice. Premier, leur diminue le sens (qui est grant

playe pour ceulx à qui il touche), il trouble leur maison et la permet tomber en division et en murmure : le prince tombe en telle indignation envers Nostre Seigneur qu'il fuyt les conseils et compaignies des saiges, et en esleve de tous neufz, mal saiges, mal raisonnables, viollens, flatteurs, qui luy complaisent à ce qu'il dict. S'il fault imposer ung denier, ilz disent deux : s'il menace ung homme, ilz disent qu'il le fault pendre, et de toutes aultres choses le semblable : et que sur tout il se face craindre, et que se monstre fier et couraigeux : et esperans qu'ilz seront crainctz par ce moyen, comme si auctorité estoit leur heritaige. Ceulx qu'il aura ainsi (avec ce conseil) chassez et deboutez, et qui par longues annees auront servy et ont accointance et amytié en sa terre, sont mal contens, et à leur occasion d'aultres [1] : et par adventure que on les vouldroit tant presser, qu'ilz seroient contrainctz à se deffendre ou de fuyr vers quelque petit voisin, par adventure ennemy et malveillant de celluy qui les chasse, par division de ceulx de dedans le pays y entreront ceulx de dehors. Est il nulle playe ne persecution si grande que guerre entre les amys et ceulx qui se congnoissent, ne nulle hayne si horrible et mortelle? Des ennemys estranges, quant le dedans est uny, on s'en deffend ayseement : ilz n'ont nulles intelligences ny

---

[1] Nous adoptons le texte suffisamment clair de nos trois manuscrits. On lit dans les premières éditions : « *sont mal contens* à l'occasion des autres nouveaulx gouverneurs. » Godefroy et Lenglet mettent, d'après Sauvage : « *sont mal contens*, et à leur occasion quelques autres de leurs amis et bien vueillans. »

acointances à ceulx du royaulme. Cuydez vous que ung prince mal saige, follement acompaigné, congnoisse venir ceste malle fortune de loing, que d'avoir division entre les siens? ne qu'il pense que cela luy puisse nuyre? ne qu'il viengne de Dieu? Il ne s'en trouve gueres : et ne s'en trouve point pis disné, ne pis couché, ne moins de chevaulx, ne moins de robbes, mais beaucoup mieulx acompaigné : car il atire les gens à leur promettre, et despart les despouilles et les estatz de ceulx qu'il aura chassez [1], et donne du sien pour acroistre sa renommee. A l'heure qu'il y pensera le moins, Dieu luy fera sourdre ung ennemy, dont par adventure jamais ne se fust advisé : lors luy croistront les pensées et les grans suspections de ceulx qu'il aura offensez, et aura craincte d'assez de personnes qui ne luy veulent nul mal faire. Il n'aura point son refuge à Dieu, mais preparera sa force.

CHAPITRE XX.

Exemples des malheurs des princes et revolutions des estatz arrivez par jugement de Dieu.

N'avons nous point veu de nostre temps telz exemples icy pres de nous? Nous avons veu le roy Edouard d'Angleterre le quart, mort puis peu de temps [2]; chief de la maison d'Yorth : a il point deffaict la lignee de

---

[1] Toutes les éditions portent : « car il *tire* les gens *de leur pauvreté*, et depart les despouilles et les estats de ceulx qu'il aura chassez. » Nous avons préféré la leçon du manuscrit A.

[2] Le 9 avril 1483, comme nous l'avons dit tome I, page 57, note 2, d'après l'*Art de vérifier les dates*, ou le 5 du même mois, selon un document inséré dans l'*Archaeologia*, vol. I, page 348.

Lanclastre, soubz qui son pere et luy avoient long temps vescu, et faict hommaige au roy Henry sixiesme[1], roy d'Angleterre, de ceste dicte lignee? depuis le tint ledict Edouard, par longues annees, en prison au chasteau de Londres [2], ville capitalle dudict royaulme d'Angleterre, et puis finablement l'ont faict mourir.

Avons nous pas veu le conte de Warvic[3] chief et principal gouverneur de tous les faictz du dessusdict Edouard (lequel a faict mourir tous ses amys, et par especial les ducz de Sombresset [4]), et à la fin devenir ennemy du roy Edouard son maistre : donner sa fille au prince de Galles[5], filz du roy Henry sixiesme, et vouloir remettre sus ceste lignee de Lanclastre : passer en Angleterre : estre desconfit en bataille [6], et mors ses freres et parens avec luy? semblablement plusieurs seigneurs d'Angleterre, qui ung temps faisoient mourir leurs ennemys : apres les enfans de ceulx là se revenchoient, quant le temps tournoit pour eulx, et faisoient mourir les aultres? Or est il bien à penser que telles playes ne viengnent que par la divine justice; mais (comme j'ay dict ailleurs [7]) ceste grace a ce royaulme d'Angleterre pardessus les aultres royaulmes que le pays ne le peuple ne s'en destruict point, ny ne bruslent, ny ne desmolissent les ediffices, et

[1] Voyez tome I, page 54, note 3.
[2] Voyez tome I, page 67, note 1.
[3] Voyez tome I, page 68, note 3.
[4] Voyez tome I, page 68, note 5.
[5] Voyez tome I, page 240, note 2.
[6] Voyez tome I, page 68, note 3.
[7] Voyez ci-dessus, page 142.

tombe la fortune sur les gens de guerre, et par especial sur les nobles, contre lesquelz ilz sont trop envieux : ainsi riens n'est parfaict en ce monde.

Apres que le roy Edouard a esté au dessus de ses affaires en ce royaulme, et que de nostre royaulme avoit cinquante mil escuz l'an [1], renduz en son chasteau de Londres, et estoit tant comblé de richesses que plus n'en povoit, soubdainement est mort, et comme par melancolie [2] du mariaige de nostre Roy (qui regne à present [3]) avec madame Marguerite [4], fille du duc d'Austriche; et dès qu'il en eut les nouvelles, print la malladie : car lors se tint à deceu du mariaige de sa fille [5], qu'il faisoit appeler madame la Daulphine;

[1] Par le traité du 29 août 1475. Voyez tome I, page 354, note 1.

[2] « Le roy Edouard.... mourut.... d'une apoplexie...., autres disent qu'il fut empoisonné en buvant du bon vin du creu de Challuau, que le Roy luy avoit donné..., combien que on a dit depuis que il vescut jusques à ce qu'il eust fait roy, en son lieu, son fils aisné. » (*Chronique scandaleuse;* voyez LENGLET, II, 169.)

[3] Charles VIII.

[4] Marguerite d'Autriche, fille de l'empereur Maximilien et de Marie de Bourgogne, née à Bruxelles « le xe jour de janvier mil IIII^c LXXIX » (v. s.). (BARANTE, *Hist. des ducs de Bourgogne*, édition de M. Gachard, II, page 668, note 3.) Mariée au Dauphin, depuis Charles VIII, en juillet 1483, à Amboise. (*Chronique scandaleuse;* voyez LENGLET, II, 170.) Après avoir été considérée comme reine de France pendant l'espace de dix ans, elle fut renvoyée en Bourgogne et remise entre les mains des ambassadeurs de son père, le 12 juin 1493. (*Histoire de Charles VIII*, 656.) Elle épousa depuis : 1°. Jean, infant de Castille, « le lundy de Pasques closes » (27 mars 1497); 2°. Philibert II, duc de Savoie, « le dimanche 28 novembre 1501. » (MOLINET, V, 75, 158.) Veuve le 10 septembre 1504, elle mourut le 1er décembre 1530. (*Art de vérifier les dates*, II, 525.)

[5] Élisabeth. Voyez tome I, page 354, note 2.

et luy fut rompue la pension qu'il prenoit de nous, qu'il appelloit tribut [1], mais ce n'estoit ne l'ung ne l'aultre, comme je l'ay desclaré dessus [2]. Le roi Edouard laissa sa femme et deux beaulx filz, l'ung appellé le prince de Galles, l'aultre le duc d'Yorth, et deux filles [3]. Le duc de Clocestre [4], frere dudict roy Edouard, print le gouvernement de son nepveu le prince de Galles, lequel povoit avoir dix ans [5], et lui feit hommaige comme à son Roy, et le mena à Londres, faignant le vouloir couronner, et pour tirer l'aultre filz hors de la franchise de Londres [6], où il estoit avec sa mere, qui avoit quelque suspection. Fin de compte, par le moyen d'ung evesque, appellé l'evesque de Bas [7] (lequel avoit esté aultresfois chancellier du roy Edouard, puis le desapoincta et le tint en prison, encores en print

---

[1] Voyez tome I, page 388.

[2] C'est-à-dire, sans doute, que la mort d'Édouard ne fut causée ni par la *mélancolie* que lui fit éprouver la rupture du mariage de sa fille, ni par le chagrin qu'il ressentit de voir sa *pension* suspendue, mais par punition divine. Voyez ci-dessus, page 149.

[3] Voyez tome I, page 69, note 3.

[4] Voyez tome I, page 69, note 2.

[5] Il était né le 4 décembre 1470.

[6] Westminster.

[7] Robert Stillington, évêque de Bath et de Wells, fut nommé grand chancelier d'Angleterre le 20 juin 1467 (RYMER, V, part. II, page 144); cette charge lui fut ôtée le 8 juin 1473. (ID., *ib.*, partie III, page 31.) Mort en 1491. (*Anglia sacra*, I, 575.) Nous ne trouvons dans les biographes de Robert Stillington aucun détail sur son emprisonnement. Deux actes, rapportés par Rymer (V, partie III, pages 13 et 85), prouvent seulement que ce chancelier tomba dans la disgrâce du Roi, puisque, les 25 février 1472 et 20 juin 1478, Édouard lui accorda des lettres de rémission pour tous ses méfaits.

argent à sa delivrance), il fict l'exploict dont vous orrez tantost parler.

Cest evesque mit en avant à ce duc de Clocestre que ledict roy Edouard estant fort amoureux d'une dame d'Angleterre [1], lui promit l'espouser, pourveu qu'il couchast avec elle, et elle s'y consentit; et dict cest evesque qu'il les avoit espousez, et n'y avoit que luy et eulx deux. Il estoit homme de court, et ne le descouvrit pas, et ayda à faire taire la dame : et demoura ainsi ceste chose. Et depuis espousa ledict roy Edouard la fille d'ung chevallier d'Angleterre, appellé monseigneur de Rivieres, femme veufve, qui avoit deux filz [2], et aussi par amourettes. A ceste heure dont je parle, cest evesque de Bas descouvrit ceste matiere à ce duc de Clocestre, et luy ayda bien à executer son mauvais vouloir : et feit mourir ses deux nepveux [3], et se feit appeller roy Richard [4]. Les deux filles feit desclarer

---

[1] William Habington (pages 34, 35) en désigne deux. Lady Élisabeth Lucy, qui prétendit n'avoir aucun engagement avec le Roi, et lady Éléonore Butler, fille du comte de Shrewsbury. Cet historien regarde comme des calomnies toutes les accusations dirigées contre Édouard; et la première raison qu'il en donne est que ni le duc de Clarence ni le comte de Warwick, dans leurs fréquentes diatribes contre le roi Édouard, lorsqu'ils étaient en rébellion, n'ont jamais fait mention de ces faits. Rapin Thoyras (V, 141) prétend que Commynes nomme cette dame. « Philippe de Commynes dit qu'en ce temps-là, l'évêque de Bath et de Wells assuroit qu'il avoit béni le mariage d'Édouard IV avec une dame nommée Éléonore Talbot. » Aucun de nos manuscrits ni des imprimés ne mentionne ce nom.

[2] Voyez tome I, page 234, note 1.

[3] Voyez tome I, page 69, note 3.

[4] Richard III fut proclamé roi le 22 juin 1483.

bastardes en plein parlement [1], et leur feit oster les hermines; et feit mourir tous les bons serviteurs de son feu frere, au moins ceulx qu'il peut prendre. Ceste cruaulté n'alla pas loing : car luy estant en plus grant orgueil que ne fut cent ans avoit roy d'Angleterre, et ayant faict mourir le duc de Boucquinguan [2], et tenant grant armee preste, Dieu luy sourdit ung ennemy qui n'avoit nulle force : c'estoit le conte de Richemont [3], prisonnier en Bretaigne, aujourd'huy roy d'Angleterre, de la lignee de Lanclastre, mais non pas le prouchain de la couronne (quelque chose que l'on en die, au moins que j'entende), lequel m'a aultresfois compté, peu avant ce qu'il partist de ce royaulme, que depuis l'aage de cinq ans il avoit esté gardé et caché comme fugitif ou en prison.

Ce conte avoit esté quinze ans, ou environ, prisonnier, en Bretaigne, du duc Francois, derrenier mort, esquelles mains il vint par tempeste de mer, cuydant

---

[1] Le parlement, dans la séance tenue à Westminster le 23 janvier 1484, déclara que le mariage d'Édouard IV avec Élisabeth Widwille avait été conclu contrairement aux coutumes de l'Église anglicane, attendu que, par contrat antérieur au dit mariage, ce prince avait engagé sa foi à Éléonore Butler; qu'en conséquence, Édouard et Élisabeth avaient vécu en adultère, que leurs enfants étaient évidemment bâtards, et comme tels inhabiles à hériter, conformément aux lois et coutumes du royaume. (COTTON, 709-712.)

[2] Henri, duc de Buckingham, fils de Humphrey, comte de Stafford, et de Marguerite, fille d'Edmond, duc de Somerset, marié à Catherine, fille de Richard Widwille, comte Rivers. Décapité à Salisbury le jour de la Toussaint (1483). (DUGDALE, I, 167-170.)

[3] Voyez tome I, page 69, note 4.

fuyr en France, et le conte de Penebrouc¹, son oncle, avec luy. J'estoye pour lors devers ledict duc, quant ilz furent prins. Ledict duc les traicta doulcement pour prisonniers, et au trespas du roy Edouard, ledict duc Francois luy bailla largement gens et navires, et avec l'intelligence dudict duc de Boucquinguan, qui pour icelle occasion mourut, l'envoya pour descendre en Angleterre : il eut grant tourmente et vent contraire, et retourna à Dieppe, et de là par terre en Bretaigne. Quant il fut retourné en Bretaigne, il doubta ennuyer le duc de despense, car il avoit quelques cinq cens Anglois, et si craignoit que ledict duc ne se recordast avec le roy Richard² à son dommaige, et aussi on le praticquoit de deca : parquoy s'en vint avec sa bende, sans dire adieu audict duc. Peu de temps apres, on luy paya trois ou quatre mil hommes pour le passaige seullement, et fut baillee par le Roy, qui est de present, à ceulx qui estoient avec luy, une bonne somme d'argent, et quelques pieces d'artillerie, qui fut conduicte avec le navire de Normandie, pour descendre en Galles, dont il estoit.

Ce roy Richard marcha au devant de luy : le seigneur

---

¹ Gaspar de Hatfeild, comte de Pembroke, depuis duc de Bedfort, fils d'Owen Tudor et de Catherine de France, veuve de Henri V, roi d'Angleterre. Marié à Catherine, fille de Richard Widwille, comte Rivers, veuve de Henri, duc de Buckingham. Mort le 21 décembre 1495. (DUGDALE, III, 241, 242.)

² Pierre Landais, trésorier et favori du duc de Bretagne, avait fait espérer à Richard, roi d'Angleterre, qu'il remettrait le comte de Richmond entre ses mains. (RAPIN THOYRAS, V, 179.)

de Stanley ¹, chevalier d'Angleterre, mary de la mere dudict conte de Richemont, luy amena vingt et six mil hommes. Ilz eurent la bataille ², et fut occis sur le champ ledict roy Richard, et ledict conte de Richemont couronné roy d'Angleterre, sur ledict champ, de la couronne dudict roy Richard. Est ce cecy fortune? c'est vray jugement de Dieu. Encores pour mieulx le congnoistre, dès que le roy Richard eut faict ce cruel meurtre, il perdit sa femme ³ : aucuns veullent dire qu'il la feit mourir. Il n'avoit que ung filz ⁴, lequel incontinent mourut. Ce propos dont je parle eust mieulx servy plus en arriere, où je parleray du trespas dudict roy Edouard : car il estoit encores vif au temps dont parle ce chappitre; mais je l'ay faict pour continuer le propos de mon incident.

Semblablement avons veu depuis peu de temps muer la couronne d'Espaigne apres le trespas dudict roy dom Henry, derrenier mort ⁵, lequel avoit pour femme la seur du roy de Portingal, derrenier trespassé ⁶, de laquelle saillit une belle fille ⁷. Toutesfois elle n'a point succedé, et a esté privee de la couronne soubz couleur d'adultere commis par sa mere, et si n'est pas la chose passee sans debat et grant guerre. Car le roy de Portingal a voulu soustenir sa niepce,

¹ Voyez tome I, page 340, note 2.
² La bataille de Bosworth, donnée le 22 août 1485.
³ Anne, fille du comte de Warwick. Voyez tome I, page 69, note 2.
⁴ Nommé Richard. Voyez comme ci-dessus.
⁵ Le 12 décembre 1474. Voyez tome I, page 163, note 1.
⁶ Voyez ci-dessus, page 56, note 1.
⁷ Voyez ci-dessus, page 59, note 1.

et plusieurs seigneurs du royaulme de Castille avec luy : toutesfois la seur [1] dudict roy Henry, mariee avec le filz du roy dom Jehan d'Arragon, a obtenu le royaulme et le possede ; et ainsi ce jugement et ce partaige s'est faict au ciel, où il s'en faict assez d'aultres.

Vous avez veu, puis peu de temps, le roy d'Escosse [2] et son filz [3], de l'aage de treize ou quatorze ans, en bataille l'ung contre l'aultre. Le filz sa part obtint, et le roy mourut en la place [4] : il avoit faict mourir son frere [5], et plusieurs aultres cas lui estoient imposez, comme la mort de sondict frere [6] et d'aultres. Vous voyez aussi la duché de Gueldres hors de la lignee [7], et avez ouy l'ingratitude du duc derrenier

---

[1] Lenglet, et, d'après lui, MM. Michaud et Poujoulat, ont mis « la *fille.* » Cette faute n'existe ni dans les manuscrits, ni dans les éditions antérieures à celle de Lenglet.

[2] Jacques III, fils de Jacques II, roi d'Écosse, et de Marie de Gueldres, monta sur le trône d'Écosse en 1460, âgé de sept ans. Marié à Marguerite, fille de Christiern Ier, roi de Danemarck. Tué dans une bataille, le 11 juin 1488, âgé de trente-cinq ans. (*Art de vérifier les dates*, I, 846.)

[3] Jacques IV, âgé de quinze ans, succéda à son père. Marié à Marguerite, fille de Henri VII, roi d'Angleterre. Mort le 9 septembre 1513. (*Art de vérifier les dates*, I, 846.)

[4] Sauvage et ses successeurs mettent : « Le fils *et ceux de* sa part *gaignerent la bataille,* et mourut ledit roy. » Nous avons suivi le texte des manuscrits et des premières éditions.

[5] Nommé Jean. (*Art de vérifier les dates*, I, 846.)

[6] Toutes les éditions portent « de sa sœur. » En adoptant la leçon des trois manuscrits, nous croyons nous conformer à la vérité historique. Jacques III avait deux sœurs, qui toutes deux se marièrent, et nul historien, que nous sachions, n'a imputé à ce prince le nouveau crime dont il est chargé par le passage altéré des Mémoires de Commynes.

[7] Voyez tome I, page 309, notes 3 et 4.

mort contre son pere ¹. Assez de pareilz cas pourroye dire semblablement, qui ayseement doibvent estre congneuz pour divines pugnitions : et tous les maulx seront commencez par rapport et puis par divisions, desquelles se sont sourses les guerres desquelles viennent mortalité et famine : et tous ces maulx procedent de faulte de foy. Et fault donc congnoistre, veu la mauvaistié des hommes, et par especial des grans qui ne se congnoissent ny ne croyent qu'il est ung Dieu, qu'il est necessité que chascun seigneur et prince ait son contraire pour se tenir en craincte et humilité, ou aultrement nul ne pourroit vivre soubz eulx ny auprès d'eulx.

Il est donc temps que je reviengne à ma principalle matiere, et à continuer le propos de ces Memoires encommencez à vostre requeste, monseigneur l'archevesque de Vienne. Apres que ce duc de Gueldres ² fut venu devant Tournay, il feit mettre les feux jusques aux faulxbourgs. Il y avoit dedans trois ou quatre cens hommes d'armes, lesquelz saillirent sur la queue, à leur retraicte, et, incontinent, ce peuple se mit à fuyr. Le duc de Gueldres, qui estoit ung tres vaillant prince, tourna pour cuyder donner chemin à ses gens pour se retirer : il fut mal suyvy, et fut porté par terre et tué, et assez bon nombre de ce peuple ; et se trouva bien peu de gens du Roy à faire cest exploict. Et l'ost des Flamens avec ceste perte se retira : car il n'y eut que une bende d'entre eulx deffaicte.

¹ Voyez tome 1, page 307.
² Voyez ci-dessus, pages 95 et 131.

Madamoiselle de Bourgongne, comme l'on dict, eut tres grant joye de ceste adventure, et ceulx qui l'aymoient : car l'on dict pour certain que lesdictz Ganthois estoient deliberez de la luy faire espouser par force, car de son consentement ne l'eussent ilz sceu faire pour plusieurs raisons, comme vous avez entendu de luy par cy devant.

LIVRE SIXIÈME.

CHAPITRE PREMIER[1].

Comment le Roy entretenoit les Anglois, apres la mort de Charles, duc de Bourgongne, affin qu'ilz ne l'empeschassent en la conqueste des pays dudict duc.

Ceulx qui verront ces Memoires pour le temps advenir, et qui entendront les choses et affaires de ce royaulme et des voisins mieulx que moy, se pourront esbahyr que depuis la mort du duc Charles de Bourgongne jusques icy, où il y a distance de pres ung an, je n'ay faict nulle mention des Anglois, et comme ilz povoient souffrir que le Roy mist en ses mains les villes si voisines d'eulx, comme Arras, Boulongne, Hesdin, Ardres et plusieurs aultres chasteaulx, et estre logié devant Sainct Omer par plusieurs jours.

La cause estoit que le sens et vertu de nostre Roy precedoit celluy du roy Edouard d'Angleterre, qui pour lors regnoit, combien que ledict roy Edouard estoit prince tres vaillant, et qui avoit gaigné en An-

---

[1] En rétablissant à leur place divers passages du chapitre qui termine le cinquième livre, passages transposés et altérés par Sauvage et ses successeurs, nous avons transporté dans ledit chapitre tout ce qui formait chez ces éditeurs la matière du premier chapitre du sixième livre. Ce dernier, qui se composait de treize chapitres dans les précédentes éditions, n'en aura donc que douze dans la nôtre, qui n'en sera pourtant pas moins complète pour cela.

gleterre huict ou neuf batailles, esquelles tousjours il avoit esté à pied, qui estoit chose de grant louenge pour luy ; mais c'estoient differens cours ¹. Il ne falloit point que le sens dudict roy ne son labeur travaillast : car dès la bataille passee, il estoit maistre jusques à ung aultre temps. Car dès ce que ung discord se meut en Angleterre, en dix jours, ou moins, l'ung ou l'aultre est au dessus ; mais nos affaires de deca ne sont pas ainsi, et falloit, avec l'exploict de la guerre, que nostre Roy entendist en plusieurs lieux de son royaulme et aux voisins : par especial entendist, entre tous ses aultres affaires, à contenter ledict roy d'Angleterre, ou à l'entretenir par ambassades, presens et belles parolles, affin qu'il ne s'empeschast point de nos affaires. Car ledict seigneur scavoit bien que à toute heure les Anglois, tant nobles que Commune et gens d'eglise, sont enclins à la guerre contre ce royaulme ; tant soubz couleur de leurs querelles qu'ilz y pretendent, que pour l'esperance de y gaigner : pour ce que Dieu a permis à leurs predecesseurs gaigner en ce royaulme plusieurs grans batailles, et y avoir longue possession, tant en Normandie que en Guyenne, qu'ilz avoient possedee trois cens cinquante ans ², à l'heure

---

¹ Les premiers éditeurs mettent : « Mais ce fut en différens et divers jours. » Nous suivons le texte de nos trois manuscrits, qu'avait déjà adopté Lenglet, avec quelque différence.

² Les Anglais devinrent maîtres du duché de Guienne vers 1159, par suite du mariage de Henri II, roi d'Angleterre, avec Éléonore de Guienne. Charles VII fit la conquête de ce duché en 1451 ; mais Bordeaux s'étant remis de nouveau entre les mains des Anglais, le roi de France le réduisit une seconde fois le 17 octobre 1453.

que le roy Charles septiesme la conquit le premier coup : pourquoy ilz emporterent de grans despouilles et richesses en Angleterre, tant des princes et seigneurs de France qu'ilz avoient eu leurs prisonniers, et en grant nombre, comme des villes et places qu'ilz avoient prinses audict royaulme, et esperoient encores de faire ainsi et font encores. Mais à grant peine leur fust advenue telle fortune et adventure du temps du Roy nostre dict maistre : car jamais il n'eust hazardé son royaulme jusques là que de mettre à pied toute la noblesse dudict royaulme pour les combatre, comme l'on feit à Agincourt [1]; et y eust bien procedé plus saigement, si là fust venu, comme avez peu veoir par la maniere qu'il s'en despescha à la venue dudict roy Edouard.

Ainsi ledict seigneur veoit bien qu'il falloit qu'il s'entremist avec ledict roy d'Angleterre et avec ses prouchains, lesquelz il sentoit enclins à entretenir la paix et à prendre de ses biens : parquoy payoit bien la pension de cinquante mil escuz qu'il leur rendoit à Londres [2], et eulx l'appeloient tribut; et à ses prouchains serviteurs en payoit quelque seize mil : c'est asscavoir au chancellier [3], au maistre des roolles (qui pour ceste heure est chancellier) [4], au grant chambellan, le seigneur Dastingues [5] (homme de grant sens et

---

[1] Le 25 octobre 1415.
[2] Voyez ci-dessus, page 155.
[3] L'évêque de Lincoln. Voyez tome I, page 375, note 1.
[4] Jean Moorton. Voyez tome I, page 352, note 4.
[5] Voyez tome I, pages 244, note 2, et 360.

vertu, et de grant auctorité avec son maistre, et non sans cause : car il l'avoit bien servy et loyaulment), à messire Thomas de Montgomery [1], au seigneur de Havart [2] (qui depuis a esté, avec ce mauvais roi Richard, duc de Norsol [3]), au grant escuyer, appellé maistre Chene [4], à maistre Challengier [5], au marquis filz de la royne d'Angleterre [6], d'ung precedent mariaige, et de tres grans dons à tous ceulx qui venoient devers luy. Encores qu'ilz vinssent avec commissions ruyneuses [7], si les despeschoit il avec si belles parolles et avec si beaulx presens qu'ilz s'en alloient contens de luy : et encores que aucuns congnoissoient qu'il le feist pour gaigner temps et faire son faict en ceste guerre qu'il avoit commencee, si le dissimuloient ilz pour le grant prouffit qu'ilz en avoient.

A tous ceulx cy avoit faict des dons, oultre leurs pensions : et suis seur que à monseigneur de Havart, oultre sa pension, luy donna en moins de deux ans, que en argent, que en vaisselle, vingt et quatre mil escuz : et au chambellan, le seigneur Dastingues, donna pour un coup mil marcz d'argent en vaisselle. Et de tous ces personnaiges icy se trouvent les quictances en la Chambre des comptes, à Paris, sauf dudict seigneur Dastingues, grant chambellan d'Angleterre; et

[1] Voyez tome I, page 360, note 5.
[2] Voyez tome I, pages 340, note 1, et 360.
[3] Norfolk. Voyez tome I, page 340, note 1.
[4] Voyez tome I, page 360, note 2.
[5] Voyez tome I, page 352, note 3.
[6] Thomas, marquis de Dorset. Voyez tome I, page 234, note 1.
Lenglet et MM. Michaud et Poujoulat mettent : *vigoureuses*.

n'en y a que ung, parquoy c'est un grant office. Ledict chambellan se feit fort prier à se faire pensionnaire du Roy, et je en fus cause : car je le feiz amy du duc Charles de Bourgongne, pour le temps que j'estoye à luy, lequel luy donna mil escuz l'an de pension [1], et l'avoye dict au Roy, pourquoy luy pleut semblablement que je fusse moyen de le faire son amy et son serviteur : car le temps passé luy avoit tousjours esté grant ennemy, avec ledict duc Charles, et encores depuis, en faveur de la damoiselle de Bourgongne ; et ne tenoit point à luy, ung temps, que Angleterre ne luy aydast contre le Roy.

Ainsi je commencay ceste amytié par lettres, et luy donna le Roy deux mil escuz de pension, qui estoit le double de ce que luy donnoit le duc de Bourgongne ; et envoya le Roy par devers luy Pierre Clairet [2], ung sien maistre d'hostel, et luy enchargea fort en prendre quictance, affin que le temps advenir il se veist et congneust comme le grant chambellan, chancellier, admiral, grant escuyer d'Angleterre, et plusieurs aultres, eussent esté pensionnaires du roy de

---

[1] Le 4 mai 1471, le duc de Bourgogne lui donna une pension de douze cents florins. (LENGLET, II, 198.)

[2] Pierre Cleret, écuyer, conseiller et maître d'hôtel de Louis XI. (Compte de Jean Briçonnet, receveur des finances, pour l'année finie en septembre 1475. BIB. ROY., *fonds Gaignières*, Ms. 772², fol. 623, v°.) Il est porté, sous le nom de Pierre Cleret, écuyer, *seigneur de Trochenu*, sur les états de payement des gages des cent gentilshommes de l'hôtel du Roi, dès le 1ᵉʳ janvier 1491 (*Première bande des cent gentilshommes de la maison du Roi*, année 1491), et cesse d'y être compris le 1ᵉʳ juillet 1502, époque à laquelle il fut remplacé par Maugiron de Monteil. (*Ibid.*, année 1502. BIB. ROY., *Suppl. fr.*, Ms. 2543.)

France. Ledict Pierre Clairet estoit tres saige homme, et eut communication tres privee avec ledict chambellan en sa chambre, à Londres, seul à seul : et apres luy avoir dict les parolles qui estoient necessaires à dire de par le Roy, il luy presenta ces deux mil escuz en or sol [1], car en aultre espece ne donnoit jamais argent à grans seigneurs estrangiers.

Quant ledict chambellan eut receu cest argent, ledict Pierre Clairet luy supplia que, pour son acquict, il luy en signast une quictance : ledict seigneur Dastingues en feit difficulté. Lors luy requist de rechief ledict Clairet qu'il luy baillast seullement une lettre de trois lignes, adressant au Roy, contenant comment il les avoit receuz, pour son acquict envers le Roy son maistre, et qu'il ne pensast qu'il les eust emblez [2], et que ledict seigneur estoit souspesonneux. Ledict chambellan, voyant que ledict Clairet ne luy demandoit que raison, respondit : « Monseigneur le maistre, ce que vous dictes est bien raisonnable, mais ce don vient du bon plaisir du Roy, vostre maistre, et non pas à ma requeste : s'il vous plaist que je le prengne, vous le me mettrez icy dedans ma manche,

---

[1] « Le 2 novembre 1475, on cessa la fabrication des escus d'or à la couronne, et on fit à leur place des escus d'or au soleil.... Je n'ay pu découvrir pourquoy Louis XI fit mettre un soleil sur ses monnoyes d'or et de billon. » (LEBLANC, *Traité des monnoies*, 305.) C'est parce que les rois de France et d'Angleterre ayant conclu le traité de paix du 29 août 1475, il y « fut mis par addition que le roy Loys, en faveur et contemplacion du roy Édouard, feroit empraincter le soleil sur tous les escus qui depuis seroient forgez de par luy. » (MOLINET, 1, 147.)

[2] *Embler*, prendre, voler, dérober. (ROQUEFORT.)

et n'en aurez aultre lettre ne tesmoing : car je ne veulx point que pour moy on die : « Le grant chambellan « d'Angleterre a esté pensionnaire du roy de France », ne que mes quictances soient trouvees en sa Chambre des comptes. » Ledict Clairet se tint à tant et luy laissa son argent, et vint faire son rapport au Roy, qui fut bien courroucé qu'il n'avoit apporté ladicte quictance; mais il en loua et estima ledict chambellan plus que tous les aultres serviteurs du roy d'Angleterre : et depuis fut tousjours payé ledict chambellan, sans bailler quictance.

En ceste maniere vivoit nostre Roy avec ces Anglois : toutesfois souvent le roy d'Angleterre estoit requis et pressé du costé de ceste jeune princesse, pour avoir ayde; et tantost ledict roy d'Angleterre envoyoit devers le Roy, luy faire remonstrances sur ceste matiere, et le pressoit de paix, ou au moins de trefve. Car ceulx d'Angleterre qui se trouvoient à son conseil, et par especial à son Parlement (qui est comme les trois Estatz), se trouverent plusieurs saiges personnaiges et qui veoient de loing, et n'avoient point de pension comme les aultres. Ceulx là vouloient fort, et encores la Commune, que ledict roy d'Angleterre aydast à ladicte damoiselle : et disoient que du costé de deca on les trompoit, et que l'on n'acheveroit point le mariaige; qu'il se povoit veoir : car au traicté faict à Picquigny [1], entre les deux roys, il avoit esté juré et promis que au dedans l'an on debvoit envoyer querir la

---

[1] Voyez tome I, page 354, note 1.

fille du roy d'Angleterre, que ja avoient faict intituller madame la Daulphine, et que le terme estoit passé de beaucoup.

Quelque remonstrance que ses subjectz luy feissent, il n'y vouloit entendre, et y avoit plusieurs raisons. C'estoit ung homme pesant et qui fort aymoit ses plaisirs, et n'eust sceu porter la peine de la guerre de deca, et se veoit assailly de grans adversitez[1]. D'aultre part l'avarice de ces cinquante mil escuz, renduz tous les ans en son chasteau de Londres, luy amollissoit le cueur : et aussi quant ses ambassadeurs venoient, on leur faisoit tant bonne chiere et leur donnoit l'on tant de beaulx dons qu'ilz partoient contens, et jamais ne leur estoit faict responce, pour tousjours gaigner temps; mais leur disoit on que en peu de temps le Roy envoyeroit devers le roy leur maistre bons personnaiges qui luy donneroient telle seureté des choses dont il estoit en doubte, qu'il s'en debvroit bien contenter.

Ainsi quant ces ambassadeurs estoient partis, trois sepmaines ou ung mois apres, aucunesfois plus, aucunesfois moins (qui n'estoit point petit terme en tel cas), le Roy y envoyoit, et tousjours personnaiges qui n'y avoient point esté le voyaige precedent, affin que si ceulx là avoient faict quelque ouverture dont l'effect ne s'en fust point ensuyvy, que les derreniers n'en sceussent que respondre. Et ainsi ceulx qui y estoient envoyez mettoient peine par toutes voyes de donner telle seureté en France audict roy d'Angle-

[1] Après le mot *adversitez*, Sauvage et ses successeurs ajoutent : « parquoy n'avoit cure d'y rentrer. »

terre, qu'il avoit encores patience sans se mouvoir : car il avoit tant de desir de ce mariaige, et la Royne sa femme, que cela, avec les aultres raisons que j'ay dictes, luy faisoit dissimuler ce que partie de ceulx de son conseil disoient estre au grant prejudice de son royaulme, et craignoit la rompture dudict mariaige pour la mocquerie que ja s'en faisoit en Angleterre, et par especial de ceulx qui y desiroient la noise et different.

Pour ung peu esclarcir cest article, le Roy nostre maistre n'eut jamais vouloir d'acomplir ce mariaige : car l'aage des deux n'estoit point sortable, pour ce que la fille[1], qui de present est royne d'Angleterre, estoit trop plus vieille que monseigneur le Daulphin, qui de present est nostre Roy[2]. Ainsi, sur ces dissimulations, ung mois ou deux de terme gaigné en allant et en venant estoit rompu à son ennemy une saison de luy mal faire. Car sans doubte, n'eust esté l'esperance dudict mariaige, le roy d'Angleterre n'eust jamais souffert prendre les places si pres de luy, sans mettre peine de les deffendre ; et si, d'entree, il se fust desclaré pour ladicte damoiselle de Bourgongne, le Roy, qui craignoit de mettre les choses en doubte et en adventure, n'eust pas tant affoibly ceste maison de Bourgongne, comme il feit. Je ne dis ces choses principallement que pour donner à entendre comme les choses de ce monde se sont conduictes, et pour s'en ayder ou pour s'en garder, ainsi qu'il pourra servir à ceulx

[1] Élisabeth, née en 1466. (Voyez tome I, page 354, note 2.)
[2] Le Dauphin, depuis Charles VIII, était né le 30 juin 1470. (Voyez tome I, page 272, note 1.)

qui ont ces grans choses en main, et qui verront ces Memoires : car combien que leur sens soit grant, ung peu d'advertissement sert aucunesfois. Il est vray que si madamoiselle de Bourgongne eust voulu entendre au mariaige de monseigneur de Riviere [1], frere de la royne d'Angleterre, on l'eust secourue avec bon nombre de gens ; mais c'estoit ung mariaige bien mal sortable : car c'estoit ung petit conte, et elle la plus grant heritiere qui fust de son temps.

Plusieurs marchez se menoient entre le Roy et le roy d'Angleterre. Entre les aultres, luy offrit le Roy que, s'il se vouloit joindre avec luy et venir en personne en ung quartier du pays de ladicte damoiselle, et en prendre sa part, ledict seigneur consentiroit que ledict roy d'Angleterre eust le pays de Flandres, et qu'il le tinst sans hommaige et le pays de Brabant : et luy offroit le Roy de conquerir à ses despens les quatre plus grosses villes de Brabant, et les mettre en la possession du roy d'Angleterre : et davantaige luy payer dix mil Anglois pour quatre mois, affin que plus ayseement il portast les mises de l'armee : et luy prestoit grant nombre d'artillerie, et gens de charroy pour la conduire et s'en ayder, et que le roy d'Angleterre feist la conqueste du pays de Flandres, tandis que ledict seigneur les empescheroit ailleurs. Le roy d'Angleterre respondit que ces villes de Flandres estoient fortes et grandes, et ung pays mal aysé à garder, quant il l'auroit conquis, et semblablement

---

[1] Voyez tome I, page 244, note 3.

celluy de Brabant : et que les Anglois n'avoient point fort ceste guerre agreable, à cause des frequentations de leurs marchandises; mais qu'il pleust au Roy, puisqu'il luy plaisoit faire part de sa conqueste, luy bailler quelques places de celles que ja il avoit conquises en ceste Picardie, comme Boulongne et aultres, et que en ce faisant il se desclareroit pour luy, et envoyeroit gens à son service, en les payant [1].

CHAPITRE II.

Comment le mariaige de madamoiselle de Bourgongne fut conclud et acomply avec Maximilian, duc d'Austriche, et depuis empereur.

Ainsi, comme devant ay dict, alloient et venoient ces marchez, pour tousjours gaigner temps, et se affoiblissoit ladicte damoiselle de Bourgongne : car de ce peu de gens de guerre qui luy estoient demourez apres la mort de son pere, plusieurs se tournerent du party du Roy, et par especial apres ce que monseigneur des Cordes s'y fut mis, qui plusieurs en amena avec luy. Les aultres se tournoient par necessité, pour ce qu'ilz estoient situez ou demourans pres des villes ou dedans celles qui estoient ja en l'obeyssance dudict seigneur, et aussi pour avoir de ses biens : car nul aultre prince n'en despartoit si largement à ses serviteurs comme luy. Davantaige les troubles des bendes croissoient chascun jour en ces grosses villes : et par especial à Gand, qui adouboit tout, comme avez ouy.

[1] « En les payant : *qui estoit bien saige responce.* » Les cinq derniers mots sont ajoutés au texte par Sauvage et ses successeurs.

Environ de ladicte damoiselle de Bourgongne estoit parlé de plusieurs mariaiges pour elle, disant ou qu'il luy falloit mary, pour deffendre le demourant de ce qu'elle avoit, ou espouser monseigneur le Daulphin, affin que tout luy demourast apres [1]. Aucuns desiroient fort ce mariaige, et par especial elle, avant que ses lettres [2], que avoient portees lesdictz seigneurs de Humbercourt et chancellier, fussent baillees. Aultres alleguoient le jeune aage dudict monseigneur le Daulphin, qui n'estoit que de neuf ans ou environ : et alleguoient ce mariaige d'Angleterre, et taschoient pour le filz du duc de Cleves. Aultres pour le filz de l'Empereur, Maximilian [3], de present roy des Rommains.

Ladicte damoiselle avoit conceu hayne contre le Roy, à cause de cesdictes lettres, qui luy sembloit avoir esté occasion de la mort de ces deux bons personnaiges dessus nommez, et de la honte qu'elle receut, quant publicquement luy furent baillees devant tant de gens, comme avez ouy ; et cela avoit donné hardyesse aux Ganthois de luy avoir chassé tant de serviteurs, et separé sa belle mere et le seigneur de Ravestain d'avec elle, et mis ses femmes en si grant craincte qu'elles n'eussent osé recevoir une lettre sans la monstrer, ny parler à leur maistresse bas. Et se commencea à esloigner d'elle l'evesque du Liege, qui estoit filz de Bourbon, qui desiroit faire le mariaige dudict monseigneur le Daulphin : lequel eust

---

[1] *En paix.* (Première édition, SAUVAGE, etc.)
[2] Voyez ci-dessus, page 113.
[3] Frédéric III. (Voyez tome I, page 167, note 3.)

esté bien propice et grant honneur pour ladicte damoiselle, n'eust esté la grant jeunesse dudict monseigneur le Daulphin. Toutesfois le regard dudict evesque n'estoit point jusques là : si se retira au Liege, et chascun s'en desporta. Il eut esté bien difficile de conduire ceste matiere de tous les deux costez : et croy que ceulx qui s'en fussent meslez, n'y eussent point eu grant honneur en la fin, et aussi chascun s'en teut. Et se tint quelque conseil sur ceste matiere, où se trouva madame de Hallevin [1], premiere dame de ladicte damoiselle, laquelle dict, comme me fut rapporté, qu'ilz avoient besoing d'ung homme et non pas d'ung enfant, disant que sa maistresse estoit femme pour porter enfans, et que de cela le pays avoit besoing : à ceste oppinion se tindrent. Aucuns blasmerent ladicte dame d'avoir si franchement parlé, aultres l'en louerent, disans qu'elle ne parloit que de mariaige, et de ce qui estoit tres necessaire au pays. Ainsi il ne fut plus nouvelle que de trouver cest homme : et croy veritablement que, si le Roy eust voulu qu'elle eust espousé monseigneur d'Angoulesme [2], qui est de present, qu'elle l'eust voulentiers faict, tant desiroit demourer allyee de la maison de France.

Or Dieu voulut dresser ung aultre mariaige, et par

---

[1] Jeanne de La Clitte, dame de Commines, fille de Jean, seigneur de Commines, et de Jeanne d'Estouteville. Mariée à Jean, seigneur de Halwin. Morte en 1512, le jour de Pâques (11 avril). (ANSELME, III, 909; *Recueil d'épitaphes*, vol. XXIII, fol. 315, verso.) Cette dame était cousine de l'auteur de ces Mémoires.

[2] Charles d'Orléans, comte d'Angoulême, fils de Jean, duc d'Orléans, comte d'Angoulême, et de Marguerite de Rohan. Marié à Louise

adventure ne scavons encores pourquoy : sinon que nous voyons, par ce qui est passé, que de ce mariaige qui fut faict sont sorties plus grans guerres, tant dela que deca, que n'eust faict si elle eust espousé mondict seigneur d'Angoulesme : et en ont porté depuis les pays de Flandres et de Brabant, et aultres, grans persecutions. Le duc de Cleves estoit à Gand, avec ladicte damoiselle, qui cherchoit fort amys leans, pour cuyder conduire le mariaige de son filz avec ladicte damoiselle, laquelle n'y estoit pas encline : et ne luy plaisoient point les conditions dudict filz de Cleves, ny à ceulx qui estoient aupres d'elle. Ainsi d'aucuns commencerent à praticquer le mariaige du filz de l'Empereur, de present roy des Rommains, dont aultresfois avoient esté parolles entre l'Empereur et le duc Charles [1], et la chose acordee entre eulx deux. Si avoit l'Empereur une lettre faicte de la main de ladicte damoiselle, du commandement de son pere, et ung anneau, où il y avoit ung dyamant : et contenoit ladicte lettre, comme, en ensuyvant le bon plaisir de son seigneur et pere, elle promettoit au duc d'Austriche, filz dudict Empereur, acomplir le mariaige pourparlé, en la maniere et selon le bon plaisir de sondict seigneur et pere.

L'Empereur envoya certains ambassadeurs [2] devers

de Savoie le 16 février 1487 (v. s.). Mort le 1er janvier 1495 (v. s.). (ANSELME, I, 210.)

[1] Voyez tome I, page 268.

[2] « Louis de Baviere et l'evesque de Metz (qui estoit de Bade). » (OLIVIER DE LA MARCHE, II, 422.) « Monseigneur de Mayence, monseigneur le duc Loys de Baviere, et un tres elegant prothonotaire »

ladicte damoiselle, laquelle estoit à Gand : et arrivez que furent lesdictz ambassadeurs à Brucelles, leur fut escript qu'ilz attendissent là encores, et que on envoyeroit devers eulx : et cela feit le duc de Cleves, qui ne desiroit point leur venue et taschoit à les faire retourner mal contens ; mais lesdictz ambassadeurs ja avoient intelligence en la maison de ladicte damoiselle, et par especial à la duchesse de Bourgongne douairiere (laquelle estoit dehors, comme avez ouy [1], et separee de ladicte damoiselle à cause de ces lettres), laquelle les advertit, comme il me fut dict, qu'ilz passassent oultre, nonobstant leurs lettres : et aussi manda ce qu'ilz debvoient faire quant ilz seroient à Gand, et comme ladicte damoiselle estoit bien disposee à leur intention, et plusieurs d'aupres elle. A ce conseil se tindrent les ambassadeurs de l'Empereur, et tirerent tout droict à Gand, nonobstant ce que leur avoit esté mandé le contraire : dont ledict duc de Cleves en fut fort mal content ; toutesfois il ne scavoit point encores la voulenté des dames. Il fut advisé en leur conseil qu'ilz seroient ouys : et fut dict que, apres qu'ilz auroient dict leur creance, que ladicte damoiselle leur diroit : « Vous soyez les tres bien venuz », et qu'elle mettroit en conseil ce qu'ilz luy auroient dict, et puis leur feroit faire responce, et qu'elle ne diroit riens plus avant : et ainsi le conclud ladicte damoiselle.

(George Hesler). (MOLINET, II, 94.) A cette liste Lenglet ajoute un docteur, nommé Guillaume Mortingle.

[1] Voyez ci-dessus, page 126.

Les ambassadeurs dessusdictz presenterent leurs lettres, quant il leur fut ordonné, et dirent leur creance : qui estoit comme le mariaige dessusdict avoit esté conclud entre l'Empereur et le duc de Bourgongne son pere, et de son sceu et consentement d'elle, comme apparoissoit par lettres escriptes de sa main, laquelle ilz monstrerent, et aussi le dyamant, qu'ilz disoient avoir esté envoyé et donné en signe de mariaige : et requeroient bien fort lesdictz ambassadeurs, de par leur maistre, qu'il pleust à ladicte damoiselle acomplir ledict mariaige, en ensuyvant le vouloir et promesse de sondict seigneur et pere, et la sommerent de desclarer devant les presens si elle avoit escript ladicte lettre ou non, et si elle avoit vouloir d'entretenir sa promesse. A ces parolles, et sans demander conseil, respondit ladicte damoiselle [1], qu'elle avoit escript lesdictes lettres par le vouloir et commandement de son seigneur et pere, et encores baillé ledict dyamant, et qu'elle en avouoit le contenu. Lesdictz ambassadeurs la mercierent bien fort, et retournerent joyeulx en leurs logis.

Le duc de Cleves fut fort mal content de ceste responce, qui estoit opposite de ce qui avoit esté conclud en conseil, et remoustra fort à ladicte damoiselle qu'elle avoit mal parlé. A quoy elle respondit que

---

[1] « Et à un conseil qui fut tenu, fut dict à ma dicte dame qu'elle feroit bien de déclairer son vouloir, et lequel d'iceux maris elle vouloit avoir : et elle respondit froidement : « J'entens que monsieur mon pere (à qui Dieu pardoint) consentit et acorda le mariage du fils de l'Empereur et de moy, et ne suis point deliberee d'avoir d'autre que le fils de l'Empereur. » (OLIVIER DE LA MARCHE, II, 423.)

aultrement elle ne le povoit faire : et que c'estoit chose promise, et qu'elle ne povoit aller au contraire. Veu ces parolles, et qu'il congneut bien qu'il y en avoit leans plusieurs de l'oppinion de ladicte damoiselle, il se delibera peu de jours apres de se retirer en son pays, et de se desporter de ceste poursuyte. Ainsi se paracheva ce mariaige : car le duc Maximilian vint à Coulogne, ou aucuns des serviteurs de ladicte damoiselle allerent au devant de luy [1] : et croy bien qu'ilz le trouverent mal fourny d'argent, et luy en porterent : car son pere a esté le plus parfaitement chiche homme, que prince ny aultre qui ait esté de nostre temps. Le dessusdict filz de l'Empereur fut amené à Gand, acompaigné de sept ou huict cens chevaulx, et fut achevé ledict mariaige [2], qui de prime face ne porta point grant utilité aux subjectz de ladicte damoiselle : car au lieu d'apporter argent, il leur en falloit bailler. Leur nombre n'estoit point suffisant à une telle puissance que celle du Roy : et ne se acordoient pas fort leurs conditions avec celles des subjectz de ceste maison de Bourgongne, lesquelz avoient vescu soubz princes riches, qui donnoient de bons estats, et tenoient honnorable maison et pompeuse, tant en meubles que en services de tables, et habillemens pour leurs personnes et serviteurs.

---

[1] « Je m'en alay, dit Olivier de La Marche (II, 423), avecques le signeur Du Fay et le signeur d'Irlain : et furent mes aproches tellement faictes, que je fu retenu grand et premier maistre d'hostel du fils de l'Empereur. »

[2] Le 18 août, selon le registre de La Collace (BARANTE, *Histoire des*

Les Allemans sont fort au contraire, car ilz sont rudes et vivent rudement. Et ne faiz nul doubte que avec grant et saige conseil, et encores aydant la grace de Dieu, fut faicte ceste loy et ordonnance en France que les filles ne heriteroient point au dict royaulme, pour eviter qu'il ne fust en la main de prince de nation estrange et d'estrangiers : car à grant peine les Francois l'eussent peu souffrir, et aussi ne font point les aultres nations ; et, à la longue, il n'est nulle des grandes dont le pays, à la fin, ne demoure aux paysans[1]. Et le pourrez veoir par France, où les Anglois ont eu de grans seigneuries puis quarante ans ; et pour ceste heure n'ont plus que Calais, et deux petitz chasteaulx[2] qui leur coustent beaucoup à garder. Le demourant ilz ont perdu, beaucoup plus legierement qu'ilz ne le conquirent, et en ont plus perdu en ung jour qu'ilz n'en gaignerent en ung an. Et aussi par ce royaulme de Naples, et par l'isle de Cecille, et aultres prouvinces, que les Francois ont possedez par longues annees : et, pour toutes enseignes, n'y est memoire d'eulx que pour les sepultures de leurs predecesseurs.

Et encores que l'on endurast de prince de pays

ducs de Bourgogne, édition de M. Gachard, II, page 577, note 3), et non pas le 20. (Voyez tome I, page 268, note 1.)

[1] C'est-à-dire : il n'est aucune des grandes nations dont le territoire ne demeure, à la fin, aux habitants du pays. Sauvage ne trouvant point, à ce qu'il paraît, le texte de Commynes suffisamment clair, l'a ainsi paraphrasé : « Il n'est nulle *seigneurie, especiallement des* grandes, dont le pays à la fin ne demeure *à ceulx qui sont du pays.* » Nous avons adopté la leçon de nos manuscrits et des premières éditions.

[2] Les Anglais ne conservèrent que « les villes de Calais, Hames, et Guygnes. » (Duclercq, XIII, 138.)

estrange, qui seroit en petite compaignie bien reglee et luy saige, si ne le peult on bien ayseement faire de grant nombre de gens : car il ameine avec luy grant monde ou mande, pour quelque occasion de guerre (s'il en a) aux subjectz, tant pour l'adversité [1] des meurs et conditions que pour les viollences, et qu'ilz n'ont l'amour au pays que ont ceulx qui en sont nez, et surtout quant ils veullent avoir les offices et benefices et les grans manyemens du pays. Ainsi a bien à faire ung prince d'estre bien saige, quant il va en pays estrange, pour acorder toutes ses villes [2] : et si ung prince n'est loué de ceste vertu sur toutes les aultres (qui vient de la grace de Dieu seullement), quelque aultre bien que l'on en sceust dire, riens n'est d'estimer. Et s'il vit aage d'homme, il aura grans troubles et affaires et tous ceulx qui vivront soubz luy, par especial quant il viendra sur la vieillesse et que ses hommes et serviteurs n'y auront nulle esperance d'amendement[3].

[1] Du latin *adversitas*, qui signifie antipathie, opposition, et jamais adversité. Sauvage, Godefroy, Lenglet, etc., mettent : « *la diversité*. »

[2] Sauvage met *toutes ses vielles*; et M. de La Mésangère (*Dict. des Proverbes français*, page 651) fait observer que Commynes emploie cette locution proverbiale *comme nous accorder ses flûtes*. Les premières éditions et nos manuscrits nous autorisent à croire qu'il faut lire ici *villes* et non *vielles*. Lenglet, dont nous donnerons le texte dans la note suivante, n'a pas plus que nous adopté le dernier mot. Cependant il faut remarquer que cette expression, *accorder les vielles*, se retrouvera au dix-neuvième chapitre du livre VII, d'où l'absence de manuscrits ne nous a pas permis de la faire disparaître.

[3] Nous avons suivi, pour tout ce paragraphe, le texte de nos manu-

Apres que fut achevé le mariaige dessusdict, leurs affaires n'en amenderent gueres, car ilz estoient jeunes tous deux. Ledict duc Maximilian n'avoit congnoissance de riens, tant pour sa jeunesse que pour estre en pays estrange : et aussi avoit esté assez mal nourry, au moins pour n'avoir congnoissance de grant chose : et si n'avoit point de gens pour povoir faire grant effort : et alloit ce pays en grant trouble, et a faict jusques icy et est apparent de faire encores. Et est bien grant inconvenient à ung pays, comme j'ay dict, quant il fault qu'il quiere seigneur de pays estrange ; et feit Dieu grant grace au royaulme de France de ceste ordonnance dont j'ay parlé dessus, que les filles

---

scrits. Voici ce qu'on lit dans l'édition de Lenglet, qui diffère peu de celle de Sauvage. « Et encores que l'on endurast de prince de pays estrange, qui seroit en petite compagnie bien reglée, et luy sage, si ne le peut-on bien aisément faire de grand nombre de gens : car *s'il en* ameine avec luy grand *nombre*, ou *qu'il en* mande pour quelque occasion de guerre, s'il *y* en a aux subjets ; [*eux venus, à grant peine se peut-il faire, qu'il n'y ait de l'envie, discord et division*], tant pour *la diversité* des mœurs et conditions, que pour *leurs* violences, *qu'il font souventes fois, non ayans* l'amour au pays *telle* que ceux qui en sont nez, et surtout quand ils veulent avoir les offices et benefices, et les grands maniemens du pays. Ainsi a bien à faire un prince d'estre bien sage, quand il va en pays estrange pour accorder toutes *ces choses :* et si un prince n'est *doué* de cette vertu, qui sur toutes les autres vient de la grace de Dieu seulement, quelqu'autre bien *qu'il ait en luy, à peine en pourra il venir au dessus*, et s'il vit age d'homme, il aura de grands troubles et affaires, et tous ceux qui vivront soubs luy, par especial quand il viendra sur la vieillesse, et que ses hommes et serviteurs n'y auront nulle esperance d'amendement. » Lenglet fait observer en note que ce qu'il a mis « entre deux crochets se trouve dans le manuscrit de Saint-Germain-des-Prés, et manque aux imprimés. » Nous ne l'avons pas trouvé dans nos manuscrits.

ne heritent point. Une petite maison en peult acroistre; mais à ung grant royaulme comme à cestuy cy n'en peult venir que tout inconvenient. Peu de jours apres ce mariaige se perdit ce pays d'Arthois, ou en le traitant : me suffit de ne faillir point à la substance, et si je faulx aux termes, comme d'ung mois plus ou moins, les liseurs m'excuseront s'il leur plaist. Le faict du Roy amendoit tousjours : car il n'avoit nulle partie l'hyver, s'il n'avoit quelque trefve ou quelque ouverture d'appoinctement qui jamais ne se povoit acorder : car ilz n'estoient point raisonnables, et pour ce leur duroit la guerre [1]. Le duc Maximilian et madamoiselle de Bourgongne eurent ung filz [2] le premier

---

[1] Nous adoptons le texte des trois manuscrits. Les premières éditions mettent : « Le fait du Roy amendoit tousjours : *car il n'alloit nulle part tout au long de l'yver....* » On lit dans Sauvage, Godefroy, Lenglet et autres : « car il n'avoit nulle partie, *et tousjours prenoit quelque place,* s'il n'avoit treve. »

[2] Philippe-le-Beau, archiduc d'Autriche, né le 22 juillet[*] 1478; marié, le 21 octobre 1496, à Jeanne d'Aragon, fille de Ferdinand et d'Isabelle de Castille. Il monta sur le trône d'Espagne en 1504, après la mort de sa belle-mère. Mort le 25 septembre 1506. (*Art de vérifier les dates,* I, 763; II, 525.) Les mots *qui regne aujourd'huy* semblent indiquer que ce passage des Mémoires de Commynes fut rédigé postérieurement à l'avénement de Philippe-le-Beau à la couronne d'Espagne, en 1505 : cependant il est dit un peu plus bas, à propos de Marguerite, qui de *present est nostre Royne.* Cette princesse, renvoyée à l'Empereur son père après la conclusion du traité de Senlis (23 mai 1493), ne put conserver le titre de reine de France que jusqu'à l'époque de son départ, au mois de juin de cette dernière année. Pour concilier ces deux passages contradictoires, on doit supposer que Commynes, ayant écrit ses Mémoires lorsque Marguerite portait encore e nom de reine de France, les revit après l'élévation de Philippe-le-

[*] Ou le 22 juin, selon Molinet, II, 156.

an : c'est l'archiduc Philippe, qui regne aujourd'huy. Le second an, eurent une fille, qui de present est nostre royne, appellee Marguerite. Le tiers an, ung filz appellé Francois [1], par le duc Francois de Bretaigne. Le quart an, elle mourut [2] d'une cheute de cheval, ou d'une fiebvre; mais vray est qu'elle cheut. Aucuns dient qu'elle estoit grosse. Ce fut grant dommaige pour les siens : car elle estoit tres honneste dame et liberalle, et bien voulue de ses subjectz, et luy portoient plus de reverence et de craincte que à son mary : aussi elle estoit dame du pays. Elle aymoit fort sondict mary, et estoit dame de bonne renommee. Laquelle mort advint l'an mil quatre cens quatre vingtz et deux [3].

En Henault le Roy tenoit la ville de Quesnoy le Conte et celle de Bouchain, lesquelles il rendit : dont aucuns s'esbahyrent, veu qu'il ne cherchoit nul appoinctement et qu'il monstroit vouloir prendre le tout, sans riens laisser à ceste maison : et croy bien

---

Beau au trône d'Espagne, et ajouta alors, à la suite du nom de ce prince, les mots : « *qui regne aujourd'huy* », oubliant d'effacer plus bas ceux-ci : « *qui de present est nostre Royne* », mots qui, en 1504, n'exprimaient plus la vérité.

[1] Né à Bruxelles le 10 septembre 1481, il mourut le jour de Saint-Étienne suivant (26 décembre). (BARANTE, *Hist. des ducs de Bourgogne*, édition de M. Gachard, II, p. 668, note 4; MOLINET, II, 300.)

[2] « En la ville de Bruges, le vingt septiesme de mars, environ deux heures à l'apres disner, l'an mille quatre cens quatre vingt et un » (v. s.). (MOLINET, II, 302.)

[3] On vient de voir que ce fut le 27 mars 1481; mais Commynes ne fait erreur que de peu de jours, l'année 1482 ayant commencé le 7 avril suivant.

que s'il eust peu tout despartir et donner à son ayse,
et de tous poinctz la destruire, qu'il l'eust faict ; mais
ce qui le meut à rendre ces places en Henault, furent
deux causes, qu'il me dict depuis. La premiere qu'il
disoit qu'il luy sembloit que ung roy a plus de force
et de vertu en son royaulme, où il est oingt et sacré,
qu'il n'a dehors : et cecy estoit hors de son royaulme.
L'aultre raison estoit que entre les roys de France et
empereurs y a grans sermens et confederations de
n'entreprendre riens l'ung sur l'empire, l'aultre sur
le royaulme : et ces places dont j'ay parlé estoient
situees en l'empire, et furent restituees l'an mil quatre
cens septante huict[1]. Pour ceste semblable cause rendit
Cambray[2], ou la mit en main neutre, content de la
perdre : et aussi ilz avoient mis le Roy dedans la ville
à seureté.

CHAPITRE III.

Comment le roy Loys, par la conduicte de Charles d'Amboise, son
lieutenant, regaigna plusieurs villes de Bourgongne, que le
prince d'Orenge avoit revoltees contre le Roy.

En Bourgongne se faisoit tousjours la guerre : et
n'en povoit le Roy avoir le bout, pour ce que les

---

[1] Le traité de Trèves, par lequel le Roi rendit ce qu'il possédait en
Bourgogne et en Hainaut, porte la date du 11 juillet 1478. Par un
des articles du traité, Louis XI s'engage à faire « restituer et delivrer
à monsieur d'Autriche, et es mains de qui lui plaira, tout ce qu'il
tient ou peut tenir en la comté de Bourgogne et es appartenances
d'icelles, et semblablement en la comté de Hainaut. » (Lenglet, III,
540.)

[2] Voyez ci-dessus, page 89.

Allemans faisoient quelque peu de faveur au prince d'Orenge, lieutenant pour les dessusdictz, pour son argent et non point pour la faveur du duc Maximilian : car jamais homme ne se trouva pour luy, dudict pays, au moins pour le temps de lors, dont je parle. Ilz estoient compagnons de guerre de ceste ligue de Suisses, qui alloient à leur adventure : car ilz ne sont point amys, ne bienveillans de la maison d'Austriche. Bien peu de secours en eut ledict pays de Bourgongne, mais qu'il y eut payement; et nul ne le povoit mieulx faire que le duc Sigismond d'Austriche [1], oncle dudict duc Maximilian, qui avoit ses terres aupres, et par especial la conté de Ferrete, qu'il avoit peu d'annees devant vendue cent mil florins de Rin [2] au duc Charles de Bourgongne, et puis l'avoit reprinse sans rendre l'argent, et la tient encores aujourd'huy à ce tiltre. Il n'y eut jamais en luy grant sens, ne grant honneur, et en telz amys se trouve peu d'ayde : et est des princes, dont j'ay parlé ailleurs, qui ne veullent scavoir de leurs affaires sinon ce qu'il plaist à leurs serviteurs leur en dire, qui sont tousjours payez à la vieillesse comme cestuy cy.

Ses serviteurs luy ont faict tenir, durant ces guerres, tel party qu'ilz ont voulu, et presque tousjours a tenu le party du Roy nostre maistre contre son nepveu. A la fin a voulu donner son heritage (qui est bien grant) en maison estrange, et l'oster à la sienne (car il n'eut jamais nulz enfans : si a esté marié deux

---

[1] Voyez tome I, page 169, note 1.
[2] Voyez tome I, pages 169 et 323.

fois), et en la fin, depuis trois ans en ca[1], par aultre bende de ses serviteurs, a transporté toute sa seigneurie et dès à present, à sondict nepveu, ce duc Maximilian dont j'ay parlé, à present roy des Rommains[2], et retint seullement une pension, comme la tierce partie, sans y avoir auctorité, ne puissance : et plusieurs fois s'en est repenty, ce m'a l'on dict. Et s'il n'est vray ce que l'on m'a dict, si est il à croire; et telle est la fin des princes qui veullent vivre bestiallement. Et ce qui me les faict tant blasmer, c'est la grant charge et grant office que Dieu leur a donné en ce monde. Ceux qui sont insensez, on ne leur doibt riens reprocher; mais ceulx qui ont bon sens, et de leurs personnes bien disposez, et n'employent le temps en aultre chose que à faire les folz et à estre oysifz, on ne les doibt point plaindre, quant mal leur advient; mais ceulx qui despartent le temps, et selon leur aage, une fois en sens et en conseil, aultresfois en festes et en plaisirs, ceulx là sont bien à louer, et leurs subjectz bien heureux d'avoir tel prince.

Ceste guerre de Bourgongne dura assez longuement, pour les raisons de ces petites faveurs d'Allemans : toutesfois la force du Roy leur estoit trop grande. L'argent failloit aux Bourguignons. Gens qui estoient es places, se tournerent par intelligence. Ung coup le seigneur de Cran assiegea la ville de Dolle,

---

[1] Ce fut en 1492 que Sigismond transporta ses États héréditaires à l'archiduc, son neveu. (*Art de vérifier les dates*, III, 578.)

[2] Il fut élu roi des Romains le 16 février 1486. (Voyez tome I, page 268, note 1.)

chief de la conté de Bourgongne; il estoit lieutenant pour le Roy. Il n'y avoit point grans gens dedans, et les mesprisoit [1]; aussi mal luy en print et advint: car, par une saillie que feirent ceulx de dedans, il se trouva tres soubdainement surprins, et perdit une partie de son artillerie [2] et des gens quelque peu : qui luy fut honte et charge envers le Roy, lequel, estant marry de ceste adventure, commencea à adviser à mettre aultre gouverneur en Bourgongne, tant pour ce

[1] Les trois manuscrits portent : « La force du Roy leur estoit trop grande. *Largement failloit* aux Bourguignons. Gens *se trouvoient par places* par intelligences.... Il estoit lieutenant du Roy : il *n'avoit* point grans gens et les mesprisoit. » La leçon que nous avons adoptée est celle de l'édition de Sauvage; mais peut-être bien, ici comme ailleurs, n'a-t-il réussi à donner à ce passage un sens plus facilement saisissable qu'en altérant le texte. Les premières éditions ne diffèrent des manuscrits qu'en ce qu'elles mettent *l'argent* au lieu de *largement*.

[2] Dans la ville de Dôle « estoit principal capitaine le seigneur de Montballon et le chevalier de Berne, accompagné de neuf cents Suissers, avec aulcuns aultres, jusques au nombre de deux mille combattans. Francois par l'espace de huit jours continuels, battirent la muraille, et minerent tellement qu'ils estoient dessoubs les murs de la ville, puis donnerent plusieurs assaults. Allemans, par dedans la ville, avoient faict un merveilleux abloc de bois; si laisserent monter leurs ennemis, jusques au nombre de neuf cents, cuidans avoir gaigné, pour tant qu'ils estoient sur les murailles.

« Mais quand bon sembla aux Allemans de besongner, ils deschargerent leurs engins tout à ung coup, et renverserent les Francois de hault en bas dedans les fossés; puis, par une secrete voye, sortirent hors de leurs forts, et les occirent en nombre de huit à neuf cents. Adonc furent Francois fort estonnez et desconfiz, tellement que tost après leverent leur siege, bouterent le feu en leurs tentes et pavillons, et habandonnerent leur artillerie, c'est assavoir les trois freres de Bengres, le chien d'Orleans, une bombardelle et aultres engins; puis se tirerent en la ducé. » (MOLINET, II, 49.)

cas que pour les grans pilleries qu'il avoit faictes audict pays, qui à la verité estoient trop excessives. Toutesfois, avant que d'estre desappoincté de ceste charge, il eut quelque advantaige sur une bende d'Allemans et de Bourguignons [1], où fut prins le seigneur de Chasteauguyon [2], le plus grant seigneur de Bourgougne. Le demourant de ceste journee ne fut pas

[1] « Au dit mois de juin (1477), que le seigneur de Craon, à qui le Roy avoit baillé la charge de son armee pour aler en la comté de Bourgogne faire guerre à l'encontre du prince d'Orange.... Ledit de Craon sceust que ledit d'Orange estoit en une ville nommée Gray, où il vint mettre le siege, et y demeura par deux jours que ledit seigneur de Chasteauguyon, frère du dit d'Orange, et autres vinrent pour le secourir, dont fut adverty ledit de Craon, qui s'en ala mettre en bataille contre ledit seigneur de Chasteauguyon, et y eut grand hurtibilis à ladite rencontre, et de costé et d'autres y mourut de gens de façon, quatorze ou quinze cens combattans. Et de ladite desconfiture furent faittes par l'ordonnance du Roy, processions generales à Paris en l'eglise de Saint Martin des Champs. » (*Chronique scandaleuse*; voyez LENGLET, II, 143.) Une lettre de Louis XI, datée de Saint-Quentin le 22e jour de juin 1477, et adressée aux habitants d'Abbeville, fait connaître le jour auquel fut donnée cette bataille. « Le dimenche xve jour de ce present moys, ils (le sire de Craon et autres) saichans que le prince d'Orenges ayant avec lui de troys à IIII^m combatans, s'estoit mis dedans la ville de Gy, qui est une grande et puissante ville..., où ilz tindrent le siege ledit jour de dimenche et le lundy ensuivant. Et le mardy furent advertis que le sire de Chasteauguyon et autres cappitaines et chiefz de guerre venoient atout grande puissance de Bourguignons et Allemans pour lever ledit siege.... le sire de Craon.... alla au devant desdits Bourguignons.... et les desconfits.... y a plus de IIII^m hommes mors; et y a esté prins ledit sire de Chasteauguyon et aultres.... Pendant ladite bataille, ledit prince d'Orenges s'enfouyt. » (*Lettres et Bulletins des armées de Louis XI*, page 20.)

[2] Hugues. (Voyez ci-dessus, page 16, note 3.) D'après un compte rendu par Jehan Raguier, pour l'année 1480, on voit que le Roi donna au seigneur de Châteauguyon « 3,000 livres, pour partie de 35,000 livres

grant chose. Je n'en parle que par ouy dire, mais ledict seigneur de Cran y eut bon bruict de sa personne, et s'y porta tres hardyment.

Comme j'ay commencé à dire, le Roy delibera, pour les raisons dessusdictes, de faire gouverneur nouveau en Bourgongne, sans en riens toucher aux prouffitz et biensfaictz dudict seigneur de Cran [1], fors des gens d'armes qu'il luy osta, excepté six hommes d'armes et douze archiers qu'il luy laissa pour l'acompaigner. Ledict seigneur de Cran estoit homme fort gras : et assez content s'en alla en sa maison, où il estoit bien appoincté. Le Roy ordonna en son lieu messire Charles d'Amboise [2], seigneur de Chaulmont, tres vaillant homme et saige, et dilligent : et commença ledict seigneur à praticquer de vouloir retirer tous ces Allemans, qui lui faisoient la guerre en Bourgongne (non point tant pour s'en servir, que pour plus ayseement conquerir le reste du pays), et de les mettre à sa soulde : et envoya aussi devers les Suisses, qu'il appelloit messieurs des ligues, et leur offrit de grans et beaux partis [3]. Premier, vingt mil

pour s'acquitter de sa rançon. » (BIBL. ROY., *fonds Gaignières*, Ms. 772², fol. 723, recto.)

[1] Voyez tome I, page 189, note 2. Louis XI l'avait créé lieutenant général de Champagne et de Brie en 1474. Il lui donna le comté de Ligny en janvier 1475.

[2] Voyez tome I, page 52, note 2.

[3] A cette occasion le Roi écrivait au seigneur de Chaumont : « Monsieur le conte, j'ay escript à ceulx des ligues comme je vous envoye le povoir de besongner au fait de la treve pour la conté de Bourgongne seulement, dont ils m'ont fait parler. Surquoy j'entens que practicquez avecques ceulx qui auront charge de besongner en ladicte treve

francz l'an [1], qu'il donnoit au prouffit des villes, qui sont quatre : Berne, Lucerne, Surich, et croy que Fribourg y avoit part, et leurs trois quantons (qui sont villaiges environ leurs montaignes), Suisse [2], de qui ilz portent tous le nom; Soleure et Audreval [3] aussi y avoient part. Item vingt mil francs l'an, qu'il donnoit aux particuliers, et aux personnes de qui il se aydoit et servoit en ces marches. Là se feit leur bourgeois (et en voulut lettres), et aussi leur premier allyé. A ce point feirent aucune difficulté, pour ce que, de tout temps, le duc de Savoie estoit leur premier allyé : toutesfois ilz consentirent à ces demandes, et aussi de bailler au Roy six mil hommes continuellement en son service, en les payant à quatre florins et demy d'Allemaigne par mois [4]; et y a tousjours esté ce nombre jusques au trespas dudict seigneur.

Ung povre roy n'eut sceu faire ce tour, et le tout

la forme et condicion comment ilz entendent la faire; et que, soubz couleur de celle praticque, de vous mesmes et sans faire semblant que vous en aye escript, tenez la matiere en suspens le plus que vous pourrez. Et, avant que quelque chose conclurre, me advertissez de tout, et le faites par maniere qu'ilz ne apparroyent que le vous aye mandé; mais faites comme se les difficultez venoient de vous mesmes. Et adieu. Escript au Plesseys du Parc lez Tours, le .. jour de décembre. » (Bibl. Roy., *fonds Baluze*, Ms. 9675, fol. 49, recto.)

[1] Voyez ci-dessus, page 23.
[2] Schwitz.
[3] Underwald.
[4] Le traité d'alliance daté du dixiesme jour du mois de janvier l'an mil quatre cent soixante-quatorze (v. s.), contient l'article suivant : « Et sera la paye de chaque soldat de quatre florins et demi de Rhin par mois, comprenant douze mois en l'an. » (Lenglet, III, 369.)

[1478] LIVRE VI, CHAPITRE III. 193

luy tourna à son grant prouffit; et croy que à la fin sera leur dommaige : car ilz ont tant acoustumé l'argent, dont ilz avoient petite congnoissance par avant, especiallement de monnoye d'or, que ilz ont esté fort pres de se diviser entre eulx. Aultrement on ne leur scauroit nuyre, tant sont leurs terres aspres et povres, et eulx bons combatans : parquoy peu de gens essayeront à leur courre sus. Apres que ces traictez furent faictz, et que tous les Allemans qui estoient en Bourgogne furent retirez au service et gaiges du Roy, la puissance des Bourguignons fut de tous pointz rompue : et, pour abreger la matiere, apres plusieurs neufves choses faictes par le gouverneur, monseigneur de Chaulmont, il assiegea Rochefort [1], ung chasteau pres de Dolle, où estoit messire Claude de Vaudrey [2],

[1] Vers le mois de mai 1479, les habitants de Cambray et de Bouchain ayant massacré les garnisons françaises pour se mettre sous la protection du duc d'Autriche, « à ceste cause le Roy envoya certain grand nombre d'artillerie en la duché et Franche Comté de Bourgogne, avec grand nombre de nobles hommes et francs archers du royaume de France, par devers le gouverneur de Champagne, qui estoit gouverneur et lieutenant général du Roy au dit pays de Bourgogne, pour recouvrer ledit pays et mettre de reschef en sa main. Et y besognerent lesdits gouverneurs et ceux de sa compagnie si vaillamment, que par assault et port d'armes ils gagnerent d'assault le chastel de Rochefort... : et de là s'en allerent devant la cité de Dole qui fut.... prise d'assault..., et fut ladite ville arrasée et mise par terre. » (*Chronique scandaleuse;* voyez LENGLET, II, 156.)

[2] « Seigneur de l'Aigle et d'Eschiello, chevalier, conseiller, chambellan (de Charles, duc de Bourgogne), institué bailly de La Montagne, par lettres patentes données à Thionville, le 3 avril 1475, avant Pâques, par le décès de messire Antoine de Vaudrey, son père. » (Compte de Jean Courret, fini le 30 septembre 1475. LA BARRE, II, 273.) Il vivait encore le 24 septembre 1494. (MOLINET, V, 24.)

et le print par composition. Apres il assiegea Dolle (dont son predecesseur en l'office avoit esté levé, comme j'ay dict), et fut prinse d'assault. On dict que aucuns Allemans, de ces nouveaulx reduitz, cuyderent entrer pour la deffendre; mais en leur compaignie se misrent tant de francz archiers (sans entendre la malice, mais seullement pour gaigner), que, comme ilz furent dedans, tout se print à piller, et fut la ville bruslée et destruicte.

Peu de jours apres ceste prinse, il assiegea Aussonne [1], ville tres forte; mais il avoit bonne intelligence dedans : et escripvoit au Roy pour les offices, pour aucuns qu'il nommoit, avant que mettre le siege; ce que voulentiers lui fut acordé. Combien que je ne fusse point sur le lieu où ces choses se faisoient, si le scay je par ce que on en rapportoit au Roy, et par les lettres qu'on luy en rescripvoit, lesquelles je veoye, et souvent en faisoye les responces par le commandement du Roy. Audict Aussonne avoit peu de gens, et estoient les chiefz acordez avec ledict gouverneur, qui, au bout de cinq ou six jours, la baillerent. Ainsi ne resta plus riens à prendre en Bourgongne, que trois ou quatre chasteaulx, rochiers, comme Jou [2] et aultres : et avoit l'obeyssance de Besancon, qui est ville impe-

---

[1] Auxonne se rendit au Roi le 4 juin 1479. Voyez l'acte de reddition de cette ville. (BIBL. ROY., *fonds Colbert*, Ms. 64, fol. 902-908)

[2] Joux se rendit aussi au Roi, « et disoit on que c'estoit le signeur d'Arban qui avoit vendu au Roy le chasteau de Jou quatorze mille escus (lequel chastel madame Marie luy avoit baillé en garde), et que par celle entree la comté de Bourgongne fut legerement par les François reconquise. » (OLIVIER DE LA MARCHE, II, 430.)

rialle, et ne doibt riens au conte de Bourgongne ou peu ; mais pour ce qu'elle estoit enclavee audict pays, elle complaisoit au prince du pays. Ledict gouverneur y entra pour le Roy, et puis en saillit : et ilz luy feirent tel debvoir qu'ilz avoient acoustumé de faire aux aultres princes qui avoient possedé Bourgongne. Ainsi toute Bourgongne fut conquise, où ledict gouverneur feit bonne dilligence, et aussi le Roy le sollicitoit fort : et craignoit que ledict gouverneur ne voulsist tousjours quelque place desobeyssante audict pays, affin que on eust plus affaire à luy, et aussi affin que le Roy ne le renvoyast point de là, pour s'en servir ailleurs : car le pays de Bourgongne est fertille, et il en faisoit comme s'il eust esté sien; et ledict seigneur de Cran, dont j'ay parlé, et luy, gouverneur, seigneur de Chaulmont, tous deux y feirent bien leurs besongnes.

Une piece demoura le pays en paix, soubz le gouvernement dudict seigneur de Chaulmont : toutesfois quelques places se rebellerent [1] apres (et y estoye pre-

---

[1] Commynes ayant interverti l'ordre des événements (voyez ci-dessus, page 193, note 1), revient maintenant à l'année 1478. « Durant ledit mois de juin (1478), l'armée que le Roy avoit envoyée en la Haute Bourgogne pour recouvrer ses villes contre luy rebellées, et dont avoit la charge le gouverneur de Champagne..., prospera fort, et regagnerent et mirent es mains du Roy la ville de Verdun, Monsavion et Semur en l'Auxois, tant par assault que par composition. Et apres alerent mettre le siege devant la ville de Beaune, où ils furent depuis par aucun temps, et jusques au commencement du mois de juillet 1478 que ladite ville de Beaune se rendit au Roy par composition. » (*Chronique scandaleuse;* voyez LENGLET, II, 151.)

sent), comme Beaune, Semur, Verdun et aultres (et m'y avoit envoyé le Roy avec les pensionnaires de sa Maison; et fut la premiere fois qu'il eust baillé chief ausdictz pensionnaires, et depuis a acoustumé ceste facon jusques à ceste heure), lesquelles places furent reprinses par le sens et conduicte dudict gouverneur, et par la faulte du sens de ses ennemys. A cela voit on la difference des hommes, qui vient de la grace de Dieu: car il donne les plus saiges à la part qu'il veut soustenir, ou le sens de les choisir à celluy qui en a l'auctorité; et a bien monstré et faict veoir jusques icy que, en toutes choses, il a voulu soustenir nos roys, tant celluy trespassé, nostre bon maistre, comme cestuy cy [1]. Ceulx qui perdirent ces places estoient gens assez, combien que promptement ne se vindrent mettre dedans lesdites places qui s'estoient ainsi rebellees pour eulx, mais donnerent temps audict gouverneur de faire son amatz, ce que faire ne debvoient: car ilz scavoient assez de son estat, veu l'amour que le pays leur portoit; et pour ce ilz se debvoient mettre dedans Beaune, qui estoit forte ville, et si la povoient bien garder, et les aultres non.

Le jour que ledict gouverneur se mit aux champs pour aller devant une meschante petite ville appellee Verdun, qui alloit bien informé de leur estat, eulx y entrerent, cuydans aller à Beaune [2]: et estoient,

---

[1] Après *cestuy cy* Sauvage et ses successeurs ajoutent: « Combien que quelquefois leur ait donné des adversitez. »

[2] A Beaune *pour se mettre dedans*. Ces quatre derniers mots sont ajoutés au texte par Sauvage et ses successeurs.

tant de cheval que de pied, six cens hommes esleuz, Allemans de la conté de Ferette, conduitz par aucuns saiges gentilz hommes de Bourgongne, dont Symon de Quingy [1] en estoit ung. Ilz s'arresterent, à l'heure qu'ilz povoient bien passer et se mettre audict Beaune, qui n'eust point esté reprenable sur eulx, si une fois y eussent entré. Faulte de bon conseil les feit sejourner une nuict trop, où ilz furent assiegez et prins d'assault : et apres fut assiegé Beaune, et le tout recouvert. Oncques puis n'eurent vigueur les ennemys en Bourgongne. Pour lors j'estoye en Bourgongne avec les pensionnaires du Roy, comme j'ay dict : et ledict seigneur m'en feit partir pour quelque lettre que on luy escripvit que j'espargnoye aucuns bourgeois de Dijon touchant le logis des gens d'armes. Cela, avec quelqu'autre petite suspection, fut cause de m'envoyer tres soubdainement à Florence [2]. Je obeys, comme raison estoit, et partis dès que j'euz les lettres.

[1] Voyez tome I, page 43, note 5.

[2] Le cardinal de Pavie écrivoit au Pape : « Je sais qu'il vient à nous, « de la part du roi de France, un ambassadeur fort estimé dans les « Gaules, dont la commission est toute pleine d'orgueil. Il est chargé « de nous retirer l'obéissance des François, et d'en appeler à un con- « cile, si nous ne révoquons pas les censures prononcées contre les « Florentins, si ceux qui ont tué Julien, ceux même qui ont approuvé « ce meurtre, ne sont pas punis; enfin, si nous ne renonçons pas à la « guerre que nous venons de commencer, etc. » (Sismondi, XI, 110.)

CHAPITRE IV.

Comment le seigneur d'Argenton, durant les guerres de la conqueste de Bourgongne, fut envoyé à Florence, et comment il receut l'hommaige de la duché de Gennes, du duc de Millan, au nom du Roy.

Le different pour quoy m'envoyoit, estoit pour le debat de deux grans lignees, fort renommees pour ce temps [1]. L'une estoit celle de Medicis : l'aultre celle de Pacis, lesquelz, ayant le port du pape [2] et du roy Ferrand de Naples [3], cuyderent faire tuer Laurens de Medicis [4] et toute sa sequelle [5]. Toutesfois, quant à luy, ilz faillirent; mais tuerent son frere, Julien de Medicis [6], en la grant eglise de Florence, et ung appellé Franquein Nolly [7], qui se mit devant ledict Julien, et

---

[1] Fort renommees, pour *citadins*. (Manuscrit A.)

[2] Sixte IV (François d'Albescola de La Rovère) était fils d'un pêcheur du village de Celles, à cinq lieues de Savone. Élu pape le 9 août 1471. Mort le 13 août 1484, dans la soixante-onzième année de son âge. (*Art de vérifier les dates*, I, 327.)

[3] Ferdinand Ier.

[4] Prince de la république de Florence, fils de Pierre de Médicis et de Lucrèce Tornabuoni. Marié 1°. à Philippine de Savoie; 2°. à Clarice des Ursins. Mort le 7 avril 1492, âgé de quarante-quatre ans. (*Art de vérifier les dates*, III, 754; GUICHENON, II, 181.)

[5] Cette conjuration éclata dans l'église de Sainte-Reparate, le dimanche 26 avril 1478. (MACHIAVEL, IV, 322.)

[6] Les assassins étaient François Pazzi et Bernard Baudini. (MACHIAVEL, IV, 324.)

[7] Tous les imprimés portent : « Feuginet, noble. » Nous suivons le texte de nos trois manuscrits, conforme à celui du manuscrit de Saint-Germain-des-Prés, cité par Lenglet, et de l'*exemplaire vieil* de Sauvage. *François Nori* était ami intime des Médicis. (Voyez MACHIAVEL, IV, 325.)

estoit serviteur de la maison de Medicis. Ledict Laurens fut fort blecé [1], et se retira au revestiaire de l'eglise, dont les portes sont de cuivre, que son pere [2] avoit faict faire. Ung serviteur [3], qu'il avoit fait delivrer de prison deux jours devant, le servit bien à ce besoing, et receut plusieurs playes pour luy. Et fut faict ce cas à l'heure que on chantoit la grant messe : et avoient leurs signes, pour tuer ce qui estoit ordonné, à l'heure que le prestre [4] qui chantoit la grant messe diroit le *Sanctus*. Il en advint aultrement que ceulx qui l'avoient entreprins ne pensoient : car, cuydans avoir tout gaigné, aucuns d'entre eulx monterent au palais pour cuyder tuer les seigneurs qui estoient là (qui se reprindent [5] de trois mois en trois mois, et sont quelque neuf, qui ont toute l'administration de la cité);

[1] Par un nommé Antoine de Volterra, scribe apostolique. (Sismondi, XI, 95.) « Anthoine mit l'une main sur son espaule, et de l'autre lui voelt coupper la gorge; mais quand Laurens sentit le cop, sans point estre navré à mort, soubdainement devestit son manteau dont il couvrit son bras senestre, et du destre, comme preux et hardy, tira son espée, et fit signe de charger sur ses ennemys; et ceux, à demy espouvantez, prestement tournerent en fuite. » (Molinet, II, 180.)

[2] Pierre de Médicis, fils de Côme de Médicis et de Contesine des Bardi, exerça la charge de gonfalonier. Mort en 1472, âgé de cinquante-trois ans. (*Art de vérifier les dates*, III, 754.)

[3] « Laurent se défendit avec l'aide de ses deux écuyers, André et Laurent Cavalcanti : le dernier fut blessé. » (Sismondi, XI, 97.)

[4] « Estienne, chapelain. » (Molinet, II, 179.) Étienne Bagnoni, curé de Montemurlo, était désigné, selon Sismondi (XI, 95), pour frapper les victimes.

[5] Du verbe *reprinre*, reprendre, renouveler. Les premières éditions mettent : *changent*; Lenglet écrit *renouvellent*. Nous suivons le texte de nos trois manuscrits.

mais les entrepreneurs dessusdictz se trouverent mal suyvis. En montant les degrez dudict palais, quelcun leur ferma ung huys apres eulx, et quant ilz se trouverent en hault, ilz ne se trouverent que quatre ou cinq [1], tous espoventez, et ne scavoient que dire.

Et ce voyant les seigneurs qui estoient en hault et les serviteurs qui estoient avec eulx (lesquelz par les fenestres veoient l'esmeute de la ville, et avoient ouy messire Jacques de Pacis et aultres, emmy la place, devant ledict palais, lesquelz cryoient : *Libertà! libertà!* et *Popolo! popolo!* qui estoient motz pour cuyder esmouvoir le peuple à leur part, ce que ledict peuple ne vouloit faire, mais se tenoit : pourquoy s'enfuyt de ladicte place ledict de Pacis et ses compaignons, comme confuz de leur entreprinse), voyant ces choses ces maistres ou gouverneurs de la ville, dont j'ay parlé, qui estoient en ce palais, prindrent en ceste propre instance ces cinq ou six qui y estoient montez, dont j'ay parlé, mal accompaignez et mal suyvis, en intention de tuer les gouverneurs, pour povoir commander de par la cité, lesquelz ilz feirent incontinent pendre et estrangler aux croisees dudict palais, entre lesquelz fut pendu l'archevesque de Pise [2]. Lesdictz gouverneurs, voyant toute la ville desclaree pour eulx et pour la part de Medicis, escripvirent incontinent aux passa-

[1] « Raphael, cardinal de Sainct George au voile d'or, ne pveu au conte Jeromin, l'archevesque de Pise, Jacques Poge (Poggio), fils de Poge le très éloquent orateur, et Jacques Salviati. » (MOLINET, II, 180.)

[2] François Salviati, créé archevêque de Pise en 1474. (UGHELLI, III, 480.)

giers que l'on prinst tout homme que l'on trouveroit fuyant et que on leur amenast. Ledict messire Jacques de Pacis fut prins sur la propre heure, et ung aultre ¹, de par le pape Sixte, qui avoit charge de gens d'armes soubz le conte Hieronyme ² lequel estoit de cette entreprinse : incontinent fut pendu ledict de Pacis ³, avec les aultres, ausdictes fenestres. L'aultre serviteur du Pape eut la teste tranchee, et plusieurs ⁴ prins en la ville, lesquelz furent tous penduz en la chaude (dont Francisquin de Pacis en fut ung) : et me semble que,

¹ Jean-Baptiste de Montesecco, général de l'Église, officier de réputation. (MACHIAVEL, IV, 316.)

² Jérôme Riario, fils ou neveu du pape Sixte IV, seigneur de Forli et d'Imola. Marié à Catherine, fille naturelle de Galéas-Marie Sforza, duc de Milan. Assassiné le 14 avril 1488. (SISMONDI, II, 308 et suiv.)

³ Selon Molinet (II, 183), ce serait Francisque de Pacis (Pazzi) qui aurait été pendu à une fenêtre du palais; tandis que Jacques de Pacis, arrêté par un nommé Scipion, conduit « au plus bel bourg de la cité..., fut pendu par le col. » Le récit de Molinet s'accorde à ce sujet avec celui de Machiavel (IV, 328). François Pazzi, en frappant Laurent, s'était blessé grièvement à la jambe : rentré chez lui, il essaya vainement de monter à cheval pour courir par la ville, afin d'exciter le peuple à prendre les armes. Il pria son frère Jacques de le remplacer : celui-ci, quoique vieux, accéda au désir de François, et alla dans la place, criant : « A moi, Florentins! Liberté! » On ne l'écouta point, et même il reçut des coups de pierres. Forcé de chercher son salut dans la fuite, il sortit de Florence; mais, au passage des Alpes, des montagnards l'arrêtèrent et le conduisirent à Florence, où il fut exécuté. François, arraché de son lit, fut pendu à une des fenêtres du palais.

⁴ « Jehan Baptiste (Montesecco), persecuteur de Laurens de Medicis, Anthoine et sire Estienne, prestre, qui la grande messe avoit chantée, se tappirent en une abbaye; mais ils furent tirez hors, menez au dernier supplice, et estranglez d'un bout de corde » (MOLINET, II, 182.)

en tout, furent quatorze ou quinze grans personnaiges penduz, et aucuns menuz serviteurs tuez par la ville.

Peu de jours apres ce cas advenu, je arrivay audict lieu de Florence, de par le Roy, et ne tarday gueres, depuis que partiz de Bourgongne, à y estre : car je ne sejournay que deux ou trois jours avec Madame de Savoie, qui estoit seur de nostre Roy, et me feit bien bon recueil [1]. Et de là allay à Millan, où pareillement sejournay deux ou trois jours, pour leur demander des gens d'armes pour secourir lesdictz Florentins, desquelz estoient allyez pour lors : ce que liberallement ilz acorderent, tant à la requeste du Roy, que pour faire leur debvoir; et dès lors fournirent trois cens hommes d'armes, et depuis en envoyerent encores d'aultres. Et pour conclusion de ceste matiere, le Pape envoya excommunier les Florentins [2], ce cas incontinent advenu, et feit marcher l'armee, quant et quant, tant de luy que du roy de Naples : laquelle armee estoit belle et grosse, et en grant nombre de gens de bien. Ilz misrent le siege devant la Chastellenie [3], pres de Senes, et la prindrent et plusieurs aultres places; et fut grant adventure que de tous poinctz lesdictz Florentins ne furent destruictz : car ilz avoient esté longtemps sans guerre et ne congnoissoient leur peril.

[1] La duchesse lui avait donné un secours de trois cents hommes d'armes pour aider les Florentins contre le pape Sixte IV. (Guichenon, II, 145.)

[2] La bulle d'excommunication est datée de Rome, le 1er juin 1478. (Raynald., *Annal. eccles.*, 1478, §. 10, page 273.)

[3] La Castellina, château fort à huit milles de Sienne. (Sismondi, XI, 118.)

Laurens de Medicis, qui estoit leur chief en la cité, estoit jeune et gouverné de jeunes gens. On se arrestoit fort à son oppinion propre. Ilz avoient peu de chiefz, et leur armee tres petite. Pour le Pape et le roy Ferrant estoit chief le duc d'Urbin[1], grant et saige homme, et bon cappitaine. Aussi y estoient le seigneur Robert d'Arimini[2], qui puis a esté grant homme, et le seigneur Constant de Peselle[3], et plusieurs aultres, avec les deux filz dudict roy (c'est asscavoir le duc de Calabre[4] et le seigneur dom Federic[5], qui tous deux vivent encores), et grant nombre d'aultres gens de bien.

Ainsi prenoient toutes les places qu'ilz assiegoient,

[1] Frédéric, fils naturel de Gui-Antoine, succéda, en 1444, à Ode-Antoine, son frère, dans le comté d'Urbin, par l'élection du peuple. Honoré du titre de duc, en 1474, par le Pape. Marié 1°. à Gentille Brancaleone; 2°. à Baptiste Sforza. Mort le 10 septembre 1482. (*Art de vérifier les dates*, III, 763.)

[2] Robert Malatesta, seigneur de Rimini, capitaine vénitien. Marié à Élisabeth, fille de Frédéric Urbain et de Baptiste Sforza. Mort le 10 septembre 1482. (Sismondi, XI, 225.) Il était fils naturel de Sigismond de Rimini; le pape Pie II le légitima, lui et son frère Salluste, en 1450. (Idem, X, 317-318.)

[3] Costanzio Sforza, prince de Pesaro, fils d'Alexandre Sforza et de Constance Varana de Camerino, neveu de François Sforza, duc de Milan. Marié à Camille, fille de Marino Marzano d'Aragon, prince de Rossano, duc de Sessa. (Zazzera, fam. de Sforza, B.) Mort le 17 juillet 1483. (Sismondi, XI, 241.)

[4] Alphonse II, duc de Calabre, fils de Ferdinand Ier et d'Isabelle de Clermont. Marié à Hippolyte, fille de François Sforza, duc de Milan. Couronné roi de Naples le 8 mai 1494, abdiqua le 23 janvier 1495. Mort le 19 novembre suivant. (*Art de vérifier les dates*, III, 849.)

[5] Voyez ci-dessus, page 25, note 1.

mais non pas si promptement comme on feroit icy : car ilz ne scavoient point si bien la maniere de prendre places, ne de les deffendre ; mais de tenir un champ et de y donner bon ordre, tant aux vivres que aultres choses qui sont necessaires pour tenir les champs, ilz le scavoient mieulx que nous. La faveur du Roy y feit quelque chose, mais non pas tant que je eusse voulu : car je n'avoye armee pour les ayder, mais seullement avoye mon train. Je demouray audict lieu de Florence ung an, ou en leurs territoires, bien traicté d'eulx et à leurs despens, et mieulx le derrenier jour que le premier : et puis le Roy me manda m'en retourner. Et en passant à Millan, je receuz le duc de Millan, qui est appellé Jehan Galleasche[1], à hommaige de la duché de Gennes[2] (au moins madame sa mere, qui me feit l'hommaige pour luy), au nom du Roy : et de là vins

[1] Jean-Galéas-Marie Sforza, fils de Galéas-Marie et de Bonne de Savoie, succéda à son père, en 1476, au duché de Milan. Marié à Isabelle, fille d'Alphonse II, roi de Naples. Mort empoisonné le 22 octobre 1494, âgé de vingt-cinq ans. (*Art de vérifier les dates*, III, 651.)

[2] Commynes était porteur de deux pouvoirs du Roi, en date du 13 juillet 1478, l'un pour renouveler l'alliance entre ce prince, la duchesse de Milan et son fils ; l'autre pour le représenter dans l'hommage des seigneuries de Gênes et de Savonne. Le traité d'alliance fut conclu le 18 août, et ratifié le 7 septembre suivant : cette dernière date est aussi celle de l'acte de foi et hommage des dites seigneuries ci-dessus mentionnées. A l'exception des deux pièces concernant la ratification du traité, et l'hommage des seigneuries de Gênes, etc., qui sont imprimées dans Du Mont (III, partie II, 43-44), tous ces documents sont inédits et se trouvent réunis aux PREUVES jointes à ces Mémoires. Ils sont suivis de trois lettres, pareillement inédites, relatives à la mission de Commynes à Florence, toutes trois adressées à Louis XI de la part de Laurent de Médicis, de la répu-

vers le Roy nostre maistre, qui me feit bonne chiere et bon recueil, m'entremit de ses affaires plus qu'il n'avoit faict jamais, moy couchant avec luy, combien que n'en fusse point digne et qu'il en avoit assez d'aultres plus ydoines; mais il estoit si saige que on ne povoit faillir avec luy, mais que on luy obeyst seullement à ce qu'il commandoit, sans y riens adjouster du sien.

CHAPITRE V.

Du retour de monsieur d'Argenton d'Italie en France, et de la journee de Guinegaste.

Je trouvay ung peu le Roy nostre maistre envieilly, et commencoit à soy disposer à malladie : toutesfois il n'y parut pas si tost, et conduisoit toutes ses choses par grant sens. Et encores luy duroit la guerre en Picardie, laquelle il avoit tres fort à cueur; et si avoient ses adversaires dudict pays, s'ilz eussent eu le gouvernement. Le duc d'Austriche, de present roy des Rommains, ayant pour ceste annee là les Flamans à son commandement, vint assieger Therouenne [1] : et monseigneur des Cordes, lieutenant pour le Roy en Picardie, amassa toute l'armee que le Roy avoit audict pays et toutes les frontieres, et huict mil francz archiers, et l'alla secourir. Dès ce que ledict duc d'Austriche le sentit approcher, il leva son siege et luy alla au devant : et se rencontrerent en ung lieu appellé

---

blique de Florence et des gonfaloniers de cette ville. (Voyez à l'année 1478, 13 juillet, 23 et 24 août.)

[1] Le jeudi 29 juillet 1479. (MOLINET, II, 200.)

Guinegaste¹. Ledict duc avoit grant nombre de peuple dudict pays de Flandres, jusques à vingt mil ou plus, et aussi quelque peu d'Allemans, et quelque trois cens Anglois que menoit messire Thomas Abrigan², ung chevalier d'Angleterre, qui avoit servy le duc Charles de Bourgongne. Les gens de cheval du Roy, qui estoient en plus grant nombre de beaucoup que les aultres, rompirent les gens de cheval du duc, les chasserent jusques à Aire, et Philippe Monseigneur de Ravestain³, qui les menoit. Ledict duc se joignit aupres de ses gens de pied⁴.

¹ Guinegate, département du Pas-de-Calais. La bataille à laquelle ce village donna son nom, eut lieu le 7 août 1479. Voyez Molinet (II, 220), qui fait un récit détaillé de cette affaire.

² Thomas d'Orican ou d'Aurican avait cinq cents archers anglais piétons sous ses ordres. Il fut créé chevalier avant la bataille. Blessé en 1481, à la prise de Dordreck. (Molinet, II, 204, 209, 284.)

³ Philippe de Clèves, seigneur de Ravenstein, fils d'Adolphe de Clèves, sire de Ravenstein, et de Béatrix de Portugal. Marié à Françoise de Luxembourg, dame d'Enghien. Mort en 1528. (Anselme, I, 594; III, 728.) Il fut démis de l'emploi de gouverneur des Pays-Bas en 1477, lors du mariage de Marie de Bourgogne. (*Art de vérifier les dates*, III, 214.)

⁴ « Et dict on que le duc d'Austrice chargea dessus ung homme d'armes, sur lequel il brisa sa lance en trois pieces, et abbatit ung franc archier d'ung baston qu'il avoit en sa main; et depuis print ung prisonnier, nommé Alexandre, de la nation de Bretaigne, lequel lui donna sa foy. Advint en ce tres dur rencontre que Philippe Monseigneur (de Ravenstein), tres preux et vaillant de son corps, jeusne d'eage et plain d'esprit, donna dedens comme les aultres, où il acquist honneur et bruyt; mais il se fourra si avant, pour ce qu'il estoit fort monté, que quant il se cuyda rejoindre en sa bataille avecq les aultres, il trouva les Francois en poincte, et fut couppé et sequestré des Bourguignons. Il avoit une manteline de drap d'or, riche et gorgiase. Si cuyderent ses ennemys avoir trouvé le duc d'Austrice; il fut accueilli

Le Roy avoit en ceste armee bien unze cens hommes d'armes d'ordonnance. Tous ne chasserent point, mais monseigneur des Cordes, qui estoit chief, et monseigneur de Torcy avec luy : et combien que ce fust faict vaillamment, si n'appartient il point aux chiefz de chasser. De l'avant garde et arriere garde, aucuns se retirerent, soubz couleur d'aller garder leurs places : aultres fuyrent à bon escient. Les gens de pied dudict duc ne fuyrent point, si en furent ilz en quelque bransle; mais ilz avoient avec eulx bien deux cens gentilz hommes de bonne estoffe, à pied, qui les conduisoient : et estoient de ce nombre monseigneur de Romont, filz de la maison de Savoye, et le conte de Nanssau [1], et plusieurs aultres, qui encores vivent. La vertu de ceulx là feit tenir bon à ce peuple : qui fut merveille, veu qu'ilz veoient fuyr leurs gens de cheval. Les francz archiers qui estoient pour le Roy se misrent à piller le charroy dudict duc et de ceulx qui le suyvoient, comme vivendiers et aultres. Sur eulx saillirent quelques gens de pied dudict duc, et en

---

de dix lances qui lui tindrent le fer au dos et lui donnerent une chasse jusques à demy lieue d'Aire. » (Molinet, II, 212.)

[1] Engelbert, comte de Nassau et de Vianden, baron de Breda et de Leck, etc., fils de Jean, comte de Nassau, et de Marie de Loon et Heynsberg, chevalier de la Toison d'or, gouverneur du Brabant. Marié à Limbourg, fille de Charles, marquis de Baden, dont il n'eut point d'enfans. Mort en 1504, laissant pour son héritier Jean, son frère. (*Généalogie des comtes de Nassau.*) « Étoit premier chambellan de Maximilien, » et mourut « le penultiesme jour de may 1504. » (Molinet, IV, 64 ; V, 221.) M. de Reiffenberg le dit mort en 1494 : on voit que c'est une erreur. (Barante, *Hist. des ducs de Bourgogne*, édit. de M. de Reiffenberg, IX, 227.)

tuerent quelque nombre. De la part dudict duc il y eut plus de perte que de la nostre, et de gens prins et mors; mais le champ luy demoura: et croy bien que s'il eust eu conseil de retourner devant Therouenne, qu'il n'eust trouvé ame dedans, et autant en Arras. Il ne l'osa entreprendre, qui fut à son dommaige; mais en tel cas on n'est pas tousjours adverty du plus necessaire: et aussi il avoit des crainctes de son costé. Je ne parle de ce propos que par ouyr dire, car je n'y estoye pas; mais pour continuer ma matiere m'en a fallu dire quelque chose.

J'estoye avec le Roy quant les nouvelles luy en vindrent, et en fut tres dolent: car il n'avoit point acoustumé de perdre; mais estoit si heureux en tous ses faictz qu'il sembloit que toutes choses allassent à son plaisir. Mais aussi son sens y aydoit bien à luy faire venir cest heur: car il ne mettoit riens en hasard et ne vouloit pour riens chercher les batailles, et ceste cy n'estoit point de son commandement. Il faisoit ses armees si grosses, qu'il se trouvoit peu de gens pour les combatre, et estoit bien garny d'artillerie mieulx que jamais roy de France: et ainsi essayoit de soubdainement prendre les places, et par especial celles qu'il sentoit mal fournies: et quant il les avoit, il y mettoit tant de gens et d'artillerie, que c'estoit chose impossible de les reprendre sur luy: et s'il y avoit dedans quelque forte place ung cappitaine ou aultre qui eust povoir de la bailler pour argent, et qu'il voulsist praticquer avec luy, il povoit estre seur qu'il avoit trouvé marchant, et ne l'eust on sceu espoventer

feit signe que l'on me mandast : car j'estoye allé à Argenton, qui est à quelques dix lieues de là.

Quant j'arrivay, le trouvay à table, avec luy maistre Adam Fumee[1], qui aultresfois avoit esté medecin du roy Charles son pere, à ceste heure, que je parle, maistre des requestes, et ung aultre medecin, appellé maistre Claude[2]. Il entendoit peu de ce qu'on luy disoit ; mais de douleur, il n'en sentoit point : il me feit signe que je couchasse en sa chambre : il ne formoit gueres de motz. Je le servis l'espace de quinze[3] jours à table et à l'entour de sa personne, comme varlet de chambre : que je tenoye à grant honneur, et y estoye bien tenu. Au bout de deux ou trois jours, la parolle luy commencea à revenir et le sens : et luy sembloit que nul ne l'entendoit si bien que moy, parquoy vouloit que tousjours me tinsse aupres de luy :

[1] Adam Fumée, chevalier, seigneur des Roches Saint-Quentin, est désigné dans le compte de Nicole Herbelot, changeur du trésor, pour l'année 1494, comme conseiller du Roi, maître des requêtes de son hôtel, et commis à la garde des sceaux (par commission) en remplacement de Guillaume de Rochefort (décédé le 12 août 1492). (GABRIEL NAUDÉ ; voyez LENGLET, IV, partie I, page 258.) Le P. Anselme (VI, 420) place sa mort en novembre 1494. Ce renseignement est probablement exact : car les registres du parlement de Paris (*Conseil*, vol. XXXIX, fol. 13, verso), à la date du 9 décembre 1494, mentionnent la réception d'Adam Fumée, conseiller au parlement, à l'office de maître des requêtes ordinaires, « vacant par le trespas de feu messire Adam Fumée, son père. » C'est donc à tort que Naudé fait mourir ce dernier en 1500.

[2] Claude de Molins, médecin et conseiller du Roi. (Sixième compte de Pierre de Lailly, du 1er octobre 1478 au 12 décembre 1479. BIBL. ROY., *fonds Gaignières*, Ms. n° 772¹, fol. 687, verso.)

[3] Toutes les éditions portent « quarante jours. »

et se confessa audict official, moy present, car aultrement ne se fussent entendu. Il n'avoit pas grans parolles à dire, car il s'estoit confessé peu de jours paravant, pour ce que quant les roys de France veulent toucher les mallades des escrouelles ilz se confessent : et nostre Roy n'y failloit jamais une fois la sepmaine. Si les aultres ne le font, ilz font tres mal, car tousjours y a largement mallades. Comme il se trouva ung peu amendé, il commencea à s'enquerir qui estoient ceulx qui l'avoient tenu par force. Il luy fut dict, et incontinent les chassa tous de sa maison. A aucuns osta leurs offices, et oncques puis ne les veit : aux aultres, comme monseigneur de Segre[1] et Gilbert de Grassay[2], seigneur de Champeroux, n'osta riens ; mais les envoya.

Beaucoup furent eshahys de ceste fantaisie, blasmerent ce cas, disans qu'ilz l'avoient faict pour le bien, et disoient vray ; mais les ymaginations des princes sont diverses, et ne les peuvent pas entendre tous ceulx qui se meslent d'en parler. Il n'estoit riens dont il eust si grant craincte que de perdre son aucto-

---

[1] Jacques d'Espinay, seigneur de Segre et d'Ussé, capitaine, pour le Roi, de la ville de Saint-Macaire, fils de Richard, sire d'Espinay, chambellan de François II, duc de Bretagne, et de Béatrix, fille de Guillaume de Montauban. Marié à Anne, héritière de Moncontour. (*Cabinet des titres.*) Il est qualifié, sur l'état des officiers de la maison de la Reine, pour les années 1496-1498, « conseiller et chambellan du Roi (Charles VIII), et grand-maître d'hôtel de la Reine. » (*Histoire de Charles VIII*, 706.) Pierre de Rohan, maréchal de France, le nomme l'un de ses exécuteurs testamentaires, le 19 avril 1509. (Morice, *Mémoires*, III, 892.)

[2] Voyez tome I, page 347, note 2

à luy demander grant somme, car liberallement l'acordoit. Il eut effroy de prime face de ceste bataille, cuydant que on ne luy eust dict la verité et qu'elle fust de tous poinctz perdue, car il scavoit bien que, si elle eust esté perdue, qu'il avoit perdu tout ce qu'il avoit conquis sur ceste maison de Bourgongne et en ces marches là, et le demourant en grant hasard. Toutesfois, quant il sceut la verité, il eut patience, et delibera d'y donner ordre en facon que l'on n'entreprendroit plus telles choses sans son sceu, et fut tres content de monseigneur des Cordes.

Dès ceste heure là delibera de traicter paix avec le duc d'Austriche, mais qu'il la peust faire de tous poinctz à son advantaige et que, en la faisant, il bridast si bien ledict duc, par le moyen de ses subjectz propres qu'il congnoissoit enclins à ce qu'il cherchoit, qu'il n'eust jamais povoir de luy mal faire. Aussi desiroit de tout son cueur de povoir mettre une grant police en son royaulme, et principallement sur la longueur des procez, et, en ce passaige, bien brider ceste court de Parlement : non point diminuer leur nombre, ne leur auctorité; mais il avoit contre cueur plusieurs choses, dont il la hayoit[1]. Aussi desiroit fort que en ce royaulme l'on usast d'une coustume, et d'ung poiz et d'une mesure, et que toutes ces coustumes fussent mises en francois en ung beau livre, pour eviter la cautelle et pillerie des advocatz, qui est si grande

---

[1] Nous adoptons le texte de Sauvage. Les trois manuscrits portent : « dont il *assoist.* » On lit dans la première édition : « Mais il avoit plusieurs choses au cueur dont il *les essayoit.* »

en ce royaulme, que en nul aultre elle n'est semblable, et les nobles d'icelluy la doibvent bien congnoistre : et si Dieu luy eust donné la grace de vivre encores cinq ou six ans, sans estre trop pressé de malladie, il eust faict beaucoup de bien à sondict royaulme. Aussi les avoit il fort pressé, et plus que ne feit jamais roy ; mais par auctorité et remonstrances ne luy ont point sceu faire soulager, et falloit qu'il vinst de luy, comme lors eust faict, si Dieu l'eust voulu preserver de malladie : et, pour ce, faict bon bien faire tandis qu'on a le loisir, et Dieu donne santé [1].

L'appoinctement que le Roy desiroit faire avec ledict duc d'Austriche et sa femme et leur pays, c'estoit, par la main des Ganthois, de traicter le mariaige de monseigneur le Daulphin son filz, à present roy, avec la fille desdictz duc et duchesse, et que par ce moyen luy laissassent les contez de Bourgongne, Auxerrois, Masconnois et Charolois : et leur rendoit Arthois, retenant la cité d'Arras [2] en l'estat qu'il l'avoit mise, car la ville n'estoit plus riens, veu la closture de la cité : car avant que le Roy prinst Arras, la ville cloyoit contre la cité, et y avoit grans fossez et grans murailles entre deux. Ainsi la cité estoit bien close, et tenue du Roy par l'evesque ; mais les seigneurs de ceste maison de Bourgongne ont tousjours (au moins depuis cent ans en ca) faict evesque qui leur a pleu, et aussi cappitaine de la

[1] Et *que* Dieu donne santé *et entendement aux hommes.* (Première édition, SAUVAGE et autres.)

[2] Ces projets furent réalisés, plus tard, par le traité conclu à Arras le 23 décembre 1482.

cité. Le Roy feit l'opposite, pour augmenter son auctorité, et feit abbatre lesdictes murailles, et les faire au rebours : car la cité cloyoit contre la ville, et grans fossez entre les deux : et par ainsi il ne donnoit riens, car la ville, aujourd'huy, fault qu'elle obeysse à la cité. De la duché de Bourgongne et conté de Boulongne, et des villes assises et situees sur la riviere de Somme, des chastellenies de Peronne, Roye et Mondidier, il ne faisoit nulle mention. Et se menoient ces marchez, et y prestoient ceulx de Gand l'oreille, et estoient fort rudes audict duc et à la duchesse sa femme : et aucunes aultres des grans villes de Flandres et Brabant estoient assez enclines à leur voulenté, et par especial Brucelles : qui estoit grant merveille[1], veu que les ducz Philippe et Charles de Bourgongne y avoient tousjours demouré, et à present s'y tenoient encores lesdictz duc et duchesse d'Austriche ; mais les ayses et plaisirs qu'ilz avoient eu soubz les seigneurs dessusdictz leur avoient faict mescongnoistre Dieu et leur seigneur, et cherchoient quelque malle fortune, qui depuis leur est advenue, comme avez veu.

CHAPITRE VI.

Comment le roy Loys, par une malladie, perdit aucunement le sens et la parolle, guerissant et rencheant par diverses fois, et comme il se maintenoit en son chasteau du Plessis lez Tours.

Durant ce temps, qui est l'an mil quatre cens

---

[1] Toutes les éditions portent : « qui estoit *tant riche que merveilles.* » La leçon des manuscrits nous paraît offrir un sens plus en harmonie avec ce qui précède et ce qui suit.

soixante et dix neuf[1], au mois de mars, estoient trefves entre les dessusdictz : et vouloit le Roy paix, et par especial en ce quartier dont je parle, mais que ce fust de tous poinctz à son advantaige, comme j'ay dict. Jà commencoit à envieillir et devenir mallade : et estant aux Forges, pres de Chinon, à son disner, luy vint comme une percucion[2], et perdit la parolle. Il fut levé de table, et tenu pres du feu, et les fenestres closes : et combien qu'il s'en voulsist approcher, l'on l'en garda (aucuns cuydoient bien faire); et fut l'an mil quatre cens quatre vingt[3], au mois de mars, que ceste malladie luy print. Il perdit de tous poinctz la parolle, et toute congnoissance et memoire. Sur l'heure y arrivastes vous, monseigneur de Vienne, qui pour lors estiez son medecin, et sur l'heure luy feites bailler ung clistere, et ouvrir les fenestres et bailler l'air; et incontinent quelque peu de parolle luy revint, et du sens : puis monta à cheval et retourna aux Forges, car ce mal luy print en une petite paroisse, à ung quart de lieue de là, où il estoit allé ouyr la messe. Ledict seigneur fut bien pensé, et faisoit signes de ce qu'il vouloit dire. Entre les aultres choses, demanda l'official de Tours pour se confesser, et

---

[1] Vieux style.

[2] *Percussion*, espèce de maladie, apoplexie. (Roquefort.) — Sauvage et ses successeurs mettent : « une *perclusion*. »

[3] « Au dit an 1480, au mois de mars, le Roy estant en son *hostel du Plessis du Parc lez Tours*, fut merveilleusement malade d'une maladie qui soubdainement le prit, dont fut dit depuis qu'il fut en grand danger de mort. » (*Chronique scandaleuse*; voyez Lenglet, II, 161.)

rité, qu'il avoit bien grande, et que on luy desobeyst en quelque chose que ce fust. D'aultre part, il scavoit que le roy Charles, son pere, quant il print la malladie dont il mourut, entra en ymagination qu'on le vouloit empoisonner à la requeste de son filz, et se y mit si avant qu'il ne vouloit plus manger : parquoy fut advisé, par le conseil de ses medecins et de ses plus grans et especiaulx serviteurs, que on le feroit manger par force : et ainsi fut faict, par grant deliberation et ordre des personnes qui le servoient, et luy fut mis des coulis en la bouche : et, peu apres ceste force, ledict roy Charles mourut. Ledict roy Loys, qui de tout temps avoit blasmé ceste facon, print tant à cueur que merveilles que ainsi l'on l'avoit tenu par force : et en faisoit plus de semblant qu'il ne luy tenoit au cueur, car le principal fons de ceste matiere, qui le mouvoit, estoit de paour qu'on ne le voulsist maistriser en toutes aultres choses, comme en expedition de ses affaires et matieres, soubz couleur de dire que son sens ne fust pas bon, ne suffisant.

Quant il eut faict cest espoventement à ceulx dont j'ay parlé, il s'enquit de l'expedition du conseil et des despesches qu'on avoit faictes en dix ou douze jours qu'il avoit esté mallade, dont avoient la charge l'evesque d'Alby [1], son frere le gouverneur de Bourgongne [2], le mareschal de Gié [3], et le seigneur du Lude (car

---

[1] Louis d'Amboise, évêque d'Alby, nommé, en 1480, lieutenant général pour le Roi en Bourgogne, fils de Pierre d'Amboise, sire de Chaumont, et d'Anne de Bueil. Mort en 1505. (ANSELME, VII, 124.)

[2] Voyez tome I, page 52, note 2.

[3] Voyez tome I, page 367, note 1.

ceulx là se trouverent à l'heure que son mal luy print, et estoient tous logiez soubz sa chambre, en deux petites chambrettes qu'il y avoit), et voulut veoir les lettres closes qui estoient arrivees et qui arrivoient chascune heure : l'on luy monstroit les principalles, et je les luy lisoye. Il faisoit semblant de les entendre, et les prenoit en sa main, et faisoit semblant de les lire, combien qu'il n'eust nulle congnoissance, et disoit quelque mot, ou faisoit signe des responces qu'il vouloit qui fussent faictes. Nous faisions peu d'expeditions, en attendant la fin de ceste malladie : car il estoit maistre avec lequel il falloit charrier droict. Ceste malladie luy dura bien environ quinze jours, et revint, quant au sens et à la parolle, en son premier estat ; mais il demoura tres foible, et en grant suspection de retourner en cest inconvenient : car naturellement il estoit enclin à ne vouloir croire le conseil des medecins.

Dès ce qu'il se trouva bien, il delivra le cardinal Ballue [1], qu'il avoit tenu quatorze ans [2] prisonnier, et

---

[1] Voyez tome I, page 122, note 3. — Voici l'ordre du Roi au chancelier pour cette délivrance : « Monsieur le chancelier, après dîner assemblez tout le conseil, et delivrez le cardinal Ballue de mes mains et le baillez à l'archepresbtre de Lodau, au nom de M. le legat, lequel a commission expresse de nostre Sainct Pere, pour le faire; c'est-à-dire, que je baille es mains de nostre Sainct Pere, et de M. le legat pour lui, et de M. archepresbtre pour M. le legat, en attendant sa venue. Je luy ai rescript qu'il s'en vienne hastivement, et pour ce je croy qu'il sera à Noel à Orleans, là où vous irez, et les plus gros personnages que je pourrai trouver, pour lui en requerir justice. Regardez les protestations que vous devez faire apres dîner, et les baillez en le delivrant. Et à Dieu, monsieur le chancelier. Escript au Plessis du Parc, le 20ᵉ jour de decembre 1480. » (*Note de Lenglet.*)

[2] Le cardinal Balue ne fut détenu que onze ans, ayant été arrêté et

maintesfois en avoit esté requis du siege apostolicque, et d'ailleurs : et s'en feit absouldre d'ung bref envoyé par nostre sainct pere le Pape à sa requeste. Comme ce mal luy print, ceulx qui pour lors estoient avec luy le tindrent pour mort, et ordonnerent plusieurs mandemens pour rompre une tres excessive et cruelle taille que nouvellement il avoit mise sus, par le conseil de monseigneur des Cordes, son lieutenant en Picardie, pour entretenir vingt mil hommes de pied, tousjours prestz, et deux mil cinq cens pionniers, et s'appelloient ces gens icy les gens du champ[1] : et or-

mené prisonnier à Montbazon au mois d'avril 1469. (*Chronique scandaleuse;* voyez LENGLET, II, 80-81.) Les motifs de son arrestation sont rapportés par Commynes au chapitre xv du livre II de ces Mémoires. (Voyez tome I, page 206.) Le quatrième compte d'André Briçonnet pour l'année finie le dernier septembre 1470, nous fournit un document qui trouve ici sa place naturelle; on y lit : « Guyon de Broe, escuyer, seigneur de Vas, maistre d'ostel du Roy, 60 livres, 2 fevrier, pour faire cage de fer, au chasteau Douzain, pour y mettre le cardinal d'Angers. » (BIBL. ROY., *fonds Gaignières,* Ms. n° 772[2], fol. 485, recto.)

[1] On trouve dans les *registres aux comptes* de 1480-1481, que le seigneur des Cordes avait le commandement en chef de ces troupes, et que, pour les surveiller, il se tenait au château de Framechon près de Poix, où il recevait ordinairement les députations des personnes qui avaient des réclamations à faire aux *tresoriers* de ces gens de guerre, comme on le voit encore par le document suivant : « A maistre Jaque Groul, advocat et conseiller d'icelle ville [d'Amiens], la somme de xiv^l viii^s pour avoir, au commandement de mes dits seigneurs, fait deux voiages et porté lettres de par mes dits seigneurs en la *ville de Flamechon, devers monseigneur Deskerdes,* affin d'avoir paiement, des *tresoriers du champ du Roi,* des hallebardes, dagues et picques faites en la ville d'Amiens, ci xiii^l viii^s. » (57e *registre aux comptes,* Y. 3.) Le bailli de Rouen commandait les *pionniers du champ* : ces pionniers étaient logés à Abbeville et aux environs. On leur expédiait des blés

donna avec eulx quinze cens hommes d'armes de son ordonnance, pour descendre à pied quant il en seroit besoing, et si feit faire grant nombre de charriotz, pour les clorre, et des tentes et pavillons : et prenoit cecy sur l'ost du duc de Bourgougne, et coustoit ce champ quinze cens mil francz l'an. Quant il fut prest, il l'alla veoir mettre aupres de Pont de l'Arche[1], en

par la rivière de Somme : c'est ce que nous apprend une délibération de l'échevinage d'Amiens, du 17 septembre 1482. (*Note communiquée par M. H. Dusevel.*)

[1] « En l'année 1481 (commencée le 22 avril), le Roy voulust et ordonna que certain camp de bois, qu'il avoit fait faire pour tenir les champs contre ses ennemis, fust dressé et mis en estat en une grand plaine près le Pont de l'Arche, pour illec le veoir, et dedans icelluy certaine quantité de gens de guerre armez, avec hallebardiers et picquiers, que nouvellement avoit mis sus, dont il avoit donné la conduite des dits gens de guerre à messire Phelippe de Crevecœur, chevalier, seigneur des Querdes, et à maistre Guillaume Picquart, baillif de Rouen, dedans lequel camp il voulust que lesdits gens de guerre feussent par l'espace d'un mois, pour sçavoir comment ils se conduisoient dedans, et pour sçavoir quels vivres il conviendroit avoir à ceux qui seroient dedans ledit camp, durant le temps qu'ils y seroient. Et pour aler au dit camp, que le Roy avoit ordonné estre prest dedans le quinziesme jour de juin, le Roy s'approcha près de Paris, et fist la feste de Pentecoste à Nostre Dame de Chartres, et d'illec s'en ala au dit Pont de l'Arche, et de là au dit camp, qui fut choisi et assis entre ledit Pont de l'Arche et le Pont Sainct Pierre; partie duquel camp, tel qu'il pouvoit contenir, fut fossoyé au long de ce qui en fut dressé, et dedans fut tendu des tentes et pavillons, et aussi y fut mis de l'artillerie, et de ce qui estoit requis.... Après ces choses.... le Roy.... s'en vint.... et s'en partit pour retourner au dit lieu de Chartres, Selome, Vendosme et à Tours, et en renvoya toutes les compaignies qui estoient venus au dit camp par son ordonnance chascun en sa garnison. » (*Chronique scandaleuse*; voyez Lenglet, II, 161.) Cet armement donna quelque inquiétude au roi d'Angleterre : c'est ce que prouve la lettre suivante, adressée au grand chambellan de ce prince,

Normandie : en une belle vallee qui y est, estoient les
six mil Suisses dont j'ay parlé [1], et ce nombre jamais
que ceste fois ne les veit. Et s'en retourna à Tours,
auquel lieu luy reprint sa malladie [2] : derechief perdit
la parolle, et fut quelque deux heures que on cuydoit

le seigneur de Hasting, par Louis XI. « Mon bon cousin, j'ay esté adverti par aucuns marchans de Normandye venans d'Angleterre, comme il a couru ung bruit par delà que j'estoys à Boulongne et que je alloys mectre le siege à Callaix. Mon bon cousin, pour ce que la chose me touche et à mon honneur, je vous prie que vueilliez dire à monsieur mon cousin que je n'y pense oncques, ne le vouldroys faire ne souffrir toucher au moindre villaige de la terre de Callaix : et quant aucun y vouldroit entreprendre, je le vouldroys deffendre à mon povoir; et ne suys bougé du Plessis du Parc jusques au xxvie jour du moys de may, et m'envoys veoir mon champ auprès du Pont de l'Arche que je n'ay encores veu, et ay mandé monsieur Desquerdes et les Picquars pour y estre à la fin de ce moys, et je vous asseure que la vérité est ceste là, et ne trouvera point monsieur mon cousin faulte en ce que luy ay promis (1481). » (Bibl. Roy., *fonds Saint Germain Harlay*, Ms. 309, fol. 314.)

[1] Voyez ci-dessus, page 192.

[2] « Au dit temps (1481), le Roy qui avoit esté malade à Tours, s'en partit du dit lieu de Tours, et s'en ala à Thouars, où aussi y devint tres fort malade, et y fut en tres grand danger de mort; parquoy et afin de recouvrer sa santé, envoya faire maintes offrandes et donner de grandes sommes de deniers en diverses eglises de ce royaume, et fist de grandes fondations, et entre les autres fondations, fonda en la saincte chapelle du Palais Royal à Paris, une haute messe pour y estre ditte chascun jour en l'honneur de monseigneur sainct Jehan, à l'heure de sept heures du matin, laquelle il ordonna estre chantée par huit chantres qui estoient venus du pays de Provences, lesquels avoient esté au roy René de Secille, et de sa chapelle, qui s'en vinrent apres le trespas du dit feu roy René, leur maistre, devers le Roy qui les recueillit, comme dit est. Et fonda ladite messe de mil livres parisis, prises sur la ferme et coustume du poisson de mer qui se vend es halles de Paris. » (*Chronique scandaleuse*; voyez Lenglet, II, 162.)

qu'il fust mort, et estoit en une gallerie, couché sur une paillasse, et plusieurs avec luy.

Monseigneur du Bouchage et moy le vouasmes à monseigneur Saint Claude, et tous les aultres qui estoient presens luy vouerent aussi. Incontinent la parolle lui revint, et sur l'heure alla par la maison, tres foible : et fut ceste seconde malladie, l'an mil quatre cens quatre vingt et ung, et alloit par pays comme devant. Il alla chez moy, à Argenton [1] (où il y fut ung mois, et y fut fort mallade), et de là à Thouars, où semblablement fut mallade : et de là entreprint le voyaige de Sainct Claude [2], où il avoit esté voué, comme avez ouy. Il m'avoit envoyé en Savoye, comme il partit de Thouars, contre les seigneurs de la Chambre [3],

---

[1] Louis XI rendit une ordonnance datée de ce lieu dans le mois de novembre 1481. (*Ordonnances des rois de France*, XVIII, 702.) Il était à Thouars en janvier et février suivants (Id., *ib.*, page 711-756), et à Saint-Claude en avril. (Id., XIX, page 4.)

[2] « Apres.... ce que le Roy eust esté ainsi malade, il se voua d'aler en pelerinage à monseigneur sainct Claude : ce qu'il entreprit de faire, et s'en vint à Nostre Dame de Clery faire ses offrandes, et puis se partit d'illec pour aller accomplir son dit voyage. Et pour estre plus seurement de sa personne, y mena avec luy huict cens lances et plusieurs autres gens de guerre, qu'on estimoit bien à six mille combattans. Et avant son partement du pays de Tourraine, ala à Amboise veoir monseigneur le Dauphin, son fils, que jamais n'avoit veu, au moins que bien peu, et au département luy donna sa benediction, et le laissa en la garde de monseigneur Pierre de Bourbon, seigneur de Beaujeu, lequel il fist son lieutenant general par tout son royaume durant son dit voyage. Et lors declara le Roy à monseigneur le Dauphin qu'il vouloit qu'il obeist à mon dit seigneur de Beaujeu, et qu'il fist tout ce qu'il lui ordonneroit, et tout ainsi que si luy mesme luy commandoit. » (*Chronique scandaleuse*; voyez LENGLET, II, 163.)

[3] Louis, comte de La Chambre et de Léville, vicomte de Maurienne,

de Miollans¹ et de Bresse², et les y aydoit en secret, pour ce qu'ilz avoient prins le seigneur de Luy³, du Daulphiné, lequel il avoit mis au gouvernement du duc Philibert, son nepveu. Et envoya apres moy grant force gens d'armes⁴, que je menoye à Mascon, contre

fils d'Aymé de Seyssel, premier comte de La Chambre, et de Marie de Savoie de Raconis. Marié 1°. à Jeanne de Chalon, fille de Louis de Chalon, prince d'Orange; 2°. à Anne de La Tour-Bologne, veuve d'Alexandre Stuart, duc d'Albanie. Mort le 17 mai 1517. (*Cabinet des titres* ; et GUICHENON, III, 1200, PREUVES.)

¹ Louis de Myolans, créé maréchal de Savoie en 1478, en cessa les fonctions en 1482. (GUICHENON, II, 145, 147.) Il épousa Françoise de Chabanes, qui se remaria le 8 juillet 1516. (ANSELME, II, 206.)

² Voyez tome I, page 153, note 1.

³ Philibert de Grolée, chevalier, seigneur d'Illins (d'Huis), conseiller et chambellan de Louis XI, gouverneur de Lyon. Marié à Marguerite de Clermont. (GUICHENON, *Hist. de Bresse,* etc., suite de la IIIᵉ partie, page 125.) « Le comte de Bresse, assuré de l'intention du Roi, sous prétexte d'aller à la chasse du côté de Pignerol, se rendit auprès de Turin, à l'aube du jour, veille de Saint-Sébastien, au mois de janvier mil quatre cent huitante, suivi de Thomas de Saluces, frère du marquis : ils entrèrent dans le château de Turin et dans la chambre où couchoit le duc, où étoit le comte de La Chambre, que Thomas de Saluces, par commandement du comte de Bresse, prit, lui disant : « Vous êtes prisonnier du roi de France », et le fit mettre en prison. » (GUICHENON, *Hist. de Savoie,* II, 42, 146.)

⁴ Dans un compte de Jehan Raguier, pour l'année 1479, se lit la mention suivante : « A Jacques de Silly, grenetier de Lizieux, pour la depence qu'il luy conviendra faire pour mener de Savoye en la compagnie du seigneur d'Argenton les deux cens archers françois de la garde du Roy, 300 livres. » (BIBL. ROY., *fonds Gaignières*, Ms. n° 772², fol. 705, verso.) La lettre qu'on va lire a rapport à la même mission; elle a pour suscription : « A mon frere, monsieur de Dunois. Mon frere, mon amy, j'ay veu ce que m'avez escript, vous avez fait le mieulx du monde jusques ici : et ne scay comment je vous en sauray remercier. Il est force, puisque vous avez encommencé, que vous

monseigneur de Bresse : toutesfois luy et moi nous acordasmes en secret, et il print ledict seigneur de la Chambre, couché avec ledict duc à Turin, en Piemont, où il estoit, et puis me le feit scavoir, et incontinent je feis retirer les gens d'armes : car il amena le duc de Savoye à Grenoble, où monseigneur le mareschal de Bourgongne, marquis de Rothelin[1], et moy l'allasmes recevoir. Le Roy me manda venir devers lui à Beaujeu en Beaujollois, et fuz esbahy de le veoir tant mesgre et deffaict, et me esbahissois comme il povoit aller par pays; mais son grant cueur le portoit.

Audict lieu de Beaujeu, il receut lettres comme la duchesse d'Austriche estoit morte d'une cheute de cheval, car elle chevaulchoit ung hobin[2] ardant : il la feit cheoir, et tomba sur une grant piece de boys : aucuns disent que ce ne fut point de la cheute, mais d'une fiebvre. Quoy qu'il en soit, elle mourut peu de jours apres ladicte cheute, et fut ung tres grand dommaige pour ses subjectz et amys, car oncques puis n'eurent bien né paix : car ce peuple de Gand, et aultres villes, l'avoient en plus grant reverence que le mary, à cause qu'elle estoit dame du pays : et advint ce cas l'an mil

---

achevez, car vous ne me faites pas peu de plaisir. Le prince de Tarente ne fera point ce voyage pour ceste mutacion qui est venue à Millan, monsieur d'Argenton ira et partira assez tost; mais je l'ay ung peu empeschié ici pour mes affaires; par lui serez averti de toutes choses; mais il est force que vous menez ceste espousée au moustier. Et adieu, mon frere. Escript au Plesseis du Parc, le viiie jour d'octobre (1479). Loys. » (FONTANIEU, *Portefeuilles*, 138.)

[1] Voyez tome I, page 24, note 4.
[2] Cheval écossais dont l'allure est très-douce. (ROQUEFORT.)

quatre cent quatre vingt et deux [1]. Ledict seigneur me compta ces nouvelles, et en eut tres grant joye, et aussi que les deux enfans [2] estoient demourez en la garde des Ganthois [3], lesquelz il congnoissoit enclins à noise et division contre ceste maison de Bourgongne : et luy sembloit avoir trouvé l'heure, pour ce que le duc d'Austriche estoit jeune et pour ce qu'il avoit encores pere, et guerre partout, et estoit estrangier (parquoy avoit moins de faveur, à la verité), mal acompaigné, car l'empereur son pere estoit trop extresmement chiche. Dès l'heure commencea le Roy à praticquer les gouverneurs de Gand, par monseigneur Des Cordes, et à traicter le mariaige de son filz, monseigneur le Daulphin, et de la fille dudict duc, appellee Marguerite (à present nostre royne) : et s'adressoit on du tout à ung pensionnaire de ladicte ville, appellé Guillaume Rin [4], saige homme et malicieux, et à ung aultre, appellé Coppenolle [5], clerc des eschevins, qui estoit

[1] Le 27 mars 1481 (v. s.). (Voyez ci-dessus, page 185, note 2.)

[2] Marguerite et Philippe. (Voyez ci-dessus, pages 155, note 4, et 185, note 1.)

[3] « Les Gandois faisoyent pratiquer d'avoir les enfans en leurs mains ; et s'adrecerent pour mener leur pratique à aucuns d'entour le prince ; et tant pratiquerent qu'il fut ordonné que chacun païs auroit les enfans en leurs mains, chacun quatre mois : et furent menés les nobles enfans à Gand, pour les quatre premiers mois ; mais quand on les demanda aux Gandois pour les mener en Brabant, ils furent refusans, et dirent qu'ils avoyent privilege de gouverner les enfans du prince en leur jeunesse. » (OLIVIER DE LA MARCHE, II, 434.)

[4] Guillaume Rym, dixième échevin du premier banc de la Keure de Gand, créé et établi en 1476, conseiller de ladite ville en 1482. Décapité le 8 août 1484. (DE L'ESPINOY, 732, 751 ; MOLINET, II, 380.)

[5] « Jean de Coppenolle, chaussetier, demourant à Gand ; qui n'es-

chaussetier, et avoit grant credit parmy le peuple : car gens de telle taille l'y ont, quant ilz sont ainsi desordonnez.

Le Roy retourna à Tours, et s'enfermoit fort, et tant que peu de gens le veoient : et entra en merveilleuse suspection de tout le monde, ayant paour que on ne luy ostast ou diminuast de son auctorité : recula de luy toutes gens qu'il avoit acoustumez, et les plus prouchains qu'il eust jamais, sans riens leur oster, et allerent en leur offices et charges, ou en leurs maisons; mais cecy ne dura gueres, car il ne vesquit point longuement : et feit de bien estranges choses, dont ceulx qui ne le congnoissoient le tenoient à estre diminué de sens, mais ilz ne le congnoissoient. Quant à estre souspesonneux, tous grans princes le sont, et par especial les saiges, et ceulx qui ont eu beaucoup d'ennemys et offensé plusieurs, comme avoit faict cestuy cy. Davantaige, il scavoit n'estre point aymé de grans personnaiges de ce royaulme, ne de beaucoup de menuz : et si avoit plus chargé le peuple que jamais Roy ne feit, combien qu'il eust bon vouloir de les descharger, comme j'ay dict ailleurs [1]; mais il debvoit commencer plus tost. Le roy Charles septiesme fut le premier (par le moyen de plusieurs saiges et bons chevaliers qu'il avoit, qui luy avoient aydé et servy en sa conqueste

toit gueres meilleur de condition que Guillaume Rin, et fut retenu.... maistre d'hostel du roy de France, à six cens francs de pension par an. » (Olivier de La Marche, II, 444.) Grand doyen des métiers. Décapité à Gand le 11 août 1491 (De l'Espinoy, 767); ou, selon Molinet (IV, 204), « le samedi nuict de la glorieuse Trinité » (28 mai).

[1] Voyez ci-dessus, page 220.

de Normandie et de Guyenne, que les Anglois tenoient) qui gaigna ce point d'imposer tailles à son plaisir, sans le consentement des Estatz de son royaulme: et pour lors y avoit grans matieres, tant pour garnir les pays conquis que pour despartir les gens des compaignies qui pilloient le royaulme, et à cecy se consentirent les seigneurs de France, pour certaines pensions qui leur furent promises pour les deniers qu'on levoit en leurs terres.

Si ce Roy eust tousjours vescu et ceulx qui lors estoient avec luy en son conseil, il eust fort avancé à ceste heure; mais, à ce qui est advenu depuis et adviendra, il chargea fort son ame et celles de ses successeurs, et mit une cruelle playe sur son royaulme, qui longuement seignera, et une terrible bende de gens d'armes de soulde, qu'il institua à la guise des seigneurs d'Italie. Ledict roy Charles septiesme levoit, à l'heure de son trespas, dix huict cens mil francz en toutes choses sur son royaulme, et tenoit environ dix sept cens hommes d'armes d'ordonnance pour tous gens d'armes, et ceulx là en bonne justice, à la garde des prouvinces de son royaulme, qui de longtemps avant sa mort ne chevaulcherent par le royaulme, qui estoit grant repos au peuple: et à l'heure du trespas du Roy nostre maistre, il levoit quarante sept cens mil francz: d'hommes d'armes, quelques quatre ou cinq mil: gens de pied, tant pour le champ que des mortes payes, plus de vingt cinq mil. Ainsi ne se fault esbahyr s'il avoit plusieurs pensees et ymaginations, et s'il pensoit de n'estre point bien voulu. Si avoit il tort en une chose : hay de plusieurs de ses nourris [1] et qui avoient receu biens de luy, de ceulx là eust il trouvé ung grant nombre qui pour la mort ne luy eussent faict faulte [2].

Premier, il n'entroit gueres de gens dedans le Plessis du Parc (qui estoit le lieu où il se tenoit), fors gens domesticques et les archiers, dont il en avoit quatre cens, qui en bon nombre faisoient chascun jour le guet et se pourmenoient par la place, et gardoient la porte. Nul seigneur, ne grant personnaige ne logeoit dedans, ne n'y entroit gueres compaignie de grans seigneurs. Nul n'y venoit que monseigneur de Beaujeu [3], de present duc de Bourbon, qui estoit son gendre. Tout à l'environ de la place dudict Plessis feit faire ung treillis de gros barreaulx de fer, et planter dedans la muraille des broches de fer, ayans plusieurs poinctes, comme à l'entree où l'on eust pu entrer aux fossez. Aussi feit faire quatre moyneaulx, tous de fer bien espeys, en lieu par où l'on povoit tirer à son ayse : et estoit chose bien triumphante, et cousta plus de vingt mil francz : et à la fin y mit quarante arbalestriers qui, jour et nuict, estoient en ces fossez ayant commission de tirer à tout homme qui en approcheroit de nuict, jusques à ce que la porte seroit ou-

---

[1] Commensaux. La même expression se retrouvera employée, avec le même sens, au chapitre xii. Voyez ci-après, page 258.

[2] Nous suivons le texte des manuscrits B et C. Sauvage et ses successeurs mettent : « Et s'il pensoit de n'estre point bien voulu : *et s'il* avoit *grant paour en ceste* chose, *aussi avoit il esperance en* plusieurs de *ceulx qu'il avoit* nourris et qui avoient reçu biens de luy.... »

[3] Voyez tome I, page 25, note 3.

verte le matin. Il luy sembloit, davantaige, que ses subjectz estoient ung peu chastouilleux à entreprendre auctorité, quant ilz en verroient le temps.

A la verité, il fut quelques parolles entre aucuns d'entrer en ce Plessis, et despescher les choses, selon leur advis, pour ce que riens ne se despeschoit; mais ilz ne l'oserent entreprendre, dont ilz feirent saigement : car il y avoit bien pourveu. Il changeoit souvent de varlet de chambre et de toutes aultres gens, disant que la nature se resjouist en choses nouvelles [1]. Pour compaignie tenoit leans ung homme ou deux aupres de luy, gens de petite condition et assez mal renommez, et à qui il povoit bien sembler, s'ilz estoient saiges, que, dès ce qu'il seroit mort, ilz seroient desappoinctez de toutes choses, pour le moins qui leur en pourroit advenir : et ainsi leur en advint. Ceulx là ne luy rapportoient riens, de quelque chose que on luy escripvist ne mandast, de quelques affaires que ce fust, s'il ne touchoit à la preservation de l'Estat et deffense du royaulme : car du tout il ne luy challoit que d'estre en trefve ou en paix avec chascun. A son medecin [2] donnoit tous les mois dix mil escuz, qui en

---

[1] Lenglet avait adopté la leçon du manuscrit de Saint-Germain-des-Prés, ainsi conçue : « disant que la crainte de luy et l'estime seroit entretenue par faire ainsi choses nouvelles. » Nous avons suivi le texte du manuscrit A, conforme aux imprimés.

[2] Jacques Coitier, médecin ordinaire du Roi, et vice-président en la chambre des comptes, depuis (26 octobre 1482) premier président. Mort le 29 octobre 1506. (*Tablettes de Thémis*, IIIe partie, page 11.) Il avait épousé Marguerite Le Clerc. (ARCHIVES DU ROYAUME, *Parlement*, Conseil, regist. XLIX, fol. 62, verso.)

cinq mois en receut cinquante quatre mil escuz. Des terres, donna grant quantité aux églises; mais ce don de terres n'a point tenu : aussi il y en avoit trop.

CHAPITRE VII.

Comment le Roy feit venir à Tours ung nommé le sainct homme, de Calabre, pensant qu'il le deubst guerir; et des choses estranges que faisoit ledict Roy, pour garder son auctorité durant sa malladie.

Entre les hommes renommez de devotion, il envoya querir ung homme en Calabre, appellé frere Robert [1] (le Roy l'appelloit le sainct homme, pour sa

[1] Toutes les éditions et nos trois manuscrits portent ici le nom de *Robert*: il est pourtant certain que le personnage dont Commynes veut parler est le bienheureux *François de Paule*, instituteur de l'Ordre des Minimes. Plusieurs historiens de ce saint fondateur ont cherché à deviner les causes de l'erreur dans laquelle Commynes s'est laissé tomber. L'auteur des *Acta Sanctorum* nous semble avoir émis à ce sujet l'opinion la plus satisfaisante. Après avoir rapporté et traduit, sur un manuscrit existant à Bruxelles, le présent chapitre des Mémoires de Commynes, il ajoute : « D'après l'autorité du manuscrit de Bruxelles, j'ai restitué, non sans quelque hésitation, le nom de *François de Paule* à la place de Robert qu'on lit dans la plupart des éditions de Paris (et même dans un manuscrit cité par l'éditeur de 1552). Je me suis permis cette substitution, parce qu'il est évident que Commynes a entendu parler de notre personnage en cet endroit, et que, d'un autre côté, Jean Vitrian, son traducteur espagnol, a lu comme nous, probablement d'après quelque manuscrit plus ancien comme plus correct, conforme à l'original sur lequel a été fait l'exemplaire de Bruxelles. On peut donner d'autres motifs à l'altération qui est dans Commynes. François de La Noue, qui a reproduit toutes ces raisons dans sa Chronique générale des Pères Mineurs, les a rejetées toutes pour s'en tenir à cette conclusion : qu'un courtisan a pu facilement se laisser aller à une pareille erreur; d'autant qu'il y avait à la cour de Louis XI un certain frère Robert, de l'Ordre des Frères

saincte vie), en l'honneur duquel le Roy de present feit faire ung monastere au Plessis du Parc, en recompense de la chapelle pres du Plessis, au bout du pont¹. Ledict hermite, en l'aage de douze ans, s'estoit mis soubz ung roc, où il estoit demouré jusques en l'aage de quarante et trois ans, ou environ, et jusques à l'heure que le Roy l'envoya querir par ung sien maistre d'hostel², en la compaignie du prince de Ta-

Prêcheurs, que le Roi affectionnait particulièrement à cause de sa sainteté. Ce critique aurait pu ajouter qu'il n'y avait rien d'étonnant à ce que le nom du solitaire François de Paule fût inconnu des gens de la cour, car on l'y appelait presque toujours le *saint homme* ou le *bon homme*. Pour moi, je soupçonne que, dans son propre manuscrit, Commynes aura laissé un espace blanc pour y introduire plus tard le nom du bienheureux, qu'il ne se rappelait pas : les éditeurs ont comblé cette lacune, l'un bien, l'autre mal; et l'erreur que ce dernier avait commise aura été reproduite par plusieurs copistes.»(*April.*, 1, 105)

¹ Charles VIII, par ses lettres-patentes datées du Montils-lès-Tours, le 6 mai 1491, ordonne « que les meubles, vetements et ornements qui decorent la chapelle de Saint Matthieu, dans la basse cour de son hôtel du Plessis, et qui appartiennent à François de Paule et ses compagnons, seront transportés dans l'endroit où *il leur a*, puis nagueres, à leurs priere et requeste, faict construire et edifier une eglise hors et derriere la closture du parc *du* chastel des Montils, nommé JESUS MARIA. » (HILARION DE COSTE, 370.)

² Guynot de Boussière. (HILARION DE COSTE, 87.) Il est nommé Guynot de *Lauzière*, sénéchal, dans une lettre de Louis XI à François de Genas, général des finances. — « Monsieur le general, le seneschal de Quercy, Guynot de Lauzière, qui m'a amené le bon sainct homme, se plaint à moy que luy avez osté la moitié de sa pantion qui monte six cens livres tournois, et que luy avez dit que l'avois fait, et non pas, ce que je n'entendis jamais; et vous assure que je n'en suis pas contant de vous, et pour ce, gardes surtout, craignes me desobeir, que incontinent ces lettres veues, il en soit entierement appointé et payé en maniere que n'en oye plus parler ; car s'il y a faute , vous essies esté entre

rente¹, filz du roy de Naples : car il ne vouloit partir sans congié du pape, ne de son roy, qui estoit sens à ceste simple personne, lequel avoit faict deux eglises au lieu où il demouroit², jamais n'avoit mangé, ny ne a encores (depuis qu'il se mit en ceste estroicte vie), ne chair, ne poisson³, ne œufz, ne laictaige, ne aucune gresse, et ne pense point avoir veu homme vivant de si saincte vie, ne où il semblast mieulx que le Sainct Esperit parlast par sa bouche : car il estoit lettré⁴, et n'apprint jamais riens. Vray est que sa langue italienne luy aydoit.

Ledict hermite passa par Naples, honnoré et visité autant que ung grant legat apostolicque, tant du roy que de ses enfans, et parloit avec eulx comme ung homme nourry en court. De là passa par Rome,

---

les mains de monsieur d'Alby, et de ceste heure et jusques à ce qu'il soit content, je arreste en mes mains les gages et pantions que avez de moi. Escrit au Plessis du Parc, le 15, jour de mai 1482. » (*Voyage littér. de deux religieux*, I, 310.)

¹ Voyez ci-dessus, page 25, note 1.

² Les manuscrits mettent : « au pays des Mores. » Nous avons suivi le texte des imprimés.

³ « Monsieur le general, je vous prie de m'envoyer des citrons et des oranges douces et des poires muscadelles et des pastenargues, et c'est pour le saint homme qui ne mange ny chair ny poisson ; et vous me feres un fort grand plesir. Ecrit à Clery le xxix juin 1483. Signé Loys. » La suscription portait : « A nostre amé et feal conseiller et general de nos finances en Languedoc, François de Genas. ») (*Voyage littéraire de deux religieux*, I, 311.)

⁴ Nous adoptons le texte de nos trois manuscrits. Les imprimés mettent : *car il n'estoit clerc ne lettré*. Le Ms. de Saint-Germain-des-Prés, cité par Lenglet, ajoutait après ces derniers mots : *et si n'avoit jamais esté à l'escole*.

visité de tous les cardinaulx, eut audience avec le Pape, par trois fois, seul à seul, assis auprès de luy en belle chaire, l'espace de trois ou quatre heures à chascune fois (qui estoit grant honneur à ung si petit homme), respondant si saigement que chascun s'en esbahyssoit, et lui acorda nostre Saint Pere faire ung Ordre, appellé les Hermites Saint Francois. De là vint devers le Roy[1], honnoré comme s'il eust esté le Pape, se mettant à genoulx devant luy, affin qu'il luy pleust alonger sa vie. Il respondit ce que saige homme debvoit respondre. Je l'ay maintesfois ouy parler devant le Roy qui est de present, où estoient tous les grans du royaulme, et encores puis deux mois; mais il sembloit qu'il fust inspiré de Dieu des choses qu'il disoit et remonstroit : car aultrement n'eust sceu parler des choses dont il parloit. Il est encores vif[2], parquoy se pourroit bien changer ou en mieulx, ou en pis : pourquoy m'en tay. Plusieurs se mocquoient de la venue de cest hermite, qu'ilz appelloient saint homme; mais ilz n'estoient point informez des pensees de ce saige Roy, ny n'avoient veu les choses qui luy donnoient occasion.

Nostre Roy estoit au Plessis, avec peu de gens, sauf archiers, et en ses suspections dont j'ay parlé; mais il y avoit pourveu, car il ne laissoit nul homme, ne à la ville, ne aux champs, dont il eust suspection,

---

[1] Il arriva au château du Plessis le 24 avril 1482. (HILARION DE COSTE, 100.)

[2] François de Paule mourut, âgé de 91 ans, le 2 avril 1507. (HILARION DE COSTE, 196.)

mais par archiers les en faisoit aller et conduire. De nulles matieres on ne luy parloit, que des grandes qui luy touchoient. Il sembloit, à le veoir, mieulx homme mort que vif, tant estoit mesgre, ne jamais homme ne l'eust creu. Il se vestoit richement, ce que jamais n'avoit acoutumé paravant, et ne portoit que robbes de satin cramoisy, fourrees de bonnes martres, et en donnoit assez qu'il envoyoit sans demander : car nul ne luy eust osé demander, ne parler de riens. Il faisoit d'aspres pugnitions, pour estre crainct et de paour de perdre l'obeyssance : car ainsi me le dict il. Il remuoit offices et cassoit gens d'armes, rougnoit pensions ou ostoit de tous poinctz, et me dict, peu de jours avant sa mort, qu'il passoit temps à faire et à deffaire gens; et faisoit plus parler de luy parmy le royaulme qu'il ne feit jamais, et le faisoit de paour qu'on ne le tinst pour mort : car, comme j'ay dict, peu de gens le veoient : que, quant on oyoit parler des œuvres qu'il faisoit, chascun avoit doubte, et ne povoit l'on à peine croire qu'il fust mallade.

Hors du royaulme envoyoit gens de tous costez. En Angleterre, pour entretenir ce mariaige[1] : et les payoit bien de ce qu'il leur donnoit, tant le roy Edouard, que les particuliers. En Espaigne, toutes parolles d'amytié et d'entretenement, et presens partout, de tous costez. Il faisoit achapter ung bon cheval, quoy qu'il coustast, ou une belle mulle, mais es pays où il vouloit qu'on le cuydast sain : car ce n'estoit point en ce

---

[1] Celui du dauphin et d'Élisabeth. (Voyez tome 1, page 386.)

royaulme. Des chiens[1], en envoyoit querir partout : en Espaigne, des allans[2]; de petites levrettes en Bretaigne, levriers, espaigneulx, et les achaptoit chier; en Vallence, de petiz chiens veluz, qu'il faisoit achapter plus chier que les gens ne les vouloient vendre; en Cecille, envoyoit querir quelque mulle, especiallement à quelque officier du pays, et la payoit au double; à Naples, des chevaulx : et bestes estranges de tous costez, comme, en Barbarie[3], une espece de petiz lyons, qui ne sont point plus grans que de petiz regnards, et les appelloient aditz[4]. Au pays de Dannemarche et de Suerie[5], envoya querir de deux sortes de bestes : l'une s'appelloit helles[6], et sont de corsaige de cerfz, grans comme buffles, les cornes courtes et

[1] On voit par le deuxième compte de Jehan Raguier, pour l'année 1479, qu'il fut donné « à un Portugalois qui avoit amené des chiens au Roy, six escus d'or : à un anglois qui luy amena un grant chien, dix escus d'or : à un qui lui apporta un petit chien, un escu : à six hommes qui avoient amené au Roy des lièvres en vie, trente escus. » (BIBL. ROY., *fonds Gaignières*, Ms. n° 772², fol. 697 verso.)

[2] Alans, espèce de chiens très-grands, forts et courageux.

[3] Le Roi fit donner « la somme de huit vings livres huit soulz quatre deniers tournois pour maistre Macé Bastard, à luy ordonné par le dit seigneur, oultre ses gages.., pour ung voyage par luy fait, puis aucun temps en ca, par le commendement... du roy.., allant en Prouvence et illec sejourner pour attendre la venue d'aucunes gallees pour faire venir aucunes bestes sauvaiges et estranges, et aultres choses que iceluy seigneur avoit ordonné amener des pays de Barbarie. Escript le xvi° jour d'octobre, l'an mil cccc quatre vingt et deux. » (FONTANIEU, *Portef.*, 142.)

[4] Adil, bête entre loup et chien. (BELON, *Observ.*, f. 562.)

[5] Sverige, Suède.

[6] Ellent, elen, quadrupède de l'ordre des cerfs. (ROQUEFORT.)

grosses : les aultres s'appelloient rangiers [1], qui sont de corsaige et de couleur de dain, sauf qu'elles ont les cornes beaucoup plus grandes : car j'ay veu rangier porter cinquante quatre cors. Pour avoir six de chascune de ces bestes [2], donna aux marchans quatre mil cinq cens florins d'Allemaigne [3]. Quant toutes ces choses luy estoient amenees, il n'en tenoit compte, et la pluspart des fois ne parloit point à ceulx qui les amenoient. Et, en effect, il faisoit tant de semblables choses et telles, qu'il estoit plus crainct de ses voisins et de ses subjectz qu'il n'avoit jamais esté : car aussi c'estoit sa fin, et le faisoit pour ceste cause [4].

[1] Renne, animal quadrupède des pays septentrionaux. (ROQUEFORT.)

[2] Toutes les éditions antérieures à celle de Lenglet portent : « J'ay veu rangier porter cinquante quatre cors, *pour avoir six cornes*. De chascune de ces bestes... » Lenglet, tout en faisant observer que les mots : « J'ay veu... pour avoir six cornes », manquent au manuscrit de Saint-Germain-des-Prés, ne les en admet pas moins dans son texte; mais, d'après l'autorité dudit manuscrit, d'accord en cela avec les trois nôtres, il commence de cette manière la phrase qui suit immédiatement : « Pour avoir six de chascune de ces bestes, etc. » Ce passage, ainsi rétabli, n'offre plus de contradiction avec ce que Commynes vient de dire et s'accorde on ne peut mieux avec le document que nous citons dans la note qui va suivre.

[3] On lit dans le *Compte* vi^e *et dernier de Pierre de Lailly*, du 1er octobre 1479 jusques au 12 décembre de la même année : « A Bernard More, marchant Austerlin de la ville de Campe (Kempen) de la House (Hanse), 750 liv. de merché fait pour amener au Roi, dans le jour de Pasques 1480, *six* bestes nommees Elles, trois masles et trois femelles, et *six* autres nommees Rangees, aussy trois masles et trois femelles. » (BIBL. ROY., Ms. *fonds Gaignières*, n° 772², fol. 693 recto.)

[4] Les onze derniers mots de ce chapitre manquent dans les manuscrits et les premières éditions : ils ont été introduits dans le texte par Sauvage.

CHAPITRE VIII.

Comment le mariaige de monseigneur le Daulphin fut conclud avec Marguerite de Flandres, et elle amenee en France, dont le roy Edouard d'Angleterre mourut de desplaisir.

Pour retourner au principal de mon propos, et à la principalle conclusion de tous ces Memoires et de tous ces affaires des personnaiges qui vivoient du temps qu'ilz ont esté faictz, fault venir à la conclusion du traicté du mariaige faict entre le Roy qui est de present, lors appellé monseigneur le Daulphin, et la fille du duc et duchesse d'Austriche, par la main des Ganthois, au grant desplaisir du roy Edouard d'Angleterre, qui lors se tint pour deceu de l'esperance du mariaige de sa fille avec monseigneur le Daulphin, à present roy de France : lequel mariaige luy et la royne sa femme avoient plus desiré que toutes les choses du monde, et jamais n'avoient voulu croire homme qui les eust advertiz du contraire, fussent leurs subjectz, ou aultres : car le conseil d'Angleterre luy avoit faict plusieurs remonstrances, à l'heure que le Roy conqueroit la Picardie, qui est pres de Calais, et luy disoit que quant il auroit conquis cela, il pourroit bien essayer de conquerir Calais et Guynes. Autant luy en disoient les ambassadeurs qui continuellement estoient en Angleterre de par les duc et duchesse d'Austriche, et les Bretons et aultres; mais de tout ce il n'en croyoit riens[1], dont luy en print bien mal. Mais

---

[1] Cependant Louis XI crut devoir se justifier à cet égard. (Voyez ci-dessus, page 218, note 1, la lettre qu'il écrivit à ce sujet.)

je croy bien qu'il ne luy procedoit point tant d'ignorance comme il faisoit d'avarice, et pour ne perdre point cinquante mil escuz que le Roy luy donnoit, ny aussi ne laisser pour ses ayses, ne ses plaisirs, où il estoit fort adonné.

Sur le faict de ce mariaige se tint une journee à Hallotz[1], en Flandres : et y estoit le duc d'Austriche, à present roy des Rommains[2], et gens deputez de par les trois Estatz de Flandres, Brabant et aultres pays appartenans audict duc et à ses enfans. Là feirent les Ganthois plusieurs choses contre le vouloir dudict duc, comme de bannir gens, d'en oster d'anciens d'aupres son filz : et puis luy dirent le vouloir qu'ilz avoient que ce mariaige, dont je parle, se feist pour avoir paix, et le luy feirent acorder, voulsist ou non. Il estoit fort jeune, mal pourveu de grant sens : car le tout, en ceste maison de Bourgongne, estoit mort ou tourné des nostres, ou peu s'en failloit : j'entens de grans personnaiges, qui l'eussent sceu conseiller et ayder. De son costé, il estoit venu fort mal acompaigné : et puis, pour avoir perdu sa femme, qui estoit princesse du pays dessusdict, il n'osoit parler si audacieusement qu'il avoit faict aultresfois. Et, pour abreger ce propos, le Roy en fut adverty par le seigneur des Cordes, et en fut tres joyeulx : et fut prins le jour de luy amener la fille à Hesdin.

[1] *L'exemplaire vieil*, cité par Sauvage, et le manuscrit de Saint-Germain-des-Prés mettent « à *l'Isle*. » Nous suivons le texte des manuscrits et de tous les imprimés.

[2] Il fut élu le 16 février 1486. (Voyez tome 1, page 268, note 1.)

Peu de jours avant, et en l'an mil quatre cens quatre-vingt et ung, avoit esté baillé Aire[1] audict seigneur des Cordes par le seigneur d'Escohan[2], du pays d'Arthois, pour une somme d'argent[3], lequel la tenoit pour le duc d'Austriche et pour le seigneur de Bevres[4], son cappitaine, ville tres forte, assise en Arthois, qui ayda bien aux Flamans à avancer l'œuvre : car elle est à

---

[1] Département du Pas-de-Calais. La ville capitula le 28 juillet 1482. (Lenglet, IV, partie I, p. 84.)

[2] « Jehan, seigneur de Cohen, principal capitaine de la ville d'Aire. » (Molinet, II, 306-307.) Le P. Anselme (VIII, 697) le nomme *Pierre* de Berghes, chevalier, seigneur de Cohen, d'Olhain, etc., et le fait *gouverneur* de la ville d'Aire.

[3] « La ville d'Aire fut vendue par Jehan, seigneur de Cohen, et ses complices, parmi payant la somme de dix mille escus par an, et cent lances d'ordonnance. » (Molinet, II, 306.) Le P. Anselme (VIII, 697) dit que Louis XI, en raison de l'infidélité de ce seigneur, lui fit donner ses cent lances en peinture. La trahison du sire de Cohen, attestée par le récit de deux chroniqueurs différents, ne nous semble pas être *imaginaire* ainsi que le pense Godefroy : « Le sieur de Cohen, dit-il, n'estoit point gouverneur de la ville d'Aire : on croit qu'il avoit esté comme commandant, mais il est certain qu'il y fut pendant le siege ; cette ville estoit sous le gouvernement particulier de Philippe de Bourgogne, seigneur de Bevres, dont il est fait mention dans la capitulation, et qui estoit aussi gouverneur general d'Artois. Antoine de Wissoc, seigneur de Capanes, estoit bailly de cette ville, et en cette qualité y avoit toute l'autorité, le seigneur de Bevres estant lors absent. Jehan de Leane, seigneur de Cambrin, estoit capitaine du chasteau ; ainsi il y a beaucoup d'apparence que la trahison du sieur de Cohen est *imaginaire* : il est au moins certain que la ville d'Aire fut rendue en exécution de la capitulation. » (Lenglet, IV, partie I, p. 83.)

[4] Philippe de Bourgogne, seigneur de Bevres, de la Vere, conseiller et chambellan de Maximilien, roi des Romains, chevalier de la Toison d'Or en 1478, gouverneur de l'Artois, fils d'Antoine, bâtard de Bourgogne, et de Marie de la Vieville. Marié à Anne de Borselle. Il était en Espagne en 1506. (Anselme, I, 255.)

l'entree de leur pays. Et combien qu'ilz voulsissent la diminution de leur prince, si ne l'eussent ilz point voulu à leurs frontieres, ne le Roy si tres pres d'eulx. Apres que ces choses furent acordees (comme j'ay dict), vindrent devers le Roy les ambassadeurs de Flandres et Brabant[1]; mais tout despendoit de ceulx de Gand, à cause de leur force et qu'ilz avoient les enfans en leurs mains, et aussi les premiers prestz à commencer la noise. Aussi y vindrent aucuns chevaliers pour le roy des Rommains, jeunes comme luy, et mal conseillez pour la pacification de leur pays. Messire Jehan de Bergues[2] en estoit l'ung, et messire Baudouyn de Lannoy[3] l'aultre, et quelques secretaires. Le Roy estoit ja fort bas[4], et à grant peine se vouloit il laisser veoir, et feit grant difficulté à jurer les traictez faictz en ceste ma-

[1] Les ambassadeurs arrivèrent à Paris le samedi 3 (4) janvier 1482 (v. s.); ils en partirent le lundi suivant, pour aller trouver le Roi à Amboise. (*Chronique scandaleuse;* voy. LENGLET, II, 168.)

[2] Jean de Berghes, chevalier, seigneur de Cohen, d'Olbain, gouverneur de la ville d'Aire pour l'archiduc Maximilien, fils de Pierre de Berghes et de Jossine de Ghistelles. Marié à Claire d'Azincourt. (ANSELME, VIII, 697.) Vivait encore le 12 août 1503. (ARCHIVES DU ROYAUME, *Parlement,* conseil, registre XLIIII bis, fol. 197 recto.)

[3] Baudouin de Lannoy, IIe du nom, seigneur de Molembrais, chevalier de la Toison d'Or, chambellan et maître d'hôtel de Maximilien, fils de Baudouin de Lannoy, dit le Bègue. Mort le 7 mai 1501. (ANSELME, VIII, 78.)

[4] Au mois de février suivant « le Roi escripvit lettres à tous les Estats de Paris, par lesquelles il les prioit tres instamment qu'ils se voulsissent transporter en l'Église monseigneur Sainct Denis, lui faire priere qu'il veille estre intercesseur et moyen envers nostre Sauveur Jesus Christ, qu'il voulsist permettre que le vent de bise ne courust point, pour ce que, par le rapport de tous médecins, avoient esté d'opi-

tiere; mais c'estoit pour n'estre point veu: toutesfois il les jura. Ilz luy estoient advantaigeux : car il avoit plusieurs fois voulu le mariaige, et ne vouloit que la conté d'Arthois, ou celle de Bourgongne, l'une des deux; et messeigneurs de Gand (ainsi les appelloit il) les luy feirent bailler toutes deux, et celles de Masconnois, de Charolois et d'Auxerrois : et s'ilz luy eussent peu faire bailler celle de Henault et de Namur, et tous les subjectz de ceste maison qui sont de la langue francoise, ilz l'eussent voulentiers faict, pour affoiblir leur dict seigneur.

Le Roy nostre maistre, qui estoit bien saige[1], entendoit bien ce que c'estoit de Flandres et que ung conte dudict pays, sans avoir le pays d'Arthois, qui est assis entre le Roy de France et eulx, et comme leur bride (car il s'en tiroit de bonnes gens de guerre, pour les ayder à chastier quant ilz feroient les folz); et pour ce, en ostant audict conte de Flandres ledict pays d'Arthois, il le laissoit le plus povre seigneur du monde, et sans avoir obeyssance, sinon au plaisir de ceulx de Gand. Et de ceste ambassade dont je parle, estoient des principaulx Guillaume Rin et

nion que le vent de bise... feroit moult de maux, tant à la santé des corps humains que des biens de la terre. » (*Chronique scandaleuse;* voy. LENGLET, II, 169.)

[1] Nous suivons la leçon du manuscrit A, en supprimant toutefois, ainsi que l'avaient fait les premiers éditeurs, la conjonction *et* placée entre les mots *saige* et *entendoit*. Fidèle à son habitude de corriger le texte quand il ne le comprend pas, Sauvage met : « et qu'un comte du dict païs de Flandres *estoit peu de cas*, sans avoir le dict païs d'Artois. »

Coppenolle, gouverneurs de Gand, dont j'ay parlé cydessus [1]. Retournee que fust ceste ambassade, fut amenee à Hesdin, entre les mains de monseigneur des Cordes, ladicte fille; et fut l'an mil quatre cens quatre vingt et trois: et l'amena madame de Ravestain [2], fille bastarde du feu duc Philippe de Bourgongne, et la receurent monseigneur et madame de Bourbon [3], qui sont de present, le seigneur d'Albret [4] et aultres

[1] Voyez ci-dessus, page 223.

[2] Anne, mariée 1° à Adrien de Borselle, seigneur de Brigdam; 2° au seigneur de Ravenstein. (Voy. tome I, page 17, note 2.) Morte le 17 janvier 1504. (ANSELME, I, 245.)

[3] Les *registres aux comptes de la ville d'Amiens* nous ont conservé la liste des présens qui furent faits à ces personnages, à leur passage à Amiens. Voici l'extrait de ces registres : « A Hue Lesellier, potichier, la somme de XII l. XII s. qui lui estoient deubz pour l'achapt à lui fait de six pans, VI herons, VI butors, au pris de XXIIII s. la piece les pans, les herons x s. la piece, et les butors VIII s. la piece, presentez de par la dicte ville à monseigneur de Beaujeu et madame sa femme, par mandement du VIIIe jour de juing, XII l. XII s.—A Jehan Le Cappelier, tavernier, la somme de XLVIII escus d'or, d'une part, et XI escus d'or, d'autre part, et XXI escus, aussi d'autre part, pour vin blanc claret, vermeil et autres, qui ont esté presentez pour l'honneur de la dite ville à monseigneur et madame de Beaujeu, et à monsieur le conte d'Albert et autres seigneurs venus avec les dits monseigneur de Beaujeu et sa femme, et *aussi à leur retour, quant ils amenerent madame la Doffine par la dite ville d'Amiens*. Pour ce, par mandement et quittance du VIIIe jour de juing, VI^{xx} XII l. » (Comptes de la ville d'Amiens, 1482 à 1483, cotés LIX, y 3.) *Note communiquée par M. H. Dusevel.*— Anne de France, fille de Louis XI et de Charlotte de Savoie, mariée en 1474 à Pierre de Bourbon, seigneur de Beaujeu, prit le titre de duchesse de Bourbon en 1488. Morte le 14 novembre 1522 âgée d'environ 60 ans. (ANSELME, I, 122, 313.)

[4] Alain, surnommé le Grand, fils de Jean d'Albret, vicomte de Tartas, et de Catherine de Rohan, succéda à son aïeul Charles II en 1471. Marié à Françoise, fille de Jean de Blois, dit de Bretagne ,

[1483]   LIVRE VI, CHAPITRE VIII.   241

pour le Roy, et l'amenerent à Amboise¹, où estoit monseigneur le Daulphin. Si le duc d'Austriche l'eust

comte de Penthièvre. C'est en vertu de ce mariage qu'il élevait des prétentions sur le duché de Bretagne et se mit sur les rangs pour obtenir la main d'Anne de Bretagne. Mort en octobre 1522. (*Art de vérifier les dates*, II, 263.)

¹ Marguerite avait environ trois ans et demi, et le Dauphin douze ans passés. On lit dans une lettre des députés d'Amiens qui assistèrent à ces noces, les détails suivans : « Le jour de dimanche, xxiiᵉ de ce mois (juin 1483)*, arriva madame la Delphine, monsieur d'Albrech et autres seigneurs et dames qui estoient avec elle à son entrée à Amiens, et alla au devant d'elle monseigneur le Delphin jusques à une *metairie* estante auprès de la ville d'Amboise, que l'on nomme la *Metairie la Rayne* : et se partit du chasteau du dit lieu d'Amboise, aiant une robbe toute de satin cramoisi doublée de velours noir, monté sur une haquenée, accompaigné de xx archiers pardevant et x apres, avec M. de Dunois, M. de la Trimouille, M. le grant seneschal de Normandie, le bailly de Meaulx et autres seigneurs : et apres qu'il eust fait la reverence aux dames, il retourna à ung logis auprès du dit pont, là où il descendy et changea robbe, et vesty une longue robbe de drap d'or : et ce fait, entra en une plache qui avoit esté faite auprès du dit pont en maniere de eschaphau, et à l'entours fermée de barriere, tellement que l'on ne pooit approcher pres de la dite plache. A l'entour et au dedans des barrieres estions avec ceulx des villes mandees, et avec nous archiers pour nous garder d'estre oppressés, ainsi qu'il avoit esté ordonné par le Roy... Et apres, arriva madame la Delphine, laquelle fust deschendue de sa litiere et mise en la dite plache ; et ce fait, furent incontinent fiancés par le protonotaire, nepveu du dit grant seneschal, qui demanda à mon dit seigneur le Delphin, à haulte voix, tellement que chacun le pooit oyr de alentour, s'il voloit avoir Marguerite d'Austriche à mariage ? lequel respondy que oy : et pareillement fust demandé à madame la Delphine, qui en respondit autant. Et ce fait, leur touscha les mains ensemble, et baisa mon dit seigneur le Delphin, par deux fois, madame la Delphine, et apres retourna mon dit seigneur le Delphin au dit chasteau et la dite dame pareillement. Et estoient les rues d'Amboise tendues de cordes et de draps dessus, comme l'on fait à Amiens à la

* Et non *juillet*, comme nous l'avons dit ci-dessus (page 155, note 4), d'après la *Chronique scandaleuse*.

II.   16

peu oster à ceulx qui l'amenoient, il l'eust voulentiers faict avant qu'elle saillist de sa terre; mais ceulx de Gand l'avoient bien acompaignee, et aussi il avoit commencé à perdre toute obeyssance, et se rejoignit beaucoup de gens avec ceulx de Gand, pour ce qu'ilz tenoient le filz entre leurs mains, et ostoient et mettoient avec luy qui leur plaisoit : et, entre aultres, s'y tenoit le seigneur de Ravastain[1], frere au duc de Cleves, principal gouverneur dudict enfant, appellé le duc Philippe, qui vit encores, attendant grant succession, si Dieu luy preste vie.

Quiconques eut joye de ce mariaige, il despleut au roy d'Angleterre amerement : car il le tint à grant honte et mocquerie, et se doubtoit bien d'avoir perdu sa pension que le Roy lui donnoit (ou tribut, que l'appelloient les Anglois); et se doubta que le mespris ne luy en fust grant en Angleterre et qu'il fust cause de rebellion contre luy, et par especial de ce qu'il n'avoit voulu croire conseil. Et si veoit le Roy bien en force[2], et pres de luy : et en print le deuil si grant que, dès ce qu'il en sceut les nouvelles[3], il tomba mallade, dont tost apres il mourut; aucuns dient d'ung caterre. Quoy que ce soit, on dict que la douleur qu'il eut dudict mariaige fut cause de la malladie, dont il mourut en briefz jours. C'est grant faulte

---

procession du Sacrement, etc. » Voyez aux Preuves (22 juin 1483) cette lettre entière, communiquée par M. H. Dusevel.

[1] Voyez tome I, page 17, note 2.

[2] En *soucy* (Mss. et 1re édition.)

[3] Il ne s'agit ici que du projet de mariage : Édouard mourut deux mois avant la célébration des fiançailles.

à ung prince d'estimer plus son oppinion que de plusieurs, et cela leur donne aucunes fois de grans douleurs et pertes, qui ne se peuvent recouvrer. Et fut le trespas l'an mil quatre cent quatre vingtz et trois, au mois d'apvril.

Dès l'heure que le roy Edouard fut mort, le Roy nostre maistre en fut adverty, et n'en feit nulle joye quant il le sceut : et peu de jours apres receut lettres du duc de Clocestre, qui s'estoit faict roy d'Angleterre[1], et se signoit Richard, lequel avoit faict mourir les deux filz du roy Edouard son frere[2]. Le-

---

[1] Richard III ne prit le titre de roi que le 26 juin 1483, après la mort de son neveu Édouard V.

[2] Voyez tome I, page 69, note 3. Voici ce que raconte Molinet (II, 402), à l'occasion de ce meurtre : les enfants d'Édouard étant prisonniers dans la tour de Londres, « le duc Richard leur fit donner estat, qui fort diminua. L'aisné filz estoit simple et fort melancolieux, congnoissant aucunement la maulvaistié de son oncle, et le second filz estoit fort joyeux et spirituel, appert et prompt aux danses et aux esbatz, et disoit à son frere, portant l'Ordre de la Jarretiere : « Mon « frere, apprenez à danser. » — Et son frere lui respondit : « Il vauldroit « mieulx que vous et moy apprinssions à mourir, car je cuyde bien scavoir « que guaires de temps ne serons au monde. » Ilz furent environ cinq sepmaines prisonniers ; et, par le capitaine de la tour, le duc Richard les fit occultement mourir et estraindre. Aucuns disent qu'il les fit bouter en une grande huge, et enclorre illecq, sans boire et sans manger. Autres disent qu'ilz furent estrains entre deux quieutes, couchans en une mesme chambre. Et quant vint à l'execution faire, l'aisné filz dormoit, et le josne veilloit, lequel s'apperchut du malice, car il commença à dire : « Ha, mon frere, esveillez vous, car l'on « vous vient occir ! » Puis disoit aux appariteurs : « Pourquoy tuez vous « mon frere ? tuez moy, et le laissez vivre ! » Ainsi doncques l'ung apres l'autre furent executez et estraincts, et les corps ruez en quelque lieu secret, puis furent recueilliz, et apres la mort du roy Richard eurent royaulx obseques. »

quel roy Richard requeroit l'amytié du Roy, et croy qu'il eust bien voulu ravoir ceste pension; mais le Roy ne voulut respondre à ses lettres, ne ouyr le messagier, et l'estima tres cruel et mauvais : car, apres le trespas dudict roy Edouard, ledict duc de Clocestre avoit faict hommaige à son nepveu, comme à son roy et souverain seigneur, et incontinent apres commit ce cas. Et, en plain parlement d'Angleterre, feit desgrader deux filles dudict roy Edouard et desclarer bastardes, soubz couleur[1] qu'il prouva par ung evesque de Bas[2] en Angleterre (qui aultresfois avoit eu grant credit avec ledict roy Edouard, et puis le desappoincta, et le tint en prison, et puis le ranconna d'une somme d'argent) : lequel evesque disoit que ledict roy Edouard avoit promis foy de mariaige à une dame d'Angleterre (qu'il nommoit)[3] pour ce qu'il en estoit amoureux, pour en avoir son plaisir; et en avoit faict la promesse en la main dudict evesque, et, sur ceste promesse, coucha avec elle : et ne le faisoit que pour la tromper. Toutesfois telz jeux sont bien dangereux, tesmoing ces enseignes. J'ay veu beaucoup de gens de court qui, une bonne adventure qui leur eust pleu en tel cas, ilz ne l'eussent point perdue par faulte de promettre.

Et ce mauvais evesque garda ceste vengeance en son cueur, par adventure vingt ans; mais il luy en meschut : car il avoit ung filz, qu'il aymoit fort, à qui ledict roy Richard vouloit faire de grans biens et luy faire

---

[1] Soubz couleur *de quelques cas...* (SAUVAGE et ses successeurs.)

[2] Voyez ci-dessus, page 156, note 7.

[3] Voyez ci-dessus, page 157, note 1.

[1483] LIVRE VI, CHAPITRE VIII. 245

espouser l'une de ces deux filles¹, desgradees de leur dignité, laquelle de present est royne d'Angleterre² et a deux beaux enfans³. Lequel filz estoit en ung navire de guerre par le commandement du roy Richard son maistre, fut prins à ceste coste de Normandie, et, par le debat de ceulx qui le prindrent, fut amené en Parlement et mis au petit Chastelet, à Paris, et y fut tant qu'il y mourut de faim et de povreté. Ledict roy Richard ne le porta pas loing, [ne le duc de Boucquiguan⁴ qui avoit faict mourir les deux enfans : car ledict roy Richard propre, en peu de jours apres, le feit mourir]⁵, et contre ce roy Richard esleva Dieu ung ennemy⁶ (et tout en l'instant) qui n'avoit ne croix ne pille, ne nul droict à la couronne d'Angleterre, ne estimé riens, sauf que de sa personne estoit et est

¹ Les manuscrits et la première édition portent : « *la mère* de ces deux filles »; peut-être faudrait-il lire *laisnee*... Nous avons conservé le texte de Sauvage.

² Elisabeth. Voyez tome I, page 354, note 2.

³ Arthur, né le 20 septembre 1486, et Marguerite, née en 1488. (Rapin Thoyras, V, 225, 355.)

⁴ Voyez ci-dessus, page 158, note 2. Le duc servit les desseins de Richard dans son usurpation de la couronne d'Angleterre, mais il n'est pas prouvé qu'il ait fait mourir les enfants d'Édouard; cependant le bruit en courait, selon Molinet (II, 403). « Ce mesme jour, dit-il, arriva en la tour de Londres le duc de Boucquinghen, lequel fut mecreu d'avoir estrainct et occis lesdits enfans, à cause qu'il pretendoit avoir droict à la couronne. »

⁵ La phrase placée entre crochets manque à tous les imprimés. Ils mettent ainsi : « le dit roy Richard ne le porta pas loing, car contre lui esleva Dieu ung enuemy, etc. » Nous avons suivi le texte du ms. A ; les deux autres n'en diffèrent que dans le nom de *Buckinghem*, qu'ils écrivent *Bourgogne*.

⁶ Le comte de Richmond. (Voyez tome I, page 69, note 4.)

honneste : et avoit beaucoup souffert, car la pluspart de sa vie avoit esté prisonnier, et mesmement en Bretaigne, es mains du duc François (qui l'avoit bien traicté, pour prisonnier), de l'aage de dix huict ans[1] : lequel, avec quelque peu d'argent du Roy et quelques trois mil hommes prins en la duché de Normandie, et des plus meschans que l'on peut trouver, passa en Galles, où se vint joindre son beau pere, le seigneur de Stanley[2], avec bien vingt cinq mil Anglois. Au bout de trois ou quatre jours se rencontra avec ce cruel roy Richard, lequel fut tué sur le champ, et cestuy cy couronné, qui encores aujourd'huy regne.

Ailleurs ay parlé de ceste matiere[3], mais il servoit encores d'en parler icy, et par especial pour monstrer comme Dieu a payé contant, en nostre temps, telles cruaultez, sans attendre. Maintes aultres en a esté audict temps, qui les scauroit toutes compter.

CHAPITRE IX.

Comment le Roy se maintenoit, tant envers ses voisins que envers ses subjectz, durant sa malladie, et comme on luy envoyoit de divers lieux diverses choses pour sa guerison.

Or donc ce mariaige de Flandres fut acomply, que le Roy avoit fort desiré, et tenoit les Flamans à sa poste[4]. Bretaigne, à qui il portoit grant hayne, estoit en paix avec luy, mais il les tenoit en grant

---

[1] Le ms. A, Sauvage et Godefroy mettent *vingt-huit* ans, le second faisant observer en note que l'exemplaire vieil, porte *dix-huit*.

[2] Voyez tome I, page 340, note 2.

[3] Voyez tome I, page 69, et ci-dessus page 158.

[4] Guise, convenance.

paour et en grant craincte, pour le grant nombre de gens d'armes qu'il tenoit logiez en leurs frontieres[1]. Espaigne estoit en repos avec luy, et ne desiroient le roy et la royne d'Espaigne sinon qu'amytié : et il les tenoit en doubte et despence, à cause du pays de Roussillon, qu'il tenoit de la maison d'Arragon, qui luy avoit esté baillé (par le roy Jehan d'Arragon, pere du roy de Castille qui regne de present) en gaige, et par aucunes conditions qui encores ne sont vuydees[2]. Touchant les puissances d'Italie, le vouloient pour amy et avoient quelque confederation avec luy, et souvent y envoyoient leurs ambassadeurs. En Allemaigne avoit les Suisses, qui luy obeyssoient comme ses subjectz. Les roys d'Escosse[3], de Portingal[4] et ses allyez, et partie de Navarre[5] faisoient ce qu'il vouloit. Ses

[1] Deux manuscrits (B et C) ajoutent ici : « et ceste cause faisoit le duc Francois. »

[2] Par lettres du 23 mai 1462, le roi d'Aragon engagea les comtés de Roussillon et de Cerdagne à Louis XI, pour la somme de trois cent mille écus d'or, à condition que ce dernier lui entretiendrait un nombre de troupes suffisant pour réduire la Catalogne, et pour les guerres d'Aragon et de Valence (LENGLET, II, 364.) Ces pays furent rendus à la Castille par le traité de paix conclu à Barcelonne, le 19 janvier 1493 (v. s.), entre Charles VIII, Ferdinand et Isabelle. (*Histoire de Charles* VIII, 662-671.)

[3] Jacques III, voyez ci-dessus, page 161, note 2.

[4] Jean II, fils d'Alfonse V, roi de Portugal, et d'Isabelle, fille de l'infant Don Pèdre. Marié à Éléonore de Portugal, fille de Ferdinand, duc de Visco. Mort le 25 octobre 1495. (ANSELME, I, 598.)

[5] Deux partis contraires divisaient alors la Navarre : celui de la reine Catherine, nièce de Louis XI, et celui du vicomte de Narbonne qui voulait s'emparer de la couronne. C'est du premier de ces partis, sans doute, que Commynes entend parler.

subjectz trembloient devant luy : ce qu'il commandoit estoit incontinent acomply, sans nulle difficulté, ne excusation.

Touchant les choses que l'on pensoit necessaires pour sa santé [1], de tous les costez du monde luy estoient envoyees. Le pape Sixte [2], derrenier mort, estant informé de sa malladie et que, par devotion, le Roy desiroit avoir le corporal sur quoy chantoit monseigneur sainct Pierre, tantost le luy envoya avec plusieurs aultres relicques [3], qui luy furent ren-

---

[1] « En la presence de moy, Martin Rissent, notaire et secretaire du Roy nostre sire, Ferrault de Bonnel, natif de Piemont, a confessé avoir eu et receu de Michel le Tenturier, conseiller du dict sire et receveur general de ses finances..., la somme de neufvingtz douze livres tournois, laquelle le dict sire luy a ordonnee pour le rembourser de quatre vingtz seize escus d'or vielz qu'il a mis pour le dict sire à faire certain beuvrage appellé *aurum potabile* à luy donné par medecin.... En tesmoing de ce, j'ay signé ceste presente quictance, à sa requeste, le viiie jour d'avril l'an mille cccc quatre vingtz et troys, apres Pasques. Signé M. Rissent. » (Fontanieu, *Portef.*, 142.)

[2] Sixte IV, mort le 13 août 1484. Voyez ci-dessus, page 198, note 2.

[3] Sixte IV ne se borna point à cela. Raynaldus nous apprend (XIX, ann. 1483, n° 29) que ce pape adressa à saint François de Paule, le 11 juin 1483, deux brefs dans lesquels il lui ordonna de prier pour le rétablissement de la santé du Roi : ceci était enjoint, dans l'un des brefs, en vertu de l'obéissance due au Saint-Siége; dans l'autre, *sous peine d'excommunication* en cas de refus. Tous deux furent envoyés le même jour, 11 juin, à Louis XI, qui demeurait maître de faire usage de celui qui lui conviendrait le mieux. — « Au dit temps, le Roi fist venir grand nombre et grand quantité de joueurs de bas et doux instrumens, qu'il fist loger à Saint-Cosme, près Tours, où illec ils s'assemblerent jusques au nombre de six vingts, entre lesquels y vint plusieurs bergers du pays de Poictou, qui souvent jouerent devant le ogis du Roy (mais ils ne le voyoient point), afin que ausdits instru-

voyees. La saincte Ampolle, qui est auprès de Reins, qui jamais n'avoit esté remuee de son lieu, luy fut apportee jusques en sa chambre, au Plessis, et estoit sur son buffet à l'heure de sa mort: et avoit intention d'en prendre semblable onction qu'il en avoit prins à son sacre, combien que beaucoup de gens cuydoient qu'il s'en voulsist oindre tout le corps, ce qui n'est pas vraysemblable, car ladicte saincte Ampolle est fort petite et n'y a pas grant matiere dedans[1]. Je la

mens le Roi y prist plaisir et passe-temps, et pour le garder de dormir. Et, d'un autre costé, y fist aussi venir grand nombre de bigots, bigottes et gens de devotion, comme hermites et sainctes creatures, pour sans cesse prier à Dieu qu'il permist qu'il ne mourust point et qu'il le laissast encores vivre. » (*Chronique scandaleuse;* voy. LENGLET, II, 167.)

[1] La supposition de Commynes est, comme il le dit, très-vraisemblable: d'autant plus que le Roi n'avait pas osé, d'abord, demander que la fiole entière lui fût envoyée. Il se serait contenté à moins. « Chier et bien amé, » écrivait-il à l'abbé de Saint-Remy de Reims, le 17 avril (1483), « Nous voudrions bien, s'il se pouvoit faire, avoir *petite goutte* de la saincte Ampoule, et pour ce Nous vous prions que vous advisez et enquerrez s'il se pourroit faire d'en tirer un peu de la fiole où elle est, sans peché ne danger. » Cette humble et modeste requête n'ayant pas eu le succès qu'il en avait espéré, Louis XI recourut à l'autorité du pape, et, en ayant obtenu la permission désirée, il écrivait aux religieux et couvent de Saint-Remy, le 14 juillet suivant: « Nous envoyons presentement, et de la permission de nostre sainct pere le pape, par devers vous.., noz amez et feaux conseillers l'evesque de Seez, Claude de Montfaucon, gouverneur d'Auvergne, et Jehan de Sammeville, seigneur de la Heuze, nos chambellans, pour Nous apporter, le plus honnestement qu'ils pourront, la saincte Ampoule. » Une autre lettre adressée aux mêmes, et datée du même jour, contient ce qui suit : « Nous envoyons de par là nostre amé et feal conseiller et premier chambellan Claude de Montfaucon, gouverneur d'Auvergne, et lui avons chargé soy adrecier à vous, qui avez la garde de la dite saincte

veis à l'heure dont je parle, et aussi quant ledict seigneur fut mis en terre à Nostre Dame de Clery [1].

Ampoule. Si vous prions.... que à nostre conseiller vueilliez bailler incontinent ladite saincte Ampoule. » Les trois lettres que nous venons de citer par extrait font partie d'une curieuse notice récemment publiée, sous le titre de *Louis XI et la sainte Ampoule*, par M. Prosper Tarbé, membre de la Société de l'Histoire de France et de celle des Bibliophiles de Reims. La saincte Ampoule, apportée de Reims à Paris par l'évêque de Seez et le gouverneur d'Auvergne, s'arrêta en l'église « de Sainct Antoine des Champs, lez Paris », où la cour du Parlement de Paris l'alla chercher le 31 juillet 1485. « Et estoient à cheval messieurs les presidens, conseillers et autres officiers de la dicte court, les arcevesques de Narbonne, evesque de Paris, de Vercelle et du dict Sees, ceulx de la Chambre des Comptes, les prevost des marchans et eschevins de la ville de Paris, plusieurs autres tant officiers du Roy nostre sire que gens d'estat : y avoit aussi XII torches ardans, armoirez des armes de la Ville, qui estoient autour de la dicte saincte Ampoule. Et sont venuz au devant jusques à la dicte porte Sainct Anthoine, en procession, à chappes et reliques, les quatre Ordres mendians, et les eglises collegialles et parochialles de la dicte ville, et chantoient les gens de l'église par la ville plusieurs anthenes et suffrages de Dieu, de Nostre Dame et des glorieux saincts de paradis, et mesmement du glorieux Sainct Germain, evesque d'Auxerre, duquel la feste est huy solemnisee en nostre saincte eglise : et fut apportee la dicte saincte Ampoule en la Saincte Chapelle du dict Palais, et y reposa ceste nuyt. » (Archives du Royaume, *Parlement*, conseil, reg. XXVII, fol. 353.) Le lendemain, premier août, « fut emportee de la dicte Saincte Chapelle, la dicte saincte Ampoule, et aussi la croix de Victoire et la verge de Moyse, qui estoit de la dicte Saincte Chapelle, et allèrent processionnellement, accompaignez des églises collegialles et paroisses, comme dict est de hier, pour les porter devers le Roy nostre dict seigneur : et les conduisit on jusques à Nostre Dame des Champs. » (*Id.*, *ibid.*)

[1] Dans un compte de Jehan Lallemant, année 1483, nous trouvons Estienne Messiat porté pour 85 liv., « pour deux voyages, le 1ᵉʳ au mois de septembre 1482, fait à grande diligence en la ville de Florence, pour aporter au Roy des pois loupins ; et pour un autre voyage

Le Turc, qui regne aujourd'huy [1], luy envoya ung ambassadeur [2] qui vint jusques à Riez en Prouvence; mais ledict seigneur ne le voulut point ouyr, ne qu'il vinst plus avant. Ledict ambassadeur luy apportoit ung grant roolle de relicques, lesquelles estoient encores en Constantinoble, entre les mains dudict Turc: lesquelles choses il offroit au Roy, avec grant somme d'argent, pourveu que ledict seigneur voulsist bien faire garder le frere dudict Turc [3], lequel estoit en ce royaulme entre les mains de ceulx de Rhodes, et à present est à Romme entre les mains du pape.

Par toutes les choses dessusdictes se peult congnoistre le sens et grandeur de nostre Roy, et comme il estoit estimé et honnoré en ce monde, et comme

par luy fait de la ville de Tours, au mois de novembre ensuivant, en grande diligence, en ladite ville de Florence, pour apporter au Roy l'anneau de St.-Qeurby. » (Bib. Roy., Ms., *fonds Gaignières*, n° 772[2], fol. 737 verso.) On voit encore, par le même compte, que Louis XI commit « Philippes Lourin, conseiller et general des finances de Normandie, à tenir le compte de 10,000 liv. que le Roy a emprunté d'aucunes villes de Normandie pour bailler à messire Georges le Grec, chevalier, pour faire armer et equiper deux navires et une barque que le Roy envoya pour lors en l'Isle Vert, querir aucunes choses qui touchoient tres fort le bien et *santé* de sa personne. » (Id., *ib.*, 737 recto.)

[1] Bajazet II, fils de Mahomet II, succéda à son père en 1481. Mort en mai 1512. (*Art de vérifier les dates*, I, 500.)

[2] Nommé Houseïnde. (Hammer, III, 361.)

[3] Zizim (Djem), frère de Bajazet, ayant voulu disputer le trône à ce dernier, fut vaincu et forcé de chercher un refuge à Rhodes. Après qu'il eut séjourné trois mois dans cette ville, les chevaliers l'envoyèrent en France. Livré, en 1489, aux députés du pape Innocent VIII, il resta à Rome jusqu'à ce que le pape Alexandre VI le remît, en 1495, entre les mains des officiers de Charles VIII. Zizim mourut peu de jours après son départ de Rome. (*Art de vérifier les dates*, I, 500.)

les choses spirituelles, de devotion et de religion estoient employees pour luy alonger la vie, aussi bien que les choses temporelles. Toutesfois le tout n'y feit riens, et falloit qu'il passast par là où les aultres sont passez. Une grace luy feit Dieu : car, comme il l'avoit creé plus saige, plus liberal et plus vertueux en toutes choses que les princes qui regnoient avec luy et de son temps, et qui estoient ses ennemys et voisins, avec ce qu'il les passa en toutes choses, aussi les passa il en longueur de vie; mais ce ne fut de gueres. Car le duc de Bourgongne Charles, la duchesse d'Austriche sa fille, le roy Edouard, et le duc Galleasche de Millan, le roy Jehan d'Arragon, tous ceulx là estoient mors peu d'annees paravant luy; et de la duchesse d'Austriche, du roy Edouard et de luy, n'y eut comme riens à dire. En tous y avoit du bien et du mal, car ilz estoient hommes; mais, sans user de nulle flaterie, en luy avoit trop plus de choses appartenantes à office de roy et de prince que en nul des aultres. Je les ay presque tous veuz, et sceu ce qu'ilz scavoient faire [1].

CHAPITRE X.

Comment le roy Loys unziesme feit venir vers luy Charles, son filz, peu avant sa mort, et des commandemens et ordonnances qu'il feit tant à luy que à aultres.

En cest an mil quatre cens quatre vingtz et deux [2], voulut le Roy veoir monseigneur le Daulphin son filz,

[1] Après ces derniers mots on lit dans Sauvage : «Parquoy je ne devine point.»
[2] Les trois manuscrits et les premières éditions mettent ainsi. Sau-

[1483] LIVRE VI, CHAPITRE X. 253

lequel n'avoit veu de plusieurs annees : car il craignoit qu'il fust veu de gueres de gens, tant pour la santé de l'enfant, que de paour que l'on ne le tirast hors de là, et que, soubz umbre de luy, quelque assemblee ne se feist en son royaulme : car ainsi avoit il esté faict de luy contre le roy Charles septiesme, son pere, à l'heure qu'il n'avoit que unze ans [1], par aucuns seigneurs du royaulme, et s'appella ceste guerre la Praguerie [2]; mais elle ne dura gueres, et ne fut que ung debat de court.

vage et ses successeurs ont commis une faute en introduisant dans le texte la date mil quatre cens quatre-vingt *trois,* car les instructions données par Louis XI à son fils, lors de leur entrevue, sont du 21 septembre mil quatre cent quatre-vingt *deux.* (LENGLET, IV, partie I, p. 89.) Cette erreur de quelques-uns de nos devanciers devait d'autant plus être signalée qu'elle a exposé Commynes au reproche d'avoir été mal instruit des événemens en classant à l'année 1483 un fait qui appartient certainement à 1482. (Voy. MATHIEU, *Histoire de Louis XI,* 402.) Ici, comme en d'autres endroits de ses Mémoires, Commynes revient sur ses pas : il interrompt le récit des événemens d'une année pour rappeler des faits que, volontairement ou involontairement, il avait omis.

[1] Louis XI était né le 3 juillet 1423. (Voy. tome I, 2, note 1.)

[2] « Au commencement de cet an (1440) Charles, roi de France, fit grand assemblée de nobles hommes.... pour aller au pays de Bourbonnois détruire et subjuguer monseigneur le duc de Bourbon et ses pays : lequel, à sa grand déplaisance, avoit séduit et emmené son fils le Dauphin... au pays de Bourbonnois... : auquel lieu allerent le duc d'Alençon, le comte de Vendome.... Si étoit leur intention que le dessusdit Dauphin auroit seul le gouvernement et pouvoir du royaume. » Le 24 juillet, même année, la paix était signée entre les deux parties belligérantes : cette guerre avoit à peine duré trois mois. (MONSTRELET, VII, 78, 84.) — « On nomme cette rébellion la Praguerie, par allusion aux mouvements excités à Prague, en Bohême, par les disciples de Jean Hus et Jérôme de Prague. » (*Note de Lenglet.*)

Entre toutes choses, il recommanda monseigneur le Daulphin, son filz, à aucuns serviteurs, et luy commanda expressement ne changer aucuns officiers, luy alleguant que quant le roy Charles septiesme son père alla à Dieu, et que luy vint à la couronne, il desappoincta tous les bons et notables chevaliers du royaulme, et qui avoient aydé et servy son dict pere à conquerir Normandie et Guyenne, et chasser les Anglois hors du royaulme, et à le remettre en paix et bon ordre (car ainsi le trouva il, et bien riche), dont il luy en estoit bien mal prins : car il en eut la guerre appellee le Bien Public (dont j'ay parlé ailleurs [1]), qui cuyda estre cause de luy oster la couronne. Bientost apres que le Roy eut parlé à monseigneur le Daulphin son filz, et achevé ce mariaige (dont j'ay parlé), luy print la malladie dont il partit de ce monde, par ung lundy, et dura jusques au samedy ensuivant, penultiesme d'aoust mil quatre cens quatre vingtz et trois [2] :

[1] Voyez tome I, page 14. Tous les seigneurs qui se liguèrent alors contre Louis XI portaient « chacun une aiguillette de soye à sa ceinture, à quoy ils congnoissoyent les uns les autres : et ainsi fut faicte ceste aliance, et dont le Roy ne peut onques rien scavoir, toutesfois il y avoit plus de cinq cens, que princes, que chevaliers, que dames et damoiselles et escuyers qui estoyent tous acertenes de ceste aliance : et se faisoit ceste emprise sous ombre du bien publiq : et disoit on que le Roy gouvernoit mal le royaume, et qu'il estoit besoin de le reformer. » (OLIVIER DE LA MARCHE, II, 234.)

[2] « Le Lundy 25 aoust (1483), le Roy devint fort malade en son hostel des Montils lez Tours, tellement qu'il perdit la parole et tout entendement ; et en vinrent les nouvelles à Paris, le mercredy 27 du dit mois, qu'il estoit mort, par une lettre qu'en escripvit maistre Jehan Briçonnet, ausquelles lettres fut foy ajoustée pour ce que le dit Briconnet estoit homme de bien et de credit. Et à ceste cause les

et estoye present à la fin de la malladie, parquoy en veulx dire quelque chose.

Dès ce que le mal luy print, il perdit la parolle, comme aultresfois avoit faict : et quant elle luy fut revenue, se sentit plus foible que jamais n'avoit faict, combien que paravant l'estoit tant que à grant peine povoit il mettre la main à la bouche, et estoit tant mesgre et tant deffaict qu'il faisoit pitié à tous ceulx qui le veoient. Ledict seigneur se jugea mort, et sur l'heure envoya querir monseigneur de Beaujeu, mary de sa fille, à present duc de Bourbon, et luy commanda aller au Roy son filz qui estoit à Amboise (ainsi l'appela il) en luy recommandant, et ceulx qui l'avoient servy : et luy donna toute la charge et gouvernement dudict Roy son filz; et luy commanda que aucunes gens n'approchassent de luy. Dict plusieurs bonnes choses et notables, et si en tout ledict seigneur de Beaujeu eust observé son commandement ou en partie (car il y eut quelques commandemens contradictoires[1] et qui n'estoit de tenir), mais si la generalité il les eust gardez,

---

prevost des marchans et eschevins de la ville de Paris, pour pourvoir aux affaires d'icelle ville, firent mettre garde aux portes de la dite ville, pour garder que hommes n'en issit ne y entrast. Et à ceste cause fut bruit commun parmy la dicte ville de Paris, que le Roy estoit ainsi mort, dont il n'estoit rien ; et s'en revint, but, parla et mangea très-bien, et vesquit jusques au samedy au soir, ensuivant, 30 aoust, environ l'heure de entre six et sept heures au soir, qu'il rendit l'ame. Et incontinent fut le corps abandonné de ceux qui l'avoient servy en la vie. » (*Chronique scandaleuse* ; voyez LENGLET, II, 171.)

[1] Tous les imprimés et deux de nos manuscrits mettent *extraordinaires*. Nous avons adopté le texte du ms. B.

je croy que ce eust esté le prouffit de ce royaulme et le sien particulier, veu les choses advenues depuis.

Apres envoya le chancellier[1] et toute sa sequelle porter les seaulx audict Roy son filz. Luy envoya aussi partie des archiers de sa garde et cappitaines, et toute sa vennerie et faulconnerie, et toutes aultres choses : et tous ceulx qui alloient vers Amboise, devers le Roy son filz, leur prioit[2] le servir bien, et par tous luy mandoit quelque chose, et par especial par Estienne de Vers[3], lequel avoit nourry ledict roy nouveau, et servy de premier varlet de chambre, et l'avoit desja faict le Roy nostre maistre bailly de Meaux. La parolle jamais ne luy faillit, depuis qu'elle luy fut revenue, ne le sens; ne jamais ne l'eut si bon : car incessamment se vuydoit, qui luy ostoit toute fumee de la teste. Jamais, en toute sa malladie, ne se plaignit, comme font toutes sortes de gens quant ilz sentent mal : au moins suis je de ceste nature, et en ay veu plusieurs aultres : et aussi l'on dict que le plaindre alleige la douleur.

---

[1] Guillaume, seigneur de Rochefort. (Voy. tom. I, page 25, note 2.)

[2] On lit dans les trois manuscrits : « Et tous ceulx qui là venoient vers Amboise devers le Roy, leur priant, etc. » Sauvage et autres éditeurs mettent : « Et tous ceulx qui *le* venoient *voir, il les envoyoit à Amboise.* » Nous avons suivi le texte des premières éditions.

[3] Étienne de Vesc, chevalier, né de famille noble du bas Dauphiné ou du Comtat, valet de chambre de Charles VIII, puis chambellan ordinaire, fut fait sénéchal de Beaucaire et de Nismes le 3 mars 1490. Président de la Chambre des Comptes, duc de Nole : porta l'épée de connétable à l'entrée du Roi dans la ville de Naples ; fut nommé baron de Grimault. Mort en 1501. (LANCELOT, *Mémoires de l'Académie des Inscriptions et Belles-Lettres*, tome XIII, 670.) Bailli et concierge du Palais. Mort le 6 octobre 1501. (SAUVAL, III, 532.)

CHAPITRE XI.

Comparaison des maulx et douleurs que souffrit le roy Loÿs, à ceulx qu'il avoit faict souffrir à plusieurs personnes; avec continuation de ce qu'il feit et fut faict avec luy jusques à sa mort.

Incessamment disoit quelque chose de sens : et dura sa malladie, comme j'ay dict, depuis le lundy jusques au samedy au soir. Pour ce, je veulx faire comparaison des maulx et douleurs qu'il a faict souffrir à plusieurs et ceulx qu'il a soufferts avant mourir, pour ce que j'ay esperance qu'ilz l'auront mené en paradis, et que ce aura esté causé en partie de son purgatoire : et si n'ont esté si grans, ne si longs comme ceulx qu'il a faict souffrir à plusieurs, aussi avoit aultre et plus grant office en ce monde qu'ilz n'avoient; et si jamais n'avoit souffert de sa personne, mais tant a esté obey qu'il sembloit presque que toute l'Europe ne fust faicte que pour luy porter obeyssance : parquoy ce petit qu'il souffroit, contre sa nature et accoustumance, luy estoit plus grief à porter.

Tousjours avoit esperance en ce bon hermite qui estoit au Plessis, dont j'ay parlé, qu'il avoit faict venir de Calabre, et incessamment envoyoit devers luy, disant que, s'il vouloit, il luy allongeroit bien la vie : car, nonobstant toutes ces ordonnances[1], si luy revint le cueur et avoit bien esperance d'eschapper. Et si

---

[1] Dans l'intention, sans doute, de rendre le texte plus clair, mais sans aucune autorité, Sauvage intercale ici les mots suivans : « qu'il avoit faictes de ceux qu'il avoit envoyez devers monseigneur le Daulphin son filz. »

ainsi fust advenu, il eust bien desparty l'assemblee qu'il avoit envoyee à Amboise à ce nouveau roy. Et, pour ceste esperance qu'il avoit audict hermite, fut advisé, par certain theologien[1] et aultres, que on luy desclareroit[2] que en son faict n'avoit plus d'esperance qu'à la misericorde de Dieu, et que à ces parolles se trouveroit present son medecin, maistre Jacques, en qui il avoit toute esperance et à qui chascun mois donnoit dix mil escuz, esperant qu'il luy allongeast la vie[3], affin que de tous poinctz pensast en sa conscience et qu'il laissast toutes aultres pensees : ce qu'il feroit. Et comme il les avoit haulsez, et trop à coup et sans propos, en estatz plus grans qu'il ne leur appartenoit, ainsi prindrent charge sans craincte de dire chose à ung tel prince que ne leur appartenoit pas, ny ne gardoient pas la reverence ne l'humilité qu'il appartenoit au cas, ne que eussent faict ses nourriz, ne ceulx que peu auparavant avoit eslonguez de luy pour ses ymaginations. Mais, tout ainsi que deux grans per-

[1] M. de Barante (X, 82) le nomme Jean de Rely, docteur en théologie et chanoine de Paris. Gabriel Naudé, dans ses Additions à l'Histoire de Louis XI (voy. LENGLET, IV, partie I, page 290), dit que le docteur en théologie qui assista Louis XI dans sa dernière maladie se nommait Philippe, religieux de l'abbaye de Saint-Martin.

[2] « On luy declareroit *qu'il s'abusoit* et qu'en son faict... » (SAUVAGE et ses successeurs.)

[3] « La vie. *Et fut prise ceste conclusion par maistre Olivier*, à fin que de tous poincts il pensast à sa conscience, et qu'il laissast toutes autres pensees, *et ce sainct homme, en qui il se fioit, et le dict maistre Jacques, le medecin. Et tout ainsi qu'il avoit haulsé le dict maistre Olivier et autres*, trop à coup... » (SAUVAGE et ses successeurs.) Nous avons adopté le texte du manuscrit A.

sonnaiges qu'il avoit faict mourir de son temps (dont de l'ung feit conscience à son trespas, et de l'aultre non : ce fut le duc de Nemours[1] et le conte de Sainct-Pol[2]), auxquelz fut signifiee la mort par commissaires deputez à ce faire, lesquelz en briefz motz leur desclarerent leur sentence et baillerent confesseur pour disposer de leurs consciences en peu d'heures qu'ilz leur baillerent à ce faire, tout ainsi signifierent à nostre Roy les trois dessusdictz sa mort en briefves parolles et rudes, disans : « Sire, il fault que nous acquictions : n'ayez plus d'esperance en ce sainct homme ne en aultres choses, car seurement il en est faict de vous, et, pour ce, pensez à vostre conscience : car il n'y a nul remede. » Et chascun dict quelque mot assez brief,

[1] Voyez tome I, page 25, note 5. Il fut examiné le 20 janvier 1476 (v. s.) et condamné le 10 juillet suivant. « Veu par la court, president en icelle, commissaire, lieutenant du Roy nostre sire, representant sa personne et à ce par luy commis le comte de Clermont, seigneur de Beaujeu, les charges, informations.... faits à l'encontre de messire Jacques d'Armagnac, duc de Nemours..., la court a declaré et declare icelluy Jacques d'Armagnac estre convaincu du crime de leze majesté..; l'a condamné et condamne à recevoir mort et à estre decapité et executé par justice... Fait en parlement, le dixiesme jour de juillet, l'an mil quatre cens septante sept. » (LENGLET, III, 518-530.)

[2] Voyez tome I, page 15, note 1. Son procès dura depuis le 27 novembre 1475 jusqu'au 19 décembre suivant. (Voy. tome I, page 400, note 1.) Le seigneur de Gaucourt lui lut sa sentence : « Vous avez « esté long temps en la garde du Roy, dilligemment interrogué des « extremes cas qu'avez commis... Je suis ici envoyé par la Court de « Parlement, vous signifier la sentence, laquelle est contre vous : c'est « que vous estes jugé à estre decapité et mourir aujourd'huy publique- « ment en Greve, devant la maison de la Ville. » A ces motz, monseigneur le connestable s'escria haultement et dict : « Mon Dieu ! quelles « nouvelles : veey une dure sentence! » (MOLINET, 1, 185.)

ausquelz il respondit : « J'ay esperance en Dieu que il m'aydera, car, par adventure, je ne suis pas si mallade que vous pensez. »

Quelle douleur luy fut d'ouyr ceste nouvelle! car oncques homme ne craignit tant la mort, ny ne feit tant de choses pour cuyder y mettre remede : et avoit, tout le temps de sa vie, prié à ses serviteurs, et à moy comme à d'aultres, que, si on le veoit en ceste necessité de mort, que on ne luy dist, fors tant seullement : « Parlez peu », et que l'on l'esmeust seullement à se confesser sans luy prononcer ce cruel mot de la mort : car il luy sembloit n'avoir jamais cueur pour ouyr une si cruelle sentence. Toutesfois il l'endura vertueusement, et toutes aultres choses, jusques à la mort, et plus que nul homme que j'aye jamais veu mourir. A son filz, qu'il appella Roy, manda plusieurs choses : et se confessa tres bien, et dict plusieurs oraisons servans à propos, selon les sacremens qu'il prenoit, lesquelz lui mesmes demanda : et, comme j'ay dict, il parloit aussi sec comme si jamais n'eust esté mallade, et parloit de toutes choses qui povoient servir au Roy son filz : dict, entre aultres choses, que le seigneur des Cordes ne bougeast d'avec le Roy son filz de six mois, et que on le priast de ne mener nulle praticque sur Calais, ne ailleurs, disant qu'il estoit conclud à conduire telles entreprinses, et à bonne intention pour le Roy et pour le royaulme; mais qu'elles estoient dangereuses, et par especial celle de Calais, de paour d'esmouvoir les Anglois. Et vouloit sur toutes choses, que, apres son trespas, on tinst le royaulme en paix cinq ou six ans, ce que jamais n'avoit peu souffrir en sa vie. Et, à la verité, le royaulme en avoit bon besoing : car, combien qu'il fust grant et estendu, si estoit il bien mesgre et povre, et par especial pour les passaiges des gens d'armes qui se remuoient d'ung pays en l'aultre, comme ilz ont faict depuis, et beaucoup pis. Il ordonna que on ne prinst point de debat en Bretaigne, et que on laissast vivre le duc Francois en paix et sans luy donner doubtes ne crainctes, et semblablement tous les voisins du royaulme, affin que le Roy et le royaulme peussent demourer en paix jusques à ce que le Roy fust grant et en aage pour en disposer à son plaisir.

Pour ce que, en ung article precedent, j'ay commencé à faire comparaison des maulx qu'il avoit faict souffrir à aucuns et à plusieurs qui vivoient soubz luy et en son obeyssance, dont avant mourir il avoit souffert les semblables (et si n'estoient ne si grans ne si longs, comme j'ay dict audict article, si estoient ilz bien grans veu sa nature, qui plus demandoit obeyssance que nul aultre en son temps et qui plus l'avoit eue, pourquoy ung petit mot de responce contre son vouloir luy estoit une bien grande pugnition de l'endurer), j'ay parlé comme peu discrettement luy fut signifiee la mort[1] ; mais quelques cinq ou six mois

---

[1] Sauvage a refait ainsi ce passage : « *Voilà donc comment* luy fut signifiée *ceste* mort. *Ce que j'ay bien voulu reciter*, pour ce qu'en un autre article precedent, j'ay commencé à faire comparaison des meaulx qu'il avoit fait souffrir à aucuns, et a plusieurs qui vivoient soubs luy, et en son obéissance, *avec ceulx qu'il souffrit avant sa mort, afin que*

paravant ledict seigneur avoit suspection de tout homme, et especiallement de tous ceulx qui estoient dignes d'avoir auctorité. Il avoit craincte de son filz et le faisoit estroictement garder; ne nul homme ne le veoit, ne parloit à luy, sinon par son commandement. Il avoit doubte, à la fin, de sa fille et de son gendre, à present duc de Bourbon, et vouloit scavoir quelz gens il entroit au Plessis quant et eulx; et à la fin rompit ung conseil que le duc de Bourbon, son gendre, tenoit leans par son commandement.

A l'heure que sondict gendre et le conte de Dunois[1] revindrent de mener l'ambassade qui estoit venue aux nopces du Roy son filz et de la Royne, à Amboise, et qu'ilz retournerent au Plessis, et entrerent beaucoup de gens avec eulx, ledict seigneur, qui fort faisoit garder les portes, estant en la gallerie qui regarde en la court dudict Plessis, feit appeler ung de ses cappitaines des gardes et luy commanda aller taster aux gens des seigneurs dessusdictz, veoir s'ilz n'avoyent

---

l'on voye s'ils n'estoyent si grands ne si longs (comme j'ay dit au dict article) *que néanmoins* estoyent ils bien grands, veue sa nature, que plus demandoit obéissance que nul autre en son temps, et qui plus l'avoit eue. Parquoy un petit mot de response contre son vouloir, lui estoit bien grand punition de l'endurer. » Godefroy, Lenglet et autres ont adopté ces rectifications, ce que nous n'avons pu faire, n'y étant autorisé ni par les manuscrits ni par les premières éditions.

[1] François d'Orléans, comte de Longueville et de Dunois, né en 1447, gouverneur du Dauphiné par lettres patentes de Charles VIII, données le 29 décembre 1483, grand chambellan de France en 1485, fils de Jean, bâtard d'Orléans, comte de Dunois, et de Marie de Harcourt. Marié à Agnès de Savoie. Mort le 25 novembre 1491. (ANSELME, 1, 215.)

point de brigandines soubz leurs robbes, et qu'il le feist comme en se devisant à eulx, sans trop en faire de semblant. Or regardez s'il avoit faict vivre beaucoup de gens en suspection et crainete soubz luy, s'il en estoit bien payé, et de quelz gens il povoit avoir seureté, puisque de son filz, fille et gendre il avoit suspicion! Et ne le dis point pour luy seullement, mais pour tous aultres seigneurs qui desirent estre crainctz; jamais ne se sentent de la revanche, jusques à la viellesse : car pour penitence craignent tout homme. Et quelle douleur estoit à ce Roy d'avoir ceste paour et ces passions!

Il avoit son medecin, appellé maistre Jacques Coctier, à qui, en cinq mois, il donna cinquante quatre mil escuz contans (qui estoit à la raison de dix mil escuz le mois¹) et l'evesché d'Amyens pour son nepveu², et aultres offices et terres pour luy, et pour ses amys. Ledict medecin luy estoit si tres rude que l'on ne diroit point à ung varlet les oultraigeuses et rudes parolles qu'il luy disoit : et si le craignoit tant ledict seigneur qu'il n'eust osé l'envoyer hors d'avec luy, et si s'en plaignoit à ceulx à qui il en parloit; mais il ne l'eust osé changer, comme il faisoit tous aultres serviteurs, pour ce que ledict medecin luy disoit audacieusement ces motz : « Je scay bien que

---

¹ « Le mois, *et quatre mil par dessus.* » (SAUVAGE et ses successeurs.)
² Pierre Versé, nommé à l'évêché d'Amiens le 16 août 1482, prêta serment le 24 novembre de la même année. Mort le 10 février 1500. (*Gall. Christ.*, tome X, col. 1203.) Selon de La Morlière (235), il serait mort le *vingt-huit* de février.

ung matin vous m'envoyerez, comme vous faictes les aultres; mais, par la.... (ung si grant serment qu'il juroit), vous ne vivrez point huict jours apres. » Ce mot l'espovantoit tant, que apres ne le faisoit que flater et luy donner, qui luy estoit ung grant purgatoire en ce monde, veu la grant obeyssance qu'il avoit eue de tant de gens de bien et de grans hommes.

Il est vray qu'il avoit faict de rigoureuses prisons, comme caiges de fer, et d'aultres de boys, couvertes de plaques de fer par le dehors et par le dedans, avec terribles ferrures de quelque huict pieds de large, et de la haulteur d'ung homme, et ung pied plus[1]. Le

---

[1] Dans le 2e compte de Jehan Raguier, pour l'année 1479, se trouve porté « Jehan Daulin, marchant ferron, demeurant à Tours, pour l'achapt de 3457 livres et demye de fer que le Roy a faict prendre et achapter de luy pour faire partie d'une cage de fer à mettre prisonniers. » (Bibl. Roy., Ms., *fonds Gaignières*, n°. 772², fol. 699 recto.) Sauval (III, 428) nous a conservé la curieuse description de l'un de ces cachots : «Pour avoir fait de neuf une grande cage de bois de grosses solives, membreures et sablieres, contenant neuf pieds de long sur huit pieds de lé, et, de hauteur, sept pieds entre deux planchers, lissée et boujonnée à gros boujons de fer, laquelle a été assise en une chambre étant en l'une des tours de la Bastille Saint-Antoine, à Paris, par devers la porte du dit Saint-Antoine : en laquelle cage est mis et détenu prisonnier, par le commandement du Roi notre dit Seigneur, l'évesque de Verdun (Guillaume de Haraucourt). Fut employé à la dite cage quatre vingt seize solives de couche, et cinquante deux solives de bout, dix sablieres de trois toises de long, et furent occupés dix neuf charpentiers pour écarrir, ouvrer et tailler tout le dit bois en la cour de la Bastille, pendant vingt jours. Il y avoit à cette cage deux cens vingt gros boujons de fer, les uns de neuf pieds de long, les autres de huit, et les autres moyens, avec les rouelles, pommelles et contrebandes servans ausdits boujons, pesant tout le dit fer trois mille sept cens trente cinq livres, outre huit grosses équieres de fer servant à

premier qui les devisa fut l'evesque de Verdun [1], qui en la premiere qui fut faicte fut mis incontinent et y a couché quatorze ans. Plusieurs depuis l'ont mauldit, et moy aussi, qui en ay tasté, soubz le Roy de present, huict mois. Aultresfois avoit faict faire, à des Allemans, des fers tres pesans et terribles, pour mettre aux pieds : et estoit ung anneau pour mettre au pied seul, malaysé à ouvrir, comme ung carcan, la chaine grosse et pesante, et une grosse boulle de fer au bout, beaucoup plus pesante qu'il n'estoit de raison ne qui n'appartenoit, et les appelloit l'on les fillettes du Roy. Toutesfois j'ay veu beaucoup de gens de bien prisonniers les avoir aux pieds, qui depuis en sont sailliz à grant honneur et à grant joye, et qui depuis ont eu de grans biens de luy; et, entre les aultres, ung filz [2]

attacher la dite cage, avec les crampons et cloux, pesans ensemble deux cens dix huit livres de fer, sans compter le fer des treillis des fenestres de la chambre où elle fut posée, des barres de fer de la porte de la chambre et autres choses : revient à trois cens dix sept livres cinq sols sept deniers. Et fut payé outre cela à un maçon, pour le plancher de la chambre où étoit la cage, vingt sept livres quatorze sols parisis, parce que le plancher n'eust pû porter cette cage à cause de sa pesanteur, et pour faire des trous pour poser les grilles des fenestres; et à un menuisier la somme de vingt livres deux sols parisis, pour portes, fenestres, couches, selle percée, et autres choses ; plus, quarante six sols huit deniers parisis à un vitrier, pour les vitres de la dite chambre. Ainsi monte la dépense, tant de la chambre que de la cage, à la somme de trois cens soixante sept livres huit sols trois deniers parisis, qui étoit une somme considerable alors, puisque le muid de plastre n'est compté qu'à vingt sols parisis, qui aujourd'hui (vers 1654) vaut sept livres tournois. »

[1] Voyez tome I, page 206, note 3.
[2] Jean de Bruges, seigneur d'Avelghem, Espières, depuis seigneur de la Gruthuyse, prince de Steanhuyse, etc., créé chevalier par Maxi-

de monseigneur de la Gruthuse[1], de Flandres, prins en bataille, lequel ledict seigneur maria, et feit son chambellan et seneschal d'Anjou, et luy bailla cent lances. Aussi au seigneur de Piennes[2], prisonnier de guerre, et le seigneur de Vergy[3]. Tous deux ont eu gens d'armes de luy, et ont esté ses chambellans, ou de son filz, et aultres grans estatz : et autant à monseigneur de Richebourg[4], frere du connestable, et à ung appellé Roquebertin[5], du pays de Cathelongne, semblable-

---

milien d'Autriche, le 7 août 1479, avant la bataille de Guinegate, où il fut fait prisonnier. Louis XI le nomma depuis son chambellan, et lui fit épouser Renée de Bueil, fille d'Antoine de Bueil, comte de Sancerre, et de Jeanne, bâtarde de Valois, fille naturelle de Charles VII et d'Agnès Sorel. Charles VIII lui donna la charge de sénéchal d'Anjou le 29 janvier 1484, et celle de grand maître des arbalétriers de France en 1498. (Van-Praet, 64-77.) Il fut encore nommé capitaine du château du Louvre par lettres patentes de Charles VIII données le 19 mai 1491. Mort le 8 août 1512. (Sauval, III, 497, 559.)

[1] Voyez tome I, page 248, note 1.

[2] Louis de Hallwin, seigneur de Piennes, fils de Josse de Hallwin et de Jeanne de la Trémouille. Ayant été fait prisonnier par les Français, il se laissa gagner par Louis XI qui le retint à son service. Il fut nommé à l'office de capitaine de Montlhery le 14 mars 1480. Charles VIII lui donna le gouvernement de Béthune en 1486 : il servit ce prince à la bataille de Fornoue. Louis XII le fit gouverneur et lieutenant-géral de la Picardie en 1512. Mort en 1518. (Anselme, III, 912; Dubellay, 15.) Il n'a pu être fait prisonnier que postérieurement au 23 mai 1475 : car à cette époque il était au siége de Nuys avec le duc de Bourgogne. (Molinet, II, 126.)

[3] Fait prisonnier en 1477. (Voy. ci-dessus, page 104, note 1.)

[4] Tous les imprimés mettent *Rochefort*, faute que nous rectifions d'après nos manuscrits. (Voy. tome I, page 39, note 1.) Il fut fait prisonnier en 1475. (Voy. tome I, page 328.)

[5] « Pierre de Roquebertin, chevalier, conseiller et chambellan de Louis XI, gouverneur de Roussillon et Sardaine (Cerdague) : » c'est

ment prisonnier de guerre, à qui il feit de grans biens, et à plusieurs aultres, qui seroient trop longs à nommer, et de diverses contrees.

Or cecy n'est pas de nostre matiere principalle, mais fault revenir à dire comme de son temps furent trouvees ces mauvaises et diverses prisons, et comme, avant mourir, il se trouva en semblables et plus grandes, et aussi grant paour et plus grande que ceulx qu'il y avoit tenuz : laquelle chose je tiens à tres grant grace pour luy, et pour partie de son purgatoire : et le dis ainsi pour monstrer qu'il n'est nul homme, de quelque dignité qu'il soit, qui ne souffre, ou en secret ou en public, et par especial ceulx qui font souffrir les aultres. Ledict seigneur, vers la fin de ses jours, feit clorre, tout à l'entour de sa maison du Plessis lez Tours, de gros barreaulx de fer, en forme de grosses grilles ; et aux quatre coings de la maison, quatre moyneaulx de fer, bons, grans et espes. Lesdictes grilles estoient contre le mur, du costé

---

ainsi qu'il est qualifié dans un reçu, daté du 4 juin 1481, donné par sa femme, nommée *Katherine*, fondée de procuration pour toucher la pension de son mari. Plusieurs quittances de ce seigneur sont signées par luy *Rochaberty*. (*Cabinet des Titres*.) Le Roi lui donna, en 1474, la ville de Sommières. (D. Vaissete, V, 60.) Dans le deuxième compte de Pierre de Lailly, pour l'année finie en septembre 1477, il est désigné comme possesseur « des terres et seigneuries de Sommières et de Crestarnault. » (Bibl. Roy., *fonds Gaignières*, Ms. 772², fol. 681 verso.) Il est mentionné dans le 7ᵉ compte de Jean Briçonnet, pour l'année finie en septembre 1475, comme ayant été prisonnier : « A Jacques de Bellecombe, escuyer, 53 liv. pour la despense de messire Roquebertin, *prisonnier du Roy à Amboise*, 25 jours. » (In., *Ibid.*, fol. 585 recto.)

de la place, de l'aultre part du fossé (car il estoit à fons de cuve), et y feit mettre plusieurs broches de fer, massonnees dedans le mur, qui avoient chascune trois ou quatre poinctes, et les feit mettre fort pres l'une de l'aultre. Et davantaige ordonna dix arbalestriers dedans lesdicts fossez, pour tirer à ceulx qui en approucheroient avant que la porte fust ouverte; et entendoit qu'ilz couchassent ausdictz fossez, et se retirassent ausdictz moyneaulx de fer. Et il entendoit bien que ceste fortification ne suffisoit point contre grant nombre de gens, ne contre une armee; mais de cela il n'avoit point paour, mais craignoit que quelque seigneur, ou plusieurs, ne feissent une entreprinse de prendre la place, demy par amour et demy par force, avec quelque peu d'intelligence, et que ceulx là prinssent l'auctorité et le feissent vivre comme homme sans sens, et indigne de gouverner.

La porte du Plessis ne se ouvroit qu'il ne fust huict heures du matin, et ne baissoit le pont jusques à ladicte heure, et lors y entroient les officiers : et les cappitaines des gardes mettoient les portiers ordinaires, et puis ordonnoient leur guet d'archiers, tant à la porte que parmy la court, comme en une place de frontiere estroictement gardee : et nul n'y entroit que par le guichet et que ce ne fust du sceu du Roy, excepté quelque maistre d'hostel et gens de ceste sorte, qui n'alloient point devers luy. Est il donc possible de tenir ung roy, pour le garder plus honnestement, en plus estroicte prison que luy mesmes se tenoit? Les caiges où il avoit tenu les aultres avoient quelques huict pieds en carré; et luy, qui estoit si grant roy, avoit une bien petite court de chasteau à se proumener : encores n'y venoit il gueres, mais se tenoit en la gallerie, sans partir de là, sinon que par les chambres alloit à la messe, sans passer par ladicte court. Vouldroit l'on dire que ce Roy ne souffrist pas aussi bien que les aultres, qui ainsi s'enfermoit et se faisoit garder, qui estoit ainsi en paour de ses enfans et de tous ses prouchains parens, qui changeoit et muoit de jour en jour ses serviteurs et nourriz[1], et qui ne tenoient bien ne honneur que de luy, et en nul d'eulx ne se osoit fier, et s'enchainoit ainsi de si estrange chaine et closhures? Si le lieu estoit plus grant que d'une prison commune, aussi estoit il plus grant que prisonniers communs.

On pourroit dire que d'aultres ont esté plus souspesonneux que luy; mais ce n'a pas esté de nostre temps, ne par adventure homme si saige que luy, ny ayant si bons subjectz : et avoient ceulx là, par adventure, esté cruelz et tyrans; mais cestuy cy n'a faict mal à nul qui ne luy eust faict quelque offense : je ne diz pas tous de qualité de mort[2]. Je n'ay point dict ce que dessus pour seullement parler des suspections de nostre Roy, mais pour dire que la patience qu'il a porté en ses passions, semblables à

---

[1] Commensaux. (Voyez ci-dessus, page 226, note 1.)

[2] Ces mots : *Je ne diz pas tous de qualité de mort*, peuvent signifier, ce nous semble, que, dans l'opinion de Commynes, toutes les offenses faites à Louis XI ne méritaient pas la mort. Ils ont été omis par tous les éditeurs.

celles qu'il a faict porter aux aultres, je la repute à pugnition que Nostre Seigneur luy a donnee en ce monde pour en avoir moins en l'aultre, tant es choses dont j'ay parlé, comme en ses malladies, bien grandes et douloureuses pour luy, et qu'il craignoit beaucoup avant qu'elles luy advinssent : et aussi affin que ceulx qui viendront apres luy soient ung peu plus piteux au peuple, et moins aspres à pugnir qu'il n'avoit esté : combien que je ne luy vueil donner charge, ne dire avoir veu ung meilleur prince, car se il pressoit ses subjectz, toutesfois il n'eust point souffert que ung aultre l'eust faict, ne privé, ny estrange.

Apres tant de paour et de suspections et douleurs, Nostre Seigneur feit miracle sur luy, et le guerit tant de l'ame que du corps, comme tousjours a acoustumé en faisant ses miracles : car il l'osta de ce miserable monde en grant santé de sens et d'entendement, en bonne memoire, ayant receu tous ses sacremens, sans souffrir douleur que l'on congneust, mais tousjours parlant jusques à une patenostre avant sa mort. Ordonna de sa sepulture¹, et qui il vouloit qui l'acompagnast par le chemin : et disoit que il n'esperoit à mourir qu'au samedy, et que Nostre Dame luy procureroit ceste grace, en qui tousjours avoit eu fiance et grant devotion et priere. Et tout ainsi luy advint : car il deceda le samedy, penultieme jour d'aoust, l'an mil quatre cens quatre vingtz et trois, à

---

¹ Voyez parmi les PREUVES, à la date du 24 janvier 1482, un marché fait au nom du Roi, pour la statue de bronze doré qui devait être placée *sur la representation de sa sepulture.*

huict heures au soir, audict lieu du Plessis, où il avoit prins la malladie le lundy de devant. Nostre Seigneur ait son ame, et la vueille avoir receue en son royaulme de paradis [1].

CHAPITRE XII.

Discours sur la misere de la vie des hommes, et principallement des princes, par l'exemple de ceulx du temps de l'autheur, et premierement du roy Loys.

Peu d'esperance doibvent avoir les povres et menuz gens au faict de ce monde, puisque ung si grant roy y a tant souffert et travaillé, et puis laissé tout, et ne peut trouver une seulle heure pour esloingner sa mort, quelque dilligence qu'il ait sceu faire. Je l'ay congneu et ay esté son serviteur en la fleur de son aage, et en ses grans prosperitez; mais je ne le veiz oncques sans peine et sans soucy. Pour tout plaisir il aymoit la chasse, et les oyseaulx en leurs saisons; mais il n'y prenoit point tant de plaisir comme aux chiens. Des dames, il ne s'en est point meslé, du temps que j'ay esté avec luy : car, à l'heure de mon arrivee, luy mourut ung filz [2], dont il eut

---

[1] « Et après le dit trespas, son corps.... fut porté inhumer.... en l'eglise Nostre Dame de Clery, pour ce qu'il voulut et ordonna en son vivant que ainsi fut faict, et ne voulut estre mis avec les deffuncts.... ses predecesseurs en l'eglise de Sainct Denis en France; et ne voulut jamais dire la raison.... Mais aucuns pensoient que ce feust pour la cause de l'eglise où il fist moult de biens, et aussi pour la grande devotion qu'il avoit à la Benoiste Vierge Marie, priee au dit lieu de Clery. » (*Chronique scandaleuse*; voy. LENGLET, II, 171.)

[2] Joachim, né « par ung vendredy [mardi], le dix septiesme de

grant dueil, et feit lors veu à Dieu, en ma presence, de jamais ne toucher à femme que à la royne sa femme : et, combien que ainsi le debvoit faire selon l'ordonnance de l'Eglise, si fut ce grant chose, à en avoir tant à son commandement, de perseverer en ceste promesse, veu, encores, que la royne n'estoit point de celles où on debvoit prendre grant plaisir, mais au demourant fort bonne dame. Encores, en ceste chasse, avoit presque autant d'ennuy que de plaisir : car il prenoit de grans peines, il couroit les cerfz à force, et se levoit fort matin, et alloit aucunes fois loing, et ne laissoit pour nul temps qu'il feist : et ainsi s'en retournoit aucunesfois bien las, et presque tousjours courroucé à quelcun : car c'est mestier qui ne se conduict pas tousjours au plaisir de ceulx qui le conduisent. Toutesfois il s'y congnoissoit mieulx que nul homme qui ait regné de son temps, selon l'oppinion de chascun. A ceste chasse estoit sans cesse, et logié par les villaiges, jusques à ce qu'il venoit quelques nouvelles de la voye de faict : car presque tous les estez y avoit quelque chose entre le duc Charles de Bourgongne et luy, et d'yver faisoient trefves.

Aussi il eut plusieurs affaires, pour ceste conté de Roussillon, contre le roy Jehan d'Arragon, pere du

juillet [1459], au chasteau de Genappe. » Mort « le jeudy, penoltiesme jour de novembre mil quatre cent cinquante neuf. » (DUCLERCQ, XIII, 511, et XIV, 5.) Selon le P. Anselme (I, 122), Joachim serait né à Namur, le *vingt-sept* juillet 1459. On lit dans l'édition de Lenglet : « un fils, *nommé Joachim, né l'an* 1459 ; » mais il prévient en note que cette addition ne lui est fournie ni par le manuscrit de Saint-Germain-des-Prés, ni par les anciennes éditions.

roy d'Espaigne qui regne de present. Combien qu'ilz fussent fort povres et troublez avec leurs subjectz, comme ceulx de Barcelonne et aultres, et que le filz n'eust riens (mais attendoit la succession du roy Dom Henry de Castille, frere de sa femme, laquelle depuis luy est advenue), toutesfois faisoient ilz grant resistance : car ilz avoient les cueurs des subjectz dudict pays de Roussillon, lequel cousta fort chier au roy et au royaulme, car il y mourut et s'y perdit maintz hommes de bien, et despendit grant argent : car ceste guerre dura longuement. En cecy, le plaisir qu'il prenoit estoit peu de temps en l'an, et au grant travail de sa personne, comme j'ay dict. Le temps qu'il reposoit, son entendement travailloit : car il avoit affaire en moult de lieux, et se fust aussi voulentiers empesché des affaires de ses voisins comme des siens, et mis gens en leurs maisons et desparty les auctoritez d'icelles. Quant il avoit la guerre, il desiroit paix ou trefve : quant il l'avoit, à grant peine la povoit il endurer. De maintes menues choses de son royaulme il se mesloit, et d'assez dont il se fust bien passé; mais sa complexion estoit telle, et ainsi vivoit. Aussi sa memoire estoit si grande qu'il retenoit toutes choses, et congnoissoit tout le monde, en tous pays à l'entour de luy.

A la verité, il sembloit mieulx pour seigneurir ung monde que ung royaulme. Je ne parle point de sa grant jeunesse, car je n'estoye point avec luy; mais, en l'aage de unze ans, par aucuns seigneurs et aultres du royaulme fut embrouillé, contre le roy Charles sep-

tiesme son pere, en une guerre qui peu dura, appellee la
Praguerie. Quant il fut homme, il fut marié à une fille
d'Escosse¹, à son desplaisir, et autant qu'elle vesquit il
y eut regret. Apres, pour les bendes et brouillis de la maison du Roy son pere, il se retira au Daulphiné² (qui
estoit sien), où beaucoup de gens de bien le suyvirent,
et plus qu'il n'en povoit nourrir. Luy estant là, se maria avec la fille³ du duc de Savoye; et tost apres ce
mariaige faict, il eut debat avec son beau pere, et se
feirent tres aspre guerre. Le roy Charles, voyant son
filz trop acompaigné de gens de bien et de gens d'armes
à son gré, se delibera d'y aller en personne, en grant
nombre de gens, et de l'en mettre dehors : et se mit
en chemin et print peine d'en retirer plusieurs, en
leur commandant, comme à ses subjectz et sur les
peines acoustumees, se retirer devers luy. A quoy plusieurs obeyssoient, au grant desplaisir de nostre Roy,
lequel voyant le courroux de son pere, nonobstant
qu'il fust fort, se delibera partir de là, et luy laisser
le pays : et s'en alla par la Bourgongne, avec peu de
gens, devers le duc Philippe de Bourgongne : lequel à
grant honneur le recueillit, et luy despartit de ses
biens⁴, et à ses principaulx serviteurs, comme le conte

¹ Marguerite, fille de Jacques Stuart, premier du nom, roi d'Écosse,
et de Jeanne de Sommerset. Mariée, le 24 juin 1436, au Dauphin, depuis Louis XI. Morte le 16 août 1444, âgée de 26 ans. (ANSELME, I, 121.)

² En 1446. (Voyez tome I, page 85, note 1.)

³ Charlotte, fille de Louis, duc de Savoie, et d'Anne de Chypre. Mariée à Louis, Dauphin de France, en mars 1451. Morte le 1ᵉʳ décembre
1483. (ANSELME, I, 122.)

⁴ « Le duc de Bourgogne, par des lettres du 26 février 1456 (v. s.),

de Comminges¹, le seigneur de Montauban² et aultres, par forme de pension, par chascun an, et feit, durant le temps qu'il y fut, dons à ses serviteurs.

Toutesfois, à la despense qu'il faisoit et tant de gens qu'il avoit, l'argent luy failloit souvent³, qui luy estoit

---

accorda au Dauphin 2,000 francs de 36 gros pour sa dépense de chaque mois; il assigna à la Dauphine 1,000 écus d'or par mois : il fit payer de plus une somme de 1,000 écus d'or de 48 gros pour les frais de la venue de cette princesse. Les serviteurs du Dauphin eurent part aussi à ses libéralités : le seigneur de Montauban, chevalier, reçut 500 écus; le maréchal du Dauphiné, pareille somme; le sire Jean Périer, chevalier, seigneur de Plessis, 200 écus; Jean d'Estrier, seigneur de la Barde, écuyer d'écurie, Raoul de Convert, écuyer, et Mᵉ Jean Bourré, secrétaire du Dauphin, chacun 100 écus. Jean, bâtard d'Armagnac, conseiller et chambellan du Dauphin, ne fut pas oublié. » (*Compte de la recette générale des finances du Duc, de* 1457, aux archives de Lille. (Voyez BARANTE, édit. de M. Gachard, II, 149, note 2.)

¹ Jean, bâtard d'Armagnac, surnommé de Lescun, fils d'Arnaud Guilhem de Lescun et d'Anne d'Armagnac, dite de Termes. Il ne fut créé comte de Comminges, et maréchal de France, qu'en 1461. Légitimé le 26 mai 1463. Mort en 1473. (ANSELME, VII, 94.)

² Voyez tome I, page 50, note 1.

³ Il emprunta, une fois, trente écus au seigneur de Sassenage. Voici le reçu du Dauphin : « Nous Loys, aisné fils du roy de France, Daulphin de Viennois, confessons devoir à Jacques, sieur de Chacenage, la somme de trente escus, pour ung cheval moreau qu'il a baillé et délivré, par nostre ordonnance, à Henri Guerin, auquel nous l'avons donné : laquelle somme de trente escus Nous lui promettons payer dedans Nouel prochain venant. En tesmoing de ce, Nous avons signé ceste presente cedule de nostre main, le trente ung jour de septembre, l'an mil quatre cent cinquante neuf. Signé Loys. » (*Note de Lenglet.*) La Reine fut obligée d'emprunter les haquenées de la comtesse de Charolais lorsqu'elle alla occuper le trône de France : « Si n'avoit la dicte Royne ne haghenees ne apprestement pour aller par pays, ne pour sieulvir son mary. Parquoy le Roy lui ordonna d'emprunter les haghenees de la contesse, pareillement et les chariots..; et de fait envoya les haghenées à la Royne

grant peine et soucy, et luy en falloit chercher ou emprunter, ou ses gens l'eussent laissé, qui est grant angoisse à ung prince qui ne l'a point acoustumé. Et ainsi n'estoit point en ceste maison de Bourgongne sans peine, et luy falloit entretenir le prince et ses principaulx gouverneurs, de paour que on ne se ennuyast de luy à y estre tant : car il y fut six[1] ans, et incessamment le Roy son pere y envoyoit ambassadeurs pour l'en mettre hors, ou qu'il luy fust renvoyé[2]. Et en ce vous povez penser qu'il n'estoit point

par ung sien escuyer d'escurie nommé Cornille de la Bare, ensemble les chariots et les chartons. Et party la Royne du pays, tout ainsi que avoit fait son mary, sans dire mot ne à duc ne à contesse; et alla à pied avec elle tousjours le dict Cornille pour reconduire les haghenees au rethour. » (Chastellain, 136.)

[1] Il y resta cinq ans. (Voyez les notes suivantes.)

[2] Le Dauphin était venu « à refuge, par la paour du Roy son pere, devers le duc Philippe de Bourgongne : car, par les meurs et estrange gouvernement de son dit filz, quy nulles vertus ne manieres n'avoit telles comme filz de roy doit avoir, et pour che s'eslonga du Roy son pere de paour d'estre corrigié, et pour ses vices qui estoient moult estranges, il ne scavait où aller ne vertir pour estre à refuge, fors de venir à refuge par devers le duc Philippe de Bourgongne, quy le rechupt haultement et honnourablement, comme il appartenoit au filz du Roy son souverain seigneur, luy, ceulx quy estoient ses serviteurs; luy maintint son estat à ses despens l'espace de v ans ou environ, et luy fist de beaux dons à luy et à ses gens; dont le roy Charles fut mal content du duc. Par plusieurs fois luy envoya ses lettres et ambassade notable pour le ravoir; mais, pour lettres, ambassades ne mandemens que le Roy sceuist faire au dit duc de Bourgogne, n'y volt optemperer, ne luy renvoier le Dauffin son filz. Ancoires de rechef, et pour conclusion, le Roy escripvy au duc qu'il gardoit en sa maison l'oysel dont les plumes ne valoient gaires, et que une fois il le courouceroit avant ce qu'il fust long temps. » (Bib. roy., *fonds Sorbonne*, ms. 452, ch. lxi.)

oysif, et sans grans pensees et soucy. Or donc en quel temps pourroit l'on dire qu'il eut joye ne plaisir, à avoir eu toutes ces choses? Je croy que, depuis l'enfance et l'innocence, il n'eut jamais que tout mal et travail¹ jusques à la mort. Je croy que, si tous les bons jours qu'il a euz en sa vie, esquelz il a eu plus de joye et de plaisir que de travail et d'ennuy, estoient bien nombrez, qu'il s'y en trouveroit bien peu ; et croy qu'il s'y en trouveroit bien vingt de peine et de travail, contre ung de plaisir et d'ayse. Il vesquit environ soixante et ung ans : toutesfois il avoit tousjours ymagination de ne passer point soixante ans, et disoit que puis long temps roy de France ne les passa. Aucuns veulent dire puis Charles le grant : toutesfois le Roy nostredict maistre fut bien avant au soixante et uniesme ².

Le duc Charles de Bourgongne, quelle ayse, ne quel plaisir scauroit l'on dire qu'il eust plus grant que nostre Roy, dont j'ay parlé ? Il est vray que en sa jeunesse il eut moins de soucy : car il n'entreprint riens qu'il n'eust environ trente deux ans, et jusques là

¹ Chastellain (129) fait dire à Louis XI, lorsqu'il parvint à la couronne : « Hier encore me tenoys pour le plus povre fils de Roy qui oncques fust, et qui, depuis l'age de mon enfance jusque ad ce jour present, n'ay eu que souffrance et tribulacion, povreté, angoisse et disette, et, qui plus est, expulsion d'hiretaige et d'amour de pere, jusques à estre constrainct de vivre en emprunt et en mendicité, ma femme et moy, sans pied de terre, sans maison pour nous respondre ne pour un denier vaillant, s'il ne venoit de grace et de charité de beaulx oncle qui m'a entretenu ainsi par l'espace de cinq ans. »

² Louis XI, né le 3 juillet 1423, avait soixante ans un mois et vingt-sept jours le 30 août 1483.

vesquit sain et sans trouble. Alors commencea à se troubler avec les gouverneurs de son pere, lesquelz sondict pere soubstint : pourquoy le filz se absenta de sa presence [1], et s'en alla tenir en Hollande, où il fut bien recueilly et print intelligence avec ceulx de Gand, et par fois il venoit veoir son pere. De luy n'avoit il riens, mais ce pays de Hollande estoit fort riche et luy faisoit de grans dons, et plusieurs grosses villes des aultres pays, pour l'esperance qu'ilz avoient d'acquerir sa grace pour le temps advenir, qui est coustume generalle : et tousjours on complaist plus aux gens dont on espere la puissance et auctorité acroistre pour l'advenir, que l'on ne faict pour celluy qui est ja en tel degré qu'il ne peult monter plus hault, et y est l'amour plus grande, par especial entre peuple. Et est pourquoy le duc Philippe, de son filz quant on luy disoit que les Ganthois l'aymoient tant et qu'il les scavoit si bien conduire, il respondoit qu'ilz aymoient tousjours bien leur seigneur advenir, mais, depuis qu'il estoit seigneur, qu'ilz le hayoient. Et ce proverbe fut veritable : car oncques puis que le duc Charles fut seigneur ilz ne l'aymerent, et luy monstrerent bien, comme l'ay dict ailleurs [2] : et aussi, de son costé, ne les ayma point ; mais à ce qui est descendu de luy ils ont faict plus de dommaige qu'ilz n'eussent sceu faire à luy.

Pour tousjours continuer mon propos, depuis que le duc Charles entreprint la guerre pour les terres de

[1] En 1462.
[2] Voyez tome I, page 144.

Picardie, que nostre Roy avoit rachaptees de son pere le duc Philippe, et qu'il se mit avec les aultres seigneurs du royaulme en ceste guerre du Bien Public, quelle ayse eut il? Tousjours travail, sans nul plaisir, et de la personne et de l'entendement: car la gloire luy monta au cueur, et l'esmeut de conquerir ce qui luy estoit bien seant. Tous les estez tenoit les champs, en grant peril de sa personne, prenoit tout le soing et la cure de l'ost, et n'en avoit pas encores assez à son gré; se levoit le premier, se couchoit le dernier[1], tout vestu, comme le plus povre de son ost. S'il se reposoit aucuns yvers, il faisoit ses dilligences de trouver argent. A quoy chascun jour besongnoit dès six heures au matin[2], et prenoit grant peine à recueillir et ouyr grant nombre d'ambassadeurs: et en ce travail et misere fina ses jours, tué des Suisses devant Nancy, comme avez veu devant[3]. Et ne pourroit l'on dire qu'il eust jamais eu ung bon jour, depuis qu'il commencea à entreprendre de se faire plus grant jusques à son trespas. Quel acquist a il eu en ce labeur? Ne quel besoing en avoit il? luy qui estoit si riche seigneur, et avoit tant de belles villes et seigneuries en son obeyssance, où il eust esté si ayse, s'il eust voulu.

Apres fault parler du roy Edouard d'Angleterre,

---

[1] On peut voir l'éloge que Chastellain (508) a fait de ce prince.
[2] Nous adoptons le texte des premières éditions. On lit dans nos manuscrits : « A quoy chascun jour besongnoit dès six heures au matin. S'il n'estoit grant plaisir, nul n'y prenoit, sauf qu'il avoit guerre, à prendre ceste peine, et recueillir et oyr grant nombre d'ambassadeurs. »
[3] Voyez ci-dessus, page 64.

qui a esté tres grant roy et puissant. En sa tres grant jeunesse, veit son pere le duc d'Yorck[1] desconfit et mort en bataille, et avec luy le pere[2] du conte de Warvic. Ledict conte de Warvic gouvernoit ce roy Edouard, dont je parle, en sa jeunesse, et conduisoit ses affaires. A la verité dire, le feit roy, et fut cause de deffaire son roy Henry[3], qui maintz ans avoit regné en Angleterre, lequel (selon mon jugement et selon le monde) estoit vray roy. Mais de telles causes, comme de royaulmes et grans seigneuries, Nostre Seigneur les tient en sa main et en dispose, car tout vient de luy. La cause pourquoy le conte de Warvic servoit la maison d'Yorck contre le roy Henry de Lanclastre, estoit pour une bende ou partialité qui estoit en la maison dudict roy Henry, lequel n'estoit gueres saige; et la royne[4] sa femme, laquelle estoit de la maison d'Anjou, fille du roy René de Cecille, print la partialité du duc de Sombresset contre le conte de Warvic : car tous avoient tenu ledict roy Henry, et son pere[5], et grant pere[6] pour roys. Ladicte dame eust mieulx faict beaucoup de faire office de juge, ou de mediateur, entre

[1] Voyez tome I, page 68, note 1.

[2] Richard Nevill, comte de Westmoreland et de Salisbury. (Voy. tome I, page 68, note 3.)

[3] Henri VI. (Voyez tome I, page 34, note 3.)

[4] Marguerite d'Anjou, fille de René, roi de Naples et de Sicile, et d'Isabelle de Lorraine. Née le 23 mars 1429; mariée, en 1444, à Henri VI roi d'Angleterre. Morte le 25 août 1482. (ANSELME, I, 232.)

[5] Henri V. (Voyez tome I, page 18, note 2.)

[6] Henri de Lancaster, depuis Henri IV, avoit usurpé le trône en 1399, en faisant assassiner le roi Richard II.

les parties, que de dire : « Je soustiendray ceste part », comme il apparut. Car ilz en eurent maintes batailles en Angleterre, et en dura la guerre vingt et neuf ans[1] : et, fin de compte, le tout presque y mourut, d'une part et d'aultre. Et pour parler des bendes et partialitez, elles sont tres perilleuses, et mesmement quant aux nobles, enclins à les nourrir et entretenir. Et si l'on dict que par là ilz scauront des nouvelles, et tiendront les deux parties en craincte, je m'acorderoye assez que ung jeune roy le feist entre les dames : car il en aura du passe temps et du plaisir assez, et scaura des nouvelles d'entre elles ; mais les nourrir entre les hommes, comme princes, et gens de vertu et de couraige, il n'est riens plus dangereux. C'est allumer ung grant feu en sa maison : car tost l'ung ou l'aultre dira : « Le Roy est contre nous », et puis pensera de se fortifier, et de soy acointer de ses ennemys. Au fort, les bendes d'Orleans et de Bourgongne les en doibvent avoir faict saiges. La guerre en dura soixante et deux ans[2], les Anglois meslez parmy, qui en cuyderent posseder le royaulme.

A revenir à nostre roy Edouard, il estoit fort jeune, et beau prince entre les beaux du monde, à l'heure qu'il fut de tous poinctz au dessus de ses affaires, et aussi homme ne compleut tant à son plaisir, especiallement aux dames, festes et bancquetz, et aux chasses : et suis d'oppinion que ce temps luy dura quelques seize

[1] La première bataille date de 1455, et la dernière de 1471. (Voy. tome I, page 230, note 3.)
[2] Voyez tome I, page 369, note 3.

ans, ou environ, jusques à ce que le different dudict conte de Warvic et de luy commencea. Et combien que ledict roy fust gecté hors[1] du royaulme, se ne dura ce debat gueres : car il retourna et obtint la victoire, et apres print ses plaisirs plus que devant, ne craignant personne; et se feit fort gras et plain, et en fleur d'aage le vindrent à ronger ses excez, et mourut assez soubdainement (comme j'ay dict)[2] d'une appoplessie, et perit sa lignee apres luy, comme avez ouy, quant aux enfans masles[3].

En nostre temps ont aussi regné deux vaillans et saiges princes, le roy de Hongrie, Mathias[4], et Mehemet Ottoman[5], empereur des Turcs. Ledict roy Mathias estoit filz d'ung tres gentil chevalier, appelé le chevalier Blanc[6], de la Vallagnie[7], gentil homme de grant sens et vertu, qui longuement gouverna ce royaulme de

[1] Voyez tome I, page 245.

[2] Voyez ci-dessus, page 155 : il y est dit que ce prince mourut de *mélancolie*, et page 242, d'un *caterre*.

[3] Voyez ci-dessus, page 243, et tome I, page 69.

[4] Mathias I, dit Corvin, fils de Jean Huniade, et d'Élisabeth, proclamé roi de Hongrie le 24 janvier 1458, à l'âge de seize ans. Mort le 6 avril 1490. (*Art de vérifier les dates*, II, 58.) Il « rendit son âme lendemain de Pasques flories, quatriesme (cinquième) jour du mois d'apvril, l'an mil quatre cent quatre vingt et noef, selon la mode Gallicane. » (MOLINET, IV, 94.)

[5] Mahomet II, fils d'Amurath II, proclamé Sultan en 1451. Mort le 2 juillet 1481, selon les auteurs de l'*Art de vérifier les dates* (I, 498), ou, suivant M. de Hammer (III, 290), le jeudi 3 *mai* 1481.

[6] Jean Corvin Huniade, waivode de Transylvanie. Mort le 10 septembre 1456. (*Art de vérifier les dates*, II, 57-58.) M. de Hammer (III, 35) dit le 11 *août* 1456.

[7] Valaquie.

Hongrie, et eut maintes belles victoires contre les Turcs, qui sont voisins dudict royaulme à cause des seigneuries qu'ilz ont usurpees en Grece et en Esclavonnie, et en la Bossene [1]. Et tost apres son decez, vint en aage d'homme le roy Lancelot [2], à qui ledict royaulme appartenoit, avec Behaigne [3] et Poullanie [4]. Cestuy là se trouva conseillé par aucuns (comme l'on dict) de prendre les deux filz [5] dudict chevalier Blanc, disant que leur pere avoit prins trop de maistrise et de seigneurie audict royaulme, durant son enfance, et que les enfans (qui estoient bons personnaiges) pourroient bien faire comme luy. Parquoy conclud ledict roy Lancelot de les faire prendre tous deux, ce qu'il feit : et incontinent feit mourir l'aisné [6], et ledict Mathias mettre en prison à Boude [7], principalle ville de Hongrie, lequel estoit le second ; mais il n'y fut gueres, et peult estre que Nostre Seigneur eut agreables les services de son pere, car tost apres ledict roy Lancelot fut empoisonné à Prague en Behaigne, par une femme de bonne maison (et en ay veu le frere) de laquelle il estoit amoureux, et elle de

---

[1] La Bosnie.

[2] Ladislas V ou VI, dit le *Posthume*, fils d'Albert, duc d'Autriche, et d'Élisabeth, fille de Sigismond, né le 22 février 1440, reconnu roi de Hongrie le 13 février 1453. Mort le 23 novembre 1457. (*Art de vérifier les dates*, II, 57-58.)

[3] Bohême.

[4] Pologne.

[5] Ladislas et Mathias.

[6] Ladislas, fils aîné de Jean Huniade, fut décapité le 8 mars 1456, pour avoir assassiné, le 11 de novembre précédent, le comte de Cillei. (*Art de vérifier les dates*, II, 58.)

[7] Bude.

luy, et comme mal contente de ce qu'il se marioit en France, avec la fille du roy Charles septiesme[1], qui de present s'appelle la princesse de Vienne (qui estoit contre ce qu'il luy avoit promis). Elle l'empoisonna en ung baing, en luy donnant à menger d'une pomme, et mit la poison en la manche du cousteau. Incontinent que fut mort ledict roy Lancelot, les barons de Hongrie se assemblerent audict Boude, pour faire ellection de roy, selon leur usance et privilege qu'ilz ont d'eslire quant leur roy meurt sans enfans : et estans là en brigue et division entre eulx, pour ceste dignité, survint en la ville la veufve dudict chevalier Blanc, et mere dudict Mathias, bien fort acompaignee : car elle estoit riche femme d'argent contant, que son mary avoit laissé, parquoy elle avoit pu faire grans amatz soubdainement, et croy bien qu'elle avoit bonne intelligence en ceste compaignie et en la ville, veu le credit et auctorité que son mary avoit eu audict royaulme. Elle tira à la prison, et mit son filz dehors. Partie des barons et prelatz, qui estoient là assemblez pour faire roy, s'enfuyrent de paour. Les aultres creerent ledict Mathias à roy, lequel a regné audict royaulme en grant prosperité, et autant loué et prisé que nul roy qui ait regné long temps a, et plus en aucunes choses. Il a esté des plus vaillans hommes qui ayent regné de son temps, et a gaigné de grans

[1] Madelaine de France, fille de Charles VII, née le 1ᵉʳ décembre 1443; accordée au roi de Hongrie en décembre 1457. Mariée, le 7 mars 1461, à Gaston de Foix, prince de Viane. Morte en 1486. (ANSELME, I, 118.)

batailles contre les Turcs. De son temps, n'ont en riens endommaigé son royaulme; mais il l'a augmenté, tant de leur costé qu'en Behaigne (dont il tenoit la pluspart), aussi en Vallagnie, dont il estoit, et en l'Esclavonnie. Et du costé de l'Allemaigne, print la pluspart de l'Austriche sur l'empereur Frederic[1], qui vit encores, et l'a possedee jusques à la mort, laquelle a esté en la ville de Vienne, chief du pays d'Austriche, en l'an mil quatre cens quatre vingtz et unze[2]. Il estoit roy qui gouvernoit aussi saigement ses affaires en temps de paix comme en temps de guerre. Sur la fin de ses jours, et se trouvant sans crainctes d'ennemys, il est devenu fort pompeux et triumphant roy en sa maison, et feit grans amatz de beaux meubles, bagues, et vaisselles, pour parer sa maison. Toutes choses despeschoit de soy, ou par son commandement. Il se feit fort craindre, car il devint cruel; et puis fut en griefve malladie incurable, dont, en assez jeune aage (comme de vingt et huict ans, ou environ), il est mort, ayant eu toute sa vie labeur et travail, et trop plus que de plaisirs.

Le Turc (que devant ay nommé) a esté saige et vaillant prince, plus usant de sens et de cautelle, que de vaillance ne hardyesse. Vray est que son pere[3] le laissa bien grant, et fut vaillant prince, et print

---

[1] Mort le 19 août 1493. (Voyez tome I, page 167, note 3.)

[2] On a vu ci-dessus, page 282, note 4, que Mathias mourut en 1490 ou 1489 (v. s.). Il était dans sa *quarante-huitième* année.

[3] Amurath II, fils de Mahomet I, succéda à son père en 1421, âgé de dix-huit ans. Mort le 9 février 1451. (*Art de vérifier les dates*, I, 498.) M. de Hammer dit le *cinq* février (II, 365).

Adrianopoli[1], qui vault à dire cité d'Adrian. Celluy dont je parle print, en l'aage de vingt trois ans, Constantinoble[2], qui vault à dire cité de Constantin. Je l'ay veu painct de cest aage, et sembloit bien qu'il fust homme de grant esperit. Ce fut une grant honte à tous les crestiens de la laisser perdre. Il la print d'assault, et fut tué à la bresche l'empereur de l'Orient[3], que nous appelons de Constantinoble, et maintz aultres hommes de bien; maintes femmes forcees, de grans et nobles maisons : nulle cruaulté ne demoura à y estre faicte. Ce fut son premier exploict : il a continué à faire ces grans choses, et tant, que je ouys une fois dire à ung ambassadeur venissien, devant le duc Charles de Bourgougne, qu'il avoit conquis deux empires, quatre royaulmes, et deux cens citez[4]. Il vouloit dire de

---

[1] Aujourd'hui Andrinople.

[2] Le 29 mai 1453.

[3] Constantin XIV, Paléologue, dit Dragasès, fils de l'empereur Manuel et d'Irène Dragase, né vers la fin de février 1403, succéda à son père en novembre 1448. (*Art de vérifier les dates*, I, 457.)

[4] « Quelques historiens européens ont, sur la foi de Spandugino, beaucoup exagéré les conquêtes et le génie de Mohammed II ; » qui, « disent-ils, à conquis deux empires, quatorze royaumes et deux cents villes.... Mohammed a en effet conquis deux empires, celui de Byzance et celui de Trebizonde, et même plus de deux cents villes, si on veut y comprendre toutes les localités importantes des pays qu'il soumit. Quant aux royaumes, il y en a trop de moitié : car, en comprenant sous ce nom la Servie, la Bosnie et l'Albanie, c'est tout au plus si on peut l'appliquer à la Moldavie et à la Morée en Europe, à la Karamanie et à Kastemouni en Asie. Il faudrait donc, pour trouver les sept autres royaumes, considérer comme tels les sept îles dont il à fait la conquête : Négrepont, Céphalonie, Lesbos, Lemnos, Ténédos, Imbros et Thasos. » (HAMMER, III, 290-291.)

Constantinoble, et de celluy de Trappesonde [1] : les royaulmes de la Bossene, la Servie, et Hermenie [2]. Je ne scay s'il prenoit la Moree pour ung. Il a conquis maintes belles isles de mer en cest archepel, où est ladicte Moree (les Venissiens y tiennent encores deux places) [3], aussi l'isle de Negrepont et de Methelin, et aussi a conquis presque toute l'Albanie et l'Esclavonnie. Et si ses conquestes ont esté grandes sur les crestiens, aussi ont elles esté sur ceulx de sa loy propre, et y a destruict maint grant seigneur, comme le Carmain [4], et aultres.

La pluspart de ses œuvres, les conduisoit de luy et de son sens : si faisoit nostre Roy, et aussi le roy de Hongrie, et ont esté les trois plus grans hommes qui ayent regné depuis cent ans ; mais l'honnesteté et forme de vivre de nostre Roy, et les bons termes qu'il tenoit aux gens privez et estrangiers, a esté tout aultre et meilleur que des deux aultres : aussi estoit il roy tres crestien. Quant aux plaisirs du monde, ce

---

[1] Trapezante, aujourd'hui Trébizonde.

[2] Arménie.

[3] Modon et Coron se rendirent aux Turcs les 10 et 20 août 1500. (Hammer, IV, 65.) « Le traité de paix de 1503, qui réconcilia la république de Venise avec l'empire turc, fut observé jusqu'en 1537. Les Vénitiens abandonnèrent leurs droits sur Lépante, Modon et Coron qu'ils avaient perdus dans le cours de la guerre. » (Sismondi, XIII, 239-240.)

[4] Caramanie, province de la Turquie d'Asie, dans la partie méridionale de la Natolie. Elle avait eu autrefois des princes puissans. Mahomet II les affaiblit beaucoup, vers l'an 1440, et leur imposa de dures lois, dont les Vénitiens les affranchirent en 1461 ; mais Bajazet, fils et successeur de Mahomet, s'empara de cette principauté vers 1488 et l'incorpora à l'empire turc. Voyez La Martinière.

Turc en a prins à cueur saoul et y a usé grant partie de son temps, et eust encores faict plus de maulx qu'il n'a, s'il ne se fust tant occupé. En nul vice de la chair ne failloit, grant gourmand oultre mesure; aussi les malladies luy sont venues tost, et selon la vie : car il luy print une enfleure de jambes, comme j'ay ouy dire à ceulx qui l'ont veu, et luy venoit au commencement de l'esté, qu'elles grossissoient comme ung homme par le corps, et n'y avoit nulle ouverture, et puis cela s'en alloit : ny jamais cirurgien n'y sceut entendre que c'estoit ; mais bien disoit on que sa grant gourmandise y aydoit bien, et pourroit estre quelque pugnition de Dieu. Et ce qu'il se laissoit si peu veoir, et se tenoit tant cloz en son serail, estoit affin que l'on ne le congneust si deffaict, et que à ceste occasion ne l'eussent en mespris. Il est mort de l'aage de cinquante et deux ans ou environ, assez soubdainement : toutesfois il feit testament, et l'ay veu, et feit conscience d'ung impost que nouvellement il avoit mis sus, si ledict testament est vray. Or regardez que doibt faire ung prince crestien, qui n'a auctorité fondee en raison de riens imposer sans le congié de son peuple.

Or voyez vous la mort de tant de grans hommes, en si peu de temps, qui tant ont travaillé pour s'acroistre et pour avoir gloire, et tant en ont souffert de passions et de peines, et abregé leur vie, et par adventure leurs ames en pourront souffrir. En cecy ne parle point dudict Turc : car je tiens ce point pour vuydé, et qu'il est logié avec ses predecesseurs. De nostre roy, j'ay esperance (comme j'ay dict) que Nostre Seigneur ait eu misericorde de luy, et aussi aura il des

[1483] LIVRE VI, CHAPITRE XII. 289

aultres, s'il luy plaist. Mais, à parler naturellement (comme homme qui n'a grant sens naturel ne acquis [1], mais quelque peu d'experience), ne luy eust il point mieulx vallu [2] et à tous aultres princes, et hommes de moyen estat, qui ont vescu soubz ces grans, et vivront soubz ceulx qui regnent, eslire le moyen chemin en ces choses? C'est asscavoir moins se soucier et moins se travailler, et entreprendre moins de choses : plus craindre à offenser Dieu, et à persecuter le peuple et leurs voisins, par tant de voyes cruelles que assez ay desclarees par cy devant, et prendre des ayses et plaisirs honnestes! Leurs vies en seroient plus longues; les malladies en viendroient plus tard; et leur mort en seroit plus regrettee et de plus de gens, et moins desiree; et auroient moins de doubte de la mort. Pourroit l'on veoir de plus beaux exemples pour congnoistre que c'est peu de chose que de l'homme, et que ceste vie est miserable et briefve, et que ce n'est riens des grans ne des petiz dès ce qu'ilz sont mors : que tout homme en a le corps en horreur et vitupere, et qu'il fault que l'ame, sur l'heure qu'elle se separe d'eulx, aille recevoir son jugement. Et ja la sentence est donnee selon les œuvres et merites du corps [3].

[1] « Comme homme qui n'a *aucune litterature*. » (Sauvage, Godefroy, Lenglet.)

[2] « *N'eut* il point mieux valu *à eux*. » (Les mêmes.)

[3] Cette dernière phrase se lit ainsi dans les précédentes éditions : « Et *à la verite, en l'instant que l'ame est separee du corps*, la sentence *en* est donnee *de Dieu* selon les œuvres et merites du corps, *laquelle sentence s'appelle le jugement particulier.* »

LIVRE SEPTIÈME.

CHAPITRE PREMIER.

Comment le duc René de Lorraine vint en France demander la duché de Bar et la conté de Prouvence, que le roy Charles tenoit; et comment il faillit à entrer au royaulme de Naples, qu'il pretendoit sien, comme le Roy, et quel droict y avoient tous deux.

Pour continuer les Memoires (par moy Philippe de Commynes encommencez) des faictz et gestes durant le regne du feu roy Loys unziesme, que Dieu absolve, maintenant vous veulx dire comme il advint que le roy Charles huictiesme, son filz, entreprint son voyaige d'Italie, auquel je fus. Et partit ledict seigneur de la ville de Vienne[1], qui est au Daulphiné, le vingt et troisiesme d'aoust, l'an mil quatre cens quatre vingtz quatorze[2]; et fut de retour dudict

[1] Ce fut de la ville de Grenoble que Charles VIII partit, le vendredi 29 août, pour passer en Italie. Après un séjour de quelques mois à Vienne, où il arriva vers la fin d'avril 1494, il se rendit à Grenoble, et fit son entrée dans cette ville le 23 août suivant. (*Histoire de Charles VIII*, 192, 195; CHORIER, 494.)

[2] La première édition porte IIII. XX. et XIII; mais c'est une faute du copiste, qui ne l'a point répétée plus bas (voyez chapitre VI). Plusieurs actes de Charles VIII prouvent qu'il était encore en France en 1493: entre autres, son ordonnance datée de Lyon, le 18 juillet 1494, par laquelle il demande l'argent destiné *au recouvrement de son*

voyaige en son royaulme environ le mois d'octobre quatre vingtz et quinze. En l'entreprinse duquel voyaige il y eut maincte disputation, scavoir s'il iroit ou non : car l'entreprinse sembloit à toutes gens saiges et experimentez tres dangereuse; et n'y eut que luy seul qui la trouva bonne, et ung appellé Estienne de Vers [1], natif de Languedoc, homme de petite lignee, qui jamais n'avoit veu ne entendu nulle chose au faict de la guerre. Ung aultre s'en estoit meslé jusques là, à qui le cueur faillit, homme de finances, appellé le general Brissonnet [2], qui depuis, à cause dudict voyaige, a eu de grans biens en l'Eglise, comme cardinal et beaucoup de benefices. L'aultre avoit ja acquis beaucoup d'heritaiges, et estoit seneschal de Beaucaire et president des Comptes à Paris, et avoit servy ledict Roy en son enfance tres bien de varlet de chambre : et cestuy là y attira ledict general, et eulx deux furent cause de ladicte entreprinse, dont peu de gens les

---

royaulme de Naples. (Voyez *Hist. de Charles VIII*, 683.) Sauvage a, le premier, rectifié cette erreur du texte.

[1] Voyez ci-dessus, page 256, note 3.

[2] Guillaume Briçonnet, fils de Jean Briçonnet, seigneur de Varennes, secrétaire du Roi et receveur-général des finances. Il suivit d'abord la profession de son père. Louis XI le créa l'un des quatre Généraux, sous le titre de Languedoc, en la place de Jean de Beaune, dont il avait épousé la fille. Pourvu de l'évêché de Saint-Malo, en 1490, il fut en même temps créé chef et surintendant des finances. Il reçut en 1494 (v. s.) [le 16 janvier] le chapeau de cardinal. Nommé archevêque de Reims, en 1497, il fit en cette qualité la cérémonie du sacre de Louis XII. Mort à Narbonne, dont il était archevêque, en 1514. (*Note de Godefroy.* Voyez l'*Hist. de Charles VIII*, 638-639.)

louoient et plusieurs les blasmoient : car toutes choses necessaires à une si grant entreprinse leur defailloient : car le Roy estoit tres jeune, foible personne, plain de son vouloir [1], peu acompaigné de saiges gens, ne de bons chiefs; nul argent contant. Car, avant que partir, ilz empruncterent cent mil francz du banc de Soly [2], à Gennes, à gros interest pour cent, de foyre en foyre, et en plusieurs aultres lieux, comme je diray apres. Ilz n'avoient ne tentes, ne pavillons, et si commencerent en yver à entrer en Lombardie. Une chose avoient ilz bonne : c'estoit une gaillarde compaignie, plaine de jeunes gentilz hommes, mais en peu d'obeyssance. Ainsi, fault conclurre que ce voyaige fut conduict de Dieu, tant à l'aller que au retourner : car le sens des conducteurs que j'ay dict n'y servit de gueres.

---

[1] Les premières éditions mettent : « De *bon* vouloir. » Nous suivons le texte de Sauvage.

[2] Des lettres patentes de Charles VIII, données à Lyon, le 30 avril 1494, commirent maître Pierre de Signac « à tenir le compte et faire la distribution et payement de vingt mil ducas larges que luy faisons (y est-il dit) delivrer à Millan, pour convertir au payement des lances que faisons mectre sus audit lieu de Millan et l'environ pour nous servir en nostre armee à la conqueste de nostre royaume de Naples. » Ladite somme fut empruntée à la maison de banque de Paul Sauli, de Gênes : c'est ce que prouve l'extrait suivant du compte de recettes de Pierre de Signac : « De Paule Sauly, de Gennes, par les mains de ses gens et facteurs à Millan, la somme de vingt mille ducas d'or larges que ledit Paule a fait délivrer à cedit commis pour employer au fait de sadite commission, et dont, pour ce, icelluy commis a fait et baillé audit Paule Sauly sa cedule ou lectre de recongnoissance, escripte soubz son seing manuel, le quatriesme jour de juing, l'an mil cccc iiii^{xx} et quatorze. Pour ce, cy ladite somme de xx^{u} ducatz d'or larges. » (FONTANIEU, *Portef.* 148, 30 avril 1494.)

Toutesfois, ilz povoient bien dire qu'ilz furent cause de donner grant honneur et grant gloire à leur maistre. Estant le Roy dont je parle en l'aage de son couronnement, qui fut de quatorze ou quinze ans [1], vint vers luy le duc de Lorraine [2] demander la duché de Bar que le roy Loys unziesme tenoit, et la conté de Prouvence que le roy Charles d'Anjou [3], son cousin germain, laissa audict roy Loys unziesme par son trespas et testament [4] : car il mourut sans enfans. Le duc de Lorraine la vouloit dire sienne, parce qu'il estoit filz de la fille du roy René de Cecille [5], duc d'Anjou et conte de Prouvence, et disoit que le roy René luy avoit faict tort et que le roy Charles d'Anjou (dont je parle) n'estoit que son nepveu, filz de son frere le conte du Maine [6], et luy estoit filz de sa fille : et l'aultre disoit que Prouvence ne povoit aller à fille par leurs testamens. En effect, Bar fut rendu, où le Roy ne demandoit que une somme d'argent : et, pour avoir grant faveur et grans amys (et par especial le duc Jehan

---

[1] Charles VIII, né le 30 juin 1470, fut sacré à Reims le 30 mai 1484. (Voyez tome I, page 271, note 1 et page 272, note 1.)

[2] René II. (Voyez tome I, page 322, note 1.)

[3] Voyez ci-dessus, page 79, note 2.

[4] Ce testament est daté du 10 décembre 1481. (LENGLET, III, 334.)

[5] Voyez tome I, page 399, note 1.

[6] Charles d'Anjou, premier du nom. (Voyez tome I, page 27, note 2.) La première édition porte : « Et que le roy Charles *huitiesme*, dont je parle, n'estoit que son nepveu, fils de *sa seur, et seur du* comte du Mayne. Et l'autre disoit.... » Cela pourrait peut-être s'interpréter ainsi : « Et que le roy Charles VIII, dont je parle, n'étoit que son neveu, [petit] filz de sa seur, [laquelle était pareillement] seur du comte du Mayne. »

de Bourbon [1] qui estoit vieil et vouloit espouser sa seur [2]), eut estat bon du Roy [3] et cent lances de charge, et luy fut baillé trente et six mil francz l'an [4], pour quatre annees, pendant lequel temps se congnoistroit du droict de ladicte conté. Et estoye à ceste deliberation et conclusion, car je estoye de ce Conseil, qui avoit esté lors creé tant par les prouches parens du Roy, que par les trois Estatz du royaulme [5]. Estienne de Vers, dont j'ay parlé, qui ja avoit acquis quelque chose en Prouvence, et avoit en fantaisie ce faict de Naples, feit dire par le Roy, ainsi jeune qu'il

[1] Voyez tome I, page 13, note 2.

[2] Des trois sœurs du duc de Lorraine, deux seulement vivaient encore en 1484, savoir : Yolande, mariée en 1496 au Landgrave de Hesse, et Marguerite qui épousa René, duc d'Alençon, au mois de mars 1488. Le duc de Bourbon, n'étant devenu veuf de Catherine d'Armagnac, sa seconde femme, qu'au mois de mars 1487, ce serait donc, selon Commynes, du vivant même de cette dernière que Jean de Bourbon aurait formé le projet de s'unir par alliance au duc de Lorraine.

[3] Par lettres patentes, données le 7 août 1486, le Roi nomma le duc de Lorraine, grand chambellan « aux gages et prééminence qui y appartiennent. » (*Hist. de Charles VIII*, 535.)

[4] Cette pension devait courir à partir du premier octobre 1483. Le duc n'ayant « eu assignation que du mois de janvier » suivant, réclama auprès du conseil du Roi, le 7 août 1484, pour « qu'il plaise au Roy luy faire paier les mois d'octobre, novembre et decembre. » (Archives du Royaume, *Trésor des chartes*, K. 76. *Registre du conseil du roy Charles VIII*, fol. 28 verso.)

[5] Le seigneur d'Argenton avait été porté, comme conseiller du Roi, sur la liste dressée aussitôt après la mort de Louis XI (J. Masselin, 123). Il faisait également partie des quinze personnages que les princes désignèrent au choix des États généraux, assemblés le 7 janvier 1483 (v. s.), pour entrer au conseil du jeune roi Charles VIII. (Id., 103, 223.)

estoit lors, sa seur, duchesse de Bourbon¹, presente, à monsieur de Comminges, du Lau (car ces deux estoient aussi du Conseil) et moy, que nous tinssions la main qu'il ne perdist point ceste conté de Prouvence : et fut avant l'appoinctement dont j'ay parlé.

Avant les quatre ans passez, se trouverent clercs de Prouvence qui vindrent mettre en avant certains testamens du roy Charles le premier², frere de Sainct Loys, et aultres roy de Cecille qui estoient de la maison de France, et aultres raisons, disant que non point seullement la conté de Prouvence appartenoit audict Roy, mais le royaulme de Cecille et aultres choses possedees par la maison d'Anjou, et que ledict duc de Lorraine n'y avoit riens³ (toutesfois, aucuns vouloient dire aultrement) : et s'adressoient tous ceulx là audict Estienne de Vers, qui nourrissoit son maistre en ce langaige, et que le roy Charles, derrenier mort, conte de Prouvence, filz de Charles d'Anjou, conte du Maine, et nepveu du roy René, luy avoit laissé par son testament : car le roy René l'institua en son lieu avant que mourir⁴, et le prefera devant ledict duc de Lorraine, qui estoit filz de sa fille. Et cela, à cause desdictz testa-

¹ Elle n'eut le titre de duchesse de Bourbon qu'après la mort de Jean II, son beau-frère, arrivée le 1ᵉʳ avril 1488. (ANSELME, 305-306.)

² Charles Iᵉʳ, roi de Naples, fils de Louis VIII. Marié à Béatrix, comtesse de Provence et de Forcalquier. Mort le 7 janvier 1295. (ANSELME, I, 393. Voyez un extrait de ces testaments dans LENGLET, IV, part. II, pages 3-14.)

³ Voyez LENGLET, *ibid.*

⁴ Le testament de René porte la date du 22 juillet 1474. (LENGLET, III, 324.)

mens faictz par Charles premier et sa femme, contesse de Prouvence, disant que le royaulme et conté
de Prouvence ne povoient estre separez, ne aller à
fille tant qu'il y eust filz de la lignee : et semblable
testament feirent les premiers venans apres eulx (qui
fut Charles le second[1]) audict royaulme.

En ce temps desdictes quatre annees, ceulx qui gouvernoient ledict Roy (qui estoient le duc et duchesse
de Bourbon, et ung chambellan appellé le seigneur
de Graville[2], et aultres chambellans, qui en ce temps
eurent grant regne), appellerent en court, en auctorité et à credit, ledict duc de Lorraine, pour en avoir
port et ayde[3], car il estoit homme hardy et plus que
homme de court : et leur sembloit qu'ilz s'en deschar-
geroient bien quant il seroit temps, comme ilz feirent
quant ilz se sentirent assez fors, et que la force du
duc d'Orleans[4] et de plusieurs aultres, dont avez ouy
parler, fut diminuee[5]. Aussi ne peurent ilz plus tenir
ledict duc de Lorraine, les quatre ans passez, sans

[1] Fils de Charles I. Mort le 6 mai 1309. (ANSELME, I, 393.)

[2] Louis Malet, seigneur de Graville, fils de Jean Malet et de Marie
de Montauban, chambellan du Roi. Créé Amiral de France en 1486,
il se démit de cette charge, en 1508, en faveur de son gendre, Charles
d'Amboise, seigneur de Chaumont. Mort le 30 octobre 1516, âgé
de soixante-dix-huit ans. (ANSELME, VII, 865.)

[3] Le duc de Lorraine fit promesse, aux seigneur et dame de Beaujeu, de prendre le parti du Roi. Elle est datée de Bar, le 29 septembre 1484. (*Histoire de Charles VIII*, 451.)

[4] Louis d'Orléans, depuis Louis XII, fils de Charles, duc d'Orléans, et de Marie de Clèves. Né le 27 juin 1462, couronné roi de
France le 27 mai 1498. Mort le 1er janvier 1514. (ANSELME, I, 127.)

[5] Pour les débats qui eurent lieu entre le duc d'Orléans et Anne de

luy bailler ladicte conté, ou le asseurer à certains temps et par escript, et tousjours payer les trente six mil francz : en quoy ne se peurent acorder ; et à ceste cause il partit (tres mal content d'eulx) de la court.

Quatre ou cinq mois avant son partement de court, luy advint une bonne adventure, s'il l'eust sceu entendre. Tout le royaulme de Naples se rebella[1] contre le roy Ferrand[2], pour la grant tyrannie de luy et de ses enfans, et se donnerent tous les barons et les trois parts du royaulme à l'Eglise. Toutesfois ledict roy Ferrand, qui fut secouru des Florentins, les pressoit fort : et, par ce, le Pape[3], et lesdictz seigneurs du royaulme qui s'estoient rebellez, manderent ledict duc de Lorraine pour l'en faire roy[4] : et longtemps l'attendirent des gallees à Gennes et le cardinal de Sainct Pierre *ad vincula*[5] (ce pendant qu'il estoit en ces brouillis de

Beaujeu, au sujet de la Régence, voyez *l'Histoire de Charles VIII*, 3 et suiv.

[1] Cette révolte éclata le 25 octobre 1485. (Sismondi, XI, 265 et suiv.)

[2] Voyez ci-dessus, page 25, note 2.

[3] Jean-Baptiste Cibo, cardinal de Melfi. Élu pape le 29 août 1484, il prit le nom d'Innocent VIII. Mort le 25 juillet 1492. (*Art de vérifier les dates*, I, 528.)

[4] Le 21 juillet 1486, le duc de Lorraine fit son testament, « considérant, y est-il dit, que..., pour l'entreprise de la conqueste du royaume de Sicile, son vray héritage maternel..., il s'est disposé et prétend s'acheminer et transporter *présentement* hors ses pays de Lorraine, etc. » (*Hist. de Charles VIII*, 533.)

[5] Julien de la Rovère, cardinal de Saint-Pierre-aux-Liens en 1471, évêque d'Avignon. Élu pape, sous le nom de Jules II, le 1er novembre 1503. Mort dans la nuit du 20 au 21 février 1513. (*Art de vérifier les dates*, I, 530.)

court et sur son despartement), et avoit avec luy gens de tous les seigneurs du royaulme qui le pressoient de partir.

Fin de compte, le Roy et son conseil monstroient en tout et partout de luy vouloir ayder, et luy fut promis soixante mil francz, dont il en eut vingt mil : le reste se perdit. Et luy fut consenty mener les cent lances qu'il avoit du Roy, et envoyer ambassades par tout en sa faveur. Toutesfois le Roy estoit ja de dix neuf ans ou plus, nourry de ceulx que j'ay nommez, qui luy disoient journellement que ledict royaulme de Naples luy debvoit appartenir (je le dis voulentiers, parceque souvent petites gens en menoient grant noise), et aussi par aucuns de ces ambassadeurs qui alloient à Romme, Florence, Gennes et ailleurs, pour ledict duc de Lorraine, comme je sceuz par aucuns d'entre eulx et par ledict duc propre, qui vint à passer par Moulins (où lors me tenoye pour les differens de court [1], avec ledict duc Jehan de Bour-

---

[1] « A l'entrée du mois de septembre mil quatre cent quatre vingtz et six, monseigneur de Bourbon, venant de son pays de Bourbonnois, arriva en cour [à Beauvais] bien accompaigné.... Il avoit dans sa maison aucuns de ses serviteurs qui estoient fort grands mutins, dont le seigneur de Culant et le seigneur d'*Argenton*, qui s'estoient retirés par devers luy, estoient les principaux, qui avoient attiré plusieurs jeunes gentilshommes à leurs cordelles; et trois ou quatre jours apres que mondit seigneur de Bourbon eut sejourné audit Beauvais, à la poursuite desdits seigneurs de Culant et d'Argenton... feit un peu du courroussé, feignant de n'estre point content de monseigneur et madame de Beaujeu, ny du seigneur de Graville et autres qui gouvernoient sous eux, en disant qu'ils estoient cause de la guerre que le duc d'Austriche faisoit.... Toutesfois, quelque chose qu'il fit, je crois

bon¹), ja son entreprinse demye perdue pour la longue attente, et allay au devant de luy, combien que ne luy fusse tenu : car il m'avoit aydé à chasser de la court, avec rudes et folles parolles. Il me feit la plus grant chiere du monde, soy doulant de ceulx qui demouroient au gouvernement. Il fut deux jours avec le duc Jehan de Bourbon, et puis tira vers Lyon.

En somme, ses amys estoient si las et si foullez, pour l'avoir tant attendu, que le Pape avoit appoincté² et les barons, qui, sur la seureté dudict appoinctement, allerent à Naples, où tous furent prins³, combien que le Pape, les Venissiens, et le roy d'Espaigne, et les Florentins, s'estoient obligez de faire tenir ledict appoinctement et eussent juré et promis leur seureté.

qu'il l'entendoit autrement....; mais il vouloit bien feindre d'estre un peu méscontent pour contenter lesdits seigneurs de Culant et d'Argenton, et autres.... Quoy qu'il en soit, bientost après lesdits seigneurs de Culant et d'Argenton, furent mis hors de sa maison. » (*Histoire de Charles VIII*, 6-7.)

¹ Sauvage et ses successeurs mettent : « Je le dy volontiers : parce que souvent petites gens en menoyent grand' noise : *et ainsi le sceu par aucuns de ces ambassadeurs qui alloyent à Romme, Florence, Gennes, et ailleurs, pour ledict duc de Lorraine ; et le sceu mesmement* par ledict duc propre : qui vint passer par Moulins, ou lors me tenoye, pour les differens de court, avec ledict duc Jehan de Bourbon. »

² La paix fut conclue le 11 août 1486. Voyez à ce sujet une lettre de l'archevêque de Vienne, adressée à M. de Langeac, insérée parmi les Preuves (8 septembre 1486).

³ Au mépris de la foi jurée, Ferdinand fit arrêter, « le 10 octobre 1486, ou, selon d'autres, le 10 juin 1487, les princes d'Altamura et de *Bisignano*, et plusieurs autres gentilshommes. On prétend que tous ces seigneurs furent immédiatement égorgés, et que leurs corps, cousus dans des sacs, furent jetés à la mer. » (Sismondi, XI, 278.)

Le prince de Salerne ¹ eschappa, qui vint par deca et ne voulut point estre comprins audict appoinctement, congnoissant ledict Ferrand. Ledict duc de Lorraine s'en alla bien honteux en son pays, ne oncques puis n'eut auctorité ceans, et perdit ses gens d'armes et les trente six mil francz qu'il avoit pour Prouvence; et jusques à ceste heure (qui est l'an mil quatre cens quatre vingtz dix sept) est encores en cest estat.

CHAPITRE II.

Comment le prince de Salerne, du royaulme de Naples, vint en France, et comment Ludovic Sforce, surnommé *le More*, et luy, taschoient à faire que le Roy menast guerre au roy de Naples, et pour quelle cause.

Ledict prince de Salerne alla à Venise (parcequ'il y avoit grant accointance) et avec luy trois de ses nepveux, enfans du prince de Besignan ², où demande-

---

¹ Antoine de Sanseverino, comte de Marsico, prince de Salerne, avait exercé la charge de grand amiral du royaume de Naples, en 1477; fils de Robert, premier prince de Salerne; marié à Constance de Montefeltro, fille de Frédéric, duc d'Urbin; mort en 1497. (Summonte, III, 490; Imhoff, 292.)

² Jérôme de Sanseverino, comte de Tricario, prince de Bisignano, grand chambellan de Ferdinand I, roi de Naples; fils de Luc, premier prince de Bisignano (Summonte, III, 404, 541). Marié à Mandella Gaëtani, fille de Balthasar, comte de Traëtta. Mort en 1487 (Imhoff, 296), voyez ci-dessus page 299, note 3. Antoine et Jérôme de Sanseverino étaient parents, mais non frères, comme le suppose Commynes. L'erreur qu'il commet ici a causé celle de Sauvage qui, ainsi qu'on le verra plus loin au chapitre XVII, s'est autorisé du présent passage où Commynes fait les enfants du prince de Bisignano (Jérôme), *neveux* du prince de Salerne (Antoine), pour *rectifier*

rent conseil (comme m'a dict ledict prince) à la Seigneurie où il leur plaisoit mieulx qu'ilz tirassent, ou vers ledict duc de Lorraine, ou devers le roy de France, ou d'Espaigne. Il me dict qu'ilz luy respondirent que le duc de Lorraine estoit ung homme mort, et qu'il ne les scauroit ressourdre[1] : le roy d'Espaigne seroit trop grant s'il avoit le royaulme, avec l'isle de Cecille et les aultres choses qu'il avoit en ce gouffre de Venise, et qu'il estoit puissant par mer ; mais qu'ilz luy conseilloient aller en France, et qu'avec les roys de France qui avoient esté audict royaulme ilz avoient eu bonne amytié et bon voisin. Et croy qu'ilz ne pensoient point que ce qui en advint apres, deubst advenir. Ainsi vindrent ces barons dessudictz en France et furent bien recueilliz, mais povrement traictez de biens. Ilz feirent grant poursuyte, environ deux ans, et du tout s'adressoient à Estienne de Vers, lors seneschal de Beaucaire et chambellan du Roy.

Ung jour vivoient en esperance, aultre au contraire : et faisoient dilligence en Italie, et par especial à Millan, où avoit pour duc Jehan Galleasche, non pas le grant[2], qui est enterré aux Chartreux de Pavie, mais celluy estoit filz du duc Galleasche et de la duchesse

---

une phrase dans laquelle un Bisignano est qualifié *cousin* du prince de Salerne.

[1] *Resoudre,* resordre, ressusciter, relever, ranimer, rétablir. (ROQUEFORT.)

[2] Jean Galéas, premier duc de Milan, succéda à Galéas Visconti, son père, en 1378. Mort en août 1402. (*Art de vérifier les dates,* III, 647.)

Bonne, fille de Savoye, qui estoit de petit sens : car elle eut la tutelle de ses enfans, et l'ay veue en grant auctorité, estant veufve, conduicte par ung appellé messire Cico[1], secretaire, nourry de longtemps en ceste maison, qui avoit chassé tous les freres[2] du duc Galleasche et confiné, pour la seureté de ladicte dame et ses enfans : entre les aultres ung appelé le seigneur Ludovic (qui depuis fut duc de Millan[3]) qu'elle rappella depuis, estant son ennemy et en guerre contre elle, et le seigneur Robert de Sainct Severin[4], vaillant cappitaine, que pareillement avoit chassé ledict Cico.

Pour conclusion, par le moyen d'ung jeune homme

[1] Cicco ou François Simonetta, Calabrois, frère de Jean Simonetta l'historien, avait été secrétaire et conseiller de François Sforza, et devint premier ministre de son fils Galéas-Marie. Arrêté le 11 septembre 1479, et transféré au château de Pavie, il y fut décapité le 30 octobre 1480 (SISMONDI, XI, 68, 172-174). François, dit Cicco, fut marié à Élisabeth, fille de Gaspard Visconti, conseiller ducal. (LITTA, *fam. Simonetta di Calabria*, tav. I.)

[2] C'étaient Sforza, duc de Bari, Louis, surnommé *le More*, Octavien et Ascagne. (SISMONDI, XI, 69.)

[3] Louis-Marie Sforza, dit *le More*, fils de François Sforza, duc de Milan, et de Blanche-Marie Visconti, succéda, en 1494, à son neveu Jean Galéas-Marie. Marié à Béatrix d'Est, fille du duc de Ferrare. Mort le 16 juin 1508. (*Art de vérifier les dates*, III, 652.)

[4] Robert de Sanseverino d'Aragon, comte de Cajazzo, lieutenant-général des armées d'Italie. Mort le 13 août 1487 (MURATORI, XXII, 324 D; 1233 E; 1243 A-B). Était fils de Leonetto, seigneur de Cajazzo, et de Lisa Attendolo. Marié 1°. à Élisabeth de Montefeltro, fille de Ferdinand, duc d'Urbin; 2°. à Jeanne de Correggio; 3°. à Lucrèce Malavolti (IMHOFF, 293). Ce dernier place la mort de Robert au *neuf* août *quatorze cent quatre-vingt-huit*. Sismondi (XI, 319) donne aussi ce même quantième, *neuf* août, mais de l'année 1487.

qui touchoit [1] devant elle, natif de Ferrare, de petite lignee, appellé Anthoine Tesin [2], elle les rappella par sottise, cuydant qu'ilz ne feissent nul mal audict Cico (et ainsi l'avoient juré et promis). Le tiers jour apres, le prindrent et le passerent dedans une pippe au travers de la ville de Millan : car il estoit allyé par mariaige avec aucun des Vicontes, et veult l'on dire que, s'il eust esté en la ville, qu'ilz ne l'eussent osé prendre : et si vouloit le seigneur Ludovic que le seigneur Robert de Saint Severin, qui venoit, le rencontrast en cest estat, qui hayoit à merveilles ledict Cico : et fut mené à Pavie en prison, au chasteau, où depuis il mourut.

Ilz misrent ladicte dame en grant honneur, ce luy sembloit, et luy complaisoient : et eulx tenoient le conseil, sans luy dire sinon ce que leur plaisoit; et plus grant plaisir ne lui povoient ilz faire que de ne luy parler de riens. A cest Anthoine Tesin luy laissoient donner ce qu'elle vouloit : et la logeoit pres de sa chambre, et la portoit à cheval derriere luy, par la

[1] *Qui* touchoit *devant elle*. Sauvage et ses successeurs mettent « qui *trenchoit*. » Les deux expressions sont également convenables. « L'escuyer *tranchant* qui doibt servir, dit Olivier de la Marche (II, 517), prend l'espreuve de la licorne... et *touche* le pain tout à l'entour, etc. » Nous avons adopté le texte de la première édition, parce que, à moins d'erreur évidente, c'est celui qu'il faut reproduire de préférence.

[2] Antoine Tassini, de Ferrare, chambellan de Galéas, duc de Milan, arrêté le 7 octobre 1480 par ordre du jeune duc Jean Galéas, fut constitué prisonnier au château de Zobia (*Porta Jovis*) (MURATORI, XXII, 351 A-C), d'où il sortit pour être exilé. (SISMONDI, XII, 74.)

ville, et estoient toutes festes et dances leans; mais il ne dura gueres: par adventure demy an. Elle feit beaucoup de biens audict Tesin, et les bougettes [1] des courriers s'adressoient à luy: et y sortit grant envie, avec le bon vouloir que le seigneur Ludovic, oncle des deux enfans [2], avoit de se faire seigneur, comme il feit apres. Ung matin, luy osterent ses deux filz et les misrent au donjon, qu'ilz appeloient la Rocque [3]: et à ce s'acorderent ledict seigneur Ludovic, le seigneur Robert de Sainct Severin, ung appellé de Pellevoisin [4], qui gouvernoit la personne dudict jeune duc, et le cappitaine [5] de la Rocque, qui jamais, depuis la mort du duc Galleache, n'en estoit sorty, ne ne feit de longtemps apres, jusques à ce qu'il fut prins par tromperie dudict seigneur Ludovic, et par la follie de son maistre, qui tenoit de la condition de la mere, et n'estoit gueres saige.

Or, apres les enfans mis en ladicte Rocque par les dessusdictz, ilz misrent la main sur le tresor (qui estoit en ce temps là le plus grant de la crestienté) et lui en feirent rendre compte, et en fut faict trois clefz, dont elle eut l'une; mais oncques puis n'y

[1] Voyez tome I, page 350, note 1.

[2] Jean-Galéas-Marie (voyez ci-dessus, page 204, note 1) et Hermès: ce dernier passa en Allemagne après la mort de son frère. (*Art de vérifier les dates*, III, 651.)

[3] Ils entrèrent dans ce château en novembre 1480, après l'expulsion d'Antoine Tassini. (Muratori, XXII, 355, B-D.)

[4] Jean-François Pallavicini, lieutenant du jeune duc. (Sismondi, XI, 70.)

[5] Philippe Eustachio, de Pavie, créé chevalier, par le jeune duc de Milan, le jour de Noël 1480. (Muratori, XXII, 353 D.; 361 B.)

toucha. Ilz la feirent renoncer à la tutelle¹, et fut creé tuteur le seigneur Ludovic. Et davantaige escripvirent en plusieurs lieux, et par especial en France, lettres que je veiz, à sa grant honte, en la chargeant de cest Anthoine Tesin et aultre chose. Audict Tesin ne fut meffaict, mais fut renvoyé; et le sauva ledict seigneur Robert, et aussi ses biens. En ceste Rocque n'entroient point ces deux grans hommes comme ilz vouloient, car le cappitaine y avoit son frere et bien cent cinquante hommes à gaiges, et faisoit garder la porte quant ilz entroient, et n'y menoient jamais que ung homme ou deux avec eulx : et dura cecy fort longuement.

Ce pendant sourdit grant different entre ledict seigneur et Robert de Sainct Severin, comme il est bien de coustume (car deux gros personnaiges ne se peuvent endurer) : et demoura le pré au seigneur Ludovic, et l'aultre s'en alla au service des Venissiens². Toutesfois puis apres il revint deux de ses enfans au service dudict seigneur Ludovic et de l'estat de Millan, qui fut messire Galleasche³ et le conte Caiazze⁴ : aucuns dient du sceu dudict pere, les aultres

[1] Le 7 octobre 1480 le jeune duc fut déclaré majeur, et la duchesse quitta Milan le 2 novembre suivant. (SISMONDI, XI, 174.)

[2] Il fut déclaré rebelle le 27 janvier 1482 (SISMONDI, XI, 219). Au mois de mars suivant les Vénitiens le nommèrent leur lieutenant-général. (MURATORI, XXII, 1214 D.)

[3] Galeas de Sanseverino, marié à Blanche, fille naturelle de Louis Sforza, creé grand écuyer de France, le 22 septembre 1505, par Louis XII. Tué à la journée de Pavie, au mois de février 1524 (v. s.). (ANSELME, VIII, 502 et suiv.)

[4] Jean François, comte de Cajazzo. Mort le 7 septembre 1502.

dient que non; mais comment que ce fust, ledict seigneur Ludovic les print en grant amour et s'en est fort bien servy, et faict encores aujourd'huy[1]. Et fault entendre que leur pere, le seigneur Robert de Sainct Severin, estoit de la maison de Sainct Severin[2], sailly d'une fille bastarde[3]; mais ilz ne font point grant difference au pays d'Italie d'ung enfant bastard à ung legitime. Je dis cecy parce qu'ilz ayderent à conduire nostre entreprinse du pays d'Italie, tant en faveur du prince de Salerne, dont j'ay parlé, qui est chief de ladicte maison Sainct Severin, que pour aultres causes que je diray apres.

Ledict seigneur Ludovic commencea tost à monstrer de fort vouloir garder son auctorité; et feit faire monnoye où le duc estoit emprainct d'ung costé et luy de l'aultre, qui faisoit murmurer beaucoup de gens[4]. Ledict duc fut marié avec la fille[5] du duc de Calabre, qui depuis fut roy Alfonse après la mort de sondict pere le roy Ferrand, roy de Naples. Ladicte fille estoit fort couraigeuse et eust voulentiers donné

(IMHOFF, 292.) Ce fut en 1483 qu'il passa, avec Galéas, au service du duc de Milan. (MURATORI, XXII, 1227 A.)

[1] On vient de voir, à la fin du chapitre précédent, que Commynes écrivait ceci en 1497.

[2] Au lieu de *Sainct Severin*, peut-être faudrait-il lire *Sforce*.

[3] Lisa (voyez ci-dessus, page 302, note 4). Elle était fille naturelle de Muzio Attendolo, surnommé *Sforza*, et de Lucie Terzana (ZAZZERA, II, *fam. Sforza*, fol. 3 recto), ou Torsciano. (Voyez tome I, page 73, note 1.)

[4] La Bibliothèque royale possède le *pied-fort* d'un ducat d'or aux deux têtes. Ce ducat est décrit dans le TRÉSOR DE NUMISMATIQUE, *Choix des monnaies*, pl. XXXIV, n° 10.

[5] Isabelle, morte en 1524. (*Art de vérifier les dates*, III, 652.)

credit à son mary, si elle eust peu; mais il n'estoit gueres saige, et redisoit ce qu'elle luy disoit. Aussi fut longtemps en grant auctorité le cappitaine de ceste Rocque de Millan, qui jamais ne sailloit de dedans : et s'y commencea à engendrer des souspesons, et quant l'ung filz sailloit, l'aultre demouroit dedans. Pour abreger ce propos, environ ung an ou deux avant que allissions en Italie, ledict seigneur Ludovic, venant de dehors avec ledict duc, pour faire faire hommaige[1], l'amena pour descendre à ladicte Rocque, comme ilz avoient de coustume. Le cappitaine venoit sur le pont levis, et gens à l'entour de luy, pour baiser la main audict duc, comme est leur coustume : ceste fois estoit le duc ung peu hors du pont, et fut contrainct ledict cappitaine de passer ung pas, par adventure, ou deux, tant que ces deux enfans de Sainct Severin le saisirent, et aultres qui estoient à l'entour d'eulx. Ceulx de dedans leverent le pont, et ledict Ludovic feit allumer ung bout de bougie, jurant qu'il leur feroit trencher la teste s'ilz ne rendoient la place avant la chandelle bruslee : ce qu'ilz feirent. Et pourveut bien ladicte place, et seurement pour luy, et parlant tousjours au nom du duc : et feit ung procez à ce bon homme, disant qu'il avoit voulu bailler la place à l'Empereur :

[1] *Pour lui faire tenir sa cour.* Les premières éditions mettent : « Pour faire faire *dommage*; » Sauvage et ses successeurs, « pour luy faire dommage. » A ce dernier mot nous n'hésitons pas à substituer celui d'*hommaige* qui seul, ce nous semble, peut donner un sens supportable à la phrase. Ainsi pensait Vitrian (II, 190), qui traduit ce passage de cette manière : « Dando muestras de respecto. »

et feit arrester aucuns Allemans, disant qu'ilz traictoient ce marché, et puis les laissa aller : et feit decapiter ung sien secretaire [1], le chargeant d'avoir guidé cest oeuvre, et ung aultre qu'il disoit qui en avoit faict lesdictz messaiges. Ledict cappitaine longtemps il tint prisonnier : à la fin le laissa aller, disant que madame Bonne avoit, une fois, gaigné ung frere [2] dudict cappitaine pour le tuer, en entrant en ladicte Rocque, et que ledict cappitaine l'en avoit gardé : parquoy à ceste heure luy sauvoit la vie. Toutesfois je croy que, s'il eust esté coupable d'ung tel cas que d'avoir voulu bailler le chasteau de Millan à l'Empereur (auquel il pourroit pretendre droict comme Empereur [3] et aussi comme duc d'Austriche, car ceste maison y querelle quelque chose), il ne luy eust point pardonné. Aussi c'eust esté ung grant mouvement en Italie : car tout l'estat de Millan se fust tourné en ung jour, parce que du temps des Empereurs ilz ne payoient que demy ducat pour feu, et maintenant sont fort cruellement traictez, Eglise, Nobles et Peuple, en vraye tyrannie.

[1] Aloïs ou Louis Terzago, secrétaire et parent de Ludovic Sforza, fut envoyé à Pavie, où il demeura longtemps prisonnier, et mourut de faim, suivant la rumeur publique. (Corio, 880.)

[2] Un complot devait éclater le jour de Saint-Ambroise (7 décembre) 1485. Au nombre des conjurés, excités, disait-on, par la duchesse Bonne, se trouvaient Ugo Baretino, confesseur de cette princesse, et deux frères du capitaine Eustachio, François et Guido. (Corio, 866.)

[3] Le duché de Milan relevait alors de l'Empire.

CHAPITRE III.

Comment la duché de Millan est une des belles pieces de terre et de plus grant valleur qu'on scaiche trouver, osté le gros tribut qui y est.

Se sentant le seigneur Ludovic saisy de ce chasteau, et la force et gens d'armes de ceste maison soubz sa main, pensa de tirer oultre, car qui a Millan, il a son gouvernement et toute la seigneurie : car les principaulx de toute la seigneurie y demourent, et ceulx qui ont la garde et le gouvernement des aultres places en sont. Et de ce que contient ceste duché, je ne veiz jamais plus belle piece de terre, ne de plus grant valleur. Car quant le seigneur se contenteroit de cinq cens mil ducatz l'an, les subjectz ne seroient que trop riches, et vivroit ledict seigneur en bonne seureté; mais il en leve six cens cinquante mil ou sept cens mil, qui est grant tyrannie : aussi le peuple ne demande que mutation de seigneur.

Se voyant, ce que dict est, le seigneur Ludovic si pres d'achever son desir, et qui estoit marié avec la fille[1] du duc de Ferrare[2], dont avoit plusieurs enfans, il mettoit peine de gaigner amys tant en ladicte duché que hors de Italie : et, premierement, s'allya[3] des Venissiens, à la preservation de leurs estatz, desquelz il

---

[1] Béatrix d'Este, mariée le 18 janvier 1491. Morte le 2 janvier 1497. (*Art de vérifier les dates*, III, 652.)

[2] Hercule, né en 1433, succéda à son frère Borso en 1471. Marié à Léonore, fille de Ferdinand Ier, roi de Naples. Mort le 25 janvier 1505. (*Art de vérifier les dates*, III, 698.)

[3] Par le traité daté du 7 août 1484. (Sismondi, XI, 245.)

estoit grant amy, au prejudice de son beau pere, à qui les Venissiens avoient osté, peu paravant, ung petit pays appellé Polesan [1], qui est tout environné d'eaue et est habondant à merveilles en tous biens : et le tiennent les Venissiens jusques à demye lieue de Ferrare, et y a deux bonnes petites villes, que j'ay veues, c'est asscavoir Rovigue et Labadie [2]. Et se perdit lors qu'il faisoit la guerre aux Venissiens, que luy seul esmeut : et y vint depuis le duc de Calabre, Alfonse, du vivant de Ferrand son pere, et le seigneur Ludovic pour Millan, les Florentins, le pape [3] et Boulongne. Toutesfois, estoient Venissiens presque au dessoubz, au moins ayans le pire et fort minez d'argent, et plusieurs aultres places perdues, et appoincta ledict seigneur Ludovic à l'honneur et prouffit des Venissiens : et revint ung chascun au sien, fors ce povre duc de Ferrare, que avoit esté encommencee ladicte guerre à la requeste de luy et dudict roy Ferrand, dont ledict duc avoit espousé ladicte fille, et fallut qu'il laissast ausdictz Venissiens ce Polesan, que encores tiennent : et dict l'on que le seigneur Ludovic en eut soixante mil ducatz : toutesfois je ne scay s'il fut vray ; mais j'ay veu ledict duc de Ferrare en ceste creance. Vray est que, pour lors, il n'avoit pas espousé sa fille ; et ainsi estoit contenue [4] ceste amytié entre luy et les Venissiens.

---

[1] Rovigo, capitale du Polésine, se rendit aux Vénitiens le 17 août 1482. (Sismondi, XI, 225.)

[2] Rovigo et La Badia.

[3] Sixte IV. (Voyez ci-dessus, page 198, note 2.)

[4] Sauvage et ses successeurs mettent : « Continué. »

Nul serviteur ne parent du duc Jehan Galleasche de Millan ne donnoit empeschement au seigneur Ludovic à prendre la duché pour luy que la femme dudict duc, qui estoit jeune et saige, et fille du duc Alfonse de Calabre, que par devant j'ay nommé, filz aisné du roy Ferrand de Naples. Et, en l'an mil quatre cens quatre vingtz et treize, commencea ledict seigneur Ludovic à envoyer devers le roy Charles huictiesme, de present regnant, pour le praticquer de venir en Italie à conquerir ledict royaulme de Naples, pour destruire et affoller ceulx qui le possedoient, que j'ay nommez : car estans ceulx là en force et vertu, ledict Ludovic n'eust osé comprendre ne entreprendre ce qu'il feit depuis. Car en ce temps là estoient fors et riches ledict Ferrand, roy de Cecille, et son filz Alfonse, fort experimentez au mestier de la guerre, et estimez de grant cueur, combien que le contraire se veit depuis[1]; et ledict seigneur Ludovic estoit homme tres saige, mais fort craintif et bien souple quant il avoit paour (j'en parle comme de celluy que j'ay congneu et beaucoup de choses traicté avec luy), et homme sans foy s'il veoit son prouffit pour la rompre. Et ainsi, comme dict est, l'an mil quatre cens quatre vingtz et treize, commencea à faire sentir à ce jeune roy Charles huictiesme, de vingt et deux ans, des fumees et gloires d'Italie : luy remonstrant, comme dict est, le droict qu'il avoit en ce beau royaulme de Na-

---

[1] L'arrivée de Charles VIII en Italie et ses succès effrayèrent tellement Alphonse, qu'il abdiqua la couronne en faveur de son fils. (Voyez ci-dessus, page 203, note 4.)

ples (qui luy faisoit bien blasmer et louer[1]). Et s'adressoit de toutes choses à cest Estienne de Vers (devenu seneschal de Beaucaire, et enrichy, mais non point encores à son gré) et au general Brissonnet, homme riche et entendu en finances, grant amy lors dudict seneschal de Beaucaire, auquel il faisoit conseiller audict Brissonnet de se faire prestre, et qu'il le feroit cardinal : à l'aultre touchoit [2] d'une duché.

Et pour commencer à conduire toutes ces choses, ledict seigneur Ludovic envoya une grant ambassade devers le Roy, à Paris, audict an, dont estoit chief le conte de Caiazze, filz aisné dudict Robert de Sainct Severin, dont j'ay parlé[3], lequel trouva à Paris le prince de Salerne, dont il estoit cousin, car celluy là estoit chief de la maison de Sainct Severin, et estoit en France, chassé du roy Ferrand, comme avez entendu paravant, et pourchassoit ladicte entreprinse de Naples : et avec ledict conte de Caiazze estoit le conte Charles de Bellejoyeuse[4] et messire Galleasche Viconte[5], Millannois; tous deux estoient fort bien acoustrez et acompaignez. Leurs

---

[1] *Qu'il luy scavoit* bien *blasonner* et louer. (Sauvage et autres éditeurs.)

[2] La première édition, Sauvage et ses successeurs mettent *couchoit*. Nous suivons l'édition de 1539.

[3] Voyez ci-dessus, page 302, note 4.

[4] Charles Balbiano, comte de Belgioioso. Il était porteur d'une lettre de Ludovic pour Charles VIII. (Corio, 891.)

[5] Galéas Visconti, fils de Guido, conseiller ducal, et d'Éléonore de Princivalle. Il fut un de ceux qui, en 1494, après la mort de Jean

parolles en public n'estoient que visitations et parolles assez generalles, et estoit la premiere ambassade grande qu'il eust envoyee devers ledict seigneur. Il avoit bien envoyé, par avant, ung secretaire pour traicter que le duc de Millan, son nepveu, fust receu à l'hommaige de Gennes, par procureur (ce qu'il fut, et contre raison); mais bien luy povoit le Roy faire ceste grace que de commettre quelcun à le recevoir : car luy estant en la tutelle de sa mere, je la receuz en son chasteau de Milan [1], comme ayant la tutelle de son filz, moy estant ambassadeur de par le feu roy Louis unziesme de ce nom, ayant la charge expresse à ce faire. Mais lors Gennes [2] estoit hors de leurs mains, et la tenoit messire Baptiste de Campefourgouse.

Galéas, nommèrent Ludovic le Maure duc de Milan, au détriment de François Sforza, fils et héritier de Jean Galéas. De 1500 à 1512, il est fait mention d'un Galéas Visconti qui fut nommé conseiller, gentilhomme et chevalier de Saint-Michel par le roi de France. Maximilien Sforza lui donna, en 1515, la charge de lieutenant ducal des troupes expédiées contre les Génois. Après la prise de Maximilien Sforza, il passa à la cour de l'empereur Maximilien d'Autriche. Ayant obtenu de François 1er la permission de retourner à Milan, il eut, en 1530, l'investiture de Piovera, dans le duché de Milan. Depuis lors on ne trouve plus qu'il soit fait aucune mention de lui. (LITTA, *fam. Visconti di Milano*, tav. XVII.)

[1] Voyez ci-dessus, page 204.

[2] En 1464, Louis XI ayant cédé ses droits sur Gênes à François Sforza moyennant l'hommage, les Génois restèrent paisibles jusqu'à la mort de Galéas Marie, fils de François. Les premiers actes de la régence leur déplaisant, ils prirent les armes, et, le 7 août 1478, la victoire les rendit libres du joug milanais : c'est quelques mois plus tard qu'ils élurent pour doge Baptiste Fregose. L'année 1487 les revit sous la domination des ducs de Milan. (*Art de vérifier les dates*, III, 737.)

Maintenant, que je dis, le seigneur Ludovic l'avoit recouvert et donna à aucuns chambellans du Roy huict mil ducatz pour avoir ladicte investiture, lesquelz feirent grant tort à leur maistre : car ilz eussent peu, par avant, avoir Gennes pour le Roy s'ilz eussent voulu. Et si argent ilz en debvoient prendre pour ladicte investiture, ilz en debvoient demander plus : car le duc Galleasche en paya une fois, au roy Loys mon maistre, cinquante mil ducatz, desquelz j'en euz trente mil escuz contans en don dudict roy Loys, à qui Dieu face pardon. Toutesfois ilz disoient avoir prins lesdictz huict mil ducatz du consentement du Roy : et ledict Estienne de Vers, seneschal de Beaucaire, estoit l'ung qui en print, et croy bien qu'il le faisoit pour mieulx entretenir ledict seigneur Ludovic pour ceste entreprinse où il tendoit.

Estans à Paris les ambassadeurs dont j'ay parlé en ce chapitre, et ayant parlé en general, parla à part avec le Roy ledict conte de Caiazze (qui estoit en grant credit à Millan, et encores plus son frere messire Galleasche de Sainct Severin), et par especial sur le faict des gens d'armes : et commencea à offrir au Roy grans services et aydes, tant de gens que d'argent : car ja povoit son maistre disposer de l'Estat de Millan comme s'il eust esté sien, et faisoit la chose aysee à conduire. Et peu de jours apres print congié du Roy, et messire Galleasche Viconte, et s'en allerent, et le conte Charles de Bellejoyeuse demoura pour avancer l'œuvre : lequel incontinent se vestit à la mode francoise, et feit de tres grans dilligences, et commencerent plusieurs à entendre à ceste matiere. Le Roy envoya en Italie ung nommé Peron de Basche [1], nourry, en la maison d'Anjou, du duc Jehan de Calabre, affectionné à ladicte entreprinse, qui fut vers le pape Innocent, Venissiens et Florentins. Ces praticques, allees et venues durerent sept ou huict mois, ou environ, et se parloit de ladicte entreprinse, entre ceulx qui la scavoient, en plusieurs facons; mais nul ne creoit que le Roy y deubst aller en personne.

CHAPITRE IV.

Comment le roy Charles huictiesme feit paix avec le roy des Rommains et l'archiduc, leur renvoyant madame Marguerite de Flandres, devant que faire son voyaige de Naples.

Pendant ce delay que je dis, se traicta paix à Senlis [2] entre le Roy et l'archiduc d'Austriche, heritier de ceste maison de Bourgongne : et combien que ja y eust trefves [3], si survint il cas de malveillance : car le Roy laissa la fille du roy des Rommains, seur dudict

[1] Perron de Bachi, fils de Berthol de Bachi, écuyer de Louis, roi de Naples, et de Marguerite Adhemar (LA CHESNAYE DES BOIS, *Dictionnaire de la noblesse*, II, 38). Il était écuyer d'écurie en 1490 (*Hist. de Charles VIII*, 609), et figure, en qualité de maître-d'hôtel du Roi, en 1496, sur les états des officiers de la maison de ce prince. (BIB. ROY., Ms. *Suppl. fr.*, n° 2340, fol. 776.)

[2] Le traité est daté de Senlis, le 23 mai 1493. On y spécifiait la manière dont Marguerite serait rendue à son père. (*Histoire de Charles VIII*, 640-652.)

[3] Conclues à Francfort, le 22 juillet 1489. (*Hist. de Charles VIII*,

archiduc (laquelle estoit bien jeune¹), et print pour femme la fille² du duc François³ de Bretaigne, pour avoir la duché de Bretaigne paisible, laquelle il possedoit presque toute, à l'heure dudict traicté, fors la ville de Rennes et la fille qui estoit dedans, laquelle estoit conduicte soubz la main du prince d'Orenge, son oncle, qui avoit faict le mariaige avec le roy des

83 et suiv.) Cette jeune princesse passant par Amiens, les mayeur et échevins, sur la nouvelle de son arrivée dans cette ville, décidèrent *de non aller au devant d'elle, hors de la ville.* Le roi de France leur avait cependant écrit la lettre suivante : « De par le Roy. Très chiers « et amez, Nous avons ordonné mener et conduire nostre tres chiere « et tres amee cousine, Marguerite d'Autriche, jusques en nostre « ville de Hesdin et là entour. Et pour ce que son droict chemin « est à passer par nostre ville d'Amiens, nous vous prions que, se « elle y passe, que la voeulliez bien et honnourablement recevoir et « recueillir, et la traicter, pendant qu'elle sera en nostre dicte ville, « ainsi qu'il appartient, et la loger au plus beau lieu que adviserez « estre propice pour elle. Sy ne y faites faulte. — Donné à la Ferté Alex (Aleps), le IIIIe jour d'aoust. *Signé:* Charles. »

« Le IXe d'aoust, nuit Sainct-Laurens, arriva ladicte dame en ceste ville d'Amiens, et luy furent presentez par mesdits sieurs deux ponchons de vin (l'un vermeil et l'autre claret) : et le lendemain à monseigneur l'archevesque de Sens, à monseigneur de Montpensier et à monseigneur Despierres, qui estoient avec elle : ensemble XXIIII kanes de vin. » (XVIe *registre aux délibérations de l'échevinage d'Amiens,* coté T. *Note communiquée par M. H. Dusevel.*)

¹ Marguerite était alors âgée de 13 ans. (Voyez ci-dessus, page 155, note 4.)

² Anne, duchesse de Bretagne, fille de François II ; née le 26 janvier 1476 (v. s.). Mariée, par procureur, à Maximilien d'Autriche, en 1490; mais lui ayant préféré Charles VIII, elle épousa ce dernier le 6 décembre 1491. Veuve le 7 avril 1497 (v. s.), elle se remaria au château de Nantes, le 8 janvier suivant, au roi Louis XII. Morte le 9 janvier 1514 (v. s.) (Anselme, 1, 128, 466.)

³ Voyez tome I, page 8, note 3.

Rommains, et espousé par procureur en l'eglise, publicquement : et fut le tout environ l'an mil quatre cens quatre vingtz et douze. Dudict archiduc, et en sa faveur, grant ambassade vint de par l'empereur Federic [1], voulant se faire mediateur dudict acord : aussi y envoya le roy des Rommains. Semblablement y envoya le conte Palatin [2], et les Suisses, pour moyenner et pacifier : car il sembloit à tous que grant question en debvoit sourdre [3] et que le roy des Rommains estoit fort injurié, et que on luy ostoit celle qu'il tenoit pour sa femme, et luy rendoit on sa fille, qui plusieurs annees avoit esté royne de France.

Fin de compte, la chose termina en paix : car chascun estoit las de guerre, et par especial les subjectz de l'archiduc Philippe, qui avoient tant souffert (tant par la guerre du Roy, que pour leurs divisions particulieres) qu'ilz n'en povoient plus. Et se feit une paix de quatre ans seullement [4], pour avoir repos et

---

[1] Voyez tome I, page 167, note 5.

[2] Philippe, dit l'Ingénu, fils de Louis IV et de Marguerite de Savoie, succéda en 1476 à son oncle Frédéric. Mort le 18 février 1508. (*Art de vérifier les dates*, III, 325.)

[3] On voit en effet, par une lettre d'Antoine de La Capra, *alias* de Geysberg, chevalier, adressée à Charles VIII, que l'Empereur faisait des préparatifs de guerre contre le roi. (Voyez les PREUVES, à la date du 15 janvier 1492.)

[4] La paix de Senlis. (Voyez ci-dessus, page 315, note 2). Le cinquième article porte que « les villes et chasteaux de Hesdin, Aire et Bethune estans presentement en l'obéissance du Roy demeureront en la garde de monsieur Desquerdes, mareschal de France, lequel les gardera.... jusques à ce que mondit seigneur l'archiduc ait accomply l'age de vingt ans, qui sera la surveille de la Nativité de saint Jehan Baptiste, l'an 1498. »

leur fille, que on faisoit difficulté de leur rendre (au moins aucuns, qui estoient à l'entour du Roy et de ladicte fille) : et à ladicte paix me trouvay present, et les deputez qui y estoient, monseigneur le duc Pierre de Bourbon, le prince d'Orenge, monseigneur des Cordes, et plusieurs aultres grans personnaiges : et fut promis rendre audict duc Philippe ce que le Roy tenoit de la conté d'Arthois, comme il avoit esté promis, en traictant ledict mariaige (qui fut l'an mil quatre cens quatre vingtz et deux[1]), que s'il ne s'acomplissoit, que les terres que on donnoit à ladicte fille en mariaige retourneroient quant et elle, ou au duc Philippe; mais ja d'emblee avoient prins ceulx dudict archiduc, Arras[2] et Sainct Omer. Ainsi ne restoit à rendre que Hesdin, Aire, et Bethune, dont, dès l'heure, leur fut baillé le revenu et seigneurie, et misrent officiers : et le Roy retenoit les chasteaulx, et y povoit mettre garnisons jusques au bout de quatre ans, qui finissoient à la Sainct Jehan, l'an mil quatre cens quatre vingtz et dix huict : et lors les debvoit rendre le Roy à mondict seigneur l'archiduc, et ainsi fut promis et juré.

Si lesdictz mariaiges furent ainsi changez selon l'ordonnance de l'Eglise ou non, je m'en rapporte à ce qui en est; mais plusieurs docteurs en theologie m'ont dict que non, et plusieurs m'ont dict que ouy. Mais, quel-

[1] Voyez ci-dessus, page 210, note 2.
[2] Cette ville fut prise par les Bourguignons le 5 novembre 1492. (Voyez le *Bulletin de la Société de l'Histoire de France*, tome II, IIe partie, page 228; et Molinet, IV, 332.) Ils s'étaient emparés de Saint-Omer le 11 février 1488. (Molinet, III, 447.)

que chose qu'il en soit, toutes ces dames ont eu quelque malheur en leurs enfans ¹. La nostre a eu trois filz de reng ² et en quatre annees. L'ung a vescu pres de trois ans et puis mourut, et les aultres deux aussi sont mors. Madame Marguerite d'Austriche a esté mariée au prince de Castille ³, filz seul des roy et royne de Castille et de plusieurs aultres royaulmes, lequel prince mourut au premier an qu'il fut marié, qui fut l'an mil quatre cens quatre vingtz dix sept. Ladicte dame demoura grosse, laquelle s'acoucha d'ung filz tout mort incontinent apres la mort du mary, qui a mis en grant douleur les roy et reyne de Castille et tout leur royaulme.

¹ Ce passage de Commynes a été l'objet d'une observation de Lancelot, dans son Mémoire sur le mariage de Charles VIII avec Anne de Bretagne. Après avoir signalé les erreurs de plusieurs historiens qui se sont trompés sur la date de ce mariage, il dit : « Il seroit inutile de faire ici une plus longue énumération des méprises faites par nos historiens en parlant de ce mariage ; je ne puis cependant me dispenser de dire un mot de Philippe de Commines qui est tombé dans une autre erreur. Il semble vouloir douter que ce mariage ait été légitimement contracté, et que c'est à cette prétendue contravention aux loix de l'Église qu'il faut attribuer le défaut de successeurs provenus de ce mariage. Si Commines eût sçu les précautions qui avoient été prises, en cette occasion, pour se conformer aux usages de l'Église ; et s'il avoit été instruit des premières et secondes dispenses obtenues pour donner la validité nécessaire à ce mariage, il se seroit exprimé autrement, et n'auroit point attribué des accidents naturels à un prétendu défaut de formalité qui n'existoit point. » La suite du Mémoire sert à prouver ce qu'avance Lancelot. (*Mémoires de l'Académie des Inscriptions et Belles-Lettres*, tome XIII, 666 et suiv.)

² Charles-Orland, né le 10 octobre 1492, mort le 6 décembre 1495; Charles, né le 8 septembre 1496, mort le 2 octobre suivant; et François, qui vécut peu de jours. (ANSELME, 1, 125.)

³ Jean. (Voyez ci-dessus, page 155, note 4.) Mort le 4 octobre 1497. (*Art de vérifier les dates*, I, 763.)

Le roy des Rommains s'est marié, incontinent apres ces mutations dont j'ay parlé, avec la fille[1] du duc Galleasche de Millan, seur du duc Jehan Galleasche, dont a esté parlé, et s'est faict ce mariaige par la main du seigneur Ludovic. Le mariaige a fort despleu aux princes de l'Empire et à plusieurs amys du roy des Rommains, pour n'estre de maison si noble comme il leur sembloit qu'il luy appartenoit : car du costé des Vicontes, dont s'appellent ceulx qui regnent à Millan, y a peu de noblesse, et moins du costé des Sforzes, dont estoit filz le duc Francisque[2] de Millan : car il estoit filz d'ung cordouanier[3] d'une petite ville appellee Cotignolles; mais il fut homme tres somptueux[4], et encores plus le filz, lequel se feit duc de Millan, moyennant la faveur de sa femme[5], bastarde du duc Philippe Marie : et la conquesta et posseda non point comme tyran, mais comme vray et bon prince, et estoit bien à estimer sa vertu et bonté aux plus nobles princes qui ayent regné de son temps. Je dis toutes ces choses pour monstrer ce qui s'en est ensuyvy de la mutation de ces mariaiges, et ne scay qu'il en pourra encores advenir.

[1] Blanche-Marie, veuve de Philibert Ier, duc de Savoie, le 22 avril 1482, remariée le 16 mars 1494. Morte le 31 décembre 1510. (*Art de vérifier les dates*, II, 39.)

[2] Voyez tome I, page 73, note 1.

[3] Muzio Attendolo, surnommé Sforza, né à Cotignola, le 28 mai 1369, fut un des plus grands condottieri du xive siècle. Mort le 4 janvier 1424. (Litta, *fam. Attendolo*, tav. I.)

[4] Sauvage propose de lire *présomptueux* ou *vertueux*.

[5] Blanche-Marie Visconti, mariée le 28 octobre 1441. Morte le 23 octobre 1469 : *si crede di veleno*. (Litta, *fam. Sforza*, tav. V.)

CHAPITRE V.

Comment le Roy envoya devers les Venissiens pour les praticquer, devant que entreprendre son voyaige de Naples, et des preparatifs qui se feirent pour icelluy.

Pour revenir à nostre matiere principalle, vous avez entendu comme le conte de Caiazze et aultres ambassadeurs sont partis d'avec le Roy, de Paris, et comment plusieurs praticques se menoient par Italie : et comment nostre Roy, tout jeune qu'il estoit, l'avoit fort à cueur; mais à nul ne s'en descouvroit encores, fors à ces deux[1]. Aux Venissiens fut requis de par le Roy qu'ilz luy voulsissent donner ayde et conseil en ladicte entreprinse : qui feirent responce qu'il fust le tres bien venu, mais que ayde ne luy pourroient ilz faire pour la suspection du Turc[2] (combien qu'ilz fussent en paix avec luy), et que de conseiller à ung si saige Roy et qui avoit si bon conseil, ce seroit trop grant presumption à eulx; mais que plustost luy ayderoient que de luy faire ennuy. Or, notez qu'ilz cuydoient bien saigement parler, et aussi faisoient ilz : car, pour aujourd'huy, je croy leurs affaires plus saigement conseillees que de prince ne communaulté qui soit au monde; mais Dieu veult tousjours que l'on congnoisse que les jugemens ne le sens des hommes ne servent de riens là où il luy plaist mettre la main. Il disposa l'affaire aultrement qu'ilz ne cuydoient : car

---

[1] Étienne de Vesc et Briçonnet.
[2] Bajazet II. (Voyez ci-dessus, page 251, note 1.)

ilz ne croyoient point que le Roy y allast en personne, et si n'avoient nulle paour du Turc, quelque chose qu'ilz dissent, car le Turc qui regnoit estoit de petite valleur; mais il leur sembloit qu'ilz se vengeroient de ceste maison d'Arragon, qu'ilz avoient en grant hayne, tant le pere que le filz¹, disant qu'ilz avoient faict venir le Turc à Scutary². J'entens le pere de celluy Turc, qui conquit Constantinoble, appellé Mehemet Ottoman, qui feit plusieurs aultres grans dommaiges ausdictz Venissiens. Du duc de Calabre Alfonse ilz disoient plusieurs aultres choses, entre les aultres qu'il avoit esté cause de la guerre que esmeut contre eulx le duc de Ferrare, qui merveilleusement leur cousta, et en cuyderent estre destruictz (de ladicte guerre j'ay dict quelque mot³) : et disoient aussi que le duc de Calabre avoit envoyé homme expres à Venise pour

---

¹ Ferdinand Ier et Alphonse II.

² Ville de la Turquie d'Europe, en Albanie. Le traité de paix de 1478, passé entre la Porte, Ferdinand Ier et le roi de Hongrie, son gendre, permit à Mahomet II de réunir toutes ses forces contre les Vénitiens qu'il attaquait dans l'Albanie. La république de Venise chercha vainement à renouer des négociations de paix entamées naguère par le Turc. Mahomet, certain du succès de ses armes (Naples et la Hongrie ne devant pas intervenir, et le Pape lui-même mettant moins d'empressement à secourir Venise), répondit à l'ambassadeur de la république qu'il ne consentirait à la paix qu'autant que les Vénitiens lui céderaient la ville de Scutari; et, sans attendre la réponse que l'envoyé ne pouvait lui faire immédiatement, n'ayant aucun pouvoir pour cela, il continua sa marche sur l'Albanie. Le 8 juin 1478, il assiégea Scutari; le 26 janvier 1479, les Vénitiens lui cédèrent, par traité, cette ville et son territoire. (Hammer, III, 219-243.)

³ Voyez ci-dessus, page 310.

[1493] LIVRE VII, CHAPITRE V. 323

empoisonner les cisternes, au moins celles où ilz pourroient joindre, car plusieurs sont fermees à clef (audict lieu ne usent d'aultre eaue, car ilz sont de tous poinctz assis en la mer : et est l'eaue tres bonne, et en ay beu huict mois pour ung voyaige seul [1], et y ay esté une aultre fois [2] depuis, en la saison dont je parle); mais leur principalle raison ne venoit point de là, mais parce que les dessusdictz les gardoient d'acroistre à leur povoir, tant en Italie comme en Grece. Car des deux costez avoient les yeulx ouvers : toutesfois ilz avoient nouvellement conquesté le royaulme de Chippre, et sans nul tiltre [3]. Pour toutes ces haynes,

[1] En 1494 (voyez ci-dessous, livre VII, chapitre XVIII).
[2] En 1495 (voyez ci-dessous, liv. VIII, chap. XVIII).
[3] Ce titre, du moins, était fort contestable. Catherine Cornero, sœur de Marc Cornero, gentilhomme vénitien, avait épousé Jacques de Lusignan, roi de Chypre, sous condition que la république de Venise l'adopterait pour *fille*. Le mariage se fit en 1471, et deux ans après, le 6 juin 1473, le roi de Chypre cessa de vivre, laissant sa veuve enceinte : celle-ci accoucha d'un fils qui mourut en bas âge. Les Vénitiens, devenus maîtres absolus du royaume, se rendirent odieux et à la jeune reine, à laquelle ils ne laissèrent aucun pouvoir, et aux Cypriotes qu'ils accablaient de vexations. Plusieurs tentatives de la part du peuple pour secouer le joug, et des bruits d'un nouvel hymen pour la reine, décidèrent la république à s'emparer entièrement de Chypre. En conséquence elle déclara que, par le décès de l'héritier de Jacques de Lusignan, Catherine avait acquis les mêmes droits que son fils à la couronne; qu'ainsi la république héritait à son tour de la reine, déclarée *fille* de Saint Marc. Cette décision fut portée à Catherine avec l'ordre de venir à Venise et de remettre les rênes du gouvernement entre les mains des Vénitiens. « Le 26 février 1489, l'étendard de Saint-Marc flottait sur le palais de Famagouste et sur toutes les forteresses. » (SISMONDI, X, 398 et suiv.; XI, 321 et suiv.)

sembloit ausdictz Venissiens que c'estoit leur prouffit que la guerre fust entre le Roy et ladicte maison d'Arragon, esperans qu'elle ne prendroit si prompte conclusion qu'elle print, et que ce ne seroit que affoiblir leurs ennemys et non point les destruire : et que, au pis venir, l'ung party ou l'aultre leur donneroit quelques villes en Pouille (qui est du costé de leur gouffre) pour les avoir à leur ayde (et ainsi en est advenu [1], mais il a à peu failly qu'ilz ne se soyent mescomptez); et puis leur sembloit qu'on ne les pourroit charger d'avoir faict venir le Roy en Italie, veu qu'ilz ne luy en avoient donné conseil ny ayde, comme apparoissoit par la responce qu'ilz avoient faicte à Peron de Basche.

En ceste annee mil quatre cens quatre vingtz et treize [2], tira le Roy vers Lyon, pour entendre à ces

[1] Ferdinand II donna aux Vénitiens, en garantie d'un secours qu'ils lui promettaient, les villes d'Otrante, Brindes, Trani, Monopoli et Puglinano. (Sismondi, XII, 386.)

[2] Sauvage et ses successeurs mettent mil quatre cent *quatre-vingt quatorze*, ce qui est une erreur. Cette dernière année commença le 3o mars, et le document qui va suivre prouve que Charles VIII était déjà rendu à Lyon dès le 25 du même mois. Il y convoqua les députés des bonnes villes, pour les entretenir de la guerre que les Turcs faisaient aux chrétiens, et de son projet de conquête du royaume de Naples. Voici le rapport de l'un des députés de la ville d'Amiens sur ce qui se dit et se fit alors à Lyon : « Dist que le lundi de la sepmaine saincte derrenier passé [24 mars] ils arriverent au dict Lyon, et presenterent à monsieur le mareschal Deskerdes unes lettres missives de par mes dicts seigneurs. Et le lendemain presenterent au Roy pareilles lettres, pour la dicte ville, touchant la matiere pour laquelle ils estoient mandez avec ceulx des bonnes villes de cest roialme, lesquelles lettres il rechut agreablement : et aprez leur fut dit que

matieres (non point qu'on cuydast qu'il passast les montz) : et là vint vers luy messire Galleasche, frere

monseigneur de Sainct Malot avoit charge les despecher, qui depuis leur dist qu'il tenroit la main à leur expedicion le plus tost que faire se porroit. Et se party le Roy du dict lieu, et le lundi aprez y retourna : et depuis se trouverent avec les depputez des villes de Paris, Rouen, Angiers et autres lieux, et conclurent ensemble que, quant la matiere leur seroit mise en termes de par le Roy, que ils feroient response qu'ils ne avoient, par lettres du Roy envoiees aus dictes villes, sy non charge de oyr et rapporter. — Dist qu'ils furent ensemble à l'ostel de monseigneur l'archevesque de Lyon, ouquel vint le Roy en une grant salle fort paree et tendue de drap d'or et autres, où estoient le dict archevesque, monseigneur le chancelier, monseigneur de Bourbon, monseigneur de Fois et autres grans seigneurs, et commanda le Roy au dict monseigneur le chancelier ce qu'il avoit de charge. — Dist que le dict monseigneur le chancellier leur dist que le Roy tres chrestien, illec present, les avoit mandé et fait rescripre ses lettres missives, et que nostre Sainct Pere le pappe avoit paravant et nagaires rescript au Roy que les Turcs et infidelles faisoient grant guerre aux chrestiens, et y en avoit eu de mors des chrestiens jusques au nombre de x^x : dist que le Roy et ses predecesseurs roys de France avoient plusieurs fois, en temps passé, secouru les chrestiens, et que, à ceste cause, le Roy estoit deliberé aller à toute une bonne armee, en personne, contre les dicts Turcs et infideles, et monstreroit qu'il estoit et volloit estre deffenseur de la foy chrestienne : dist oultre que le Roy avoit deuement esté adverty que à luy appartenoit le roialme de Napples qu'il avoit intencion conquester, moiennant la grace de Dieu, et requeroit à ceulx de ses bonnes villes jusce qu'il seroit absent de son roialme que on volsist faire bonne garde des dictes villes. — Dist que le lendemain ils furent à l'ostel de monseigneur le chancelier, ou quel ostel ung nommé Palain de Fournechal, presens pluiseurs grans seigneurs, et le dict monseigneur le chancellier, leur dist entre autres choses que anchiennement ung qui ot nom Mainfroy avoit, par aucun temps, esté possesseur du dict roialme de Napples, où il se gouverna mal, et, à ceste cause, en fut expulsé et fut donné au roy Charles, lequel depuis le remist en la main de l'Eglise et aprez au conte de Caiazze de Sainct Severin, dont a esté parlé, fort bien acompaigné, de par le seigneur Ludovic dont il estoit lieutenant et principal serviteur, et amena grant nombre de beaux et bons chevaulx, et apporta du harnoys pour courir à la jouste : et y courut, et bien, car il estoit jeune et gentil chevalier. Le Roy luy feit grant honneur et bonne chiere, et lui donna son Ordre; et puis il s'en retourna en Italie : et demoura tousjours le conte de Bellejoyeuse ambassadeur, pour avancer l'allee : et se commencea à apprester une tres grosse armee à Gennes, et y estoit pour le Roy le seigneur d'Urfé[1], grant escuyer de France, et aultres. A la fin le Roy alla à Vienne, au Daulphiné, environ le commencement d'aoust audict

---

le donna le pappe à... (le nom est resté en blanc sur le manuscrit) : dist que ung nommé Federic Barbe Rousse en fut aussy expulsé par ung pappe de Rome : dist que le dict roialme fut depuis possessé par ung nommé Jouen et Jouvencelle, laquelle Jouvencelle adopta le roy d'Arragon au dict roialme, dont il fut ingrat. — Dist que, aprez plusieurs remonstrances faites touchant le dict roialme de Napples et la matiere bien debatue, a esté trouvé que icellui roialme appartient au Roy, et que, en le conquerant par luy, il porra recouvrer tous ses dommages et interest, etc. » (Extrait des *Registres aux délibérations de l'échevinage de la ville d'Amiens pendant le xve siècle* [1406 à 1500], ms. in-fol. de la bibliothèque de M. H. Dusevel, page 418 et suiv.)

[1] Voyez tome I, page 154, note 2. Nous insérons parmi les Preuves (à la date du 4 mai 1494) des « Instructions » donnees par le Roi « aux sieurs d'Urfé, grant escuier, et de Beaumont, conseillers et chambellans du Roy, et à maistre Jehan de la Primauldaye, aussi conseiller du dit seigneur, secretaire de ses finances et contrerolleur general de Bretagne, de ce qu'ilz auront à faire à *Jennes*, où le dit seigneur *les envoye presentement.* »

an¹, et là venoient chascun jour les nobles de Gennes, où fut envoyé le duc Loys d'Orleans, de present regnant Roy, homme jeune et beau personnaige, mais aymant son plaisir (de luy a esté assez parlé en ces Memoires); et cuydoit on lors qu'il deubst conduire l'armee par mer, pour descendre au royaulme de Naples, par l'ayde et conseils des princes qui en estoient chassez et que j'ay nommez : qui estoient les princes de Salerne et de Bisignan². Et furent pretz jusques à quatorze navires genevois³, plusieurs gallees et gallions, et y estoit obey le Roy, en ce cas, comme à Paris : car ladicte cité estoit soubz l'estat de Millan, que gouvernoit le seigneur Ludovic, et n'avoit competiteur leans que la femme du duc son nepveu, que j'ay nommee⁴, fille du roy Alfonse (car en ce temps mourut son pere, le roy Ferrand); mais le povoir de ladicte dame estoit bien petit, veu qu'on veoit le Roy prest à passer ou à envoyer, et son mary peu saige, qui disoit tout ce qu'elle disoit à son oncle, qui avoit ja faict noyer quelque messagier qu'elle avoit envoyé vers son pere.

La despence de ces navires estoit fort grande, et suis d'oppinion qu'elle cousta trois cens mil francz, et si ne servit de riens : et y alla tout l'argent cler

---

¹ Voyez ci-dessus, page 290, note 1.

² Non point celui qui a été ci-dessus nommé (voyez page 300, note 2), mais Bernard, son fils aîné, qui lui avait succédé en 1487. (IMHOFF, 296.) Ce dernier vivait encore en 1502, et servait Louis XII dans son expédition d'Italie. (D'AUTON, II, 304.)

³ Génois.

⁴ Voyez ci-dessus, page 306, note 5.

que le Roy peut finer de ses finances : car, comme j'ay dict[1], il n'estoit pourveu ne de sens ne d'argent[2], ne aultre chose necessaire à telle entreprinse, et si en

[1] Voyez ci-dessus, page 292.

[2] Pour se procurer de l'argent, Charles VIII écrivit aux *bourgeois, manans et habitans* de la ville d'Amiens une lettre datée de Lyon, le 21ᵉ jour d'avril 1494, et ainsi conçue : « Chiers et bien amez, Nous avons depputé et ordonné nostre tres chier et amé cousin le conte d'Angoulesme, et noz amez et feaulx les archevesques de Sens et de Narbonne, noz conseillers, le sire d'Orval, nostre cousin, Jehan de la Vaquerie, chevalier, premier president en nostre court de parlement à Paris, et maistre Pierre Parent, tresorier de France, pour vous remonstrer et declarer de par nous, bien amplement, l'estat et disposicion des choses par nous encomenchiees, concernant le bien et utilité de toute la chrestienté, et, aprez ce, de vous prier et requerre que, pour nous aider à les conduire, vous nous voeulliez prester la somme de vi^m livres tournois dont nous avons tres necessairement besoing, et de laquelle nous esperons vous faire rembourser et restituer en l'annee prochaine venant, se noz affaires le poeuvent permettre, et synon partie en ladite annee et partie en l'annee aprez ensuivant. Sy vous prions tant affectueusement que faire povons que, pour parachever à l'aide de Dieu ung tel et sy grant bien, duquel toutte la chretienté pourra estre grandement augmentee, vous nous voeulliez secourir en vostre endroict et nous prester ladite somme de vi^m livres tournois, et icelle delivrer es mains de nostre amé et feal maistre Loys de Poncher, par nous commis à tenir le compte de l'extraordinaire de noz guerres, qui vous baillera, pour recongnoissance, certifficacion signee de sa main, de laquelle somme vous orez remboursement en la forme dessus dite, se mieulx ne povons faire. En quoy faisant nous ferez grant plaisir, et en vostre deffaulte serez cause de retarder une œuvre qui seroit tres domageable non seullement à nous et à noz subgectz, mais au surplus de la chrestienté, à quoy croions que ne voldriez pour rien fallir ; et des dites affaires serez plus à long advertis par les dessus dits, lesquelz voeullez croire de ce qu'ils en diront de nostre part comme [nostre] propre personne. Donné à Lyon, le xxᵉ jour d'avril, l'an mil IIII^c IIII^{xx} et XIIII, aprez Pasques. *Signé* Charles, et plus bas Bohier. » (Extrait du xvII^e *Registre aux délibérations de la ville d'A-*

vint [à] bien, moyennant la grace de Dieu, qui clerement le donna ainsi à congnoistre. Je ne veulx point dire que le Roy ne fust saige de son aage; mais il n'avoit que vingt et deux ans ¹, ne faisoit que saillir du nid. Ceulx qui le conduisoient en ce cas, que j'ay nommez, Estienne de Vers, seneschal de Beaucaire, et le general Brissonnet, de present cardinal ² de Sainct Malo, estoient deux hommes de petit estat et qui de nulle chose n'avoient eu experience; mais de tant monstra Nostre Seigneur mieulx sa puissance : car nos ennemys estoient tenuz tres saiges et experimentez au faict de la guerre, riches et pourveuz de saiges hommes et bons cappitaines, et en possession du royaulme. Et veuille dire le Roy Alfonse, de nouveau couronné par le Pape Alexandre ³, natif d'Arragon, qui tenoit en son party les Florentins, et bonne intelligence au Turc ⁴. Il avoit ung gentil personnaige de filz ⁵, nommé Dom Ferrand, de l'aage de vingt et

miens, coté J. 7.) C'est encore à M. H. Dusevel que nous sommes redevable de ce document.

¹ Il en avait 24. (Voyez ci-dessus, page 293, note 1.)

² Voyez ci-dessus, page 291, note 2.)

³ Rodrigue Borgia, né à Valence en Espagne. Élu pape sous le nom d'Alexandre VI, le 11 août 1492. Mort le 18 août 1502, âgé de 72 ans. (*Art de vérifier les dates*, I, 329.)

⁴ Voyez les instructions, datées de juin 1494, données par le Pape au nonce envoyé à Bajazet, et les lettres de ce dernier au Pape. (LENGLET, IV, partie II, page 50-53.)

⁵ Ferdinand II, reconnu roi de Naples le 23 janvier 1495, après l'abdication de son père; marié à Jeanne, sa tante, fille de Ferdinand I. (*Art de vérifier les dates*, III, 849.) Mort le 7 septembre 1496. (SUMMONTE, III, 524 bis.)

deux ou vingt et trois ans, aussi portant le harnoys et bien aymé audict royaulme, et ung frere, appellé Dom Federic, depuis Roy apres Ferrand (devant nostre)[1], homme bien saige, qui conduisoit leur armee de mer, lequel avoit esté nourry par deca longtemps : duquel vous, monseigneur de Vienne, m'avez maintesfois asseuré qu'il seroit Roy, par astrologie, et me promit dès lors quatre mil livres de rente audict royaulme, si ainsi luy advenoit, et a esté vingt ans devant que le cas advinst.

Or, pour continuer, le Roy mua de propos, à force d'estre pressé du duc de Millan, par lettres et par ce conte Charles de Bellejoyeuse, son ambassadeur, et aussi des deux que j'ay nommez : toutesfois le cueur faillit audict general, voyant que tout homme saige et raisonnable blasmoit l'allee de par delà par plusieurs raisons, et estre là, au mois d'aoust, sans argent,

---

[1] Frédéric, qui avait passé en France en 1475, dans l'intention d'épouser Marie, fille de Charles-le-Téméraire (voyez ci-dessus, page 25, note 1), s'allia au roi de France en s'unissant, en 1478, à Anne de Savoie, nièce de Charlotte, femme de Louis XI. Ce dernier donna, le 5 décembre 1479, « *à son neveu Frederiq d'Arragon, prince de Tarente,* » la ville, chastel, chastellenie, terre et seigneurie d'Yssoudun pour y faire sa résidence avec sa femme. Ce don fut enregistré au Parlement, le 9 janvier 1480. (Trésor des Chartres, *Mémorial* Q, fol. 91.) Cette alliance et ces dons avaient naturellement attaché aux intérêts de la France, Frédéric, qui les abandonna lorsqu'ils se trouvèrent opposés à ceux de sa patrie. C'est à cause de cette nouvelle position du prince de Tarente que Commynes dit qu'il était *devant* (auparavant) *nostre*. Sauvage paraît n'avoir pas compris le sens de ces deux mots, auxquels il substitue ceux-ci : « *durant* nostre *age,* » adoptés par tous ses successeurs.

tentes¹, et aultres choses necessaires : et demoura la foy audict seneschal seul, dont j'ay parlé, et feit le Roy mauvais visaige audict general trois ou quatre jours, puis il se remit en train. Si mourut à l'heure ung serviteur dudict seneschal, comme l'on disoit, de peste : parquoy il n'osoit aller autour du Roy, dont il estoit bien troublé, car nul ne sollicitoit le cas. Monsieur de Bourbon et madame estoient là, cherchant rompre ledict voyaige à leur povoir, et leur en tenoit propos ledict general : et l'ung jour estoit l'allee rompue, et l'aultre renouvellee. A la fin le Roy se delibera de partir, et montay à cheval des premiers, esperant passer les montz en moindre compaignie : toutesfois je fus remandé, disant que tout estoit rompu. Et ce jour furent emprunctez cinquante mil ducatz d'ung marchant de Millan ; mais le seigneur Ludovic les bailla, moyennant pleiges qui s'obligerent vers ledict marchant, et y fus, pour ma part, pour six mil ducatz, et aultres pour le reste : et n'y avoit nulz interestz. Auparavant on avoit emprunctè du banc de Soly, de Gennes, cent mil francz, qui cousterent en quatre mois quatorze mil francz d'interestz ; mais aucuns disoient que des nommez avoient part à cest argent, et au prouffit.

¹ La première édition porte : « et estre là, au moys d'aoust, sans argent *toutes* et aultres choses nécessaires. » On lit dans Sauvage et autres : « *Par* estre là *sur les champs*, au mois d'aoust, sans argent *et sans* toutes autres choses nécessaires. »

CHAPITRE VI.

Comment le roy Charles partit de Vienne au Daulphiné pour conquerir Naples en personne, et de ce que feit son armee de mer soubz la conduicte de monsieur d'Orleans.

Et pour conclusion, le Roy partit de Vienne[1] le vingt et troisiesme jour d'aoust, mil quatre cens quatre vingtz quatorze, et tira droit vers Ast[2]. A Suze vint vers luy messire Galleasche de Sainct Severin, en poste. Et delà alla le Roy à Turin[3], et empruncta les bagues de madame de Savoye[4], fille du feu marquis, le seigneur Guillaume de Montferrat[5], veufve du duc Charles de Savoye, et les mit en gaige pour douze mil ducatz; et peu de jours apres fut à Casal, vers la marquise de Montferrat[6], dame jeune et saige, veufve du

---

[1] Non pas de Vienne, mais de *Grenoble*, le vingt neuf août 1494. (Voyez ci-dessus, page 290, note 1.)

[2] Asti, ville des États sardes. Le roi arriva dans cette ville le mardi 9 septembre. (*Histoire de Charles VIII*, 114.)

[3] Turin: le Roi entra dans cette ville le 5 septembre. (*Ibid.*, 196.)

[4] Blanche de Montferrat, fille de Guillaume et d'Élisabeth Sforza. Mariée, en 1485, à Charles I, duc de Savoie. Veuve le 13 mars 1489. Morte le 31 mars 1509. (*Art de vérifier les dates*, III, 624, 640.)

[5] Guillaume VI, fils de Jean-Jacques, marquis de Montferrat, et de Jeanne de Savoie, succéda à son frère, Jean IVe du nom, en 1464. Mort le 28 février 1483. (*Art de vérifier les dates*, III, 640.)

[6] Marie, fille d'Étienne, despote de Servie. Mariée, le 17 octobre 1485, à Boniface IV, marquis de Montferrat, frère de Guillaume. (Muratori, XXIII, 755 E et suiv.) Veuve en 1493. (*Art de vérifier les dates*, III, 640.) Morte en 1495. (Voyez ci-dessous, liv. VIII, chap. XVI.)

marquis de Montferrat. Elle estoit fille du roy de Servie. Le Turc avoit conquis son pays, et l'Empereur[1], de qui elle estoit parente, l'avoit mariee là, qui l'avoit par avant recueillie. Elle presta aussi ses bagues, qui aussi furent engagees pour douze mil ducatz. Et povez veoir quel commencement de guerre c'estoit, si Dieu n'eust guidé l'œuvre.

Par aucuns jours se tint le Roy en Ast. Ceste annee là, tous les vins d'Italie estoient aigres, ce que nos gens ne trouvoient point bon, ne l'air qui estoit si chault. Là vint le seigneur Ludovic et sa femme, fort bien acompaignez, et y fut deux jours; et puis se retira à Nom, ung chasteau qui est de la duché de Millan, à une lieue d'Ast, et chascun jour le conseil alloit vers luy. Le roy Alfonse avoit deux armees par pays, l'une en la Rommaigne, vers Ferrare, que conduisoit son filz [bien] acompaigné, et avoit avec luy le seigneur Virgille Ursin[2], le comte Petillane[3], le seigneur Jehan Jacques de Trevoul[4], qui pour ceste heure est des nostres. Et contre eulx estoit, pour le Roy, monseigneur d'Aubigny[5], ung bon et saige che-

---

[1] Frédéric III. (Voyez tome I, page 167, note 3.)

[2] Virgile Orsini, comte de Tagliacozzo, seigneur de Bracciano, connétable du royaume de Naples. Mort en janvier 1497. (IMHOFF, 312.)

[3] Nicolas Orsini, comte de Nola et de Petigliano. Mort en 1509. (IMHOFF, 329.)

[4] Jean-Jacques Trivulce, surnommé le Grand, né en 1447, marquis de Vigevano et duc de Musocci. Fut créé plus tard maréchal de France. Mort le 5 décembre 1518. (IMHOFF, 87.)

[5] Beraut Stuart, seigneur d'Aubigny, chevalier de Saint-Michel, fils de Jean Stuart, seigneur d'Aubigny et de Concressaut, et d'Éli-

valier, avec quelques deux cens hommes d'armes, du moins. Y avoit cinq cens hommes d'armes Italiens, aux despens du Roy, que conduisoit le conte de Caiazze, que assez avez ouy nommer, qui y estoit pour le seigneur Ludovic; et n'estoit point sans paour que ceste bende ne fust rompue : car nous fussions retournez, et il eust eu ses ennemys sur les bras, qui avoient grant intelligence en ceste duché de Millan.

L'aultre armee estoit par mer, que conduisoit Dom Federic, frere dudict Alfonse, et estoit à Ligorne [1], et à Pise (car les Florentins tenoient encores pour eulx). Et avoient certain nombre de gallees; et estoit avec luy messire Breto Dauflicque [2] et aultres Genevois, au moyen desquelz ilz esperoient faire tourner la ville de Gennes : et peu faillit qu'ilz ne le feissent, et à Lespecie [3], et à Rapalle [4], pres de Gennes, où ils misrent en terre quelques mil hommes de leurs partisans : et de faict eussent faict ce qu'ilz vouloient, si sitost

sabeth de Lindsay. (LE LABOUREUR, *Tombeaux des Personnes illustres*, 315.) Il est qualifié conseiller et chambellan du roi dans le compte de Jean Lallemant pour l'année 1492 et 1493. (BIBL. ROY., Ms. *fonds Gaignières*, n° 772², fol. 755 recto, 779 recto.) Charles VIII le nomma comte d'Arci et marquis de Squilazzo, puis connétable du royaume de Naples. (Voyez ci-dessous, chap. XVI; et liv. VIII, chap. I.) Mort en 1504. (DOM CALMET, VII, CXV, PREUVES.)

[1] Livourne, ville et port du grand-duché de Toscane.

[2] Obietto de Fiesque. Mort à Verceil, le 25 août 1497, âgé de soixante-deux ans. (FEDERICI, 78-80.)

[3] La Spezzia, ville des États sardes, à dix-huit lieues S.-E. de Gênes.

[4] Bourg des États sardes. « Le 4 septembre, il (Frédéric) se présenta devant Rapallo, riche bourgade, située à peu près à égale distance entre Porto-Fino et Sestri di Levante.... Ils y mirent à terre Hybletto (Obietto) de Fieschi avec trois mille fantassins. » (SISMONDI, XII, 123.)

n'eussent esté assaillis; mais ce jour, ou le lendemain, y arriva le duc Loys d'Orleans avec quelques naves et bon nombre de gallees, et une grosse galleace, qui estoit mienne, que patronisoit ung appellé messire Albert Mely, sur laquelle estoit ledict duc et les principaulx. En ladicte galleace avoit grant artillerie et grosses pieces, car elle estoit puissante : et s'approcha si pres de terre que l'artillerie desconfit presque les ennemys, qui jamais n'en avoient veu de semblable, et estoit chose nouvelle en Italie : et descendirent en terre ceulx qui estoient ausdictz navires, et par la terre venoient de Gennes, où estoit l'armee, ung nombre de Suisses que menoit le bailly de Digeon[1]. Et aussi y avoit des gens du duc de Millan, que conduisoit le frere dudict Breto, appellé messire Jehan Loys Dauflicque[2], et messire Jehan Adorne[3]; mais ilz ne furent point aux coups, mais feirent bien leur debvoir et garderent certains pas. En effect, dès ce que nos gens joignirent, les ennemys furent deffaictz et en fuyte. Cent ou six vingtz en mourut, et huict ou dix prisonniers : entre les aultres ung appellé le Fourgousin[4], filz du cardinal de Gennes[5]. Ceulx qui

[1] Antoine de Bessey, baron de Trichastel, bailli de Dijon, fils de Jean de Bessey et de Jeanne de Saulx. (*Note de Lenglet.*) Il vivait encore en août 1504. (D'AUTON, III, 109.)

[2] Jean-Louis de Fiesque, frère d'Obietto, testa le 20 juin 1508. (FEDERICI, 80, 182.)

[3] Frère d'Augustin, qui était gouverneur de Gênes à cette époque. (GUICHARDIN, 1, 164.)

[4] Jean Fregose, fils naturel du cardinal Paul Fregose. Marié en juillet 1487 à la veuve de Pierre del Verme. (SISMONDI, XI, 294.)

[5] Paul Fregose, archevêque, et à plusieurs reprises doge de Gênes,

eschapperent furent tous mis en chemise par les gens du duc de Millan, et aultre mal ne leur feirent : et est leur coustume. Je veiz toutes les lettres qui en vindrent, tant au Roy que au duc de Millan; et ainsi fut ceste armee de mer reboutee, qui depuis ne se apparut si pres. Au retour, les Genevois se cuyderent esmouvoir et tuerent aucuns Allemans en la ville, et en fut tué aucuns des leurs; mais tout fut appaisé.

Il fault dire quelque mot des Florentins qui avoient envoyé vers le Roy, avant qu'il partist de France, deux fois, pour dissimuler avec luy. L'une fois me trouvay à besongner avec ceulx qui vindrent, en la compaignie dudict seneschal et general : et y estoient l'evesque d'Arese[1] et ung nommé Pierre Sonderin[2]. On leur demanda seullement qu'ilz baillassent passaige et cent hommes d'armes, à la soulde d'Italie (qui n'estoit que dix mil ducatz pour ung an), eulx parlans par le commandement de Pierre de Medicis[3], homme jeune et peu saige, filz de Laurens de Medicis, qui estoit mort et avoit esté des plus saiges hommes de son temps, et conduisoit ceste cité presque comme seigneur, et aussi faisoit le filz : car ja leur maison avoit

de 1462 à 1488. Créé cardinal, par Sixte IV, le 15 mai 1480. Mort le 2 mars 1498. (*Biographie univers.*, XVI, 31; AUBERY, II, 506 et suiv.)

[1] Gentile Becchi, précepteur des fils de Cosme de Médicis, promu à l'évêché d'Arezzo le 21 octobre 1473. Mort en 1497. (UGHELLI, I, 431.)

[2] Pierre Soderini, né le 17 mars 1451. Créé gonfalonier à vie en 1502. Mort le 13 juin 1522. (AMMIRATO, partie I, 127-129.)

[3] Pierre II de Médicis, né en 1469; marié à Alphonsine Orsini. Mort le 27 décembre 1503. (*Art de vérifier les dates*, III, 755.)

ainsi vescu la vie de deux hommes paravant, qui estoient Pierre [1], pere dudict Laurens, et Cosme de Medicis [2], qui fut le chief de ceste maison et la commencea, homme digne d'estre nommé entre les tres grans. Et en son cas, qui estoit de marchandise, estoit la plus grant maison que je croy qui jamais ait esté au monde : car leurs serviteurs ont eu tant de credit, soubz couleur de ce nom Medicis, que ce seroit merveilles à croire ce que j'en ay veu en Flandres et en Angleterre. J'en ay veu ung, appellé Guerard Quanvese, presque estre occasion de soustenir le roy Edouard le quart en son estat, estant en grant guerre en son royaulme d'Angleterre, et fournir par fois audict roy plus de six vingtz mil escuz, où il feit peu de prouffit pour son maistre : toutesfois il recouvra ses pieces à la longue. Ung aultre ay veu, nommé et appellé Thomas Portunay [3], estre pleige entre ledict

---

[1] Pierre Ier du nom, fils de Cosme. (Voyez ci-dessus, page 199, note 2.) Sauvage et ses successeurs mettent : « Laurens, pere dudict Pierre. »

[2] Cosme de Médicis, né le 27 septembre 1389, mort le 1er août 1464. (*Art de vérifier les dates*, III, 753-754.)

[3] Thomas Portinari assista au cortége qui eut lieu, en 1468, à l'occasion du mariage de Charles, duc de Bourgogne, et de Marguerite d'York. « Devant les marchands florentins, marchoit Thomas Portunari, chef de leur nation, vestu comme les conseillers de monsieur le duc : car il estoit de son conseil. » (OLIVIER DE LA MARCHE, II, 309.) Dans un acte rapporté par Rymer (V, partie III, 62), et daté du 6 juin 1475, il est désigné comme marchand de Florence devant une somme de 15000 livres au roi Édouard IV, conjointement avec Laurent et Julien de Médicis. Dans un autre acte, daté du 14 décembre 1496 (V, parti IV, 82-87), relatif à un traité de paix entre Philippe, archiduc d'Autriche, et le roi d'Angleterre, Thomas Portenaire, Portemari ou Portiner

roy Edouard et le duc Charles de Bourgongne pour cinquante mil escuz, et une aultre fois, en ung lieu, pour quatre vingtz mil. Je ne loue point les marchans d'ainsi le faire ; mais je loue bien à ung prince de tenir bons termes aux marchans et leur tenir verité, car ilz ne scavent à quelle heure ilz en pourront avoir besoing : car quelquesfois peu d'argent faict grant service.

Il semble que ceste lignee vint à faillir, comme on faict aux royaulmes et empires : et l'auctorité des predecesseurs nuysoit à ce Pierre de Medicis, combien que celle de Cosme, qui avoit esté le premier, fust doulce et amyable, et telle que estoit necessaire à une ville de liberté. Laurens, pere de Pierre dont nous parlons à ceste heure, pour le different, dont a esté parlé en aucun endroict de ce livre [1], qu'il eut contre ceulx de Pise [2] et aultres, dont plusieurs furent penduz (et y fus en ce temps là), avoit prins vingt hommes pour se garder, par commandement et congié de la Seigneurie, laquelle commandoit ce qu'il vouloit. Toutesfois modereement gouvernoit ceste grant auctorité (car, comme j'ay dict, il estoit des plus saiges en son temps); mais le filz cuydoit que cela luy fust deub par raison, et se faisoit craindre moyennant ceste garde : et faisoit des violences de nuict et des ba-

figure comme « conseiller et l'un des ambassadeurs dudit archiduc. » Il tenait une maison de banque à Bruges, pour le compte de Laurent de Médicis. (SISMONDI, XI, 80.)

[1] Voyez ci-dessus, page 198.

[2] Nous croyons qu'il faudrait lire *des Pazzi*; toutes les éditions portent Pise.

teries lourdement, de leurs deniers commis : si avoit faict le pere, mais si saigement qu'ilz en estoient presque contens [1].

A la seconde fois envoya ledict Pierre, à Lyon, ung appellé Pierre Cappon [2] et aultres; et disoit pour excuse (comme ja avoit faict) que le roy Loys unziesme leur avoit commandé à Florence se mettre en ligue avec le roy Ferrand, du temps du duc Jehan

---

[1] « Et faisoit des violences.... contens. » — Nous rétablissons ici le texte de la première édition. Si l'on tient compte des ellipses de pensée familières à Commynes, il peut, ce nous semble, s'interpréter de la manière suivante : « Et faisoit des violences de nuict et des bateries lourdement [maladroitement, se servant, pour braver les Florentins,] de leurs deniers [à lui] commis. Si avoit faict le pere [ainsi en avait agi son père], mais si saigement [si habilement], qu'ilz en estoient presque contens. » — L'imputation faite à Laurent de Médicis ne nous paraît point s'appliquer à autre chose qu'à l'abus de la fortune publique; mais si l'on voulait qu'elle s'étendît encore aux *violences de nuict*, il faudrait se rappeler que « l'on avoit coutume à Florence de célébrer les fêtes du carnaval avec une magnificence extraordinaire; » que « l'un des amusemens auxquels on consacroit assez généralement ce temps étoit, entre autres, de rassembler à grands frais une multitude considérable de peuple représentant tantôt l'entrée triomphante d'un vainqueur accompagné de trophées militaires, tantôt quelque histoire de l'ancienne chevalerie; » que « c'étoit ordinairement la nuit que l'on choisissoit pour déployer la pompe de ces jeux; » qu'enfin « Laurent de Médicis ne craignoit point de se mêler avec les gens du peuple. » (Roscoe, I, 350-356.) Laurent de Médicis, en se mêlant aux joies nocturnes des Florentins, et en puisant dans leur trésor, l'avait fait avec une convenance et une habileté qui obtenaient presque leur adhésion, et que son fils ne savait pas imiter. — Sauvage et ses successeurs mettent : « Et faisoit des violences de nuit, et des bateries lourdement, *abusant* de leurs deniers *communs:* si avoit, etc. »

[2] Pierre de Gino Capponi, créé gonfalonier en 1493. (Gamurrini, II, 471 v.) Mort en 1496. (Sismondi, XII, 422.)

d'Anjou¹, et laisser son allyance : disant que puis[que], par le commandement du Roy avoient prins ladicte allyance², qui duroit encores par aucunes annees, ilz ne povoient laisser l'allyance de la maison d'Arragon; mais que si le Roy venoit jusques là, qu'ilz luy feroient des services; et ne cuydoient point qu'il y allast, non plus que les Venissiens. En toutes les deux ambassades y avoit tousjours quelcun ennemy dudict de Medicis, et par especial, ceste fois, ledict Pierre Cappon, qui soubz main advertissoit ce que on debvoit faire pour tourner la cité de Florence contre ledict Pierre, et faisoit sa charge plus aigre qu'elle n'estoit : et aussi conseilloit que on bannist tous Florentins du royaulme, et ainsi fut faict. Cecy je dis pour mieulx vous faire entendre ce qui advint apres : car le Roy demoura en grant inimytié contre ledict Pierre. Lesdictz seneschal et general avoient grant intelligence avec ses ennemys en ladicte cité, et par especial avec ce Cappon et deux cousins germains³ dudict Pierre, et de son nom propre.

¹ Voyez tome I, page 61, note 1.
² Conclue le 6 mars 1480. (SISMONDI, XI, 185.)
³ Laurent II et Jean de Médicis, fils de Pierre-François et petits-fils de Laurent I, frère de Cosme de Médicis. (ZAZZERA, I, 224.)

CHAPITRE VII.

Comment le Roy, estant encores en Ast, se resolut de passer oultre vers Naples, à la poursuyte de Ludovic Sforce, et comment messire Philippe de Commynes fut envoyé en ambassade à Venise, et de la mort du duc de Millan.

J'ay dict ce qui advint à Rapallo par mer. Dom Federic se retira à Pise et à Ligorne, et depuis ne recueillit les gens de pied qu'il avoit mis à terre; et se ennuyerent fort les Florentins de luy, comme plus enclins, et de tous temps, à la maison de France que à celle d'Arragon. Et l'armee qui estoit en la Rommaigne [1], combien qu'elle fust la plus foible, toutesfois leur cas prosperoit : et commencerent peu à peu à recueillir [2] dom Ferrand, duc de Calabre [3]. Et le Roy se mit en oppinion de passer oultre, sollicité du seigneur Ludovic et des aultres que j'ay nommez : et luy dict le seigneur Ludovic, à son arrivee : « Sire, ne craignez point ceste entreprinse. En Italie y a trois puissances que nous tenons grandes, dont vous avez l'une, qui est Millan : l'aultre ne bouge, qui sont Venissiens : ainsi n'avez affaire que à celle de Naples ; et plusieurs

---

[1] L'armée française, commandée par d'Aubigny.

[2] *Recueillir*, recevoir. « Le duc de Mantoue, lisons-nous dans une lettre de l'amiral Graville au sieur du Bouchage, donna en la bataille où estoit le Roy, là où il fut tres bien *recueilly*, car les gens du Roy le rebouterent en son camp tres rudement. » (BIBL. ROY., Ms. *fonds Béthune*, n° 8459.)

[3] « Et *nostre* armee, qui estoit en la *Romanie*, combien qu'elle fust la plus foible, toutesfois *faisoit prosperer nostre cas* : et *commencça* peu à peu à *reculer* dom Ferrand, duc de Calabre. » (SAUVAGE et ses successeurs.)

de vos predecesseurs nous ont batuz, que nous estions tous ensemble. Quant vous me vouldrez croire, je vous ayderay à faire plus grant que ne fut jamais Charlemaigne; et chasserons ce Turc[1] hors de cest empire de Constantinoble ayseement, quant vous aurez ce royaulme de Naples. » Et disoit vray du Turc qui regne, mais que toutes choses eussent esté bien disposees de nostre costé. Ainsi se mit le Roy à ordonner de son affaire selon le vouloir et conduicte dudict seigneur Ludovic : dont aucuns des nostres eurent envie (et fut quelque chambellan, et quelque aultre), sans propos, car on ne se povoit passer de luy : et estoit pour complaire à monseigneur d'Orleans, qui pretendoit en la duché de Millan[2], et surtout ce general : car ja se estimoit grant, et y avoit quelque envie entre le seneschal et luy : et dict ledict Ludovic quelque mot au Roy, et à luy, pour le faire demourer, qui mouvoit ledict general à parler contre luy : et disoit qu'il tromperoit la compaignie, mais il estoit mieulx seant qu'il s'en fust teu; mais jamais ne vint[3] en credit en chose d'estat, et ne s'y congnoissoit : et si estoit homme legier en parolle, mais bien affectionné à son maistre. Toutesfois il fut conclud d'envoyer plusieurs hommes en ambassade; et moy, entre les aultres, à Venise.

Je demouray à partir aucuns jours, parce que le

---

[1] Bajazet.

[2] Comme descendant de Louis, duc d'Orléans, frère de Charles VI, époux de Valentine, fille de Jean Galéas, duc de Milan.

[3] La première édition met : « Jamais *n'ouvrit.* » Celle de 1539 : « Jamais *n'entrit ou ne veit* en crédit. »

Roy fut mallade de la petite verolle, et en peril de mort parce que la fiebvre se mesla parmy; mais elle ne dura que six ou sept jours : et me mis à chemin, aultres ailleurs. Et laissay le Roy en Ast, et croyoye fermement qu'il ne passast point oultre. Je allay en six jours à Venise, avec muletz et train, car le chemin estoit le plus beau du monde : et craignoye bien à partir, doubtant que le Roy retournast; mais Nostre Seigneur en avoit aultrement disposé. Et tira droict à Pavie [1] : et passa par Casal [2], vers ceste marquise [3] qui estoit bonne pour nous et bonne dame, grant ennemye du seigneur Ludovic, et luy la hayoit aussi. Apres que le Roy fut arrivé à Pavie, commencea ja quelque peu de suspection : car on vouloit qu'il logeast en la ville et non point au chasteau, et il y vouloit logier et y logea; et fut renforcé le guet de ceste nuict (gens me [le] [4] dirent, de ceulx qui estoient pres dudict seigneur), dont se esbahit le seigneur Ludovic, et en parla au Roy, demandant s'il se souspesonnoit de luy. La facon y estoit telle, des deux costez, que la nuictee [5] n'y povoit gueres durer; mais, de nostre

---

[1] Le Roi y fit son entrée le mardi, 14 octobre. (*Hist. de Charles VIII*, 201.)

[2] Casale, ville des États sardes. Le Roi y arriva le 7 octobre. (*Hist. de Charles VIII*, 199.)

[3] Voyez ci-dessus, page 332, note 6.

[4] Nous introduisons ce mot dans le texte de la première édition. Sauvage et ses successeurs mettent : « Gens me dirent, qui estoient pres ledit seigneur, *qu'il y avoit danger.* »

[5] Au lieu du mot *la nuictee*, Sauvage propose de lire *amitié*. Lenglet admet cette correction.

costé, parlions plus que eulx : non point le Roy, mais ceulx qui estoient prouchains parens de luy. En ce chasteau de Pavie estoit le duc de Millan, dont a esté parlé devant, appellé Jehan Galleasche, et sa femme, fille du roy Alfonse : bien piteuse, car son mary estoit là mallade, et tenu en ce chasteau comme en garde, et son filz [1], qui encores vit pour le present, et une fille ou deux [2]; et avoit l'enfant lors quelques cinq ans [3]. Nul ne veit ledict duc, mais bien l'enfant. Je y passay trois jours avant le Roy, mais il n'y eut remede de le veoir : et disoit l'on qu'il estoit bien fort mallade. Toutesfois le Roy parla à luy, car il estoit son cousin germain [4] : et m'a compté ledict seigneur leurs parolles, qui ne furent que choses generalles, car il ne vouloit en riens desplaire audict Ludovic : toutesfois me dict il qu'il l'eust voulentiers adverty. A celle heure propre, se gecta à genouilx ladicte duchesse devant ledict Ludovic, luy priant qu'il eust pitié de son pere et frere. Il luy respondit qu'il ne se povoit faire; mais elle avoit meilleur besoing de prier pour son mary et pour elle, qui estoit encores belle dame et jeune.

[1] François, mort en France.

[2] Bonne, mariée à Sigismond, roi de Pologne, morte le 17 septembre 1558; et Hippolyte, morte en 1501. (LITTA, *fam. Sforza*, tav. V.)

[3] Jean-Galéas-Marie avait épousé Isabelle, le 2 janvier 1489. (LITTA, *ibid.*; voyez ci-dessus, page 204, note 1.)

[4] Leurs mères, Charlotte et Bonne, étaient filles de Louis, duc de Savoie.

De là tira le Roy à Plaisance¹, auquel lieu eut nouvelles ledict Ludovic que son nepveu, le duc de Millan, se mouroit. Il print congié du Roy pour y aller; et luy pria le Roy qu'il retournast, et il promit. Avant qu'il fust à Pavie ledict duc mourut², et incontinent, comme en poste, alla à Millan. Je veiz ces nouvelles par la lettre de l'ambassadeur venissien qui estoit avec luy, qui l'escripvoit à Venise et advertissoit qu'il se vouloit faire duc : et, à la verité dire, il en desplaisoit au duc et seigneurie de Venise, et me demanderent si le Roy tiendroit point pour l'enfant : et, combien que la chose fust raisonnable, je leur mis en doubte, veu l'affaire que le Roy avoit dudict Ludovic.

CHAPITRE VIII.

Comment et par quel moyen le seigneur Ludovic print et usurpa la seigneurie et duché de Millan, et y fut receu pour seigneur.

Fin de compte, il se feit recevoir pour seigneur, et fut la conclusion, comme plusieurs disoient, parquoy il nous avoit faict passer les montz : le chargeant de la mort de son nepveu, dont les parens et amys en Italie se mettoient en chemin pour luy oster le gouvernement : et l'eussent faict ayseement, se n'eust esté l'allee du Roy, car ja estoient en la Rommaigne, comme avez ouy ; mais le conte de Caiazze, et monseigneur d'Aubigny les faisoient reculler. Car ledict seigneur

---

¹ Le Roi arriva dans cette ville le 18 octobre. (*Hist. de Charles VIII*, 201.)

² Le 22 octobre. (Voyez ci-dessus, page 204, note 1.)

d'Aubigny estoit en force de cent cinquante ou de deux cens hommes d'armes francois et d'ung nombre de Suisses, et se reculloit ledict dom Ferrand vers leurs amys, et estoit demye journee ou environ devant nos gens : et tirerent devers Forly ¹, dont estoit dame une bastarde de Millan ², veufve du conte Hieronyme (qui avoit esté nepveu du pape Sixte, ou le disoit ³), laquelle tenoit leur party ; mais nos gens luy prindrent une petite place ⁴ d'assault, qui ne fut batue que demy jour, parquoy elle se tourna, avec le bon vouloir qu'elle en avoit. Et de tous costez le peuple d'Italie commencea à prendre cueur, et desirant nouvelletez : car ilz veoient chose qu'ilz n'avoient point veue de leur temps, car ilz n'entendoient point le faict de l'artillerie, et en France n'avoit jamais si bien esté entendu. Et se tira ledict dom Ferrand vers Sesanne ⁵, approchant du royaulme, une bonne cité qui est au pape, en la marque d'Ancone ; mais le peuple leur destroussoit leurs sommiers et bagues, quant ilz les trouvoient à part : car par toute Italie ne desiroient que à se rebeller, si du costé du Roy les affaires se fussent bien conduictz, et en ordre, sans

---

¹ Forli, ville des États de l'Église.

² Catherine, aussi célèbre par son courage que par sa beauté. Morte à Florence le 28 mars 1509. (LITTA, *fam. Sforza*, tav. V ; voyez ci-dessus, page 201, note 2.)

³ Sauvage et ses successeurs mettent : « Neveu du pape Sixte. *On disoit qu'elle* tenoit leur partie. »

⁴ Le château de Mordano, dans le comté d'Imola, dont tous les habitants furent passés au fil de l'épée. (SISMONDI, XII, 163.)

⁵ Césène, ville des États de l'Église.

pillerie; mais tout se faisoit au contraire, dont j'ay eu grant deuil, pour l'honneur et bonne renommee que povoit acquerir, en ce voyaige, la nation francoise : car le peuple nous advouoit comme sainctz, estimans en nous toute foy et bonté. Mais ce propos ne leur dura gueres, tant pour nostre desordre et pillerie que aussi les ennemys preschoient le peuple en tous quartiers, nous chargeans de prendre femmes à force et l'argent, et aultres biens, où nous les povions trouver. De plus grans cas ne nous povoient ilz charger en Italie, car ilz sont jaloux et avaricieux plus que aultres. Quant aux femmes, ils mentoient; mais du demourant il en estoit quelque chose.

CHAPITRE IX.

Comment Pierre de Medicis mit quatre des principalles forteresses des Florentins entre les mains du Roy, et comment le Roy mit Pise, qui en estoit l'une, en sa liberté.

Or j'ay laissé le Roy à Plaisance, selon mon propos, où il feit faire service sollempnel à son cousin germain le duc de Millan, et si croy qu'il ne scavoit gueres aultre chose que faire, veu que le duc de Millan nouveau estoit party de luy. Et m'ont dict ceulx qui le debvoient bien scavoir que la compaignie fut en grant vouloir de retourner pour doubte, et se sentoient mal pourveuz : car d'aucuns, qui avoient premier loué le voyaige, le blasmoient, comme le grant escuyer, le seigneur d'Urfé (combien qu'il n'y fust point, mais estoit mallade à Gennes). Il escripvit une lettre donnant grant suspection, disant avoir esté adverty; mais, comme j'ay dict en d'aultres endroictz, Dieu monstroit conduire l'entreprinse. Et eut le Roy soubdaines nouvelles que le duc de Millan retourneroit, et aussi quelque sentement de Florence, pour les inimytiez que je vous ay dictes [1], qui estoient contre Pierre de Medicis qui vivoit comme s'il eust esté seigneur : dont estoient ses plus prouchains parens et beaucoup d'aultres gens de bien (comme tous ces Cappons, ceulx de Sonderin, ceulx de Nerly [2], et presque toute la cité) envieux. Pour laquelle cause ledict seigneur partit, et tira aux terres des Florentins pour les faire desclarer pour luy ou pour prendre de leurs villes, qui estoient foibles, pour s'y poveoir logier pour l'yver qui ja estoit encommencé : et se tournerent plusieurs petites places, et aussi la cité de Luques [3], ennemye des Florentins, et feirent tout plaisir et service au Roy. Et avoit tousjours esté le conseil du duc de Millan à deux fins, affin que on ne passast point plus avant de la saison, et aussi qu'il esperoit avoir Pise (qui est bonne et grant cité), Cersanne [4] et Pietresaincte [5]. Les deux avoient esté des Genevois, n'y avoit gueres de temps, et conquis sur eulx par les Florentins, du temps de Laurens de Medicis.

Le Roy print son chemin par Pontreme [6], qui estoit

[1] Voyez ci-dessus, page 340.
[2] Capponi, Soderini, Nerli.
[3] Lucques.
[4] Sarzane, ville des États sardes.
[5] Pietrasanta, ville de Toscane.
[6] Pontremoli, ville de Toscane. Le Roi arriva dans cette ville le 28 octobre. (*Hist. de Charles VIII*, 202.)

au duc de Millan, et alla assieger Sarrasanne[1], tres fort chasteau et le meilleur que eussent les Florentins, mal pourveu pour leur grant division. Et aussi, à la verité dire, les Florentins mal voulentiers estoient contre la maison de France, de laquelle ilz ont esté de tous temps vrays serviteurs et partisans, tant pour les affaires qu'ilz ont en France, pour la marchandise, que pour estre de la part guelfe[2] : et si la place eust esté bien pourveue, l'armee du Roy estoit rompue : car c'est ung pays sterille et entre montaignes, et n'y avoit nulz vivres, et aussi les neiges estoient grandes. Il ne fut que trois jours devant : et y arriva le duc de Millan avant la composition, et passa par Pontreme, où ses gens de la ville et garnison eurent ung grant debat avec de nos Allemans, que conduisoit ung appellé Buser, et furent tuez aucuns Allemans : et combien que ne fusse present à ces choses, si le m'ont compté le Roy, le duc et aultres; et de ce debat vint depuis grant inconvenient, comme vous orrez apres. Praticque se meut à Florence, et deputerent gens pour envoyer devers le Roy, jusques à quinze ou seize, disans en la cité qu'ilz ne vouloient demourer en ce peril d'estre en la hayne du Roy et du duc de Millan,

---

[1] Sarzanello, citadelle de Sarzane, qui passait presque pour être imprenable. (SISMONDI, XII, 141.)

[2] « Les factions des Guelphes et des Gibelins eurent leur commencement du temps que Federic second étoit empereur, et s'esmeurent premierement en la Toscane, et de là s'espandirent peu à près par toute l'Italie. Les Guelphes tiennent le party du pape, et les Gibelins tiennent pour l'empire romain. » (Note de Godefroy; voyez LENGLET, IV, partie II, page 117.)

qui tousjours avoit son ambassade à Florence. Et consentit Pierre de Medicis ceste allee; aussi n'y eust il sceu remedier, aux termes en quoy les affaires estoient : car ilz eussent esté destruictz, veu la petite prouvision qu'ilz avoient, et si ne scavoient que c'estoit de guerre. Apres qu'ilz furent arrivez, offrirent de recueillir le Roy à Florence, et aultres parties; et ne leur challoit, à la pluspart, sinon que on allast là pour occasion de chasser Pierre de Medicis, et se sentoient avoir bonne intelligence avec ceulx qui conduisoient lors les affaires du Roy, que plusieurs fois ay nommez.

D'aultre part praticquoit ledict Pierre, par la main d'ung sien serviteur, appellé Laurens Spinely [1], qui gouvernoit sa bancque à Lyon, homme de bien en son estat et assez nourry en France; mais des choses de nostre court ne povoit avoir congnoissance, ne à grant peine ceulx qui y estoient nourris, tant y avoit de mutations : et praticquoit avec ceulx qui avoient l'auctorité. C'estoit monseigneur de Bresse [2], qui depuis a esté duc de Savoye, et monseigneur de Myolans [3], qui estoit chambellan du Roy. Tost apres les aultres vin-

---

[1] *Gouverneur de la bancque de Médicis à Lyon :* c'est ainsi qu'il est qualifié dans un acte passé à Lyon le 19 mai 1495. (BIBL. ROY., Ms. *fonds Béthune*, n° 8457, fol. 41.) Il vivait encore le 19 mai 1503, ainsi que le prouve une quittance donnée par lui à la date de ce jour. (ID., *ib.*, fol. 44, verso.)

[2] Voyez tome I, page 153, note 1.

[3] Jacques de Myolan, seigneur d'Anjou, gouverneur du Dauphiné, suivit Charles VIII dans son expédition d'Italie. Tué au combat de la Bicoque (27 avril 1522). (CHORIER, 493, 522.)

drent aucuns de la cité, avec luy, pour faire responce des choses qu'on leur avoit requises : et se veoient perduz en la cité, s'ilz ne faisoient tout ce que le Roy vouloit, duquel ilz cuydoient gaigner la bonne grace, et faire quelque chose plus que les aultres.

A son arrivee, furent envoyez au devant de luy monseigneur de Piennes, natif du pays de Flandres et chambellan du Roy nostre sire, et le general monseigneur Brissonet, qui a esté icy nommé. Ilz parlerent audict Pierre de Medicis d'avoir l'obeyssance de la place de Cersanne, ce que incontinent il feit. Ilz luy requirent, davantaige, qu'il feit prester au roy Pise, Ligorne, Petresaincte et Librefacto [1] : tout acorda, sans parler à ses compaignons qui scavoient bien que le Roy debvoit estre dedans Pise pour se rafreschir, mais ilz n'entendoient point qu'il retinst les places. Or s'estoit mis leur estat et leur grant force entre nos mains. Ceulx qui traictoient avec ledict Pierre le m'ont compté et à plusieurs aultres l'ont dict, en se raillant et en se mocquant de luy : car ilz estoient esbahys comme si tost acorda si grant chose, et à quoy ilz ne s'attendoient point. Et pour conclusion, le Roy entra dedans Pise [2], et les dessusdictz retournerent à Florence : et feit Pierre habiller le logis du Roy en sa maison, qui est la plus belle maison de citadin ou marchant que j'aye jamais veue, la mieulx pourveue que de nul homme qui fust au monde de son estat.

[1] Librefatta.
[2] Le 9 de novembre. (*Hist. de Charles VIII*, 203.)

Or fault il dire quelque mot du duc de Millan, qui ja eust voulu le Roy hors d'Italie, et avoit faict et vouloit encores faire son prouffit pour avoir les places qu'il avoit conquises : et pressa fort le Roy pour avoir Cersanne et Pietresaincte, qu'il disoit appartenir aux Genevois, et presta au Roy lors trente mil ducatz; et m'a dict, et à plusieurs aultres depuis, que on luy promit de les luy bailler : et merveilleusement malcontent se partit du Roy, pour le reffuz, disant que ses affaires le contraignoient de s'en retourner; mais oncques puis le Roy ne le veit. Mais il laissa messire Galleasche de Sainct Severin avec le Roy, et entendoit qu'il fust en tous conseilz avec le comte Charles de Bellejoyeuse, dont a esté parlé [1]. Estant le Roy dedans Pise, ledict messire Galleasche, conduict de son maistre, feit venir en son logis des principaulx bourgeois de la ville et leur conseilla se rebeller contre les Florentins, et requerir au Roy qu'il les mist en liberté : esperant que, par ce moyen, ladicte cité de Pise tomberoit soubz la main du duc de Millan, où aultresfois avoit esté [2], du temps du duc Jehan Galleasche le premier de ce nom en la maison de Millan, ung grant et mauvais tyran, mais honnorable. Toutesfois son corps est aux Chartreux à Pavie, pres du Parc, plus hault que le grant autel : et le m'ont monstré les Chartreux, au moins ses os (et y monte l'on par une eschelle) lesquelz sentoient comme la nature ordonne; et ung, natif de Bourges, le m'appella sainct, et je luy

[1] Voyez ci-dessus, page 312, note 4.
[2] En 1399.

demanday, en l'oreille, pourquoy il l'appelloit sainct, et qu'il povoit veoir painctes à l'entour de luy les armes de plusieurs citez qu'il avoit usurpees, où il n'avoit nul droict, et luy et son cheval estoient plus haultz que l'autel, et taillez de pierre, et son corps soubz le pied dudict cheval. Il me respondit bas. « Nous appellons, dict il, en ce pays icy, sainctz, tous ceulx qui nous font du bien ». Et il feit ceste belle eglise des Chartreux, qui à la verité est la plus belle que j'aye jamais veue, et toute de beau marbre.

Et pour continuer, ledict messire Galleasche avoit envie de se faire grant : et croy que ainsi l'entendoit le duc de Millan de qui il avoit espousé la bastarde, et monstroit le vouloir advantaiger comme s'il eust esté son filz, car il n'avoit encores nulz enfans d'aage. Lesdictz Pisans estoient cruellement traictez des Florentins, qui les tenoient comme esclaves : car ilz les avoient conquis il y avoit quelques cent ans [1], qui fut l'an que les Venissiens conquirent Padoue [2], qui fut leur premier commencement en terre ferme. Et ces deux citez estoient presque d'une facon : car elles avoient esté anciennes ennemyes de ceulx qui les possedoient, et de bien longues annees avant que estre conquises, et presque esgalles en force : et à ceste cause tindrent conseil lesdictz Pisans, et se voyans conseillez de si grant homme et desirans leur liberté, vindrent cryer au Roy, en allant à la messe, en grant

---

[1] Les Florentins se rendirent maîtres de Pise, le 9 octobre 1406. (*Art de vérifier les dates*, III, 753.)

[2] Ce fut le 17 novembre 1405. (*Ibid.*, 719.)

nombre d'hommes et de femmes: « Liberté! Liberté[1]! » et luy supplians, les larmes aux yeulx, qu'il la leur donnast. Et ung maistre des requestes allant devant luy, ou faisant l'office, qui estoit ung conseiller au parlement du Daulphiné, appellé Rabot[2], ou pour

[1] Simon Orlandi, gentilhomme Pisan, avait été choisi par ses concitoyens pour supplier le roi Charles VIII de les délivrer du joug des Florentins. « Il se rendit au palais des Médicis, où logeoit Charles VIII, et, embrassant ses genoux, il fit un tableau frappant de l'ancienne grandeur des Pisans, de l'effroyable détresse à laquelle ils étoient réduits, et de la tyrannie cruelle qui les avoit ainsi accablés.... Il rappela à Charles VIII qu'il s'étoit annoncé à l'Italie comme venant la délivrer de toutes les tyrannies....; qu'il devoit se hâter de rendre la liberté aux Pisans. Ce mot de liberté, le seul que les Pisans qui avoient suivi Orlandi pussent comprendre de tout son discours [fait en français], fut répété par eux avec acclamation. » (Sismondi, XII, 160-161.)

[2] Jean Rabot, chevalier, seigneur d'Uppi, créé par Charles VIII conseiller et maître des requêtes de son hôtel. (*Généalogie des Maîtres des requêtes ordinaires de l'Hôtel du Roi*, fol. 225.) Il fut nommé, en février 1495, administrateur de l'office de protonotaire en Italie. (Summonte, III, 103.) Lorsque les Italiens conquis se révoltèrent contre les Français, il fut fait prisonnier, et ne revint dans sa patrie que le 31 juillet 1496. (Chorier, 497.) On trouvera parmi les Preuves, année 1496, une requête de Jean Rabot adressée au roi, dans laquelle il expose tout ce qu'il a souffert en prison jusqu'à son retour en France. Chorier raconte (496) que Jean Rabot « étoit si puissant auprès du Roi, que son crédit excita contre lui l'envie de plusieurs qui, croiant d'avoir autant de mérite que lui, n'avoient pas les mêmes avantages. *Philippe de Commines fut de ce nombre*, et il en a laissé un témoignage dans ses OEuvres. » Le présent passage des Mémoires de Commynes, le seul où Jean Rabot soit mentionné, semble, il est vrai, signifier que ce personnage s'était laissé gagner par les promesses des habitants de Pise, et cette inculpation est grave; mais celle que Chorier dirige contre Commynes ne l'est pas moins. Peut-être, en portant une telle accusation, eût-il été convenable de faire connaître sur quelle autorité l'on s'appuyait. Chorier s'en est prudemment abstenu.

promesse, ou pour n'entendre ce qu'ilz demandoient, dict au Roy que c'estoit chose piteuse et qu'il leur debvoit octroyer, et que jamais gens ne furent si durement traictez : et le Roy, qui n'entendoit pas bien que ce mot valloit et qui, par raison, ne leur povoit donner liberté (car la cité n'estoit point sienne; mais seullement y estoit receu par amytié et à son grant besoing), et qui commencoit de nouveau à congnoistre les pitiez d'Italie et du traictement que les princes et communaultez font à leurs subjectz, respondit qu'il estoit content : et ce conseiller dont j'ay parlé, le leur dict : et ce peuple commencea incontinent à cryer Noel, et vont au bout de leur pont de la riviere d'Arne [1] (qui est ung beau pont) et gectent à terre ung grant lyon, qui estoit sur ung grant pillier de marbre, qu'ilz appelloient maior [2], et representant la Seigneurie de Florence, et l'emporterent à la riviere : et feirent faire dessus le pillier ung roy de France, une espee au poing, qui tenoit soubz le pied de son cheval ce maior, qui est ung lyon. Et depuis, quant le roy des Rommains y est entré [3], ilz ont faict du Roy comme ils avoient faict du lyon : et est la nature de ce peuple d'Italie de ainsi complaire aux plus fors; mais ceulx là estoient et sont si mal traictez que on les doibt excuser.

[1] L'Arno.

[2] « Si atterrarono in un momento le armi dei Fiorentini, si gettarono nell'Arno i leoni dal popolo chiamati *Marzocchi* : eran questi un segno dell'autorità del partito Guelfo e della repubblica Fiorentina. N'esiste tuttora uno sopra tronco di colonna presso alla Loggia di Banchi. » (GRASSI, I, 227.)

[3] En 1496.

CHAPITRE X.

Comment le Roy partit de la ville de Pise pour aller à Florence, et de la fuyte et ruine de Pierre de Medicis.

Le Roy se partit de là et il y sejourna peu [1], et tira vers Florence : et là on luy remonstre le tort qu'il a faict ausdictz Florentins, et que c'estoit contre sa promesse d'avoir donné liberté aux Pisans. Ceulx qu'il commect à respondre de ceste matiere, excusans la chose, disent qu'il ne l'avoit point entendu ne n'entend, et entrent en ung aultre appoinctement [2], dont je parleray mais que ung peu aye dict la conclusion de Pierre de Medicis, et aussi de l'entree du Roy en ladicte cité de Florence et comme il laissa garnison

---

[1] Il y resta six jours, et entra dans la ville de Florence le 17 novembre. (*Hist. de Charles VIII*, 118.)

[2] Ce passage nous a causé quelque embarras, et nous ne sommes pas certaine d'avoir bien interprété la pensée de Commynes. Pour mettre le lecteur à même d'en juger, nous rapporterons l'un après l'autre le texte des premières éditions, dont nous nous écartons le moins possible, et celui de Sauvage : tous deux offrent des obscurités que nous nous sommes efforcée à faire disparaître. On lit dans l'édition de 1528 : « Là on luy remonstre le tort qu'il a faict ausdictz Florentins, et que c'estoit contre sa promesse d'avoir donné liberté aux Pisans. Ceulx qu'il commect à respondre de ceste matiere excusant la chose, *disant* qu'il ne l'avoit point entendu ne n'entend, et *entrant* ung autre appoinctement. » Sauvage et ses successeurs mettent : « Là on luy remonstra le tort qu'il avoit fait ausdictz Florentins, et que c'estoit contre sa promesse d'avoir donné liberté aux Pisans. Ceulx qu'il *commit* à respondre de ceste matiere, excusans la chose, *dirent* qu'il ne l'avoit point entendu, et *n'entendoit* un autre appointement. »

dedans la cité de Pise et aultres places que on luy avoit prestees.

Ledict Pierre, apres avoir faict bailler au Roy les places dont j'ay parlé[1], dont aucuns estoient consentans, la cité pensant que le Roy ne les tinst point, ains dès qu'il partiroit de Pise la leur rendroit, où il n'auroit affaire que trois ou quatre jours (bien croy que s'il y eust voulu faire son yver qu'ilz eussent consenty, combien que Pise leur est plus grant chose que Florence propre, sauf les corps et les meubles), arrivé que fut ledict Pierre à Florence, tout homme luy feit mauvais visaige et non sans cause, car il les avoit dessaisis de toute leur force et puissance, et de tout ce qu'ilz avoient conquis en cent ans, et sembloit que leur cueur sentist leurs maulx qui depuis leur sont advenuz; et tant pour ceste cause, que je croy la principalle, combien qu'ilz ne l'avoient jamais dict, que pour hayne qu'ilz luy portoient, que j'ay desclaree[2], et pour retourner en liberté, dont ilz se cuydoient forcloz, et sans avoir memoire des biensfaictz de Cosme et de Laurens de Medicis ses predecesseurs, delibererent de chasser de la ville ledict Pierre de Medicis. Ledict Pierre, sans le scavoir, mais bien estoit en doubte, va vers le palais, pour parler de l'arrivee du Roy (qui encores estoit à trois mils pres) : et avoit sa garde acoustumee avec luy, et vint heurter à la porte dudict palais, laquelle luy fut ref-

---

[1] Voyez ci-dessus, page 351.
[2] Voyez ci-dessus, page 340.

fusee par ung de ceulx de Nerly [1] (qui estoient plusieurs freres, que j'ay bien congnuz et le pere, tres riches), disant qu'il y entreroit luy seul, s'il vouloit, aultrement non : et estoit armé celluy qui faisoit ce reffuz. Incontinent retourna ledict Pierre à sa maison, et s'arma, luy et ses serviteurs : et feit advertir ung appellé Paul Ursin [2], qui estoit à la soulde des Florentins (car ledict Pierre, de par sa mere [3], estoit des Ursins, et tousjours le pere et luy en avoient entretenu aucuns de la maison à leur soulde), et delibera de resister aux partisans de la ville. Mais tantost on ouyt cryer « Liberté! Liberté! » et vint le peuple en armes. Et ainsi partit ledict Pierre de la ville, comme bien conseillé, à l'ayde dudict Paul Ursin, qui fut une piteuse despartie pour luy : car, en puissance et en biens, il avoit esté quasi esgal aux grans princes, et luy et ses predecesseurs, depuis Cosme de Medicis, qui fut le chief : et ce jour, se mit à luy courre sus Fortune, et perdit honneur et biens. Et j'estoye à Venise, et par l'ambassadeur Florentin estant là je sceuz ces nouvelles, qui bien me despleurent, car j'avoye aymé le pere : et s'il m'eust voulu croire, il ne luy fust point ainsi mesadvenu : car, sur l'heure que j'arrivay à Venise, luy escripvis et offris appoincter, car j'en avoye le povoir de bouche, du seneschal de Beaucaire et du

---

[1] « Jacob de Nerli, gonfalonier de compagnie. » (SISMONDI, XII, 147.)

[2] Paul Orsini, marquis de Tripalda, et seigneur de Lamentana. Étranglé par César Borgia le 18 janvier 1503. (IMHOFF, 314.)

[3] Clarisse Orsini.

general; et eust esté content le Roy du passaige, ou, à pis venir, d'avoir Ligorne entre ses mains et faire toutes choses que Pierre eust sceu demander. Mais il me respondit comme par mocquerie, par le moyen dudict Pierre [1] que j'ay nommé ailleurs. Ledict ambassadeur porta le lendemain lettre à la Seigneurie, contenant comment il avoit esté chassé parce qu'il se vouloit faire seigneur de la ville par le moyen de la maison d'Arragon et des Ursins, et assez aultres charges qui n'estoient point vrayes; mais telles sont les adventures du monde que celluy qui fuyt et pert ne trouve point seullement qui le chasse, mais amys tournent ses ennemys, comme feit cest ambassadeur, nommé Paul Anthoine Sonderin [2], qui estoit des saiges hommes qui fussent en Italie.

Le jour avant m'avoit parlé dudict Pierre comme s'il fust son seigneur naturel, et à ceste heure se desclara son ennemy par commandement de la Seigneurie; mais de soy ne faisoit aucune desclaration. Le jour apres, je sceuz comment ledict Pierre venoit à Venise et comme le Roy estoit entré en grant triumphe à Florence; et mandoient audict ambassadeur qu'il prinst congié de ladicte Seigneurie, qu'il s'en retournast, et qu'il falloit qu'il navigeast avec ce vent : et veiz la lettre, car il la me monstra, et s'en partit.

[1] Pierre Capponi. (Voyez ci-dessus, page 339, note 2.)
[2] Paul-Antoine Soderini, né en 1448, créé l'un des Dix, en 1494, nommé gonfalonier de justice en 1497. Deux ans plus tard il fut envoyé à Venise avec Jean-Baptiste Ridolfi. A partir de ce temps on ne le voit plus apparaître dans aucune charge publique. Il était frère de Pierre. (AMMIRATO, partie I, 131-132.)

Deux jours apres vint ledict Pierre en pourpoinct, ou avec la robbe d'ung varlet : et en grant doubte le receurent à Venise, tant craignoient à desplaire au Roy. Toutesfois ilz ne le povoient reffuser par raison, et desiroient bien sentir de moy que le Roy en disoit; et demoura deux jours hors la ville. Je desiroye à luy ayder, et n'avoye eu nulle lettre du Roy contre luy : et dis que je croyoye sa fuyte avoir esté pour craincte du peuple, et non point de celle du Roy. Ainsi il vint, et l'allay veoir le lendemain qu'il eut parlé à la Seigneurie, qui le feirent bien logier et luy permirent porter armes par la ville, et à quinze ou vingt serviteurs qu'il avoit (c'est asscavoir espees:) et luy feirent tres grant honneur, combien que Cosme, dont j'ay parlé, les garda aultresfois d'avoir Millan[1]; mais nonobstant cela, ilz l'eurent en remembrance, pour l'honneur de sa maison qui avoit esté en si grant triumphe et renommee par toute la crestienté.

Quant je le veiz, il me sembla bien qu'il n'estoit point homme pour respondre. Il me compta au long sa fortune, et à mon povoir le reconfortay. Entre aultres choses, me compta comme il avoit perdu le tout : et entre ses aultres malheurs, ung sien facteur, estant en la ville, vers qui il avoit envoyé pour avoir

---

[1] Cosme de Médicis, ami de François Sforza, l'avait encouragé et secouru d'argent dans ses projets d'asservir les Milanais. Il disait que ce peuple ne pouvant se maintenir libre, « il était nécessaire qu'ils fussent soumis à Sforza ou à Venise; et dans cette alternative, il n'y avait personne d'assez insensé pour douter lequel était préférable d'avoir pour voisin ou un ami puissant ou un ennemi très-redoutable. » (MACHIAVEL, IV, 165 et suiv.)

[1494] LIVRE VII, CHAPITRE XI. 361

des draps pour son frere et luy, et pour ledict Paul [1], pour cent ducatz seullement, et il luy reffusa. Tost apres il eut nouvelles par le moyen de monseigneur de Bresse, depuis duc de Savoye, et luy escripvoit le Roy aller devers luy; mais ja estoit ledict seigneur party de Florence, comme je disoye à ceste heure. Ung peu m'a fallu parler de ce Pierre de Medicis, qui estoit grant chose, veu son estat et auctorité; car soixante ans avoit duré ceste auctorité si grande que plus ne povoit [2].

CHAPITRE XI.

Comment le Roy feit son entree à Florence, et par quelles aultres villes il passa jusques à Romme.

Le Roy entra le lendemain [3] en la cité de Florence, et luy avoit ledict Pierre faict habiller sa maison : et ja estoit le seigneur de Ballassat [4] pour faire ledict logis, lequel, quant il sceut la fuyte dudict Pierre de Medicis, il se print à piller tout ce qu'il trouva en ladicte maison, disant que leur bancque à Lyon luy debvoit grant somme d'argent : et, entre aultres choses, il print une licorne [5] entiere (qui valloit six ou sept

[1] *Et pour ledict Paul :* omis par Sauvage et ses successeurs.
[2] *Qui estoit grant chose, ... que plus ne povoit.* Sauvage a déplacé cette phrase, et l'a intercalée entre les mots *reffusa* et *tost après*, qui précèdent.
[3] Voyez ci-dessus, page 356, note 1.
[4] Vitrian (II, 236) le qualifie *aposentador mayor.*
[5] Les licornes servaient à faire l'essai des mets et des boissons, pour savoir s'ils n'étaient point empoisonnés. Olivier de La Marche, don-

mil ducatz) et deux grans pieces d'une aultre, et plusieurs aultres biens. D'aultres feirent comme luy. En une aultre maison de la ville avoit retiré tout ce qu'il avoit vaillant : le peuple pilla tout. La Seigneurie eut partie des plus riches bagues et vingt mil ducatz contans qu'il avoit à son banc en la ville, et plusieurs beaux potz d'agatte, et tant de beaux camayeulx bien taillez que merveilles, que aultresfois j'avoye veuz, et bien trois mil medailles d'or et d'argent, bien la pesanteur de quarante livres : et croy qu'il n'y avoit point autant de belles medailles en Italie. Ce qu'il perdit ce jour, en la cité, valloit cent mil escuz et plus.

Or, estant le Roy en la cité de Florence, comme dict est, se feit ung traicté[1] avec eulx, et croy qu'ilz

nant l'état de la maison du duc de Bourgogne, dit (II, 497) que le sommelier portait « en ses bras la nef d'argent,... ensamble le baston d'argent et *licorne* dont on faict l'*espreuve* en la viande du prince. » Chastelain (151) parle aussi de *trois licornes* que Philippe-le-Bon avait prêtées à Louis XI, lors du repas qui fut fait à l'occasion du couronnement de ce prince, « et dont la moindre avoit chinq pieds de hault. » — Sur l'animal, très-probablement fabuleux, appelé *licorne*, voyez Cuvier, I, 168 et suiv. Il résulte des observations de ce savant que les *licornes*, dont il est ici question, et auxquelles on attribuait dans le moyen âge des propriétés anti-vénéneuses, étaient des cornes de l'*Antilope Oryx*.

[1] « Ce traité fut publié dans la cathédrale de Florence, le 26 novembre, pendant la célébration de la messe. » (Sismondi, XII, 169.) Les premières conférences pour ce traité avaient été un peu orageuses. Les prétentions de Charles VIII ayant paru exorbitantes, son secrétaire n'eut pas plutôt terminé la lecture de l'ultimatum de son maître que « Pierre Capponi, le premier des secrétaires florentins, lui arracha son papier des mains, et le déchirant il s'écria : « Eh bien ! s'il en est

[1494] LIVRE VII, CHAPITRE XI. 363

le feirent de bon cueur. Ilz donnerent au Roy six vingtz mil ducatz, dont ilz en payerent cinquante mil contant, et du reste en deux payemens assez briefz : et presterent au Roy toutes les places dont j'ay parlé[1], et changerent leurs armes, qui estoient la fleur de lis rouge, et en prindrent de celles que le Roy portoit, lequel les print en sa protection et garde, et leur promit et jura sur l'autel Sainct Jehan de leur rendre leurs places quatre mois apres qu'il seroit dedans Naples, ou plus tost, s'il retournoit en France; mais la chose print aultre train, dont sera parlé cy apres.

Il arresta peu à Florence et tira vers Sene, où il fut bien receu, et de là à Viterbe[2], où les ennemys avoient intention de venir logier, et s'y fortifier et combatre s'ilz y veoient leur advantaige; et ainsi le me disoit l'ambassadeur du roy Alfonse et celluy du Pape qui estoient à Venise, car Dom Ferrand s'estoit retiré vers Romme : et, à la verité, je m'attendoye que le roy Alfonse y vinst en personne (veu qu'il estoit estimé de grand cueur) et qu'il laissast son filz dedans le royaulme de Naples, et me sembloit le lieu propice pour eulx : car il eust eu son royaulme,

« ainsi, vous sonnerez vos trompettes et nous sonnerons nos cloches. » Cette impétuosité et ce courage intimidèrent le roi et sa cour.... Ils présentèrent alors des propositions plus modérées, et elles furent bientôt acceptées. » (Id., *ibid.*, 168.)

[1] Voyez ci-dessus, page 551.

[2] Sienne, ville du grand duché de Toscane. Viterbe, ville des États de l'Église. Le roi entra le 2 décembre dans Sienne, et le 10 du même mois il était à Viterbe; il quitta cette dernière ville le 15 suivant. (*Hist. de Charles VIII*, 120, 121.)

les terres du Pape, et les places et terres des Ursins à son doz; mais je fus tout esbahy que les lettres me vindrent du Roy comme il estoit en la ville de Viterbe et puis ung commandeur luy bailla le chasteau, et le tout par le moyen du cardinal *Petri ad vincula*[1], qui en estoit gouverneur, et les Colonnois. Lors me sembla que Dieu vouloit mettre fin à ceste besongne, et me repentis que avoye escript au Roy et conseillé de prendre ung bon appoinctement : car on luy en offroit assez. Aquependant[2] et Monteflascon[3] luy furent renduz avant Viterbe, et toutes les places d'alentour, comme fus adverty par lettres du Roy et celles de ladicte Seigneurie, qui de jour en jour estoient advertis de ce qui survenoit par leurs ambassadeurs : et m'en monstrerent plusieurs lettres, ou le me faisoient dire par ung de leurs secretaires. Et de là tira le Roy à Romme, et puis aux terres des Ursins, qui toutes luy furent rendues par le seigneur Charles Ursin[4], disant avoir ce commandement de son pere (lequel estoit serviteur souldoyé du roy Alfonse[5]), disant que d'autant que Dom Ferrand seroit alloué et en la terre de l'Eglise, qu'il luy tiendroit compaignie et non plus (ainsi vivent en Italie, et les seigneurs et les cappitaines en ont sans cesse praticque avec les ennemys, et grant

[1] Voyez ci-dessus, page 297, note 5.
[2] Acquapendente.
[3] Montefiascone.
[4] Charles, comte d'Anguillara, fils naturel de Virgile Orsini. (IMHOFF, 313.)
[5] Voyez ci-dessus, page 333.

paour d'estre des plus foibles): et fut receu ledict seigneur dedans Brachane[1], principalle place dudict seigneur Virgille, qui estoit belle, forte et bien garnie de vivres; et ay bien fort ouy estimer au Roy ladicte place et le recueil que l'on luy feit (car son armee estoit en necessité et extremité de vivres, et tant que plus ne povoit), et qu'il consideroit bien quantesfois ceste armee se cuyda rompre, depuis qu'il arriva à Vienne au Daulphiné, et comment elle se revenoit, et par quelles ouvertures: brief on disoit bien que Dieu la conduisoit.

CHAPITRE XII.

Comment le Roy envoya le cardinal Sainct Pierre *ad vincula*, qui fut depuis appellé le pape Jules II, dedans Hostie, et de ce que le pape faisoit à Romme ce pendant, et comment le Roy y entra malgré tous ses ennemys; avec les partialitez entre les Ursins et Colonnois dans ladicte ville de Romme.

De Brachane envoya ledict Roy le cardinal Sainct Pierre *ad vincula* à Hostie[2], dont il estoit evesque, et est lieu de grant importance: et le tenoient les Colonnois qui l'avoient prins sur le Pape, et les gens du Pape l'avoient osté audict cardinal n'y avoit gueres[3]. La place estoit tres foible; mais longtemps depuis tint Romme en grant subjection avec ledict

---

[1] Bracciano.

[2] Ostia.

[3] Le cardinal Julien de La Rovère, ne pouvant soutenir plus longtemps le siége que les gens du pape avaient mis devant Ostia, abandonna cette place le 23 avril 1494, [v. s.] et s'enfuit en France. (Sismondi, XII, 116.)

cardinal, lequel estoit grant amy des Colonnois, qui estoient nostres par le moyen du cardinal Ascaigne [1], frere du duc de Millan et vichancellier, aussi en hayne des Ursins, dont tousjours sont et ont esté opposites, et est toute la terre de l'Eglise troublee pour ceste partialité, comme nous dirions Luce et Grantmont, ou, en Hollande, Houc et Caballant [2] : et quant ne se-

[1] Ascagne, frère aîné de Galeas-Marie, naquit le 3 mars 1445. Nommé à l'évêché de Pavie en 1479. Élu cardinal le 6 mars 1484. Ayant fortement contribué à l'élection du pape Alexandre VI, il fut nommé vice-chancelier par ce pontife. Mort à Rome le 28 mars 1505. (LITTA, *fam. Sforza,* tav. V.)

[2] « M. Godefroy (*édit. de Bruxelles,* t. II, p. 45) se contente d'expliquer le mot *caballan* par cette note marginale : « Ou cabillau, dit-« il, espèce de poisson dont on fait la morue. » Nous ne relevons pas l'expression *dont on fait la morue,* qui veut dire, apparemment, *que l'on confond avec la morue,* ou *qui est une espèce de morue.* Ce passage, que la plupart des lecteurs ont pu ne pas entendre, méritoit une autre note.... *Lusse* ou *Luz* et *Grammont,* non pas *Luce* et *Grandmont,* sont deux grandes seigneuries de la basse Navarre; les deux maisons à qui elles appartenoient furent longtemps rivales. *Houc* et *Caballan* désignent deux factions qui se formèrent dans les Pays-Bas, vers le milieu du xive siècle, sous le nom de *Cabilliaves* et de *Houckiens;* les premiers, du nom d'un poisson connu en Flandre, qui dévore les autres; les seconds, du mot hollandois *hoek,* qui signifie *hameçon,* pour faire entendre qu'ils sauroient bien se rendre maîtres de ceux qui prétendoient les dévorer. «Quidam se Cabilliavios « (sic Belgice vocant asellum piscem) appellabant; quod ut ille pisces « alios vorat, sic ipsi adversarios domarent.... Alii se Houckios, sive « Hoeckios dicebant : *Hoek,* Hollandis, quod Brabantiis *Haeck,* ha-« mum significat; quasi sese jactarent Cabilliaviis futuros, quod est « hamus pisci. » (BOLLAND., *Januar.,* t. I, pag. 352.) Ces deux factions subsistoient encore du temps d'Olivier de La Marche, qui dit, en parlant de Philippe-le-Bon, duc de Bourgogne, l'an 1425 : « Combien que « les Houcs lui fussent contraires; mais les Cabillaux furent pour lui. » (*Hist. de l'Acad. des Inscriptions et Belles-Lettres,* XVI, 249-250.)

roit ce different, la terre de l'Eglise seroit la plus heureuse habitation pour les subjectz qui soit en tout le monde (car ilz ne payent ne tailles, ne gueres aultres choses), et seroient toujours bien conduictz (car tousjours les Papes sont saiges et bien conseillez); mais tres souvent en advient de grans et cruelz meurtres et pilleries. Depuis quatre ans en avons veu beaucoup, tant des ungz que d'aultres. Car depuis les Colonnois ont esté contre nous[1], à leur grant tort : car ilz avoient vingt mil ducatz de rente, et plus audict royaulme de Naples, en belles seigneuries, comme en la conté de Taillecouse[2] et aultres, que paravant avoient tenuz les Ursins, et toutes aultres choses qu'ilz avoient sceu demander, tant en gens d'armes que en pensions. Mais ce qu'ilz feirent, ilz le feirent par vraye desloyaulté et sans nulle occasion : et fault entendre que de toute ancienneté ilz estoient partisans de la maison d'Arragon et aultres ennemys de France : parce qu'ilz estoient Gibelins[3], et les Ursins partisans de France, comme les Florentins, pour estre de la part Guelfe.

Avec ledict cardinal de Sainct Pierre *ad vincula*, à Hostie fut envoyé Peron de Basche, maistre d'hostel du Roy, qui, trois jours paravant, avoit apporté audict seigneur vingt mil ducatz, par mer, et estoit descendu à Plombin[4] (et estoit de l'argent presté par

[1] En 1495.
[2] Tagliacozzo, ville du royaume de Naples, province de l'Abruzze-Ultérieure.
[3] Voyez ci-dessus, page 349, note 2.
[4] Piombino.

le duc de Millan) : et estoit demouré en l'armee de mer, qui estoit petite, le prince de Salerne et ung appellé le seigneur de Sernon [1], en Prouvence, que la fortune mena en Donserque [2], leur navire fort gastee ; et misrent tant à se rhabiller qu'ilz ne servirent de riens, et si cousta largement ladicte armee de mer, et trouverent le Roy dedans Naples.

Audict Hostie avoit, avec ledict cardinal, bien cinq cens hommes d'armes et deux mil Suisses ; et y estoit le conte de Ligny [3], cousin germain du Roy, de par mere, le seigneur d'Alegre [4], et aultres ; et là cuydoient passer le Timbre [5], pour aller enclorre Dom Ferrand,

[1] Louis de Villeneufve, seigneur de Serenon, marquis de Trans, conseiller et chambellan du roi, visiteur général des gabelles de Provence. (NOSTRADAMUS, page 681 ; GAUFRIDI, page 375.)

[2] « Intese il re Carlo, essendo in Roma, come le navi ov'erano il principe di Salerno et alcuni baroni francesi, erano con loro gran fortuna giunti nell'isola di *Sardegna,* vicina a quella di *Corsica....* » (GUAZZO, 78 verso.)

[3] Louis de Luxembourg, prince d'Altemure, duc d'Andrie et de Venouse, comte de Ligny, gouverneur de Picardie et capitaine des cent gentilshommes de la maison du roi, grand chambellan de Louis XII, fils de Louis de Luxembourg, connétable de France, et de Marie de Savoie. Mort à Lyon, le 3 décembre 1503. (ANSELME, VIII, 453.) Il « deceda la vigille de Noel, an mil v^c trois. » (Procès entre messire Jehan de Villiers, chevalier, seigneur de La Ramee, demandeur ; et messire Anthoine de Luxembourg, chevalier de l'Ordre du Roy, comte de Brienne, Roussy et Ligny, defendeur. — *Cabinet des Titres.*)

[4] Yves, baron d'Alegre, fils de Jacques de Tourzel, baron d'Alegre. Nommé gouverneur de la Basilicate par Charles VIII ; créé le 5 mars 1495 capitaine des cent gentilshommes de la maison de ce prince, conseiller et chambellan du roi, gouverneur de Boulogne en 1512, il fut tué la même année, après avoir eu la meilleure part à la victoire de Ravenne. (ANSELME, VII, 709.)

[5] Tibre.

[1494] LIVRE VII, CHAPITRE XII. 369

qui estoit dedans Romme, avec la faveur et ayde des Colonnois : dont estoient chiefz de la maison pour lors Prospere[1] et Fabrice[2] Colonne, et le cardinal Colonne[3], à qui le Roy paya deux mil hommes à pied, par la main dudict Basche, qu'ilz avoient assemblez à leur plaisir; et faisoient leur assemblee à Sannesonne[4], qui est à eulx.

Il fault entendre que icy viennent plusieurs propos à ung coup, et de chascun fault dire quelque chose. Avant que le Roy eust Viterbe, il avoit envoyé le seigneur de La Tremoille[5], son chambellan, et le president de Gannay[6] qui avoit son sceau, et le general

---

[1] Prosper Colonna, duc de Traetta, comte de Fondi, fils d'Anthoine Colonna. Mort le 30 décembre 1523. (IMHOFF, 218.)

[2] Fabrice Colonna, duc de Pagliano et de Tagliacozzo, connétable du royaume de Naples, fils d'Odoard, duc de Marsi. Il était cousin germain de Prosper. (IMHOFF, 218-219, 222.)

[3] Jean Colonna, frère de Prosper, créé cardinal le 15 mai 1480; mort le 26 septembre 1508. (AUBERY, *Hist. des Cardinaux*, II, 520 et suiv.)

[4] Genzano (SISMONDI, XII, 182), bourg des États de l'Église.

[5] Louis II du nom, seigneur de La Tremoille, vicomte de Thouars, prince de Talmont, surnommé le chevalier sans reproche. Créé gouverneur de Bourgogne et amiral de Guienne en 1502. Tué à la journée de Pavie le 24 février 1524. (ANSELME, IV, 167-168.) Ses biens avaient été donnés par Louis XI à Philippe de Commynes, qui en fut à son tour dépossédé à la mort du roi.

[6] Jean de Ganay, seigneur de Persan, reçu quatrième président au parlement de Paris le 17* juin 1490. Louis XII le nomma premier président en 1505, et le créa chancelier de France le 31 janvier 1507. Mort à Blois avant le mois de juin 1512. (ANSELME, VI, 442.) Il n'avait point encore le sceau en 1494, ne l'ayant reçu qu'en mai 1495 :

* Et non 27, comme le dit Anselme, par erreur.

Bidaut[1] à Romme, cuydant traicter avec le Pape qui tousjours praticquoit, comme est la coustume en Italie. Eulx estans là, le Pape mit de nuict en la cité Dom Ferrand et toute sa puissance, et furent nos gens arrestez, mais peu[2] : le jour propre les despescha le Pape ; mais il retint prisonniers le cardinal Ascaigne, vichancellier et frere du duc de Millan, et Prospere Colonne (aucuns dient que ce fut de leur vouloir) : et de toutes ces nouvelles j'eus incontinent lettres du Roy, et la Seigneurie encores plus amplement de leurs gens : et tout cecy fut faict avant que le Roy entrast dedans Viterbe, car nulle part n'arrestoit que deux jours en ung lieu, et advenoient les choses mieulx qu'il ne les eust sceu penser : aussi le Maistre des seigneurs s'en mesloit, et le congnoissoit chascun.

Ceste armee qui estoit en Hostie ne servoit de riens, pour le mauvais temps : et aussi fault entendre que les gens que avoit mené monseigneur d'Aubigny estoient retournez et luy aussi, et n'en avoit plus de charge : et si avoit on donné congié aux Italiens

---

« Avons baillé à nostre amé et feal conseiller et président en nostre cour de Parlement, maistre Jean de Gannay, la garde de nostre scel qui est lez Nous en l'absence du grand. » (*Histoire de Charles VIII*, 719.)

[1] Denis Bidault, notaire et secrétaire du Roi, receveur général des finances dès 1481 (Morice, *Mémoires*, III, 412), fut nommé *conseiller et président clerc* de la chambre des comptes de Paris, le 16 mars 1495. (Archives du Royaume, *Trésor des Chartres*, Mém. T. fol. 129.) Mort le 18 juin 1506. (*Tablettes de Thémis*, III, 12.)

[2] *Mais peu*, c'est-à-dire « mais pour peu de temps, » comme l'indique la suite de la phrase. Sauvage et ses successeurs mettent : « Mais en petit nombre. »

qui en la Rommaigne avoient esté avec luy, que avoit mené le seigneur Redolph de Mantoue [1], le seigneur Galiot de La Mirandole [2], et Frecasse [3], frere du seigneur Galleasche de Sainct Severin, qui furent bien payez : et estoient environ cinq cens armez que le Roy payoit, et comme avez ouy [4]. Au partir de Viterbe, le Roy alla à Naples [5], que tenoit le seigneur Ascaigne : et n'est riens plus vray que, à l'heure que nos gens estoient dedans Hostie, qu'il tumba plus de vingt brasses de mur de la ville de Romme, par là où l'on debvoit entrer [6].

Le Pape voyant si soubdainement venir ce jeune Roy avec ceste fortune, consent qu'il entre dedans Romme (aussi ne l'en eust il sceu garder), requiert lettre d'asseureté (qu'il eut) pour Dom Ferrand, duc de Calabre et seul filz du roy Alfonse, lequel de nuict se retira à Naples, et le conduict jusques à la porte le

---

[1] Rodolphe, fils de Louis III, duc de Mantoue, né en 1451. Marié, en 1480, à Catherine Pic de la Mirandole. Mort le 6 juillet 1495, à la bataille de Fornoue. (*Art de vérifier les dates*, III, 666.)

[2] Galeotto Pic de la Mirandole, fils de Jean-François Pic. Mort le 7 avril 1499. Il était beau-frère de Rodolphe de Mantoue. (*Art de vérifier les dates*, III, 705.)

[3] Gaspar, dit Fracasso de Sanseverino, fils de Robert, comte de Cajazzo. (IMHOFF, 293.) Vivait encore en 1512. (BEMBO, II, 314.)

[4] Voyez ci-dessus, page 334.

[5] Nepi, à neuf lieues de Rome.

[6] « Il est cheut du chastel St Ange bien xi toises de muraille, sans y toucher : de quoy les Rommains se esbahissent et dient que c'est Dieu qui les veult pugnir. » Voyez aux PREUVES (31 décembre 1494) le récit de l'entrée du roi Charles VIII dans Rome, ainsi que la lettre adressée par ce prince au duc de Bourbon.

cardinal Ascaigne. Et le Roy entra dedans Romme [1] en armes, comme ayant auctorité de faire par tout à son plaisir, et luy vindrent au devant plusieurs cardinaulx, et les gouverneurs ou senateurs de la ville; et logea au palais Sainct Marc (qui est le quartier des Colonnois, ses amys et serviteurs pour lors), et le Pape se retira au chasteau Sainct Ange.

CHAPITRE XIII.

Comment le roy Alfonse feit couronner son filz Ferrand, et de la mauvaise vie que avoit menee le vieux Ferrand, son pere, et luy aussi.

Estoit il possible de croire que le roy Alfonse, si orgueilleux, nourry à la guerre, et son filz, et tous ces Ursins qui ont si grant part à Romme, n'osassent demourer en la cité quant ilz veoient et sentoient que le duc de Millan branloit et les Venissiens, et se praticquoit une ligue qui eust esté conclue, si quelque resistance eust esté faicte à Viterbe ou à Romme, comme j'estoye bien asseuré, pourveu qu'ilz eussent peu arrester le Roy aucuns jours. Au fort, il falloit que Dieu monstrast que toutes ces choses passoient le sens et congnoissance des hommes : et si est bien de noter que, ainsi comme les murs de la ville estoient tumbez, aussi tumba bien quinze brasses des avant murs du chasteau Sainct Ange, comme m'ont compté plusieurs, et entre aultres deux cardinaulx qui y estoient. Icy fault ung peu parler du roy Alfonse.

[1] Le 31 décembre 1494.

Dès ce que le duc de Calabre, appellé Ferrand, dont ja plusieurs fois a esté parlé, fut retourné à Naples, son pere, le roy Alfonse, [renoncea à la couronne][1], jugeant n'estre digne d'estre roy pour les maulx qu'il avoit faict en toutes cruaultez contre les personnes de plusieurs princes et barons qu'il avoit prins sur la seureté de son pere et de luy, et bien jusques au nombre de vingt et quatre, et les feit tous mourir dès que le pere fut mort (qui les avoit gardé quelque temps depuis la guerre qu'ilz avoient eu contre luy), et aussi deux aultres que le pere avoit prins sur sa seureté, dont l'ung estoit le prince de Rosane[2], duc de Sesse, homme de

---

[1] Sauvage et ses successeurs mettent : « *Si tost* que le duc de Calabre, appellé *le jeune* Ferrand, dont ja plusieurs fois a esté parlé, fut retourné à Naples, son père, le roy Alphonse, *se jugea* n'estre digne d'estre roy.... » Nous suivons le texte de la première édition, dans lequel toutefois nous intercalons les trois mots placés entre crochets, pour faire disparaître le sens inadmissible, selon nous, que présentait la phrase : ces trois mots sont d'ailleurs empruntés au texte de Commynes qui les reproduira plus bas, à la page 381.

[2] *Dont l'ung estoit le prince de Rosane*, c'est-à-dire *au nombre desquels était le prince de Rosane*. Il n'y a dans la pensée de Commynes aucune idée de dénombrement. Nous faisons cette remarque, parce que ce passage, mal compris, a porté le premier éditeur à ajouter au texte deux mots qui ne doivent pas être attribués à Commynes. L'erreur consiste à avoir fait, d'un seul et même individu, deux personnages distincts, « dont *l'ung* estoit le prince de Rosane, *l'aultre le duc de Sesse.* » Marino de Marzano, prince de Rossano, duc de Sessa (Muratori, XXI, 1154 B) était fils de Jean-Antoine de Marzano, duc de Sessa, amiral du royaume de Naples, mort en 1453. Marié à Éléonore d'Aragon, fille naturelle d'Alphonse I, roi de Naples, il prit parti pour Jean, duc d'Anjou, en 1459, contre Ferdinand I, roi de Naples, son beau-frère, auquel ledit duc d'Anjou disputait la pos-

grant auctorite. Ledict prince de Rosane avoit eu à espouse et à femme la seur dudict roy Ferrand, et en avoit eu ung tres beau filz ¹, qui avoit eu à espouse la fille dudict roy Ferrand pour mieulx l'asseurer : car ledict prince et seigneur luy avoit bien voulu faire une grant trahyson, et avoit bien deservy toute pugnition s'il n'eust prins asseureté venant devers luy à son mandement : et le mit en merveilleuse et puante prison, et puis le filz, dès qu'il fut en l'aage de quinze à seize ans. Et y avoit demouré ledict pere vingt et quatre ou vingt et cinq ans, ou environ, à l'heure que ledict roy Alfouse est venu à estre roy, et lors feit mener tous ses prisonniers à Iscle ² (une petite isle aupres de la ville de Naples, dont vous orrez parler), et là les feit tous assommer : quelcun en retint au chasteau de

session du royaume. Déclaré rebelle au mois de décembre 1460, il fit néanmoins sa paix avec son beau-frère en 1462, sous condition que son fils, Jean-Baptiste, épouserait la fille du roi, et que le cardinal légat du pape lui servirait d'intermédiaire pour conclure le traité de paix. Malgré toutes ces sûretés, Ferdinand fit arrêter Marino le 10 juin 1464, et le renferma dans le château neuf de Naples, où il resta vingt-cinq ans prisonnier. Il y mourut de mort violente en 1486. (SUMMONTE, III, 159, 186, 428, 439, 447, 449, 534.)

¹ Jean-Baptiste de Marzano, né en 1459. (MURATORI, XXI, 1133 B.) Promis en mariage à Béatrix, fille de Ferdinand I : celui-ci rompit l'engagement et donna sa fille à Mathias, roi de Hongrie. (SUMMONTE, III, 428, 439.) Marzano fut renfermé avec son père en 1464, et mis en liberté par Ferdinand II, en 1495, lors de l'arrivée de Charles VIII à Naples. (ID., ib., 447, et 510 liv. VI.) Mort en 1508. (IMHOFF, 276.)

² Ischia, OEnaria, île du royaume de Naples dans la Méditerranée. La première édition met : « Ayselle. » Nous suivons la leçon de Sauvage.

Naples, comme le filz dudict seigneur de Rosane et le noble conte de Popoli [1].

Je me suis fort bien enquis comme on les feit mourir si cruellement (car plusieurs les cuydoient encores en vie quant le roy entra en la bonne ville et cité de Naples) et m'a esté dict, par leurs principaulx serviteurs, que par ung More du pays d'Affrique les feit assommer [2] villainement et horriblement (lequel incontinent apres son commandement s'en alla audict pays de Barbarie, affin qu'il n'en fust point de nouvelle), sans espargner ces vieulx princes qui trente quatre à trente cinq ans ou environ y avoient esté [3]. Nul homme n'a esté plus cruel que luy, ne plus mauvais, ne plus vicieux et plus infect, ne plus gourmant

---

[1] Pierre-Jean-Paul Cantelmi, duc de Sora, comte de Popoli, fils de Nicolas, comte d'Alvito et d'Archi, et d'Antoinette, fille du comte de Celano. Il se joignit aux barons révoltés contre Ferdinand I, en faveur du duc d'Anjou, et fut forcé de capituler lorsque ledit duc d'Anjou abandonna ses prétentions sur le royaume de Naples. (LELLIS, I, 131-134.) Lellis fait à Pierre-Jean-Paul Cantelmi l'application de ce passage de Commynes, sans parler toutefois de l'emprisonnement de ce seigneur qui, selon son récit, serait au contraire parvenu à se soustraire à la vengeance du roi de Naples, d'abord en se retirant à Ferrare, et enfin en abandonnant tout à fait le royaume.

[2] Godefroy, Lenglet et autres éditeurs ont changé totalement le sens de cette phrase en mettant : « Et m'a esté dit, *tant* par leurs principaux serviteurs que par ung More du pays d'Afrique, *qu'il* les fit assommer, etc. » Cette faute a induit en erreur M. de Sismondi qui dit (XII, 199) que « Commynes déclare s'être assuré par le témoignage d'un Africain employé à ces exécutions, etc. »

[3] La première édition met : « Ces vieux princes qui *ont* trente quatre ou trente cinq, etc.... » Sauvage a ainsi refait cette phrase : « Ces vieulx princes, dont les aucuns avoyent esté gardez en prison trente quatre ou trente cinq ans, ou environ. »

que luy. Le pere estoit plus dangereux, car nul ne se congnoissoit en luy ne en son courroux : car, en faisant bonne chiere, il prenoit et trahyssoit les gens, comme le conte Jacques[1], qu'il print et feit mourir villainement et horriblement estant ambassadeur devers luy de par le duc Francisque de Millan, duquel il avoit eu à femme et espouse la fille bastarde. Mais ledict Francisque fut consentant du cas : car tous deux le craignoient pour sa vertu et la sequelle qu'il avoit en Italie des Brasicques[2] ; et estoit filz de Nicolle Pissevyn[3]. Et ainsi (comme dict est) print tous les aul-

[1] Jacques Piccinino restait seul à la tête de la vieille école militaire de Braccio, rivale de celle de Sforza. Il servit le parti Angevin contre Ferdinand I, qui parut oublier cette offense et lui donna le commandement des armées du royaume, ainsi que la principauté de Sulmone et autres biens. Sur ces entrefaites, François Sforza, voulant terminer la longue rivalité des Bracceschi et des Sforzeschi, offrit en mariage à Piccinino sa fille naturelle Drusiana : celui-ci se rendit à Milan, où se firent les noces. A peine étaient-elles achevées, que Ferdinand demanda avec de vives instances que Piccinino se rendît à Naples près de lui : ce dernier, malgré le conseil de ses amis et les exemples récents de la perfidie de Ferdinand, partit pour Naples, en 1465, sous la sauvegarde du titre d'ambassadeur du duc de Milan. Après vingt-sept jours de fêtes données en son honneur, il fut arrêté le 24 juin, au moment où il prenait congé du roi. Jeté dans un cachot, il y fut assassiné deux ou trois jours après. (Sismondi, X, 267-275.)

[2] *Bracceschi*, ainsi appelés du nom de Braccio de Montone, célèbre *condottiere* italien, qui, ainsi que François Sforza, soutint longtemps la cause des ducs d'Anjou; mais ces deux illustres capitaines se divisèrent en 1416, et leur inimitié partagea toutes les troupes d'Italie en deux factions rivales. Braccio fut tué au siége d'Aquila le 5 juin 1424. (Sismondi, VII, 586; VIII, 268, 352.)

[3] Nicolas Piccinino, élève de Braccio et le plus renommé des capitaines qui eussent servi sous ses ordres. Mort en 1444, âgé de 64 ans. (Machiavel, III, 329; IV, 127.)

tres, et jamais en luy n'y avoit grace ne misericorde, comme m'ont compté de ses prouchains parens et amys, et jamais n'avoit eu aucune pitié ne compassion de son povre peuple. Quant aux deniers, il faisoit toute la marchandise du royaulme, jusques à bailler les pourceaulx à garder au peuple; et les falloit engraisser pour mieulx les vendre : s'ilz mouroient, falloit qu'ilz les payassent. Aux lieux où croist l'huylle d'olive, comme en Pouille [1], ilz l'achaptoient (luy et son filz) à leur plaisir; et semblablement le fromment, et avant qu'il fust mur, et le vendoient apres le plus chier qu'ilz povoient : et si ladicte marchandise s'abaissoit de prix, contraignoient le peuple de la prendre, et par le temps qu'ilz vouloient vendre nul ne povoit vendre que eulx.

Si ung seigneur ou baron estoit bon mesnagier ou cuydoit espargner quelque bonne chose, ilz la luy demandoient à empruncter, il la leur falloit bailler par force : et leur ostoient les races des chevaulx, dont ilz ont plusieurs, et les prenoient pour eulx et les faisoient gouverner en leurs mains, et en si grant nombre, tant chevaulx, jumens que poulains, que on les estimoit à beaucoup de miliers; et les envoyoient paistre en plusieurs lieux, aux pasturages des seigneurs et aultres, qui en avoient grant dommaige. Tous deux ont prins à force plusieurs femmes.

Aux choses ecclesiasticques ne gardoient nulle re-

[1] Ancienne contrée de la partie Est du royaume de Naples, où elle forme aujourd'hui les provinces de la Capitanate, de la Terre-de-Bari et de la Terre-d'Otrante.

verence ne obeyssance. Ilz vendoient eveschez, comme celle de Tarente; que vendit le pere treize mil ducatz à ung juif, pour bailler à son filz qu'il disoit crestien. Bailloit abbayes à ung fauconnier et à plusieurs, pour leurs enfans, disant « Vous entretiendrez tant d'oyseaulx et les nicherez à vos despens, et tiendrez tant de gens à vos despens. » Le filz ne feit jamais quaresme, ne semblant qu'il en fust: mainctes annees fut sans se confesser ne recevoir nostre Sauveur et Redempteur Jesus Christ; et, pour conclusion, il n'est possible de pis faire qu'ilz ont faict tous deux. Aucuns ont voulu dire que le jeune roy Ferrand eut esté le pire, combien qu'il estoit humble et gracieux quant il mourut; mais aussi il estoit en necessité.

CHAPITRE XIV.

Comment le roy Alfonse s'enfuyt en Cecille et feit penitence.

Or pourroit sembler aux lisans que je disse toutes ces choses pour quelque hayne particuliere que j'auroye eu à eulx; mais, par ma foy, non faiz, mais le dis pour continuer mes Memoires, où se peult veoir, dès le commencement de l'entreprinse de ce voyaige, que c'estoit chose impossible aux gens qui le cuydoient, s'il ne fust venu de Dieu seul, qui vouloit faire son commissaire de ce jeune Roy, bon, si povrement pourveu et conduict, pour chastier roys si saiges, si riches, et si experimentez, et qui avoient tant de personnaiges saiges à qui la defense du royaulme touchoit, tant allyez et soubstenuz, et qui veoient ce faiz sur eulx de si loing, que jamais n'y sceurent pourveoir ne resister en nul lieu. Car, hors le chasteau de Naples, n'y eut nul qui empeschast le roy Charles huictiesme ung jour naturel : et, comme a dict le pape Alexandre qui regne, les François y sont venuz avec des esperons de boys et de la croye en la main des fourriers pour mercher[1] leurs logis, sans aultre peine. Et dict des esperons de boys, parce que, pour ceste heure, les jeunes gens de ce royaulme, quant ilz vont par la ville, leur paige met une petite brosche dedans le soulier ou pentoufle, et sont sur leurs mulles, branlans les jambes, et peu de fois ont prins le harnoys de nos gens en faisant ce voyaige ; et ne mit le Roy, depuis Ast, à entrer dedans Naples que quatre mois dix neuf jours. Ung ambassadeur y en eust mis une partie.

Pourquoy concludz ce propos, disant, apres l'avoir ouy dire à plusieurs bons hommes de religion et de saincte vie, et à maincte aultre sorte de gens (qui est la voix de Nostre Seigneur Jesus Christ que la voix du peuple), que Nostre Seigneur Jesus Christ les vouloit pugnir visiblement, et que chascun le congneust, pour donner exemple à tous roys et princes de bien vivre et selon ses commandemens. Car ces seigneurs de la maison d'Arragon, dont je parle, perdirent honneur et royaulme, et grans richesses, et meubles de toutes natures si despartis que à grant peine scait l'on qu'ils sont devenuz : puis perdirent les corps,

---

[1] *Marquer, désigner.* (Roquefort.)

trois en ung an¹ ou peu davantaige; mais j'espere que les ames n'ont point esté perdues. Car le roy Ferrand, qui estoit filz bastard d'Alfonse² (lequel Alfonse fut saige roy et honnourable, et tout bon), porta grant passion, ledict Ferrand, en son cueur de veoir venir sur luy ceste armee et qu'il n'y povoit remedier : et veoit que luy et son filz avoient mal vescu et estoient tres hays (car il estoit tres saige roy) : et s'y trouva ung livre, comme m'ont certifié des plus prouchains de luy, qui fut trouvé en deffaisant une chapelle, où il y avoit dessus : *Le Verie*³, *avec son conseil secret*, et veult l'on dire qu'il contenoit tout le mal qui luy est advenu : et n'estoient que trois à le veoir, et puis le gecta au feu.

Une aultre passion avoit : que Alfonse, son filz, ne Ferrand, filz de son filz, ne vouloient croire ceste venue et parloient en grans menasses du roy, et en grant mespris, disans qu'ilz viendroient au devant de luy

¹ Ferdinand I mourut en 1494; Alphonse II, en 1495; et Ferdinand II en 1496. (Voyez ci-dessus, pages 25, note 2; 205, note 4; 529, note 5.)

² Alphonse V, dit le Sage, roi d'Aragon, succéda à son père Ferdinand, en 1416. Désigné, en 1420, par Jeanne, reine de Naples, comme son successeur, il se vit bientôt préférer René, duc d'Anjou, auquel il disputa, pendant plusieurs années, la couronne de Naples. Il parvint à s'en emparer en 1442. Mort le 28 juin 1458. (*Art de vérifier les dates*, I, 758 et suiv.)

³ Sauvage, qui suit comme nous le texte de la première édition, observe en note que « il y avoit possible, en citation, *il Vero*, ou *la Verita*, etc., c'est-à-dire *le Vray* ou la *Vérité*. » On lit *la Verité* dans toutes les éditions, depuis et y compris celle de Godefroy. Lenglet ajoute à la note de Sauvage que c'est le titre d'un « livre écrit par saint Cotade, évêque de Tarente. »

jusques aux montz : et il en fut aucun qui prioit[1] à Dieu qu'il ne vinst jamais roy de France en Italie, et qu'il y avoit veu seullement ung povre homme de la maison d'Anjou qui luy avoit fait souffrir beaucoup de peine, qui fut le duc Jehan[2], filz du roy René. Ferrand[3] travailla fort, par ung sien ambassadeur nommé messire Cavillo Pendolphe[4], de faire demourer le Roy, avant qu'il partist de Vienne, luy offrant soy faire son tributaire de cinquante mil ducatz l'an, et tenir le royaulme de luy à foy et hommaige : et ce voyant qu'il ne povoit pas parvenir à nulle paix, ne appaiser l'estat de la ville de Millan, luy print une malladie de quoy il mourut[5]; et en ses douleurs eut confession et, comme j'espere, repentance de ses pechez. Son filz Alfonse, qui tant avoit esté terrible et cruel, et tant faict le mestier de la guerre, avant que le Roy partist de ladicte ville de Romme renoncea à sa couronne, et entra en telle paour que toutes les nuictz ne cessoit de cryer qu'il oyoit les Francois, et que les arbres et les pierres cryoient « France! » et jamais n'eut hardyment

[1] Nous n'avons pas la hardiesse d'adopter, mais nous ne pouvons passer sous silence l'ingénieuse correction de texte que propose notre commissaire responsable, M. Lenormant. Elle consisterait à substituer *au cas qu'il* à *aucun qui*, et à lire, par conséquent : « et il [Ferrand] en fut au cas qu'il prioit à Dieu.... »

[2] Voyez tome I, page 61, note 1.

[3] Les premières éditions mettent *Alfonse* : c'est une erreur. Nous suivons le texte de Sauvage.

[4] Camille Pandone, vice-roi de la Pouille pour Ferdinand II, tué en 1495 dans une rencontre avec les Français, auprès de *Misagne*. (Guazzo, fol. 129 verso.)

[5] Le 25 janvier 1494. (Voyez ci-dessus, page 25, note 2.)

de partir de Naples; mais au retour que feit son filz [1] de Romme, le mit en possession du royaulme de Naples, le feit couronner et chevaulcher par la ville de Naples, acompaigné des plus grans qui y estoient, comme de Dom Federic son frere, et du cardinal de Gennes [2], et ledict nouveau roy au meillieu et acompaignié des ambassadeurs qui y estoient, et luy feit faire toutes lesdictes sollempnitez qui sont requises; et luy se mit en fuyte, et s'en alla en Cecille avec la reine, sa belle mere [3], qui estoit seur du roy Ferrand de Castille [4] (qui encores vit, à qui appartient ledict royaulme de Cecille), en une place [5] qu'elle y avoit: qui fut grant nouvelle par le monde, et par especial à Venise, où j'estoye.

Les ungz disoient qu'il alloit au Turc: aultres disoient que c'estoit pour donner faveur à son filz, qui n'estoit point hay au royaulme; mais mon advis fut tousjours que ce fust par vraye lascheté, car jamais homme cruel ne fut hardy: et ainsi se voit par toutes hystoires, et ainsi se desespera Neron et plusieurs aultres. Et si grant envie eut de fuyr, qu'il dict à sa belle mere (comme m'ont compté ceulx qui estoient à luy), le jour que elle partit, que, si elle ne partoit, qu'il la laisseroit; et elle luy respondit qu'il attendist encores

[1] Ferdinand II.
[2] Paul Fregose. (Voyez ci-dessus, page 335, note 5.)
[3] Jeanne, fille de Jean II, roi d'Aragon. Mariée en 1476 à Ferdinand I; morte le 9 janvier 1517. (*Art de vérifier les dates*, I, 763; III, 848.)
[4] Ferdinand-le-Catholique. (Voyez ci-dessus, page 56, note 2.)
[5] Mazzara. (Guazzo, 80.)

trois jours, affin qu'elle eust esté en son royaulme ung an entier : et il dict que qui ne le laisseroit aller, il se gecteroit par les fenestres, disant : « Ne oyez vous point comme ung chascun crye France ? » et ainsi se misrent aux gallees. Il emporta de toutes sortes de vins (qu'il avoit plus aymez que aultre chose) et de toutes sortes de graines pour faire jardins, sans donner nul ordre à ses meubles, ne à ses biens : car la pluspart demoura au chasteau de Naples. Quelques bagues emporta, et quelque peu d'argent; et allerent en Cecille, audict lieu, et puis alla à Messine, où il appella et mena avec luy plusieurs gens de religion, vouant de jamais n'estre du monde : et entre les aultres, il aymoit fort ceulx du Mont d'Olivet[1], qui sont vestuz de blanc (lesquelz le m'ont compté à Venise, là où est le corps saincte Helaine en leur monastere) et se mit à mener la plus saincte vie du monde, et servoit Dieu à toutes les heures du jour et de la nuict, avec lesdictz religieux, comme ilz font en leurs convens : et là faisoit grans jeusnes, abstinences et aulmosnes, et puis luy advint une grant malladie de l'escoriation et de gravelle; et me dirent n'en avoir jamais veu homme si persecuté : et le tout portoit en grant patience, deliberant aller user sa vie en ung monastere à Valence la Grande et là se vestir de religion; mais il fut tant surprins de malladie, qu'il vesquit peu et mourut, et selon sa grant repentance, il est à esperer que son ame est glorieuse en paradis. Son filz demoura peu apres, et mourut de fiebvre et flux, et croy qu'ilz sont mieulx qu'ilz n'es-

---

[1] Il leur fit des dons considérables. Voyez Lancillotti (55-57, 188-191.)

toient en ce monde : et semble que, en moins de deux ans, ilz furent cinq roys portans couronne à Naples : les trois que j'ay nommez[1], le roy Charles de France huictiesme, et Dom Federic, frere dudict Alfonse, qui de present regne.

CHAPITRE XV.

Comment apres que le jeune roy Ferrand fut couronné roy de Naples, alla asseoir son camp à Sainct Germain, pour resister contre la venue du Roy : et de l'acord que le roy Charles feit avec le pape, estant encores à Romme.

Et pour esclarcir le tout, fault dire comme, dès ce que le roy Ferrand fut couronné, il devint comme ung homme neuf, et luy sembla que toutes haynes et offences estoient oubliees par la fuyte de son pere, et assembla tout ce qu'il peut de gens, tant de cheval que de pied, et vint à Sainct Germain[2], qui est l'entree du royaulme, et qui est lieu fort, et aysé à deffendre, et par où les Francois sont passez deux aultres fois[3], et là mit son camp et garnit la ville. Le lieu est deffendu d'une petite riviere[4], qui quelquesfois se passe à gué, et quelquesfois non, aussi se deffend par la montaigne qui est dessus ; et lors revint le cueur aux amys dudict Ferrand.

[1] Ils ne sont qu'indiqués. Voyez ci-dessus, page 380.

[2] « San Germano, à quinze milles en arrière des frontières du royaume, dans un défilé resserré entre des montages âpres et impraticables, et des marais qui s'étendent jusqu'au Garigliano. Ce passage, facile à défendre, était considéré comme une des clefs du royaume de Naples. » (Sismondi, XII, 205.)

[3] En s'en retournant, le 24 mai 1495 (*Hist. de Charles VIII*, 149); et en 1501 (D'Auton, I, 275).

[4] Le Garigliano.

Le Roy estoit encores à Romme, où il sejourna environ vingt jours, où plusieurs choses se traictoient. Avec luy estoient bien dix huict cardinaulx, et d'aultres qui venoient de costé et d'aultre : et y estoit ledict Ascaigne, monseigneur le vichancelier et frere du duc de Millan, et *Petri ad vincula* (qui estoient grans ennemys du Pape, et ennemys[1] l'ung de l'aultre), celluy de Guese[2], Sainct Denis[3], Sainct Severin[4], Savelly[5], Colonne et aultres. Tous vouloient faire election nouvelle, et que au Pape[6] fust faict procez, lequel estoit audict chasteau. Deux fois fut l'artillerie preste, comme m'ont dict des plus grans; mais tousjours le Roy, de sa bonté, y resista. Le lieu n'est pas deffensable, car la motte est de main d'homme faicte et petite. Et

---

[1] Sauvage et ses successeurs mettent *amys*, ce qui est en contradiction avec la suite du récit de Commynes qui les représente comme rivaux pour la dignité papale.

[2] Raimond Perauld, natif de Surgères en Saintonge, d'abord évêque de Saintes, puis évêque de *Gurce* en Allemagne, fait cardinal, en 1494, par le pape Alexandre VI. Mort le 5 novembre 1505 à Viterbe, où il fut inhumé dans l'église des Augustins. (Aubery, II, 629 et suiv.)

[3] Jean de Vilhères, seigneur de la Graulas, abbé de Saint-Denis en France, le 10 ou 12 mai 1474; évêque de Lombez, de 1477 à 1499. Créé cardinal en 1493. Mort le 6 août 1499. (Descausset, 145-146.)

[4] Frederic de Sanseverino, quatrième fils de Robert, comte de Cajazzo, et de Jeanne de Correggio, nommé cardinal en 1489. Mort le 7 août 1516. (Aubery, II, 600 et suiv.)

[5] Jean-Baptiste Savelli, Romain, fait cardinal le 15 mai 1480. Mort le 18 septembre 1498, âgé de soixante et onze ans. (Aubery, II, 518.)

[6] Alexandre VI.

alleguoient bien que ces murs estoient tombez par miracles et le chargeoient d'avoir achapté ceste saincte dignité, et disoient vray; mais ledict Ascaigne en avoit esté le principal marchant, qui avoit tout guidé et en eut grant argent, et si eut la maison dudict Pape (luy estant vichancelier) et les meubles qui estoient dedans, et son office de vichancelier et plusieurs places du patrimoyne : car eulx deux estoient à l'envy qui seroit pape. Toutesfois, je croy qu'ilz eussent consenty tous deux d'en faire ung nouveau au plaisir du Roy, et encores d'en faire ung francois, et ne scauroye dire si le Roy feit bien ou mal : toutesfois, je croy qu'il feit le mieulx d'appoincter : car il estoit jeune et mal acompaigné pour conduire une si grant œuvre que reformer l'Eglise, combien qu'il eust bien le povoir, mais qu'il l'eust sceu bien faire. Je croy que toutes gens de congnoissance et raison l'eussent tenu à une bonne, grant et tres saincte besongne; mais il y fauldroit grant mystere : toutesfois, le vouloir du Roy estoit bon et est encores, en ce cas, s'il y estoit aydé.

Le Roy print aultre chemin, et appoincta avec le Pape ung appoinctement[1] qui ne povoit durer : car il estoit viollent en aucun point, et fut grant couleur de faire une ligue, dont apres sera parlé. Par cestuy appoinctement debvoit estre paix entre le Pape et ses cardinaulx, et aucuns debvoient estre payez du droict de leur chapeau, absens comme presens. Il debvoit

---

[1] Daté du 15 janvier 1494 (v. s.). (Voyez Dumont, III, partie ii, page 318.)

prester au Roy quatre places : Terracine[1], Civita Vechie[2] et Viterbe bailla [que] tenoit le Roy; Ypolete[3] ne bailla point, combien qu'il l'eust promise : et se debvoient rendre au Pape comme le Roy partiroit de Naples, et ainsi le feit, combien que le Pape l'eust trompé. Il bailla au Roy, pour cestuy appoinctement, le frere[4] du Turc, dont il avoit quarante cinq[5] mil ducatz dudict Turc l'an : et le tenoit en grant craincte. Promettoit de ne mettre nul legat en lieu ne place de l'Eglise sans le consentement du Roy ; et y avoit aultres articles qui touchoient le consistoire : et bailloit son filz en ostaige (le cardinal de Valence[6]), qui alloit avec ledict seigneur pour legat : et luy feit le Roy l'obedience filialle en toute humilité que roy scauroit faire : et luy feit le Pape deux cardinaulx, le general Brissonnet, qui ja estoit evesque de Sainct Malo, qui a esté souvent appellé general, et l'aultre l'evesque du Mans[7], de la maison de Luxembourg, qui estoit par deca.

[1] Ville et port des États de l'Église.
[2] Cività-Vecchia, ville et port de mer des États de l'Église.
[3] Spolète, ville des États de l'Église.
[4] Zizim. (Voyez ci-dessus, page 251, note 3.)
[5] Le traité porte XL mille.
[6] César Borgia, créé cardinal le 20 septembre 1493, fils naturel du pape Alexandre VI. Il quitta le chapeau de cardinal en 1498, dans l'espérance d'un grand mariage ; et, ayant pris l'épée, il obtint de Louis XII le titre de duc de Valentinois. Mort le 12 mars 1507. (Aubery, II, 636 et suiv.)
[7] Philippe de Luxembourg, évêque de Térouenne et du Mans. Créé cardinal le 27 janvier 1497. Mort le 2 juin 1519. (Aubery, III, 5 et suiv.) Aubery fait remarquer que « Guichardin et Commines mar-

CHAPITRE XVI.

Comment le Roy partit de Romme pour aller à Naples : de ce qui advint ce pendant en plusieurs contrees dudict royaulme de Naples, et par quelles villes il passa jusques à ladicte ville de Naples.

Ces choses faictes, le Roy partit de Romme [1] en grant amytié avec le Pape, ce sembloit ; mais huict cardinaulx partirent de Romme mal contens dudict appoinctement, dont les six estoient de la sequelle dudict vichancellier et de Sainct Pierre *ad vincula*, combien que on croyoit que Ascaigne faisoit ceste feinte et que au cueur estoit content du Pape ; mais son frere [2] ne s'estoit point encores desclaré contre nous. Et alla le Roy à Jannessanne [3], et de là à Belistre [4], d'où s'enfuyt le cardinal de Valence.

Le lendemain le Roy print Chastelfortin [5] d'assault, et fut tué ce qui estoit dedans, qui estoit à Jacques Conte [6] qui avoit prins l'argent du Roy et puis s'es-

quent sa promotion quant et celle de l'évêque de Saint Malo, qui fut au mois de janvier 1495. » Peut-être le texte de Commynes ne signifie-t-il pas expressément que les deux prélats ont été promus en la même année.

[1] Le 28 janvier 1494 (v. s.). (*Histoire de Charles VIII*, 127.)
[2] Le duc de Milan.
[3] Genzano, bourg des États de l'Église.
[4] Velletri.
[5] Monte Fortino.
[6] « Montfortin, place de consequence appartenant au comte Jacques [Conti], lequel avoit fait serment au Roy, qui prenoit singuliere confiance en luy, l'ayant à ce sujet associé aux chevaliers de son Ordre, et toutesfois il luy manqua ceste fois de parole, s'estant joint à ses enne-

toit tourné : car les Contes sont partisans des Ursins. Et puis apres alla le Roy à Valmenton¹, qui est des Colonnois ; puis alla logier à quatre mil du Mont Sainct Jehan, une tres forte place : laquelle fut batue sept ou huict heures et puis fut prinse d'assault², et tout tué ce qui estoit dedans, ou la pluspart : et estoit au marquis de Pescaire³, terre d'Eglise, et y estoit toute l'armee joincte ensemble. Et de là tira le Roy vers Sainct Germain (et y povoit avoir seize mil, ou environ), là où le roy Ferrand, nouveau couronné, estoit en champ (comme j'ay dict ailleurs⁴) avec tout ce qu'il povoit avoit finé de gens, et estoit le derrenier remede et le lieu pour combatre ou jamais non : car c'estoit l'entree du royaulme et lieu advantaigeux, tant pour le ruisseau⁵ que pour la montaigne : et si envoya gens quant et quant pour garder et def-

mis, dont mal luy prit ; car ceste ville, nonobstant ses fortes et épaisses murailles, fut forcée... et toute saccagée, mesme ses deux fils avec quantité d'autres y furent faits prisonniers en punition de la perfidie et deloyauté de leur pere. » (*Hist. de Charles VIII*, 128.)

¹ Valmontone.

² Le 11 février (1494, v. s.). Voir aux Preuves (11 février 1495) plusieurs lettres du Roi, adressées au duc de Bourbon, sur le siége et la prise du Mont-Saint-Jean.

³ Alfonse d'Avalos, Espagnol, fils aîné de dom Inigo, marquis de Pescara, grand chambellan du roi de Naples Ferdinand I. Alfonse reçut de son père, le jour de son mariage, en 1483, la terre de Pescara avec le titre de marquis. Il assistait, en qualité de grand chambellan, au sacre d'Alfonse II, roi de Naples (8 mai 1493). Tué devant le fort du Mont-Sainte-Croix en 1495. (Summonte, III, 331, 494 liv. vi, 506, 520 liv. vi.)

⁴ Voyez ci-dessus, page 384.

⁵ Le Garigliano.

fendre le pas de Cancelle, à six mils de Sainct Germain, qui est un pas de montaignes.

Avant que le Roy fust à Sainct Germain s'en alla le roy Ferrand en grant desordre, et habandonna la ville et passaige. Monseigneur de Guise[1] avoit, en ce jour, la charge de l'avant garde. Monseigneur de Rieux[2] estoit allé à ce pas de Cancelle contre les Arragonnois qui aussi l'habandonnerent; et entra ledict Roy audict Sainct Germain[3]. Le roy Ferrand tira droict à Capoua, où ilz luy refuserent l'entree à ses gens d'armes, mais ilz laisserent entrer sa personne avec peu de gens; mais il n'y arresta point, et leur pria de tenir bon pour luy et que le lendemain reviendroit: et alla à Naples, doubtant, ce qui advint, la rebellion. Tous ses gens, ou la pluspart, le debvoient attendre à Capoua; mais quant il vint le lendemain, il trouva tout party: et estoient allez à Nole[4] le seigneur Virgille Ursin et son cousin le conte de Petillane, où ilz furent prins, et leurs gens, par les nostres. Ilz vouloient maintenir qu'ilz avoient sauf conduict et que on leur faisoit tort, et estoit vray; mais il n'estoit point encores

---

[1] Louis d'Armagnac, duc de Nemours, pair de France, comte de Guise, vice-roi de Naples, fils de Jacques d'Armagnac et de Louise d'Anjou. Mort le 28 avril 1503, à la bataille de Cérignolles. (Anselme, III, 429 et suiv.)

[2] Jean, seigneur de Rieux et de Rochefort, comte de Harcourt, maréchal de Bretagne, fils de François de Rieux et de Jeanne de Rohan. Né le 27 juin 1447; mort le 9 février 1518. (Anselme, VI, 766-767.)

[3] Le 14 de février 1494 (v. s.). Voyez les Preuves, 14 février 1495.

[4] Nola, ville du royaume de Naples, province de la terre de Labour.

entre leurs mains. Toutesfois ilz ne payerent riens; mais ilz eurent grant perte, et leur fut faict tort.

De Sainct Germain alla le Roy à Mingamer[1] et à Triague[2], et logea à Calvy, [à] deux mils de Capoua, et de là ceulx de Capoua vindrent composer, et y entra le Roy et toute l'armee : et de Capoua alla le lendemain à Aversa[3], my chemin de Capoua et de Naples, à cinq mils de l'ung et de l'aultre, et là vindrent ceulx de Naples et composerent, en asseurant leurs privileges anciens : et y envoya le Roy devant le mareschal de Gié, le seneschal de Beaucaire, le president Gannay, qui tenoit le seau, et des secretaires. Le roy Ferrand voyant ces choses, le peuple et nobles en armes rebellez contre luy et qui à sa venue luy pillerent son escurie, qui estoit grande, monta en gallee et alla en Iscle[4], qui est une isle à dix huict mils de Naples. Et fut receu le Roy à grant joye et sollempnité dedans la ville de Naples[5], et tout le monde luy vint au devant; et ceulx qui plus estoient

---

[1] Mignano. Le roi y entra le dimanche 15 février. (*Histoire de Charles VIII*, 131.)

[2] Teano.

[3] Le Roi était dans cette ville le 20 février. Voyez aux Preuves, 20 février 1495.

[4] Ischia. (Voyez ci-dessus, page 374, note 2.) Les premières éditions mettent *Cecille*. « Le duc de Calabre, son fils et le prince de Haultemore, son frere,... se retirèrent en leurs gallees et abandonnerent le reaume et la ville et cité de Naples, et s'en allerent par mer en la ville de Ysque et de là à Messyne, qui est en l'isle de Secile. » (Guillaume de Villeneuve; voyez Lenglet, IV, partie II, page 84.)

[5] Il y entra le dimanche 22 février. Voyez aux Preuves, 22 février 1495.

obligez à la maison d'Arragon les premiers, comme tous ceulx de la maison de Carraffe, qui tenoient de ladite maison d'Arragon quarante mil ducatz de revenu, que en heritaiges que en benefices. Car les roys y peuvent bien donner leur demaine, et si donnent bien celluy des aultres : et ne croy point qu'il y en ait trois en tout le royaulme que ce qu'ilz possedent ne soit de la couronne ou d'aultruy.

Jamais peuple ne monstra tant d'affection à roy ne à nation comme ilz monstrerent au Roy, et pensoient estre tous hors de tyrannie, et se prenoient eulx mesmes : car en Calabre tout tourna, où fut envoyé monseigneur d'Aubigny, et Peron de Basche quant et luy, sans gens d'armes. Toute l'Abousse[1] tourna d'elle mesme, et commencea la ville de l'Aquelle[2], laquelle a esté tousjours bonne francoise. Tout se tourna en Pouille, sauf le chasteau de Brandis[3] (qui est fort et bien gardé) et Gallepoly[4], qui aussi fut gardé; aultrement le peuple fust tourné. En Calabre tint trois places : la Mentie[5], la Turpie[6], anciennes Angevines[7], leverent les bannieres du Roy; mais par ce qu'il les

[1] L'Abruzze, province du royaume de Naples.

[2] Aquila, chef-lieu de la province de l'Abruzze.

[3] Brindisi, ville du royaume de Naples, province de la terre d'Otrante.

[4] Gallipoli, ville et place de guerre de la terre d'Otrante.

[5] Amantea, petite ville et port de mer sur la côte occidentale du royaume de Naples, province de la Calabre citérieure.

[6] Tropea, ville du royaume de Naples, dans la Calabre ultérieure.

[7] C'est-à-dire : « Qui autrefois avaient pris parti pour le duc d'Anjou. » Les premières éditions mettent : « la Mentie, la Turpie, *Encrenes, Engenines*. » Nous adoptons l'heureuse correction de Sauvage.

donna à monseigneur de Persi [1] et ne les voulut recevoir au demaine, leverent les bannieres d'Arragon. Aussi demoura Arragonnois le chasteau de Reiges [2]; mais tout ce qui tint ne fut que par faulte de y envoyer. Tarente [3] se bailla, ville et chasteau, et tous d'eulx mesmes (car il n'alla pas assez gens en Pouille pour garder ung chasteau [pour] le Roy); Otrante, Monopoly [4], Trane [5], Manfredonne [6], Berle [7] et tout, excepté ce que je nomme [8]. Ils venoient trois journees au devant de

[1] François d'Alegre, comte de Joigny, baron de Viteaux, seigneur de Precy, chevalier, conseiller et chambellan du Roi, vicomte de Beaumont-le-Roger et d'Arques. Nommé, le 18 juin 1498, grand-maître et réformateur général des eaux et forêts de France. Frère d'Yves, baron d'Alegre. Mort avant le 24 octobre 1525. (ANSELME, VIII, 904.)

[2] Reggio, ville du royaume de Naples, chef-lieu de la Calabre ultérieure.

[3] Ville du royaume de Naples, province de la terre d'Otrante.

[4] Ville du royaume de Naples, province de la Terre-de-Bari.

[5] Trani.

[6] Manfredonia, ville du royaume de Naples, province de Capitanate.

[7] Barletta (?), ville du royaume de Naples, province de la Terre-de-Bari.

[8] Sauvage et ses successeurs ont ainsi corrigé ce passage : « En Calabre *y eut* trois places *qui tiendrent pour le roy Ferrand : dont les deux furent* la Mantie et la Turpie, anciennes Angevines, *qui avoyent paravant* levé les bannieres du roy *Charles* ; mais parce qu'il les donna à monseigneur de Persi, et ne les voulut recevoir au dommaine, releverent les bannieres d'Arragon ; *et pour la tierce place, fut* le chasteau de Reges, *qui* aussi demoura Arragonnois. Mais tout ce qui tint, ne fut que par faulte d'y envoyer : car il n'alla pas assez *de* gens en Pouille et Calabre pour garder un chasteau pour le Roy. Tarente se bailla, ville et chasteau ; et tout de mesme Otrante, etc. »

nos gens, ceulx des citez, pour se rendre; et tous envoyerent à Naples: et y vindrent tous les princes et seigneurs du royaulme pour faire hommaige, excepté le marquis de Pescaire; mais ses freres et nepveux y vindrent. Le conte d'Are[1] et [le] marquis Dasquelase[2] fuyrent en Cecille, par ce que le Roy donna leur terre à monseigneur d'Aubigny. A Naples se trouva aussi le prince de Salerne[3], revenu de navire, et n'avoit de riens servy, son cousin[4] le prince de Bisignan et ses freres, le duc de Melfe[5], le duc de Gravine[6], le vieil duc de Sore (qui pieca avoit vendu sa duché au cardinal de Sainct Pierre *ad vincula*, et la possede encores son frere[7], de present), le conte de Monteyrs[8], le conte de

[1] Acri.

[2] Squillazzo.

[3] Il y arriva le 7 mars 1494, v. s. (*Histoire de Charles VIII*, 137.)

[4] On a vu, ci-dessus, page 300, note 2, que Jérôme de Sanseverino, prince de Bisignano, mourut en 1487. Bernard, son fils, hérita de sa principauté. (Voyez ci-dessus, page 327, note 2.) C'est de lui, sans doute, qu'il est ici question. Sauvage, croyant probablement qu'il s'agissait toujours de Jérôme, s'est cru autorisé, d'après un passage précédent de Commynes, à changer le texte qu'il a voulu rectifier. Il a donc imprimé: « Son *frère*, le prince de Bisignan, et ses *filz*. » Nous avons déjà dit que c'est une erreur.

[5] Trojanus Caracciolo, en faveur duquel le duché de Melfi fut, par suite, érigé en principauté. En 1496, les barons le députèrent vers Frédéric d'Aragon pour lui annoncer qu'ils l'avaient choisi pour successeur de Ferdinand II, son oncle, au trône de Naples. (BIAGIO ALDIMARI, lib. 1, 228.)

[6] François Orsini, duc de Gravina. Étranglé par ordre de César Borgia, le 18 janvier 1503. (SISMONDI, XIII, 182, 184.)

[7] Jean de la Rovère, duc de Sora et d'Acri, préfet de Rome. Mort en 1501. (ZAZZERA, 1, 264.)

[8] De la famille des Caraffa.

Fondis¹, le conte de Tripaude², le conte de Selanne³ (qui estoit allé avec le Roy, banny de long temps), le conte de Troye jeune, nourry en France et estoit d'Escosse, le conte de Popoli, que l'on trouva prisonnier à Naples, le jeune prince de Rosane⁴, qui avoit esté delivré (dont a esté parlé : long temps avoit esté prisonnier avec le pere, qui avoit esté trente et quatre ans; et alla ce jeune avec dom Ferrand), le marquis de Guefron⁵, tous les Caldoresques⁶, le conte de Matelon⁷, le conte de Merillane⁸ (que eulx et les leurs avoient tousjours gouverné la maison d'Arragon) et generallement tous ceulx du royaulme, excepté ces trois que je vous ay nommez⁹.

¹ Honoré, comte de Fondi, duc de Traetta, prince d'Altamura en 1507. Marié à Lucrèce d'Aragon, fille naturelle d'Alfonse, duc de Calabre. Fit son testament en 1528. (LELLIS, I, 222.)
² Giordano, comte de Tripalda, bâtard de Raimond Orsini, comte de Nola. (IMHOFF, 308.)
³ Roger, comte de Celano, fils de Lionel. (LELLIS, III, 44.)
⁴ Voyez ci-dessus, page 373, note 2.
⁵ Sauvage propose de dire *Gaifon* ou *Venafri*.
⁶ *Caldoreschi* : les membres de la famille *Caldora*.
⁷ De la famille des Caraffa.
⁸ De la famille des Caraffa.
⁹ Sauvage et ses successeurs mettent : « Apres avoir esté long temps prisonnier avec le pere, qui le fut trente et quatre ans, avoit esté delivré, et s'en alla avec dom Ferrand, *ou pour amour ou par force. Semblablement s'y trouverent le marquis*,... *et* le comte de Merillano, *ayans* eulx et les leurs tousjours gouverné la maison d'Arragon, et generalement *y vindrent* tous ceulx du royaulme, excepté ces trois que je vous ay nommez. »

CHAPITRE XVII.

Comment le roy Charles fut couronné roy de Naples : des faultes qu'il feit à l'entretenement d'ung tel royaulme, et comment une entreprinse qui se dressoit pour luy contre le Turc fut descouverte par les Venissiens.

Quant le roi Ferrand s'enfuyt de Naples, il laissa au chasteau le marquis de Pescaire et aucuns Allemans, et luy alla vers son pere, pour avoir ayde, en Cecille. Dom Federic tint la mer avec quelque peu de gallees, et vint deux fois parler au Roy, à seureté[1] : requit au Roy que quelque portion du royaulme pust demourer à son nepveu, avec nom de roy, et à luy le sien et celluy de sa femme. Son cas n'estoit point grant chose : car il avoit eu petit partaige. Le Roy luy offrit des biens en France, pour luy et sondict nepveu, et croy qu'il leur eust faict une bonne et grant duché; mais ilz ne le voulurent accepter. Aussi ilz n'eussent tenu nul appoinctement que on leur eust sceu faire, demourant dedans le royaulme, quant ilz eussent peu veoir leur advantaige. Devant le chasteau de Naples fut mise l'artillerie, qui tira : et n'y avoit plus que les Allemans, et estoit party ledict marquis de Pescaire : et qui eust envoyé quatre canons jusques en l'isle, on l'eust prinse : et de là retourna le mal. Si eust on eu toutes les aultres

---

[1] « Le jeudy, cinquiesme jour de mars, à Naples.... le prince de Tarente vint par devers le Roy pour parler à luy; et avoit esté le maistre d'hostel Brillac en ostage de devers ledit prince, monsieur de Guyse et monsieur de Ligny, jusques à tant que ledit prince fut retourné de son parlement. » (*Histoire de Charles VIII*, 155.)

places qui tenoient (qui n'estoient que quatre ou cinq); mais tout se mit à faire bonne chiere, et joustes, et festes, et entrerent en tant de gloire, qu'il ne sembloit point aux nostres que les Italiens fussent hommes. Et fut le Roy couronné, et estoit logié en Capouane, et quelquesfois alloit au Mont Imperial [1]. Aux subjectz feit de grans graces, et leur rabatit de leurs charges: et croy bien que le peuple de soy ne se fust point tourné, combien qu'il soit muable, qui eust contenté quelque peu de nobles; mais ilz n'estoient recueilliz de nul, et leur faisoit l'on des rudesses aux portes : et les mieulx traictez furent ceulx de la maison de Carraffe, vrays Arragonnois : encores leur osta l'on quelque chose. A nul ne fut laissé office ne estat, mais pis traictez les Angevins que les Arragonnois; et à ceulx du conte de Merillane fut donné ung mandement, dont on chargea le president Gannay d'avoir prins argent, et le seneschal, faict nouveau duc de Nole et grant chambellan du royaulme. Par ce mandement chascun fut maintenu en sa possession, et forcloz les Angevins de retourner au leur, sinon par procez : et ceulx qui y estoient entrez d'eulx mesmes, comme le conte de Selanne, on bailla la main forte pour les en gecter. Tous estatz et offices furent donnez aux Francois, à

---

[1] Au Mont Impérial. Sauvage propose de lire : « *En manteau* impérial, pour venir à ce qu'aucuns disent qu'il fut couronné pour empereur de Constantinople. » Nous préférerions « au Pouge Real (Poggio Reale). » André de La Vigne a donné une ample description de ce lieu de plaisance, situé auprès de Naples, où Charles VIII faisait de fréquentes promenades. (Voyez *Histoire de Charles VIII*, 132.)

deux ou à trois. Tous les vivres qui estoient au chasteau de Naples quant il fut prins, qui estoient fort grans, dont le Roy eut congnoissance, il les donna à ceulx qui les demandoient.

En ces entrefaictes se rendit le chasteau, par praticque des Allemans, qui en eurent ung monde de biens qui estoient dedans, et aussi fut prins le chasteau de l'OEuf[1] par baterie. Et, par ceste conclusion, se peult veoir que ceulx qui avoient conduict ceste grant œuvre ne l'avoient point faict d'eulx, mais fut vraye œuvre de Dieu, comme chascun le veit; mais ces grans faultes que je dis estoient œuvres d'hommes, acueilliz de gloire, qui ne congnoissoient d'où ce bien et honneur leur venoit et y procederent selon leur nature et experience. Et se vint changer la fortune aussi promptement et aussi visiblement comme on voit le jour en Hollande ou en Auvergne[2], où les jours

---

[1] Le vendredi 13 de mars (1494, v. s.). (*Histoire de Charles VIII*, 138.)

[2] « Sauvage a pensé avec raison que l'on devait lire *Norvege*, au lieu d'*Auvergne*, pays situé au sud de Paris. Quant au nom de *Hollande*, il propose de lui substituer celui d'*Osland* ou de *Gothland*. Je pense que *Halland* est une meilleure leçon. D'abord, parce qu'elle diffère seulement d'une lettre, d'avec le nom employé par Commynes, puis parce que cette province de Suède est baignée par les eaux du Cattégat et peu éloignée de la Norvège. Il ne s'agit pas ici de prendre en consideration son importance politique; il suffit d'avoir égard à sa position géographique. Le Halland occupe une assez longue étendue le long de la mer. Les navires, qui, venant de la mer du Nord, pour entrer dans le Sund, ont pris connaissance de la côte méridionale de la Norvège à gauche, perdent ensuite la terre de vue de ce côté, et ensuite ne l'aperçoivent bien distinctement que lorsqu'ils s'approchent du

d'esté sont plus longs que ailleurs, et tant que, quant le jour fault au soir, que en une mesme instance, ou peu apres, comme d'ung quart d'heure, on voit derechief naistre le jour à venir; et ainsi veit tout saige homme, et en aussi peu d'espace, muer ceste bonne et glorieuse adventure, dont tant fussent advenuz de biens et d'honneurs à toute la crestienté, si elle eust esté recongneue de celluy dont elle venoit. Car le Turc [1] eust esté aussi aysé à troubler que avoit esté le roy Alfonse : car il est encores vif et homme de nulle valleur; et eut le Roy son frere [2] entre les mains (qui vesquit peu de jours, apres la fuyte du cardinal de Valence, et se disoit on qu'il fut baillé empoisonné), qui estoit l'homme du monde qu'il craignoit le plus; et tant de

---

Halland : c'est ce qui a pu être observé par les voyageurs qui ont fait cette navigation, et je suis de ce nombre.

« Si on jette les yeux sur de vieilles cartes marines faites en Neerlande, et représentant l'étendue de mer comprise entre la Norvège, la Suède, l'île de Seeland et le Jutland, on y lit le nom de *Noorwegen*, (Norvège) en lettres capitales, occupant un long espace puis celui de *Sweden* (Suède) qui par la manière dont il est disposé, frappe moins les yeux, celui de *Land van oosten* (pays de l'Est) en caractères romains, celui de *Haland* (Halland) en majuscules, enfin celui de *Schoonen* (Scanie) en caractères romains.

« Les marins qui, par les causes rapportées plus haut, avaient présent à leur mémoire le nom de *Halland*, rapproché de celui de *Norvège*, les auront cités ensemble, en racontant leurs navigations dans ces parages, et c'est ainsi qu'ils seront parvenus à Commynes. Les cartes modernes montrent que le Halland est situé sous les mêmes parallèles que l'île de Gotland; le phénomène auquel notre auteur fait allusion s'y manifeste en été, je l'y ai observé au mois de juin. » (*Note communiquée par M. Eyriès.*)

[1] Bajazet. (Voyez ci-dessus, page 251, note 1.)
[2] Zizime. (Voyez ci-dessus, page 251, note 3.)

milliers de crestiens estoient prestz à se rebeller, que nul ne scauroit penser. Car d'Otrante¹ jusques à la Valonne² n'y a que soixante mils, et de la Valonne en Constantinoble y a environ dix huict journees de marchans, comme me compterent ceulx qui souvent faisoient le chemin; et n'y a nulles places fortes entre deux, au moins que deux ou trois, le reste est abbatu : et tous ces pays sont Albanois, Esclavons et Grecz, et fort peuplez, qui sentoient des nouvelles du Roy par leurs amys qui estoient à Venise et en Pouille, à qui aussi ilz escripvoient, et n'attendoient que messaiges pour se rebeller. Et y fut envoyé ung archevesque de Duras³, de par le Roy, qui estoit Albanois; mais il parla à tant de gens que merveilles, prestz à tourner, qui sont enfans et nepveux de plusieurs seigneurs et gens de bien de ces marches, comme de Scandelber⁴, ung filz⁵ de l'empereur de Constantinoble propre, des

¹ Otrante, ville du royaume de Naples.

² Avlone ou Valone, ville de la Turquie d'Europe. La moindre largeur entre Otrante et le cap Linguetta, dans la Turquie d'Europe, est de seize lieues.

³ Paolo Angelo, archevêque de Durazzo (Dyrrachium), Albanais, natif de Drivasto, le conseil et l'ami de Scanderbeg, fut nommé cardinal vers 1466. (Hammer, III, 123.)

⁴ George Castriota, fils de Jean Castriota et prince d'Émathia (aujourd'hui le district de Moghlena), surnommé Iskenderbeg (prince Alexandre). Mort à Alessio, le 14 janvier 1467, âgé de 63 ans. (Hammer, II, 338; III, 128.)

⁵ Probablement Thomas Paléologue, fils de l'empereur Manuel, et frère du dernier empereur de Constantinople, Constantin Dracosès. (*Biogr. univ.*, IX, 484; Hammer, III, 60; Muratori, XXII, 1176 D.)

nepveux [1] du seigneur Constantin [2] (qui de present gouverne Montferrat) : et sont nepveux ou cousins du roi de Servie [3].

De Tessalle [4], plus de cinq mil fussent tournez; et encores se fust prins Scutery et Croye, et [5] par intelligence, par la main du seigneur Constantin (qui plusieurs jours fut caché à Venise avec moy): car de son patrimoyne luy appartient la Macedone et Tessalle (qui fut patrimoyne de Alexandre [6], et la Valonne en est). Scutery et Croye en sont pres; et, de son temps, son pere ou oncle les engaigea aux Venissiens [7], qui perdirent Croye [8] : Scutery baillerent au Turc, en faisant

---

[1] Guillaume VII et Jean George Paléologue. (*Art de vérifier les dates*, III, 640.)

[2] Constantin Aranito, de la famille des Comnènes, oncle de Marie, duchesse de Montferrat. (MURATORI, XXIII, 757 B-E.) Nommé membre du grand conseil de la république de Venise, le 13 mai 1464. (ID., XXII, 1181 D-E.) Tuteur de ses petits-neveux en 1495. (Voyez ci-après, liv. VIII, chap. XVI.) Il vivait encore en 1509. (SISMONDI, XIII, 456.)

[3] Ils étaient neveux, par leur mère, de Georges, despote de Servie. (MURATORI, XXIII, 758 B-C.)

[4] « De Tramseris. » (Édition de 1528.)

[5] « *Sentery* et *croyoit* par intelligence.... » (Édition de 1528). Sauvage et ses successeurs mettent : « Scutari, *ce que je sçavois* par intelligence, *et* par.... » — Croia ou Ak-Hissar, ville de la Turquie d'Europe, fut cédée aux Vénitiens par Scanderberg qui en avait été maître pendant vingt-cinq ans. (HAMMER, III, 228.)

[6] « *Alexandrie*. » (Édition de 1528.) Godefroy et ses successeurs mettent : « Alexandre *le Grand*. » Nous suivons le texte de Sauvage.

[7] George, fils de Stracimer Balch qui régnait sur Scutari, donna cette ville aux Vénitiens en 1394. (MURATORI, XXII, 762 C-D.)

[8] Cette ville se rendit à Mahomet II, le 15 juin 1478. (HAMMER, III, 227.)

paix[1]. Et fut le dict seigneur Constantin à trois lieues pres; et se fust executee l'entreprinse, ne fust que le dict archevesque demoura à Venise aucuns jours et apres le dict seigneur Constantin : et tous les jours je le pressoye de partir, car il me sembloit homme legier en parolles : et disoit qu'il feroit quelque chose dont il seroit parlé. Et, de malle adventure, le jour que les Venissiens sceurent la mort du frere du Turc, que le pape avoit baillé entre les mains du Roy, ilz delibererent de le faire scavoir au Turc par ung de leurs secretaires; et commanderent que nul navire ne passast la nuict entre les deux chasteaulx qui sont l'entree du Gouffre de Venise, et y feirent faire guet (car ilz ne se doubtoient que de petiz navires, comme grips[2], dont il y en avoit plusieurs au port d'Albanie, et de leurs isles de Grece) : car celluy qui eust porté ces nouvelles eust eu bon present.

Ainsi ce povre archevesque, ceste propre nuict, voulut partir pour aller à ceste entreprinse du seigneur Constantin qui l'attendoit : et portoit force espees, boucliers et javelines, pour bailler à ceulx avec qui il avoit intelligence (car ilz n'en ont point); mais, en passant entre les deux chasteaulx, il fut prins et mis en l'ung desdictz chasteaulx, et ses serviteurs, et le navire passa oultre par congié. Il luy fut trouvé plusieurs lettres qui descouvrirent le cas; et m'a dict ledict seigneur Constantin que les Venissiens

[1] Le 8 juin 1478. (Voyez ci-dessus, page 322, note 2.)
[2] Petits bateaux qui avaient de la ressemblance avec nos brigantins actuels. (ROQUEFORT.)

envoyerent advertir les gens du Turc aux places voisines, et le Turc propre : et, n'eust esté le grip, qui passa oultre, dont le patron estoit Albanois, qui l'advertit, il l'eust prins. Il s'enfuyt en Pouille par mer.

CHAPITRE XVIII.

Digression ou discours, aucunement hors de la matiere principale, par lequel Philippe de Commynes, autheur de ce present livre, parle assez amplement de l'estat et gouvernement de la Seigneurie des Venissiens, et de ce qu'il veit et y fut faict pendant qu'il estoit ambassadeur pour le Roy en leur ville de Venise.

Or est il temps que je dye quelque chose des Venissiens, et pourquoy je y estoye allé : car le Roy estoit à Naples au dessus de ses affaires. Mon allee fut d'Ast [1], pour les mercier des bonnes responces qu'ilz avoient faictes à deux ambassadeurs du Roy, et pour les entretenir en son amour [2], si m'estoit possible : car, voyant leurs forces, leur sens et leur conduicte, ilz le povoient ayseement troubler, et nulz aultres en Italie. Le duc de Millan, qui me ayda à despescher, escripvit à son ambassadeur, qui estoit là resident (car tousjours en y a ung), qu'il me tinst compaignie et adressast. Et avoit sondict ambassadeur cent ducatz le mois de la Seigneurie et son logis bien acoustré, et trois barques, qui ne luy coustoient riens, pour le mener par la ville. Celluy de Venise en a autant à Millan, sauf les barques : car on y va à cheval, et à Venise par eaue. Je passay, en allant,

---

[1] Voyez ci-dessus, page 343.
[2] « En son *avoir*. » (Édition de 1528.)

par leurs citez : comme Bresse[1], Veronne, Vincence[2] et Padoue, et aultres lieux. Partout me fut faict grant honneur, pour l'honneur de celluy qui m'envoyoit ; et venoient grant nombre de gens au devant de moy, avec leur podestat ou cappitaine. Ilz ne sailloient point tous deux ; mais le second venoit jusques à la porte, par le dedans. Ilz me conduisoient jusques à l'hostellerie, et commandoient à l'hoste que habondamment je fusse traicté : et me faisoient deffrayer, avec toutes honnorables parolles ; mais qui conteroit bien ce qu'il fault donner aux tabourins et aux trompettes, il n'y a gueres de gaing à ce deffray ; mais le traictement est honnorable.

Ce jour que j'entray à Venise, vindrent au devant de moy jusques à la Chafousine[3], qui est à cinq mils de Venise ; et là on laisse le basteau en quoy on est venu de Padoue, au long d'une riviere[4], et se met on en petites barques, bien nettes et couvertes de tapisserie, et beaux tapis veluz dedans, pour se seoir dessus : et jusques là vient la mer, et n'y a point de plus prouchaine terre pour arriver à Venise ; mais la mer y est fort plate, s'il ne fait tormente, et à ceste cause qu'elle est ainsi plate, se prend grant nombre de poisson et de toutes sortes. Et fus bien esmerveillé de veoir l'assiete de ceste cité, et de veoir tant de clochiers et de monas-

---

[1] Brescia, ville du royaume Lombard-Vénitien.
[2] Vicence.
[3] Fusina, village du royaume Lombard-Vénitien, à une lieue et quart de Venise.
[4] La Brenta.

teres, et si grant maisonnement, et tout en l'eaue, et le peuple n'avoir aultre forme d'aller que eñ ces barques, dont je croy qu'il s'y en fineroit [1] trente mil; mais elles sont fort petites. Environ ladicte cité y a bien septante monasteres, à moins de demye lieue francoise, à le prendre en rondeur (qui tous sont en isle, tant d'hommes que de femmes, fort beaux et riches, tant d'ediffices que de paremens, et ont fort beaux jardins), sans comprendre ceulx qui sont dedans la ville; où sont les quatre Ordres des mendians, bien soixante et douze parroisses, et maincte confrairie : et est chose bien estrange de veoir si belles et si grans eglises fondees en la mer.

Audict lieu de la Chafousine vindrent au devant de moy vingt et cinq gentilz hommes bien et richement habillez, et de beaux draps de soye et escarlate, et là me dirent que je fusse le bien venu; et me conduirent jusques pres la ville, en une eglise de Sainct André, où derechief trouvay autant d'aultres gentilz hommes, et avec eulx les ambassadeurs du duc de Millan et de Ferrare : et là aussi me feirent une aultre harangue, et puis me misrent en d'aultres basteaulx, qu'ilz appellent plaz, et sont beaucoup plus grans que les aultres : et en y avoit deux couvers de satin cramoisy, et le bas tapissé, et lieu pour se seoir quarante personnes : et chascun me feit seoir au meillieu de ces deux ambassadeurs (qui est l'honneur d'Italie que d'estre au meillieu), et me menerent au long de la grant rue, qu'ilz appel-

---

[1] Du verbe *finer*, *fineir*, trouver.

lent le Canal grant, et est bien large. Les gallees y passent à travers, et y ay veu navire de quatre cens tonneaux ou plus pres des maisons : et est la plus belle rue que je croy qui soit en tout le monde, et la mieulx maisonnee, et va le long de la ville. Les maisons sont fort grandes et haultes, et de bonne pierre, et les anciennes toutes painctes; les aultres faictes depuis cent ans : toutes ont le devant de marbre blanc, qui leur vient d'Istrie, à cent mils de là, et encores maincte grant piece de porphire et de sarpentine sur le devant. Au dedans ont pour le moins, pour la pluspart, deux chambres qui ont les planchez dorez, riches manteaulx de cheminees de marbre taillez, les chalitz des lictz dorez, et les ostevens painctz et dorez, et fort bien meublees dedans. C'est la plus triumphante cité que j'aye jamais veue et qui plus faict d'honneur à ambassadeurs et estrangiers, et qui plus saigement se gouverne, et où le service de Dieu est le plus sollempnellement faict : et encores qu'il y peust bien avoir d'aultres faultes, si croy je que Dieu les a en ayde pour la reverence qu'ilz portent au service de l'Eglise.

En ceste compaignie de cinquante gentilz hommes me conduirent jusques à Sainct Georges, qui est une abbaye de moynes noirs reformez, où je fus logié. Le lendemain me vindrent querir et mener à la Seigneurie, où presentay mes lettres au duc [1], qui preside en tous

---

[1] Agostino Barbarigo, élu doge le 30 août 1486, remplit cette charge pendant quinze ans. (MURATORI, XXII, 414 D.) Mort en 1501. (*Art de vérifier les dates*, III, 722.)

leurs conseilz, honnoré comme ung roy : et s'adressent à luy toutes lettres ; mais il ne peult gueres de luy seul. Toutesfois cestuy cy a de l'auctorité beaucoup, et plus que n'eut jamais prince qu'ilz eussent : aussi il y a desja douze ans qu'il est duc ; et l'ay trouvé homme de bien, saige, et bien experimenté aux choses d'Italie, et doulce et amyable personne. Pour ce jour ne dis aultre chose ; et me feit on veoir trois ou quatre chambres, les planchez richement dorez, et les lictz et ostevens : et est beau et riche le palais de ce qu'il contient, tout de marbre bien taillé, et tout le devant et le bort des pierres dorees en la largeur d'ung poulce, par adventure : et y a audict palais quatre belles salles, richement dorees, et fort grant logis ; mais la court est petite. De la chambre du duc il peult ouyr la messe au grant autel de la chapelle Sainct Marc, qui est la plus belle et riche chapelle du monde, pour n'avoir que nom de chapelle, toute faicte de musaicq en tous endroictz. Encores se vantent ilz d'en avoir trouvé l'art, et en font besongner au mestier ; et l'ay veu.

En ceste chapelle est leur tresor, dont l'on parle, qui sont choses ordonnees pour parer l'eglise. Il y a douze ou quatorze gros ballays. Je n'en ay veu nul si gros. Il en y a deux, l'ung passe sept cens et l'aultre huict cens carratz ; mais ilz ne sont point netz. Il en y a douze aultres de pierres de quirasse [1] d'or, le devant et les bors biens garnis de pierreries tres fort bonnes ; et douze couronnes d'or, dont anciennement se paroient

---

[1] Sauvage et ses successeurs mettent : « cuirasse. » M. Lenormant propose de lire « *pieces* d'or de *carratz*. »

douze femmes, qu'ilz appelloient roynes, à certaines festes de l'an : et alloient par ces isles et eglises. Elles furent robees, et la pluspart des femmes de la cité, par larrons qui venoient d'Istrie ou de Friole¹ (qui est pres d'eulx), qui s'estoient cachez derriere ces isles; mais les maris allerent apres et les recouvrerent, et misrent ces choses à Sainct Marc, et fonderent une chapelle au lieu où la Seigneurie va tous les ans, au jour qu'ilz eurent ceste victoire² : et est bien grant richesse pour parer l'eglise, avec mainctes aultres choses d'or qui y sont, et pour la suite d'amatiste, d'aguate, et ung bien petit d'esmeraude; mais ce n'est point grant tresor pour estimer, comme l'on faict or ou argent contant, et ilz n'en tiennent point en tresor : et m'a dict le duc, devant la Seigneurie, que c'est peine capitale parmy eulx de dire qu'il faille faire tresor : et croy qu'ilz ont raison, pour doubte des divisions d'entre eulx. Apres me feirent monstrer leur archenal, (qui est là où ilz trennent les gallees³, et font toutes

---

¹ Frioul.

² « A di primo di febbrajo (942), la vigilia della purificazione della Madonna, il doge va a vespro colle cerimonie a Santa Maria Formosa, perchè què di Castellaria si portarono bene contro i Triestini, quando rapirono le donne a Castello e dà certa moneta di rame al piovano, e a i preti chiamati Bianchi, et il piovano gli dà due capelli di carta dipinti. » (MURATORI, XXII, 441 B; 461 D et suiv.)

³ « Apres me firent monstrer *ung lieu ouquel ilz font faire leurs gallees et toutes choses.* » (Édition de 1539.) « Où ils *esquipent leurs gallees et font toutes choses.* » (SAUVAGE et ses successeurs.) — Jean de Chambes, beau-père de Commynes, avait visité les mêmes lieux, trente-cinq ans avant son gendre. Voici dans quels termes il rend compte de l'admiration que lui causa l'arsenal de Venise : « Vint le

choses qui sont necessaires pour l'armee de mer), qui est la plus belle chose qui soit en tout le demourant du monde aujourd'huy, mais autresfois il a esté la mieulx ordonnee pour ce cas.

En effet, je y sejournay huict mois, deffrayé de toutes choses, et tous aultres ambassadeurs qui estoient là : et vous dis bien que je les ay congneuz si saiges et tant enclins d'acroistre leur seigneurie, que, s'il n'y est pourveu tost, que tous leurs voisins en maudiront l'heure. Car ilz ont plus entendu la facon d'eulx deffendre et garder, en la saison que le Roy y a esté et depuis, que jamais : car encores sont en guerre avec

duc a nostre logis avec mile ou mile cinq cens gentilzhommes, et nous mena veoir l'arsenac où est l'artillerie de la ville, la plus belle et le plus grand nombre que homme vit onques, en huit sales; et y a arnoys pour armer trente mille hommes ou plus. Et après nous monstra les galées, qui est une chose non estimable; et y a ben sans celles qui sont sur mer, quatre vingt galées, et quarante ou cinquante galioutes, et autans de galions covers pour mer et pour eaue doulce. Et après nous monstra en ung aultre arsenac mile et cinq cens ouvriers ou plus qui ne font que galées; et en une aultre partie, nous monstra quarante o cinquante hommes qui ne font que rems (rames); et en une aultre partie, quatre vingt ho cent femmes qui font et reparent les voilles; et en une aultre partie, ceulx qui font le cordatge des nefs et galées, où il a plus de deux cens hommes et enfans : et est la plus longue et large maison que je vis onques ne homme, que je crois. Et après nous monstra les molins de charbon, soulphre et salpètre, et une autre maison où tout s'affine, et une autre ont (où) on assemble la podre, ont (où) il a de beau armaire; et y fusmes tout le journ, car toutes ces choses sont dedans une clouture de belles murailles, et n'y puet on entrer que par mer, et par une pourte seullement entre deux tours, et par la plus forte part de la ville, et tout le surplus de la ville est ouvert. » (*Bibliothèque de l'École des Chartes*, III, 189-190.)

luy, et si se sont bien osez eslargir, comme d'avoir prins en Pouille sept ou huict citez en gaige¹; mais je ne scay quant ilz les rendront. Et quant le Roy vint en Italie, ilz ne povoient croire que l'on prinst ainsi les places, ne en si peu de temps (car ce n'est point leur facon) : et ont faict et font mainctes places fortes depuis, et eulx et aultres, en Italie. Ilz ne sont point pour s'acroistre en haste, comme feirent les Rommains : car leurs personnes ne sont point de telle vertu, et si ne va nul d'entre eulx à la guerre de terre ferme, comme faisoient les Rommains, si ne sont leurs providateurs et payeurs, qui acompaignent leur cappitaine et le conseillent, et pourveoient l'ost; mais toute la guerre de mer est conduicte par leurs gentilz hommes, en chiefs et cappitaines de gallees et naves, et par aultres leurs subjectz. Mais ung aultre bien ils ont, en lieu de y aller en personne aux lieux des armees par terre : c'est qu'il ne se faict nulz hommes de tel cueur, ne de telle vertu, pour avoir seigneurie, comme ilz avoient à Romme : et par ce n'ont ilz nulles questions civilles en la cité, qui est la plus grant prudence que je leur voye. Et y ont merveilleusement bien pourveu, et en mainctes manieres : car ilz n'ont point de tribuns de peuple, comme avoient les Rommains (qui furent en partie cause de leur destruction), car le peuple n'y a

---

¹ En 1496, Ferdinand II donna aux Vénitiens, pour garantie de deux cent mille ducats qu'il leur devait, les villes d'Otrante, Brindes, Trani, Monopoli et Pulignano. (SISMONDI, XII, 387.) Ce que les Vénitiens possédaient dans le royaume de Naples, fut rendu à Ferdinand-le-Catholique, en 1509. (ID., XIII, 462.)

credit, ne n'y est appelé en riens; et tous offices sont aux gentilz hommes, sauf les secretaires. Ceulx là ne sont point gentilz hommes. Aussi la pluspart de leur peuple est estrangier. Et si ont bien congnoissance, par Titus Livius, des faultes que feirent les Rommains : car ilz en ont l'hystoire, et si en sont les os en leur palais de Padoue. Et par ces raisons, et mainctes aultres que j'ay congneues en eulx, je dis encores une aultre fois qu'ilz sont en voye d'estre bien grans seigneurs pour l'advenir.

CHAPITRE XIX.

Quelz furent les subjectz de l'ambassade du sieur d'Argenton aupres de la republicque de Venise.

Or fault dire quelle fut ma charge : qui fut à cause des bonnes responces qu'ilz avoient faictes à deux serviteurs du Roy qui avoient esté vers eulx, et que à leur fiance il tirast hardyment avant en ceste entreprinse : et ce fut avant qu'il partist de la ville d'Ast[1]. Aussi leur remontray les longues et anciennes allyances qui avoient esté entre les rois de France et eulx, et davantaige leur offris Brandis et la ville d'Otrante, par condition que, en leur baillant mieulx en Grèce, ilz fussent tenuz les rendre. Ilz me tindrent les meilleures parolles du monde du Roy et de toutes ses affaires : car ilz ne croyoient point qu'il allast gueres loing. De l'offre que je leur feiz, ilz me feirent dire qu'ilz

---

[1] Le Roi quitta Asti le 6 octobre 1494. (*Histoire de Charles VIII*, 115.)

estoient ses amys et serviteurs, et qu'ilz ne vouloient
point qu'il achaptast leur amour (aussi le Roy ne
tenoit point les places); et que s'ilz vouloient, ilz se
mettroient bien en guerre, ce qu'ilz ne vouloient point
faire : et puis il y avoit ambassade de Naples, les suppliant tous les jours et leur offrant ce qu'ilz vouldroient, et confessoit le roy Alfonse (qui lors regnoit)
avoir failly vers eulx, et leur remonstroit le peril que
ce leur seroit, si le Roy venoit au dessus de son entreprinse.

Le Turc, de l'aultre costé, leur envoya incontinent
ambassadeur (que je veiz plusieurs fois) qui, à la requeste
du pape, les menassoit, s'ilz ne se desclaroient contre le
Roy. A chascun faisoient bonne responce; mais ilz
n'avoient, à ce commencement, nulle craincte de nous
et ne s'en faisoient que rire. Et aussi le duc de Millan
leur faisoit dire, par son ambassadeur, qu'ilz ne se
souciassent point, et qu'il scavoit bien la facon de
renvoyer le Roy sans ce qu'il tinst riens en Italie; et
autant en avoit mandé à Pierre de Medicis, qui le m'a
dict. Mais quant ilz veirent, et le duc de Millan aussi,
que le Roy avoit les places des Florentins entre ses
mains, et par especial Pise, ilz commencerent à avoir
paour, et parloient de la facon de le garder de passer
plus avant; mais leurs conseilz estoient longs, et ce
pendant le Roy tiroit avant, et gens alloient et venoient
des ungz aux aultres. Le roy d'Espaigne[1] commençoit
aussi à avoir paour pour ses isles de Cecille et de Sar-

---

[1] Ferdinand V. (Voyez ci-dessus, page 56, note 2.)

daigne. Le roy des Rommains commencea aussi à estre envieux; et luy faisoit on paour de la couronne imperiale, disant que le Roy la vouloit prendre et en avoit requis le pape, qui n'estoit point vray.

Et, pour ces doubtes, ces deux rois envoyerent grosses ambassades à Venise, moy estant là, comme dict est, quant y envoya le roi des Rommains : car il estoit voisin. L'evesque de Trente[1] estoit le principal, deux chevaliers, et ung docteur : à qui fut faict grant honneur et reverence, et leurs logis bien acoustrez comme à moy, et dix ducatz par jour pour leurs despens, et leurs chevaulx deffrayez, qui estoient demourez à Trevis. Incontinent vint ung tres honneste chevalier d'Espaigne[2], bien acompaigné et bien vestu, qui aussi fut fort honnoré et deffrayé. Le duc de Millan, oultre l'ambassadeur qu'il y avoit, y envoya l'evesque de Come[3] et messire Francisco Bernardin Visconte[4]. Commencerent secrettement, et de nuict, à convenir ensemble, et premier par leurs secretaires; et n'osoient encores, en public, se desclarer contre le Roy, par especial le duc de Millan et les Venissiens, qui encores ne scavoient si la ligue dont estoit question se con-

[1] Ulrich de Lichtenstein, évêque de Trente. Mort le 16 septembre 1505. (UGHELLI, V, 641-642.) C'est de ce prélat que parle Commynes, et non pas d'Ulrich de Frundsberg, son prédécesseur immédiat, comme le suppose Lenglet. Ulrich de Frundsberg était mort dès le 10 août 1493. (UGHELLI, V, 640-641.)
[2] Lorenzo Suarez de Mendoça y Figueroa. (SISMONDI, XII, 266.)
[3] Antoine Trivulce, créé cardinal en 1500. Mort le 18 mars 1508, âgé de cinquante et un ans. (IMHOFF, 86.)
[4] François Bernard Visconti, élu conseiller ducal en 1484. Mort en 1504. (LITTA, *fam. Visconti*, tav. VIII.)

clurroit. Et me vindrent veoir ceulx de Millan, et m'apporterent lettre de leur maistre : et me dirent que leur venue estoit parce que les Venissiens avoient envoyé deux ambassadeurs à la ville de Millan, et ilz avoient de coustume de n'y en laisser que ung (aussi le feirent ilz à la fin); mais cecy estoit mensonge et tromperie, et toute deception : car tout cela estoit assemblé pour faire ligue contre le bon Roy; mais tant de vielles ne se peurent acorder en peu de temps [1]. Apres me demanderent si je scavoye point que estoit venu faire cest ambassadeur d'Espaigne et celluy du roy des Rommains, affin qu'ilz en peussent advertir leur maistre.

Or j'estoye ja adverty, et de plusieurs lieux, tant de serviteurs d'ambassadeurs que aultrement, que celluy d'Espaigne estoit passé par Millan, desguisé, et que les Allemans se conduisoient tous par ledict duc : et aussi scavoye que à toute heure l'ambassadeur de Naples bailloit des pacquetz de lettres qui venoient de Naples (car tout cecy estoit avant que le Roy partist de Florence), et despendoye quelque chose pour en estre adverty, et en avoye bons moyens : et si scavoye ja le commencement de leurs articles, qui estoient gectez, mais non point acordez : car les Venissiens sont fort longs à telles conclusions. Et pour ces raisons, et voyant la ligue si approchee, ne voulus plus faire de l'ignorant : et respondis audict ambassadeur de Millan que, puis qu'ilz me tenoient termes si estran-

[1] Voyez ci-dessus, page 182, note 2.

ges, que je leur vouloye monstrer que le Roy ne vouloit point perdre l'amytié du duc de Millan, s'il y povoit remedier; et moy, comme serviteur, m'en vouloye acquicter, et excuser des mauvais rapports que on en pourroit avoir faictz audict duc leur maistre, que je croyoye estre mal informé : et qu'il debvoit bien penser, avant que perdre la recongnoissance de tel service comme il avoit faict au Roy, que nos roys de France ne furent jamais ingratz, et que, pour quelque parolle qui povoit avoir esté dicte, ne se debvoit point despartir l'amour de deux, qui tant estoit seante à chascune desdictes parties, et les prioye qu'ilz me voulsissent dire leurs doleances, pour en advertir le Roy avant qu'ilz feissent aultre. Il me jurerent tous et feirent grans sermens qu'ilz n'en avoient nul vouloir : toutesfois ilz mentoient, et estoient venus pour traicter ladicte ligue.

Le lendemain, allay à la Seigneurie leur parler de ceste ligue, et dire ce qu'il me sembloit servir au cas : et, entre aultres choses, je leur dis que en l'allyance qu'ilz avoient avec le Roy, et qu'ilz avoient eue avec le feu roy Loys son pere, ilz ne povoient soustenir les ennemys l'ung de l'aultre, et qu'ilz ne povoient faire ceste ligue dont l'on parloit que ce ne fust aller contre leur promesse. Ilz me feirent retirer : et puis, quant je revins, me dict le duc que je ne debvois point croire tout ce que l'on disoit par la dicte ville, car chascun y estoit en liberté et povoit chascun dire ce qu'il vouloit : toutesfois qu'ilz n'avoient jamais pensé faire ligue contre le Roy, ne jamais ouy parler; mais au contraire, qu'ilz disoient¹ faire ligue entre le Roy et ces aultres deux roys, et toute l'Italie, et qu'elle fust contre ledict Turc, et que chascun porteroit sa part de la despence : et s'il y avoit aucuns en Italie qui ne voulsissent payer ce qui seroit advisé, que le Roy et eulx l'y contraindroient par force; et vouloient faire ung appoinctement, que le Roy prinst une somme d'argent contant, et que eulx l'avanceroient, et tiendroient les places en Pouille en gaige, comme font à ceste heure : et le royaulme seroit recongneu de luy, du consentement du pape et par certaine somme de deniers l'an, et que le Roy y tiendroit trois places. Et pleust à Dieu que le Roy y eust voulu entendre lors!

Je dis ne oser entrer en cest appoinctement, leur priant ne se haster point de conclurre ceste ligue; que de tout advertiroye le Roy : leur priant, comme j'avoye faict aux aultres, me dire leurs doleances, et qu'ilz ne les teussent point, comme faisoient ceulx de Millan. Ilz se douleurent des places que le Roy tenoit du pape, et encores plus de celles qu'il tenoit des Florentins, et par especial de Pise : disans que le Roy avoit mandé par escript en plusieurs lieux, et à eulx, qu'il ne vouloit en Italie que le royaulme de Naples, et aller contre le Turc; et monstroit à ceste heure de vouloir prendre tout ce qu'il pourroit en Italie et ne demander riens au Turc : et disoient encores que monseigneur d'Orleans, qui estoit demouré en Ast, faisoit craincte au duc de Millan, et que ses serviteurs disoient de grans menasses : toutesfois qu'ilz ne feroient riens de nou-

¹ Désiroient?

veau que je n'eusse responce du Roy, ou que le temps de l'avoir ne fust passé : et me monstroient plus honneur que le duc de Millan [1]. De tout je advertis le Roy, et euz mesgre responce : et dès lors s'assembloient chascun jour, veu qu'ilz scavoient que l'entreprinse estoit descouverte. Et en ce temps estoit le Roy encores à Florence ; et s'il eust trouvé resistance à Viterbe, comme ilz cuydoient, ilz eussent envoyé des gens à Romme, et encores si le roi Ferrand fust demouré dedans (et n'eussent jamais pensé qu'il eust deub habandonner Romme, et quant ilz la veirent habandonnee, commencerent à avoir paour). Toutesfois les ambassades des deux rois les pressoient fort de conclurre, ou vouloient despartir, que ja y avoient esté quatre mois ; chascun jour alloient à la Seigneurie. Je faisoye le mieulx que je povoye.

CHAPITRE XX.

Comment le seigneur d'Argenton fut adverty que le Roy avoit gaigné Naples et les places d'environ, dont les Venissiens estoient desplaisans.

Voyans les Venissiens tout cela habandonné et advertiz que le Roy estoit dedans la ville de Naples, ilz m'envoyerent querir et me dirent ces nouvelles, monstrans en estre joyeulx. Toutesfois ilz disoient que ledict chasteau estoit bien fort garny, et veyoye bien qu'ilz avoient bonne et seure esperance qu'il tinst : et consentirent que l'ambassadeur de Naples levast gens

---

[1] Sauvage et ses successeurs mettent « plus d'honneur *qu'à ceux* de Milan. »

d'armes à Venise pour envoyer à Brandis, et estoient sur la conclusion de leur ligue quant leurs ambassadeurs leur escripvirent que le chasteau estoit rendu [1] ; et lors ilz m'envoyerent querir derechief à ung matin, et les trouvay en grant nombre, comme de cinquante ou de soixante, en la chambre du prince qui estoit mallade de la colicque : et il me compta ces nouvelles, de visaige joyeulx, mais nul en la compaignie ne se scavoit faindre si bien comme luy. Les ungz estoient assis sur ung marchepied des bancs et avoient la teste appuyee entre leurs mains, les aultres d'une aultre sorte, tous demonstrans avoir grant tristesse au cueur : et croy que quant les nouvelles vindrent à Romme de la bataille perdue à Cannes contre Hannibal, les senateurs qui estoient demourez n'estoient pas plus esbahys ne plus espoventez qu'ilz estoient : car ung seul ne feit semblant de me regarder ny ne me dict ung mot que luy, et les regardoye à grant merveille. Le duc me demanda si le Roy leur tiendroit ce que tousjours leur avoit mandé et que leur avoye dict : je les asseuray fort que oy, et ouvris les voyes pour demourer en bonne paix ; et m'offroye fort à fournir [2], esperant les oster de souspeson, et puis me despartis.

Leur ligue n'estoit encores ne faicte ne rompue, et vouloient partir les Allemans mal contens. Le duc de Millan se faisoit encores prier de je ne scay quel article : toutesfois il manda à ses gens qu'ilz passassent tost, et

---

[1] Ce fut le 13 mars 1494 (v. s.). (Voyez ci-dessus, page 398, note 1.)

[2] *Exécuter, produire, venir à bout.* (ROQUEFORT.) Sauvage et ses successeurs mettent : « Et m'offrois fort *à la faire tenir.* »

en effect conclurent la ligue. Et durant que cecy se demenoit, j'avoye sans cesse adverty le Roy du tout, le pressant de conclurre, ou demourer au royaulme et se pourveoir de plus de gens de pied et d'argent, et de bonne heure se mettre en chemin pour se retirer, et laisser les principalles places bien gardees, avant qu'ilz fussent tous assemblez. Aussi advertissoye monseigneur d'Orleans [1], qui estoit en Ast avec les gens de sa maison seullement (car sa compaignie estoit avec le Roy), et de y mettre des gens, l'asseurant que incontinent luy iroient courre sus : et escripvoye à monseigneur de Bourbon, qui estoit demouré lieutenant pour le Roy en France, d'envoyer des gens en haste en Ast, pour le garder; et que si ceste place estoit perdue, nul secours ne povoit venir au roy de France : et advertissoye aussi la marquise de Montferrat [2], qui estoit bonne françoise et ennemye du duc de Millan, affin qu'elle aydast à monseigneur d'Orleans de gens, s'il en avoit affaire : car Ast perdu, les marquisatz de Montferrat et Saluces estoient perduz.

La ligue fut conclue ung soir bien tard [3]. Le matin me demanda la Seigneurie, plus matin qu'ilz n'avoient de coustume. Comme je fus arrivé et assis, me dict le duc que, en l'honneur de la saincte Trinité, ilz avoient conclud ligue avec nostre Sainct Pere le Pape,

---

[1] Voir aux Preuves (14 avril 1495) des lettres du duc d'Orléans au duc de Bourbon, dans lesquelles il dit avoir reçu des lettres de *M. d'Argenton*.

[2] Voyez ci-dessus, page 332, note 6.

[3] Le 31 mars 1495. (Sismondi, XII, 270.)

les roys des Rommains et de Castille, eulx et le duc de Millan, à trois fins : la premiere, pour deffendre la crestienté contre le Turc : la seconde, à la deffence d'Italie : la tierce, à la preservation de leurs Estatz, et que je le feisse scavoir au Roy. Et estoient assemblez en grant nombre, comme de cent ou plus, et avoient les testes haultes et faisoient bonne chiere, et n'avoient point contenances semblables à celles qu'ilz avoient le jour qu'ilz me dirent la prinse du chasteau de Naples. Me dict aussi qu'ils avoient escript à leurs ambassadeurs qui estoient devers le Roy qu'ilz s'en vinssent, et qu'ilz prinssent congié. L'ung avoit nom messire Dominique Loredan [1], et l'aultre messire Dominique Trevisan. J'avoye le cueur serré et estoye en grant doubte de la personne du Roy et de toute sa compaignie, et cuydoye leur cas plus prest qu'il n'estoit [2], et

[1] Muratori (XXIII, 1202 E) et Guichardin (I, 256) le nomment *Antonio*.

[2] « Pietro Bembo, historien vénitien, se complaît à peindre la surprise et l'effroi de Comines : « Encore, dit-il, qu'il y eût un si grand « nombre d'ambassadeurs, tant de citoyens appelés aux négociations, « et que le sénat eût été engagé dans de si fréquentes délibérations, « telle avoit été cependant la vigilance du conseil des Dix pour suppri- « mer tout bruit public à cet égard, que Philippe de Comines, en- « voyé de Charles, quoiqu'il fréquentât chaque jour le palais et qu'il « traitât avec chacun des ambassadeurs, n'en avoit pas eu le moindre « soupçon. Aussi, lorsque le lendemain de la signature il fut appelé « au palais, où le prince lui communiqua la conclusion du traité et les « noms des confédérés, il en perdit presque l'entendement. Cependant « le Doge lui avoit dit que tout ce qu'on avoit fait n'avoit point pour « but de faire la guerre à personne, mais de se défendre si l'on étoit « attaqué. Ayant enfin un peu repris ses esprits : *Quoi donc*, dit-il, « *mon Roi ne pourra pas revenir en France?* — *Il le pourra*, répondit

aussi faisoient ilz eulx : et doubtoye qu'ilz eussent des Allemans prestz; et si cela y eust esté, jamais le Roy ne fust sailly d'Italie. Je me deliberay ne dire point trop de parolles en ce courroux; toutesfois ilz me tirerent ung peu aux champs. Je leur feiz responce que dès le soir avant je l'avoye escript au Roy [1], et plusieurs fois, et que luy aussi m'en avoit escript qu'il en estoit adverty de Romme et de Millan. Il me feit tout estrange visaige de ce que je disoye l'avoir escript le soir au Roy, car il n'est nulles gens au monde si souspesonneux ne qui tiengnent leurs conseilz si secretz, et par souspeson seullement confinent souvent les gens, et à ceste cause le leur disoye je. Oultre, leur dis l'avoir aussi escript à monseigneur d'Orleans et à monseigneur de Bourbon, affin qu'ilz pourveussent Ast; et le disoye esperant que cela donneroit quelque delay d'aller devant Ast : car s'ilz eussent esté aussi prestz comme ilz se vantoient, et cuydoient, ils l'eussent prins sans remede : car il estoit et fut mal pourveu de long temps apres.

Ilz se prindrent à me dire qu'il n'y avoit riens contre le Roy, mais pour se garder de luy; et qu'ilz ne vouloient point qu'il abusast ainsi le monde de parolles, de

---

« le Doge, *s'il veut se retirer en ami, et nous l'aiderons de tout notre*
« *pouvoir*. Après cette réponse, Comines se retira; et comme il sor-
« toit du palais, qu'il avoit descendu le grand escalier, et qu'il traver-
« soit la place, il se tourna vers le secrétaire du sénat qui l'accompa-
« gnoit, le priant de lui répéter ce que le Doge lui avoit dit, car il
« l'avoit tout oublié. » (SISMONDI, XII, 272.)

[1] Voyez aux PREUVES (mars et avril 1495) trois lettres de Commynes adressées au Roi et au duc de Bourbon, à l'occasion de cette ligue.

dire qu'il ne vouloit que le royaulme et puis aller contre le Turc : et qu'il monstroit tout le contraire, et vouloit destruire le duc de Millan et Florence, et tenir les terres de l'Eglise. A quoy je respondis que les roys de France avoient augmenté l'Eglise, et acreue et deffendue, et que cestuy cy feroit plustost le semblable que de riens leur oster; mais que toutes ces raisons n'estoient point celles qui les mouvoient, mais qu'ilz avoient envie de troubler l'Italie et faire leur prouffit, et que je croyoye que aussi feroient. Ilz prindrent cela ung peu à mal, ce me dict l'on; mais il se voit, par ce qu'ilz ont en Pouille en gaige du roy Ferrand pour luy ayder contre nous, que je disoye vray. Je me voulois lever pour me retirer, ilz me feirent rasseoir : et me demanda le duc si je ne vouloye faire nulle ouverture de paix, parce que le jour de devant j'en avoye parlé; mais c'estoit par condition qu'ilz voulsissent attendre à conclurre la ligue de quinze jours, affin d'envoyer devers le Roy et avoir responce.

Apres ces choses dictes, je me retiray à mon logis. Ilz manderent les ambassadeurs l'ung apres l'aultre; et, au saillir de leur conseil, je rencontray celluy de Naples, qui avoit une belle robbe neufve et faisoit bonne chiere, et avoit cause : car ce estoient grans nouvelles pour luy. A l'apres disnee, tous les ambassadeurs de la ligue se trouverent ensemble en barque (qui est l'esbat de Venise, et chascun va selon les gens qu'il a et aux despens de la Seigneurie) : et povoient estre quarante barques, qui toutes avoient pendeaulx aux armes de leurs maistres; et veiz toute ceste compaignie passer devant mes fenestres, et y avoit force menestriers : et ceulx de Millan, au moins l'ung d'iceulx, qui m'avoit tenu compaignie beaucoup de mois ¹, faisoit bien contenance de ne me congnoistre plus : et fus trois jours sans aller par la ville, ne mes gens, combien que jamais ne me fust dict, en la ville, ne à homme que je eusse, une seulle mal gracieuse parolle. Le soir feirent une merveilleuse feste de feux, sur les clochiers, force fallotz allumez sur les maisons de ces ambassadeurs, et artillerie qui tiroit; et fus sur la barque couverte, au long des rives, pour veoir la feste, environ dix heures de nuict, et par especial devant les maisons des ambassadeurs, où se faisoient bancquetz et grans chieres.

Ce jour là n'estoit point encores la publication, ne grant feste : car le Pape avoit mandé qu'il vouloit que on attendist encores aucuns jours pour la faire à Pasques Flouries ², qu'ilz appellent le dimanche de l'Olive; et vouloit que chascun prince, où elle seroit publiee, et les ambassadeurs qui y seroient, portassent ung rameau d'olivier en la main et le dissent signe de paix et allyance, et qu'à ce jour elle fust publiee en Espaigne et Allemaigne. A Venise, feirent ung chemin

---

¹ Sauvage et ses successeurs mettent : « beaucoup *de fois.* »

² Cette lettre, adressée par le Pape aux fidèles chrétiens, est datée de Rome « l'an mil quatre cens quatre vingts et quinze, le sixiesme jour du mois d'apvril. » Laquelle alliance, dit-il, « nous avons faicte, conclute et ordonnee estre delivree et publiee dimence prochain, dit vulgairement de Pasques flories, affin que ledit jour soit decoré de plus grande solempnité. » (MOLINET, V, 34.)

de boys, hault de terre, comme ilz font le jour du Sacre[1], bien tendu, qui prenoit du palais jusques au bout de la placé Sainct Marc; et apres la messe, que chanta l'ambassadeur du Pape, qui à tout homme donna absolution de peine et de coulpe qui seroit à la publication, ilz allerent en procession par ledict chemin, la Seigneurie et ambassadeurs, tous bien vestuz : et plusieurs avoient robbes de veloux cramoisy, que la seigneurie avoit donnees, au moins aux Allemans, et à tous leurs serviteurs robbes neufves; mais elles estoient bien courtes. Au retour de la procession se monstrerent grant nombre de mysteres et de personnaiges: premier Italie, et apres tous ces roys et princes, et la royne d'Espaigne; et au retour, à une pierre de porfire, où on faict les publications, feirent publier ladicte ligue : et y avoit ung ambassadeur du Turc, present à une fenestre, caché, et estoit despesché, sauf qu'ilz vouloient qu'il veist ladicte feste : et la nuict vint parler à moy, par le moyen d'ung Grec, et fut bien quatre heures en ma chambre; et avoit grant envie que son maistre fust nostre amy. Je fus convié à ceste feste[2], par deux fois, mais je m'excusay : et demouray en la ville environ ung mois depuis, aussi bien traicté que devant; et puis m'en partis, mandé du Roy et de leur congié, conduict en bonne seureté,

---

[1] « Ou jour de la fête du Saint Sacrement; c'est le nom que l'on donne encore à cette fête en plusieurs églises, et notamment à Angers. » (*Note de Lenglet.*)

[2] « Je fus *comme* à ceste feste. » Première édition : « Je fus *invité* à ceste feste. » (Sauvage.)

à leurs despens, jusques à Ferrare. Le duc¹ me vint au devant, et deux jours me feit bonne chiere et deffraya, et autant messire Jehan de Bentivoille² à Boulongne : et de là m'envoyerent Florentins querir, et allay à Florence, pour attendre le Roy, duquel je retourneray à parler.

¹ Hercule 1ᵉʳ. (Voyez ci-dessus, page 309, note 2.)
² Jean II Bentivoglio, prince de la république de Bologne, né le 13 février 1443. Mort à Milan le 13 février 1508. (Sansovino, 286-293; Gozzadini, 6, 246.)

LIVRE HUITIÈME.

CHAPITRE PREMIER.

De l'ordre et prouvision que le Roy mit au royaulme de Naples, voulant retourner en France.

Pour mieulx continuer mes Memoires et vous informer, me fault retourner à parler du Roy, qui, depuis qu'il entra à Naples jusques à ce qu'il en partit, il ne pensa qu'à passer temps, et d'aultres à prendre et à prouffiter; mais son aage l'excusoit, mais nul ne scauroit excuser les aultres de leur faulte: car le Roy de toutes choses les croyoit. Et s'ilz luy eussent sceu dire qu'il eust bien pourveu trois ou quatre chasteaulx audict pays, comme celuy de Cayette[1], ou seullement celluy de Naples (dont il avoit donné les vivres, comme j'ay dict[2]), il tiendroit encores le royaulme : car en gardant celluy de Naples, jamais la ville ne se fust revoltee[3]. Il tira tous les gens d'armes à l'entour de

[1] Gaëte, Cajeta, ville et place forte du royaume de Naples.
[2] Voyez ci-dessus, page 398.
[3] La première édition porte : « Mais son aage le *pensoit*, mais nul ne scauroit excuser les autres de leur faulte, car le Roy de toutes choses les creoit, et s'ilz luy eussent sceu dire qu'il eust bien pourveu troys ou quatre chasteaux audit pays, il *tint* encores le royaulme, ou seullement Naples, dont il avoit donné les vivres, comme j'ay dict, et celuy de Gayete, mais en gardant celuy de Naples, jamais la ville ne se fust revoltee. »

luy, depuis la conclusion de la ligue, et ordonna cinq cens hommes d'armes francois et deux mil cinq cens Suisses, et quelque peu de gens de pied francois, pour la garde du royaulme; et avec le reste il delibera de s'en retourner en France, par le chemin qu'il estoit venu : et la ligue se preparoit à l'en garder. Le roy d'Espaigne avoit envoyé et envoyoit quelques caravelles [1] en Cecille, mais peu de gens dessus : toutesfois, avant que le Roy partist, ilz avoient ja garny Rege [2] en Calabre, qui est pres de Cecille : et plusieurs fois j'avoye escript au Roy qu'ilz debvoient descendre là, car l'ambassadeur de Naples le m'avoit dict, cuydant que ja y fussent. Et si le Roy y eust envoyé d'heure, il eust prins le chasteau : car le peuple de la ville tenoit pour luy. Aussi vindrent gens de Cecille à la Mantie et à la Turpie, par faulte d'envoyer; et ceulx d'Otrante, en Pouille, qui avoient levé les bannieres du Roy, veu la ligue et qu'ilz estoient situez pres de Brandis et Gallipoly, et qu'ilz ne povoient finer de gens, ilz leverent les bannieres d'Arragon, et dom Federic, qui estoit à Brandis, la fournit : et par tout le royaulme commencerent à muer pensee, et se print à changer la fortune, qui deux mois devant avoit esté au contraire, tant pour veoir ceste ligue que pour le partement du Roy et la povre prouvision que on laissoit, plus en chief que en nombre de soldatz.

Pour chief y demoura monseigneur de Montpen-

[1] « Vaisseaux de mer à voiles et à rames : desquelz on use fort sur la mer méridionale. » (*Note de Sauvage.*)
[2] Reggio.

sier¹, de la maison de Bourbon, bon chevalier et hardy, mais peu saige : il ne se levoit qu'il ne fust midy. Et en Calabre laissa monseigneur d'Aubigny², de nation d'Escosse, bon chevalier et saige, bon et honnorable, qui fut grant connestable du royaulme; et luy donna le Roy (comme j'ay dict³) la conté d'Are et le marquisat Dasquelase. Il laissa, au commencement, le seneschal de Beaucaire, appellé Estienne de Vers⁴, cappitaine de Cayette, faict duc de Nole et aultres seigneuries, grant chambellan, et passoient tous les deniers du royaulme par sa main ; et avoit icelluy plus de faiz qu'il ne povoit ne n'eust sceu porter : bien affectionné estoit à la garde dudict royaulme. Il laissa monseigneur Domjulien⁵, Lorrain, et le feit duc du Mont Sainct Angele, que a faict merveilles de se bien gouverner. A Manfredonne laissa messire Gabriel de

¹ Gilbert de Bourbon, comte de Montpensier, archiduc de Sesse, vice-roi de Naples. Marié à Claire de Gonzague. Mort à Pozzuolo le 5 octobre 1496. (ANSELME, I, 315.)

² Voyez ci-dessus, page 333, note 5.

³ Voyez ci-dessus, page 394.

⁴ Voyez ci-dessus, page 256, note 3.

⁵ Les premières éditions portent : « Et le fit duc de *monseigneur* Sainct Ange. » Sauvage et ses successeurs mettent : « de *la ville* de Saint Ange. » C'est d'après l'autorité de Guillaume de Villeneufve, que nous avons déjà cité, que nous donnons au personnage dont il est ici question, le titre de duc du *Mont* Saint-Ange : « Monseigneur dom Julien, duc du Mont Sainct Ange. » (Voyez LENGLET, IV, partie II, page 111.) Antoine de Ville, chevalier, seigneur de Domjulien, duc de Saint-Ange, au royaume de Naples. Marié à Claude de Beauveau. (MORÉRI, III, 561.) Il mourut à Naples en 1504. (DOM CALMET, VII, PREUVES, CXV.)

Montfaucon[1], homme que le Roy estimoit fort, et à tous donna grosses terres : celluy là s'y conduisit tres mal et la bailla, au bout de quatre jours, par faulte de vivres[2], et il l'avoit trouvee bien garnie, et estoit en lieu habundant de blez. Plusieurs vendirent tout ce qu'ilz trouverent aux chasteaulx, et, dict l'on, cestuy[3]. Pour garde laissa à [Trane] Guillaume de Villeneufve[4],

[1] Gabriel de Montfaucon, chevalier, bailly de Meaulx, conseiller et chambellan du Roi : c'est ainsi qu'il est qualifié dans un *Roole des parties et sommes de deniers que le Roy nostre sire a ordonné estre payees et delivrees par Anthoyne Bayard, trésorier*, etc., le 16 juin 1492 (FONTANIEU, *Portef.* 148.) Il figure, en 1500, sur l'état des rôles de paiement des cent gentilshommes de la maison de Louis XII, comme lieutenant desdits cent gentilshommes, et se trouve compris, pour la dernière fois, sur ceux du premier octobre 1504 au dernier jour de septembre 1505. (*Seconde bande des cent gentilshommes de la maison du Roy*; BIBL. ROY., Ms., *Suppl. fr.*, n° 2343.)

[2] Il rendit cette place au prince Frédéric. « Et tant fit le dit prince avec lui, qu'il lui rendit le château : car il avoit faute de vivres, comme l'on disoit. Et, d'appointement fait entre eux par la composition, le dit prince lui promit l'envoyer lui et ses gens et ses bagues sauves au reaume de France, laquelle chose il feist. » (GUILLAUME DE VILLENEUFVE; voyez LENGLET, IV, partie II, page 88.)

[3] Sauvage et ses successeurs mettent : « Plusieurs vendirent tout ce qu'ilz trouverent aux chasteaux : et dit l'on *que* cestuy pour garde laissa *là* Guillaume de Villeneuve. » On lit dans les premières éditions : « Aux chasteaulx : et dict lon cestuy pour garde laissa à Guillaume de Villeneufve.... » Il nous a semblé que les additions et corrections de Sauvage dénaturaient la pensée de Commynes : nous n'avons donc pas adopté son texte. D'un autre côté, celui des premières éditions étant évidemment fautif, il fallait, en s'en écartant le moins possible, rétablir le sens probable de la phrase : c'est ce que nous avons tenté de faire.

[4] Guillaume de Villeneufve, chevalier, conseiller et maître d'hôtel de Charles VIII, prend ces titres dans le récit qu'il a fait des guerres d'Italie. (Voyez LENGLET, IV, partie II, page 82.) Il figure en 1499,

que ses varletz vendirent à dom Federic¹, qui long temps le tint en gallee². A Tarente laissa George de Suilly³, qui s'y gouverna tres bien et y mourut de peste; et

sur l'état des officiers de la maison de Louis XII, comme maître d'hôtel de ce prince, « hors en 1504. » (BIBL. ROY., Ms., *Suppl. fr.*, n° 2334, fol. 818.)

¹ Le prince Frédéric étant venu « avec ses gallees » devant le château de Trani, fit sommer « *Guillaume de Villeneufve, capitaine du chasteau et gouverneur de ladite ville de Trane,* » de lui rendre la place, promettant « qu'il le traiteroit bien; » à quoi lui répondit Guillaume « qu'il l'avoit en garde du Roy..., qu'il aimeroit mieux y mourir que de faire si grande faute et si grande lascheté au Roy; et a tant s'en alla ledit prince.... devant le chasteau de Manfredonne, là où estoit messire Gabriel de Monfaulcon et sa compagnie, et tant fit ledit prince avec lui qu'il lui rendit le chasteau, etc. » Après avoir réduit cette place et une autre, Frédéric envoya un canonnier flamand pour « suborner un autre canonier flameng que avoit messire Guillaume de Villeneufve pareillement au dit chasteau de Trane (Trani), auquel il dit de nuit semblables paroles : « Si vous voulez vous rendre à monseigneur le « prince, il vous sauvera la vie, et vous prendra à son service : »…. lequel…. s'y accorda…; et par un espace de temps, petit à petit, il suborna trente deux des compaignons dudit chasteau, lesquels il emmena avec lui hors du chasteau le jour que on donna l'assault, et se descendirent le long d'une corde par dessus les murs de la basse court, et ne demeura que huit compaignons avec ledit de Villeneufve. Ce fut le quatriesme jour du mois d'aoust (1495) que les traitres *vendirent le chasteau de Trane*, et aussi *vendirent leur capitaine, messire Guillaume de Villeneufve.* » (GUILLAUME DE VILLENEUFVE; voyez LENGLET, IV, partie II, page 88 et suiv.)

² Il y resta quatre mois. « Le premier dimanche d'aoust, sept du dit mois, fut messire Guillaume de Villeneufve, chevalier, mis hors de prison de la grosse tour du portail du Chasteau neuf de Naples; où il avoit esté un an trois jours, comprins quatre mois qu'il avoit esté aux gallees par force. » (GUILLAUME DE VILLENEUFVE; voyez LENGLET, IV, partie II, page 113.)

³ Georges de Sully, chevalier, seigneur de Cors et de Romefort, gouverneur de Tarente en 1495, fit son testament en Sicile, en 1498. Mort peu après. (ANSELME, II, 864.) Il est porté comme échanson

a tenu ceste cité là pour le Roy jusques à ce que la famine l'ait faict tourner ¹. En l'Aquille demoura le baillif de Vitry ², qui bien s'y conduisit; et messire Gracien des Guerres ³, qui fort bien s'est conduict en l'Abrousse.

Tout demoura mal fourny d'argent, et les assignoit l'on sur le royaulme, et tous les deniers failloient. Le Roy laissa bien appoinctez les princes de Salerne et de Besignan (qui l'ont bien servy tant qu'ilz ont peu,

---

de Charles VIII, sur les états des officiers de la maison de ce prince, pour l'année commençant le 1ᵉʳ octobre 1495 et finissant le dernier septembre 1496. (*Histoire de Charles VIII*, 704.) La mort de ce seigneur doit être antérieure au 2 avril 1496, car G. de Grassay en fait mention dans une lettre, datée de ce jour et adressée au Roi, par laquelle il demande à Charles VIII la place de gouverneur de Tarente qu'occupait *feu Georges de Sully*. Voyez aux Preuves, (2 avril 1496.)

¹ « Vers le même temps [1496]..., les garnisons de Vénosa et de Tarente firent également leur soumission [à Frédéric roi de Naples].» (Sismondi, XII, 410.)

² Claude de Lenoncourt, seigneur de Harouel, institué bailly de Vitry le 23 décembre 1483, chevalier, conseiller et chambellan du Roi. On le trouve cité, avec la qualité de pannetier du Roi, dans le compte de Gilles Berthelot, maître de la chambre aux deniers, pour les années 1492 et 1493. Il était maître d'hôtel de Charles VIII en 1496. Mort peu après. (Anselme, II, 57.)

³ Garcin d'*Aguerre*, chevalier, seigneur d'Aubenton, conseiller et chambellan du Roi, capitaine de 45 lances des ordonnances du Roi : c'est ainsi qu'il se qualifie dans une quittance donnée par lui, le 22 septembre 1491. (*Quittances scellées*. Bibl. Roy., Ms., *fonds Gaignières*, n° 781, fol. 437.) Une autre quittance, datée du 13 septembre 1506, est ainsi conçue : « Nous, Garcien *de Guerre*, chevalier, baron de Remigny, conseiller et chambellan du Roy nostre sire, et capitaine de 50 lances de ses ordonnances.... » (Id., *ib.* fol. 413.) Il vivait encore le 19 décembre 1508, et était qualifié *gouverneur de Mouzon*. (Archives du Royaume. *Parlement*, Après dinées, registre xxxix, fol. 14, verso.)

et aussi les Colonnois) de tout ce qu'ilz sceurent demander; et leur laissa plus de trente places pour eulx et les leurs. S'ilz les eussent voulu tenir pour luy, comme ilz debvoient et qu'ilz avoient juré, ilz luy eussent faict grant service, à leur honneur et prouffit : car je croy qu'ilz ne furent, cent ans y a, en si grans honneurs; mais, avant son partement, ilz commencerent à praticquer. Et aussi ilz estoient ses serviteurs, à cause de Millan : car naturellement ilz estoient du party Gibelin; mais cela ne leur debvoit point faire faulser leur foy, estant si grandement traictez. Encores feit le Roy plus pour eulx : car il amena, soubz garde d'amy, prisonniers, le seigneur Virgille Ursin et le comte de Petillanne, aussi des Ursins, et, contre raison, leurs ennemys. Car, combien qu'ilz eussent esté prins, si scavoit bien le Roy, et ainsi l'entendoit, qu'il y avoit sauf conduict : et le monstroit bien, car il ne les vouloit mener sinon jusques en Ast, et puis les renvoyer, et le faisoit à la requeste des Colonnois : et, avant qu'il y fust, lesditz Colonnois furent tournez contre luy, et les premiers, sans alleguer nulle cause.

CHAPITRE II.

Comment le Roy se partit de Naples et repassa par Romme, d'où le Pape s'enfuyt à Orviette; des parolles que le Roy tint à monsieur d'Argenton à son retour de Venise; des deliberations de rendre aux Florentins leurs places.

Apres que le Roy eut ordonné de son affaire comme il entendoit, se mit en chemin avec ce qu'il avoit de gens, que je estime neuf cens hommes d'armes au moins, en ce comprins sa maison, deux mil cinq cens suisses, et croy bien sept mil hommes payez en tout : et y povoit bien avoir mil cinq cens hommes de deffense, suyvans le train de la court comme serviteurs. Le conte de Petillane (qui les avoit mieulx comptez que moy) disoit que, en tout, en avoit neuf mil ; et le me dict depuis nostre bataille, dont sera parlé. Le Roy print son chemin vers Romme[1], dont le pape paravant vouloit partir, et venir à Padoue soubz le povoir des Venissiens : et y fut son logis faict. Depuis, le cueur leur vint ; et y envoyerent quelques gens, et le duc de Millan y en envoya aussi : et combien qu'ilz y fussent à temps, si n'osa attendre le pape, nonobstant que le Roy ne luy eust faict que tout honneur et service, et luy avoit envoyé ambassadeurs pour le prier d'attendre ; mais il se retira à Orviette et de là à Perouse, et laissa les Cardinaulx à Romme, qui recueillirent le Roy, lequel n'y arresta point. Et ne fut faict

[1] Il partit de Naples le 20 mai 1495, et fit son entrée dans Rome le 1er juin suivant. (*Histoire de Charles VIII*, 149-150.) L'annonce officielle de cette entrée fut faite au Parlement le 4 juillet (1495.) « Ce jour, le duc de Bourbon envoya à la court les lettres missives que le Roy nostre seigneur lui avoit escriptes faisans mencion entre autres choses que, en s'en retournant de son royaume de Naples, il estoit passé par Romme et y avoit esté bien et honnorablement recueilly du cardinal de Saincte Anastasie, legat du pape, et tout le peuple ; et qu'il avoit logé toute son armee dedans Romme, à sa voulonté : le pape absent, qui s'en estoit allé à *.... Et estoit le Roy nostre seigneur à Pize, par deca Romme, le xxe jour de juing, derniere date desdites missives. » (Archives du Royaume, *Conseil*, Regist. xxxix, fol. 160, verso.)

* Ce nom de lieu est resté en blanc sur le registre.

desplaisir à nul : et m'escripvit de aller à luy vers Sene[1], où je le trouvay, où me feit par sa bonté bon recueil et me demanda, en riant, si les Venissiens envoyoient au devant de luy (car toute sa compaignie estoient jeunes gens, et ne croyoient point qu'il fust aultres gens qui portassent armes). Je luy dis ce que la Seigneurie m'avoit dict, au despartir, devant ung de ses secretaires, appellé Lourdin[2], que eulx et le duc de Millan mettroient quarante mil hommes en ung camp, non point pour l'assaillir, mais pour se deffendre : et me feirent dire (le jour que je partis d'eulx, à Padoue), par ung de leurs Providateurs qui venoit contre nous, que leurs gens ne passeroient point une riviere, pres de Parme (et me semble qu'elle a nom Olye[3]), qui est en leur terre, sinon qu'il assaillist le duc de Millan; et prinsmes enseignes ensemble ledict providateur et moy de povoir envoyer l'ung vers l'aultre, s'il en estoit besoing, pour traicter quelque bon appoinctement : et ne voulus riens rompre, car je ne scavoye ce qui pourroit survenir à mon maistre. Et estoit present à ces parolles ung appellé messire Loys Marcel qui gouvernoit, pour ceste annee là, les motz viere[4] (qui

---

[1] Le Roi vint coucher à Sienne le samedi 13 juin. (*Histoire de Charles VIII*, 151.)

[2] Loredan ?

[3] Oglio, rivière du royaume Lombard-Vénitien, qui se jette dans le Pô.

[4] « Ainsi est-il en tous exemplaires. Mais je croy qu'il fault le Mont-Vieil : qui est certain amas d'argent, nommé Monte-Vecchio, pour payer les interestz aux plus vieux crediteurs de la république vénitienne, comme il se peut voir au livre de Donato Gianotti [*Libro de*

est comme ung tresorier), et l'avoient envoyé pour me conduire : aussi y estoient les gens du marquis de Mantoue [1], qui luy portoient argent; mais ilz ne ouyrent point ces parolles. De ceulx là, ou aultres, portay au Roy par escript le nombre de leurs gens de cheval, de pied, et d'Estradiotz [2], et qui en avoient les charges. Peu de gens, d'entour du Roy, croyoient ce que je disoye.

Estant ledict Seigneur à Sene, le pressay de partir dès ce qu'il y eut esté deux jours et les chevaulx reposez, car ses ennemys n'estoient point encores ensemble et ne craignoye sinon qu'il vinst des Allemans : car le Roy des Rommains en assembloit largement, et vouloit fort tirer argent contant. Quelque chose que je disse, le Roy mit deux matieres en conseil, qui furent briefves : l'une, scavoir si on debvoit rendre aux Florentins leurs places et prendre trente mil ducatz qu'ilz debvoient encores de leur don, et septante mil qu'ilz offroient prester, et servir le Roy à son passaige avec trois cens hommes d'armes (soubz la charge de messire Francisque Secco [3], vaillant chevalier et de qui le Roy se fioit) et deux mil hommes de pied. Je fus d'oppinion que le Roy le debvoit faire, et d'aultres aussi, et seullement retenir Ligorne jusques à ce

la republica de Venitiani. Roma, A. Blado, 1540, in-4°, fol. 102, verso.] » (*Note de Sauvage.*)

[1] Jean François II de Gonzague, né le 10 août 1466, succéda à Frédéric, son père, en 1484. Il passa successivement au service des Vénitiens, des Milanais et des Français, sous Louis XII. Marié en 1490, à Isabelle d'Este, fille d'Hercule I, duc de Ferrare. Mort le 29 mars 1519. (*Art de vérifier les dates*, III, 667, 698.)

[2] Stradiotes.

[3] Il était condottiere des Florentins. Tué le 16 mars 1496, d'un coup d'arquebuse. (Muratori, XXIII, 857 A.)

qu'il fust en Ast. Il eust bien payé ses gens, et encores luy fust demouré de l'argent pour fortraire des gens de ses ennemys et puis les aller chercher. Toutesfois cela n'eut point de lieu : et l'empeschoit monseigneur de Ligny (qui estoit homme jeune, et cousin germain du Roy [1]), et ne scavoit point bien pour quelle raison, sinon pour pitié des Pisans. L'aultre conseil fut celluy que ledict monseigneur de Ligny faisoit mettre en avant par ung appellé Gaulchier de Tinteville [2] et une part de ceulx de Sene, qui vouloient monseigneur de Ligny pour seigneur : car la ville est de tous temps en partialité, et se gouverne plus follement que ville d'Italie. Il m'en fut demandé le premier : je dis qu'il me sembloit que le Roy debvoit tirer à son chemin, et ne se amuser à ces folles offres qui ne scauroient durer une sepmaine : aussi que c'estoit ville d'Empire, qui seroit mis Empire contre nous. Chascun fut de cest advis ; toutesfois on feit aultrement : et le prindrent ceulx de Sene pour leur cappitaine, et luy promisrent certaine somme d'argent l'an, dont il n'eut riens : et cecy amusa le Roy six ou sept jours, et luy monstrerent les dames : et y laissa le Roy bien trois cens hommes, et s'affoiblit de tant. Et de là tira à Pise [3],

---

[1] Voyez ci-dessus, page 368, note 3.

[2] Gaucher de Dinteville, seigneur des Chenets, chevalier, bailly de Troyes, conseiller et chambellan de Louis XI. Il est porté sur les états des officiers de la maison de Charles VIII, comme l'un des maîtres d'hôtel, pour l'année commençant le premier octobre 1495, et finissant le dernier jour de septembre 1496 ; lieutenant de la ville de Sienne. Mort le 22 mars 1539. (ANSELME, VIII, 720 ; *Histoire de Charles VIII*, 704.)

[3] Il y entra le samedi 20 juin (*Histoire de Charles VIII*, 153.)

passant par Pogebon [1], chastel Florentin, et ceulx que on laissa à Sene furent chassez avant ung mois de là.

CHAPITRE III.

Des predications dignes de memoire de frere Hieronyme, de Florence.

J'ay oublié à dire que moy estant arrivé à Florence, allant au devant du Roy, allay visiter ung frere prescheur, appellé frere Hieronyme [2], demourant à ung convent reformé, homme de saincte vie, comme on disoit, qui quinze ans avoit demouré audict lieu; et estoit avec moy ung maistre d'hostel du Roy, appellé Jehan Francois [3], saige homme. Et la cause fut parce qu'il avoit tousjours presché en grant faveur du Roy, et sa parolle avoit gardé les Florentins de tourner contre nous : car jamais prescheur n'eut tant de credit en cité. Il avoit tousjours asseuré la venue du Roy, quelque chose qu'on dist ne escripvist au contraire, disant qu'il estoit envoyé de Dieu pour chastier les tyrans d'Italie, et que riens ne povoit resister ne se deffendre contre luy. Avoit dict aussi qu'il vien-

---

[1] Poggibonzi.

[2] Jérôme Savonarola, religieux dominicain et célèbre prédicateur, né à Ferrare vers 1452, brûlé vif à Florence, le 22 mai 1498.

[3] Jean-François de Cardonne, conseiller et premier maître d'hôtel de Charles VIII : c'est ainsi qu'il est qualifié sur les états des officiers de la maison de ce prince, pour l'année commençant le 1er octobre 1495, et finissant au 30 septembre 1496. (*Histoire de Charles VIII*, 704.) Jean-François de Cardonne, *seigneur d'Aray*, figure, en 1517, sur les états des officiers de la maison de François Ier, en qualité de maître d'hôtel, « hors en 1527. » (Bibl. Roy., Ms., *Suppl. fr.*, n° 2344, fol. 929.)

droit à Pise et qu'il y entreroit, et que ce jour mourroit l'Estat de Florence (et ainsi advint, car Pierre de Medicis fut chassé ce jour); et mainctes aultres choses avoit preschees avant qu'elles advinssent (comme la mort de Laurens de Medicis) et disoit publicquement scavoir par revelation: preschoit que l'estat de l'Eglise seroit reformé à l'espee (cela n'est pas encores advenu, mais il en fut bien pres) et encores le maintient.

Plusieurs le blasmoient de ce qu'il disoit que Dieu luy avoit revellé, aultres y adjousterent foy: de ma part, je le repute bon homme. Aussi luy demanday si le Roy pourroit passer sans peril de sa personne, veu la grant assemblee que faisoient les Venissiens, de laquelle il scavoit mieulx à parler que moy, qui en venoye. Il me respondit qu'il auroit affaire en chemin, mais que l'honneur luy en demoureroit, et n'eust il que cent hommes en sa compaignie: et que Dieu, qui l'avoit conduict au venir, le conduiroit encores à son retour; mais, pour ne s'estre bien acquitté à la reformation de l'Eglise, comme il debvoit, et pour avoir souffert que ses gens pillassent et robassent ainsi le peuple, et aussi bien ceulx de son party et qui luy ouvroient les portes sans contraincte, comme les ennemys, que Dieu avoit donné une sentence contre luy, et brief auroit un coup de fouet; mais que je luy disse que, s'il vouloit avoir pitié du peuple et deliberer en soy garder ses gens de mal faire, et les pugnir quant ilz le feroient, comme son office le requiert, que Dieu revocqueroit sa sentence ou l'adoulciroit[1]: et qu'il ne pen-

---

[1] La première édition, porte: « *la donneroit.* » Sauvage et ses successeurs mettent: « *la diminueroit.* »

sast point estre excusé pour dire : « Je ne faiz nul mal. » Et me dict que luy mesme iroit au devant du Roy et luy diroit : et ainsi le feit, et parla de la restitution des places des Florentins. Il me cheut en pensee la mort de monseigneur le Daulphin [1] : car je ne veiz aultre chose que le Roy prinst à cueur. Mais je dis encores cecy affin que mieulx on entende que tout cedict voyaige fut vray mystere de Dieu.

CHAPITRE IV.

Comment le Roy retint en ses mains la ville de Pise et quelques aultres places des Florentins, pendant que Monsieur d'Orleans, d'ung aultre costé, entra dedans Novarre, en la duché de Millan.

Comme j'ay dict, le Roy estoit entré à Pise : et les Pisans, hommes et femmes, prierent à leurs hostes que pour Dieu ilz tinssent la main envers le Roy qu'ilz ne fussent remis soubz la tyrannie des Florentins, qui, à la verité, les traictoient fort mal; mais ainsi sont mainctes aultres citez en Italie, qui sont subjectes à aultres. Et puis Pise et Florence avoient esté trois cens ans ennemys [2], avant que Florentins la conquissent. Et ces parolles en larmes faisoient pitié à nos gens, et oublierent les promesses et sermens que le Roy avoit faictz sur l'autel Sainct Jehan [3] à Florence : et toutes sortes de gens s'en mesloient, jusques aux archiers et aux Suisses; et menassoient ceulx qu'ilz pensoient qui

[1] Charles Orland, né le 10 octobre 1492. Mort le 6 décembre 1495. (ANSELME, I, 125.)
[2] Voyez ci-dessus, page 353.
[3] Voyez ci-dessus, page 363.

vouloient que le Roy tinst sa promesse, comme le cardinal Sainct Malo, que ailleurs j'ay appellé general de Languedoc¹. Je ouys ung archier qui le menassa : aussi en y eut qui dirent grosses parolles au mareschal de Gié : le president Gannay fut plus de trois jours qu'il n'osoit coucher à son logis. Et sur tous tenoit la main à cecy le conte de Ligny : et venoient lesdictz Pisans, à grans pleurs, devers le Roy, et faisoient pitié à chascun, qui par raison les eust peu ayder ².

Ung jour, apres disner, s'assemblerent quarante ou cinquante gentilz hommes de sa maison, portans leurs hasches au coul ; et le vindrent trouver en une chambre, jouant aux tables avec monseigneur de Piennes ³, et ung varlet de chambre ou deux, et plus n'estoient : et porta la parolle ung des enfans de Sallazard l'aisné ⁴

---

¹ Commynes ne l'a désigné partout que sous la qualité de *général*.

² « Le lundy au matin, vingt deuxiesme juin, à son lever (du roi), la pluspart des dames et bourgeoises de ladite ville de Pise, mesmement les plus speciales et principales du lieu, vinrent devers luy ; et, pour luy rendre plus grande reverence et honneur et plus facilement l'emouvoir à pitié et compassion, la pluspart d'icelles dames, bourgeoises et autres femmes estoient nuds pieds et en deuil, et se mirent à genoux, les mains jointes, en le priant et suppliant tres humblement que son bon plaisir fust de prendre ladite ville de Pise, ensemble les hommes, femmes et enfans, et tous leurs biens entierement en sa main, protection et sauvegarde ; et de cette heure le recevoient et prenoient pour leur roy et souverain seigneur, et en signe d'obeyssance luy firent lors, foy et hommage. » (*Histoire de Charles VIII*, 154.)

³ Voyez ci-dessus, page 266, note 2.

⁴ Louis de Salazar, dit Montaigne, seigneur d'Asnoi. Marié, le 6 juin 1496, à Catherine de Beaujeu, dite de Monteauquier, dame

en faveur des Pisans, chargeant aucun de ceulx que j'ay nommez, et tous disoient qu'ilz le trahyroient. Et bien vertueusement les renvoya le Roy, mais aultre chose n'en fut oncques depuis.

Bien six ou sept jours perdit le Roy son temps à la ville de Pise : et puis mua la garnison, et mit en la citadelle ung appellé Entragues¹, homme bien mal conditionné, serviteur du duc d'Orleans; et le luy adressa monseigneur de Ligny, et y fut laissé des gens de pied de Berry. Ledict seigneur d'Entragues feit tant qu'il eut encores entre ses mains Petresaincte² (et croy qu'il en bailla argent³) et une aultre place apres, appellee Mortron⁴. Il en eut une aultre, appellee Librefacto, pres de la ville de Lucques. Le chasteau de la ville de Cersanne⁵, qui estoit tres fort, fut mis, par le moyen dudict conte monseigneur de Ligny, entre les mains d'ung bastard de Roussi⁶, ser-

d'Asnoi, etc. Etait fils aîné de Jean de Salazar, surnommé *le Grand*. (*Cabinet des titres.*)

¹ Robert de Balsac, seigneur d'Entragues, fils de Jean de Balsac et d'Agnès de Chabannes. Il est qualifié dans son contract de mariage, du 3 octobre 1474, conseiller et chambellan de Louis XI, sénéchal d'Agenois et de Gascogne, baron d'Entragues et de Saint-Amand. Charles VIII le nomma gouverneur de la citadelle de Pise. Il testa le 3 mai 1503. (ANSELME, II, 437-438.)

² Pietra-Santa.

³ Voyez ci-dessous, chapitre XXI.

⁴ Mortano.

⁵ Sarzane, ville des États sardes.

⁶ Antoine de Luxembourg, bâtard de Brienne, fils d'Antoine de Luxembourg, comte de Roussy, et de Péronne de Machefert, légitimé en 1500. Sa femme, Isabeau de Marolles, se qualifiait, dans un dénombrement du 15 février 1538, *veuve* de feu messire Antoine de Luxem-

viteur dudict conte : ung aultre, appellé Sarrasanne[1], entre les propres mains d'ung de ses aultres serviteurs; et laissa le Roy beaucoup de gens ausdictes places (et si n'en aura jamais tant affaire), et reffusa l'ayde des Florentins et l'offre dont j'ay parlé[2], et demourerent comme gens desesperez. Et si avoit sceu, dès devant qu'il partist de Sene[3], comme le duc d'Orleans avoit prins la cité de Novarre[4] sur le duc de Millan, parquoy le Roy veoit estre certain que les Venissiens se desclaroient; veu que de par eulx luy avoit esté dict[5] que, s'il faisoit guerre audict duc de Millan, qu'ilz luy donneroient toute ayde, à cause de la ligue nouvellement faicte : et avoient leurs gens prestz, et en grant nombre. Et fault entendre que, quant la ligue fut conclue, que le duc de Millan cuydoit prendre Ast, et n'y pensoit trouver personne; mais mes lettres, dont j'ay parlé[6], avoient bien aydé à avancer des gens que le duc de Bourbon y envoya : et les premiers qui y vindrent furent environ quarante lances de la compaignie du mareschal de Gié,

bourg, en son vivant, chevalier, bâtard de Brienne. (ANSELME, III, 733.) Il était neveu du comte de Ligny. Il est désigné sous le nom de bâtard de *Roussi*, dans le rôle des payements des cent gentilshommes de la maison de Charles VIII, première bande, année 1491. (BIBL. ROY., Ms., *Suppl. fr.*, n°. 2343.)

[1] Sarzanello.
[2] Voyez ci-dessus, page 435.
[3] Il en partit le 17 juin 1495. (*Histoire de Charles VIII*, 152.)
[4] Novarre, ville des États Sardes, ouvrit ses portes au duc d'Orléans le 11 juin 1495. (SISMONDI, XII, 301.)
[5] Voyez ci-dessus, page 434.
[6] Voyez ci-dessus, page 419.

qui estoient demourez en France (et ceulx là y vindrent bien à poinct), et cinq cens hommes de pied que y envoya le marquis de Saluces [1].

Cecy arresta les gens du duc de Millan, que menoit messire Galeasche de Sainct Severin [2], et se logierent à Nom [3], ung chasteau que le duc de Millan a à deux mils d'Ast. Peu apres arriverent trois cens cinquante hommes d'armes et des gentilz hommes du Daulphiné, et quelques deux mil Suisses et des francz archiers dudict Daulphiné : et estoient, en tout, bien sept mil cinq cens hommes payez, qui misrent beaucoup à venir et ne servirent de riens à l'intention pourquoy ilz avoient esté mandez, qui estoit pour venir secourir le Roy : car en lieu de secourir le Roy, il les fallut aller secourir. Et avoit esté escript à monseigneur d'Orleans et aux cappitaines qu'ilz n'entreprinssent riens contre le duc de Millan, mais seullement entendissent à garder Ast et à venir au devant du Roy, jusques sur la riviere du Thesin [4], pour luy ayder à passer : car il n'avoit nulle aultre riviere qui l'empeschast. Et fault entendre que ledict duc d'Orleans n'estoit point passé Ast, et l'y avoit le Roy laissé. Toutesfois, nonobstant ce que le Roy luy avoit escript, luy vint ceste praticque si friande que de luy bailler ceste

---

[1] Louis II, marquis de Saluces. Mort en 1504.

[2] Voyez ci-dessus, page 305, note 3.

[3] Annone.

[4] Tesin ou Tessin, rivière qui prend sa source en Suisse, sépare les États sardes du royaume Lombard-Vénitien, baigne Pavie, et se joint au Pô.

cité de Novarre, qui est à dix lieues de Millan : et y fut receu à grant joye, tant des Guelphes que des Gibelins, et luy ayda bien à conduire ceste œuvre la marquise de Montferrat. Le chasteau tint deux jours ou trois; mais si ce pendant il fust allé ou envoyé devant Millan, où il avoit praticque assez, eust esté receu bien à plus grant joye qu'il ne fut oncques à son chasteau de Blois, comme le m'ont compté des plus grans de la duché. Et le povoit faire sans dangier, les trois jours premiers, parce que les gens du duc de Millan estoient encores à Nom, pres Ast, quant Novarre fut prins, qui ne vindrent de quatre jours apres; mais peult estre qu'il ne croyoit point les nouvelles qu'il en avoit.

CHAPITRE V.

Comment le roy Charles passa plusieurs dangereux pas de montaignes, entre Pise et Cersanne[1] : et comment la ville de Pontreme fut bruslee par ses Allemans.

De Sene estoit le Roy venu à Pise, comme avez veu et entendu ce qu'il y feit, et de Pise vint à Lucques, où il fut bien receu de ceulx de la ville, et y sejourna deux jours : et puis vint à Petresaincte, que tenoit Entragues, ne craignant en riens ses ennemys ne ceulx à qui ilz donnoient le credit : et trouva de merveilleux pas de montaignes entre Lucques et ledict lieu, et aysez à deffendre à gens de pied; mais encores n'estoient ensemble nos ennemys. Et pres dudict Petresaincte est le pas de la Seierre d'ung costé et le Roc-

[1] Sarzane.

taille¹, d'aultre costé maretz de mer bien profons : et fault passer par une chaussee, comme celle d'ung estang. Et estoit le pas, qui fust depuis Pise jusques à Pontreme², que je craignoye le plus et dont j'avoye plus ouy parler : car une charrette gectee au travers et deux bonnes pieces d'artillerie nous eussent gardez d'y passer, sans y trouver remede, avec gens en bien petit nombre. De Petresaincte alla le Roy à Cersanne, où fut mis en avant, par le cardinal de Sainct Pierre *ad vincula,* de faire rebeller Gennes³ et de y envoyer gens : et fut mise la matiere en conseil (et y estoye, en la compaignie de beaucoup de gens de bien, cappitaines), où fut conclud par tous que on n'y entendroit point : car, se le Roy gaignoit la bataille, Gennes se viendroit presenter d'elle mesme, et, s'il perdoit, il n'en auroit que faire. Et fut le premier coup que je ouys parler que l'on creust qu'il y deubst avoir bataille. Et fut faict rapport au Roy de ceste deliberation; mais, nonobstant cela, il y envoya monseigneur de Bresse⁴, depuis duc de Savoye, le seigneur de Beaumont de

---

¹ Salto della Cerva et le Rotaio.

² Pontremoli.

³ « Les cardinaux de La Rovère et Fregoso suivoient le camp de Charles, avec Hybletto de Fieschi; tous trois émigrés de Gênes, ils avoient dans la force de leur parti la confiance qui trompe presque toujours les émigrés : si on leur donnoit quelques troupes pour se présenter devant Gênes, ils se faisoient forts d'y exciter une révolution. Ils comptoient rassembler de nombreux partisans dans les montagnes, soulever les villes et chasser facilement les Adornes. » (SISMONDI, XII, 503.)

⁴ Voyez tome I, page 153, note 1.

Polignac[1], mon beau frere, et le seigneur d'Ambegeaix[2], de la maison d'Amboise, avec six vingtz hommes d'armes et cinq cens arbalestriers[3], venuz tous frais de France, par mer. Et me esbahys comment il est possible que ung si jeune Roy n'avoit quelques bons serviteurs qui luy osassent avoir dict le peril en quoy il se mettoit. De moy, il me sembloit qu'il ne me croyoit point du tout.

Nous avions une petite armee de mer, qui venoit de Naples : et y estoit monseigneur de Myolens[4], gouverneur du Daulphiné, et ung Estienne de Neves[5], de

---

[1] Jean de Polignac, seigneur de Randan et de Beaumont, avait épousé Jeanne de Chambes, sœur d'Hélène, femme de Commynes. (*Cabinet des titres.*) Il figure comme l'un des témoins de Louis XII dans le procès intenté par ce prince contre Jeanne de France, sa femme, à l'effet d'obtenir la dissolution de son mariage. (Morice, *Mémoires*, III, 809.)

[2] Hugues d'Amboise, seigneur d'Aubijoux, fils de Pierre d'Amboise, seigneur de Chaumont; sénéchal de Roussillon et de Cerdagne le 8 août 1481, capitaine de vingt-cinq lances des ordonnances du Roi en 1495, nommé par Charles VIII son lieutenant-général en Toscane le 27 août 1496. Tué à la bataille de Marignan en 1515. (Anselme, VII, 127.)

[3] « Et se partirent de luy (du Roi) pour faire ce voiage le cardinal de Gennes, le seigneur de Bresse, le seigneur de Beaumont, et enmenerent les compaignies du grant escuyer de France, du seigneur d'Ambijoux, et deux mille arbalestriers. » (Molinet, V, 39.)

[4] Voyez ci-dessus, page 221, note 1.

[5] Ce personnage est mentionné dans le traité de paix passé, le 10 octobre 1495, entre Charles VIII et le duc de Milan : « Ledit duc de Milan sera tenu faire relascher franchement et quittement le sieur de Myolans et pareillement *Estienne de Nefve*, si ledit de Nefve est trouvé entre les mains de luy ou de ses sujets, ensemble tous et chascuns leurs biens meubles, ou ce qu'il plaira au Roy ordonner. » (*Hist. de Charles VIII*, 723.)

Montpellier, et estoient en tout environ huict gallees. Et vindrent à la Specie et à Rapallo, où ilz furent deffaictz, à l'heure dont je parle, et au lieu propre où nos gens avoient deffaict ceulx du Roy Alfonse, au commencement du voyaige, et par ceulx propres qui avoient esté des nostres à l'aultre bataille, qui estoit messire Jehan Loys Dauflicque¹ et messire Jehan Adorne²; et fut tout mué à Gennes. Il eust mieulx vallu que tout eust esté avec nous, et encores estoit ce peu. Monseigneur de Bresse et ce cardinal³ allerent logier aux faulxbourgs de Gennes, cuydans que leur partialité se deubst lever en la ville pour eulx; mais le duc de Millan y avoit pourveu, et les Adornes, qui gouvernoient, et messire Jehan Loys Dauflicque, qui est ung saige chevalier: et furent en grant peril d'estre deffaictz comme ceulx de mer, veu le petit nombre qu'ilz estoient, et ne tint sinon à [ce que] la part qui gouvernoit à Gennes n'osoit sortir de la ville, de paour que les Fourgouses ne se levassent et leur fermassent les portes: et eurent nos gens grant peine à eulx en venir vers Ast, et ne furent point à une bataille que le Roy eut, où ilz eussent esté bienseans.

De Cersanne vint le Roy vers Pontreme⁴: car il estoit force d'y passer, et est l'entree des montaignes. La ville et chasteau estoient assez bons, en fort pays, et, s'il y eust eu bon grant nombre de gens, elle n'y eust

---

¹ Voyez ci-dessus, page 335, note 2.
² Voyez ci-dessus, page 335, note 3.
³ De Saint-Pierre *ad vincula*.
⁴ Le lundi 29 juin. (*Hist. de Charles VIII*, 155.)

point esté prinse; mais il sembloit bien qu'il fust vray ce que frere Hieronyme m'avoit dict, que Dieu le conduiroit par la main jusques à ce qu'il fust en seureté : car il sembloit que ses ennemys fussent aveuglez et abestis, qu'ilz ne deffendoient ce pas. Il y avoit trois ou quatre cens hommes de pied dedans. Le Roy y envoya son avant garde, que menoit le mareschal de Gié: et avec luy estoit messire Jehan Jacques de Trevoul [1], qu'il avoit recueilly du service du roi Ferrand, quant il s'enfuyt de Naples, gentil homme de Millan, bien apparenté, bon cappitaine, et grant homme de bien, grant ennemy de ce duc de Millan, et confiné par luy à Naples; et, par le moyen de luy, fut incontinent rendue ladicte place, sans tirer; et s'en allerent les gens qui estoient dedans. Mais ung grant inconvenient y survint : car il advint aux Suisses comme la derreniere fois que le duc de Millan y vint. Il y eut ung desbat entre ceulx de la ville et aucuns Allemans, comme j'ay dict [2], desquelz fut bien tué quarante : et pour revanche, nonobstant la composition, tuerent tous les hommes, pillerent la ville et y misrent le feu, et bruslerent vivres et toutes aultres choses, et plus de dix d'entre eulx mesmes, qui estoient yvres, et ne sceut ledict mareschal de Gié y mettre remede. Et si assiegerent le chasteau pour prendre ceulx qui estoient dedans, qui estoient serviteurs dudict messire Jehan Jacques de Trevoul, et les y avoit mis quant les aultres partirent : et fallut que le Roy envoyast vers eulx pour

---

[1] Voyez ci-dessus, page 333, note 4.
[2] Voyez ci-dessus, page 349.

les faire despartir. Ce fut ung grant dommaige que de la destruction de ceste place, tant pour la honte que à cause des grans vivres qui y estoient, dont nous avions ja grant faulte, combien que le peuple ne fust en riens contre nous, fors à l'entour, pour le mal que on leur faisoit. Mais si le Roy eust voulu entendre aux ouvertures que faisoit ledict messire Jehan Jacques, plusieurs places et gentilz hommes se fussent tournez : car il vouloit que le Roy fist haulser partout la banniere du petit duc[1] que le seigneur Ludovic tenoit entre ses mains, qui estoit filz du duc derrenier mort à Pavie et dont avez ouy parler devant[2], appellé Jehan Galleasche; mais le Roy ne le voulut, pour l'amour de monseigneur d'Orleans, qui pretendoit et pretent droict à ladicte duché. Et passa le Roy oultre Pontreme, et alla logier en une petite vallee[3] où n'y avoit point dix maisons, et n'en scay le nom : et y demoura cinq jours (et n'en scauroye dire la raison) à tres grant famine, et à trente mils de nostre avant garde, qui estoit devant, montaignes tres haultes et tres aspres à l'entour, et où oncques homme ne passa artillerie grosse, comme sont canons et grosses coulevrines qui lors y passerent. Le duc Galleasche y passa quatre faulcons de la grosseur qu'ilz pesoient par adventure cinq cens livres, au moins (dont le peuple du pays faisoit grant cas), durant ce jour que je dis.

[1] François II.
[2] Voyez ci-dessus, page 344.
[3] « Le Roy alla disner à un monastere au dessus de Pontresme..., et alla coucher droit au pied des Alpes, où il fit parquer son camp

CHAPITRE VI.

Comment le duc d'Orleans se portoit dans la cité de Novarre.

Or fault parler du duc d'Orleans qui, quant il eut prins le chasteau de Novarre, il perdit temps aucuns jours, et puis tira vers Vigesve [1]. Deux petites villes [2], qui sont auprès, envoyerent vers luy pour le mettre dedans; mais il fut saigement conseillé de non les recueillir. Mais ceulx de Pavie y envoyerent par deux fois : là debvoit il entendre. Il se trouva en bataille devant ladicte ville de Vigesve, où estoit l'armee du duc de Millan toute, et la conduisoient les enfans de Sainct Severin, que tant de fois ay nommez. La ville ne vault point Sainct Martin de Cande [3], qui n'est riens : et y fus peu de temps apres que le duc de Millan y estoit, et tous les chiefs qui y estoient me monstrerent les lieux où tous deux estoient en bataille, rasibus de la ville et dedans; et si le duc d'Orleans eust marché cent pas, ilz passoient oultre la riviere du Thesin, où ilz avoient faict ung grant pont sur basteaulx, et estoient sur le bort : et veiz deffaire ung boulevert de terre qu'ilz avoient faict, de l'aultre part de la riviere, pour deffendre le passaige : et vouloient habandonner ladicte ville et chasteau, qui leur eust

jusques à tant que toute son artillerie fut passee. » (*Histoire de Charles VIII*, 155.)

[1] Vigevano, ville des États sardes.
[2] Mortara et Correano. (Guazzo, 160 verso.)
[3] Aujourd'hui Candes, département d'Indre-et-Loire, arrondissement de Chinon.

esté grant perte. Et est le lieu du monde où le duc de Millan se tient le plus, et la plus belle demoure, pour chasses et volleries en toutes sortes, que je scaiche en nul lieu.

Il sembla par adventure à Monsieur d'Orleans qu'ilz estoient en lieu fort et qu'il avoit assez faict, et se retira en ung lieu, appellé Trecas[1], dont le seigneur du lieu parla peu de jours apres à moy, qui avoit charge du duc de Millan. Audict Trecas envoyerent vers ledict duc d'Orleans des principaulx de Millan pour le mettre dedans, et offrirent leurs enfants en ostaige : et l'eussent faict ayseement, car des hommes de grant auctorité estoient leans qui scavoient cecy (mais l'ignoroye) et le m'ont compté[2], disant que le duc de Millan n'eust sceu trouver assez gens pour se laisser assieger dedans le chasteau de Millan, et que nobles et peuple vouloient la destruction de ceste maison de Sforce. Aussi m'a compté le duc d'Orleans, et ses gens, ces praticques dont j'ay parlé; mais ne s'y fioient point bien, et avoient faulte d'hommes qui les entendissent mieulx que eulx, et puis ses cappitaines n'estoient point unis.

A l'ost du duc de Millan se joignit quelque deux mil Allemans que le roi des Rommains envoyoit et bien mil hommes à cheval, Allemans, que amenoit

---

[1] Trecate, bourg des États sardes.

[2] « Et *l'eusse* faict ayseement, car des hommes de grant auctorité estoient leans qui savoient cecy : mais *l'ignoroient* le m'ont compté. » (Édition de 1528.) « Et l'eussent faict aysement, *comme j'ay sceu* par des hommes de grande authorité, qui estoient leans, qui scavoient cecy, et le m'ont compté. » (Sauvage et ses successeurs.)

messire Federic Capelare, natif de la conté de Ferrette, qui feit croistre le cueur à messire Galleasche et aux aultres : et allerent aupres de Trecas presenter la bataille au duc d'Orleans, et ne luy fut point conseillé de combatre, combien que sa bende vallust mieulx que l'aultre : et peult estre que les cappitaines ne vouloient hazarder ceste compaignie, craignant que, s'ilz la perdoient, que ce fust la perdition du Roy dont ilz ne scavoient nouvelles, car les chemins estoient gardez. Et se retira toute ceste compaignie dedans Novarre, donnant tres mauvais ordre au faict de leurs vivres, tant à garder ceulx qu'ilz avoient que à en mettre dedans la ville, dont assez povoient recevoir à l'entour sans argent et dont depuis ilz eurent grant faulte : et se logierent leurs ennemys à demye lieue d'eulx.

CHAPITRE VII.

Comment la grosse artillerie du Roy passa les montz Appenins, à l'ayde des Allemans : et du dangier où fut le mareschal de Gié avec son avant garde.

J'ay laissé à parler du Roy comme il fut en ceste vallee, deca Pontreme, où il avoit [demouré] par cinq jours, en grant famine, sans nul besoing. Ung tour honnorable feirent nos Allemans : ceulx qui avoient faict ceste grant faulte audict Pontreme ¹ et avoient paour que le Roy les en hayst à jamais, se vindrent d'eulx mesmes offrir à passer l'artillerie en ce merveilleux chemin de montaignes (ainsi le puis je appeller,

¹ Voyez ci-dessus, page 448.

[1495] LIVRE VIII, CHAPITRE VII. 453

pour estre haultes et droictes et où il n'y a point de chemin : et ay veu toutes les principalles d'Italie et d'Espaigne, mais trop ayseement l'eussent faict passer les montz¹); et feirent ceste offre par condition que le Roy leur pardonnast, ce qu'il feit : et y avoit quatorze pieces de grosse artillerie et puissante. Au partir de ladicte vallee commencoit l'on à monter par ung chemin fort droict, et veiz des muletz y passer à tres grant peine. Ces Allemans se couploient deux à deux, de bonnes cordes, et s'y mettoient cent ou deux cens à la fois; et quant ceulx là estoient las, il s'y en mettoit d'aultres. Nonobstant cela y estoient les chevaulx de l'artillerie : et toutes gens qui avoient train, de la maison du Roy, prestoient chascun ung cheval, pour cuyder passer plustot; mais si n'eussent esté les Allemans, les chevaulx ne l'eussent jamais passee. Et, à dire la verité, ilz ne passerent point seullement l'artillerie, mais s'ilz n'y fussent, la compaignie n'eust ame passé. Aussi ilz furent bien aydez², car ilz avoient aussi bon besoing

---

¹ Sauvage et ses successeurs mettent : « J'ay laissé à parler du Roy comme il fut en ceste vallee de cà Pontreme, par cinq jours, en grand famine sans nul besoing.... Et ay veu toutes les principales *montaignes* d'Italie et d'Espaigne, mais trop aisees eussent *esté au pris de ces montz.* »

² « Fut de par le Roy commis à faire passer ladite artillerie, et autres choses, monsieur de La Trimoille, premier chambellan du Roy..., lequel s'y porta si vaillamment qu'il y acquit grand honneur : car luy mesme mettoit la main à porter les grosses boulles de fonte, de plomb et de fer, qui estoit un tres étrange faix à porter, pour ce qu'il les convenoit tenir entre les mains et dans les chapeaux...: et avec ce fit tant, à l'aide du maistre de l'artillerie Jean de La Grange et des Allemans, que l'artillerie fut tiree et menee par lesdites Alpes et

et aussi grant vouloir de passer que les aultres. Ilz feirent largement des choses mal faictes; mais le bien passoit le mal. Le plus fort n'estoit point de monter, car incontinent apres on y trouvoit une vallee : car le chemin est tel que la nature l'a faict, et n'y a riens adoubé : et falloit mettre les chevaulx à tirer contremont et aussi les hommes, et estoit de plus grant peine, sans comparaison, que le monter, et à toute heure y falloit les charpentiers ou les mareschaulx : ou tomboit quelque piece que on avoit grant peine à redresser. Plusieurs eussent esté d'advis de rompre toute la grosse artillerie, pour passer plustost; mais le Roy pour riens ne le vouloit consentir.

Le mareschal de Gié[1], qui estoit à trente mils de nous, pressoit le Roy de se haster, et mismes trois jours à le joindre : et si avoit les ennemys logiez devant luy, en beau camp, au moins à demye lieue pres[2], qui en eussent eu bon marché s'ilz eussent assailly : et

montagnes par le col des hommes en maniere de chevaux en montant icelles, en quoy on soutint une execrable peine..., attendu la façon d'y proceder, le lieu étrange et la chaleur grande et terrible que lors il faisoit; et est à entendre que si ce n'eut esté la grande sollicitude dudit seigneur de La Trimoille qui faisoit boire et manger souvent les gens travaillans à cet affaire, et par les grandes prouesses et vaillances sur ce faites, à grand peine l'eussent voulu faire lesdits Allemans. » (*Histoire de Charles VIII*, 156.)

[1] « Monsieur le mareschal de Gyé, accompagné de six cent lances et quinze cent Suisses, avec leurs capitaines, tant des compagnies que desdits Suisses, passa le premier lesdites Alpes à l'avant garde, au devant de nos ennemis : ce qui fut bien fait à l'honneur du Roy. » (*Histoire de Charles VIII*, 157.)

[2] « A la Ghiaruole, trois milles plus bas. » (SISMONDI, XII, 308.)

apres il fut logié à Fornoue[1] (qui vault à dire à ung trou nouveau) qui est le pied de la montaigne et l'entree de la plaine, bon villaige, pour garder qu'ilz ne nous vinssent assaillir en la montaigne. Mais nous avions meilleure garde que luy, car Dieu mit aultre pensee au cueur de nos ennemys : car leur avarice fut si grande qu'ilz nous vouloient attendre au plain pays, affin que riens n'eschappast : car il leur sembloit que des montaignes en hors, on eust peu fuyr vers Pise et en ces places des Florentins ; mais ilz erroient, car nous estions trop loing. Et aussi quant on les eust attendu jusques au joindre, ilz eussent bien autant chassé que on eust sceu fuyr, et si scavoient mieulx les chemins que nous.

Encores jusques icy n'est point commencee la guerre de nostre costé ; mais le mareschal de Gié manda au Roy comme il avoit passé ces montaignes, et comme il envoya quarante chevaulx courre devant l'ost des ennemys pour scavoir des nouvelles, qui furent bien recueillis[2] des Estradiotz[3] : et tuerent ung gentil homme appellé Lebeuf et luy coupperent la teste, qu'ilz pendirent à la bannerole d'une lance, et la por-

[1] Fornovo, bourg du duché de Parme, au pied des Apennins, près de la rive droite du Taro.

[2] La première édition met : « furent bien *recullez.* »

[3] « Les estradeurs de l'ost des Venitiens estoient moult estranges, fort barbuz, sans armures et sans chausses, ayans une targette en une main, et une demy lance en l'aultre. Souvent ils donnoient cops fort soubdains, et quant ils peuvent tuer ung Franchois, ils lui coppent la teste et la portent aux Venitiens qui leur donnent ung ducat de chascune teste. » (MOLINET, V, 41.)

terent à leur Providateur, pour en avoir ung ducat. Estradiotz sont gens comme Genetaires [1] : vestuz, à pied et à cheval, comme les Turcs, sauf la teste, où ilz ne portent ceste toille qu'ilz appellent tolliban [2], et sont dures gens, et couchent dehors tout l'an et leurs chevaulx. Ilz estoient tous Grecz, venuz des places que les Venissiens y ont, les ungz de Naples de Rommanie, en la Moree, aultres d'Albanie, devers Duras [3] : et sont leurs chevaulx bons, et tous chevaulx turcs. Les Venissiens s'en servent fort, et s'y fient. Je les avoye tous veu descendre à Venise, et faire leurs monstres en une isle où est l'abbaye de Sainct Nicolas, et estoient bien quinze cens : et sont vaillans hommes et qui fort travaillent ung ost, quant ilz s'y mettent.

Les Estradiotz chasserent, comme j'ay dict, jusques au logis dudict mareschal, où estoient logiez les Allemans, et en tuerent trois ou quatre, et en emporterent les testes, et telle estoit leur coustume : car ayant Venissiens guerre contre le Turc, pere de cestuy cy, appellé Mehemet Ottoman, il ne vouloit point que ses gens prinssent nulz prisonniers, et leur donnoit ung ducat pour teste, et Venissiens faisoient le semblable,

---

[1] « Les Albanois.... nous ont porté la forme de la cavalerie légère et la méthode de faire comme eux. Les Venitiens appelloient les leurs Estradiots, qui nous donnerent de la fatigue à Fornovo.... Les Espaignols appelloient les leurs genetaires. [Du mot *genet*, petit cheval de montagne.] » (Brantôme, I, 213.) Godefroy (549) a cru qu'il s'agissait des janissaires.

[2] Turban.

[3] Durazzo, ville et port de mer de la Turquie d'Europe, en Épire.

et croy bien qu'ilz vouloient espoventer la compaignie, comme ilz feirent; mais lesdictz Estradiotz se trouverent bien espoventez aussi de l'artillerie. Car ung faulcon tira ung coup qui tua ung de leurs chevaulx, qui incontinent les feit retirer, car ilz ne l'avoient point acoustumé : et, en se retirant, prinrent ung cappitaine de nos Allemans, qui estoit monté à cheval pour veoir s'ilz se retireroient, et eut ung coup de leurs lances au travers du corps : car il estoit desarmé. Il estoit saige, et fut mené devant le marquis de Mantoue, qui estoit cappitaine general des Venissiens : et y estoit son oncle le seigneur Rodolph de Mantoue [1], et le conte de Caiazze [2], qui estoit chief pour le duc de Millan, et congnoissoit bien ledict cappitaine. Et fault entendre que tout leur ost estoit aux champs, au moins tout ce qui estoit ensemble, car tout n'estoit point encores venu : et y avoit huict jours qu'ilz estoient là faisans leur assemblee, et eust eu le Roy beau à se retirer en France, sans peril, si n'eussent esté ses longs sejours sans propos, dont vous avez ouy parler; mais Nostre Seigneur en avoit aultrement ordonné.

CHAPITRE VIII.

Comment le mareschal de Gié se retira sur une montaigne, luy et ses gens, attendant que le Roy fust arrivé pres de luy.

Ledict mareschal, craignant d'estre assailly, monta à la montaigne, et povoit avoir environ huict vingtz

[1] Voyez ci-dessus, page 371, note 1.
[2] Voyez ci-dessus, page 305, note 4.

hommes d'armes, comme il me dict lors, et huict cens Allemans, et non plus, et de nous ne povoit il estre secouru : car nous n'y arrivasmes d'ung jour et demy apres, à cause de ceste artillerie; et logea le Roy aux maisons de deux petiz marquis en chemin [1]. Estant l'avant garde montee la montaigne, pour attendre ceulx qu'ilz veoient aux champs, qui estoient assez loing, n'estoient point sans soucy : toutesfois Dieu (qui tousjours vouloit sauver la compaignie) osta le sens aux ennemys. Et fut interrogué nostre Allemant, par le conte de Caiazze, qui menoit ladicte armee, presente avant garde : il luy demanda encores le nombre de nos gens d'armes, car il congnoissoit tout mieulx que nous mesmes : car il avoit esté des nostres toute la saison.

L'Allemant feit la compaignie forte, et dict trois cens hommes d'armes et quinze cens Suisses : et ledict conte luy respondit qu'il mentoit et que en toute l'armee n'avoit que trois mil Suisses, parquoy n'en eussent point envoyé la moytié là ; et fut envoyé prisonnier au pavillon du marquis de Mantoue : et parlerent entre eulx d'assaillir ledict mareschal. Et creut ledict marquis le nombre que avoit dict l'Allemant, disant qu'ilz n'avoient point de gens de pied si bons comme nos Allemans, et aussi que tous leurs gens n'estoient point arrivez et que on leur faisoit grant

---

[1] « Le vendredy, troisiesme jour de juillet, le Roy.... alla coucher à Casse.... Le samedy.... il alla disner et coucher à Terence. » (*Histoire de Charles VIII*, 157.) Guazzo (160 *bis* recto) met *Casego* et *Tarenzo*.

tort de combatre sans eulx, et s'il y avoit quelque rebut, la Seigneurie s'en pourroit courroucer, et qu'il les valloit mieulx attendre à la plaine, et que par ailleurs ne povoient ilz passer que devant eulx : et estoient les deux providateurs de son advis, contre l'oppinion desquelz ilz n'eussent osé combatre. Aultres disoient que, en rompant ceste avant garde, le Roy estoit prins : toutesfois, ayseement tout acorda d'attendre la compaignie en la plaine, et leur sembloit bien que riens n'en povoit eschapper. Et ay sceu cecy par ceulx mesmes que j'ay nommez, et en avons devisé ensemble, ledict mareschal de Gié et moy, avec eulx, depuis, nous trouvans ensemble. Et ainsi se retirerent en leur ost, estans asseurez que le lendemain, ou environ, le Roy seroit passé la montaigne, et logié en ce villaige, appellé Fornoue : et ce pendant arriva tout le reste de leurs gens, et si ne povions passer que devant eulx, tant estoit le lieu contrainct.

Au descendre de la montaigne, on veit le plain pays de Lombardie, qui est des beaux et bons du monde, et des plus habondans, et combien qu'il se die plain, si est il mal aysé à chevaulcher : car il est tout fossoyé, comme est Flandres, ou encores plus ; mais il est bien meilleur et plus fertille, tant en bons formens que en bons vins et fruictz, et ne sejournent jamais leurs terres : et nous fesoit grant bien à le veoir, pour la grant fain et peine que on avoit enduré en chemin, depuis le partement de Lucques ; mais l'artillerie donna ung merveilleux travail à descendre, tant y estoit le chemin droict et mal aysé. Il y avoit au camp des ennemys grant nombre de tentes et de pavillons, et sembloit bien estre grant, aussi estoit il : et tindrent Venissiens ce qu'ilz avoient mandé au Roy par moy [1], où ilz disoient que eulx et le duc de Millan mettroient quarante mil hommes en ung camp : car s'ilz n'y estoient, il n'en failloit gueres, et estoient bien trente cinq mil [2], prenant paye ; mais de cinq, les quatre estoient de Sainct Marc [3] : et y avoit bien deux mil six cens hommes d'armes bardez, ayans chascun ung arbalestrier à cheval, ou aultre homme en habillement avec eulx, faisant le nombre de quatre chevaulx pour homme d'armes. Ilz avoient, que en Estradiotz que en aultres chevaulx legiers, cinq mil : le reste en gens de pied, et logiez en lieu fort bien reparé et bien garny d'artillerie.

[1] Voyez ci-dessus, page 434.

[2] « Venitiens et Milanois, (étoient) en nombre de trente six à quarante mille. » (MOLINET, V, 40.)

[3] « C'est-à-dire de la Seigneurie de Venise, qui a l'évangéliste saint Marc pour son patron. » (*Note de Sauvage.*)

CHAPITRE IX.

Comment le Roy et son armee en petit nombre arriverent au lieu de Fornoue, pres du camp de ses ennemys, qui l'attendoient en moult bel ordre, et deliberez de le deffaire et de le prendre.

Le Roy descendit environ midy de la montaigne, et se logea audict villaige de Fornoue, et fut le cinquiesme jour de juillet, l'an mil quatre cens quatre vingtz et quinze, par ung dimenche. Audict logis y avoit grant quantité de farines et de vins, et de vivres pour chevaulx. Le peuple nous faisoit par tout bonne chiere (aussi nul homme de bien ne leur faisoit mal) et apportoient des vivres, comme pain, petit et bien noir, et le vendoient chier, et au vin les trois pars d'eaue, et quelque peu de fruict, et feirent plaisir à l'armee. J'en feiz achapter, et [faire] l'essay devant moy [1] : car on avoit grant souspeson qu'ilz eussent laissé là les vivres pour empoisonner l'ost, et n'y toucha l'on point de prime face : et se tuerent deux Suisses à force de boire, ou prindrent froit et moururent en une cave, qui mit les gens en plus grant souspeson ; mais avant qu'il fust mynuict, les chevaulx commencerent les premiers, et puis les gens, et se tint l'on bien ayse. Et en ce pas fault parler à l'honneur des Italiens : car nous n'avons point trouvé qu'ilz ayent usé de nulles poisons, et s'ilz l'eussent voulu faire, à grant peine s'en fust l'on sceu garder en ce voyaige. Nous arrivasmes, comme avez ouy, ung dimenche midy, et mainct

---

[1] Sauvage met : « J'en fey achepter *que je laissay devant moy.* »

homme de bien y mangea ung morceau de pain, là où le Roy descendit et beut : et croy que gueres aultres vivres n'y avoit pour celle heure, veu que on n'osoit encores menger de ceulx du lieu.

Incontinent apres disner vindrent courir aucuns Estradiotz jusques dedans l'ost et feirent une grant alarme, et nos gens ne les congnoissoient point encores : et toute l'armee saillit aux champs, en merveilleusement bon ordre et en trois batailles, avant garde, bataille, et arriere garde, et n'y avoit point ung gect de boulle d'une bataille à aultre, et bien ayseement se fussent secouruz l'une l'aultre. Ce ne fut riens, et on se retira au logis. Nous avions des tentes et des pavillons en petit nombre, et s'etendoit nostre logis en approchant du leur; parquoy ne falloit que vingt Estradiotz pour nous faire une alarme, et ilz ne bougerent du bout de nostre logis : car il y avoit du boys et venoient à couvert. Et estions en une vallee entre deux petiz costeaulx, et en ladicte vallee couroit une riviere[1] que l'on passoit bien à pied, sinon quant elle croissoit, qui, en ce pays là, est aysement et tost, et aussi elle ne dure gueres, et les appellent torrens. Toute ladicte vallee estoit gravier et pierres grosses, et malaysee pour chevaulx, et estoit ladicte vallee d'environ ung quart de lieue de large : et en l'ung des costeaulx, qui estoit celluy de la main droicte, estoient logiez nos ennemys, et estions contrainctz de passer

[1] Le Taro, rivière qui descend des Apennins dans les États sardes et se jette dans le Pô après un cours d'environ vingt-cinq lieues.

vis à vis d'eulx (la riviere entre deux), et povoit avoir demye lieue jusques à leur ost : et y avoit bien ung aultre chemin, à monter le costeau à gauche (car nous estions logiez de leur costé), mais il eust semblé qu'on se fust recullé. Environ deux jours devant, on m'avoit parlé que je allasse parler à eulx (car la craincte commenceoit à venir aux plus saiges) et que avec moy je menasse quelcun, pour bien nombrer et congnoistre de leur affaire : cela n'entreprenoye je point voulentiers (et aussi que sans saufconduict je n'y povoye aller); mais respondis avoir prins bonne intelligence avec les providateurs, en mon partement de Venise et au soir que j'arrivay à Padoue, et que je croyoye qu'ilz parleroient bien à moy en my chemin des deux ostz : et aussi, si je m'offroye d'aller vers eulx, je leur donneroye trop de cueur, et que on l'avoit dict trop tard.

Ce dimanche dont je parle, j'escrivy aux providateurs (l'ung se appelloit messire Lucques Pisan[1], l'aultre messire Marquinot Trevisan[2]) et leur prioye que à seureté l'ung vinst à parler à moy, et que ainsi m'avoit il esté offert au partir de Padoue, comme a esté dict devant. Ilz me feirent response qu'ilz l'eussent faict voulentiers, se n'eust esté la guerre encommencee contre le duc de Millan; mais que, nonobstant, l'ung des deux, selon qu'ilz adviseroient, se trouveroit en quelque lieu en my chemin, et eus ceste responce le dimenche au soir : nul ne l'estima de ceulx qui avoient le credit. Je craignoye à trop entreprendre, et que on le tinst à

[1] Luca Pisani.
[2] Melchior Trivisano.

couardise si j'en pressoye trop : et laissay ainsi la chose pour ce soir, combien que j'eusse voulentiers aydé à tirer le Roy et sa compaignie de là, se j'eusse peu, sans peril.

Environ mynuict, me dict le cardinal de Sainct Malo (qui venoit de parler au Roy, et mon pavillon estoit pres du sien) que le Roy partiroit au matin et iroit passer au long d'eulx, et faire donner quelque coup de canon en leur ost, pour faire la guerre et puis passer oultre sans se y arrester. Et croy bien que ce avoit esté l'advis du cardinal propre, comme de homme qui scavoit peu parler de tel cas et qui ne se congnoissoit : et aussi il appartenoit bien que le Roy eust assemblé de plus saiges hommes et cappitaines pour se conseiller d'ung tel affaire ; mais je veiz faire assemblee plusieurs fois, en ce voyaige, dont on feit le contraire des conclusions qui y furent prinses. Je dis au cardinal que, si on s'approchoit si pres que de tirer en leur ost, il n'estoit possible qu'il ne saillist des gens à l'escarmouche, que jamais ne se pourroient retirer, ne d'ung costé ne d'aultre, sans venir à la bataille, et aussi que ce seroit au contraire de ce que j'avoye commencé : et me despleut bien qu'il falloit prendre ce train ; mais mes affaires avoient esté telz, au commencement du regne de ce Roy, que je n'osoye fort m'entremettre, affin de ne faire point ennemys de ceulx à qui il donnoit auctorité, qui estoit si grande, quant il se mettoit, que beaucoup trop.

Ceste nuict eusmes encores deux grans alarmes, le tout pour n'avoir mis ordre contre ces Estradiotz, comme on debvoit, et comme l'on a acoustumé de faire contre chevaulx legiers : car vingt hommes d'armes des nostres, avec leurs archiers, en arresteroient tousjours deux cens ; mais la chose estoit encores nouvelle. Et si feit aussi ceste nuict merveilleuse pluye, esclairs, et tonnoyrre, et si grans qu'on ne scauroit dire plus : et sembloit que le ciel et la terre fondissent, ou que cela signifiast quelque grant inconvenient à venir. Aussi nous estions au pied de ces grans montaignes, et en pays chault, et en esté : et combien que ce fust chose naturelle, si estoit chose espoventable que d'estre en ce peril et veoir tant de gens au devant, et n'y avoir nul remede de passer que par combatre, et se veoir si petite compaignie : car, que bons que mauvais hommes, pour combatre n'y avoit point plus de neuf mil hommes, dont je conte deux mil pour la sequelle et serviteurs de gens de bien de l'ost : je ne conte point paiges ne varletz de sommiers, ne telz gens.

CHAPITRE X.

Disposition des deux armées pour la journee de Fornoue.

Le lundy matin, environ sept heures, sixiesme jour de juillet, l'an mil quatre cent quatre vingtz et quinze, monta le noble Roy à cheval, et me feit appeller par plusieurs fois. Je vins à luy, et le trouvay armé de toutes pieces et monté sur le plus beau cheval que j'aye veu de mon temps, appellé Savoye (plusieurs disoient qu'il estoit cheval de Bresse : le duc Charles de Savoye[1]

---

[1] Voyez ci-dessus, page 33, note 3.

luy avoit donné et estoit noir, et n'avoit que ung œil; et estoit moyen cheval, de bonne grandeur pour celluy qui estoit dessus); et sembloit que ce jeune homme fust tout aultre que sa nature ne portoit, ne sa taille, ne sa complexion : car il estoit fort craintif à parler et est encores aujourd'huy (aussi avoit il esté nourry en grant craincte, et avec petites personnes) : et ce cheval le monstroit grant, et avoit le visaige bon et de bonne couleur, et la parolle audacieuse et saige. Et sembloit bien (et m'en souviens) que frere Hieronyme m'avoit dict vray, que Dieu le conduisoit par la main et qu'il auroit bien à faire au chemin, mais que l'honneur luy en demoureroit. Et me dict le Roy que, si ces gens vouloient parlamenter, que je parlasse; et parce que le cardinal estoit present, le nomma et le mareschal de Gié, qui estoit mal paisible (et estoit à cause d'ung different qui avoit esté entre le conte de Narbonne[1] et de Guise[2], qui quelquesfois avoit mené des bendes, et chascun disoit que à luy appartenoit de mener l'avant garde). Je luy dis : « Sire, je le feray voulentiers; mais je ne veiz jamais deux si grosses compaignies, si pres l'une de l'aultre, qui se despartissent sans combatre. »

Toute l'armee saillit en ceste greve, et en bataille, et pres l'ung de l'aultre, comme le jour de devant; mais à veoir la puissance, me sembloit trop petite, aupres de celle que j'avoye veue au duc Charles de Bour-

---

[1] Voyez tome I, page 387, note 1.
[2] Voyez ci dessus, page 390, note 1.

gongne et au Roy son pere : et sur ladicte greve nous tirasmes à part, ledict cardinal et moy, et nommasmes une lettre aux deux providateurs dessusdictz (que escripvit monseigneur Robertet[1], ung secretaire que le Roy avoit, de qui il se fioit), disant le cardinal que à son office et estat appartenoit de procurer paix, et à moy aussy, comme celluy qui de nouveau venoye de Venise ambassadeur, et que je povoye encores estre mediateur : leur signifiant le Roy ne vouloir que passer son chemin, et qu'il ne vouloit faire dommaige à nul : et par ce, s'ilz vouloient venir à parlamenter, comme il avoit esté entreprins le jour de devant, que nous estions contens et nous employerions en tout bien. Ja estoient escarmouches de tous costez : et, comme nous tirions pas à pas nostre chemin à passer devant eulx, la riviere entre deux, comme j'ay dict (et y povoit avoir ung quart de lieue de nous à eulx, qui tous estoient en ordre en leur ost : car c'est leur coustume qu'ilz font tousjours leur camp si grant que tous y peuvent estre en bataille et en ordre), ilz envoyerent une partie de leurs Estradiotz et arbalestriers à cheval, et aucuns hommes d'armes, qui vindrent du long du chemin, assez couvert, entrer au villaige dont nous partions, et là passer ceste petite riviere[2] pour venir assaillir nostre charriaige, qui estoit assez grant (et croy qu'il passoit six mil som-

[1] Florimont Robertet, secrétaire d'État sous les rois Charles VIII, Louis XII et François Ier, était natif de Montbrison. (FAUVELET DU TOC, 21 et suiv.)

[2] Le Taro. (Voyez ci-dessus, page 462.)

miers, que muletz, que chevaulx, que asnes). Et avoient ordonné leur bataille si tres bien que mieulx on ne scauroit dire, et plusieurs jours devant, et en facon qu'ilz se fioient en leur grant nombre : ilz assailloient le Roy et son armee tout à l'environ, et en maniere que ung seul homme n'en eust sceu eschapper si nous eussions esté rompuz, veu le pays où nous estions : car ceulx que j'ay nommez vindrent sur nostre bagaige. A costé gaulche vint le marquis de Mantoue et son oncle, le seigneur Rodolph : le conte Bernardin de Valmonton[1] et toute la fleur de leur ost, en nombre de six cens hommes d'armes, comme ilz me compterent depuis, se vindrent gecter en la greve, droict à nostre queue, tous les hommes d'armes bardez, bien empanachez, belles bourdonnasses[2], tres bien acompaignez d'arbalestriers à cheval, et d'Estradiotz, et de gens de pied. Vis à vis du mareschal de Gié et de nostre avant garde se vint mettre le conte de Caiazze, avec environ quatre cens hommes d'armes, acompaignez comme dessus, et grant nombre de gens de pied : avec luy une aultre compaignie de quelques deux cens hommes d'armes, que conduisoit le filz de messire Jehan de Bentivoille[3], de Boulongne, hommes jeunes, qui

[1] Bernardin de Montone, condottiere des Vénitiens, petit-fils de Braccio de Montone. (GUICHARDIN, I, 305.)

[2] *Bourdons*, bâtons de pèlerin; c'étaient aussi des lances grosses et creuses pour les tournois. (ROQUEFORT.)

[3] Annibal de Bentivoglio, fils aîné de Jean Bentivoglio, prince de la république de Bologne, et de Geneviève Sforza; créé gonfalonier de justice le 1er novembre 1489. Marié à Lucrèce, fille du duc de Ferrare. Mort en 1513. (SANSOVINO, 296-301.) Son fils, Hercule Bentivoglio, est

n'avoient jamais riens veu et avoient aussi bon besoing de chiefz que nous : et cestuy là debvoit donner sur l'avant garde, apres ledict conte de Caiazze. Et semblablement y avoit une pareille compaignie apres le marquis de Mantoue (et pour semblable occasion), que menoit ung appellé messire Anthoine d'Urbin[1], bastard du feu duc d'Urbin : et en leur ost demourerent deux grosses compaignies. Cecy j'ay sceu par eulx mesmes, car dès le lendemain ilz en parloient, et le veiz à l'œil; et ne voulurent point les Venissiens estrader[2] tout à ung coup, ne desgarnir leur ost; toutesfois il leur eust mieulx vallu mettre tout aux champs, puis qu'ilz commencoient.

Je laisse ung peu ce propos pour dire que devint nostre lettre, que avions envoyee, le cardinal et moy, par une trompette. Elle fut receue par les providateurs : et, comme ilz l'eurent leue, commencea à tirer le premier coup de nostre artillerie, qui encores n'avoit tiré; et incontinent tira la leur, qui n'estoit point si bonne. Lesdictz providateurs renvoyerent incontinent nostre trompette, et le marquis une des siennes : et manderent qu'ilz estoient contens de parlamenter, mais que on feist cesser l'artillerie, et aussi qu'ilz feroient cesser la leur. J'estoye pour lors loing du Roy, qui alloit

---

auteur d'un volume de poésies dont quelques-unes sont placées par Ginguené au même rang que celles de l'Arioste.

[1] Antoine Urbino, fils naturel de Frédéric. (Voyez ci-dessus, page 203, note 1.) Marié à Emilie Pia. (ZAZZERA, I, 238.)

[2] *Estrader*, battre l'estrade, courir les grands chemins, chercher aventure, courir le pays. (ROQUEFORT.)

et venoit, et renvoya les deux trompettes dire qu'il feroit tout cesser; et manda au maistre de l'artillerie ne tirer plus, et tout cessa des deux costez ung peu : et puis soubdainement eulx tirerent ung coup, et la nostre recommencea plus que devant, en approchant trois pieces d'artillerie : et quant nos deux trompettes arriverent, ilz prindrent la nostre et l'envoyerent en la tente du marquis, et delibererent de combatre. Et dict le conte de Caiazze (si me dirent les presens) qu'il n'estoit point temps de parler, et que ja estions demy vaincuz : et l'ung des providateurs s'y acorda (qui le m'a compté) et l'aultre non, et le marquis s'y acorda; et son oncle, qui estoit bon et saige, y contredict de toute sa puissance (lequel nous aymoit, et à regret estoit contre nous), et à la fin tout se acorda.

CHAPITRE XI.

Pourparlers tentez inutillement, et commencement de la bataille de Fornoue.

Or fault entendre que le Roy avoit mis tout son effort en son avant garde, où povoit avoir trois cens cinquante hommes d'armes et trois mil Suisses (qui estoit l'esperance de l'ost) : et feit le Roy mettre à pied, avec eulx, trois cens archiers de sa garde (qui luy fut grant perte) et aucuns arbalestriers à cheval, des deux cens qu'il avoit de sa garde; d'aultres gens de pied y avoit peu, mais ce qui y estoit y fut mis. Et y estoit à pied, avec les Allemans, Engellibert, monseigneur de Cleves¹, frere au duc de Cleves², Lornay³ et le baillif de Dijeon⁴, chief des Allemans, et devant eulx l'artillerie. Icy feirent bien besoing ceulx qu'on avoit laissez aux terres des Florentins, et envoyez à Gennes⁵, contre l'oppinion de tous. Ceste avant garde avoit ja marché aussi avant que leur ost (et cuydoit on qu'ilz deubssent commencer), et nos deux aultres batailles n'estoient point si pres ne si bien pour se ayder comme ilz estoient le jour de devant. Et parce que le marquis se estoit ja gecté sur la greve et passé la riviere de nostre costé, et justement estoit à nostre doz quelque ung quart de lieue derriere l'arriere garde, et venoient le petit pas, bien serrez à merveilles, les faisoit beau veoir. Le Roy fut contrainct de tourner le doz à son avant garde et le visaige vers ses ennemys, et s'approcher de son arriere garde, et reculler de l'avant garde. J'estoye lors avec monseigneur le cardinal, attendant responce, et luy dis que je veoye bien qu'il n'estoit plus temps de s'y amuser : et m'en allay là où estoit le Roy, et partis d'aupres des

¹ Engilbert de Clèves, comte d'Auxerre, depuis comte de Nevers, d'Eu, etc., fils de Jean Iᵉʳ, duc de Clèves, et d'Élisabeth, fille de Jean, duc de Bourgogne, comte de Nevers. Naturalisé français en 1486. Marié à Charlotte de Bourbon. Mort le 21 novembre 1506. (*Art de vérifier les dates*, II, 575.)

² Jean II. (Voyez ci-dessus, page 117, note 1.)

³ Louis de Menton, seigneur de Lornay, capitaine des cent Allemands du Roi, grand écuyer de la Reine : c'est ainsi qu'il est qualifié sur l'état des officiers de la maison de cette princesse, pour les années 1496-1498. (*Hist. de Charles VIII*, 706.)

⁴ Voyez ci-dessus, page 335, note 1.

⁵ Voyez ci-dessus, page 447.

Suisses : et perdis, en allant, ung paige qui estoit mon cousin germain, et ung varlet de chambre et ung laquais, qui me suyvoient d'ung petit loing; et ne les veiz point tuer.

Je n'eus point faict cent pas, que le bruict commencea de là où je venoye, au moins ung peu derriere. C'estoient les Estradiotz, qui estoient parmy le bagaige et au logis du Roy, où y avoit trois ou quatre maisons : et y tuerent ou blesserent quatre ou cinq hommes, le reste eschappa. Ilz tuerent bien cent varletz de sommiers, et misrent le charriaige en grant desordre [1]. Comme je arrivoye là où estoit le Roy, je le trouvay où il faisoit des chevaliers, et les ennemys estoient ja fort pres de luy, et le feit on cesser. Et ouys le bastard de Bourbon [2], Mathieu (à qui le Roy donna du credit), et ung appellé Philippe du Moulin [3], simple

---

[1] « Passa.... ung estradiot.... lequel choisit entre les coffres de charriaige le seigneur de Saint Malo, se le print par la robbe, le cuidant enmener prisonnier : ce qu'il ne poelt; car il fut recoux par les lacquais dudit seigneur, et l'estradiot tué. » (Molinet, V, 40.)

[2] Matthieu, bâtard de Jean II, duc de Bourbon, surnommé le grand bâtard de Bourbon, conseiller et chambellan du Roi. Créé amiral et gouverneur de Guyenne et de Picardie à son retour d'Italie, où il fut fait prisonnier à la bataille de Fornoue. Vivait encore en 1503, et était mort en septembre 1505. (Anselme, I, 312.)

[3] Philippe du Moulin, chevalier, est mentionné dans une ordonnance de Charles VIII, donnée à Amboise le 6 mars 1495, comme faisant partie du conseil du Roi. (*Première bande des cent gentilshommes de la maison du Roi*. Bibl. Roy., Ms. Suppl. fr., n° 2343.) Vivait encore le 4 août 1506. (Archives du Royaume, *Parlement*, Matinées, reg. lxvi, fol. 550, verso.) Il avait épousé Charlotte d'Argouges, qui prenait le titre de veuve dès le 24 novembre 1506. (Id., *ib.*, reg. lxvii, fol. 28, recto.)

gentil homme, mais homme de bien, qui appellerent le Roy, disant : « Passez, Sire, passez », et le feirent venir devant sa bataille et devant son enseigne : et ne veoye nulz hommes plus pres des ennemys que luy, excepté ce bastard de Bourbon, et n'y avoit point ung quart d'heure que j'estoye arrivé : et estoient les ennemys à cent pas du Roy, qui estoit aussi mal gardé et conduict que fust jamais prince ne grant seigneur ; mais, au fort, il est bien gardé que Dieu garde, et estoit bien vraye la prophetie du venerable frere Hieronyme, qui disoit que Dieu le conduisoit par la main. Son arriere garde estoit à la main dextre, de luy ung peu recullee ; et la plus prouchaine compaignie de luy, de ce costé, estoit Robinet de Framezelles [1], qui menoit les gens du duc d'Orleans, environ quatre vingtz lances, et le sire de la Tremoille, qui en avoit environ quarante lances : et les cent archiers Escossois y estoient aussi, qui se misrent en la presse comme hommes d'armes. Je me trouvay du costé gauche, où estoient les gentilz hommes des vingt escuz [2] et les aultres de la maison du Roy, et les pensionnaires. Je laisse à nommer les cappitaines, pour briefveté ; mais le conte de Foix estoit chief de ceste arriere garde.

Ung quart d'heure apres que fus arrivé, le Roy estant

[1] Robinet de Framezelles, lieutenant du duc d'Orléans lors de la prise de Novarre en 1495 (*Hist. de Charles VIII*, 102), devint chambellan de Louis XII. (D'AUTON, IV, 151.) Figure, comme *seigneur* de Framezelles et capitaine de cent hommes d'armes et de deux cens archiers, sur *l'Ordre du camp de Louis XII....* à la bataille d'Aignadel, en 1509. (CLAUDE DE SEYSSEL, 552.)

[2] Voyez tome I, page 346, note 1.

ainsi pres d'eulx comme j'ay dict, les ennemys gecterent les lances en l'arrest et se misrent ung peu au galop, et en deux compaignies donnerent. Nos deux compaignies, de la main d'eulx dextre, et les archiers Escossois chocquerent presque aussitost l'ung comme l'aultre, et le Roy comme eulx [1] : le costé gaulche, là où j'estoye, leur donna sur le costé, qui fut advantaige grant, et n'est possible au monde de plus hardyment donner que l'on donna des deux costez. Leurs Estradiotz, qui estoient à la queue, veirent fuyr muletz et coffres vers nostre avant garde, et que leurs compaignons gaignoient tout. Ilz allerent celle part, sans suyvre leurs hommes d'armes qui ne se trouverent point acompaignez : car sans doubte, si ung mil cinq cens chevaulx legiers se fussent meslez parmy nous, avec leurs cimetaires au poing (qui sont terribles espees), veu le petit nombre que nous estions, nous estions desconfitz sans remede. Dieu nous donna ceste ayde, et, tout aussitost comme les coups de lances furent passez, les Italiens se misrent tous à la fuyte, et leurs gens de pied se gecterent au costé, ou la pluspart. A ceste propre instance qu'ilz donnerent sur nous, donna le conte de Caiazze sur l'avant garde; mais ilz ne joignirent point si pres : car, quant vint l'heure de coucher les lances, ilz eurent paour et se rompirent d'eulx mesmes. Quinze ou vingt en prindrent là les Allemans, par les bendes, qu'ilz tuerent; le reste fut

---

[1] Sauvage et ses successeurs mettent : « Et se mirent un peu aux galops : et, en deux compaignies, donnerent *à* noz deux compaignies de la main d'eulx, dextre, et *aux* archers escossois : *et* choquerent. »

mal chassé : car le mareschal de Gié mettoit grant peine à tenir sa compaignie ensemble, car il veoit encores grant compaignie assez pres de luy. Toutesfois, quelques ungz en chasserent, et partie de ces fuyans venoient le chemin où nous avions combatu, le long de la greve, les espees au poing : car les lances estoient gectees.

Or vous fault scavoir que ceulx qui assaillirent le Roy se misrent incontinent à la fuyte, et furent merveilleusement et vifvement chassez, car tout alla apres : les ungz prindrent le chemin du villaige dont estions partis, les aultres prenoient le plus court en leur ost : et tout chassa, excepté le Roy, qui avec peu de gens demoura, qui se mit en grant peril pour ne venir quant et nous. L'ung des premiers hommes qui fut tué, ce fut le seigneur Rodolph de Mantoue, oncle dudict marquis, qui debvoit mander à ce messire Anthoine d'Urbin [1] quant il seroit temps qu'il marchast : et cuydoient que la chose deubst durer comme font leurs faictz d'armes d'Italie, et de cela s'est excusé ledict messire Anthoine ; mais je croy qu'il ne veit nulz signes pour le faire venir. Nous avions grant sequelle de varletz et de serviteurs, qui tous estoient à l'environ de ces hommes d'armes italiens, et en tuerent la pluspart : ceulx ci, presque tous, avoient des hasches à couper boys en la main, dequoy ilz faisoient nos logis, dont ilz rompirent les visieres des armetz, et leur en donnoient de grans coups sur les testes : car bien mal aysez estoient à tuer, tant estoient

---

[1] Voyez ci-dessus, page 469, note 1.

fort armez, et ne veiz tuer nul où il n'y eust trois ou quatre hommes à l'environ; et aussi les longues espees que avoient nos archiers et serviteurs feirent ung grant exploict. Le Roy demoura ung peu au lieu où l'on l'avoit assailly, disant ne vouloir point chasser, ne aussi tirer à l'avant garde, qui sembloit estre recullee. Il avoit ordonné sept ou huict gentilz hommes, jeunes, pour estre pres de luy. Il estoit bien eschappé au premier choc, veu qu'il estoit des premiers : car ce bastard de Bourbon fut prins [1], à moins de vingt pas de luy, et emmené en l'ost des ennemys.

CHAPITRE XII.

Suite de la victoire remportee à Fornoue par les Francois; dangier où se trouve le roy Charles huictiesme.

Or se trouva le Roy, en ce lieu que je dis, en si petite compaignie qu'il n'avoit point, de toutes gens, que ung varlet de chambre, appellé Anthoine des Ambus [2], petit homme et mal armé; et estoient les aultres ung peu espars (comme me compta le Roy, dès le soir, devant eulx mesmes, qui en debvoient avoir grant honte de l'avoir ainsi laissé). Toutesfois ilz luy arriverent encores à heure : car une bende petite de quelques hommes d'armes desrompuz, qui venoient

[1] Voyez aux Preuves (6 juillet 1495) un récit de cette bataille et de la prise du bâtard de Bourbon.

[2] Antoine des Aubus est porté sur les états des officiers de la maison du Roi, aux années 1490, 1495, 1496. (*Hist. de Charles VIII*, 609, 705.) Il fut aussi valet de chambre de Louis XII, « hors en 1512. » (Bibl. Roy., Ms., *Suppl. fr.*, n° 2344, fol. 821.)

au long de ladicte greve qu'ilz veoient toute nette de gens, vindrent assaillir le Roy et ce varlet de chambre. Ledict seigneur avoit le meilleur cheval pour luy du monde, et si remuoit, et se deffendoit : et arriva sur l'heure quelque nombre de ses aultres gens, qui n'estoient gueres loing de luy : et lors se misrent les Italiens à fuyr, et lors le Roy creut conseil et tira à l'avant garde, qui jamais n'estoit bougee et au Roy vint bien à poinct ; mais si elle fust marché cent pas, tout l'ost des ennemys se fust mis en fuyte. Les ungz disent quelle le debvoit faire, les aultres disent que non.

Nostre bende, qui chassa, alla jusques bien pres du bout de leur ost, tirant jusques vers Fornoue, et ne veiz oncques recevoir coup à homme des nostres que à Julien Bourgneuf, que je veiz cheoir mort d'ung coup que luy donna ung Italien, en passant (aussi il estoit mal armé) : et là on se arresta, en disant : « Allons au Roy », et à ceste voix se arresta tout, pour donner alaine aux chevaulx qui estoient bien las : car ilz avoient grant piece couru, et par mauvais chemin, et par pays de cailloux. Aupres de nous passa une compaignie de fuyans, de quelque trente hommes d'armes, à qui on ne demanda riens, et estions en doubte. Dès que les chevaulx eurent ung peu reprins leur alaine, nous mismes au chemin pour aller au Roy, qui ne scavions où il estoit, et allasmes le grant trot : et n'eusmes gueres allé que le veismes de loing, et fismes descendre les varletz et amasser des lances par le camp, dont il y avoit assez, par especial de bourdonnasses, qui ne valloient gueres, et estoient creuses et legieres, qui ne pass ient [1] point une javeline, mais bien painctes, et fusmes mieulx fournis de lances que le matin : et tirasmes droict au Roy, et en chemin trouvasmes ung nombre de gens de pied des leurs, qui traversoient le camp; et estoient de ceulx qui s'estoient cachez aux costeaulx, qui avoient mené le marquis sur le Roy. Plusieurs en furent tuez, aultres eschapperent et traverserent la riviere ; et ne s'y amusa l'on point fort.

Plusieurs fois avoit esté cryé par aucuns des nostres, en combatant : « Souviengne vous de Guynegaste. » C'estoit pour une bataille perdue [2], du temps du roy Loys unziesme, en la Picardie, contre le roy des Rommains, pour soy estre mis à piller le bagaige ; mais il n'y eut riens prins ne pillé. Leurs Estradiotz prindrent des sommiers ce qu'ilz voulurent; mais ilz n'en emmenerent que cinquante cinq, tous les meilleurs et mieulx couvers, comme ceulx du Roy et de tous ses chambellans, et ung varlet de chambre du Roy, appelé Gabriel [3], qui avoit ses relicques sur luy, qui longtemps avoient esté aux roys, et conduisoit lesdictes pieces parce que ledict Roy y estoit. Grant nombre d'aultres coffres y eut perduz et gectez, et robez par les nostres mesmes ; mais les ennemys

---

[1] Sauvage et ses successeurs mettent : « qui ne *pesoient* point une javeline. »

[2] Voyez ci-dessus, page 206.

[3] Gabriel de La Bondinière est porté sur l'état de la maison du Roi, années 1484-1498, comme valet de chambre, « hors en 1497. » (BIBL. ROY., Ms., *Suppl. fr.*, n° 2340, fol. 777.)

n'eurent que ce que je dis. En nostre ost y eut grant sequelle de paillards et paillardes à pied, qui faisoient le dommaige des mors. Tant d'ung costé que d'aultre, je croy en dire pres de la verité, et bien informé des deux costez : nous perdismes Julien Bourgneuf, le cappitaine de la porte du Roy [1], ung gentil homme des vingt escuz : des archiers Escossois, en mourut neuf; d'aultres hommes à cheval, de ceste avant garde, environ vingt; à l'entour des sommiers, soixante ou quatre vingtz varletz des sommiers : eulx perdirent trois céns cinquante hommes d'armes, mors en la place, et jamais nul ne fut prins prisonnier, ce que par adventure jamais n'advint en bataille. D'Estradiotz, en mourut peu, car ilz se misrent au pillaige [2].

En tout y mourut trois mil cinq cens hommes, comme plusieurs des plus grans de leur costé m'ont compté (aultres m'ont dict plus); mais il mourut des gens de bien, et en veiz en ung roolle jusques à dix huict, bons personnaiges, entre lesquelz en y avoit quatre ou cinq du nom de Gonsaigue [3], qui est le nom

[1] Colinet du Gal est porté sur l'état des officiers de la maison du Roi pour l'année 1490, comme remplissant les fonctions de capitaine de la porte. (*Hist. de Charles VIII*, 610.) Colinet du *Gol*, « hors en 1496. » (BIBL. ROY., Ms., *Suppl. fr.*, n° 2340, fol. 784.)

[2] « Demourerent mors vingt sept grans personnaiges du party desdits Venitiens; et du party de France, environ quarante hommes, qui furent : le capitaine de la porte, le marteau de la bende du seigneur de Myolans; Grosse Perruque, le sommelier d'armes, le controlleur de l'artillerie, et huit archiers escochois et aultres menus gens; mais y eut grosse perte de bagaiges, car quant ce vint à la recousse, chascun se mit à la destrousse. » (MOLINET, V, 41.)

[3] « Le seigneur Redolphe de Couzango (Gonzague), oncle dudit

du marquis, qui y perdit bien soixante gentilz hommes de ses terres : et à tout cecy ne s'y trouva ung seul homme à pied. Est grant chose avoir esté tué tant de gens de coup de main : car je ne croy point que l'artillerie des deux costez tuast dix hommes, et ne dura point le combat ung quart d'heure, car dès ce qu'ilz eurent rompu ou gecté les lances, tout fuyt. La chasse dura environ trois quartz d'heure. Leurs batailles d'Italie n'ont point acoustumé d'estre telles : car ils combatent escadre apres escadre, et dure quelquesfois tout le jour, sans ce que l'ung ne l'autre gaigne.

La fuyte, de leur costé, fut grande : et fuyrent bien trois cens hommes d'armes, et la pluspart de leurs Estradiotz. Les ungs fuyrent à Rege (qui est bien loing de là), les aultres à Parme, où y povoit bien avoir huict lieues : et à l'heure que la bataille fut ainsi meslee, le matin, fuyt d'avec nous le conte de Petillane et le seigneur Virgille Ursin (mais cestuy là n'alla que en une maison d'ung gentil homme), et estoient[1] là sur la foy ; mais vray est qu'on leur faisoit grant tort. Ledict conte alla droict aux ennemys. Il estoit homme bien congneu des gens d'armes, car tousjours avoit eu charge, tant des Florentins que du roi Ferrand : et se print à cryer : « Petillane, Petillane »; et alla apres ceulx qui fuyrent, plus de trois lieues, cryant que tout estoit leur et qu'ilz vinssent au gaing, et en ra-

---

marquis de Mantoue ; le magnifique Jehanin Maria de Couzango, cousin du dessus nommé marquis ; Guydonne de Couzango, vaillant seigneur, le fils de Jehanin Couzango, etc. » (*Hist. de Charles VIII*, 166.)

[1] Toutes les éditions portent : « et *estoit*... »

mena la pluspart et les asseura : et si n'eust il esté, tout s'en fust fuy : et ce ne leur estoit petit reconfort, et d'ung tel homme, party d'avec nous : et mit en avant, le soir, de nous assaillir; mais ilz n'y voulurent entendre : depuis le m'a compté. Aussi le me compta le marquis de Mantoue, disant que ce fut luy qui mit ce party en avant; mais à dire le vray, si ce n'eust esté ledict conte, ilz fussent tous fuys la nuict.

Comme tout fut assemblé auprès du Roy, on veoit encores hors de leur ost grant nombre d'hommes d'armes en bataille : et s'en veoit les testes seullement et les lances, et aussi des gens de pied, et y avoient tousjours esté; mais il y avoit plus de chemin qu'il ne sembloit, et eust fallu repasser la riviere, qui estoit creue et croissoit d'heure en heure : car tout le jour avoit tonné, esclairé et pleu merveilleusement, et par especial en combatant et chassant. Le Roy mit en conseil s'il debvoit chasser contre ceulx là ou non. Avec luy avoit trois chevaliers italiens : l'ung estoit messire Jehan Jacques de Trevoul (qui encores vit, et se gouverna bien ce jour), l'aultre avoit nom messire Francisque Secco, tres vaillant chevalier, souldoyé des Florentins, homme de soixante et douze ans : l'aultre messire Camille Vitelly [1]. Luy et trois de ses freres estoient à la soulde du Roy; et y vindrent de Civita de Castelle [2] jusques vers Cersanne pour

---

[1] Camille Vitelli, fils de Nicolas, créé duc de Gravina et marquis de Santo-Angelo par Charles VIII. Tué en 1495, au siége de Circello, à l'âge de quarante ans. (ZAZZERA, I, 289.)

[2] Città di Castello dans l'Ombrie, ville des États de l'Église.

estre à ceste bataille, sans estre mandez, où il y a ung grant chemin : et quant il veit qu'il ne povoit atteindre le Roy avec sa compaignie, ledict Camille vint seul. Ces deux furent d'oppinion que l'on marchast contre ceulx que l'on veoit encores. Les Francois à qui on en demanda ne furent point de cest advis, mais disoient qu'on avoit assez faict et qu'il estoit tard, et qu'il se falloit logier.

Ledict messire Francisque Secco soubstint fort son oppinion, monstrant gens qui alloient et venoient au long d'ung grant chemin qui alloit à Parme (qui estoit la plus prouchaine ville de leur retraicte), alleguoit que c'estoient fuyans ou qui en revenoient; et, à ce que sceusmes depuis, il disoit vray : et, à sa parolle et contenance, estoit hardy et saige chevalier : et qui eust marché, tout fuyoit (et tous les chiefz le m'ont confessé, et quelcun devant le duc de Millan), qui eust esté la plus belle et grant victoire qui ait esté depuis dix ans, et la plus prouffitable. Car, qui en eust bien sceu user et faire son prouffit, et saigement s'y conduire, et bien traicter le peuple, huict jours apres le duc de Millan n'eust eu, au mieulx venir pour luy, que le chasteau de Millan, à l'envie que ses subjectz avoient à se tourner : et tout ainsi en fust il allé des Venissiens, et n'eust point esté besoing de se soucier de Naples : car Venissiens n'eussent sceu où recouvrer gens, hors Venise, Bresse[1] et Cremonne (qui n'est que une petite ville), et tout le reste eussent perdu en Italie. Mais Dieu nous avoit faict ce que me dict

[1] Brescia.

frere Hieronyme, l'honneur nous estoit demouré : car, veu le peu de sens et ordre qui estoit parmy nous, tant de bien ne nous estoit point deub, car nous n'en eussions sceu user pour lors; mais je croy que si à ceste heure (qui est l'an mil quatre cens quatre vingtz dix sept) ung tel bien advenoit au Roy, il en scauroit mieulx ordonner.

Estant en ce propos, la nuict s'approcha, et ceste compaignie qui estoit devant nous se retira en leur camp, et nous de l'aultre costé : et nous allasmes logier à ung quart de lieue de là où avoit esté la bataille [1]. Et descendit le Roy en une cense ou mestairie povrement ediffiée; mais il se trouva nombre infiny de bledz en gerbe, dont tout l'ost se sentit. Aucunes aultres maisonnettes y avoit aupres, qui peu servirent : car chascun logea comme il peut, sans faire nul quartier. Je scay bien que je couchay en une vigne, bien empressé sur la terre, sans aultre advantaige [2] et sans manteau : car le Roy avoit emprunté le mien le matin, et mes sommiers estoient assez loing, et estoit trop tard pour les chercher. Qui eut de quoy feit collation; mais bien peu en avoient, si ce n'estoit quelque

---

[1] « Ledit lieu où se donna la bataille se nomme Virgerra (là où autresfois y avoit eu desja bataille), et est joignant le Vau aux Rux, selon le langage du pays, pres de Fournoue, environ deux milles (ou, comme l'on pourroit dire, environ autant qu'il y a de Paris jusques au champ du Lendit), et distant de Parme de quatre milles, et ainsi ce lieu est situé entre Fournoue et Parme, du costé de là les Rux; et le camp des ennemis estoit joignant la riviere qui passe par là. » (*Hist. de Charles VIII*, 165.)

[2] *Saillie, abri.*

loppin de pain, prins au seing d'ung varlet. Je veiz le Roy en sa chambre, où il y avoit des gens blecez, comme le seneschal de Lyon [1] et aultres, qu'il faisoit habiller : et faisoit bonne chiere, et se tenoit chascun à bon marchant, et n'estions point tant en gloire comme peu avant la bataille, parce que nous veyons les ennemys pres de nous. Ceste nuict feirent nos Allemans le guet, tous, et leur donna le Roy trois cens escuz, et le feirent bon, et sonnoient bien leurs tabourins.

CHAPITRE XIII.

Comment le seigneur d'Argenton alla luy seul parlamenter aux ennemys, quant il veit que aultres deputez avec luy n'y vouloient aller, et comment le Roy parvint sain et sauf, avec ses gens, jusques en la ville d'Ast.

Lendemain au matin me deliberay de continuer encores nostre praticque d'appoinctement, tousjours desirant le passaige du Roy en seureté; mais à peine peuz je trouver trompette qui voulsist aller en l'ost des ennemys, à cause qu'il avoit esté tué en la bataille neuf de leurs trompettes, qui n'avoient point esté congneuz, et eulx en avoient prins ung des nostres : et si en tuerent ung que j'ay nommé [2], que le Roy avoit envoyé avant que la bataille commenceast. Toutesfois ung y alla, et porta ung saufconduict du Roy, et m'en

---

[1] Gilbert Dugué, sénéchal de Lyon, est compris sur l'état des officiers de la maison du Roi, pour l'année commençant le 1er octobre 1495, et finissant le dernier septembre 1496, comme valet de chambre du Roi. (*Hist. de Charles VIII*, 705.)

[2] Voyez ci-dessus, page 470.

rapporta ung pour parlamenter à my chemin des deux ostz, qui me sembloit mal aysé à faire; mais je ne vouloye riens rompre, ne faire difficile. Le Roy nomma le cardinal de Sainct Malo et le seigneur de Gié, mareschal de France, le seigneur de Piennes son chambellan, et moy en leur compaignie; et eulx nommerent le marquis de Mantoue, cappitaine general de la Seigneurie, le conte de Caiazze (qui plusieurs fois a esté nommé en ces Memoires et n'agueres estoit des nostres, et estoit cappitaine des gens du duc de Millan) et messire Lucques Pisan, et messire Marquinot Trevisan, providateurs de ladicte Seigneurie de Venise: et marchions lors si pres d'eulx que nous les veions, et n'estoient que eulx quatre sur la greve, car la riviere couroit entre nous et eulx, qui estoit bien creue depuis le jour precedent, et n'y avoit riens hors leur ost, ne aussi de nostre costé n'y avoit riens plus avant que nous, et nostre guet qui estoit à l'endroict. On leur envoya ung herault, scavoir s'ilz vouldroient point passer la riviere. Comme j'ay dict, je trouvay bien difficile que nous nous pussions assembler, et pensoye bien que chascun y feroit des doubtes : et eulx le monstrerent, qui respondirent qu'il avoit esté dict que le parlement se feroit en my chemin des deux ostz, et avoient faict plus de la moytié du chemin, et qu'ilz ne passeroient point la riviere, et qu'ilz estoient tous les chiefz de l'ost, et qu'ilz ne se vouloient point mettre en peril.

Les nostres feirent doubte de leur costé, qui aussi estimoient leurs personnes, et me dirent que je y allasse, sans me dire ce que je y avoye à faire, ne à dire. Je dis que je n'iroye point seul et que je voulois ung tesmoing, et pourtant vint avec moy ung appelé Robertet, secretaire du Roy, et ung mien serviteur, et ung herault : et ainsi passay la riviere, et me sembloit que, si je ne faisoye riens, que au moins je m'acquitteroye vers eulx, qui estoient assemblez par mon moyen. Et quant je fus arrivé pres eulx, je leur remonstray qu'ilz n'estoient point venuz jusques à my chemin, comme ilz avoient dict, et que pour le moins ilz venissent jusques sur le bort de la riviere : et me sembloit que, s'ilz estoient si pres, qu'ilz ne despartiroient point sans parlamenter. Ilz me deirent que la riviere estoit trop large et couroit fort, parquoy ilz ne s'entendoient point à parler [1] : et ne sceuz tant faire qu'ilz voulsissent venir plus avant, et me dirent que je feisse quelque ouverture. Je n'avoye nulle commission, et leur dis que seul ne leur diroye aultre chose ; mais que, s'ilz vouloient riens ouvrir, que j'en feroye le rapport au Roy : et nous estans en ce propos, vint ung de nos heraultz qui me dict que ces seigneurs dessusdictz s'en alloient, et que je ouvrisse ce que je voudroye, ce que je ne vouluz point faire : car ilz scavoient du vouloir du Roy plus que moy, tant pour en estre plus prouchains que pour avoir parlé à luy en l'oreille à nostre partement ; mais de son affaire present, j'en scavoye autant que eulx pour lors.

Le marquis de Mantoue me commencea fort à parler

---

[1] Sauvage et ses successeurs mettent : « Parquoy ils ne *s'attendoient* point à parler *de plus près*. »

de la bataille, et me demanda si le Roy l'eust faict tuer s'il eust esté prins ; je luy dis que non, « mais vous eust faict bonne chiere » : car le Roy avoit cause de l'aymer, car il luy faisoit acquerir grant honneur en l'assaillant. Lors il me recommanda les prisonniers, et par especial son oncle, le seigneur Rodolph, et le cuydoit vif; mais je scavoye bien le contraire. L'asseuray que tous les prisonniers seroient bien traictez, et luy recommanday le bastard de Bourbon qu'il tenoit. Les prisonniers estoient bien aysez à penser, car il n'en y avoit point; ce qui n'advint par adventure jamais en bataille, comme l'ay dict [1] : et y avoit perdu ledict marquis plusieurs de ses parens, et jusques à sept ou à huict, et en toute sa compaignie bien six vingtz hommes d'armes. Et apres ces devises, je prins congié d'eulx, disant que avant la nuict je retourneroye, et feismes trefves jusques à la nuict.

Apres que je fus retourné là où estoit le Roy, et ledict secretaire avec moy, ilz me demanderent des nouvelles : et se mit le Roy en conseil, en une povre chambre, et ne se conclud riens, que chascun regardoit son compaignon. Le Roy parloit en l'oreille du cardinal, et puis me dict que je retournasse veoir qu'ilz vouldroient dire (or l'entreprinse du parler venoit de moy, parquoy estoit vraysemblable qu'ilz vouloient que je commenceasse à parler), et puis me dict le cardinal que je ne conclusse riens. Je n'avoye garde de riens conclurre, car on ne me disoit riens : je ne vou-

---

[1] Voyez ci-dessus, page 479.

lus riens replicquer ne rompre mon allee, car j'esperoye bien ne gaster riens, et pour le moins veoir quelque chose des contenances de nos ennemys qui, sans doubte, estoient plus espoventez que nous et par adventure eussent peu ouvrir quelques parolles qui eussent porté seureté aux deux parties, et me mis au chemin. Mais ja approchoit la nuict quant je arrivay sur le bort de la riviere, et là me vint une de leurs trompettes, qui me dict que ces quatre dont j'ay parlé me mandoient que je ne venisse point pour ce soir, à cause que leur guet estoit assis des Estradiotz, qui ne congnoissoient personne, et qu'il y pourroit avoir dangier pour moy; mais vouloit demourer ladicte trompette la nuict, pour moy guider. Je le renvoyay, disant que le matin, environ huict heures, je seroye sur le bort de ladicte riviere, et que là il m'attendist, ou, s'il y avoit quelque mutation, que je leur renvoyroye ung herault : car je ne vouloye point qu'il congneust ceste nuict riens de nostre cas, et si ne scavoye quelle conclusion le Roy prendroit : car je veiz des conseilz en l'oreille, qui me faisoient doubter; et retournay dire ces choses audict seigneur.

Chascun souppa de ce qu'il avoit et se coucha sur la terre, et tost apres mynuict me trouvay en la chambre dudict seigneur. Ses chambellans estoient là, en estat de monter à cheval, et me dirent que le Roy deliberoit de tirer en dilligence jusques en Ast et aux terres de la marquise de Montferrat, et me parlerent de demourer derriere pour tenir le parlement : dont je me excusay, disant que ne me vouloye point

[1495]

faire tuer à mon escient, et que je ne seroye point des derreniers à cheval. Tantost le Roy s'esveilla, et ouyt la messe, et puis monta à cheval. Une heure devant le jour, une trompette sonna « Faictes bon guet »; mais aultre chose ne fut sonné à se deslogier (et croy aussi qu'il n'en estoit nul besoing) : toutesfois c'estoit donner effroy à l'armee, au moins aux gens de congnoissance, et puis nous tournions le doz à nos ennemys et prenions le chemin de sauveté, qui est chose bien espoventable pour ung ost : et y avoit bien mauvaise saillie au partir du logis, comme chemins creux et boys, et si nous en tordismes[1] : car il n'y avoit point de guide pour nous guider, et ouys comme on demanda la guide à ceulx qui conduisoient les enseignes et à celluy qui faisoit l'office de grant escuyer; mais chascun respondit, « Je n'en ay point. » Notez qu'il ne falloit point de guide, car Dieu seul avoit guidé la compaignie au venir, et, ensuyvant ce que m'avoit dict frere Hieronyme, il nous vouloit encores conduire au retour : car il n'estoit point à croire que ung tel roy chevaulchast de nuict sans guide, là où il en povoit assez finer. Encores monstra Nostre Seigneur plus grant signe de nous vouloir preserver : car les ennemys ne s'apperceurent point de nostre partement qu'il ne fust midy, attendans tousjours ce parlement que j'avoye entreprins : et puis la

[1] « C'est à dire, proprement, nous nous *détournasmes* du droit chemin. Le drapier, dans *Pathelin* :

. . . . Je *tordroye*
De beaucoup à aller par là. » (*Ducatiana*, II, 418.)

riviere creut si tres grande, qu'il fut quatre heures apres midy avant que nul homme se osast adventurer d'y passer pour nous suyvre : et lors y passa le conte de Caiazze avec deux cens chevaulx legiers italiens, en grant peril pour la force de l'eau ; et, en passant, il s'y noya ung homme ou deux, comme depuis il m'a compté.

Et cheminasmes par chemin bossu et boys, et falloit aller à la file. Ce chemin duroit six mils ou environ ; et apres trouvasmes une belle grant plaine, où ja estoit nostre avant garde, artillerie et bagaige, qui estoit fort grant, et qui de loing sembloit une grosse bende : et en eusmes effroy de prime face, à cause de l'enseigne blanche et carree de messire Jehan Jacques de Trevoul, pareille de celle que avoit porté à la bataille le marquis de Mantoue, et ladicte avant garde eut doubte de nostre arriere garde qu'ilz veoient venir de loing hors du chemin, pour venir par le plus court. Et se mit chascun en estat de combatre ; mais cest effroy dura peu, car chevaulcheurs vindrent de tous costez et se recongneurent incontinent : et de là allasmes repaistre au Bourg Sainct Denys [1], où l'on crya une alarme [2], faicte à propos pour en tirer les Allemans, de paour qu'ilz ne pillassent la ville. Et

---

[1] Borgo-San-Donino, ville du duché de Parme.

[2] « Et disoient aucuns que c'estoit monsieur de Bresse qui estoit allé à Gennes avec une belle bande de gens d'armes, tant arbalestriers que autres, qui eussent bien servy à la susdite bataille s'ils y eussent esté ; car cette bande estoit belle et bonne, en nombre de seize à dix huit cents gentils compagnons tous bien deliberez. » (*Hist. de Charles VIII*, 167.)

allasmes coucher à Florensolle[1]; le second jour coucher près Plaisance[2], et passasmes la riviere de Trebia[3]; mais il demoura de l'aultre part deux cens lances, nos Suisses et toute l'artillerie, excepté six pieces que le Roy menoit : et cela feit le Roy pour estre mieulx logié et plus au large[4], car ladicte riviere, par ordi-

---

[1] Firenzuola.

[2] « A l'abbaye de Salmedon : mais ce jour là ceux du pays avoient rompu un pont par où il falloit faire passer l'artillerie, qui fut un grand obstacle et empeschement pour l'armee; car il convint amasser tous les pionniers d'icelle et les mettre incontinent en besongne, tellement que tost apres, malgré les vilains adversaires, ladite artillerie passa gayement; mais cependant qu'on raccommodoit ledit pont, la pluye survint en si grande quantité que tout l'ost et l'armee en fut merveilleusement incommodee; car sans cesser, en tres grande abondance elle dura bien quatre heures, dont les chemins furent si fort rompus, qu'il n'estoit homme de pied ny de cheval, tant fut il bien monté, qui peut mettre un pied avant l'autre. Le plus fort de l'affaire estoit à ceux qui menoient l'artillerie; car pour en tirer une seule pièce, il convenoit bien y employer quarante ou cinquante chevaux et autant de pionniers : ce qui ne fut pas sans une merveilleuse peine; et encore pour augmenter d'avantage l'ennuy de ceste fatigue, ce jour là mesme il falloit que toute l'armee passat aupres de Plaisance, qui est une des fortes villes et dangereuses de toute l'Italie; car la nuit precedente s'estoit mis dedans le seigneur Fercasse, neveu du duc de Milan, avec quatre mille chevaux et gens de guerre : ce qui estoit bien pour espouventer ladite armee.... Toutesfois, graces à Dieu, sans aucun danger elle passa outre, moyennant le bon ordre qui y fut tenu; laquelle chose fit si peur audit Fercasse, qu'il n'osa jamais sortir dehors ny les siens aussi. Et passa ladite armee le mesme jour (jeudi 9 juillet) la riviere du lieu, qui encore n'estoit gueres grande; mais la nuit suivante elle creut tant, que le matin on ne la pouvoit plus passer. » (*Hist. de Charles VIII*, 168.)

[3] Trebia, rivière qui descend du revers septentrional des Apennins dans les États sardes.

[4] Sauvage et ses successeurs ajoutent : « Esperant les faire bien passer à l'aise quant il voudroit. »

naire, est petite, et par especial en ceste saison de lors. Toutesfois, environ dix heures de nuict, ladicte riviere creut si fort que nul homme n'y eust sceu passer à pied ne à cheval, ne l'une compaignie n'eust sceu secourir l'aultre : qui fut chose de grant doubte, pour avoir les ennemys pres, et chercha l'on toute la nuict pour trouver le remede, d'ung costé et d'aultre; mais il n'y en avoit point, jusques à ce qu'il vint de luy mesmes, qui fut environ cinq heures du matin : et lors on tendit des cordes d'ung bout jusques à l'aultre pour ayder à passer les gens de pied, qui estoient en l'eaue jusques au dessus de l'estomac.

Tost apres passerent les gens de cheval, et artillerie : ce fut une soubdaine et perilleuse adventure, consideré le lieu où nous estions, et les ennemys aupres de nous : c'est asscavoir la garnison de Plaisance et le conte de Caiazze, qui y estoit entré : car aucuns de ladicte ville praticquoient d'y mettre le Roy; mais ilz vouloient que ce fust soubz le tiltre d'ung petit filz demouré de Jehan Galleasche, derrenier duc, qui puis n'agueres estoit mort, comme avez ouy [1]. Et quant le Roy eust voulu entendre à ceste praticque, plusieurs villes et aultres personnes y eussent entendu, par le moyen dudict messire Jehan Jacques de Trevoul; mais ledict seigneur ne vouloit point faire ce desplaisir au duc d'Orleans son cousin, qui ja estoit dedans Novarre, comme avez veu [2] : et, à dire verité, de l'aultre costé il ne desiroit point fort de veoir son-

[1] Voyez ci-dessus, page 344.
[2] Voyez ci-dessus, page 442.

dict cousin si grant, et luy suffisoit de passer et laisser aller ce different comme il pourroit. Le troisiesme jour apres le partement du lieu où avoit esté la bataille, alla le Roy disner au chastel Sainct Jehan [1], et coucha en ung boys : le quatriesme, disna à Voghera et coucha à Pont Curon [2]; le cinquiesme jour, coucha pres Tortone [3], et passa la riviere, appellee Scri-

[1] Situé dans les États sardes. « Le vendredy dixieme jour de juillet, le Roy partit.... et alla disner aux fauxbourgs du chasteau Sainct Jehan, et ne voulut point entrer dedans de peur qu'on ne le pillast. Les hommes de la ville dudit chasteau Sainct Jehan fournirent des vivres par dessus les murailles, en grande abondance, tant pour hommes que pour chevaux, en payant cherement; et à la requeste de messire Jehan Jacque, le Roy alla coucher dans un bois où il fit son campement, et coucha ceste nuit dans ses tentes et pavillons avec toute son armee. » (*Hist. de Charles VIII*, 168.)

[2] Ponte-Curone.

[3] « Le samedy onziesme jour de juillet, le Roy partit.... bien matin, pour aller à Tortonne, qui estoit une journee trop grande en ces quartiers là; car il fut adverty que Fercasse s'estoit retiré de Plaisance, et estoit venu audit lieu de Tortonne pour en garder le passage contre le Roy et tous ses gens; et pour ce faire, ils estoient venus en grand nombre dedans ceste ville; au bout d'une levee, le long des prez et marests, il y avoit une forte tour joignant un pont, qui estoit le commencement du passage où il y avoit quelques Italiens qui le gardoient; mais incontinent que les François arriverent devant icelle, ceux de dedans furent bien esbahis, et non sans cause, car ils n'avoient pas esté advertis de voir tant de testes armees paroistre devant eux, ny si grosse artillerie qu'on leur monstra de prime face; parquoy, comme gens fort estonnez et surpris pour chose qu'on sceut leur dire ou faire parler, ils ne voulurent entreprendre de resister, ny entendre à composition; mais firent les sourds, tellement qu'il convint rompre les portes de ladite tour, et entra t'on dedans par force, au moyen de quoy lesdits paillars qui y estoient furent tous tuez, et cela par leur fait et aveuglement : ce fait, le Roy envoya à Tortonne un de ses

via¹, que Fracasse deffendoit : car les gens qui y estoient soubz sa charge, estoient à Tortone pour le duc de Millan; et, adverty qu'il fut par ceulx qui faisoient le logis du Roy que ledict seigneur ne vouloit que passer, se retira en la ville et manda qu'il bailleroit des vivres tant que l'on vouldroit, et ainsi le feit : car toute l'armee passa rasibus de la porte dudict Tortone, et vint ledict Fracasse au devant du Roy, armé ; mais il n'avoit que deux personnes avec luy, et se excusa fort au Roy qu'il ne le logeoit en la ville, et feit mettre force vivres hors ladicte ville, dont tout l'ost fut bien fourny, et au soir vint au coucher du Roy. Et fault entendre qu'il estoit de ceste maison de Sainct Severin, et frere de ce conte de Caiazze et de messire Galleasche, et avoit esté, peu de temps devant, à la soulde du Roy, en la Rommaigne, comme il a esté dict ailleurs². De là vint le Roy à Nice de la Paille³, qui

herault d'armes par devers ledit Fercasse.... qui avoit amené audit lieu lesdits gens d'armes; lequel Fercasse fit bon accueil à ce heraut, appellé Prouvence, tellement qu'il offrit la ville, le chasteau et tout ce qui estoit dedans au Roy, si son plaisir estoit d'y loger ; et de luy mesme vint à la porte dudit lieu de Tortonne au devant du Roy, et parla à luy, en luy offrant de rechef ladite ville et tous les biens d'icelle, dont le Roy le remercia. Et alors il prit congé dudit Fercasse, qui estoit un tres gracieux et beau gendarme, et passa ensuite l'artillerie et les gens d'armes du Roy, au travers les fauxbourgs de Tortonne, et par le dedans mesme de la porte; qui plus est, le Roy fit mettre et planter son camp devant et auprès de Tortonne, auquel lieu il demeura jusques au lendemain matin. » (*Hist. de Charles VIII*, 168-169.)

¹ Scriva.
² Voyez ci-dessus, page 371.
³ Nizza della Paglia, ville des États sardes. « Le lundy treiziesme

est du marquisat de Montferrat, que nous desirions bien trouver, pour estre en pays d'amys et en seureté : car ces chevaulx legiers que menoit le conte de Caiazze estoient sans cesse à nostre queue, et les premiers jours nous feirent grant ennuy; et avions peu de gens à cheval qui se voulsissent mettre derriere, car plus approchions du lieu de seureté, et moins monstroient les nostres qu'ils eussent vouloir de combatre. Et aussi dict l'on que c'est la nature d'entre nous Francois; et l'ont escript les Italiens en leurs hystoires, disant que au venir des Francois ilz sont plus que hommes, mais que à leur retraicte sont moins que femmes : et je le croy du premier point, que veritablement ce sont les plus rudes gens à rencontrer qui soient en tout le monde (j'entens les gens de cheval), mais à la retraicte d'une entreprinse, tous gens du monde ont moins cueur que au partir de leurs maisons.

CHAPITRE XIV.

Comment les Allemans mettent l'armee de France en seureté dans sa retraicte.

Ainsi, pour continuer ce present propos, nostre queue estoit deffendue de trois cens Allemans, qui avoient moult largement de couleuvrines, et leur portoit on beaucoup d'hacquebutes à chevalet : et ceulx là faisoient bien retirer les Estradiotz, qui n'estoient

jour de juillet, le Roy.... fut coucher à six milles de Nice, es terres de la marquise de Montferrat. » (*Hist. de Charles VIII*, 169.)

point grant nombre, et le grant ost qui nous avoit combatuz venoit tant comme il povoit; mais, pour estre partis ung jour apres nous et pour leurs chevaulx bardez, ne nous sceurent joindre : et ne perdismes jamais ung homme au chemin, et ne fut ledict ost jamais à vingt mils de nous : et quant ilz veirent qu'ilz ne nous povoient joindre (et peult estre aussi qu'ilz n'en avoient point grant envie), ils tirerent devant Novarre, où estoient les gens du duc de Millan, et des leurs, comme avez ouy par cy devant; mais s'ilz nous eussent peu atteindre pres de nostre retraicte, peult estre qu'ilz en eussent eu meilleur marché qu'ilz n'eurent à la vallee de Fornoue.

J'ay dict, en plusieurs lieux, comme j'avoye dict et monstré que Dieu le Createur nous avoit guidez en ce present voyaige, mais encores me sert il à le dire icy : car, depuis le jour de ladicte bataille jusques audict lieu, les logis furent mal despartis, mais logeoit chascun comme il povoit[1]. De vivres nous avions grant necessité : toutesfois quelque peu en apportoient ceulx du pays, qui ayseement nous eussent empoisonnez s'ilz eussent voulu, tant en leurs vivres, vins, que d'eaues, qui en ung moment estoient taries et les puys; aussi je ne veiz que petites fontaines; mais ilz n'y eussent point failly s'ilz y eussent voulu essayer; mais il est de croire que Nostre Sauveur et Redempteur Jesus Christ leur ostoit le vouloir. Et je ay veu la soif si grande, que ung monde de gens de pied beu-

---

[1] Sauvage et ses successeurs ajoutent ici : « En patience, sans trouble ou debat. »

voient aux fossez de ces petites villettes où nous passions. Nous faisions grans traictes et longues, et beuvions eaue orde et non courante, et pour boire se fourroient dedans jusques à la ceincture : car il nous suyvoit grant peuple, qui n'estoient point gens de guerre, et ung bien grant nombre de sommiers.

Encores touchant le logis, je ne veiz jamais ung debat. Le Roy partoit avant jour (et ne sceuz oncques qu'il y eust guide) et couchoit¹, jusques à midy, là où il repaissoit, et chascun prenoit place : et falloit apporter les vivres des chevaulx entre les bras et que chascun feist repaistre son cheval, et scay bien que je l'ay faict deux fois et fus deux jours sans manger que pain bien meschant : et si estoye de ceulx qui avoient moins de necessité. D'une chose fault louer ceste armee, c'est que jamais je ne ouyz homme soy² plaindre de necessité qu'il eust : et si fut le plus penible voyaige que je veiz oncques jamais en ma vie, et si en ay veu, avec le duc Charles de Bourgongne, de bien aspres. Nous n'allions point plus fort que ces grosses pieces d'artillerie, où souvent y avoit à besongner à leurs affaires et grant faulte de chevaulx ; mais à toute heure qu'il estoit besoing s'en recouvroit en l'ost par les gens de bien qui voulentiers les bailloient : et ne se perdit une seulle pierre ne une livre de pouldre, et croy que jamais homme ne veit passer artillerie de telle grosseur, ne à telle dilligence, par les lieux où passa ceste icy. Et si j'ay

---

¹ Toutes les éditions portent : « touchoit. »
² « Homme *si merveilleusement fort* plaindre... » (Premières édit.)

parlé du desordre qui estoit tant à nostre logis que aux aultres choses, ce ne fut pas par faulte qu'il y eust des gens bien experimentez en l'ost; mais le sort voulut que ceulx là avoient le moins de credit. Le Roy estoit jeune et vouluntaire, comme ailleurs ay dict[1]; et, pour conclurre l'article, semble que Nostre Seigneur Jesus Christ ait voulu que toute la gloire du voyaige ait esté attribuee à luy.

Le septiesme jour depuis le partement du lieu où avoit esté la bataille, partismes de Nice de la paille et logeasmes en camp tous ensemble, assez pres d'Alexandrie[2], et fut faict gros guet la nuict; et du matin, devant le jour, partismes, et allasmes en Ast, c'est asscavoir la personne du Roy et les gens de sa maison (les gens d'armes demourerent pres de là en camp): et trouvasmes la ville d'Ast bien garnie de tous vivres, qui feirent grant bien et secours à toute la compaignie qui en avoit bon besoing, parce que ladicte armee avoit enduré grant fain et soif, grant travail et challeur, et tres grant faulte de dormir, et les habillemens tous gastez et rompuz. Arrivé que fut le Roy en Ast, et sur l'heure, avant que dormir, je envoyay ung gentil homme nommé Philippe de la Couldre[3] (qui aultresfois m'avoit servy, et qui pour lors estoit au duc d'Orleans) à Novarre, là où il estoit assiegé de

---

[1] Voyez ci-dessus, page 292.

[2] Ville forte des États sardes.

[3] Il est porté, sur l'état des officiers de la maison de Louis XII, comme pannetier. Mort en 1500. (Bibl. Roy., Ms. *Suppl. fr.*, n° 2544, fol. 819.)

ses ennemys, comme avez peu entendre. Le siege n'estoit pas encores si contrainct qu'on ne peust aller et saillir dehors, parce qu'ilz ne taschoient sinon de l'affamer. Et luy manday par ledict gentil homme que plusieurs traictez se menoient avec le duc de Millan de par le Roy nostre sire (dont j'en menoye ung par la main du duc de Ferrare), et que pour ceste cause me sembloit qu'il s'en debvoit venir devers le Roy, en asseurant bien ceulx qu'il laisseroit dedans de brief y retourner ou les venir secourir : lesquelz estoient le nombre de sept mil cinq cens hommes de soulde, de la plus belle compaignie qu'on scauroit dire, touchant le nombre, tant Francois que Suisses. Apres que le Roy eut sejourné ung jour audict Ast, il fut adverty, tant par le duc d'Orleans que par aultres, comment les deux ostz s'estoient assemblez devant Novarre et desiroit ledict duc d'Orleans estre secouru parce que ses vivres appetissoient, là où il avoit esté donné mauvais ordre au commencement : car il y en avoit assez en la ville et alentour, et par especial bledz : et si la prouvision eust esté faicte de bonne heure et bien ¹ pourmenee, jamais n'eussent eu la ville; mais en fussent saillis en leur honneur, et les ennemys à grant honte, s'ilz eussent peu tenir encores ung mois.

---

¹ « C'est-à-dire ménagée. » (*Note de Lenglet.*)

CHAPITRE XV.

Comment le Roy feit dresser une armee de mer pour cuyder secourir les chasteaulx de Naples, et comment ilz n'en peurent estre secouruz.

Apres que le Roy eut sejourné quelque peu de jours audict Ast, il s'en alla à Thurin [1] : et au despartir que ledict seigneur feit d'Ast, il despescha [à Nice [2]] ung maistre d'hostel, nommé Peron de Basche, pour faire une armee de mer pour aller secourir les chasteaulx de Naples qui encores tenoient; ce qu'il feit. Et mit sus ladicte armee monseigneur d'Arban [3], chief et lieutenant d'icelle armee, et alla jusques vers Pruce [4], où il fut à une veue des ennemys, là où une fortune de temps le garda d'approcher : et feit peu de fruict, parce que ledict d'Arban retourna à Ligorne, là où la pluspart de ses gens s'enfuyrent en terre et laisserent

---

[1] « Le jeudi trentiesme jour de juillet, le Roy partit de Quiers et fut à Turin. » (*Hist. de Charles VIII*, 171.)

[2] *A Nice*. Nous introduisons ces deux mots dans le texte, parce que Commynes va dire, tout à l'heure: « peu avant ay parlé comme l'armee de mer fut faicte *à Nice*. »

[3] Louis Aleman, chevalier, seigneur d'Arbent, de Mornay, etc., servit longtemps Charles, dernier duc de Bourgogne. Assiégé dans le château de Jou par l'armée de Louis XI, il rendit la place par composition le 27 avril 1480. Il testa le 18 juillet 1494. (Guichenon, *Hist. de Bresse et de Bugey*, continuation de la IIIe partie, page 7.) Selon Olivier de La Marche (II, 430), ce seigneur « avoit vendu au Roy le chasteau de Jou quatorze mille escuz, lequel chasteau Madame Marie [duchesse de Bourgogne] luy avoit baillé en garde. »

[4] Ponza, groupe d'îles dans la mer Tyrrhénienne, formant un canton du royaume de Naples.

les navires vuydes. Et l'armee des ennemys s'en vint au port de Bengon¹, pres Plombin, là où elle fut bien deux mois sans partir : et les gens de nostre armee fussent allez legierement secourir lesdictz chasteaulx, parce que le port de Bengon est de nature que l'on n'en peult saillir que d'ung vent, lequel regne peu souvent en yver. Ledict d'Arban estoit vaillant homme, mais [non] experimenté en armee de mer².

En ce mesmes temps, le Roy estant arrivé à Thurin, se menoient plusieurs traictez entre le Roy et le duc de Millan, et s'en empeschoit la duchesse de Savoye³, qui estoit fille de Montferrat, veufve, et mere d'ung petit duc⁴, qui estoit lors : par aultres mains s'en traictoient encores. Je m'en mesloye aussi : et le desiroient bien ceulx de la ligue (c'est asscavoir les chiefz, qui estoient au camp devant Novarre) que je m'en meslasse, et m'envoyerent ung saufconduict; mais comme les envieulx sont entre gens de court, le cardinal, que tant ay nommé, rompit que je ne m'en meslasse point, et vouloit que la praticque de madame de Savoye sortist son effect, que conduisoit son hoste, le tresorier de Savoye, homme saige et bon

¹ Porto-*Longone* (?), près *Piombino*.

² « Il signor Arbano, uomo bellicoso ma *non* esperimentato. » (GUICHARDIN, I, 321.) Au lieu de « mais expérimenté » qu'on lit dans la première édition, Sauvage et ses successeurs mettent : « *et* expérimenté. »

³ Voyez ci-dessus, page 532, note 4.

⁴ Charles Jean-Amédée, né le 24 juin 1488, succéda à son père en 1489. Mort le 16 avril 1496. (*Art de vérifier les dates*, III, 624.)

serviteur pour sa maistresse. Grant piece traisna ceste matiere : et pour ceste cause fut envoyé le baillif de Digeon aux Suisses, ambassadeur, pour en lever jusques à cinq mil ¹.

Peu avant ay parlé comme l'armee de mer [fut] faicte à Nice ² pour secourir les chasteaulx de Naples, ce qui ne se peut faire pour les raisons dessusdictes. Incontinent, monseigneur de Montpensier et aultres gens de bien qui estoient dedans lesdictz chasteaulx voyant ledict inconvenient, prindrent party, et saillirent desdictz chasteaulx et par l'armee qui lors estoit pres desdictz chasteaulx ³ : et les laisserent fournis en nombre souffisant pour les garder, selon les vivres qui y estoient si estroictz que plus n'en povoit. Et partirent avec deux mil cinq cens hommes ⁴, et lais-

---

¹ « Combien que eussions ordonné n'en faire venir que xii mille pour evicter la despense,.... pensant que nostre affaire fust plus grant qu'il n'estoit.... vindrent devers nous au.... nombre de xxv mille. » (Voyez aux Preuves [5 février 1496], Lettres du roi Charles VIII, datées de Lyon le 5ᵉ jour de février 1495 (v. s.)

² Voyez ci-dessus, page 500, note 2.

³ Lenglet, dont le texte diffère très-peu de celui de Sauvage, met : « Et saillirent *dehors* par *le moyen de* l'armee *de ceux* qui *estoient demeurez pour le roy Charles en diverses places du royaume : laquelle armee pour* lors estoit pres desdits chasteaux. »

⁴ « Le lundy.... 26 du mois d'octobre, partist.... le roy Ferrand de la ville de Naples, et alla à son champ.... pour faire faire les approches contre le chasteau neuf.... En icelluy temps estoit le chasteau neuf en treves avec le roy Ferrand, pour ce qu'il avoit faute de vivres, et estoit encore dedans Monsieur de Montpensier, le prince de Salerne et le seneschal de Beaucaire, et plusieurs gens de bien. Un peu de tems apres, et crois que ce fut le vingt sept du mois d'octobre, que l'armee de mer des François se leva et s'en alla sous le chastel de Love, là où

serent pour chief Ognas, et deux aultres gens de bien ; et alla ledict seigneur de Montpensier, le prince de Salerne [1], [le] seneschal de Beaucaire, et aultres qui là estoient, à Salerne [2] : et voulut dire le roy Ferrand qu'ilz avoient rompu l'appoinctement, et qu'il povoit faire mourir les ostaiges qu'ilz avoient baillez peu de jours avant, qui estoient monseigneur d'Alegre [3], ung appellé de la Marche, d'Ardene [4], et ung seigneur de la Chapelle, d'Anjou, ung appellé Roquebertin [5], Cathelan, et ung appellé Genly [6]. Et fault entendre que, environ trois mois par avant, ledict roy Ferrand

elle estoit, et emmener Monsieur de Montpensier, le prince de Salerne, le seneschal de Beaucaire, et plusieurs autres gens de bien. Avec eux s'en allerent descendre au port de Salerne et à la ville, et se ralierent avec les autres François; et tout ceci feirent nonobstant l'arrivee des ennemys qui devant eux estoient jusques au nombre de trente gallees et vingt naves que barches. » (GUILLAUME DE VILLENEUFVE; voyez LENGLET, IV, partie II, pages 100-101.)

[1] La première édition porte : « le prince de *Tarente.* » C'est une erreur évidente que Sauvage a fait disparaître du texte avec raison.

[2] « Tarente. » Édition de 1528.

[3] Voyez ci-dessus, page 368, note 4.

[4] Robert de La Marck, deuxième du nom, duc de Bouillon, seigneur de Sedan, chevalier de l'Ordre du Roi, fut compris au traité de paix fait à Senlis, entre Charles VIII et Maximilien d'Autriche, le 23 mai 1493. Mort en 1536. (ANSELME, VII, 167.)

[5] Commynes lui donne plus bas (chapitre XXI) le prénom de *Jehan.*

[6] Jacques de Hangest, seigneur de Genlis, fils de Jean de Hangest et de Marie d'Amboise, conseiller et chambellan du Roi, recevait, en 1487, sur la recette de Picardie, une pension de 200 livres, qui fut augmentée en 1495, lorsqu'il fut donné en ôtage à Ferdinand. Il fit un voyage à Jérusalem, et au retour fut envoyé en ambassade vers Charles, archiduc d'Autriche, en 1514. (ANSELME, VI, 746.)

estoit entré dedans Naples [1] par intelligence, et mauvais ordre des nostres, qui estoient bien informez de tout et n'y sceurent mettre remede. Je parleroye bien plus avant de ce propos, mais je n'en puis parler que pour l'avoir ouy dire aux principaulx et ne tiens point voulentiers long propos des choses où je n'ay point esté present. Mais estant ainsi ledict roy Ferrand dedans la ville de Naples, nouvelles y vindrent que le Roy estoit mort à la bataille de Fornoue : et fut certiffié à nos gens, qui estoient au chasteau par les lettres et mensonges que mandoit le duc de Millan, que ainsi estoit, et y adjousterent foy; et si feirent les Colonnois qui se tournerent incontinent contre nous, avec le bon vouloir qu'ilz avoient d'estre tousjours des plus fors : car ils estoient bien tenuz au Roy, comme il est dict ailleurs [2]. Et pour cesdictz mensonges, et principallement que nos gens se voyans retraictz en grant nombre dedans le chasteau et peu de vivres, et avoient perdu tous leurs chevaulx et aultres biens qu'ilz avoient dedans la ville, composerent le sixiesme octobre mil quatre cens quatre vingtz et quinze (et avoient ja esté environnez trois mois quatorze jours, et environ vingt jours apres partirent, comme dict est), et promisrent que, s'ilz n'estoient secouruz dedans certain nombre de jours, qu'ilz s'en iroient en Prouvence et laisseroient les chasteaulx sans plus faire de guerre, ne par mer ne par terre, audict royaulme : et baillerent les ostaiges

[1] Le 7 juillet 1495.
[2] Voyez ci-dessus, page 366.

susdictz. Toutesfois, selon le dict du roy Ferrand, ilz rompirent l'appoinctement ¹, à l'heure qu'ilz partirent sans congié. Les nostres disoient le contraire; mais lesdictz ostaiges furent en grant dangier, et y avoit cause : et croy que nos gens feirent saigement de partir, quelque appoinctement qu'il y eust; mais ilz eussent mieulx faict de bailler les chasteaulx audict jour et retirer leurs ostaiges : car aussi bien ne tindrent ilz que vingt jours apres, à faulte de vivres et qu'ilz n'avoient nulle esperance de secours, et fut la totalle perte du royaulme que ledict chasteau de Naples.

¹ « Dedans le castel de Love estoit Claude de Rabodenges, qui point n'estoit comprins en la treve, et sans cesser tiroit tous les jours de l'artillerie; mais un peu de tems apres le chasteau neuf fut rendu. Il print treve avec le prince pour deux mois, que, en cas qu'il n'eust secours dedans ledit terme des deux mois, qu'il rendroit ladite place; car il avoit faute de vivres, et bailla en ostage Jehan de La Vernade, qui avec lui estoit. Et à ceste cause, le prince lui faisoit bailler des vivres tous les jours. Les treves du chasteau neuf et de la ville furent rompus, pour ce que ceux dudit chasteau retindrent le maistre justicier de la ville qui leur porta des vivres; car il n'estoit pas commis pour ce faire, et y alloit à cautelle, et aussi pour ce que Monsieur de Montpensier s'en estoit allé avec l'armee de mer, dont ceux de la ville murmuroient tres fort, et en furent moult mal contens. » (GUILLAUME DE VILLENEUFVE; voyez LENGLET, IV, partie II, page 101.)

CHAPITRE XVI.

De la grant famine et peine où estoit le duc d'Orleans à Novarre avec ses gens : de la mort de la marquise de Montferrat, et de celle de monsieur de Vendosme, et comment, apres plusieurs deliberations, on entendit à faire paix pour sauver les assiegez.

Estant le Roy à Thurin, comme j'ay dict, et à Quiers¹, où quelquefois alloit pour son esbat, attendoit nouvelle des Allemans qu'il avoit envoyé querir, et aussi essayoit s'il pourroit reduire le duc de Millan, dont il en avoit grant vouloir : et ne luy challoit point trop du faict du duc d'Orleans, qui commencoit à estre pressé à cause de la necessité de vivres et escripvoit chascun jour pour avoir secours : et aussi estoient approchez les ennemys de plus pres qu'ilz n'avoient esté, et estoit creu l'ost de mil hommes à cheval, Allemans, que menoit messire Federic Capelare, de la conté de Ferrette, vaillant chevalier et bien experimenté tant en France que en Italie. Aussi y avoit bien unze mil Allemans, des terres du roy des Rommains, et Lancequenectz² que conduisoit messire Georges Dabecfin, vaillant chevalier (et fut celluy qui print Sainct Omer³, pour le roy des Rommains)

---

¹ Chieri ou Chiers, ville des États sardes.

² *Landsknechte*, infanterie allemande, ainsi nommée des *plaines landes*, par opposition à l'infanterie levée dans les montagnes de la Suisse. C'est par erreur qu'on l'a appelée *Lanzknechte*, soldats portelances : l'arme des lansquenets n'était pas la lance, mais la pique ou hallebarde. C'est uniquement l'erreur causée par la ressemblance du son qui a conduit à la traduction latine : *lancigeri*. (BARTHOLD, *Georg von Frundsberg*, p. 7 et suiv.) (*Note communiquée par M. Lenormant.*)

³ La ville de Saint-Omer fut prise, en 1488, par « Georges Obes-

natif d'Austriche. Et voyant croistre les ennemys, et que nul acord ne se povoit trouver à l'honneur du Roy, il luy fut conseillé se retirer à Versay [1] pour veoir la maniere de sauver ledict duc d'Orleans et sa compaignie, qui, comme dict est ailleurs [2], avoient mis petite prouvision en leurs vivres au commencement qu'ils entrerent audict Novarre : et luy eust mieulx vallu avoir faict ce que lui manday, comme se voit dessus [3], dès que arrivasmes en Ast, qui estoit de partir et mettre hors toutes gens inutilles, et venir devers le Roy : car sa presence eust guidé partie de ce qu'il

tain, natif de Trente en Allemaigne, tres vertueux chevalier, fort renommé et fort experimenté de la guerre, qui fort honnorablement s'estoit conduict ès charges que le roy des Romains, son maistre, luy avoit baillé es mains. » (MOLINET, III, 438-444.) Le même chroniqueur, citant le même personnage en d'autres endroits du même volume, varie beaucoup dans l'orthographe du nom qu'il écrit : « de Bestain, de Bustain, de Ebrestin, de Ebustain. » (Pages 437, 448, 462, 469.) Pontus Heuterus et Locrius, cités par Lenglet, le nomment, l'un Everstain, l'autre Irestain. Dans Guichardin (I, 325), il est nommé Georges de Pietrapante. — « Il est très-probable que ce général de Maximilien appartenait à la famille styrienne de *Herbestein*, dont un rejeton, Sigismond, fils de Léonard de *Herberstein*, né en 1486, s'illustra en 1509 dans la guerre contre les Turcs. Le personnage cité par Commynes reparaît au printemps de 1496, dans Paul Jove (*Hist. sui temp.*, I, IV) : il était alors envoyé par Maximilien au secours de Ferdinand II, dans le royaume de Naples. Paul Jove le nomme *Hederlin*. M. Ranke (*Rom. germ. Geschichte*, th. I) et M. Barthold (*Georg von Frundsberg*, p. 113) ont reproduit le récit de Paul Jove sans s'apercevoir que *Hederlin* n'était pas différent de l'*Everstain* de Heuterus, historien né en Hollande, et qui n'a pas su plus fidèlement reproduire les noms allemands, que les auteurs italiens ou français. » (*Note communiquée par M. Lenormant.*)

[1] Verceil, ville des États sardes.
[2] Voyez ci-dessus, page 452.
[3] Voyez ci-dessus, page 443.

eust voulu; au moins ceulx qu'il eust laissé n'eussent point souffert si extreme necessité de fain comme ilz feirent, car il eust prins party plus tost, s'il eust veu qu'il n'y eust eu aultre remede. Mais l'archevesque de Rouen [1], qui avoit esté avec luy au commencement audict lieu de Novarre, et, pour faire service audict seigneur, estoit venu devers le Roy et se trouvoit present aux affaires, luy mandoit tousjours ne partir point et qu'il seroit secouru, et se fondoit que ainsi le disoit le cardinal de Sainct Malo, qui avoit tout le credit : et bonne affection le faisoit parler, mais j'estoye asseuré du contraire : car nul ne vouloit retourner à la bataille si le Roy n'y alloit, et celluy là n'en avoit nulle envie : car la question n'estoit que pour ceste seulle ville que ledict duc d'Orleans vouloit retenir, et le duc de Millan la vouloit ravoir, car elle est à dix lieues de Millan, et estoit force que l'ung eust tout : car en ladicte duché de Millan sont neuf ou dix grosses citez pres l'une de l'aultre, et en petit d'espace; mais bien disoit ledict duc de Millan que, en luy laissant Novarre, en ne luy demandant point Gennes, que toutes choses il feroit pour le Roy.

Plusieurs fois on mena farines audict Novarre, dont il s'en perdit la moytié au chemin; et ung coup furent destroussez quelques soixante hommes d'armes que menoit ung appellé Chastillon, qui estoit jeune gentil

---

[1] Georges d'Amboise, fils de Pierre d'Amboise, seigneur de Chaumont, et d'Anne de Bueil. Créé évêque de Montauban en 1484; archevêque de Narbonne et de Rouen en 1493. Parvint au cardinalat en 1498, et fut nommé l'année suivante légat en France. Mort à Lyon le 25 mai 1510. (ANSELME, VII, 124.)

homme de la maison du Roy. Aucuns furent prins, aultres entrerent, aultres eschapperent à grant peine; et n'est possible de croire en quelle destresse estoit ceste compaignie de Novarre : car chascun jour en mouroit de fain les deux pars, ou estoient mallades, et venoient de piteuses lettres en chiffre, et en grant difficulté. Tousjours on leur donnoit reconfort, et tout estoit abus; mais ceulx qui menoient l'affaire du Roy desiroient la bataille, et ne consideroient point que nul ne la vouloit que eulx : car tous les grans chiefz, comme le prince d'Orenge, qui estoit de nouveau arrivé et à qui le Roy donnoit grant credit aux affaires de la guerre, et tous aultres chiefz de guerre cherchoient une honneste yssue par appoinctement, veu que l'yver approchoit, qu'il n'y avoit point d'argent et que le nombre des Francois estoit petit, et plusieurs mallades, et s'en alloient chascun jour sans congié, et d'aultres à qui le Roy donnoit congié. Mais tous les saiges ne povoient garder ceulx dont j'ay parlé de mander au duc d'Orleans qu'il ne bougeast, lequel ilz misrent en grant peril : et se fioient sur le nombre des Allemans dont nous asseuroit le bailly de Digeon, auquel aucuns avoient mandé qu'il amenast ce qu'il pourroit : et estoit une compaignie mal unie, et chascun disoit et escripvoit ce qu'il vouloit.

Ceulx qui ne vouloient point d'acord, ne qu'on se trouvast ensemble pour en parler, disoient que le Roy ne debvoit point commencer, mais debvoit laisser parler ses ennemys, qui aussi disoient ne vouloir commencer les premiers : et tousjours s'avancoit le temps en la destresse de ceulx de Novarre, et ne parloient plus leurs lettres que de ceulx qui mouroient de fain chascun jour, et que plus ne povoient tenir que dix jours, et puis huict, et telle heure les veiz à trois; mais avant passerent les termes qu'ilz avoient baillez. Brief, on n'avoit veu de long temps si grosses necessitez; et cent ans avant que fussions nez, ne souffrirent gens si grant fain comme ilz souffrirent leans.

Estans les choses en ce train, mourut la marquise de Montferrat[1] : et y eut quelque division leans pour le gouvernement, que demandoit le marquis de Saluces et, d'aultre part, le seigneur Constantin, oncle de la feue marquise, qui estoit grec, et elle grecque et fille du roy de Servie, tous deux destruictz par le turc. Ledict seigneur Constantin s'estoit mis fort au chasteau de Casal, et en avoit les deux filz en ses mains (dont le plus grant n'avoit que neuf ans) du feu marquis et de ceste saige et belle dame qui estoit morte en l'aage de vingt et neuf ans, et grant partisanne des Francois. Aultres particuliers taschoient encores audict gouvernement, et en estoit grant question chez le Roy, pour ceulx qui les soustenoient. Ledict seigneur m'ordonna y aller, pour acorder ceste question à la seureté des enfans et au gré de la pluspart du pays, doubtant que le different ne leur feist appeler le duc de Millan : et le seigneur de ceste maison nous estoit bien seant.

Il me desplaisoit fort de partir que je ne misse en train de reprendre ceste paix, veu les maulx que ay dict : et approchoit l'yver, et doubtoye que ces pre-

---

[1] Voyez ci-dessus, page 332, note 6.

latz[1] ne fussent cause de ramener le Roi à la bataille, qui estoit mal fourny, s'il ne venoit force estrangiers, comme Suisses : encores, s'ilz venoient si fors comme l'on disoit, il n'y avoit que dangier pour le Roy de se mettre en leurs mains ; et si estoient les ennemys fort puissans, et logiez en lieu fort de situation, et bien fortifiez. Consideré ces choses, m'adventuray de dire au Roy qu'il me sembloit qu'il vouloit mettre sa personne et estat en grant hazard, pour peu d'occasion : il luy debvoit souvenir qu'il avoit esté en grant peril à Fornoue ; mais là avoit esté contrainct, et icy n'y avoit nulle contraincte, et ne debvoit point laisser à prendre quelque honneste appoinctement pour ces parolles que on disoit qu'il ne debvoit point commencer : et que, s'il vouloit, je le feroye bien parler en sorte que l'honneur des deux costez y seroit bien gardé. Il me respondit que je parlasse à monseigneur le cardinal, ce que je feiz ; mais il me faisoit d'estranges responces, et desiroit la bataille, et tenoit la victoire seure, à son dire : et disoit on qu'il luy avoit esté promis dix mil ducatz de rente pour ung sien filz, par le duc d'Orleans, s'il avoit ceste duché de Millan. Le lendemain, je vins prendre congié du Roy pour aller à Casal, et y avoit environ journee et demye. Je rencontray monsieur de La Tremoille, à qui je comptay cest affaire, parce qu'il estoit des prouchains du Roy[2], demandant si encores luy en debvoye parler. Il

---

[1] L'archevêque de Rouen et le cardinal de Saint-Malo. (Voyez ci-dessus, page 508 note 1.)

[2] Par sa femme, Gabrielle de Bourbon, fille de Louis de Bourbon, comte de Montpensier.

me conforta que ouy : car chascun desiroit de se retirer. Le Roy estoit en ung jardin : je reprins les parolles dessusdictes devant le cardinal, qui dict que luy, qui estoit homme d'eglise, debvoit commencer. Je luy dis que, s'il ne commencoit, que je commenceroye : car il me sembloit bien que le Roy n'en seroit point marry, ne ses plus prouchains ; et ainsi partis. Et, au despartir, dis à monseigneur le prince d'Orenge, qui avoit la principalle charge de l'ost, que, si je commencoye riens, que je luy adresseroye : et allay à Casal, où je fus bien recueilly par tous ceulx de ceste maison, et les trouvay la pluspart rengez avec le seigneur Constantin, et sembloit à tous que c'estoit plus grant seureté pour les enfans : car il ne povoit venir à la succession, et le marquis de Saluces y pretendoit droict. Je feiz plusieurs jours assemblee, tant de nobles que de gens d'eglise et des villes, et, à leur requeste ou de la pluspart, desclaray que le Roy vouloit que ledict seigneur Constantin demourast en son gouvernement : car, veu la force du Roy de là les montz et l'affection que le pays porte à la maison de France, ilz ne povoient contredire au vouloir du Roy.

Environ le troisiesme jour que j'euz esté là, vint leans ung maistre d'hostel du marquis de Mantoue, cappitaine general des Venissiens, qui, comme parent, envoyoit faire doleance de la mort de ladicte marquise : et celluy là et moy entrasmes en parolles d'appointer ces deux ostz sans combatre, car les choses se y disposoient. Et estoit le Roy logié en camp, pres Versay [1] ;

[1] Il arriva dans cette ville le 12 septembre. (*Hist. de Charles VIII*, 175.)

mais, à la verité dire, il ne passa seullement que la riviere, et logea son ost, mal fourny de tentes et de pavillons : car ilz en avoient peu porté, et encores ceulx là estoient perduz, et ja estoit le lieu moyte, pour l'yver qui approchoit, et est pays bas.

Ledict seigneur n'y logea que une nuict, et se retira le lendemain en la ville; mais y demourerent le prince d'Orenge, le conte de Fouez et le conte de Vendosme¹, qui y print ung mal de flux dont il mourut, qui fut dommaige : car il estoit beau personnaige, jeune et saige, et y estoit venu en poste parce qu'il estoit bruict qu'il y debvoit avoir bataille (car il n'avoit point faict le voyaige en Italie avec le Roy.) Avec ceulx là y demourerent le mareschal de Gié et plusieurs aultres cappitaines ; mais la principalle force estoit des Allemans qui avoient faict le voyaige avec le Roy, car mal voulentiers y demouroient les Francois, estans si pres de la ville : et plusieurs estoient mallades, et plusieurs partis, les ungz avec congié, les aultres sans congié. Dudict ost jusques à Novarre y avoit dix mils italicques grosses², qui vallent bien six lieues francoises, fort pays et mol (comme au pays de Flandres) à cause des fossez qui sont au long des chemins, de l'ung costé et de l'aultre, fort profons et beaucoup plus que ceulx de Flandres. L'yver,

---

¹ François de Bourbon, comte de Vendôme, fils de Jean de Bourbon et d'Isabelle de Beauvau, né en 1470. Mort le 3 octobre 1495. (ANSELME, I, 325.)

² Sauvage et ses successeurs mettent : « dix gros milles d'Italie. »

les fanges y sont fort grandes, et l'esté la pouldre. Entre nostre dict ost et Novarre y avoit une petite place, appellee Bourg [1], à une lieue de nous, que nous tenions; et eulx en tenoient une aultre, qu'on appelloit Camerian [2], qui estoit à une lieue de leur ost : et ja estoient les eaues bien grandes à aller d'ung ost à l'aultre.

Comme j'ay commencé à dire, ce maistre d'hostel du marquis de Mantoue, qui estoit venu à Casal, et moy continuasmes nos parolles : et disoye les raisons pourquoy son maistre debvoit eviter ceste bataille, et qu'il avoit veu le peril en quoy il avoit esté à la premiere, et qu'il combatoit pour gens qui ne l'acoustrerent [3] jamais pour service qu'il leur feist, et qu'il debvoit entreprendre l'appoinctement, et moy que je luy ayderoye de nostre costé. Il me respondit que son maistre le vouldroit; mais il fauldroit, comme aultresfois m'avoit esté mandé, que nous parlissions les premiers, veu que leur ligue (dont estoit le Pape, les roys des Rommains et d'Espaigne, et le duc de Millan) estoit plus grant chose que le Roy : et luy disoye que ce estoit follye de mettre ceste cerymonie, et que le Roy debvoit aller devant, qui estoit là en personne, et que les aultres n'y avoient que leurs lieutenans, et que moy et luy, comme mediateurs, commencerions, s'il vouloit, mais que je fusse seur que son maistre

---

[1] Borgo-Vercelli, bourg des États sardes, à une lieue de Verceil.

[2] Camera ou Cameri, bourg à une lieue et demie de Novare.

[3] « C'est-à-dire *l'enrichirent, lui firent du bien.* » (*Note de Lenglet.*)

continuast et tinst : et conclusmes que j'envoyroye une trompette en leur ost le lendemain et escriproye aux deux providateurs Venissiens, l'ung appellé messire Lucques Pisan, l'aultre messire Marquisot Trevisan, qui sont offices deputez pour conseiller leurs cappitaines, et pour pourveoir aux affaires de leur ost.

En ensuyvant ce que nous avions conclud, je leur escripvis la substance de ce que j'avoye dict audict maistre d'hostel, et avoye occasion de continuer l'office de bon mediateur : car ainsi l'avoye conclud, au partir de Venise, et aussi le Roy l'avoit bien agreable: et si me sembloit necessaire, car il se trouve tousjours assez gens pour troubler ung affaire, mais il s'en trouve peu qui ayent l'adventure, et le vouloir ensemble, d'acorder si grant different, ne qui voulsissent endurer tant de parolles qui se disent de ceulx qui traictent telz affaires : car en telz grans ostz il y a mainctes differentes oppinions. Lesdictz providateurs furent joyeulx de ces nouvelles, et m'escripvirent que tost me feroient responce et par leurs postes le feroient à scavoir à Venise. Tost eurent responce, et vint en l'ost du Roy ung conte[1] qui estoit au duc de Ferrare, lequel y avoit gens (car son filz aisné[2] y estoit, à la soulde du duc de Millan) et cestuy là en estoit, et avoit ledict duc de Ferrare ung aultre filz avec le Roy. Ledict conte avoit nom le conte Albertin, et vint veoir messire Jehan Jacques de Trevoul, soubz couleur d'ung

---

[1] Albertino Boschetto. (GUAZZO, 215, recto.)
[2] Alphonse, né le 21 juillet 1476, succéda à son père le 25 janvier 1505. Mort le 31 octobre 1534. (*Art de vérifier les dates*, III, 698.)

filz qu'il avoit avec ledict messire Jehan Jacques : et
s'adressa au prince d'Orenge, ainsi qu'il avoit esté
conclud entre ce maistre d'hostel dont j'ay parlé et
moy, disant avoir commission du marquis de Mantoue et des providateurs, et aultres cappitaines estans
en leur ost, de demander saufconduict pour ledict
marquis et aultres, jusques à cinquante chevaulx, à
se trouver à parler avec telz personnaiges qu'il plairoit au Roy ordonner : et ceulx là congnoissoient bien
que c'estoit raison qu'ilz vinssent devers le Roy, ou
les siens, les premiers, et aussi qu'ilz luy vouloient bien
faire cest honneur. Et puis demanda congié de parler
au Roy à part, ce qu'il feit; et à part conseilla de
n'en faire riens, disant que cest ost estoit en grant
paour et que brief deslogeroit : et par ces parolles
il monstroit vouloir rompre cest acord et non point
le faire, ny ayder, combien que sa charge publicque
fust telle que avez ouy. Et fut present à ces parolles
ledict messire Jehan Jacques de Trevoul, grant ennemy du duc de Millan, et voulentiers eust rompu
ladicte paix; et sur tout le maistre dudict conte messire Albertin, le duc de Ferrare, desiroit fort la guerre,
pour la grant inimytié qu'il avoit aux Venissiens, à
cause de plusieurs terres qu'ilz tenoient de luy, comme
le Polesan [1] et plusieurs aultres, et estoit venu en
l'ost du dessusdict duc de Millan, qui avoit sa fille
pour femme.

Dès ce que le Roy eut ouy parler ledict conte, il

---

[1] Voyez ci-dessus, page 310.

me feit appeller, et eut en conseil s'il bailleroit ce saufconduict ou non. Ceulx qui vouloient rompre la paix
(comme messire Jehan Jacques et aultres, qui parloient en faveur du duc d'Orleans, ce leur sembloit)
monstroient vouloir la bataille (mais ilz estoient gens
d'Eglise, et ne s'y fussent point trouvez) disoient
estre bien asseurez que les ennemys deslogeroient, et
qu'ilz mourroient de fain. Aultres disoient (et j'estoye
de ceulx là) que plustost nous aurions fain, que eulx
qui estoient en leur pays, et si avoient la puissance trop
grande pour s'enfuyr et se laisser destruire, et que
ces parolles venoient de gens qui vouloient que on se
hasardast et combatist pour leurs querelles. Toutesfois, pour abreger, le saufconduit fut acordé et envoyé, et dict que le lendemain, à deux heures apres
midy, ledict prince d'Orenge, le mareschal de Gié, le
seigneur de Piennes, et moy en leur compaignie, nous
trouverions entre Bourg et Camerian, pres d'une tour
où ilz faisoient le guet, et que là parlerions ensemble:
et nous y trouvasmes bien acompaignez de gens d'armes. Ledict marquis et ung Venissien[1] qui avoit la
charge de leurs Estradiotz y vindrent et userent de
honnestes parolles, disans que, de leur part, ilz desiroient la paix : et fut conclud que, pour parler plus à
loisir, ilz viendroient le lendemain quelques gens des
leurs en l'ost, et que le Roy apres envoyeroit des siens
au leur; et ainsi se feit. Et vint le lendemain devers
nous messire Francisco Bernardin Visconte[2] pour le

---

[1] Bernard Contarino. (GUICHARDIN, I, 336.)
[2] Voyez ci-dessus, page 413, note 4.

duc de Millan, et ung secretaire¹ du marquis de Mantoue, et nous trouvasmes avec eulx, ceulx que j'ay nommez et le cardinal de Sainct Malo, et entrasmes en la praticque de la paix; et demandoient Novarre, en laquelle cité estoit assiegé le duc d'Orleans. Aussi demandions Gennes, disans que c'estoit fief de Roy et que ledict duc de Millan l'avoit confisqué. Eulx se excusoient, disans n'avoir riens entreprins contre le Roy que pour se deffendre, et que ledict duc d'Orleans leur avoit prinse ladicte cité de Novarre et commencé la guerre, avec les gens du Roy, et qu'ilz croyoient que leurs maistres ne feroient riens de ce que demandions; mais que toute aultre chose vouldroient faire pour complaire au Roy. Ilz furent là deux jours, et puis retournerent en leur ost, où nous allasmes ledict mareschal de Gié, monseigneur de Piennes et moy, tousjours sur la demande de ceste cité. Bien eussions nous esté contens que Novarre se fust mis en la main des gens du roy des Rommains qui estoient en leur ost (dont estoient chiefz messire Georges de Pietre Plant² et messire Federic Capelare, et ung nommé messire Hance³), car nous ne le povions secourir que par la bataille, que nous ne desirions point; et le disions parce que la duché de Millan est tenue en fief de l'Empereur, et pour honnes-

---

¹ « A Vercelli per la condizione della pace fù mandato Francesco Bernardino Visconte, primate Milanese, insieme con *Pietro Gallarato*, uomo integerrimo e di somma veneraizone, e *Girolamo Stanga*. » (Corio, 959.)

² Voyez ci-dessus, page 506, note 3.

³ *Hans*, Jean.

tement s'en descharger. Plusieurs allees et venues se feirent de nous en leur ost, et des leurs au nostre, sans conclusion; mais je demouroye tousjours au giste en leur ost, car tel estoit le vouloir du Roy qui ne vouloit riens rompre.

Finablement y retournasmes, et davantaige y vint le president de Gannay, pour porter la parolle en latin, et ung appellé monsieur de Morvilliers, baillif d'Amiens [1] (car jusques alors j'avoye parlé en mauvais italien), et estoient à coucher nos articles. Et estoit nostre facon de proceder que, dès ce que nous estions arrivez au logis dudict duc, il venoit au devant de nous, et la duchesse, jusques au bout d'une gallerie, et nous mettions tous devant luy, à l'entree en sa chambre, où nous trouvions deux grans rengs de chaires l'ung devant l'aultre, et bien pres l'ung de l'aultre. Ilz se seoyent de l'ung des costez et nous de l'aultre. Premier estoit assis, de son costé, ung pour le roy des Rommains, l'ambassadeur d'Espaigne, le marquis de Mantoue, les deux providateurs Venissiens, ung ambassadeur Venissien, et puis le duc de Millan, sa femme, et le dernier l'ambassadeur de Ferrare : et de leur costé ne parloit nul que ledict duc, et du nostre, ung; mais nostre condition n'est point de parler si poseement comme ilz font, car nous parlions quelquesfois

[1] Le jeudi 22 juin 1497. « Raoul de Lannoy, seigneur de Morvilliers, a esté receu à l'office de bailly d'Amyens, vacant par le trespas de messire Artur de Longueval; et a fait le serment en tel cas acoustumé, et luy a la court enjoinct qu'il ne preigne argent des lieuxtenent qu'il connectra. » (ARCHIVES DU ROYAUME, *Parlement*, Matinées, reg. LVII, fol. 298.) Mort le 4 avril 1513. (SAUVAL, III, 559.)

deux ou trois ensemble, et ledict duc disoit, « Ho, ung à ung. » Venant à coucher les articles, tout ce qui s'acordoit estoit escript incontinent par ung secretaire des nostres et aussi par ung de leur costé, et au despartir le lisoient les deux secretaires, l'ung en italien et l'aultre en francois, et quant on se rassembloit aussi, affin de veoir si on y avoit point riens mué et aussi pour nous abreger, et est bonne forme pour expedier grant affaire. Ce traicté dura environ quinze jours, et plus; mais, dès le premier jour que commenceasmes à traicter, fut acordé que monseigneur d'Orleans pourroit partir de là : et feismes une trefve, ce jour, qui continua, jour apres aultre, jusques à la paix : et, pour seureté dudict duc, se mit en ostaige le marquis de Mantoue entre les mains du conte de Fouez, qui tres voulentiers le feit, et plus pour faire plaisir que pour craincte : et premier nous feirent jurer que nous procedions à bon escient au traicté de paix, et que nous ne le faisions point pour delivrer ledict duc d'Orleans seullement.

CHAPITRE XVII.

Comment le duc d'Orleans et sa compaignie furent delivrez, par appoinctement, de la dure calamité de Novarre, où ilz estoient assiegez, et de la descente des Suisses pour secourir le Roy et monseigneur d'Orleans.

Le mareschal de Gié alla à ladicte place avec d'aultres du duc de Millan, et feit partir ledict duc d'Orleans seullement, à petite compaignie, qui à grant joye en saillit. Estoient tant pressez ceulx de ladicte place de fain et de malladie, qu'il fallut que ledict mareschal laissast son nepveu, appellé monsieur de Romefort[1], en ostaige, promettant à ceulx de dedans qu'ilz partiroient tous dedans trois jours. Vous avez bien entendu comme, paravant, le bailly de Digeon avoit esté envoyé devers les Suisses[2], par tous leurs cantons[3], pour en assembler jusques à cinq mil, qui, à l'heure du partement du duc d'Orleans de la place de Novarre, n'estoient encores venuz : car s'ilz eussent esté venuz, sans nul doubte, à mon advis, on eust combatu; et combien que l'on fust bien seur qu'il en venoit plus largement que le nombre qu'on demandoit, si n'estoit il possible d'attendre, pour l'extresme famine qui estoit en ladicte place, où il mourut bien deux mil hommes, que de fain, que de malladie, et le reste estoit si mesgre qu'ilz sembloient mieulx mors que vifz : et croy que jamais hommes n'endurerent plus de fain (je n'y vouldroye alleguer le siege de Jerusalem.) Et si Dieu les eust faictz si saiges que de vouloir mettre les bledz dedans, qui estoient à l'environ ladicte ville, quant au premier ilz la prindrent, ilz ne fussent jamais venuz en cest inconvenient, et se fussent leurs ennemys levez à leur grant honte.

Trois jours ou quatre apres le partement dudict duc d'Orleans dudict Novarre, fut acordé des deux costez que tous les gens de guerre pourroient saillir,

---

[1] Louis de Rohan, seigneur de Montauban et de Remefort. Mort en 1498. (Morice, *Mémoires*, III, 731; Anselme, IV, 60.)

[2] Voyez ci-dessus, page 509.

[3] Les premières éditions mettent : « par tous leurs *costez*. »

et furent ordonnez le marquis de Mantoue et messire Galleasche de Sainct Severin, chiefz de l'armee tant des Venissiens que du duc de Millan, pour les conduire en seureté, ce qu'ilz feirent : et demoura la place entre les mains de ceulx de la ville, qui feirent serment de n'y mettre ni Francois, ny Italiens, jusques à ce que le tout fust conclud. Et demourerent trente hommes au chasteau, à qui le duc de Millan laissoit avoir vivres pour leur argent, ce qu'il leur en falloit pour chascun jour seullement : et ne croyroit jamais nul qui ne l'eust veue, la povreté des personnes qui en sailloient. Bien peu de chevaulx en saillit, car tout estoit mangé : et n'y avoit point six cens hommes qui se fussent peu deffendre, combien qu'il en saillit bien cinq mil cinq cens. Largement en demouroit par les chemins, à qui les ennemys propres faisoient de l'ayde. Je scay bien que j'en sauvay bien cinquante pour ung escu, aupres du petit chasteau que les ennemys tenoient, appellé Camerian, qui estoient couchez en ung jardin, et à qui on donna de la souppe, et n'en mourut que ung : sur le chemin en mourut environ quatre, car il y avoit dix mils de Novarre à Versay, où ilz alloient. Le Roy usa de quelque charité vers ceulx qui arriverent audict Versay, et ordonna huict cens francz pour les despartir en aulmosnes et aussi des payemens de leurs gaiges, et furent payez les mors et les vifz, et aussi des Suisses, dont il estoit bien mort quatre cens ; mais quelque bien que on leur sceust faire, il mourut bien trois cens hommes audict Versay, les ungz par trop mauger, les aultres par malladie, et largement sur les fumiers de la ville.

Environ le temps que tout fut dehors, exceptez trente hommes que on avoit laissez au chasteau (dont chascun jour en sailloit quelcun), arriverent les Suisses, le nombre de huict ou dix mil hommes, en nostre ost, où y en avoit quelques deux mil qui avoient servy le voyaige de Naples. Les aultres demourerent aupres de Versay, environ à dix mils, et ne fut point conseillé le Roy de laisser joindre ces deux bendes, où estoient bien vingt deux mil, et croy que jamais ne se trouverent tant de gens de leur pays ensemble [1] : et, selon l'oppinion des gens qui les congnoissoient, il demoura peu de gens combatans en leur pays, et vindrent la pluspart maulgré que on en eust; et fallut deffendre l'entree du pays de Piemont pour n'en laisser plus passer, ou les femmes et les enfans y fussent venuz. On pourroit demander se ceste venue procedoit de grant amour, veu que le feu roy Loys leur avoit faict beaucoup de bien et les avoit aydez à eulx mettre en la gloire du monde et à la reputation : vray est que aucuns vieulx avoient amour au roy Loys unziesme, et y vint beaucoup de cappitaines, qui avoient soixante et douze ans passez, qui avoient esté cappi-

---

[1] Le Roi « envoya devers les ligues pour en avoir des gens à son secours (du duc d'Orléans), lesquels luy en octroyerent tant qu'il luy en plairoit : et fut aussitot mis l'enseigne de l'Ours aux champs, tellement qu'en bien peu de temps il y fut levé un corps de dix-huit ou vingt mille hommes, en sorte qu'on disoit que jamais on n'en avoit veu pour une fois sortir un si grand nombre de leur pays. » (*Histoire de Charles VIII*, 105-106.)

taines contre le duc Charles de Bourgongne ; mais la principalle cause estoit avarice et leurs grans povretez, car, à la verité, tout ce qu'ilz avoient de gens combatans y vindrent. Tant de beaulx hommes y avoit que je ne veiz jamais si belle compaignie, et me sembloit impossible de les avoir sceu desconfire, qui ne les eust prins par fain, par froit ou par aultre necessité.

Or fault venir au principal poinct de ce traicté. Le duc d'Orleans, qui ja avoit esté huict ou dix jours à son ayse et qui estoit hanté [1] de toutes sortes de gens, et à qui il sembloit bien que aucuns avoient parlé de ce que tant de gens comme il avoit dedans Novarre avec luy s'estoient laissez mener à ceste necessité, parloit fort de la bataille, et ung ou deux avec luy, monseigneur de Ligny, et l'Archevesque de Rouen, qui se mesloit de ses besongnes : et deux ou trois menuz personnaiges forgerent [2] aucuns suisses qui venoient s'offrir à combatre; et n'alleguoient nulle raison, car aussi le duc d'Orleans n'avoit plus nul en la place que trente hommes au chasteau. Il n'avoit plus d'occasion de combatre : car le Roy ne pretendoit nulle querelle, et ne vouloit combatre que pour sauver la personne du duc et de ses serviteurs. Les ennemys estoient bien fors, et estoit impossible de les prendre dedans leur ost, tant estoient bien fermez de fosses plaines d'eaue, et l'assiette propre : et n'avoient à se deffendre

---

[1] Sauvage et ses successeurs mettent : « accompagné. »

[2] « C'est-à-dire *firent paraître*. Ce terme se trouve encore ci-dessous, chapitre XXVI. » (*Note de Lenglet.*)

que de nous, car de ceulx de la ville n'avoient ilz plus de craincte. Ilz estoient bien deux mil huict cens hommes d'armes bardez et cinq mil chevaulx legiers, unze mil cinq cens Allemans, menez de bons chiefz (comme ce messire Georges de Pietre Plant, messire Federic Capelare et messire Hance), et aultre grant nombre de gens de pied; et sembloit bien parler par voulenté de dire que on les deubst prendre leans, ne qu'ilz deubssent fuyr. Ung aultre plus grant doubte y avoit : que, si tous les Suisses se trouvoient ensemble, qu'ilz ne prinssent le Roy et tous les hommes riches de sa compaignie, qui estoit bien foible au prix d'eulx, et qu'ilz ne les menassent en leur pays; et quelque apparence s'en veit, comme verrez par la conclusion de la paix.

CHAPITRE XVIII.

Comment la paix fut conclue entre le Roy et le duc d'Orleans d'ung costé, et les ennemys de l'aultre, et des conditions et articles qui furent contenuz en ladicte paix.

Estans toutes ces questions parmy nous, et que ledict duc d'Orleans en print debat avec le prince d'Orenge [1] jusques à le desmentir, nous retournasmes, ledict mareschal, le seigneur de Piennes, le

---

[1] « Quand (le duc d'Orléans) fut arrivé devers le Roy, il temoigna qu'il luy deplaisoit fort de cest appointement qu'on avoit ainsi fait, dont il eut de grosses paroles avec monseigneur le prince d'Orange; car tout le plus grand desir qu'il avoit au monde estoit de combattre pour avoir raison des grands ennuis et desplaisirs que ses ennemis luy avoient fait endurer si long-temps. Il fit tant qu'il attira et obtint sous mains plus de huit cens hommes d'armes francois, et la pluspart des

president de Gannay, le seigneur de Morvilliers, le visdame de Chartres [1] et moy, en l'ost des ennemys, et conclusmes une paix [2], croyans bien par les signes que veyons qu'elle ne tiendroit point; mais nous avions necessité de la faire, pour mainctes raisons que avez entendues et pour la saison d'yver qui nous y contraignoit, et aussi par faulte d'argent, et pour nous despartir honnorablement, avec une honnorable paix par escript, qui se pourroit envoyer par tout, comme elle fut : et ainsi l'avoit conclud le Roy, en ung grant conseil, present le duc d'Orleans. La substance estoit que le duc de Millan serviroit le Roy de gens [3] contre tout le monde : et, en ce faisant, il feroit equi-

capitaines et officiers des suisses qui luy promirent de l'accompagner partout, surquoy il supplia le Roy que son bon plaisir fut de luy permettre qu'il essayat à l'adventure.... Mais ledit seigneur ne le voulut jamais permettre. » (*Histoire de Charles VIII*, 106-107.)

[1] Jacques de Vendôme, prince de Chabanois, vidame de Chartres. Reçu au Parlement le 18 mars 1495. Charles VIII, en instituant la seconde compagnie des cent gentilshommes de sa maison, au mois de janvier 1497, l'en fit capitaine, le qualifiant *son cousin*. Mort en 1507, avant le mois de mai. (ANSELME, VIII, 900.)

[2] Faite à Verceil le 10 octobre 1495. (Voyez ce traité, dans l'*Histoire de Charles VIII*, 722.)

[3] La première édition, celle de Sauvage et de ses successeurs portent : « Estoit que le duc de Milan serviroit le roy de *Genes* contre tout le monde. » Nous avons adopté la leçon de l'édition de 1539, conforme à deux articles du traité. « *Item*, et aidera ledit duc au Roy de deux grosses caraques en cette annee, et l'annee apres, de trois, le tout à ses depens *equipees et armees*. — *Item*, que toutes et quantes fois que le Roy voudra aller en personne en la conqueste de son royaume de Naples, ledit duc l'accompagnera en personne par mer et par terre, et luy aidera de *ses gens d'armes*. » (*Hist. de Charles VIII*, 726.)

per deux navires à ses despens pour aller secourir le chasteau de Naples, qui encores tenoit, et, l'annee apres, de trois; et de sa personne serviroit le Roy derechief à l'entreprinse du royaulme, au cas que le Roy y retournast, et donneroit passaige aux gens du Roy : et, en cas que les Venissiens ne acceptassent la paix dedans deux mois et qu'ilz voulsissent soustenir la maison d'Arragon, il debvoit soustenir le Roy contre eulx, moyennant que tout ce que le Roy prendroit de leurs terres luy seroit baillé, et employeroit sa personne et subjectz : et quictoit au Roy quatre vingtz mil ducatz, de cent vingt quatre mil[1] qu'il luy avoit prestez en ce voyaige que le Roy avoit faict, et debvoit bailler deux ostaiges de Gennes[2] pour seureté, et fut mis le Chastellet[3] entre les mains du duc de Ferrare, comme neutre, pour deux annees : et payoit ledict duc de Millan la moytié de la garde qui estoit audict Chastellet, et le Roy l'aultre : et en cas que le duc de Millan feist riens de Gennes contre le Roy, ledict duc de Ferrare povoit bailler ledict Chastellet au Roy : et debvoit bailler deux aultres ostaiges de Millan, qu'il bailla : et aussi eussent faict ceulx de Gennes, se le Roy n'eust esté si hastif de partir ; mais dès ce qu'il le veit party, il se excusa.

Dès ce que nous fusmes retournez de faire jurer

[1] L'édition de 1528 met : « De cent iiii. xx mil. »
[2] « Pour la seureté des choses contenues en ce present traité, pour le fait de Gennes ledit duc baillera pour ostages le fils aisné de messire Augustin Adorne, et pareillement aucuns autres que le Roy voudra nommer. » (*Histoire de Charles VIII*, 725.)
[3] Castelleto, ville du duché de Milan (royaume Lombard-Vénitien.)

ceste paix au duc de Millan, et que les Venissiens eurent prins terme de deux mois de l'accepter ou non (car plus avant ne se voulurent mettre), ledict seigneur jura aussi ladicte paix, et dès le lendemain delibera de partir, comme celluy qui avoit grant envie de retourner en France, et aussi avoit toute sa compaignie; mais la nuict, les Suisses qui estoient en nostre ost se misrent en plusieurs conseilz, chascun avec ceulx de son canton, et sonnerent leurs tabourins, et tindrent leur reng (qui est la forme de conseil) : et ces choses que je dis me compta Lornay[1], qui estoit ung des chiefz d'entre eulx et tousjours a esté, et qui entent bien la langue, et estoit couché en l'ost et en vint advertir le Roy.

Les ungz disoient qu'ilz prinssent le Roy et toute sa compaignie, c'est asscavoir les riches. D'aultres ne le consentoient point, mais bien qu'on luy demandast le payement de trois mois : disans que ainsi leur avoit esté promis, par le Roy son pere[2], que toutes les fois qu'ilz sortiroient de leur pays avec leurs bannieres, que tel payement debvoient avoir. Aultres vouloient que on ne prinst que les principaulx, sans toucher au Roy, et se disposoient de l'executer : et avoient ja largement gens dedans la ville; mais avant qu'ilz eussent conclud, le Roy partit, et tira vers Trin[3], une ville du marquis de Monferrat. Toutesfois

---

[1] Voyez ci-dessus, page 471, note 3.
[2] Par le traité d'alliance de 1474. (Lenglet, III, 369.)
[3] Trino. Le Roi arriva dans cette ville le dimanche 11 octobre. (*Histoire de Charles VIII*, 186.)

ilz avoient tort : car il ne leur avoit esté promis que ung mois de payement, aussi ne servirent point. Pour fin de compte, on appoincta avec eulx, mais avant ilz prindrent ledict bailly de Digeon et Lornay (mais ce furent ceulx qui avoient esté avec nous à Naples), qui tousjours avoient esté leurs chiefz, pour avoir ung payement de quinze jours pour eulx en aller; mais les aultres furent payez de trois mois, et monta bien le tout à cinq cens mil francz. Ilz se fierent en pleiges et en ostaiges, et ceci advint des Francois propres qui leur misrent cela en avant : car ung de leurs cappitaines en vint advertir le prince d'Orenge, qui le dict au Roy : et c'estoit par despit de ceste paix.

Arrivé que fut le Roy à Trin, il envoya vers le duc de Millan ledict mareschal, le president de Gannay et moy, affin qu'il voulsist venir devers ledict seigneur, pour parler à luy : et luy dismes plusieurs raisons pour le faire venir, et que cela seroit la vraye confirmation de la paix. Il nous dict plusieurs raisons au contraire, et se excusa[1] sur aucunes parolles que monseigneur de Ligny avoit dictes que on le debvoit prendre quant il fut devers le Roy à Pavie, et d'aultres parolles que avoit dictes le cardinal qui avoit tout le credit avec le Roy. Il est bien vray que plusieurs folles parolles avoient esté dictes : de qui que ce fut, je ne scay; mais pour lors le Roy avoit envie d'estre son amy. Il estoit

---

[1] « Il manda au Roy qu'il luy pardonnât, à cause qu'il estoit malade, tellement qu'il ne pouvoit se transporter devers luy, dont le Roy ne tint pas grand conte. » (*Histoire de Charles VIII*, 186.)

en lieu appellé Bolie[1] : il vouloit bien parler, une barriere entre deux et une riviere[2]. Quant le Roy eut sceu ceste responce, il tira à Quiers[3], où il n'arresta que une nuict ou deux, et print son chemin pour passer les montz : et me renvoya à Venise, et d'aultres à Gennes, pour armer ces deux naves que ledict duc debvoit prester; mais de tout ne feit riens, et leur laissa faire grant despence et grant apprest, et puis les garda de partir; mais au contraire il en envoya deux contre nous, en lieu de tenir promesse.

CHAPITRE XIX.

Comment le Roy renvoya le seigneur d'Argenton à Venise pour les conditions de la paix, lesquelles refuserent les Venissiens, et des tromperies du duc de Millan.

Ma charge estoit, à Venise, scavoir s'ilz vouldroient accepter ceste paix et passer trois articles : le premier, rendre Monopoly, qu'ilz avoient prins sur nous : l'aultre, de retirer le marquis de Mantoue, et aultres qu'ilz avoient au royaulme de Naples, du service du Roy Ferrand : la tierce, qu'ilz desclarassent que le roy Ferrand n'estoit de la ligue qu'ilz avoient faicte de nouveau[4], où estoit nommé seullement le Pape, le roy des Rommains, le roy d'Espaigne et le duc de Millan.

---

[1] Bobbio, bourg des États sardes.
[2] Charles VIII s'y refusa, regardant de telles précautions comme indignes de lui. (GUICHARDIN, I, 350.)
[3] Chieri, le dimanche 18 octobre. (*Histoire de Charles VIII*, 187.)
[4] Voyez ci-dessus, page 419.

Et quant j'arrivay audict lieu de Venise, ilz me recueillirent honnorablement, mais non point tant qu'ilz avoient faict au premier coup : aussi nous estions en inimytié desclaree, et la premiere fois nous estions en paix. Je dis ma charge au duc de Venise, et il me dict que je fusse le tres bien venu et que de brief il me feroit responce, et qu'il se conseilleroit avec son senat.

Par trois jours ils feirent processions generalles, et grans aulmosnes et sermons publics, priant Nostre Seigneur qu'il leur donnast grace de prendre bon conseil : et me fut dict que souvent le font en cas semblable. Et, à la verité, ce me semble la plus reverente cité que j'aye jamais veue aux choses ecclesiasticques et qui ont leurs eglises mieulx parees et acoustrees : et en cela les tiens assez esgaulx aux Rommains, et croy que la grandeur de leur Seigneurie vient de là, qui est digne de augmenter plustost que de appetisser. Pour conclusion de mon affaire, j'attendis quinze jours avant que avoir responce, qui fut de refluz de toutes mes demandes : disans n'avoir nulle guerre avec le Roy, et que ce qu'ilz avoient faict c'estoit pour ayder à leur allyé le duc de Millan que le Roy vouloit destruire. Et feirent parler à part avec moy le duc, qui m'offrit bon appoinctement : qui fut que le roy Ferrand feroit hommaige au Roy du royaulme de Naples et du consentement du Pape, et qu'il payeroit cinquante mil ducatz l'an de cens, et quelque somme contant, et qu'ilz presteroient : et entendoient, moyennant ce prest, avoir entre leurs mains les places qu'ilz ont en la Pouille, comme Brandis, Otrante, Trani, et aultres; et aussi bailleroit ledict dom Ferrand ou laisseroit au Roy quelque place au quartier de la Pouille, pour seureté : et vouloient dire Tarente, que le Roy tenoit encores [1], et en eust baillé une ou deux davantaige : et s'offroient de les bailler de ce costé, parce que c'estoit le plus loing de nous [2] et en lieu pour servir contre le Turc, dont le Roy avoit fort parlé quant il entra en Italie, disant que à ceste fin faisoit ceste entreprinse, et pour en estre plus pres : qui fut une tres meschante invention, car c'estoit mensonge, et à Dieu ne peult l'on celler les pensees. Oultre, me offroit ledict duc de Venise que, si ledict Roy vouloit entreprendre contre le Turc, qu'il auroit assez places en ce que je dis, et que toute Italie y contribueroit, et que le roy des Rommains feroit la guerre de son costé aussi : et que le Roy et eulx tiendroient toute Italie, et que nul ne contrediroit à ce qu'ilz en ordonneroient : et que, pour leur part, serviroient le Roy avec cent gallees, à leurs despens, et de cinq mil chevaulx par terre.

Je prins congié dudict duc et Seigneurie, disant que en feroye le rapport au Roy. Je revins à Millan; et trouvay le duc de Millan à Vigesve [3], où estoit ung maistre d'hostel du Roy, appellé Rigault Dorelles [4],

[1] Tarente se rendit à Frédéric, roi de Naples, en 1496. (Voyez ci-dessus, page 431, note 1.)

[2] Sauvage et ses successeurs ajoutent : « Mais ils se couvroient en ce que c'estoit *en lieu....* »

[3] Vigevano.

[4] Rigault Doreille, chevalier, seigneur de Villeneuve, maître d'hô-

ambassadeur pour le Roy. Ledict duc vint au devant de moy, faignant chasser : car ilz sont ainsi honnorables aux ambassadeurs. Il me feit logier en son chasteau, en tres grant honneur. Je luy suppliay de povoir parler à luy à part. Il dict qu'il le feroit, mais il monstroit signe de ne le chercher point. Et le vouloye presser de ces naves qu'il nous avoit promises par ce traicté de Versay, qui estoient en estat de partir (et encores tenoit ledict chasteau de Naples), et il faignoit de les bailler : et estoit à Gennes, pour le Roy, Peron de Basche, son maistre d'hostel, et Estienne de Neves, qui soubdainement m'escripvirent dès ce qu'ilz sceurent ma venue là, se doulant de la tromperie du duc de Millan qui faignoit de leur bailler les naves, et, au contraire, en avoit envoyé deux contre nous. L'ung jour respondit le gouverneur de Gennes qu'il ne souffriroit point que lesdictes naves fussent armees des Francois et que en chascune n'en mettroit que vingt cinq, et mainctes aultres excuses de

---

tel ordinaire de Louis XI. Marié, 1°. à Catherine Rancé, 2°. à Charlotte de Roucy. (*Cabinet des Titres.*) Il est porté sur l'état des officiers de la maison de Charles VIII, comme un de ses premiers maîtres d'hôtel, pour l'année commençant le 1er octobre 1495 et finissant le dernier septembre 1496. (*Histoire de Charles VIII*, 704.) Nommé par le Roi au bailliage de Chartres, il requit la cour du Parlement de Paris, le mardi 16 août 1496, de le recevoir dans ledit office. (Archives du Royaume, *Parlement*, Conseil, regist. xxxix, fol. 423, recto.) Il passa successivement au service de Louis XII et de François Ier en qualité de leur maître d'hôtel, ainsi qu'on le voit par les états des officiers de la maison de ces princes. « Mort le 15 septembre 1517. » (Bibl. Roy., Ms., *Supl. fr.*, n° 2544, fol. 819, 924.) Il signe *Rigault Dourelle*. (Dupuy, Ms. 261, fol. 129.)

ceste sorte, dissimulant et attendant les nouvelles que ledict chasteau de Naples fust rendu, où ledict duc scavoit bien qu'il n'y avoit vivres que pour ung mois ou environ; et l'armee qui se faisoit en Prouvence n'estoit point souffisante pour faire ledict secours, sans lesdictes deux naves : car les ennemys avoient devant ledict chasteau grosse armee de mer[1], tant d'eulx que des Venissiens et du roy d'Espaigne.

Trois jours je fuz avec ledict duc. L'ung jour il mit en conseil, se courrouçant que ne trouvoye pas bonne la responce qu'il faisoit touchant lesdictes naves; et disoit que, par le traicté de Versay, il avoit bien promis de servir avec deux naves, mais qu'il n'avoit point promis de laisser monter nulz Francois dessus. A quoy je respondis que ceste excuse me sembloit bien mesgre, et que si, d'adventure, il me prestoit une bonne mulle pour passer les montz, que feroit il pour moy de la me faire mener en main et que je n'en eusse que la veue sans povoir monter dessus? Apres longs debatz, il me retira en une gallerie, à part : là luy monstray la peine que d'aultres et moy avions prins pour ce traicté de Versay et le peril en quoy il nous mettoit, d'aller ainsi au contraire et de ainsi faire perdre au Roy ses chasteaulx, qui estoit la totale perdition dudict

---

[1] « L'armee des Venissiens estoient en nombre de vingt gallees, et des autres navires biscains et espagneulx, deux naves, deux gallions et deux escorpions.... Dedans le port de Naples y avoit, que naves, que gallees, de vingt-cinq à trente, sans l'armee des François qui estoit sous le castel de Love (l'OEuf) de quinze à seize voiles, que les ennemis tenoient assiegés. » (GUILLAUME DE VILLENEUFVE; voyez LENGLET, IV, partie II, page 99-100.)

royaulme de Naples, qui seroit hayne perpetuelle entre le Roy et luy : et luy offris la principaulté de Tarente, avec la duché de Bari [1], car ja il la tenoit. Luy disoye le peril en quoy il se mettoit, et toute l'Italie, de vouloir consentir que Venissiens eussent ces places en la Pouille. De tout il confessoit que je disoye verité, par especial des Venissiens; mais, pour toute conclusion, il me dict que avec le Roy ne povoit trouver nulle seureté, ne fiance.

Apres ces devises, je prins congié dudict duc de Millan, lequel me conduisit une lieue; et au partir advisa une plus belle mensonge (ainsi on doibt parler des princes [2]), et luy sembloit bien que je m'en alloye bien melancolicque : ce fut qu'il me dict soubdainement, comme ung homme qui change de propos, qu'il me vouloit moustrer ung tour d'amy, affin que le Roy eust occasion de me faire bonne chiere : et que lendemain il feroit partir messire Galleasche (qui estoit le tout quand il nommoit cestuy là) pour aller faire partir lesdictes naves et joindre avec nostre armee : et que encores il vouloit faire ce service au Roy que de luy sauver son chasteau de Naples : et que en ce faisant il luy sauveroit le royaulme de Naples (il disoit vray, s'il l'eust faict) : et que, quant elles seroient parties, il

[1] Province du royaume de Naples, formée d'une partie de l'ancienne Pouille.

[2] *Ainsi on doibt parler des princes*, c'est-à-dire probablement que, par respect pour le duc de Milan, il accorde l'épithète de *belle* à une action qu'il aurait tout autrement qualifiée, venant d'autre personne. Sauvage et ses successeurs mettent : « Une plus belle mensonge (*si* on doit ainsi parler des princes) *que devant*, luy *semblant....* »

me escriproit de sa main affin que par moy le Roy en sceust des nouvelles le premier et qu'il veist que je luy auroye faict ce service, et que le courrier me joindroit avant que je fusse à Lyon. Et en ceste bonne esperance je me partis et me mis à passer les montz, et ne ouys venir poste derriere moy que je ne cuydasse que ce fust celluy qui me debvoit apporter les lettres dessusdictes, combien que j'en faisoye quelque doubte, congnoissant l'homme. Et vins jusques à Chambery, où je trouvay monseigneur de Savoye qui me feist bonne chiere et me retint ung jour; et puis je vins à Lyon (sans ce que mon courrier vinst) du tout faire mon rapport au Roy, qui lors estoit entendant à faire bonne chiere et jouxter : et de nulle aultre chose ne luy challoit.

Ceulx qui avoient esté courroucez de la paix de Versay furent fort joyeulx de la tromperie que nous avoit faict le duc de Millan, et en creut leur auctorité : et me laverent bien la teste, comme on a acoustumé de faire, aux courtz des princes, en semblable cas. Bien estoye iré et marry. Je comptay au Roy, et monstray par escript, l'offre que les Venissiens luy faisoient, que avez entendu devant : dont il ne feit nulle estime, et moins encores le cardinal de Sainct Malo, qui estoit celluy qui conduisoit tout. Toutesfois, j'en parlay une aultre fois, et me sembloit qu'il eust mieulx vallu accepter ceste offre que de perdre le tout : et aussi je ne veoye point gens pour conduire telle entreprinse, et ne appelloient nul qui leur peust ayder, ou le moins souvent qu'ilz povoient. Le Roy l'eust bien voulu ; mais il estoit craintif de desplaire à ceulx à qui il donnoit le credit, et par especial à ceulx qui menoient ses finances, comme ledict cardinal, ses freres et parens. Et est belle exemple pour les princes : car il fault qu'ilz prengnent la peine de conduire eulx mesmes leurs affaires pour le moins, et quelquesfois en appeller d'aultres, selon les matieres, et les tenir presque esgaulx : car s'il en y a ung si grant que les aultres le craignent (comme feit le roi Charles huictiesme et a faict jusques icy, qui tousjours en a eu ung), celluy là est roy et seigneur, quant à l'effect, et se trouve le maistre mal servy : comme il a faict de ces gouverneurs, qui ont tres bien faict leurs besongnes et mal les siennes, et en a esté moins estimé.

CHAPITRE XX.

Comment le Roy, estant retourné en France, mit en oubly ceulx qui estoient demourez à Naples, et comment monseigneur le Daulphin mourut, dont le Roy et la Royne menerent grant dueil.

Mon retour à Lyon fut l'an mil quatre cens quatre-vingtz et quinze, le douziesme jour de decembre, auquel lieu estoit jà arrivé le Roy à toute son armee : et avoit esté dehors, audict voyaige, bien ung an et environ deux mois [1]. Et tenoient encores les chasteaulx de

---

[1] La première édition met : « Avoit esté dehors, audict voyaige, *vingt et deux mois*, » ce qui est évidemment une faute. Le Roi partit de Grenoble le 13 août 1494, et arriva à Grenoble le 27 octobre 1495. Peut-être le copiste aura-t-il lu *vingt*, au lieu de *ung an* et deux mois.

Naples, comme j'ay dict peu plus avant : et estoient encores audict royaulme de Naples, monseigneur de Montpensier, lieutenant du Roy, à Salerne, avec le prince du lieu, et monseigneur d'Aubigny en Calabre (où presque tousjours avoit esté mallade, mais bien et grandement y avoit servy) : et messire Gracien des Guerres estoit en l'Abousse, dom Julian au Mont Sainct Ange, et George de Suilly à Tarente ; mais le tout tant povre et tant habandonné que nul ne le pourroit penser, sans avoir à grant peine une nouvelle ou lettre, et celles qu'ilz avoient n'estoient que mensonges et promesses sans effect (car, comme dict est, de soy le Roy ne faisoit riens). Et qui les eust fournys des sommes d'argent, à heure, dont on a despendu six fois le double, jamais n'eussent perdu le royaulme : et finablement vindrent quarante mil ducatz seullement, qui leur furent envoyez, quant tout fut perdu, pour part de leur soulde d'ung an : et y a plus, que, s'ilz fussent arrivez ung mois plus tost, les maulx et hontes qui leur advinrent (comme entendez) ne leur fussent pas advenuz, ne les divisions : et tout par faulte que le maistre n'expedioit riens de luy, ny n'escoutoit les gens qui en venoient, et [que] ses serviteurs qui s'en mesloient estoient peu experimentez et paresseux : et croy que quelcun avoit intelligence avec le Pape[1]. Et

---

[1] « Le roy Charles.... se mit à faire bonne chere et oublier les affaires de là les monts, dequoy le duc Ludovic étoit bien aise, et dit on qu'il entretenoit par bienfaits aucuns d'antour la personne dudit roy Charles, pour l'entretenir en ceste volonté : sachant que ledit duc d'Orleans l'eut volontiers induit à retourner audit Milan, et avoit si

sembloit que Dieu laissást de tous poinctz à faire la grace au Roy, qu'il luy avoit faict à l'aller.

Apres que le Roy eut sejourné à Lyon deux mois, ou environ, luy vindrent nouvelles comme monsieur le Daulphin, son seul filz, estoit en peril de mort: et trois jours apres luy vindrent nouvelles qu'il estoit trespassé[1]. Ledict seigneur en eut dueil, comme la raison le veult, mais peu luy dura le dueil: et la Royne de France, duchesse de Bretaigne, appellee Anne, en mena le plus grant dueil qu'il est possible que femme peust faire, et longuement luy dura ce dueil: et croy que, oultre le dueil naturel que les meres ont acoustumé d'avoir de la perte de leurs enfans, que le cueur luy jugeoit quelque grant dommaige à venir; mais au Roy son mary dura peu ce dueil, comme dict est, et la voulut reconforter de faire dancer devant elle. Et y vindrent aucuns jeunes seigneurs et gentilz hommes que le Roy y feit venir en pourpoinct pour dancer, et entre les aultres y estoit le duc d'Orleans, qui povoit bien avoir trente quatre ans[2]. Il luy sembloit bien qu'il avoit joye de ladicte mort, à cause qu'il estoit le plus prouchain de la couronne apres le Roy; et furent longtemps apres sans parler ensemble, pour ceste cause. Ledict Daulphin avoit environ trois ans, bel enfant et audacieux en parolle, et ne craignoit

---

bien conduit son affaire que ledit duc d'Orleans en cheut en male grace dudit roy Charles, lequel avoit deliberé de le confiner hors dudit royaume. » (MARILLAC, 252, recto.)

[1] Le 6 décembre 1495. (Voyez ci-dessus, page 439, note 1.)
[2] Il était né le 27 juin 1462. (Voyez ci-dessus, page 296, note 4.)

point les choses que les aultres enfans ont acoustumé de craindre : et vous dis que pour ces raisons le pere en passa ayseement son dueil, ayant desja doubte que tost cest enfant ne fust grant, et que, continuant ses conditions, il ne luy diminuast l'auctorité et puissance : car ledict Roy ne fut jamais que petit homme de corps, et peu entendu ; mais estoit si bon qu'il n'est possible de veoir meilleure creature. Or entendez quelles sont les miseres des grans roys, et princes qui ont paour de leurs propres enfans. Le roy Loys unziesme, son pere, en avoit eu paour, qui fut si saige et si vertueux ; mais bien saigement y pourveut, car en l'aage de quatorze ans il le laissa roy. Ledict roy Loys avoit faict paour à son pere le roy Charles septiesme, car il se trouva en armes et en assemblee contre luy, avec aucuns seigneurs et chevaliers de ce royaulme, en matiere de brouillis de court[1] et de gouvernement (et le m'a mainctes fois compté ledict roy Loys unziesme), qui avoit environ l'aage de treize ans ; mais cela ne dura point. Mais depuis qu'il fut homme, il eut grant division avec ledict Charles septiesme, son pere, et se retira au Daulphiné et de là en Flandres, laissant ledict pays du Daulphiné audict roy son pere : et est parlé de ce propos au commencement de ces Memoires[2], touchant le regne dudict roy Loys unziesme.

 Nulle creature n'est exemptee de passion, et tous mangeussent[3] leur pain en peine et en douleur, comme

[1] La Praguerie. (Voyez ci-dessus, page 274.)
[2] Voyez tome I, page 85.
[3] *Mangeussent*, mangent. (Roquefort.)

Nostre Seigneur leur promit dès ce qu'il feit l'homme, et loyaulment l'a tenu à toutes gens; mais les peines et labeurs sont differentes, et celles du corps sont les moindres et celles de l'entendement les plus grandes. Celles des saiges sont d'une façon et celles des folz d'une aultre, mais trop plus de douleur et passion porte le fol que le saige (combien que à plusieurs semble le contraire), et si y a moins de reconfort. Les povres gens, qui travaillent et labourent pour nourrir eulx et leurs enfans, et payent la taille et les subsides à leurs seigneurs, debvroient vivre en grant desconfort si les grans princes et seigneurs n'avoient que tous plaisirs en ce monde, et eulx travail et misere; mais la chose va bien aultrement: car, se je me vouloye mettre à escripre les passions que j'ay veu porter aux grans, tant hommes que femmes, depuis trente ans seullement, j'en feroye ung gros livre. Je n'entens point de ceulx qui sont des conditions de ceulx qui sont nommez au livre de Boucasse [1], mais j'entens de ceulx et celles que on voit en toute riche [2] santé, et prosperité: et ceulx qui ne les praticquoient point de si pres comme moy les reputoient estre bien heureux: et si ay veu mainctes fois leurs desplaisirs et doulcurs estre fondez en si peu de raison, que

---

[1] Bocace, *De Casibus virorum et fœminarum illustrium, libri IX.* Deux traductions françaises de cet ouvrage existaient et avaient été imprimées du vivant de Commynes: l'une, dont l'auteur est inconnu, sortit des presses de Colart Mansion de Bruges, en 1476; l'autre, due à Laurent de Premierfaict, est de Lyon, Jean Dupré, 1483. (Van Praet, *Notice sur Colart Mansion*, page 27.)

[2] « En toute *richesse*, santé et prospérité. » (Sauvage et autres.)

à grant peine l'eussent voulu croire les gens qui ne les hantoient point : et la pluspart estoient fondez en souspesons et rapportz, qui est une malladie cachee qui regne aux maisons des grans princes, dont mainct mal advient, tant à leurs personnes que à leurs serviteurs et subjectz : et s'en abrege tant la vie, que à grant peine s'est veu nul roy en France, depuis Charlemaigne, avoir passé soixante ans.

Pour ceste suspection, quant le roy Loys unziesme vint et approcha du terme, estant mallade de cesté malladie, se jugeoit desja mort. Son pere Charles septiesme, qui tant avoit faict de belles choses en France, estant mallade, se mit en fantaisie que on le vouloit empoisonner, parquoy il ne voulut jamais manger. Aultres suspections eut le roy Charles sixiesme, qui devint fol, et tout par rapport : qui doibt estre reputé à grant faulte aux princes qu'ilz ne les adverent ou facent adverer, quant ce sont choses qui leur touchent, encores que ne fussent de trop grant importance (car par ce moyen ilz n'en auroient point si souvent) : et fauldroit en demander aux personnes l'ung devant l'aultre (j'entens de l'accusateur et de l'accusé), et par ce moyen ne se feroit nul rapport, s'il n'estoit veritable. Mais il en y a de si bestes, qu'ilz promettent et jurent n'en dire riens : et par ce moyen ilz emportent aucunesfois ces angoisses dont je parle, et si hayent le plus de fois les meilleurs et les plus loyaulx serviteurs qu'ilz ayent, et leur font des dommaiges, à l'appetit et rapport de plusieurs meschans, et par ce moyen font de grans tortz et de grans griefz à leurs subjectz.

CHAPITRE XXI.

Comment les nouvelles de la perte du chasteau de Naples vindrent au Roy : de la vendition des places des Florentins à diverses gens : du traicté d'Estelle en la Pouille, au grant dommaige des Francois, et de la mort du roy Ferrand de Naples.

Le trespas de monseigneur le Daulphin, seul filz du roy Charles huictiesme, fut environ le commencement de l'an mil quatre cens quatre vingtz et seize[1], qui luy fut la plus grant perte que jamais luy fust advenue ne qui luy peust advenir : car jamais n'a plus eu enfant qui ait vescu. Ce mal ne vint point seul : car, en ce propre temps, luy vindrent nouvelles que le chasteau de Naples estoit rendu par ceulx que monseigneur de Montpensier y avoit laissez, par famine[2], et aussi pour avoir les ostaiges que ledict

---

[1] Le Dauphin, comme on l'a vu ci-dessus, page 539, note 1, était mort le 6 décembre 1495. De cette époque au 3 avril suivant, que commença l'année 1496, selon le vieux style, il y a un espace de temps trop grand, ce nous semble, pour que l'on puisse admettre que Commynes ait pu vouloir désigner ce commencement d'année. Il avait sans doute en vue celui qui, d'après le nouveau style, date du 1ᵉʳ janvier. Il a, dès lors, très-bien pu dire que le trépas du fils de Charles VIII « fut *environ* le commencement de l'an mil quatre cens quatre vingtz et seize. »

[2] Toutes les éditions portent : « par *faveur*. » Sauvage proposait de lire : « par *famine*; » correction heureuse que nous n'hésitons pas à introduire dans le texte, où elle est parfaitement en rapport avec ce que Commynes a dit plus haut (p. 505) à l'occasion de la reddition du château de Naples, où les Français « ne tindrent que vingt jours à *faultes de vivres*. » Le château se rendit le 8 décembre 1495. (Guillaume de Villeneufve ; voyez Lenglet, IV, partie ii, page 106.) « Le

seigneur de Montpensier avoit baillez (qui estoit monsieur d'Alegre, ung des enfans de la Marche, d'Ardene, ung appellé de la Chapelle, de Loudonnois¹, et ung appellé Jehan Roquebertin, Cathelan) : et revindrent par mer ceulx qui estoient audict chasteau. Une aultre honte et dommaige luy advint, que ung appellé Entragues², qui tenoit la citadelle de Pise (qui estoit

comte Gilbert fut assailly à Naples du roy Ferrand et des siens, avec ses alliés, ainsi qu'il étoit entrepris et convenu entre les seigneurs d'Italie et le pape Alexandre qui lors vivoit : et tellement que ledit comte Gilbert, combien qu'il n'eut que bien peu de gens que ledit Roy luy avoit laissé (et n'étoient pas cent hommes d'armes et deus cens archers et environ quatre ou cinq mil Suisses ou autres gens de pié), voyant qu'il ne pouvoit resister contre la grosse puissance dudit roy Ferrand, qui vint à plus de trente mil combatans, et la plupart de ladite ville de Naples, pour lors se retira et tous ses gens malgré tous les ennemis dedans le chastelneuf dudit Naples, lequel il tint contre ladite puissance l'espace de cinq mois : et si n'y avoit que bien peu de vivres, car ledit roy Charles n'y avoit rien laissé à son partement : tellement que ledit comte Gilbert et les gens d'armes de sa compagnie, la plupart du temps, mangeoient le ris et le millet pour tout pain, et les chevaus et mulets, chiens et chats qui étoient audit chastel, et beuvoient de l'eaue et du vinaigre; mais neanmoins il tint ledit chasteau ledit tans; et avec ce, voyant par trop diminuer les provisions, il s'en sortit dehors avec sa compagnie, et ne laissa au chastel sinon certain nombre selon la provision qu'y demeuroit pour vivre le tans qu'il entendoit qu'ils gardassent ledit chastel, et luy et sa bande se jetoirent aus champs, et se vint assembler avec le sieur de Champerroux qui étoit marechal dudit royaume, et se mirent à chercher ledit roy Ferrand par tout ledit royaume; lequel ne s'osa oncq trouver devant eus. » (MARILLAC, 233, recto.)

¹ Ce seigneur a été nommé plus haut (page 503) la Chapelle, d'*Anjou*. Le Loudunois « était des dépendances de l'Anjou. » (LA MARTINIÈRE.)

² Voyez ci-dessus, page 441, note 1.

le fort, et qui tenoit ceste cité en subjection), bailla ladicte citadelle aux Pisans[1] : qui estoit aller contre le serment du Roy qui deux fois jura aux Florentins de leur rendre ladicte citadelle et aultres places, comme Cersanne[2], Sarrasanne[3], Pietresaincte, Librefacto et Mortron que les Florentins avoient presté audict seigneur (à son grant besoing et necessité) à son arrivee en Italie, et donné six vingtz mil ducatz dont il ne restoit que trente mil à payer : en quelque aultre endroict en a esté parlé[4]. Mais toutes ces places furent vendues. Les Genevois achapterent Cersanne et Sarrasanne, et les leur vendit ung bastard de Sainct Paul[5]. Pietresaincte vendit encores ledict Entragues

---

[1] « D'Entragues consentit à faire avec eux un traité, par lequel il s'engageoit à leur remettre sa forteresse au bout de cent jours, si le Roi ne rentroit pas avant ce terme en Italie. Jusqu'alors les Pisans devoient lui payer chaque mois deux mille florins pour la solde de sa garnison, et quatorze mille au moment où la citadelle leur seroit livrée.... Le terme fixé par d'Entragues devoit échoir le 1er janvier 1496 : ce jour-là en effet il réunit l'assemblée du peuple, et en lui consignant la forteresse, il lui demanda de prêter serment de fidélité au roi de France ; il vouloit que cette formalité pût servir d'excuse à sa désobéissance.... Outre les quatorze mille écus [que les Pisans] lui avoient promis, il en falloit encore donner vingt-six mille pour l'artillerie et les munitions que d'Entragues leur cédoit.... [Enfin,] d'Entragues fut payé, et la forteresse qu'il avoit livrée fut rasée en peu de temps. » (SISMONDI, XII, 377, 378.)

[2] Sarzane.

[3] Sarzanello.

[4] Voyez ci-dessus, page 363.

[5] Le bâtard de Roussi, lieutenant du sire d'Entragues, vendit, le 30 mars, cette ville aux Lucquois pour trente mille florins. (SISMONDI, XII, 379.)

aux Lucois[1], et Librefacto aux Venissiens ; le tout à la grant honte du Roy, et de ses subjectz, et dommaige, et consommation de la perte du royaulme de Naples. Le premier serment (comme dict est ailleurs[2]) que le Roy feit de restitution desdictes places fut faict à Florence, sur le grant autel, en la grant eglise de Saint Jehan : le second fut en Ast. Quant il fut retourné, presterent les Florentins trente mil ducatz contant audict seigneur (qui en avoit bien grant besoing) par condition que, si Pise se rendoit, que le Roy ne payeroit riens de ladicte somme et seroient renduz les gaiges et bagues que on leur bailloit : et si debvoient prester audict seigneur encores les soixante mil ducatz et les faire payer contant, au royaulme de Naples, à ceulx qui encores estoient là pour le Roy, et tenir audict royaulme trois cens hommes d'armes continuellement (à leur despens) au service dudict seigneur jusques à la fin de l'entreprinse. Et pour ceste mauvaistié dicte, riens ne se feit de ces choses ; et fallut rendre lesdictz trente mil ducatz que les Florentins avoient prestez : et tout ce dommaige par faulte d'obeyssance et pour rapportz en l'oreille, car aucuns des plus pres de luy donnerent cueur audict Entragues de ainsi le faire.

En ce propre temps, deux mois plus ou moins, au commencement de ceste annee mil quatre cens quatre vingtz et seize, voyant monseigneur de Montpensier,

[1] Voyez ci-dessus, page 441. Il les vendit vingt-quatre mille florins le 26 février (1496). (SISMONDI, XII, 379.)
[2] Voyez ci-dessus, page 363.

le seigneur Virgille Ursin, messire Camille Vitelly et aultres cappitaines francois que tout estoit ainsi perdu, ilz se misrent aux champs et prindrent quelques petites places; et là leur vint au devant le roy Ferrand, filz du roy Alfonse (qui s'estoit voué de religion, comme avez veu devant[1]). Et avec ledict Ferrand estoit le marquis de Mantoue, frere de la femme[2] dudict Montpensier et cappitaine general des Venissiens, qui trouverent logié ledict Montpensier à une ville, appellee l'Estelle[3], lieu tres desadvantaigeux pour eulx pour avoir vivres; et en ung hault[4] fortifierent leurs logis, comme ceulx qui craignoient la bataille: car le dict roy Ferrand et ses gens avoient tousjours esté batuz en tous lieux (et ledict marquis en venant à Fornoue) où nous avions combatu. Et avoient Venissiens en gaige six places en la Pouille, de grant importance, comme Brandis, Trane, Gallepoly, Crana, Otrante, Monopoly; Tarante aussi, qu'ilz avoient prins sur nous (qui valoit peu[5]): et presterent quel-

[1] Voyez ci-dessus, page 383.
[2] Claire de Gonzague. (Voyez ci-dessus, page 428, note 1.)
[3] Atella, bourg du royaume de Naples, province de la Basilicate.
[4] « Lieu tres-*avantageux* pour eulx, pour avoir vivres, en un hault, et y fortifierent.... » (SAUVAGE.) — « Lieu très-*avantageux* pour eulx, pour avoir vivres; en un hault fortifierent.... » (LENGLET.) On voit que ces deux éditeurs, tout en s'accordant pour substituer le mot *avantageux* à *desadvantaigeux* que portent les premières éditions, donnent à la phrase un sens très-différent par leur manière de la ponctuer.
[5] « Car ledict roy Ferrand et ses gens avoyent tousjours esté batus en tous lieux, et ledict marquis, en venant à Fornoue, où nous avions combatu: et *l*'avoyent *les* Venitiens *presté au roy* Ferrand, *auquel ilz presterent aussi quelque somme d'argent*, qui valoit peu, *pour les gages qu'ilz en prindrent: car ilz en eurent* six places en la Pouille, de

que somme d'argent audict roy Ferrand[1], et conterent le service de leurs gens d'armes qu'ilz avoient audict royaulme (et tant qu'ilz tiennent lesdictes places pour deux cens cinquante mil ducatz, et puis veulent conter la despence de les garder.) Et croy que leur intention n'est point de les rendre[2], car ilz ne l'ont point de coustume quant elles leur sont bien seantes, comme sont celles icy, qui sont de leur costé du gouffre de Venise : et par ce moyen sont vrays seigneurs du gouffre, qui est une chose qu'ilz desirent bien. Et me semble que dudict Otrante, qui est le fin bout du gouffre, y a neuf cens mils jusques à Venise. Le Pape y a Encosne[3] et aultres places entre

grand importance, comme Brandis, Train, Galipoli, Crana, Otrante et Monopoly, qu'ilz avoyent prinse sus nous, et compterent le service de leurs gens d'armes, etc. » (SAUVAGE et ses successeurs.) Nous suivons le texte de la première édition, auquel néanmoins nous avons fait les changements suivants : « Comme Brandis, Tranne, Galipoly, *Tranne et aultres,* Monopoly, *trouvent* aussi.... »

[1] « Les Venitiens s'engagèrent à lui envoyer le marquis de Mantoue, leur général, avec sept cents gendarmes, autant de stradiotes et trois mille fantassins; et ils promirent de lui fournir en outre quinze mille ducats ; mais Ferdinand dut se reconnoître leur débiteur pour deux cent mille ducats ; et leur donner pour garantie de cette somme, les villes d'Otrante, Brindes, Trani, Monopoli et Pulignano. » (Voyez ci-dessus, page 410, note 1.) « Le roy Ferrand leur bailla et consigna entre leur mains trois villes de la Pouille, toutes trois sur la marine, c'est assavoir : la ville de Trane, la ville de Brindes et la ville de *Tarente* et les chasteaux, et furent baillees lesdites villes en gaiges aux Venitiens jusques à fin de paye. » (GUILLAUME DE VILLENEUFVE; voyez LENGLET, IV, partie II, 109.)

[2] Ils les rendirent toutes à Ferdinand-le-Catholique en 1509. (Voyez ci-dessus, page 410, note 1.)

[3] On lit dans la première édition : « Le Pape y a *eu* Cōme et aultres

deux; mais il faut que tout paye gabelle à Venise, qui veult naiger par ledict gouffre : et est plus grant chose pour eulx d'avoir acquis ces places que beaucoup de gens n'entendoient, et en tirent grans bledz et huilles, qui leur sont deux choses bien seantes.

Audict lieu dont je parle survint question entre les nostres : tant pour les vivres (qui se commencerent à accourcir) que pour faulte d'argent : car il estoit deub aux gens d'armes ung an et demy et plus, et avoient enduré de grans povretez [1]. Aux Allemans estoit aussi largement deub, mais non point tant : car tout l'argent que monseigneur de Montpensier povoit finer audict royaulme, c'estoit pour eulx. Toutesfois il leur estoit deub ung an et plus; mais ilz avoient pillé plusieurs petites villes, dont ilz estoient enrichiz. Toutesfois, si les quarante mil ducatz que tant de fois leur avoit promis envoyer eussent esté ou l'on eust sceu qu'ilz eussent esté à Florence, le debat qui y advint n'y fust point advenu; mais tout estoit sans espoir. Toutesfois, comme m'ont dict plusieurs des chiefz, si nos gens eussent esté d'acord pour combatre, il leur sembloit qu'ilz eussent gaigné la bataille : et quant ilz l'eussent perdue, ilz n'eussent point perdu la moytié des gens qu'ilz perdirent en faisant ung si villain

places.... » C'est à M. Lenormant qu'appartient l'heureuse idée de substituer *Encosne* (Ancône) à deux mots qui n'offraient qu'un sens fautif. Toutes les autres éditions portent : « Le Pape y a *eu* aultres places. »

[1] Voyez aux PREUVES, à la date du 2 avril 1496, la lettre de G. de Grasset déjà mentionnée.

acord qu'ilz feirent [1]. Monsieur de Montpensier et le seigneur Virgille Ursin, qui estoient les deux chiefz, vouloient la bataille ; et ceulx là sont mors en prison,

[1] « Le vingt-six du mois de juillet (1496), feste de madame Sainte Anne, furent apportés les chapitres à la ville de Naples, et attachés aux carrefours de ladite ville, du traité et appointement fait entre le roy Ferrand et monsieur de Monpensier, archiduc de Cesse, conte dauphin d'Auvergne, viceroy et lieutenant-general pour le roy de France, de Sicile et de Jerusalem, au reaume de Naples ; lequel estoit assiegé à la ville de Latelle par ledit roy Ferrant, nonobstant qu'il fust accompagné de plusieurs bons hommes d'armes et autres compaignies d'hommes de guerre, jusques au nombre de six à sept mille combatans, comme l'on disoit, tant Francois que Italiens, et y estoit le seigneur Virgil en la compagnie.

« S'ensuivent les chapitres et appointemens, c'est à scavoir :

« Que monseigneur de Monpensier bailleroit pour oustage le seigneur de Pressy, grand seneschal du reaume, et le bailly de Vitry, pour la partie de Francois ; et pour la partie des Italiens le seigneur Paul Vitelle et le seigneur Paul Ursin ; et pour la partie des Allemans le capitaine des souyches Brochart ; que en cas que le secours ne viendroit pour les Francois si tres fort qui feist remuer le roy Ferrant hors du champ dedans le treize du mois d'aoust, que ledit seigneur de Monpensier rendroit la ville, et s'en iroit lui et toute sa compagnie au port de Castelamer, comme aussi le roy Ferrant le debvoit faire bailler navires à suffisance pour l'emmener lui et tous ses gens, chevaux, bagues et harnois, en bonne seureté au reaume de France, reservee l'artillerie et les barons et autres gentilshommes du reaume qui s'en vouloient aller, ou demourer à la discretion du roy Ferrant. Et en ce faisant ledit Roy estoit tenu de faire bailler vivres audit monseigneur de Montpensier et à tout son ost durant le temps qu'il estoit dit par l'appointement : c'est à scavoir, pain, vin, chair, huile et toutes autres choses necessaires pour la vie des hommes et des chevaux ; car ils n'en avoient point et à cause de cela furent contraints de faire cest appointement, en attendant le secours ; bien est vrai que monseigneur d'Aubiguy, connestable dudit reaume, ne monseigneur le prince de Salerne, ne le prince de Besillanne, ne plusieurs autres barons, qui hors de ladite ville estoient, n'estoient point compris en cest appointement ; car ils n'estoient pour

et ne leur fut point observé ledict appoinctement [1]. Ces deux que je dis chargerent monseigneur de Percy [2],

lors sur la puissance de monseigneur de Montpensier. Mais bien devoit ledit seigneur de Montpensier mander commissaire, et faire expres commandement à toutes les villes et partout où il avoit puissance, qu'ils eussent à faire ouverture et a eux rendre au roy Ferrant, ainsi qu'il estoit contenu aux chapitres de l'appointement. Encore plus fort dit que en passant devant le chasteau d'Ostie, aupres de Rome, qu'il eust à faire commandement au capitaine, qui dedans estoit, nommé Menault de Guerres, qu'il eust à rendre ladite place entre les mains de nostre Saint Pere le Pape, de laquelle chose.... s'il le feist il eut mauvaise obeissance. » (GUILLAUME DE VILLENEUFVE; voyez LENGLET, IV, partie II, 112 et suiv.)

[1] « En celui temps (vers le mois d'août) partit monseigneur de Montpensier et le seigneur Virgille de la ville de l'Estelle, là où ils avoient été assiegés par l'espace de longtemps et par faulte de vivres, s'appointerent avec le roy Ferrand et par cest appointement faisant ledit roy Ferrand les debvoit envoyer au reaume de France eux et leur compaignee qui estoit en nombre de trois mille ou environ, et de cheval deux milles, et les feist embarquer à Castelamer. Et depuis ledit embarquement fait, il feist mettre le seigneur Virgille en terre contre sa voulenté et à force et le detint prisonnier nonobstant la seureté qu'il lui avoit donnée; et par telle façon qu'il mourut en ses prisons et aussi feist mourir monseigneur de Montpensier par le mauvais traitement et longueur de temps qu'il le detint sur la mer, et plusieurs autres gens de bien. » (GUILLAUME DE VILLENEUFVE; voyez LENGLET, IV, partie II, page 113.)

[2] « Il (le roi Ferrand) eut certain nombre de gens des Venitiens que le marquis de Mantoue, lors capitaine general desdis Venitiens luy amena : et quand ils furent tous ensemble, ils se mirent aus champs comme pour vouloir combatre, et lors ledit feu sieur conte Gilbert (de Montpensier), qui ne demandoit autre chose, se delibera de les aller trouver, mais le sieur de Parcy qui avoit charge des Suisses, qui étoit la force des gens de pié, dit tout haut audit conte Gilbert qu'il n'iroit point en bataille contre ledit roy Ferrand, ny mettroit ses gens en danger; parquoy ledit conte Gilbert ne fut conseillé de combatre seul, dont s'en ensuivit une grande perte; car

ung jeune chevalier d'Auvergne, d'avoir esté cause que l'on ne combatist : il estoit ung tres mauvais chevalier et peu obeyssant à son chief.

Il y avoit deux sortes d'Allemans en cest ost. Il y povoit avoir quinze cens Suisses, qui y avoient esté dès ce que le Roy y alla : ceulx là le servirent loyaulment jusques à la mort, et tant que plus on ne scauroit dire. Il en y avoit d'aultres, que nous appellons communeement Lancequenetz (qui vault autant à dire comme compaignons du pays), et ceulx là hayent naturellement les Suisses, et les Suisses eulx. Ilz sont de tous pays, comme de dessus le Rin et du pays de Souave[1]; il en y avoit aussi du pays de Vaulx, en Senonie[2], et du pays de Gueldres. Tout cecy montoit environ sept ou huict cens hommes, que on y avoit envoyez nouvellement avec ung payement de deux

comme c'est trouvé depuis, et vray étoit, les gens dudit roy Ferrand qui seurent que les François faisoient samblant de marcher contre eus troussoient bagage et s'en alloient : et dit l'on communement que si les François eussent marché que les Lombars n'eussent jamais attendu : et au moyen du refus dudit sieur de Parcy l'armee des François qui etoit en la Poille fut contrainte de se rompre; car ils n'avoient de quoy vivre, et de la furent contraints de venir en traité et apointement avec ledit roy Ferrand par lequel ledit conte Gilbert s'en pouvoit venir en France et ses gens aussi; mais ledit sieur de Parcy ne fut pas sans soupcon de trahison, et qu'il s'entandit avec les ennemis, pour ce qu'il n'avoit voulu combatre comme les autres capitaines, et que le lieutenant du Roy le luy commandoit : et par ce moyen ledit conte Gilbert se delibera retourner en France; mais ainsi qu'il fut monté sur mer au port de Baye, une maladie de flus de sang pestilanciel le prit, dont il trepassa au lieu de Pustzol. » (MARILLAC, 233-234.)

[1] Souabe.
[2] Séquanie.

mois, qui estoit mangé : et quant ilz arriverent là, ilz ne trouverent aultre payement. Ceulx ci se voyant en ce peril et necessité, ilz ne nous porterent point l'amour que font les Suisses, praticquerent et se tournerent du costé dudict dom Ferrand : et pour ceste cause, et pour la division des chiefz, nos gens feirent ung villain et infame appoinctement avec ledict dom Ferrand, qui bien jura de le tenir : car ledict marquis de Mantoue voulut bien asseurer la personne de son beau frere monsieur de Montpensier.

Par ledict acord, ilz se rendirent tous en la main de leurs ennemys et leur baillerent toute l'artillerie du Roy, et leur promisrent faire rendre toutes les places que le Roy avoit audict royaulme, tant en Calabre, où estoit monseigneur d'Aubigny, que en l'Abousse, où estoit messire Gracien des Guerres, avec Gayette[1] et Tarente : et, par ce moyen, ledict roy Ferrand les debvoit envoyer en Prouvence par mer, leurs bagues sauves, lesquelles ne valloient gueres. Ledict roy Ferrand les feit tous mener à Naples : et estoient cinq ou six mil personnes, ou plus. Si deshonneste appoinctement n'a esté faict de nostre temps ne n'advint devant; et n'en ay leu de semblable, fors celluy qui fut faict par deux conseillers rommains (comme dict Titus Livius[2]) avec les Samnitiens, qu'on veult dire estre ceulx de Benevent, en ung lieu[3] appellé lors les

---

[1] Gaëte, ville et place forte du royaume de Naples, province de la Terre de Labour.

[2] Livre xie de la 1re décade.

[3] « Si deshonneste appoinctement n'a esté faict ne *m'avint* durant

furcques Caudines¹, qui est certain pays de montaignes : lequel appoinctement les Rommains ne voulurent tenir, et renvoyerent prisonniers les deux conseillers aux ennemys.

Et quant nos gens eussent combatu et perdu la bataille, ilz n'eussent point perdu tant de mors : car les deux pars des nostres y moururent par famine ou peste, tant furent gardez dedans les navires, en l'isle de Prusse² où ilz furent envoyez depuis par ledict roy Ferrand : et mesmes y mourut monsieur de Montpensier (aucuns disans de poison³, aucuns disans de fiebvres, ce que je croy mieulx). Et ne croy point que de tout ce nombre revint jamais quinze cens personnes : car des Suisses, qui estoient bien treize cens, n'en revint point plus de trois cens cinquante, et tous mallades, lesquelz doibvent estre louez de leur loyaulté : car jamais ne voulurent prendre le party du roy Ferrand, et eussent avant enduré la mort, comme plusieurs feirent audict lieu de Prusse, tant de challeur et de malladie comme de fain : car ou les tint en ces navires, par long temps, en si grant extremité de vivres qu'il n'est de croire. Je veiz revenir ceulx qui en re-

nostre temps, et n'en ay leu de semblable, fors celluy qui fut faict par deux conseillers rommains (comme dict Titus Livius) avec les *Savoisins*, que on veult dire qui sont ceulx de l'*ancienneté*, en ung lieu.... »
(Édition de 1528.)

¹ Fourches Caudines.

² Pouzzole, ville du royaume de Naples, à deux lieues et demie O. S. O. de Naples, sur une petite baie de la côte N. du golfe de Naples, et non pas *Procida, pres d'Ischia*, comme Sauvage le dit en note.

³ Les premières éditions mettent : « En Pymont. »

vindrent, par especial les Suisses, qui rapporterent toutes leurs enseignes; et monstroient bien à leurs visaiges qu'ilz avoient beaucoup souffert, et tous estoient mallades : et quant ilz partirent des navires pour ung peu prendre l'air, on leur haulsoit les piedz. Ledict seigneur Virgille s'en povoit bien aller en ses terres, par ledict appoinctement, et son filz[1], et tous Italiens qui servoient le Roy : toutesfois ilz le retindrent et sondict filz legitime aussi, car il n'en avoit que ung : bien avoit ung bastard[2], homme de bien, appelé le seigneur Carlo. Plusieurs Italiens de leur compaignie le destrousserent en s'en allant. Si ceste mal adventure ne fust tombee que sur ceulx qui avoient faict ledict appoinctement, on ne les debvroit point plaindre.

Tost apres que ledict roy Ferrand eut receu cest honneur dont j'ay parlé dessus, et que de nouveau avoit esté marié avec la fille[3] de son grant pere le roy Ferrand (qu'il avoit de la seur[4] du roy de Castille[5], de present regnant, et si estoit seur du roy Alfonse son propre pere), qui estoit fille de treize ou quatorze ans, il print une fiebvre continue, dont en peu de jours mourut; et vint la possession du royaulme au roy Federic (qui de present le tient), oncle dudict

[1] Jean Jordan Orsini, seigneur de Bracciano. (IMHOFF, 312.)
[2] Voyez ci-dessus, page 364, note 4.
[3] Jeanne. Morte le 27 août 1518. (Voyez ci-dessus, page 329, note 5.)
[4] Jeanne, fille de Jean II, roi d'Aragon, mariée à Ferdinand Ier en 1476. Morte le 9 janvier 1517. (*Art de vérifier les dates*, III, 848.)
[5] Ferdinand-le-Catholique.

Ferrand. Ce me semble horreur de parler d'ung tel mariaige, dont en ont faict ja plusieurs en ceste maison, de fresche memoire, comme depuis trente ans en çà. Et fut ladicte mort tost apres ledict appoinctement, qui fut faict à Estelle, l'an mil quatre cens quatre vingtz et seize. Et se excusoient ledict roy dom Ferrand et ledict dom Federic (depuis qu'il fut roy), sur ce que monsieur de Montpensier ne faisoit point rendre lesdictes places qu'il avoit promis en faisant ledict traicté. Et Gayette et aultres n'estoient point en sa main : combien qu'il fust lieutenant du Roy, si n'estoient point tenuz ceulx qui tenoient les places pour le Roy de les rendre par son commandement, combien que le Roy n'y eust gueres perdu : car elles coustoient beaucoup depuis à garder et avitailler, et si se perdirent. Et ne pense mentir (car j'estoye present à veoir despescher, trois ou quatre fois, ceulx qui allerent pour avitailler et secourir les chasteaulx de Naples, ung coup, et apres jusques à trois, pour avitailler Gayette[1]), mais ces quatre voyaiges cousterent plus de trois cens mil francz, et si furent voyaiges perduz.

---

[1] Voyez parmi les Preuves (31 mars et 9 juillet 1496) deux lettres relatives à Gaëte.

CHAPITRE XXII.

Comment quelques praticques menees en faveur du Roy par aucuns seigneurs d'Italie, tant pour Naples que pour deschasser le duc de Millan, furent rompues par faulte d'y envoyer ; et comment une aultre entreprinse contre Gennes ne peut aussi venir à bon effect.

Depuis le retour du Roy dudict voyaige de Naples, comme dict est, il se tint à Lyon, grant temps[1], à faire tournoys et jouxtes, desirant tousjours ne perdre point ces places dont j'ay parlé : et ne luy challoit qu'il luy coustast, mais nulle peine ne vouloit prendre pour entendre à son affaire. Practiques luy venoient assez d'Italie et de grandes, et seures pour le royaulme de France qui est fort de gens et [a] largement bledz en Prouvence et Languedoc, et aultres pays, pour y envoyer, et argent ; mais à ung aultre prince que le roy de France seroit tousjours se mettre à l'hospital de vouloir entendre au service des Italiens, et à leurs entreprinses et secours : car tousjours y mettra ce qu'il aura, et n'achevera point. Car iceulx ne servent point sans argent : et aussi ilz ne pourroient, si n'estoit ung duc de Millan ou une des seigneuries ; mais ung povre cappitaine, encores qu'il ait bonne affection de servir ung de la maison de France qui pretendroit estre au royaulme, ou ung aultre qui pretendist droict à la duché de Millan, quelque loyaulté qu'il en tinst (l'ayant encores vostre partisan, que plus grant seurté

[1] « Le Roi ayant repassé les Alpes après son expédition d'Italie, vint d'abord à Lyon, d'où il fit un voyage à Notre-Dame du Puy-en-Velai, à la fin du mois d'octobre de l'an 1495. Il étoit de retour à Lyon le 7 de novembre suivant. » (Dom Vaissete, V, 87.)

ne scauroit on demander en Italie que la partialité),
si ne vous feroit il service gueres longuement apres le
payement failly : car ses gens le laisseroient, et le cappitaine auroit perdu son vaillant : car la plupart n'ont
riens que le credit que leur donnent leurs gens d'armes, lesquelz sont payez de leur cappitaine et luy se
faict payer de celluy qu'il sert [1].

Mais pour scavoir quelles ont esté ces practiques
que j'ay dict si grandes, furent que, avant que Gayette
fust perdue (encores depuis, deux ans apres le retour
du Roy) et que le duc de Millan ne tenoit choses qu'il
eust promises (qui ne faisoit point tout cela par tromperie ne malveillance, mais partie de craincte, car il
craignoit que si le Roy estoit si grant qu'il ne le deffeist
apres; il estimoit aussi le Roy estre de peu de tenue
et seureté), il fut entreprins [2] finablement que le duc

---

[1] La fin de ce paragraphe offrait de grandes difficultés que nous avons essayé de vaincre. Le lecteur jugera si nous y avons réussi. On lit, dans la première édition : « Mais ung pouvre capitaine encoires qu'il ayt bonne affection de servir ung de la maison de France qui *pretendoit* estre au reaulme ou ung aultre qui pretendit droict à la duché de Millan, quelque leaulté qu'il en tint, *luy ont* encores vostre *perte-san* que plus grant seurté ne scauroit on demander en Italye que la partialité, si ne vous *seroit* il *servir* gueres longuement apres le paye-ment failly, car *ces* gens le laisserent et le capitaine auroit perdu son vaillant : car la pluspart n'ont riens que le credit que leur donnent leurs gens d'armes, lesquelz sont payez de leur capitaine et *l'ung* se faict payer de celuy *qui* sert. »

[2] Sauvage et ses successeurs mettent : « Mais, pour scavoir quelles ont esté ces pratiques, que j'ay dictes, si grandes furent qu'*elles commencerent* avant que Caiette fust perdue, *et durerent* encores depuis, deux ans apres le retour du Roy, *quand* le duc de Milan ne tenoit choses qu'il eust promises. *Ce qu'il* ne faisoit point *du tout* par trom-

d'Orleans iroit en Ast[1] avec ung nombre de gens bon et grant : et le veiz prest à partir, et tout son train partit. Nous estions asseurez du duc de Ferrare, avec cinq cens hommes d'armes et deux mil hommes de pied, combien qu'il fust beau pere du duc de Millan ; mais, pour se oster du peril où il veoit d'estre entre les Venissiens et le duc (car pieça, comme s'est veu dessus [2], lesdictz Venissiens luy avoient osté le Polesan, et ne demandoient que sa destruction), il eust preferé sa seureté et de ses enfans à l'amytié de son gendre : et par adventure luy sembloit que ledict duc s'appoincteroit avec le Roy quant il se verroit en ceste craincte, et par sa main [3]. Le marquis de Mantoue, qui nagueres estoit cappitaine des Venissiens [4] et encores estoit (mais en suspection d'eulx, et luy malcontent d'eulx), sejournoit avec son beau pere le duc de Ferrare, avec trois cens hommes d'armes : et si avoit pour femme, et a encores, la seur [5] de la duchesse de Millan [6], et

perie, ne malveillance, mais en partie de crainte : car il craignoit, si le Roy estoit si grand, qu'il ne le deffeist. Apres il estimoit aussi le Roy estre de peu de tenue et seureté. Il fut entreprins, etc. »

[1] Charles VIII, « partito da Parigi, giunse a Lione a di 28 di marzo del 1496, con fama di voler mandare gente assai, sotto il capitanato di monsieur d'Orleans, in Asti, e poi egli in persona passare. » (MURATORI, XXIV, 35 A.)

[2] Voyez ci-dessus, page 516.

[3] Sauvage et ses successeurs mettent : « Luy sembloit que ledict duc s'appointeroit avecques le Roy, quand il se verroit en ceste crainte. *Le semblable eust fait*, par sa main, le marquis de Mantoue : qui nagueres, etc. »

[4] Voyez ci-dessus, page 485.

[5] Isabelle, qui mourut en 1539. (*Art de verifier les dates*, III, 667.)

[6] Béatrix. (Voyez ci-dessus, page 302, note 5.)

fille dudict duc de Ferrare. Messire Jehan Bentivoille [1] (qui gouverne Boulongne, et est comme seigneur) eust fourny cent cinquante hommes d'armes, et deux de ses filz, qui avoient gens d'armes et de bonnes gens de pied, et si est assis en lieu où il povoit bien servir contre le duc de Millan. Florentins, qui se veoient destruictz si par quelque grant inconvenient ne se ressouldoient, de paour d'estre dessaisis de Pise et aultres places dont il a esté parlé, fournissoient huict cens hommes d'armes et cinq mil de pied, et cela à leurs despens, et avoient prouvision de leurs payemens pour six mois. Les Ursins, et aussi le prefect de Romme [2], frere du cardinal de Sainct Pierre *ad vincula* dont plusieurs fois a esté parlé (car ilz estoient à la soulde du Roy), eussent bien amené mil hommes d'armes; mais entendez que la suyte de leurs hommes d'armes n'est pas telle que celle des nostres qui ont archiers, mais la soulde est assez pareille : car ung homme d'armes bien payé couste cent ducatz l'an, et nous fault le double pour les archiers. Ces gens souldoyez falloit bien payer, mais aux Florentins riens. Au duc de Ferrare et au marquis de Mantoue et Bentivoille, ilz parloient seullement de leurs despens : car ilz pretendoient gaing de terres aux despens du duc de Millan, et se fust trouvé soubdainement assailly de ce que eust mené le duc d'Orleans et de tous ceulx que j'ay nommé. [De] ceulx qui se fussent sceu deffendre nul n'eust esté, disoit l'on, qui n'eust esté contrainct de

---

[1] Voyez ci-dessus, page 425, note 2.
[2] Jean de la Rovère. (Voyez ci-dessus, page 394, note 7.)

se tourner du costé du Roy contre les Venissiens. A moins de quatre vingtz mil escuz il eust tenu tous ces Italiens aux champs ung grant temps : et deffaict le duc de Millan, le royaulme de Naples se recouvroit de soy mesmes [1].

La faulte d'esprouver ceste belle adventure vint de ce que ledict duc d'Orleans, combien que on entendoit qu'il deubst partir du soir au matin, parce qu'il avoit envoyé devant toutes choses qui servoient à sa personne, et ne restoit que luy à partir, et l'armee preste et payee (car en Ast avoit huict cens hommes d'armes francois, et bien six mil hommes de pied, dont y en avoit quatre cens Suisses), ledict duc d'Orleans mua de propos [2], et requit au Roy, par deux fois, qu'il

---

[1] La première édition porte : « Car ilz pretendoient gain de terres aux despens du duc de Millan et se fust trouvé soubdaynement assailly de ce que eust mené le duc d'Orleans et de tous ceulx que j'ay nommés : *ceulx* qui se fussent sceu deffendre *qu'il* n'eust esté *disant ou qu'il* n'eust esté contrainct de se tourner du costé du Roy contre les Veniciens à maïnctz de quatre vingtz mille escuz : *et* eust tenu tous ces Italiens aux champs ung grant temps, et *de faict* le duc de Millan, le royaulme de Naples se recouveroit de soy mesmes. » Sauvage et ses successeurs mettent : « Car ilz pretendoyent gaing de terres, aux despens du duc de Milan : et, s'il se fust trouvé soubdainement assailly de ce qu'eust mené le duc d'Orleans, et de tous ceulx que j'ay nommez, ceulx qui se fussent sceu *mettre en ordre, pour le* deffendre, *comme les Venitiens*, n'eussent *esté prestz*, à moins de quatre vingtz mille escus, *devant* qu'il eust esté contraint de se tourner du costé du Roy : *qui* eust tenu tous ces Italiens aux champs longtemps. Et, *de faict*, le duc de Milan *gaigné*, le royaume de Naples se recouvroit de soy mesme. »

[2] Marillac prétend, au contraire, que le duc d'Orléans était très-favorable à cette entreprise. (Voyez ci-dessus, page 538, note 1.)

luy pleust mettre ceste matiere au conseil : ce qui fut faict par deux fois, et m'y trouvay present à toutes les deux fois. Et fut conclud, sans une voix au contraire (et si y avoit tousjours dix ou douze personnes pour le moins), qu'il y debvoit aller [1], veu qu'on avoit asseuré tous les amys en Italie, qui dessus sont nommez, lesquelz ja avoient faict grosse despence et se tenoient prestz. Lors dict ledict duc d'Orleans (qui estoit de quelcun conseillé [2], ou fuyoit son partement parce qu'il veoit le Roy assez mal disposé de sa santé, dont il debvoit estre propre heritier s'il advenoit à mourir) qu'il ne partiroit point pour y aller pour sa propre querelle, mais que tres voulentiers iroit comme le lieutenant du Roy nostre sire, et par son commandement : et ainsi finit ce conseil. Lendemain, et plusieurs aultres jours apres, presserent fort les ambassadeurs Florentins et plusieurs aultres le Roy pour faire partir ledict duc d'Orleans; mais le Roy respondit qu'il ne l'envoyeroit jamais à la guerre par force, parquoy ce voyaige fut ainsi rompu. Et en desplaisoit au Roy qui en avoit faict grant despence et avoit grant esperance de se venger du duc de Millan, veu lesdictes nouvelles, qu'il povoit avoir eues en l'heure, des dictes intelligences que avoit dictes mes-

[1] « *Qui disoient* qu'il y debvoit aller. » (*Premières éditions.*)

[2] « Des envieux rapporterent au Roy et luy mirent en teste que Monseigneur [le duc d'Orléans], comme gouverneur de Normandie, entreprenoit en toutes choses sur son auctorité, et qu'à ce faire l'incitoit et le conseilloit monseigneur de Rouen [Georges d'Amboise]. » (*Histoire de Charles VIII*, 110.)

sire Jehan Jacques de Trevoul[1], qui estoit lieutenant general pour le Roy nostre sire et le duc d'Orleans, qui est natif de ceulx de Millan et fort aymé et apparenté en ladicte duché de Millan, où avoit largement gens qui avoient bonne intelligence avec luy, tant de ses parens comme d'aultres.

Faillie ceste entreprinse en survint tost une aultre, voire deux ou trois à ung coup, de Gennes, qui sont gens enclins à toutes mutations. L'une s'adressoit à messire Baptiste de Campefourgouse[2], qui estoit ung grant chief entre ces partialitez de Gennes, mais il en estoit banny, et n'y povoit sa partialité riens : ne ceulx de Dorie, qui sont gentilz hommes, et ceulx de Fourgouse non. Et sont lesdictz Dorie partisans desdictz Fourgouses, et ne peuvent estre ducz, à cause qu'ilz sont gentilz hommes : car nul gentil homme ne le peult estre, et ledict messire Baptiste l'avoit esté, n'y avoit gueres : et avoit esté trompé par son oncle le cardinal de Gennes, et cestuy là avoit mis la seigneurie de Gennes en la main du duc de Millan[3] (il n'y a pas encores fort long temps) et gouvernoient à Gennes les Adornes, qui aussi ne sont point gentilz hommes; mais souvent ont esté ducz de Gennes, aydez des Spinoles, qui sont aussi gentilz hommes. Ainsi les nobles font bien ung duc à Gennes, mais ilz ne le

[1] Voyez ci-dessus, page 333, note 4.
[2] Il fut élevé à la dignité de doge en 1478. Sous prétexte qu'il vouloit soumettre Gênes à l'Empereur, le cardinal, son oncle, ligué avec Lazare Doria, le fit arrêter au palais archiépiscopal le 25 novembre 1483, à l'instant où Baptiste lui rendoit visite. (Sismondi, XI, 287.)
[3] En 1487. (Id., ibid., 294.)

peuvent estre. Ledict messire Baptiste esperoit mettre en armes sa partialité[1], tant en la cité que aux champs, et que la seigneurie seroit au Roy, et que luy et les siens gouverneroient et chasseroient les aultres dehors.

L'aultre entreprinse estoit que plusieurs personnes de Savonne[2] s'estoient adressez au cardinal de Sainct Pierre *ad vincula*, asseurant de luy povoir bailler ladicte ville de Savonne, esperant estre en liberté: car elle est soubz la ville de Gennes, et paye les gabelles. Qui eust peu avoir ce lieu, Gennes eust esté fort à l'estroict: veu que le Roy tient le pays de Prouvence, et que Savoye est à son commandement. Et, pour toutes ces nouvelles, manda le Roy à messire Jehan Jacques de Trevoul qu'il feist espaulle audict messire Baptiste de Campefourgouse, et prestast des gens pour le conduire jusques aux portes de Gennes veoir si sa partialité se pourroit lever. D'aultre costé fut empes-

[1] « La povera Italia a questi tempi (1496) era molto vessata, perchè i signori Italiani erano malissimo d'accordo. Sopra tutto il duca di Ferrara, i signori Fiorentini, gli Orsini, e il prefetto, che tutti erano Francesi, e per nulla volevano essere Italiani. Et essendo di Francia, desideravano totalmente la rovina dell'Italia, e faceano colle loro false persuasioni, che il re di Francia faceva tutto lo sforzo di mandar gente alla volta di Genova per voltarla, nel mese di dicembre del 1496 e di gennajo del 1497. Partissi d'Asti il cardinale di San Pietro *in vincula*, e messer Batistino da Campofregoso con 1000 lance, e fanti 6000 Francesi, per andare alla volta della riviera di Genova. » (Muratori, XXIV, 42 D-E.)

[2] Ville des États sardes, patrie du cardinal de Saint-Pierre *ad vincula*. « A dì 23 di gennajo del 1497, messer Gianjacopo de' Triulzi, visto che il cardinale di San Pietro *in vincola* e compagni erano andati alla volta di Savona, diliberò di non istare indarno. » (Muratori, XXIV, 43 C-D.)

ché du cardinal Sainct Pierre *ad vincula*, qui feit tant que le Roy escripvit aussi audict messire Jacques qu'il envoyast des gens avec ledict cardinal pour le conduire jusques à Savonne, et le luy mandoit de bouche par le seigneur de Sernon ¹, de Prouvence, amy dudict cardinal et tres hardy parleur. Le Roy mandoit audict messire Jehan Jacques qu'il se mist en lieu où il peust faire espaulle aux deux bendes, et qu'il n'entreprinst riens sur le duc de Millan ne contre la paix qu'on avoit faicte, la saison devant, avec ledict duc, comme s'est peu veoir ailleurs ².

Or c'estoient commandemens bien differens : ainsi se despeschent les affaires des grans princes, quant ilz ne sont point presens et qu'ilz sont soubdains à commander lettres et expedier gens sans bien ouyr debatre devant les expeditions de si grosses choses. Or entendez que ce que demandoit ledict messire Baptiste de Campefourgouse et ce que cherchoit ledict cardinal estoit chose impossible de fournir à deux à ung coup. Car à aller jusques aux murs de Gennes, sans grant nombre de gens ne se povoit faire, car il y a grant peuple dedans, et hardys, et bien armez : et baillant gens au cardinal ³, l'armee estoit despartie en trois, car il falloit qu'il en demourast audict messire Jehan Jacques : et si y avoit à Gennes et à Savonne largement gens, que le duc de Millan y avoit envoyez,

---

¹ Voyez ci-dessus, page 368, note 1.
² Voyez ci-dessus, page 526.
³ « Car il y a grant peuple dedans : et hardis et bien armees et vaillans gens au cardinal.... » (*Premières éditions.*)

et les Venissiens, qui tous avoient bien grant paour que Gennes tournast, et si avoit dom Federic et le Pape.

Or messire Jehan Jacques avoit eu une tierce entreprinse en son cueur, car il eust voulu tost tirer droict contre le duc de Millan, et laisser les aultres entreprinses : et qui l'eust laissé faire, il eust faict grans choses. Et commencea : car, soubz couleur d'escripre au Roy qu'il ne povoit garder de dommaige ceulx qui iroient à Gennes ou à Savonne, il s'en alla mettre sur le grant chemin par où l'on povoit venir d'Alexandrie vers Gennes (car d'ailleurs que par ce chemin ne povoit le duc de Millan envoyer gens pour courir sus aux nostres), et print ledict messire Jehan Jacques trois ou quatre petites villes, qui luy ouvrirent : et il disoit ne faire point de guerre au duc pour cela, veu qu'il estoit necessaire qu'il se y mist. Aussi le Roy n'entendoit point faire guerre audict duc, mais avoir Gennes ou Savonne, s'il eust peu : disant qu'ilz sont tenuz de luy, et qu'ilz avoient forfaict. Pour satisfaire au cardinal, ledict messire Jehan Jacques luy bailla partie de l'armee, pour aller à Savonne. Il trouva la place garnie et son entreprinse rompue, et s'en revint. On en bailla d'aultres audict messire Baptiste, pour aller à Gennes, qui asseuroit fort de ne faillir point. Comme il eut faict trois ou quatre lieues, ceulx qui alloient en sa compaignie entrerent en aucunes doubtes de luy, tant Allemans que Francois : toutesfois c'estoit à tort; mais leur compaignie, qui n'estoit pas grande, se fust mise en dangier d'y aller, si sa partialité ne se fust levee. Et ainsi faillirent toutes ces entreprinses : et estoit ja fort le duc de Millan, qui avoit esté en grant peril, qui eust laissé faire le seigneur Jehan Jacques; et luy estoient venuz beaucoup de gens des Venissiens. Nostre armee se retira, et donna l'on congié aux gens de pied : et furent laissees ces petites villes que on avoit prinses, et cessa la guerre, à peu de prouffit pour le Roy : car fort grant argent s'y estoit despendu.

CHAPITRE XXIII.

De quelques dissentions d'entre le roy Charles et Ferraud de Castille, et des ambassadeurs envoyez de l'ung à l'aultre, pour les appaiser.

Depuis le commencement de l'an mil quatre cens quatre vingt et seize (que ja estoit le Roy deca les montz trois ou quatre mois y avoit[1]), jusques en l'an mil quatre cens quatre vingtz et dix huict, ne feit le Roy aultre chose en Italie : et me trouvay tout ce temps avec luy, et estoye present à la pluspart des choses. Et alloit le Roy de Lyon à Moulins et de Moulins à Tours, et partout faisoit des tournoys et des jouxtes, et ne pensoit à aultres choses. Ceulx qui avoient plus de credit à l'entour de luy estoient tant divisez que plus ne le povoient : les ungz vouloient que l'entreprinse d'Italie continuast (c'estoient les cardinal et seneschal[2]), voyant leur prouffit et auctorité en la

---

[1] On a vu ci-dessus, page 537, note 1, que Charles VIII arriva à Lyon le 27 octobre 1495.

[2] Voyez aux Preuves (21 et 27 juillet 1496) deux lettres, signées du cardinal, de l'évêque du Puy et du prieur d'Auvergne, par l'une des-

continuant, et passoit tout par eulx : d'aultre costé estoit l'admiral[1], qui avoit eu toute l'auctorité avec le jeune Roy avant ce voyaige. Cestuy là vouloit que ces entreprinses demourassent de tous poinctz; et y veoit son prouffit, et se attourner à sa premiere auctorité, et les aultres la perdre : et ainsi passerent les choses ung an et demy ou environ.

Durant ce temps alloient ambassadeurs devers le roy et royne de Castille, car fort desiroit le Roy appaiser ce bout, qui estoit en guerre : et estoient fors par mer et par terre. Combien que par la terre feissent peu d'exploict, par mer avoient fort aydé au roy Ferrand et Federic : car Cecille est voisin du royaulme de Naples d'une lieue et demye, à l'endroict de Reges en Calabre, et aucuns[2] veulent dire que aultresfois fut toute terre, mais que la mer a faict ceste ouverture que l'on appelle de present le Fars de Messine; et en Cecille, dont le roy et royne de Castille estoient grans seigneurs, vindrent[3] grans secours à Naples, tant de carvelles qu'ilz avoient envoyé d'Espagne que de gens : et en Cecille mesmes se trouva quelque nombre d'hommes d'armes qui estoient passez en Calabre avec une quantité de genetaires, et faisoient la guerre à ceulx qui estoient là pour le Roy. Leurs navires estoient sans cesse avec ceulx

quelles le Roi est prié de venir à Lyon pour s'occuper de la nouvelle expédition. Quelques mots, de la main du duc d'Orléans, exposent avec force la nécessité de venir au secours du royaume de Naples.

[1] Louis Malet. (Voyez ci-dessus, page 296, note 2.)
[2] Virgile, entre autres. (Voyez *Æneid.*, lib. III, v. 414 et seq.)
[3] Toutes les éditions portent *viennent*.

de la ligue : ainsi, quant tout estoit assemblé, le Roy estoit beaucoup trop foible par la mer. Par ailleurs feit le roy de Castille peu de dommaige au Roy. Grant nombre de gens de cheval entrerent en Languedoc et y feirent du pillaige, et coucherent audict pays; et en fut plusieurs qui furent sur ledict pays deux ou trois ou quatre jours : aultre exploict ne feirent ilz. Monseigneur de Sainct André [1], de Bourbonnois, estoit à ceste frontiere pour monseigneur le duc de Bourbon [2], gouverneur de Languedoc. Celluy là entreprint de prendre Sausses [3], une petite ville qui estoit en Roussillon, car de là ilz faisoient la guerre au Roy : et deux ans devant leur avoit le Roy rendu ledict pays de Roussillon [4], où est assis le pays de Perpignan, et ceste petite ville est du pays. L'entreprinse estoit grande parce qu'il y avoit largement gens, selon le lieu, et des gentilz hommes de la maison du roy de Castille mesmes, et leur armee aux

---

[1] Guichard d'Albon, seigneur de Saint-André et d'Oulches. Dans une quittance datée du 14 mai 1496 il se qualifie lieutenant-général pour le Roi au pays de Languedoc, pour le fait de la guerre. L'office de bailly de Montferrand, dans lequel il avoit été confirmé le 28 mai 1498, étant devenu vacant par sa mort, Guy d'Amboise, seigneur de Ravel, en fut pourvu le 19 août 1502. (ANSELME, VII, 202.)

[2] Pierre II. (Voyez tome I, page 25, note 3.)

[3] Salces, village du département des Pyrénées orientales, près duquel, et au nord, est situé le fort de ce nom. Ce fort, remarquable par l'épaisseur de ses murs et de ses grosses tours, servait dans l'origine à défendre l'entrée du Roussillon. En juillet 1495, selon D. Vaissete (V, 86), les Espagnols y mirent garnison, et de là firent des courses, à la mi-novembre, sur les environs de Narbonne et Carcassonne.

[4] Le 19 janvier 1493. (Voyez ci-dessus, page 247, note 2.)

champs, logiee à une lieue pres, qui estoit plus grosse que la nostre : toutesfois ledict seigneur de Sainct André conduisit son entreprinse si saigement et si secrettement que, en dix heures, il print ladicte place[1]. Et icelle fut prinse par assault, et y mourut trente ou quarante gentilz hommes d'estime, Espaignolz : entre les aultres, le filz[2] de l'archevesque de Sainct Jacques, et trois ou quatre cens aultres hommes, lesquelz ne se attendoient point que si tost on les deubst prendre : car ilz n'entendoient point quel exploict faisoit nostre artillerie, qui, à la verité, passe toutes les artilleries du monde.

Et voila tout l'exploict qui fut faict entre ces deux roys, mais ce fut honte et descry au roy de Castille, veu que son armee estoit si grosse; mais quant Nostre Seigneur veult commencer à pugnir les gens, il leur advient voulentiers de telles petites douleurs au commencement : car il advint bien de plus grandes auxdictz roy et royne tost apres, et si feit il à nous. Grant tort

---

[1] « Le vendredi 8 octobre de l'an 1496. » (D. VAISSETE, V, 88.) — Dans la première édition, la phrase se termine ainsi : « ladicte place, *comme je veiz par saillir.* » Nous avons tenté vainement de rétablir le véritable texte de ce passage, évidemment altéré. Sauvage et ses successeurs mettent : « il print ladicte place, *comme je veiz,* par assault.... » Nous n'avons pu adopter cette leçon. Commynes ne fut pas et n'a pu se dire témoin oculaire de la prise de Salses : il se trouva avec le Roi depuis le commencement de 1496 jusqu'en 1498 (voyez ci-dessus, page 567), et l'on sait que Charles VIII se contenta d'envoyer ses généraux dans le Roussillon.

[2] Don Diego de Azevedo. (ÇURITA, *Hist. del rey D. Hernando el Catholico*, fol. 104, verso.)

avoient lesdictz roy et royne de ainsi s'estre parjurez envers le Roy, apres ceste grant bonté que leur avoit faicte de leur avoir rendu ledict pays de Roussillon, qui tant avoit cousté à reparer et garder à son pere : lequel l'avoit en gaige pour trois cens mil escuz[1], qu'il leur quicta, et tout cecy affin qu'ilz ne l'empeschassent point à sa conqueste qu'il esperoit faire dudict royaulme de Naples : et reffeirent les anciennes allyances[2] de Castille (qui sont de roy à roy, de royaulme à royaulme, d'homme à homme de leurs subjectz), où ilz promisrent de ne l'empescher point à ladicte conqueste et ne marier nulles de leurs filles en ladicte maison de Naples, d'Angleterre, ne de Flandres : et ceste estroicte offre de mariaige vint de leur costé, et en feit l'ouverture ung cordellier appellé frere Jehan de Mauleon[3], de par la royne de Castille : et dès qu'ilz veirent la guerre encommencee, et le Roy à Romme, ilz envoyerent leurs ambassadeurs partout pour faire allyances contre le Roy, et mesmes à Venise, où j'estoye : et là se feit la ligue, dont j'ay tant parlé[4], du Pape, roy des Rommains, eulx, la Seigneurie de Venise et le duc de Millan : et incontinent commencerent la guerre au Roy, disans que telle obligation n'estoit point de tenir que de ne povoir marier leurs filles à ces roys dont j'ay parlé (dont ilz en

---

[1] Voyez ci-dessus, page 247, note 2.
[2] Voyez tome I, page 163.
[3] Religieux de l'Ordre de Saint-François. (Morice, *Mémoires*, III, 697.)
[4] Voyez ci-dessus, page 419.

avoient quatre[1], et ung filz[2]) : et d'eulx mesmes estoit venue ceste ouverture, comme avez veu.

Or pour retourner à mon propos, et que toutes ces guerres d'Italie estoient faillies, et que le Roy ne tenoit plus que Gayette audict royaulme de Naples (car encores la tenoit il quant les praticques de paix commencerent entre lesdictz roys, mais tost apres fut perdue) et aussi ne se faisoit plus nulle guerre du costé de Roussillon, mais gardoit chascun le sien ; ilz envoyerent vers le roy Charles ung gentil homme et des religieux de Montferrat : car toutes leurs œuvres ont faict mener et conduire par telles gens, ou par hypocrisie ou affin de moins despendre : car ce frere Jehan de Mauleon, cordellier, dont a esté parlé, mena le traicté de faire rendre le Roussillon. Ces ambassadeurs dont j'ai parlé prierent au Roy, d'entree, qu'il luy pleust jamais n'avoir souvenance du tort que lesdictz roy et royne luy tenoient (on nomme tousjours la Royne parce que Castille est de son costé : aussi elle avoit la principalle auctorité, et a esté ung fort honnorable mariaige que le leur) : apres, commencoient une trefve, y comprenant toute leur ligue, et

[1] I. Isabelle, veuve, le 12 juillet 1491, d'Alfonse, infant de Portugal, épousa en secondes noces Emmanuel-le-Fortuné, roi de Portugal. Morte le 24 août 1498. — II. Jeanne-la-Folle, mariée le 21 octobre 1496 à Philippe, archiduc d'Autriche. Morte le 12 avril 1555. — III. Marie, morte le 27 mars 1517. Elle avait épousé, le 30 octobre 1500, son beau-frère Emmanuel-le-Fortuné. — IV. Catherine, mariée 1°. le 14 novembre 1501, à Arthur, prince de Galles, fils de Henri VIII; 2°. le 7 juin 1509, à Henri VIII, roi d'Angleterre Morte en 1536.

[2] Jean. (Voyez ci-dessus, page 319, note 3.)

que le Roy demourast en possession de Gayette et aultres places qu'il avoit audict royaulme de Naples, et qu'il les pourroit avitailler à son plaisir durant la trefve, et que l'on prinst une journee, où se trouveroient ambassadeurs de toute la ligue, pour traicter paix, qui vouldroit : et apres vouloient continuer lesdictz roys en leur conqueste ou entreprinse sur les Maures et passer la mer qui est entre Grenade et Affrique, dont la terre du roy de Fez [1] leur estoit la plus prouchaine. Toutesfois aucuns ont voulu dire que leur vouloir n'y estoit point et qu'ilz se contenteroient de ce qu'ilz avoient faict, qui est d'avoir conquis le royaulme de Grenade : qui, à la verité, a esté une belle et grant conqueste et la plus belle qui ait esté de nostre temps, et que jamais leurs predecesseurs ne sceurent faire; et vouldroye, pour l'amour d'eulx, que jamais n'eussent entendu à aultre chose, et tenu à nostre Roy ce qu'ilz luy avoient promis.

Le Roy renvoya quant et ces deux ambassadeurs le seigneur de Clerieux [2], de Daulphiné, et taschoit le Roy de faire paix ou trefve avec eulx, sans y comprendre la ligue : toutesfois, s'il eust accepté leur offre, il eust sauvé Gayette : qui estoit souffisant, pour recouvrer le royaulme de Naples, veu les amys que le Roy y avoit. Quant ledict de Clerieux revint, il apporta praticque nouvelle, et ja estoit perdue Gayette avant qu'il fust en Castille. Ceste nouvelle ouverture

[1] Province de Barbarie, dans l'empire de Maroc.
[2] Guillaume de Poitiers, seigneur de Clerieu, marquis titulaire de Cotron en Calabre, conseiller et chambellan ordinaire du Roi, gouverneur de la ville de Paris. Mort le 2 juin 1503. (ANSELME, II, 204.)

fut que le Roy et eulx retournassent en leur premiere et ancienne amytié, et que eulx deux, à butin, entreprinssent toute la conqueste d'Italie et à communs despens, et que les deux roys fussent ensemble; mais, premier, vouloient la trefve generalle, où toute la ligue fust comprinse, et que une journee se tinst en Piemont où chascun pourroit envoyer ambassadeurs : car honnestement ilz se vouloient despartir de ladicte ligue. Toute ceste ouverture, à mon advis et à ce qu'on m'a depuis donné à entendre, n'estoit que dissimulation et pour gaigner temps, et pour laisser reposer ce roy Ferrand (qui encores vivoit) et ce dom Federic, nouveau entré en ce royaulme : toutesfois, ilz eussent bien voulu ledict royaulme leur, car ilz avoient meilleur droict que ceulx qui l'ont possedé ; mais la maison d'Anjou, dont le Roy a le droict, dict aller devant; mais, de la nature dont il est et les gens qui y habitent, il me semble qu'il est à celluy qui le peult posseder, car ilz ne veulent que mutation.

Depuis y retourna ledict seigneur de Clerieux et ung appellé Michel de Grammont[1], sur aucunes ouvertures. Ledict de Clerieux portoit quelque peu d'affection à ceste maison d'Arragon et esperoit avoir le marquisat de Cotron, qui est en Calabre, que ledict roy d'Espaigne tient de ceste conqueste derreniere que ses gens feirent audict pays de Calabre : et ledict

---

[1] Écuyer d'écurie en 1491, cesse d'être porté, en cette qualité, sur les états des officiers de la maison du Roi en 1496. (BIBL. ROY., *Suppl. fr.*, Ms. 2340, fol. 776.) Il est compris sur l'état commençant le premier octobre 1495 et finissant le dernier jour de septembre 1496, comme valet-de-chambre du Roi. (*Histoire de Charles VIII*, 705.)

de Clerieux le pretent sien, et est homme bon et qui ayseement croit, et par especial telz personnaiges. A la deuxiesme fois qu'il revint, il amena ung ambassadeur desdictz roys; et rapporta ledict de Clerieux qu'ilz se contenteroient d'avoir ce qui est le plus prouchain de Cecille, pour ledict droict qu'ilz pretendoient audict royaulme de Naples, qui est Calabre, et que le Roy prinst le reste : et que en personne viendroit ledict roy de Castille en ladicte conqueste, et payeroit autant de la despence de l'armee comme le Roy : et ja tenoit et tient quatre ou cinq places fortes en Calabre, dont Cotron est l'une, qui est cité bonne et forte. Je fus present au rapport : et à plusieurs sembla que ce n'estoit que abuz, et qu'il falloit là envoyer quelcun bien entendu, et qu'il joignist ceste praticque de plus pres; parquoy fut joinct avec les premiers le seigneur du Bouchage, homme bien saige et qui avoit eu grant credit avec le roy Loys, et encores de present avec le roy Charles, filz dudict feu roy Loys. L'ambassadeur que ledict de Clerieux avoit amené ne voulut jamais confermer ce que ledict de Clerieux disoit; mais disoit qu'il croyoit que ledict de Clerieux ne le diroit pas si ses seigneurs ne luy eussent dict, ce qui confermoit l'abusion : ne nul ne povoit croire que le roy de Castille y vinst en personne, ne qu'il voulsist ou y peust autant despendre que le Roy.

Apres que ledict seigneur du Bouchage, de Clerieux, et Michel de Grammont, et aultres, furent venuz devers lesdictz roy et royne de Castille, ilz les feirent logier en ung lieu où nul ne communiquoit avec eulx, et avoient gens qui s'en prenoient garde, et lesdictz roy et royne parlerent avec eulx par trois fois; mais quant ce vint que ledict du Bouchage leur dist ce que avoit rapporté ledict de Clerieux et ledict Michel de Grammont, ilz feirent responce qu'ilz avoient bien parlé par forme de devis, mais non point aultrement, et que tres voulentiers se mesleroient de ladicte paix, et de la faire à l'honneur du Roy et à son prouffit. Ledict de Clerieux fut bien mal content de ceste responce, et non sans cause, et soustint devant eulx, present ledict seigneur du Bouchage, que ainsi luy avoient dict. Lors fut conclud par ledict seigneur du Bouchage et ses compaignons une trefve [1] à deux mois de desdit, sans y comprendre la ligue; mais bien y comprenoient ceulx qui avoient espousé leurs filles et les peres de leurs gendres (c'estoit le roy des Rommains et d'Angleterre), car le prince de Galles [2] est bien jeune; et en ont encores une [3] à marier, car ilz avoient quatre filles. L'aisnee estoit veufve et avoit

---

[1] « La trève entre les monarques français et espagnol, leurs sujets et les alliés qu'ils nommeroient de part et d'autre, fut signée le 5 mars 1497, pour durer jusqu'à la fin d'octobre. » (Sismondi, XII, 444.)

[2] Arthur, fils de Henri VII, roi d'Angleterre, et d'Élisabeth, fille d'Édouard IV. Marié, âgé de quinze ans, à Catherine d'Aragon, le 14 novembre 1501. Mort en 1502. (*Art de vérifier les dates*, I, 818.)

[3] Les conditions du mariage de Catherine d'Aragon avec le prince de Galles furent réglées le 22 septembre 1496. (Rymer, V, partie IV, 106, 114.) Commynes, sans doute, regardait comme définitivement conclu ce mariage qui ne fut cependant célébré que cinq ans plus tard, en 1501. La princesse d'Aragon qui restait à marier, était donc, suivant lui, Marie, qui, comme on l'a vu ci-dessus (page 572, note 1), épousa Emmanuel, son beau-frère, en l'année 1500.

espousé le filz ¹ du roy de Portingal ², derrenier trespassé, lequel se rompit le col devant elle, en passant une carriere sur ung genet, trois mois apres ce qu'il l'eut espousee.

Arrivé que fut ledict du Bouchage et faict son rapport, congneut le Roy qu'il avoit bien faict d'y avoir envoyé ledict du Bouchage et que au moins il estoit asseuré de ce dont il estoit en doubte : et luy sembloit bien que ledict de Clerieux avoit creu trop de legier. Oultre luy dict ledict du Bouchage que aultre chose n'avoit peu faire que ladicte trefve, et qu'il estoit au chois du Roy de l'arrester ou reffuser. Le Roy l'arresta ; et aussi elle estoit bonne, veu que c'estoit separation de ceste ligue qui tant l'avoit destourbé en ses affaires et que nulle maniere n'avoit sceu trouver de la despartir : si l'avoit il par toutes voyes essayé. Encores luy dict ledict du Bouchage que apres luy venoient ambassadeurs devers le Roy, et que lesdictz roy et royne luy avoient dict, à son partement, qu'ilz auroient povoir de conclurre une bien bonne paix : et aussi dict ledict du Bouchage qu'il avoit laissé mallade le prince de Castille, leur seul filz.

¹ Alfonse, né le 18 mai 1475. Marié par procureur, en 1490, à Isabelle de Castille. Mort d'une chute de cheval, le 13 juillet 1491. (ANSELME, I, 599.)
² Jean II. (Voyez ci-dessus, page 247, note 4.)

CHAPITRE XXIV.

Discours sur les fortunes et malheurs qui advinrent à la maison de Castille, au temps du seigneur d'Argenton.

Dix ou douze jours apres l'arrivee dudict du Bouchage et ses compaignons, vint lettres audict du Bouchage d'ung des heraulx du Roy qu'il avoit laissé là pour conduire ladicte ambassade qui debvoit venir : et disoient ces lettres qu'il ne se esbahist point si lesdictz ambassadeurs estoient retardez par aucuns jours, car c'estoit pour le trespas du prince de Castille[1] (car ainsi les appellent) dont les roy et royne faisoient si merveilleux dueil que nul ne le scauroit croire; et par especial la royne, de qui on esperoit aussitost la mort que la vie. Et, à la verité, je n'ouys jamais parler de plus grant dueil que en a esté faict par tous leurs royaulmes : car toutes gens de mestier ont cessé quarante jours (comme leurs ambassadeurs me dirent depuis), tout homme vestu de noir, de ces gros bureaulx : et les nobles et les gens de bien chargeoient leurs muletz couvertz jusques aux genoulx dudict drap, et ne leur paroissoit que les yeulx : et bannieres noires partout sur les portes des villes. Quant madame Marguerite, fille du roy des Rommains et seur de monsieur l'archiduc d'Austriche, femme dudict prince, sceut ceste douloureuse nouvelle (qui estoit grosse de six mois), acoucha d'une fille toute morte. Quelles piteuses nouvelles en ceste maison, qui

---

[1] Mort le 4 octobre 1497. (Voyez ci-dessus, page 319, note 3.)

tant avoit receu de gloire et d'honneur; qui plus possedoit de terre que ne feit jamais prince en la crestienté, venant de succession; et puis avoit faict ceste belle conqueste de Grenade, et faict partir le roy d'Italie et faillir à son entreprinse, qu'ilz estimoient à grant chose; tant honnoree par tout le monde [que] le Pape [1] leur avoit voulu attribuer le nom de tres crestiens et l'oster au roy de France, et plusieurs fois leur avoit escript ainsi au dessus de leurs briefz que leur envoyoit, et, parce que aucuns cardinaulx contredisoient à ce tiltre, leur en donna ung aultre en les appellant tres catholicques et ainsi leur escript encores (et est à croire que ce nom leur demourra à Romme); quant ilz avoient mis le royaulme à grant obeyssance et justice, et sembloit que Dieu et le monde les voulsist plus honnorer que les aultres princes du monde, et si estoient en bonne prosperité de leurs personnes [2]!

[1] Alexandre VI. (Voyez ci-dessus, page 329, note 3.)

[2] Sauvage et ses successeurs mettent: « Quelles piteuses nouvelles en ceste maison? qui tant avoit receu de gloire et d'honneur? *et qui plus possedoit de terre, que ne feit jamais prince en la chrestienté, venant de succession? Et puis avoir fait ceste belle conqueste de Grenade? et fait partir* un *roy, tant honoré par tout le monde,* hors d'Italie, et faillir à son entreprise? ce qu'ilz estimoyent à grande chose: *et le Pape* mesme: *qui, soubz l'ombre de la conqueste de Grenade,* leur avoit voulu attribuer le nom de tres chrestien, et l'oster au roy de France: et plusieurs fois leur avoit escrit ainsi, au dessus de leurs briefz, qu'il leur envoyoit: et, par ce qu'aucuns cardinaulx contredisoyent à ce tiltre, leur en donna un autre, en les appelant tres catoliques: et ainsi leur escrit encores: et est à croire que ce nom leur demourera à Romme. *Quelles douleurs dont receurent ilz de ceste mort,* quand ilz avoyent mis leur royaume en toute obeissance et justice? et lors qu'il sembloit que Dieu et le monde les voulust plus

Encores ne furent ilz point quictes d'avoir eu telles douleurs, car leur fille aisnee (que plus ilz aymoient que tout le reste de ce monde, apres leur filz le prince de Castille, qu'ilz avoient perdu) avoit puis peu de jours esté espousee avec le roy de Portingal, appellé Emanuel [1], prince jeune et de nouveau devenu roy : et luy estoit obvenue la couronne de Portingal par le trespas du roy derrenier mort [2], lequel cruellement feit coupper la teste au pere de sa femme [3] et tua le frere [4] d'elle depuis, filz du dessus dict et frere aisné de celluy [5] qui de present est roy de Portingal, qu'il avoit faict vivre en grant paour et craincte : et tua son frere de sa main, en disnant avec luy, sa femme pre-

honorer que tous les autres princes vivans ? et qu'ilz estoyent en bonne prosperité de leurs personnes ? »

[1] Emmanuel, surnommé le Fortuné, fils de Ferdinand, duc de Viseo, et de Béatrix, fille de Jean de Portugal, grand-maître de Saint-Jacques, né le 1er juin 1469, succéda à son cousin Jean II, roi de Portugal, en 1495. Marié : 1°. en octobre 1497, à Isabelle d'Aragon, dite de Castille, veuve d'Alfonse de Portugal; 2°. à Marie, sœur d'Isabelle; 3°. à Éléonore d'Autriche. Mort le 13 décembre 1521. (Anselme, I, 602-603.)

[2] Jean II. (Voyez ci-dessus, page 247, note 4.)

[3] Éléonore de Portugal, morte en 1517, était fille de Ferdinand, *duc de Viseo*, deuxième fils d'Édouard, roi de Portugal : lequel Ferdinand mourut à Setuval, le 18 septembre 1470. (Anselme, I, 600.) Ce ne fut pas au père d'Éléonore, mais à *Ferdinand de Portugal, duc de Bragance*, que Jean II fit trancher la tête, le 22 juin 1483, sous prétexte qu'il avait révélé les secrets de l'État au roi de Castille. (Anselme, I, 616.) La conformité des noms a induit Commynes en erreur.

[4] Jacques de Portugal, duc de Viseo et de Beja, grand-maître de 'Ordre du Christ, ayant conspiré contre Jean II, celui-ci le poignarda le 22 août 1484. (Anselme, I, 600.)

[5] Emmanuel.

sente, par envie de faire roy ung sien bastard [1]. Et depuis ces deux cruaultez, il vesquit en grant paour et suspection; et, tost apres ces deux exploictz, il perdit son seul filz qui se rompit le col, en courant [sur] ung genest et passant une carriere, comme j'ay dict : et fut celluy là qui fut le premier mari de ceste dame que je dis, qui maintenant a espousé le roy de Portingal qui regne (ainsi est retournee deux fois en Portingal), saige dame et honneste, ce dict l'on, entre les saiges dames du monde.

Pour continuer des miserables adventures qui advindrent en si peu d'espace, ce roy et royne de Castille, qui si glorieusement et heureusement avoient vescu jusques environ en l'aage qu'ilz sont de cinquante ans tous deux [2] (combien que la royne avoit deux ans davantaige), avoient donné leur fille à ce roy de Portingal pour n'avoir nul ennemy en Espaigne, qu'ilz tiennent toute, excepté Navarre dont ilz font ce qu'il leur plaist et y tiennent quatre des principalles places. Aussi l'avoient faict pour pacifier du douaire de ceste dame et de l'argent baillé, et parce que aucuns seigneurs de Portingal furent bannis du pays quant le roy mort feit mourir ces deux seigneurs dont j'ay parlé, et avoit confisqué leurs biens; et, par ce moyen,

---

[1] Georges de Portugal, né en 1481 d'Anne de Mendoza. Jean II ayant perdu son unique fils légitime, voulut faire légitimer Georges, afin de lui laisser la couronne; mais la reine Éléonore fit intervenir le Pape, et Emmanuel fut substitué à Georges, auquel il donna, le 25 mai 1500, le titre de duc d'Aveiro. Ce dernier mourut entre les années 1549 et 1555. (ANSELME, I, 668.)

[2] Ferdinand était né le 10 mars 1452, et Isabelle le 23 avril 1451.

la confiscation tient de present (combien que le cas dont ilz estoient accusez estoit de vouloir faire celluy qui de present regne roy de Portingal), et ces chevaliers sont recompensez en Castille, du roy de Castille, et leurs terres sont demourees à la royne de Portingal, dont je parle [1]. Or fault entendre qu'il n'est nation au monde que les Espaignols hayent tant que les Portingallois, et si les mesprisent et s'en mocquent. Parquoy il desplaisoit bien aux roy [et royne] dessusdictz d'avoir baillé leur fille à homme qui ne seroit point agreable au royaulme de Castille et aultres leurs seigneuries, et s'ilz l'eussent eu à faire, ilz ne l'eussent jamais faict : qui leur estoit une aultre amere douleur, et encores de quoy il falloit qu'elle se despartist d'eulx. Toutesfois, leurs douleurs passees, ilz les ont menez par toutes les principalles citez de leurs royaulmes, et faict recevoir leur fille pour princesse, le roy de Portingal pour prince, et pour estre roys apres leur decez. Et ung peu de reconfort leur est venu : c'est que ladicte dame, princesse de Castille et royne de Portingal, a esté grosse d'ung enfant bougeant. Mais il leur advint le double de leurs douleurs, et croy qu'ilz eussent voulu que Dieu les eust ostez du monde : car ceste dame,

---

[1] Sauvage et ses successeurs mettent : « Et de l'argent baillé, et *pour subvenir à* aucuns seigneurs de Portugal : *car, par ce mariage, ces seigneurs et chevaliers (qui* furent bannis du pays .... et *avoyent* confisqué leurs biens.... qui de present regne, roy de Portugal) sont recompensez en Castille, du roy de Castille, et leurs terres sont demourees à la royne de Portugal, dont je parle. *Mais, nonobstant telles considerations, ces roy et royne de Castille avoient grand douleur de ce mariage : car* il faut entendre, etc. »

que tant ilz aymoient et prisoient, mourut en faisant son enfant (et croy qu'il n'y a pas ung mois, et nous sommes en octobre l'an mil quatre cens quatre vingtz dix huict); mais le filz est demouré vif du travail duquel elle est morte, et a nom, comme le pere, Emanuel [1].

Toutes ces grans fortunes leur sont advenues en trois mois d'espace; mais, avant le trespas de ceste dame dont je parle, est advenu en ce royaulme ung aultre grant dueil et desconfort : car le roy Charles huictiesme de ce nom, dont tant j'ay parlé, estoit trespassé, comme je diray apres. Et semble que Nostre Seigneur ait regardé ces deux maisons de son visaige rigoureux, et qu'il ne veult point que ung royaulme se mocque de l'aultre : car nulle mutation ne peult estre en ung royaulme qu'elle ne soit bien douloureuse pour la pluspart, et combien que aucuns y gaignent, encores il en y a cent fois plus qui y perdent : et y fault changer maincte coustume et forme de vivre, à celle mutation : car ce qui plaist à ung roy desplaist à l'aultre. Et, comme j'ay dict en ung aultre endroict, qui vouldroit bien regarder aux cruelles et soubdaines pugnitions que Dieu a faict sur les grans princes depuis trente ans en ca, on y en trouveroit plus que en deux cens ans auparavant : à y comprendre France, Castille, Portingal, Angleterre, le royaulme de Naples, Flandres et Bretaigne. Et qui vouldroit escripre les cas particuliers que tous j'ay veuz et presque tous les personnaiges, tant hommes que femmes, on en feroit ung grant

---

[1] Michel, né le 24 août 1498. Mort le 19 juillet 1500. (Anselme, I, 602.)

livre et de grant admiration : et n'y en eust il seullement que ce qui est advenu depuis dix ans, par là la puissance de Dieu debvroit estre bien congnue et entendue : et sont les coups qu'il donne sur les grans plus cruelz, et plus pesans, et de plus longue duree que ne sont ceulx qu'il donne sur les petites gens. Et enfin me semble que à tout bien considerer, qu'ilz n'ont gueres d'advantaige en ce monde plus que les aultres, s'ilz veulent bien veoir et entendre par eulx ce qu'ilz voient advenir à leurs voisins, et avoir craincte que le semblable ne leur adviengne. Car eulx, ilz chastient les hommes qui vivent soubz eulx et à leur plaisir, et Nostre Seigneur dispose d'eulx à son vouloir : car aultre n'ont ilz par dessus eulx. Et est le pays ou royaulme bien heureux, quant il a roy ou seigneur saige, et qui crainct Dieu et ses commandemens.

Nous avons peu veoir, en peu de parolles, les douleurs que ont receu ces deux grans et puissans royaulmes, en trois mois d'espace, qui peu par avant estoient si enflambez l'ung contre l'aultre, et tant empeschez à se tourmenter, à penser à se croistre, et n'estoient en riens saoulz de ce qu'ilz avoient. Je confesse bien (comme j'ay dict) que tousjours en y a, en telles mutations, qui en ont joye et qui en amendent; mais encores, de prime face, leur est celle mort (advenue ainsi soubdaine) fort espoventable.

CHAPITRE XXV.

Du somptueux ediffice que le roy Charles commencea à bastir peu avant sa mort : du bon vouloir qu'il avoit de reformer l'Eglise, ses finances, sa justice et soy mesmes, et comment il mourut soubdainement, sur ce bon propos, en son chasteau d'Amboise.

Je veuil laisser de tous poinctz à parler de choses d'Italie et de Castille, et retourner à parler de nos douleurs et pertes particulieres en France, et aussi de la joye que peuvent avoir ceulx qui y ont du gaing, et parler du soubdain trespas de nostre roy Charles huictiesme de ce nom : lequel estoit en son chasteau d'Amboise, où il avoit entreprins le plus grant ediffice que commencea, cent ans a, roy, tant au chasteau que à la ville : et se peut veoir par les tours par où l'on monte à cheval, et par ce qu'il avoit entreprins à la ville, dont les patrons estoient faictz de merveilleuse entreprinse et despence, et qui de long temps n'eussent prins fin. Et avoit amené de Naples plusieurs ouvriers excellens [1], en plusieurs ouvraiges, comme tail-

---

[1] « En la presence de moy...., nottaire et secretaire du Roy nostre sire, Nicolas Fagot, tantier et tapissier ordinaire dudit seigneur, a confessé avoir eu et receu de sire Jehan Lallemant, conseiller dudict seigneur et receveur general de ses finances en Normandie, la somme de trois cent quatre vingt dix huit livres cinq sols tournois, pour le parfait de xv^c iiii^{xx} xiiii livres tournois à luy ordonnee par le dict seigneur tant pour ce qu'il luy reste de l'amenaige, voiture et conduite, depuis Napples jusqu'en la ville de Lyon, de plusieurs tapisseries, librairie, painctures, pierre de marbre et de porfire et autres meubles que le dit seigneur luy donna charge admener, les dites choses pezent en tout iii^{xx} vii mil livres ou environ; comme aussy pour les charrier et conduire depuis la dite ville de Lyon jusqu'au chastel d'Amboise, ainsy que le dit seigneur luy

leurs et painctres : et sembloit bien que ce qu'il entreprenoit estoit entreprinse de roy jeune et qui ne pensoit point à la mort, mais esperoit longue vie : car il joignit ensemble toutes les belles choses dont on luy faisoit feste, en quelque pays qu'elles eussent esté vues, fust France, Italie, ou Flandres : et si avoit son cueur tousjours de faire et acomplir le retour en Italie, et confessoit bien y avoir faict des faultes largement, et les comptoit : et luy sembloit que, si une aultre fois il y povoit retourner et recouvrer ce qu'il avoit perdu, qu'il pourvoyeroit mieulx à la garde du pays qu'il n'avoit faict, parce qu'il avoit armee de tous costez : et pensoit bien d'y pourveoir, pour recouvrer et remettre en son obeyssance le royaulme de Naples, et de y envoyer quinze cens hommes d'armes italiens, que debvoit mener le marquis de Mantoue, les Ursins, et les Vitellis, et le prefect de Romme, frere du cardinal de Sainct Pierre *ad vincula* : et monsieur d'Aubigny, qui si bien l'avoit servy en Calabre, s'en alloit à Florence : et ilz faisoient la moytié de ceste despence pour six mois. On debvoit, premier, prendre Pise, ou au moins les petites places de l'entour ; et puis tous

---

a ordonné et commandé faire, pour la décoration et ustencille du dit chastel ; et semblablement pour la nourriture de xxii hommes de mestier, de xxxiiii jours, à la raison de xl^s par jour, lesquelz par somme icelluy seigneur a fait venir du dit Napples pour ouvrer de leur mestier à son devis et plaisir ; de laquelle somme de iii^c iiii^{xx} xviii^l v^s tournois le dit Fagot s'est tenu pour content et bien payé et en a quicté et quicte icelluy receveur sus dit, tesmoing mon seing manuel cy mis à sa requeste, le xxiiiie jour de décembre l'an mil quatre cent quatre vingt quinze. Signé Forcier. » (Fontanieu, *Portef.* 149.)

ensemble entrer au royaulme, dont à toutes heures venoient messagiers. Le pape Alexandre, qui regne de present, estoit en grant praticque, de tous poinctz, à se renger des siens, comme malcontent des Venissiens : et avoit messagier secret, que je conduisis en ladicte chambre du Roy nostre sire, peu avant sadicte mort. Les Venissiens estoient prestz à pracicquer contre Millan. La praticque d'Espaigne, telle que l'avez veue. Le roy des Rommains ne desiroit chose en ce monde de tant que son amytié, et que eulx deux ensemble feissent leurs besongnes en Italie : lequel roy des Rommains, appellé Maximilian, estoit grant ennemy des Venissiens. Aussi ilz tiennent grant chose de la maison d'Austriche, dont il est, et aussi de l'Empire.

Davantaige avoit mis le Roy, de nouveau, son ymagination de vouloir vivre selon les commandemens de Dieu, et mettre la justice en bon ordre et l'Eglise : aussi de renger ses finances de sorte qu'il ne levast sur son peuple que douze cens mil francz (et par forme de taille) oultre son demaine, qui estoit la somme que les trois Estatz luy avoient acordee en la ville de Tours, lors qu'il fut Roy : et vouloit ladicte somme par octroy, pour la deffense du royaulme; et luy, il vouloit vivre de son demaine, comme anciennement faisoient les roys. Et il le povoit bien faire : car le demaine est bien grant, s'il estoit bien conduict, comprins les gabelles et certaines aydes, et passe ung million de francz. Toutesfois, ce eust été ung grant soulaigement pour le peuple, qui paye aujourd'huy plus de deux millions et demy de francz de taille. Il mettoit grant peine à reformer les abuz de l'Ordre de Sainct Benoist, et d'aultres religions. Il approchoit de luy bonnes gens de religion, et les oyoit parler. Il avoit bon vouloir, s'il eust peu, que nul evesque n'eust tenu que son evesché, s'il n'eust esté cardinal (et cestuy là deux), et qu'ilz se fussent allez tenir sur leurs benefices; mais il eust eu bien à faire à renger les gens d'eglise. Il feit de grans aulmosnes aux mendians, peu de jours avant sa mort, comme me compta son confesseur, l'evesque d'Angers [1], qui estoit notable prelat. Il avoit mis sus une audience publicque, où il escoutoit tout le monde, par especial les povres [2], et si faisoit de bonnes expeditions : et l'y veiz huict jours avant son trespas, deux bonnes heures; et oncques puis ne le veisz. Et ne se faisoit pas grans expeditions à ceste audience; mais, au moins, estoit ce tenir les gens en craincte, et par especial ses officiers, dont aucuns avoit suspenduz pour pilleries.

Estant le Roy en ceste grant gloire, quant au monde, et en bon vouloir, quant à Dieu, le septiesme jour d'apvril, l'an mil quatre cens quatre vingtz dix huit [3], veille de Pasques Flories, il partit de la chambre de la royne Anne de Bretaigne, sa femme, et la mena quant et luy pour veoir jouer à la paulme ceulx qui jouoyent

---

[1] Jean de Rely, fils de Baudouin de Rely et de Jeanne Brioys, né à Arras. Élu évêque d'Angers le 1er décembre 1491. Mort à Saumur-sur-Loire, le 27 mars 1498. (*Gall. christ.* [1656], II, 145.)

[2] Les lettres de Charles VIII concernant les audiences données aux pauvres, sont datées du 30 décembre 1497. (*Histoire de Charles VIII*, 745.)

[3] L'année 1498 commença, selon le vieux style, le 15 avril.

aux fossez du chasteau, et il ne l'y avoit jamais menee que ceste fois. Et entrerent ensemble en une gallerie, qu'on appelloit la gallerie Hacquelebac, parce que cestuy Hacquelebac l'avoit eue aultresfois en garde : et estoit le plus deshonneste lieu de leans, car tout le monde y pissoit et estoit rompue à l'entree : et s'y heurta le Roy, du front, contre l'huys, combien qu'il fust bien petit, et puis regarda une grant piece les joueurs, et devisoit à tout le monde. Je n'estoye point present, mais sondict confesseur, l'evesque d'Angers, et ses prouchains chambellans le m'ont compté : car j'en estoye party huict jours avant, et estoye allé à ma maison. La derreniere parolle qu'il prononcea jamais en devisant en santé, c'estoit qu'il dict qu'il avoit esperance de ne faire jamais pesché mortel, ne veniel s'il povoit; et, en disant ceste parolle, il cheut à l'envers et perdit la parolle (il ne povoit estre deux heures apres midy), et demoura là jusques à unze heures de nuict. Trois fois luy revint la parolle; mais peu luy dura, comme me compta ledict confesseur, qui deux fois ceste sepmaine l'avoit confessé : l'une à cause de ceulx qui venoient vers luy pour le mal des escrouelles. Toute personne entroit en ladicte gallerie qui vouloit, et le trouvoit on couché sur une povre paillasse, dont jamais il ne partit jusques à ce qu'il eust rendu l'ame : et y fut neuf heures. Ledict confesseur, qui tousjours y fut, me dict que lors que la parolle luy revint, à toutes les trois fois il disoit : « Mon Dieu et la glorieuse Vierge Marie, monseigneur Sainct Claude et monseigneur Sainct Blaise me soient en ayde! » Et ainsi despartit de ce monde si puissant et si grant roy, et en si miserable lieu, qui tant avoit de belles maisons et en faisoit une si belle : et si ne sceut à ce besoing finer une povre chambre. Et combien peult on, par ces deux exemples ci dessus couchez, congnoistre la puissance de Dieu estre grande, et que c'est peu de chose que de nostre miserable vie, qui tant nous donne de peine pour les choses du monde, et que les roys n'y peuvent resister non plus que les laboureurs.

CHAPITRE XXVI.

Comment le sainct homme frere Hieronyme fut bruslé à Florence, par envie que on eut sur luy, tant du costé du Pape que de plusieurs aultres Florentins et Venissiens.

J'ay dict, en quelque endroict de ceste matiere d'Italie[1], comme il y avoit ung frere prescheur ou jacobin, ayant demouré à Florence par l'espace de quinze ans, renommé de fort saincte vie (lequel je veiz et parlay à luy, en l'an mil quatre cens quatre vingtz et quinze), appellé frere Hieronyme, qui a dict beaucoup de choses avant qu'elles fussent advenues, comme j'ay dict cy dessus, et tousjours avoit soustenu que le Roy passeroit les montz, et le prescha publicquement, disant scavoir par revelation de Dieu tant cela que aultres choses dont il parloit : et disoit que le Roy estoit esleu de Dieu pour reformer l'Eglise par force et chastier les tyrans. Et à cause de ce qu'il

[1] Voyez ci-dessus, page 437.

disoit scavoir les choses par revelation, murmuroient plusieurs contre luy, et acquit la hayne du Pape et de plusieurs de la ville de Florence. Sa vie estoit la plus belle du monde, ainsi qu'il se povoit veoir, ses sermons les meilleurs: preschant contre les vices, et a reduict en icelle cité mainctes gens à bien vivre, comme j'ay dict.

En ce temps mil quatre cens quatre vingtz et dix huict, que le roy Charles est trespassé, est finy aussi frere Hieronyme, à quatre ou cinq jours l'ung de l'aultre[1], et vous diray pourquoy je faiz ce compte. Il a tousjours presché publicquement que le Roy retourneroit de rechief en Italie, pour acomplir ceste commission que Dieu luy avoit donnee, qui estoit de reformer l'Eglise à l'espee et de chasser les tyrans d'Italie; et que, au cas qu'il ne le feist, Dieu le pugniroit cruellement. Et tous ses sermons premiers, et ceulx de present, il les a faict mettre en molle[2], et se vendent. Ceste menasse qu'il faisoit au Roy, de dire que Dieu le pugniroit cruellement s'il ne retournoit, luy a plusieurs fois escripte ledict Hieronyme, peu de temps avant son trespas; et ainsi le me dict de bouche ledict Hieronyme, quant je parlay à luy (qui fut au retour d'Italie), en me disant que la sentence estoit donnee contre le Roy au ciel, au cas qu'il n'acomplist ce que Dieu luy avoit ordonné et qu'il ne gardast ses gens de piller.

Or, environ ledict trespas du Roy, estoient Floren-

[1] Charles VIII mourut le 7 avril et Savonarole le 5 mai.
[2] Sauvage et ses successeurs mettent: « a fait *imprimer.* »

tins en grant different en la cité. Les ungz attendoient encores la venue du Roy et la desiroient, sur esperance que ledict frere Hieronyme leur donnoit, et se consummoient et devenoient povres à merveilles, à cause de la despense qu'ilz soustenoient, pour cuyder recouvrer Pise et les aultres places qu'ilz avoient baillees au Roy, dont Venissiens tenoient Pise. Plusieurs de la cité vouloient que l'on prinst le party de la ligue, et que on habandonnast de tous poinctz le Roy: disans que ce n'estoient que abusions et follyes de s'y attendre, et que ledict frere Hieronyme n'estoit que ung hereticque et ung paillard, et que on le debvoit gecter en ung sac en la riviere; mais il estoit tant soustenu en la ville que nul ne l'osoit faire. Le Pape et le duc de Millan escripvoient souvent contre ledict frere, asseurans les Florentins de leur faire rendre ladicte cité de Pise et aultres places, en delaissant l'amytié du Roy, et qu'ilz prinssent ledict frere Hieronyme et qu'ilz en feissent pugnition. Et, par cas d'adventure, se feit à l'heure une Seigneurie à Florence, où il y avoit plusieurs de ses ennemys (car ladicte Seigneurie se change et se mue de deux mois en deux mois): et se trouva ung cordellier[1] forgé, ou [qui] de luy mesmes vint prendre debat audict frere Hieronyme, l'appellant hereticque et abuseur de peuple, de dire qu'il eust revelation, ne chose semblable: et se offrit de le prouver jusques au feu, et estoient ces parolles devant ladicte Seigneurie. Ledict frere Hiero-

---

[1] Frère François de Pouille. (SISMONDI, XII, 461.)

nyme ne se voulut point presenter au feu; mais ung sien compaignon¹ dict qu'il s'y mettroit pour luy, contre ledict cordellier : et lors ung compaignon² dudict cordellier se presenta de l'aultre costé. Et fut prins jour³ qu'ilz debvoient entrer dedans le feu, et tous deux se presenterent, acompaignez de leurs religieux, au jour nommé; mais le jacobin apporta le *Corpus Domini* en sa main, et les cordelliers vouloient qu'il l'ostast, et aussi la Seigneurie : ce qu'il ne voulut point faire. Et ainsi s'en retournerent à leur convent : et le peuple, esmeu par les ennemys dudict frere, par commission de ceste Seigneurie, l'allerent prendre audict convent, luy troisiesme⁴, et d'entree le gehennerent à merveilles. Le peuple tua le principal homme de la ville, amy dudict frere, appellé Francisque Valory⁵. Le Pape leur envoya povoir et commissaire pour faire le procez⁶; et, fin de compte, ilz les bruslerent tous trois⁷. Les charges n'estoient sinon qu'il mettoit dis-

---

¹ Frère Dominique Bonvicini de Pescia. (Sismondi, XII, 462.)
² Frère André Rondinelli. (Sismondi, XII, 464.)
³ Au 7 avril 1498, en la place du palais. (Sismondi, XII, 464.)
⁴ Les deux autres étaient Dominique Bonvicini et Silvestro Maruffi. (Sismondi, XII, 469.)
⁵ Francesco Valori avait été premier gonfalonier l'année précédente. (Sismondi, XII, 445.)
⁶ « Alexandre VI députa... pour cet objet frère Joaquim Turriano, de Venise, général de l'Ordre des dominicains, et François Romolini, docteur de droit espagnol. En les faisant partir, il prononça par avance la condamnation de frère Jérôme Savonarole et le déclara hérétique, schismatique, persécuteur de la sainte Église, et séducteur des peuples. » (Sismondi, XII, 471.)
⁷ Le 23 mai 1498. (Sismondi, XII, 473.)

cort en la ville, et que ce qu'il disoit de prophetie, il le scavoit par ses amys qui estoient du Conseil. Je ne les veulx point accuser ne excuser, et ne scay s'ilz ont faict bien ou mal de l'avoir faict mourir; mais il a dict mainctes choses vrayes, que ceulx de Florence n'eussent sceu luy avoir dictes. Mais touchant le Roy, et des maulx qu'il dict luy debvoir advenir, luy est advenu ce que vous voyez : qui fut, premier, la mort de son filz, puis la sienne : et ay veu des lettres qu'il escripvoit audict seigneur.

CHAPITRE XXVII.

Des obsecques et funerailles du roy Charles huictiesme, et du couronnement du roy Loys, douziesme de ce nom, son successeur : avec les genealogies de France jusques à icelluy.

Le mal du Roy fut ung caterre ou apoplexie; et esperoient les medecins qu'il luy descendroit sur ung bras, et qu'il en seroit percluz, mais qu'il n'en mourroit point : toutesfois il advint aultrement. Il avoit quatre bons medecins, mais il n'adjoustoit foy que au plus fol; et à celluy là donnoit l'auctorité, tant que les aultres n'osoient parler, qui voulentiers l'eussent purgé quatre jours avant : car ilz y veoient les occasions de mort qui fut et advint. Tout homme couroit vers le duc d'Orleans, à qui advenoit la couronne comme le plus prouchain; mais les chambellans dudict roy Charles le feirent ensevelir fort richement, et sur l'heure luy commencea le service, qui jamais ne failloit ne jour ne nuict : car quant les chanoynes avoient achevé, commencoient les cordelliers, et quant ilz avoient finy, commencoient les Bons Hommes, qu'il avoit fondez. Il demoura huict jours à Amboise, tant en une grant chambre bien tendue que en l'eglise : et toutes aultres choses furent faictes plus richement qu'elles ne furent jamais de roy ; et ne bougerent d'emprès du corps tous ses chambellans, et ses prouchains, et tous ses officiers. Et dura ce service et ceste compaignie jusques à ce qu'il fut mis en terre[1], qui bien dura l'espace d'ung mois[2], et cousta quarante cinq mil francs, comme me dirent les gens des finances. J'arrivay à Amboise deux jours apres son trespas, et allay dire mon oraison là où estoit le corps, et y fuz cinq ou six heures : et, à la verité, on ne veit jamais semblable dueil, ne qui tant durast. Aussi ses prouchains, comme chambellans et dix ou douze gentilz hommes qui estoient de sa chambre, estoient mieulx traictez et avoient plus grans estatz et dons que jamais roy ne donna, et trop davantaige : la plus humaine et doulce parolle d'homme que jamais fust estoit la sienne : car je croy que jamais à homme ne dict chose qui luy deubst desplaire : et à meilleure heure ne povoit il jamais mourir, pour demourer en grant renommee par hystoires et en regret de ceulx qui l'ont servy : et croy que j'ay esté l'homme du monde à qui il a plus faict de rudesse ; mais congnois-

---

[1] Voyez *l'Ordre tenu à son enterrement*. (*Histoire de Charles VIII*, 747 et suiv.)

[2] Le corps partit d'Amboise le 17 avril. (*Histoire de Charles VIII*, 746.)

sant que ce fut en sa jeunesse, et qu'il ne venoit point de luy, ne luy en sceuz jamais mauvais gré.

Quant j'eus couché une nuict à Amboise, j'allay devers ce roy nouveau, de qui j'avoye esté aussi privé que nulle aultre personne, et pour luy avoye esté en tous mes troubles et pertes : toutesfois pour l'heure ne luy en souvint point fort. Mais saigement entra en possession du royaulme : car il ne mua riens des pensions pour celle annee, qui avoit encores six mois à durer. Il osta peu d'offices, et dict qu'il vouloit tenir tout homme en son entier et estat; et tout cela luy fut bien seant. Et le plustost qu'il peut il alla à son couronnement [1], là où je fus. Et pour les pers de France, s'y trouverent ceulx qui s'ensuyvent : le premier duc fut le duc d'Alencon, qui servoit pour le duc de Bourgongne; le deuxiesme, monseigneur de Bourbon, qui servoit pour le duc de Normandie; le troisiesme fut le duc de Lorraine, qui servoit pour le duc de Guyenne : le premier conte, Philippe, monsieur de Ravestain, qui servoit pour le conte de Flandres; le deuxiesme, Engilbert, monsieur de Cleves, qui servoit pour le conte de Champaigne; le troisiesme, monseigneur de Fouez, qui servoit pour le conte de Thoulouze : et fut ledict couronnement à Reims, du roy Loys douziesme de present regnant, le vingt septiesme jour de may, l'an mil quatre cens quatre vingtz et dix huict : et est le quatriesme venu en ligne collateralle. Les

---

[1] Louis XII fut sacré et couronné, le 27 mai 1498, par le cardinal Guillaume Briçonnet. (ANSELME, 1, 127.)

deux premiers ont esté Charles Martel, ou Pepin son filz, et Hue Capelle, tous deux Maistres du Palais ou gouverneurs des roys, qui usurperent le royaulme sous lesdictz roys et le prindrent pour eulx. Le tiers fut le roy Philippe de Valois, et le quart le roy de present. A ces deux derreniers venoit le royaulme justement et loyaulment. La premiere generation des roys de France, est à prendre à Merouee. Deux roys y avoit eu en France avant ledict Merouee : c'est asscavoir Pharamond (qui fut le premier esleu roy de France, car les aultres avoient esté appellez ducz ou roys de Gaulle), lequel Pharamond eut ung sien filz, appellé Clodio. Ledict Pharamond fut eslu roy l'an quatre cens et vingt, et regna dix ans : son filz Clodio en regna dix huict. Ainsi regnerent ces deux roys vingt huict ans : et Merouee, qui vint apres, n'estoit point filz dudict Clodio, mais son parent : parquoy sembleroit qu'il y eust eu cinq fois mutations en ces lignes royalles : toutesfois, comme j'ay dict, on prent la premiere generation à commencer à Merouee, qui fut faict roy en l'an quatre cens quarante huict. Et là commencea ceste premiere ligne : et y a eu, jusques au sacre du roy Loys douziesme, mil cinquante ans que commencea la generation desdictz roys de France : et qui le vouldra prendre à Pharamond, il y en auroit vingt et huict davantaige, qui seroit mil septante et huict ans que premier y a eu roy, appellé roy de France. Depuis Merouee jusques à Pepin, y eut trois cens trente trois ans qu'avoit duré ladicte ligne de Merouee. Depuis Pepin jusques à Hue Capelle, y a deux cens trente sept ans qu'a duré ladicte vraye ligne de Pepin et de Charlemaigne son filz. Celle de Hue Capelle a duré, en vraye ligne, trois cens trente neuf ans, et faillit au roy Philippe de Valois : et celle dudict roy Philippe de Valois a duré, en vraye ligne, jusques au trespas du roy Charles huictiesme, qui fut l'an mil quatre cens quatre vingtz dix huict : et cestuy là a été le derrenier roy de ceste ligne, qui a duré cent soixante neuf ans, et y ont regné sept roys : c'est asscavoir Philippe de Valois, le roy Jehan, le roi Charles cinquiesme, le roy Charles sixiesme, le roy Charles septiesme, le roy Loys unziesme et le roy Charles huictiesme, et fin de la ligne droicte de Philippe de Valois.

FIN DU TOME SECOND.

TABLE DES CHAPITRES

CONTENUS DANS LE SECOND VOLUME.

LIVRE CINQUIÈME.

CHAPITRE PREMIER. Comment le duc de Bourgongne, faisant la guerre aux Suisses, fut chassé par eulx à l'entree des montaignes ,pres Granson.....................Page 1

CHAP. II. Comment apres la bataille de Granson, le duc de Millan, le roy René de Cecille, la duchesse de Savoye et aultres, habandonnerent l'allyance du duc de Bourgongne. 13

CHAP. III. Comment les Suisses deffirent en bataille le duc de Bourgongne pres de la ville de Morat............. 24

CHAP. IV. Comment apres la bataille de Morat, le duc de Bourgongne se saisit de la personne de Madame de Savoye : et comment elle en fut delivree, et renvoyee en son pays par le moyen du Roy....................... 33

CHAP. V. Comment le duc de Bourgongne se tint quelques sepmaines comme solitaire : et comment ce pendant le duc de Lorraine recouvra sa ville de Nancy............. 39

CHAP. VI. Des grans trahysons du conte de Campobache, et comment il empescha le duc de Bourgongne d'ouyr ung gentilhomme qui les luy vouloit reveler, devant qu'estre pendu, et ne tint compte aussi de l'advertissement que luy en donna le Roy........................ 47

CHAP. VII. Comment le duc de Lorraine, acompaigné de bon nombre d'Allemans, vint logier à Sainct Nicolas, pendant le siege de Nancy : et comment le roy de Portingal, qui estoit en France, alla veoir le duc de Bourgongne, durant ce siege 54

CHAP. VIII. Comment le duc de Bourgongne, n'ayant voulu

suyvre le bon conseil de plusieurs de ses gens, fut desconfit et tué en la bataille que luy livra le duc de Lorraine, pres Nancy..........................Page 60

CHAP. IX. Digression sur quelques bonnes mœurs du duc de Bourgongne, et sur le temps que sa maison dura en prosperité.. 65

CHAP. X. Comment le Roy fut adverty de la derreniere deffaicte du duc de Bourgongne, et comme il conduisit ses affaires apres la mort d'icelluy..................... 70

CHAP. XI. Comment le Roy, apres la mort du duc de Bourgongne, se saisit d'Abbeville : et de la responce que luy feirent ceulx d'Arras............................. 75

CHAP. XII. Discours, aucunement hors du propos principal, sur la joye du Roy, se voyant delivré de plusieurs ennemys : et de la faulte qu'il feit en la reduction des pays du duc de Bourgongne....................................... 79

CHAP. XIII. Comment Han, Bohain, Sainct Quentin et Peronne furent livrez au Roy : et comment il envoya maistre Olivier, son barbier, pour cuyder praticquer ceulx de Gand... 82

CHAP. XIV. Comment maistre Olivier, barbier du Roy, n'ayant pas bien faict son prouffit de ceulx de la ville de Gand, trouva moyen de mettre les gens d'armes du Roy dedans Tournay.. 90

CHAP. XV. Des ambassadeurs que la damoiselle de Bourgongne, fille du feu duc Charles, envoya au Roy : et comment, par le moyen de monseigneur des Cordes, la cité d'Arras et les villes de Hesdin et Boulongne, et la ville d'Arras mesmes, furent mises en l'obeyssance du Roy... 96

CHAP. XVI. Comment les Ganthois qui avoient usurpé auctorité par dessus leur princesse, quant son pere fut mort, vindrent en ambassade vers le Roy, comme de par les trois Estatz de leur pays.................................. 108

CHAP. XVII. Comment ceulx de Gand, apres le retour de

leurs ambassadeurs, feirent mourir le chancellier Hugonet et le seigneur de Humbercourt contre le vouloir de leur princesse. Comment la duché de Bourgongne fut mise entre les mains du Roy. Comment ceulx de Gand et aultres Flamans furent desconfits devant Tournay, et le duc de Gueldres, leur chief, tué...................Page 117

Chap. XVIII. Discours sur ce que les guerres et divisions sont permises de Dieu pour le chastiement des princes et du peuple mauvais : avec plusieurs bonnes raisons et exemples advenuz du temps de l'autheur, pour l'endoctrinement des princes.. 132

Chap. XIX. Caractere du peuple francois et du gouvernement de ses roys : considerations sur les malheurs qui arrivent aux grans et aux petiz........................ 141

Chap. XX. Exemples des malheurs des princes et revolutions des estatz arrivez par jugement de Dieu.............. 153

LIVRE SIXIÈME.

Chapitre Premier. Comment le Roy entretenoit les Anglois, apres la mort de Charles, duc de Bourgongne, affin qu'ilz ne l'empeschassent en la conqueste des pays dudict duc.. 164

Chap. II. Comment le mariaige de madamoiselle de Bourgongne fut conclud et acomply avec Maximilian, duc d'Austriche, et depuis empereur........................ 174

Chap. III. Comment le roy Loys, par la conduicte de Charles d'Amboise, son lieutenant, regaigna plusieurs villes de Bourgongne, que le prince d'Orenge avoit revoltees contre le Roy... 186

Chap. IV. Comment le seigneur d'Argenton, durant les guerres de la conqueste de Bourgongne, fut envoyé à Florence, et comment il receut l'hommaige de la duché de Gennes, du duc de Millan, au nom du Roy.................. 198

Chap. V. Du retour de monsieur d'Argenton d'Italie en France, et de la journee de Guinegaste....................... 205

Chap. VI. Comment le roy Loys, par une malladie, perdit aucunement le sens et la parolle, guerissant et rencheant par diverses fois, et comme il se maintenoit en son chasteau du Plessis lez Tours............................Page 211

Chap. VII. Comment le Roy feit venir à Tours ung nommé le sainct homme, de Calabre, pensant qu'il le deubst guerir; et des choses estranges que faisoit ledict Roy, pour garder son auctorité durant sa malladie..................... 228

Chap. VIII. Comment le mariaige de monseigneur le Daulphin fut conclud avec Marguerite de Flandres, et elle amenee en France, dont le roy Edouard d'Angleterre mourut de desplaisir.............................. 235

Chap. IX. Comment le Roy se maintenoit, tant envers ses voisins que envers ses subjectz, durant sa malladie, et comme on luy envoyoit de divers lieux diverses choses pour sa guerison................................... 246

Chap. X. Comment le roy Loys unziesme feit venir vers luy Charles, son filz, peu avant sa mort, et des commandemens et ordonnances qu'il feit tant à luy que à aultres......... 252

Chap. XI. Comparaison des maulx et douleurs que souffrit le roy Loys, à ceulx qu'il avoit faict souffrir à plusieurs personnes; avec continuation de ce qu'il feit et fut faict avec luy jusques à sa mort............................ 257

Chap. XII. Discours sur la misere de la vie des hommes, et principallement des princes, par l'exemple de ceulx du temps de l'autheur, et premierement du roy Loys....... 271

LIVRE SEPTIÈME.

Chapitre Premier. Comment le duc René de Lorraine vint en France demander la duché de Bar et la conté de Prouvence, que le roy Charles tenoit; et comment il faillit à entrer au royaulme de Naples, qu'il pretendoit sien, comme le Roy, et quel droict y avoient tous deux............. 290

Chap. II. Comment le prince de Salerne, du royaulme de

TABLE DES CHAPITRES.

Naples, vint en France, et comment Ludovic Sforce, surnommé *le More*, et luy, taschoient à faire que le Roy menast guerre au roy de Naples, et pour quelle cause...... Page 300

Chap. III. Comment la duché de Millan est une des belles pieces de terre et de plus grant valleur qu'on scaiche trouver, osté le gros tribut qui y est.................... 309

Chap. IV. Comment le roy Charles huictiesme feit paix avec le roy des Rommains et l'archiduc, leur renvoyant madame Marguerite de Flandres, devant que faire son voyaige de Naples....................................... 315

Chap. V. Comment le Roy envoya devers les Venissiens pour les praticquer, devant que entreprendre son voyaige de Naples, et des preparatifs qui se feirent pour icelluy. .. 321

Chap. VI. Comment le roy Charles partit de Vienne au Daulphiné pour conquerir Naples en personne, et de ce que feit son armee de mer soubz la conduicte de monsieur d'Orleans.. 332

Chap. VII. Comment le Roy, estant encores en Ast, se resolut de passer oultre vers Naples, à la poursuyte de Ludovic Sforce, et comment messire Philippe de Commynes fut envoyé en ambassade à Venise, et de la mort du duc de Millan. 341

Chap. VIII. Comment et par quel moyen le seigneur Ludovic print et usurpa la seigneurie et duché de Millan, et y fut receu pour seigneur........................... 345

Chap. IX. Comment Pierre de Medicis mit quatre des principalles forteresses des Florentins entre les mains du Roy, et comment le Roy mit Pise, qui en estoit l'une, en sa liberté. 347

Chap. X. Comment le Roy partit de la ville de Pise pour aller à Florence, et de la fuyte et ruine de Pierre de Medicis.. 356

Chap. XI. Comment le Roy feit son entree à Florence, et par quelles aultres villes il passa jusques à Romme.......... 361

Chap. XII. Comment le Roy envoya le cardinal Sainct Pierre *ad vincula*, qui fut depuis appellé le pape Jules II, dedans Hostie, et de ce que le Pape faisoit à Romme ce pendant, et comment le Roy y entra malgré tous ses ennemys ; avec les partialitez entre les Ursins et Colonnois dans ladicte ville de Romme.................................... Page 365

Chap. XIII. Comment le roy Alfonse feit couronner son filz Ferrand, et de la mauvaise vie que avoit menee le vieux Ferrand, son pere, et luy aussi.................... 372

Chap. XIV. Comment le roy Alfonse s'enfuyt en Cecille et feit penitence...................................... 378

Chap. XV. Comment apres que le jeune roy Ferrand fut couronné roy de Naples, alla asseoir son camp à Sainct Germain, pour resister contre la venue du Roy : et de l'acord que le roy Charles feit avec le Pape, estant encores à Romme. 384

Chap. XVI. Comment le Roy partit de Romme pour aller à Naples : de ce qui advint ce pendant en plusieurs contrees dudict royaulme de Naples, et par quelles villes il passa jusques à ladicte ville de Naples...................... 388

Chap. XVII. Comment le roy Charles fut couronné roy de Naples : des faultes qu'il feit à l'entretenement d'ung tel royaulme, et comment une entreprinse qui se dressoit pour luy contre le Turc fut descouverte par les Venissiens..... 396

Chap. XVIII. Digression ou discours, aucunement hors de la matiere principale, par lequel Philippe de Commynes, autheur de ce present livre, parle assez amplement de l'estat et gouvernement de la Seigneurie des Venissiens, et de ce qu'il veit et y fut faict pendant qu'il estoit ambassadeur pour le Roy en leur ville de Venise................... 403

Chap. XIX. Quelz furent les subjectz de l'ambassade du sieur d'Argenton aupres de la republicque de Venise......... 411

Chap. XX. Comment le seigneur d'Argenton fut adverty que le Roy avoit gaigné Naples et les places d'environ, dont les Venissiens estoient desplaisans.................. 417

TABLE DES CHAPITRES.

LIVRE HUITIÈME.

Chapitre Premier. De l'ordre et prouvision que le Roy mit au royaulme de Naples, voulant retourner en France.... Page 426

Chap. II. Comment le Roy se partit de Naples et repassa par Romme, d'où le Pape s'enfuyt à Orviette; des parolles que le Roy tint à monsieur d'Argenton à son retour de Venise; des deliberations de rendre aux Florentins leurs places.................................... 432

Chap. III. Des predications dignes de memoire de frere Hieronyme, de Florence.......................... 437

Chap. IV. Comment le Roy retint en ses mains la ville de Pise et quelques aultres places des Florentins, pendant que Monsieur d'Orleans, d'ung aultre costé, entra dedans Novarre, en la duché de Millan..................... 439

Chap. V. Comment le roy Charles passa plusieurs dangereux pas de montaignes, entre Pise et Cersanne: et comment la ville de Pontreme fut bruslee par ses Allemans......... 444

Chap. VI. Comment le duc d'Orleans se portoit dans la cité de Novarre................................. 450

Chap. VII. Comment la grosse artillerie du Roy passa les montz Appenins, à l'ayde des Allemans: et du dangier où fut le mareschal de Gié avec son avant garde.......... 452

Chap. VIII. Comment le mareschal de Gié se retira sur une montaigne, luy et ses gens, attendant que le Roy fust arrivé pres de luy................................ 457

Chap. IX. Comment le Roy et son armee en petit nombre arriverent au lieu de Fornoue, pres du camp de ses ennemys, qui l'attendoient en moult bel ordre, et deliberez de le deffaire et de le prendre........................ 461

Chap. X. Disposition des deux armees pour la journee de Fornoue................................... 465

Chap. XI. Pourparlers tentez inutillement, et commencement de la bataille de Fornoue......................... 470

Chap. XII. Suite de la victoire remportee à Fornoue par les Francois; dangier où se trouve le roy Charles huictiesme.................................... Page 476

Chap. XIII. Comment le seigneur d'Argenton alla luy seul parlamenter aux ennemys, quant il veit que aultres deputez avec luy n'y vouloient aller, et comment le Roy parvint sain et sauf, avec ses gens, jusques en la ville d'Ast.... 484

Chap. XIV. Comment les Allemans mettent l'armee de France en seureté dans sa retraicte........................ 495

Chap. XV. Comment le Roy feit dresser une armee de mer pour cuyder secourir les chasteaulx de Naples, et comment ilz n'en peurent estre secouruz...................... 500

Chap. XVI. De la grant famine et peine où estoit le duc d'Orleans à Novarre avec ses gens : de la mort de la marquise de Montferrat, et de celle de monsieur de Vendosme, et comment, apres plusieurs deliberations, on entendit à faire paix pour sauver les assiegez............ 506

Chap. XVII. Comment le duc d'Orleans et sa compaignie furent delivrez, par appoinctement, de la dure calamité de Novarre, où ilz estoient assiegez, et de la descente des Suisses pour secourir le Roy et monseigneur d'Orleans.... 520

Chap. XVIII. Comment la paix fut conclue entre le Roy et le duc d'Orleans d'ung costé, et les ennemys de l'aultre, et des conditions et articles qui furent contenuz en ladicte paix.. 525

Chap. XIX. Comment le Roy renvoya le seigneur d'Argenton à Venise pour les conditions de la paix, lesquelles refuserent les Venissiens, et des tromperies du duc de Millan.. 530

Chap. XX. Comment le Roy, estant retourné en France, mit en oubly ceulx qui estoient demourez à Naples, et comment monseigneur le Daulphin mourut, dont le Roy et la Royne menerent grant duel.................................. 537

Chap. XXI. Comment les nouvelles de la perte du chasteau de Naples vindrent au Roy : de la vendition des places des

TABLE DES CHAPITRES.

Florentins à diverses gens : du traicté d'Estelle en la Pouille, au grant dommaige des François, et de la mort du roy Ferrand de Naples.................... Page 543

Chap. XXII. Comment quelques praticques menées en faveur du Roy par aucuns seigneurs d'Italie, tant pour Naples que pour deschasser le duc de Millan, furent rompues par faulte d'y envoyer; et comment une aultre entreprinse contre Gennes ne peut aussi venir à bon effect.......... 557

Chap. XXIII. De quelques dissentions d'entre le roy Charles et Ferrand de Castille, et des ambassadeurs envoyez de l'ung à l'aultre, pour les appaiser................ 567

Chap. XXIV. Discours sur les fortunes et malheurs qui advinrent à la maison de Castille, au temps du seigneur d'Argenton.................................. 577

Chap. XXV. Du somptueux edifice que le roy Charles commencea à bastir peu avant sa mort : du bon vouloir qu'il avoit de reformer l'Eglise, ses finances, sa justice et soy mesmes, et comment il mourut soubdainement, sur ce bon propos, en son chasteau d'Amboise................ 584

Chap. XXVI. Comment le sainct homme frere Hieronyme fut bruslé à Florence, par envie que on eut sur luy, tant du costé du Pape que de plusieurs aultres Florentins et Venissiens.................................. 590

Chap. XXVII. Des obseques et funerailles du roy Charles huictiesme, et du couronnement du roy Louys douziesme de ce nom, son successeur : avec les genealogies de France jusques à icelluy.............................. 594

FIN DE LA TABLE DU TOME SECOND.